EXCEL® 2016 VBA e MACROS

Bill Jelen

Tracy Syrstad

ALTA BOOKS
EDITORA
Rio de Janeiro, 2017

Sumário Resumido

Introdução 1
1 Libere o Poder do Excel com o VBA 7
2 Isso Parece o BASIC. Então Por que Não É Familiar? 33
3 Fazendo Referência a Intervalos 59
4 Loop e Controle de Fluxo 73
5 Fórmulas Estilo R1C1 93
6 Crie e Manipule Nomes no VBA 103
7 Programação Orientada a Eventos 115
8 Matrizes (Arrays) 131
9 Criando Classes e Coleções 139
10 Userforms: Uma Introdução 157
11 Mineração de Dados com Filtro Avançado 177
12 Usando o VBA para Criar Tabelas Dinâmicas 211
13 O Poder do Excel 251
14 Funções Definidas pelo Usuário 283
15 Criando Gráficos 309
16 Visualização de Dados e Formatação Condicional 333
17 Criando Dashboards com Minigráficos
   (Sparklines) no Excel 2016 355
18 Lendo e Gravando para a Web 375
19 Processamento de Arquivos de Texto 391
20 Automatizando o Word 405
21 Usando o Access como um Back End para
   Melhorar o Acesso Multiusuário aos Dados 423
22 Técnicas Avançadas para Userforms 439
23 API Windows 463
24 Lidando com Erros 473
25 Personalizando a Faixa de Opções para Executar Macros 487
26 Criando Suplementos (Add-Ins) 509
27 Uma Introdução à Criação de Apps para o Office 517
28 O Que é Novo e c
Índice ....

EXCEL® 2016 — VBA e MACROS
Copyright © 2017 da Starlin Alta Editora e Consultoria Eireli. ISBN: 978-85-508-0066-0

Translated from original Excel® 2016 VBA and MARCOS by Bill Jelen and Tracy Syrstad. Copyright © 2016 by Pearson Education, Inc. ISBN 978-0-7897-5585-8. This translation is published and sold by permission of John Wiley & Sons, Inc., the owner of all rights to publish and sell the same. PORTUGUESE language edition published by Starlin Alta Editora e Consultoria Eireli, Copyright © 2017 by Starlin Alta Editora e Consultoria Eireli.

Todos os direitos estão reservados e protegidos por Lei. Nenhuma parte deste livro, sem autorização prévia por escrito da editora, poderá ser reproduzida ou transmitida. A violação dos Direitos Autorais é crime estabelecido na Lei nº 9.610/98 e com punição de acordo com o artigo 184 do Código Penal.

A editora não se responsabiliza pelo conteúdo da obra, formulada exclusivamente pelo(s) autor(es).

Marcas Registradas: Todos os termos mencionados e reconhecidos como Marca Registrada e/ou Comercial são de responsabilidade de seus proprietários. A editora informa não estar associada a nenhum produto e/ou fornecedor apresentado no livro.

Impresso no Brasil — 1ª Edição, 2017 - Edição revisada conforme o Acordo Ortográfico da Língua Portuguesa de 2009.

Obra disponível para venda corporativa e/ou personalizada. Para mais informações, fale com projetos@altabooks.com.br

Produção Editorial Editora Alta Books	**Gerência Editorial** Anderson Vieira	**Marketing Editorial** Silas Amaro marketing@altabooks.com.br	**Gerência de Captação e Contratação de Obras** autoria@altabooks.com.br	**Vendas Atacado e Varejo** Daniele Fonseca Viviane Paiva comercial@altabooks.com.br
Produtor Editorial Claudia Braga Thiê Alves	**Supervisão de Qualidade Editorial** Sergio de Souza			**Ouvidoria** ouvidoria@altabooks.com.br
Produtor Editorial (Design) Aurélio Corrêa	**Assistente Editorial** Illysabelle Trajano			
Equipe Editorial	Bianca Teodoro	Christian Danniel	Juliana de Oliveira	Renan Castro
Tradução Diego Dias Ribeiro	**Copidesque** Welington Nascimento	**Revisão Gramatical** Vivian Sbravatti	**Revisão Técnica** Cristiano Galvão *Consultor de Excel de VBA*	**Diagramação** Luisa Maria Gomes

Erratas e arquivos de apoio: No site da editora relatamos, com a devida correção, qualquer erro encontrado em nossos livros, bem como disponibilizamos arquivos de apoio se aplicáveis à obra em questão.

Acesse o site www.altabooks.com.br e procure pelo título do livro desejado para ter acesso às erratas, aos arquivos de apoio e/ou a outros conteúdos aplicáveis à obra.

Suporte Técnico: A obra é comercializada na forma em que está, sem direito a suporte técnico ou orientação pessoal/exclusiva ao leitor.

Dados Internacionais de Catalogação na Publicação (CIP)
Vagner Rodolfo CRB-8/9410

```
J43e    Jelen, Bill
            Excel 2016 VBA e Macros / Bill Jelen, Tracy Syrstad ; traduzido por
        Diego Dias Ribeiro. - Rio de Janeiro : Alta Books, 2017.
            576 p. : il. ; 17cm x 24cm.

            Tradução de: Excel 2016 VBA and Macros
            Inclui índice.
            ISBN: 978-85-508-0066-0

            1. Programas de Computador. 2. Excel.. I. Syrstad, Tracy. II.
        Nascimento, Welington. III. Título.
                                                        CDD 005
                                                        CDU 004.42
```

Rua Viúva Cláudio, 291 - Bairro Industrial do Jacaré
CEP: 20.970-031 - Rio de Janeiro (RJ)
Tels.: (21) 3278-8069 / 3278-8419
www.altabooks.com.br — altabooks@altabooks.com.br
www.facebook.com/altabooks — www.instagram.com/altabooks

Sumário

Introdução 1

O Que Há Neste Livro? 1

    Reduza a Curva de Aprendizado 1

    O Poder do VBA do Excel 2

    Conhecimento Técnico Necessário para Produzir Aplicações 2

    Este Livro Ensina Excel? 2

O Futuro do VBA e das Versões Windows do Excel 4

    As Versões do Excel 4

    Diferenças para os Usuários de Mac 4

Elementos Especiais e Convenções Tipográficas 5

Arquivos de Código-fonte 5

Próximos Passos 5

1 Libere o Poder do Excel com o VBA 7

O Poder do Excel 7

Dificuldades Iniciais 7

    O Gravador de Macro Não Funciona! 7

    Ninguém no Time do Excel se Preocupa com o Gravador de Macro 8

    Visual Basic Não É como BASIC 8

    Boas Notícias: Escalar a Curva de Aprendizado É Fácil 9

    Ótimas Notícias: Excel com VBA Vale o Esforço 9

Conhecendo suas Ferramentas: A Guia Desenvolvedor 9

Entendendo Quais Tipos de Arquivo Permitem Macros 10

Segurança de Macro 12

    Adicionando um Local Confiável 12

    Usando as Configurações de Macro para Habilitar Macros em Pastas de Trabalho Fora de Locais Confiáveis 13

    Desabilitando Todas as Macros com Notificação 14

Visão Geral da Gravação, Armazenamento e Execução de uma Macro 14

    Preenchendo a Caixa de Diálogo Gravar Macro 15

Executando uma Macro 16

    Criando um Botão para a Macro na Faixa de Opções 16

    Criando um Botão para a Macro na Barra de Ferramentas de Acesso Rápido 17

    Atribuindo uma Macro a um Controle de Formulário, Caixa de Texto ou Forma 18

Entendendo o VB Editor 19

    Configurações do VB Editor 20

    O Project Explorer 20

    A Janela Propriedades 21

Entendendo os Problemas do Gravador de Macro 21

    Gravando a Macro 23

    Examinando o Código na Janela de Programação 23

    Executar a Macro em Outro Dia Produz Resultados Indesejáveis 25

iv VBA e Macros: Microsoft Excel 2016

Solução Possível: Use Referências Relativas Quando Estiver Gravando..26
Nunca Use o Botão AutoSoma ou Análise Rápida Enquanto Estiver Gravando uma Macro....................................30
Quatro Dicas ao Usar o Gravador de Macros 31
Próximos Passos..32

2 Isso Parece o BASIC. Então Por que Não É Familiar? 33

Não Entendo Este Código 33
Entendendo as Partes do "Discurso" VBA 34
VBA Não É Tão Difícil...37
Arquivos de Ajuda do VBA: Usando F1 para Encontrar Tudo 38
Usando os Tópicos de Ajuda 38
Examinando o Código da Macro Gravado: Usando o VB Editor e a Ajuda 39
Parâmetros Opcionais..39
Constantes Definidas 40
Propriedades Podem Retornar Objetos 43
Usando Ferramentas de Depuração para Entender Código Gravado 43
Passo a Passo pelo Código..43
Mais opções de Depuração: Pontos de Interrupção (Breakpoints) 45
Andando pelo Código 45
Não Tendo que Passar por Cada Linha de Código 46
Consultando ao Andar pelo Código 46
Usando a Inspeção de Variáveis para Definir Breakpoint 49
Usando a Inspeção de Variáveis em um Objeto 49
Pesquisador de Objeto (Object Browser): A Referência Suprema 50
Sete Dicas para Limpar o Código Gravado 51
Dica 1: Não Selecione Coisa Alguma 51
Dica 2: `Cells(2,5)` É Mais Conveniente que `Range("E2")` 52
Dica 3: Comece a Pesquisa pelo Final para Encontrar a Última Coluna 52
Dica 4: Use Variáveis para Evitar Linhas e Fórmulas Explícitas 53
Dica 5: Fórmulas R1C1 que Tornam Sua Vida Mais Fácil..54
Dica 6: Aprenda a Copiar e Colar em uma Única Instrução 54
Dica 7: Use `With...End With` para Executar Múltiplas Ações...54
Próximos Passos..57

3 Fazendo Referência a Intervalos 59

O Objeto `Range` 59
Sintaxe para Especificar um Intervalo 60
Intervalos Nomeados...60
Atalho para Referenciar Intervalos..60
Referenciando Intervalos em Outras planilhas..61
Referenciando um Intervalo Relativo a Outro Intervalo...61
Usando a Propriedade `Cells` para Selecionar um Intervalo..62
Use a Propriedade `Offset` para se Referir a um Intervalo...63
Use a Propriedade `Resize` para Alterar o Tamanho de um Intervalo 65
Use as Propriedades `Columns` e `Rows` para Especificar um Intervalo 66
Use o Método `Union` para Juntar Múltiplos Intervalos...66
Use o Método `Intersect` para Criar um Novo Intervalo a Partir de Intervalos que se Sobrepõem....................67

Sumário | **v**

Use a Função `IsEmpty` para Verificar se uma Célula está Vazia..67
Use a Propriedade `CurrentRegion` para Selecionar um Intervalo de Dados 68
Use a Coleção `Areas` para Retornar um Intervalo Não Contíguo 70
Fazendo Referência a Tabelas...71
Próximos Passos...72

4   Loop e Controle de Fluxo 73

Loops `For...Next`..73
    Usando Variáveis na Instrução `For`..75
    Variações no Loop `For...Next` 76
    Abortando um Loop Logo que uma Condição for Atendida...77
    Aninhando Loops Dentro de Outro Loop 78
Loops `Do`..78
    Usando `While` ou `Until` nos Loops `Do`..81
    Loops `While...Wend`..82
Loop VBA: `For Each`..82
    Variáveis Objeto...83
Controle de Fluxo: Usando `If...Then...Else` e `Select Case` 86
    Controle de Fluxo Básico: `If...Then...Else`...86
    Usando `Select Case...End Select` para Condições Múltiplas 88
Próximos Passos...91

5   Fórmulas Estilo R1C1 93

Referenciando Células: Referências A1 Versus R1C1 93
Alternando o Excel para Exibir Referências no Estilo R1C1..94
Testemunhe o Milagre das Fórmulas do Excel 95
    Digite uma Fórmula uma Vez e a Copie Mil Vezes..95
    O Segredo: Não É Assim Tão Incrível..96
Explicação do Estilo de Referência R1C1...97
    Usando R1C1 com Referências Relativas 97
    Usando R1C1 com Referências Absolutas 98
    Usando R1C1 com Referências Mistas 98
    Referindo-se a Colunas ou Linhas Inteiras com o Estilo R1C1 99
    Substituindo Muitas Fórmulas A1 por uma Única R1C1 99
    Lembrando Números de Coluna Associados às Letras de Coluna 101
Usando Fórmulas R1C1 com Matrizes (Arrays) 101
Próximos Passos...102

6   Crie e Manipule Nomes no VBA 103

Nomes Globais Versus Locais...103
Adicionando Nomes..104
Excluindo Nomes 105
Adicionando Comentários 106
Tipos de Nomes...106
    Fórmulas 106
    Textos 107
    Números..108

VBA e Macros: Microsoft Excel 2016

Tabelas 109
Usando Matrizes em Nomes 109
Nomes Reservados 110
Ocultando Nomes 111
Verificando a Existência de um Nome 111
Próximos Passos 114

7 Programação Orientada a Eventos 115

Níveis de Eventos 115
Usando Eventos 116
Parâmetros de Eventos 116
Habilitando Eventos 117
Eventos de Pastas de Trabalho (Workbook) 117
Eventos de Planilha e Gráfico no Nível da Pasta de Trabalho 119
Eventos de Planilhas 120
Eventos de Gráfico 123
Gráficos Incorporados 123
Gráficos Incorporados e Eventos de Planilhas de Gráfico 124
Eventos no Nível da Aplicação 125
Próximos Passos 130

8 Matrizes (Arrays) 131

Declarando um Array 131
Declarando Arrays Multidimensionais 132
Preenchendo um Array 133
Recuperando Dados de um Array 134
Usando Arrays para Acelerar Código 135
Usando Arrays Dinâmicos 136
Passando um Array 137
Próximos Passos 138

9 Criando Classes e Coleções 139

Inserindo um Módulo de Classe 139
Interceptando Eventos de Aplicações e de Gráficos Incorporados 140
Eventos de Aplicação 140
Eventos de Gráficos Incorporados 141
Criando um Objeto Personalizado 143
Usando um Objeto Personalizado 145
Usando Coleções 145
Criando Coleções 146
Criando uma Coleção em um Módulo Padrão 146
Criando uma Coleção em um Módulo de Classe 148
Usando Dicionários 150
Usando Tipos Definidos pelo Usuário (UDTs) para Criar Propriedades Personalizadas 153
Próximos Passos 156

Sumário | vii

10 Userforms: Uma Introdução 157

Caixas de Entrada 157
Caixas de Mensagem 158
Criando um Userform 158
Chamando e Ocultando um Userform 159
Programando o Userform 160
    Eventos de Userform 160
Programando Controles 162
Usando Controles Básicos de Formulário 163
    Usando Rótulos, Caixas de Texto e Botões de Comando 163
    Decidindo Quando Usar Caixas de Listagens ou Caixas de Combinação nos Formulários 165
    Adicionando um Botão de Opções a um Userform 167
    Incluindo Imagens em um Userform 169
    Usando um Botão de Rotação (Spin Button) em um Userform 170
    Usando o Controle `Multipage` para Combinar Formulários 171
Verificando as Entradas nos Campos 174
Fechamento Ilegal da Janela 174
Obtendo o Nome do Arquivo 175
Próximos Passos 176

11 Mineração de Dados com Filtro Avançado 177

Substituindo um Loop pelo AutoFiltro 177
    Usando Novas Técnicas de AutoFiltro 180
    Selecionando Apenas as Células Visíveis 183
Usar o Filtro Avançado É Mais Fácil em VBA do que no Excel 184
    Usando a Interface do Excel para Criar um Filtro Avançado 185
Usando Filtros Avançados para Extrair uma Lista de Valores Distintos 186
    Extraindo uma Lista de Valores Distintos pela Interface do Usuário 186
    Extraindo uma Lista de Valores Distintos com Código VBA 187
    Obtendo Combinações Únicas de Dois ou Mais Campos 191
Usando Filtro Avançado com Faixas de Critérios 192
    Juntando Múltiplos Critérios com um OU Lógico 193
    Juntando Dois Critérios com um E Lógico 194
    Outras Faixas de Critérios um Pouco Complexas 194
    O Critério Mais Complexo: Substituindo a Lista de Valores por uma Condição
    Criada como Resultado de uma Fórmula 194
Usando Filtro no Lugar do Filtro Avançado 201
    Não Obtendo Registros ao Usar o Filtro no Local 202
    Mostrando Todos os Registros Depois do Filtro 202
O Verdadeiro Carregador de Piano: `xlFilterCopy` com Todos os Registros
em Vez de Apenas Registros Distintos 203
    Copiar Todas as Colunas 203
    Copiando e Reordenando um Subconjunto de Colunas 204
    Excel na Prática: Desligando Algumas Caixas de Seleção no AutoFiltro 209
Próximos Passos 210

viii VBA e Macros: Microsoft Excel 2016

12 Usando o VBA para Criar Tabelas Dinâmicas **211**

A Evolução das Tabelas Dinâmicas nas Versões do Excel 211
Criando uma Tabela Dinâmica com VBA do Excel 212
    Definindo a Cache Dinâmica 212
    Criando e Configurando a Tabela Dinâmica 213
    Adicionando Campos à Área de Dados 214
    Entendendo Porque Você Não Pode Mover ou Alterar Parte de um Relatório Dinâmico 216
    Determinando o Tamanho de uma Tabela Dinâmica Pronta para Convertê-la em Valores 217
Usando Características Avançadas das Tabelas Dinâmicas 219
    Usando Campos de Múltiplos Valores 220
    Agrupando as Datas em Meses, Trimestres ou Anos 221
    Alterando o Cálculo para Mostrar Porcentagens 222
    Eliminando Células em Branco na Área de Valores 225
    Controlando a Ordem de Classificação com o AutoSort 225
    Copiando o Relatório para Cada Produto 225
Filtrando um Conjunto de Dados 228
    Filtrando Manualmente Dois ou Mais Itens de uma Tabela Dinâmica 228
    Usando os Filtros Conceituais 229
    Usando o Filtro de Busca 233
    Definindo Segmentação de Dados para Filtrar uma Tabela Dinâmica 235
    Definindo uma Linha do Tempo para Filtrar uma Tabela Dinâmica do Excel 2016 239
Usando o Modelo de Dados no Excel 2016 242
    Adicionando Ambas Tabelas ao Modelo de Dados 242
    Criando um Relacionamento entre as Duas Tabelas 243
    Definindo a Cache Dinâmica e Construindo uma Tabela Dinâmica 243
    Adicionando Modelos de Campo à Tabela Dinâmica 244
    Adicionando Campos Numéricos à Área de Valores 244
    Colocando Tudo Isso Junto 245
Usando outras Características das Tabelas Dinâmicas 247
    Campos Calculados de Dados 247
    Itens Calculados 247
    Usando `ShowDetail` para Filtrar um Record Set 248
    Alterando o Layout a Partir da Guia Design 248
    Configurações para o Layout do Relatório 248
    Suprimindo Subtotais em Campos com Múltiplas Linhas 249
Próximos Passos 250

13 O Poder do Excel **251**

Operações com Arquivos 251
    Listar Arquivos de um Diretório 251
    Importar e Apagar um Arquivo CSV 254
    Ler um TXT Inteiro para a Memória e Analisá-lo 254
Combinando e Separando Pastas de Trabalho 255
    Separar Planilhas em Pastas de Trabalho 255
    Combinar Pastas de Trabalho 256
    Filtrar e Copiar Dados para Planilhas Separadas 257

Copiar Dados para Separar Planilhas Sem Usar Filtro 258
Exportar Dados para um Arquivo XML 259
Trabalhando com Comentários nas Células 260
Redimensionar os Comentários 260
Colocar um Gráfico em um Comentário 261
Selecionando Células 263
Usando Formatação Condicional para Destacar a Célula Selecionada 263
Destacando a Célula Selecionada Sem Usar a Formatação Condicional 264
Selecionando/Desmarcando Células Não Contíguas 265
Criação de um Arquivo de Registro Oculto 267
Técnicas para os Profissionais de VBA 268
Módulo de Classe de Estado do Excel 268
Exploração de Tabela Dinâmica 270
Filtragem da Tabela Dinâmica OLAF por uma Lista de Itens 271
Criação de uma Ordem de Classificação Personalizada 273
Criação de um Indicador de Progresso na Célula 274
Uso da Caixa de Senha Protegida 275
Alterando entre Maiúsculas e Minúsculas 277
Selecionando com SpecialCells 279
Reiniciando o Formato de uma Tabela 279
Aplicações Interessantes 280
Cotações Históricas de Ações/Fundos 280
Usando a Extensibilidade do VBA para Adicionar Código a Novas Pastas de Trabalho 281
Próximos Passos 282

14 Funções Definidas pelo Usuário 283

Criando Funções Definidas pelo Usuário 283
Compartilhando UDFs 286
Funções Personalizadas Úteis do Excel 286
Definir o Nome da Pasta de Trabalho Atual em uma Célula 286
Definir o Nome e o Caminho da Pasta de Trabalho Atual em uma Célula 287
Verificar se uma Pasta de Trabalho Está Aberta 287
Verificar se uma Determinada Planilha Está em uma Pasta de Trabalho 287
Contar o Número de Pastas de Trabalho em um Diretório 288
Recuperar a ID do usuário 289
Recuperar a Data e a Hora da Última Gravação 291
Recuperar Data e Hora Permanentes 291
Validar um Endereço de E-mail 292
Somar Células com Base na Cor Interna 293
Contar os Valores Distintos 294
Remover Duplicatas de um Intervalo 295
Encontrar a Primeira Célula de Comprimento Diferente de Zero em um Intervalo 296
Substituir Múltiplos Caracteres 297
Recuperar Números de Texto Misturado 298
Converter o Número da Semana em Data 299
Extrair um Único Elemento de um Texto Delimitado 300
Classificar e Concatenar 300

VBA e Macros: Microsoft Excel 2016

Classificar Caracteres Numéricos e Alfabéticos 302
Buscar um Trecho Dentro de um Texto 303
Inverter o Conteúdo de uma Célula 304
Máximo Múltiplo 304
Retornar o Endereço do Hiperlink 305
Retornar a Letra da Coluna de um Endereço de Célula 306
Usando Aleatório Estático 306
Usando `Select Case` em uma Planilha 307
Próximos Passos 308

15 Criando Gráficos 309

Contrastando VBA Ruim e Bom para Criar Gráficos 309
Planejando para Quebrar Mais Gráficos 310
Usando `.AddChart2` para Criar um Gráfico 311
Entendendo Estilos de Gráfico 312
Formatando um Gráfico 315
Referindo-se a um Gráfico Específico 315
Especificando um Título para o Gráfico 316
Aplicando uma Cor ao Gráfico 317
Filtrando um Gráfico 318
Usando `SetElement` para Emular Alterações no Ícone de Adição 319
Usando o Método `Format` para Microgerenciar Opções de Formatação 324
Alterando Preenchimento de Um Objeto 325
Formatando as Configuração de Linha 327
Criando um Gráfico Combinado 327
Exportando um Gráfico como uma Imagem 330
Considerando Compatibilidade Com Versões Anteriores 331
Próximos Passos 331

16 Visualização de Dados e Formatação Condicional 333

Métodos e Propriedades do VBA para Visualizações de Dados 334
Adicionando Barras de Dados a um Intervalo 335
Adicionando Escalas de Cores a um Intervalo 339
Adicionando Conjuntos de Ícones a um Intervalo 341
Especificando um Conjunto de Ícones 341
Especificando Intervalos para Cada Ícone 343
Usando Truques de Visualização 343
Criando um Conjunto de Ícones para um Subconjunto de um Intervalo 344
Usando Barras de Dados com Duas Cores em um Intervalo 345
Usando Outros Métodos de Formatação Condicional 347
Formatando Células que Estejam Acima ou Abaixo da Média 348
Formatando Células nos 10 Maiores ou 5 Menores 348
Formatando Células Únicas ou Duplicadas 349
Formatando Células com Base em seus Valores 350
Formatando Células que Contenham Texto 351
Formatando Células que Contenham Datas 351

Formatando Células que Contenham Valores em Branco ou Erros 351
Usando uma Fórmula para Determinar Quais Células Formatar 352
Usando a Nova Propriedade `NumberFormat` 353
Próximos Passos 354

17 Criando Dashboards com Minigráficos (Sparklines) no Excel 2016 ....**355**

Criando Minigráficos 356
Escalonando os Minigráficos 357
Formatando Minigráficos 361
Usando Cores Temáticas 361
Usando Cores RGB 364
Formatando os Elementos do Minigráfico 365
Formatando Gráficos de Ganhos e Perdas 368
Criando um Dashboard 369
Observações Sobre Minigráficos 369
Criando Centenas de Minigráficos Individuais em um Dashboard 370
Próximos Passos 374

18 Lendo e Gravando para a Web **375**

Obtendo Dados da Web 375
Criando Muitas Consultas à Web com VBA 377
Encontrando Resultados nos Dados Recuperados 378
Juntando Tudo 379
Exemplos de Fragmentar Sites Usando Consultas à Web 380
Usando `Application.OnTime` para Analisar Dados Periodicamente 381
Procedimentos Agendados Requerem o Modo Ready 381
Especificando uma Janela de Tempo para uma Atualização 382
Cancelando uma Macro Previamente Agendada 382
Fechar o Excel Cancela Todas as Macros Agendadas Pendentes 383
Agendando uma Macro para Ser Executada X Minutos no Futuro 383
Agendando um Lembrete Verbal 383
Agendando uma Macro para Ser Executada a Cada 2 Minutos 384
Publicando Dados em uma Página Web 385
Usando o VBA para Criar Páginas Web Personalizadas 386
Usando o Excel Como um Sistema de Gerenciamento de Conteúdo (CMS) 387
Bônus: FTP a partir do Excel 389
Próximos Passos 390

19 Processamento de Arquivos de Texto **391**

Importando de Arquivos de Texto 391
Importando Arquivos de Texto com Menos de 1.048.576 Linhas 391
Lendo Arquivos de Texto com Mais de 1.048.576 Linhas 398
Gravando Arquivos de Texto 402
Próximos Passos 403

xii VBA e Macros: Microsoft Excel 2016

20 Automatizando o Word..405

Usando Early Binding para Referenciar o Objeto do Word 406
Usando Late Binding para Referenciar o Objeto do Word 408
Usando a Palavra-chave New para Referenciar o Aplicativo do Word 409
Usando a Função CreateObject para Criar uma Nova Instância de um Objeto 409
Usando a Função GetObject para Referenciar uma Instância Existente do Word 410
Usando Valores Constantes 411
    Usando uma Janela Inspeção de Variável para Recuperar o Valor Real de uma Constante................ 411
    Usando o Pesquisador de Objetos para Recuperar o Valor Real de uma Constante 412
Entendendo os objetos do Word.. 413
    Objeto Document... 413
    Objeto Selection... 415
    Objeto Range.. 416
    Indicadores (Bookmarks)... 419
Controlando Campos de Formulário no Word 420
Próximos Passos.. 422

21 Usando o Access como um Back End para Melhorar o Acesso Multiusuário aos Dados........................423

ADO Versus DAO 424
As Ferramentas do ADO 426
Adicionando um Registro ao Banco de Dados 427
Recuperando Registros do Banco de Dados 429
Atualizando um Registro Existente 431
Excluindo Registros via ADO 433
Resumindo Registros via ADO 433
Outras Utilidades via ADO 434
    Checando a Existência de Tabelas 434
    Checando a Existência de um Campo.. 435
    Adicionando uma Tabela Durante a Execução 436
    Adicionando um Campo Durante a Execução.. 436
Exemplos do SQL Server.. 437
Próximos Passos.. 438

22 Técnicas Avançadas para Userforms 439

Usando a Barra de Ferramentas UserForm no Projeto de Controles
nos UserForms 439
Mais Controles de UserForm... 440
    Caixas de Seleção (Check Box) 440
Controles e Coleções.. 447
UserForms Não Modais 449
Usando Hiperlinks nos UserForms 449
Adicionando Controles em Tempo de Execução 450
    Redimensionando o Userfom Durante a Execução... 452
    Dimensionando Durante a Execução.. 452
    Adicionando Outros Controles 453
    Adicionando uma Imagem Durante a Execução... 453

Sumário **xiii**

Juntando Tudo...454
Adicionando Ajuda ao Userform...456
   Mostrando Combinações de Teclas...456
   Adicionando um Texto de Dica ao Controle..457
   Criando a Ordem de Tabulação..457
   Colorindo o Controle Ativo...457
Criando Formulários Transparentes..460
Próximos Passos...461

23 API Windows...**463**

Entendendo uma Declaração da API..464
Usando uma Declaração da API...465
Fazendo Declarações da API Compatíveis com 32 e 64 bits.........................465
Exemplos da API...467
   Retornar o Nome do Computador...467
   Verificar se um Arquivo do Excel está Aberto em uma Rede.....................467
   Recuperar Informações da Resolução de Vídeo...468
   Caixa de Diálogo "Sobre" Personalizada..469
   Desabilitar o *X* para o Fechamento de um Userform...............................470
   Running Timer...471
   Tocar Sons...472
Próximos Passos...472

24 Lidando com Erros...**473**

O Que Acontece Quando Ocorre um Erro?...473
Tratamento Básico de Erros com a Sintaxe `On Error GoTo`....................477
Manipuladores Genéricos de Erro...478
   Manipulando Erros Optando por Ignorá-los..479
   Suprimindo os Avisos do Excel..481
   Encontrando Erros de Propósito..481
Treine seus Clientes...481
Erros Durante o Desenvolvimento Versus Erros Meses Depois.....................482
   Erro de tempo de Execução 9: Subscrito Fora do intervalo......................482
   Erro de Tempo de Execução 1004: O Método 'Range' do Objeto '_Global' Falhou.......483
Os Males da Proteção de Código..484
Mais Problemas com Senhas..485
Erros Causados por Versões Diferentes...486
Próximos Passos...486

25 Personalizando a Faixa de Opções para Executar Macros.....................**487**

Onde Colocar Seu Código: Pasta e Arquivo customui....................................488
Criando a Guia e o Grupo..489
Adicionando um Controle à Sua Faixa de Opções...490
Acessando a Estrutura de Arquivos...496
Entendendo o Arquivo RELS..496
Renomeando o Arquivo do Excel e Abrindo a Pasta de trabalho.................497

xiv VBA e Macros: Microsoft Excel 2016

Usando Imagens em Botões...497
   Usando Ícones do Microsoft Office em Sua Faixa de Opções...498
   Adicionando Imagens Personalizadas de Ícones à Sua Faixa de Opções...............................499
Resolução de Problemas de Mensagens de Erro...500
   O Atributo *"Nome do atributo"* no Elemento *"customUI Ribbon"* Não Está
   Definido no DTD ou no Esquema..500
   Caracter Ilegal de Nome Qualificado..501
   O Elemento *"Nome da Tag customUI"* Não Está em Conformidade com o Modelo
   de Conteúdo do Elemento Pai *"Nome da Tag customUI"*..501
   O Excel Encontrou Conteúdo Ilegível..502
   Número Errado de Argumentos ou Atribuição Inválida de Propriedade..............................503
   Extensão de Arquivo ou Formato de Arquivo Inválido...503
   Nada Acontece...503
Outras Maneiras de Executar uma Macro...504
   Usando o Atalho do Teclado para Executar uma Macro...504
   Anexar uma Macro a um Botão de Comando...504
   Anexar uma Macro a uma Forma..505
   Anexar uma Macro a um Controle ActiveX...506
   Executar uma Macro a partir de um Hiperlink..507
Próximos Passos..508

26 Criando Suplementos (Add-Ins)..509

Características de Suplementos Padrão...509
Convertendo uma Pasta de Trabalho do Excel em um Suplemento..510
   Usando o Salvar Como para Converter um Arquivo em um Suplemento..............................511
   Usando o VB Editor para Converter um Arquivo em um Suplemento...................................512
Fazendo o Cliente Instalar o Suplemento...512
Fechando Suplementos...514
Removendo Suplementos..514
Usando uma Planilha Oculta como Alternativa a um Suplemento...515
Próximos Passos..516

27 Uma Introdução à Criação de Apps para o Office...517

Criando Seu Primeiro App — Hello World...517
Adicionando Interatividade a Seu App..521
Uma Introdução Básica de HTML..524
   Usando Tags..524
   Adicionando Botões...524
   Usando Arquivos CSS...525
Usando XML para Definir seu App..525
Usando JavaScript para Adicionar Interatividade a Seu App..526
   A Estrutura de uma Função...526
   Variáveis..527
   Strings...528
   Arrays..528
   Loops `For` para JavaScript..529

Como Fazer Uma Declaração `if` no JavaScript...530

Como fazer Uma Declaração `Select..Case` no JavaScript..530

Como Fazer Uma Declaração `For each..next` no JavaScript..532

Operadores Matemáticos, Lógicos e de Atribuição...532

Funções Matemáticas no JavaScript...534

Escrevendo para o Painel de Tarefas ou de Conteúdo..535

Mudanças no JavaScript para Funcionar no Office App...535

Ferramentas de Desenvolvimento "Napa" do Office 365..536

Próximos Passos...537

28 O Que é Novo e o Que Mudou no Excel 2016...539

Se Mudou na Interface, Mudou no VBA..539

A Faixa de Opções (Ribbon)...539

Interface de Documento Simples (SDI)...540

Ferramenta de Análise Rápida...541

Gráficos..541

Tabelas Dinâmicas...541

Segmentação de Dados (Slicers)..541

Aprendendo os Novos Objetos e Métodos..542

Modo de Compatibilidade...542

Usando a Propriedade `Version`..543

Usando a Propriedade `Excel8CompatibilityMode`..543

Próximos Passos...544

Índice...545

Sobre os Autores

Bill Jelen, MVP em Excel e *head* da MrExcel.com, tem usado planilhas desde 1985 e lançou o site MrExcel.com em 1998. Bill era um convidado habitual do *Call for Help* com Leo Laporte e produziu mais de 1.900 episódios de seu podcast de vídeo diário, o *Learn Excel from MrExcel*. Ele é autor de 44 livros sobre o Microsoft Excel e escreve a coluna mensal sobre Excel na revista *Strategic Finance*. Antes de fundar o MrExcel.com, Jelen passou 12 anos nas trincheiras — trabalhando como analista financeiro para os departamentos de finanças, de marketing, de contabilidade e de operações de uma empresa pública de 500 milhões de dólares. Ele mora em Merritt Island na Flórida com sua esposa Mary Ellen.

Tracy Syrstad é uma desenvolvedora do Microsoft Excel e autora de oito livros de Excel. Ela ajuda os usuários com problemas sobre o Microsoft Office desde 1997, quando descobriu os fóruns gratuitos online nos quais qualquer pessoa podia fazer e responder perguntas. Tracy descobriu que adorava ensinar aos outros novas habilidades, e quando ela começou a trabalhar como uma desenvolvedora, ela foi capaz de unir a diversão de ensinar com sessões on-line individuais de compartilhamento de tela. Tracy mora em uma área cultivada no leste de Dakota do Sul com seu marido, um cachorro, dois gatos, um cavalo e diversas raposas selvagens, esquilos e coelhos.

Dedicatória

Para Robert K. Jelen
— Bill Jelen

Para Marlee Jo Jacobson
— Tracy Syrstad

Agradecimentos

Agradeço a Tracy Syrstad por ser uma ótima coautora.

Bob Umlas é o cara mais inteligente em Excel que conheço, e um incrível editor técnico. Na Pearson, Joan Murray é uma excelente editora de aquisições.

Ao longo do caminho, aprendi muito sobre programação em VBA com a incrível comunidade do fórum da MrExcel.com. VoG, Richard Schollar e Jon von der Heyden, todos se destacam por terem contribuído com postagens que levaram a ideias para este livro. Obrigado a Pam Gensel pela lição nº 1 sobre macro do Excel. Mala Singh me ensinou sobre a criação de gráficos em VBA, e Oliver Holloway me ajudou a entender como acessar o SQL Server. Scott Ruble e Robin Wakefield na Microsoft ajudaram no capítulo dos gráficos.

Minha família foi incrivelmente solidária durante esse tempo. Obrigado Mary Ellen Jelen, Robert F. Jelen e Robert K. Jelen.

—Bill

Juan Pablo Gonzalez Ruiz e Zack Barresse são ótimos programadores, e eu fico muito feliz por dedicarem seu tempo e paciência ao me mostrar novos caminhos para escrever melhor os programas. Chris "Smitty" Smith me ajudou a aprimorar meu negócio.

Obrigada a todos os moderadores do fórum MrExcel que mantiveram tudo organizado, apesar dos esforços do spammers.

Programação é uma experiência de aprendizado constante, e eu realmente aprecio os clientes que me encorajaram a programar fora da minha zona de conforto para que meu conhecimento e minhas habilidades fossem melhorados.

Por último, mas não menos importante, obrigada a Bill Jelen. Seu site, MrExcel.com é um lugar no qual muitos procuram por ajuda. É também o lugar no qual eu, e outros como eu, tiveram uma oportunidade de aprender e ajudar.

—Tracy

INTRODUÇÃO

Na medida em que os departamentos corporativos de TI se viram com longos registros de solicitações, os usuários do Excel têm descoberto que podem produzir os relatórios necessários para cuidar de seus negócios usando a linguagem de macro *Visual Basic for Applications (VBA)*. O VBA possibilita que você alcance uma tremenda eficiência no uso diário do Excel. O VBA ajuda a descobrir como importar os dados e produzir relatórios no Excel para que você não tenha que esperar pela ajuda do departamento de TI.

O Que Há Neste Livro?

Você fez a coisa certa ao comprar este livro. Podemos ajudá-lo a reduzir a curva de aprendizado, a fim de que você possa escrever suas próprias macros em VBA e pôr um fim no fardo que é a geração manual de relatórios.

Reduza a Curva de Aprendizado

Esta introdução fornece um estudo de caso do poder das macros. O Capítulo 1 apresenta as ferramentas e confirma o que você provavelmente já sabe: o gravador de macro não funciona de forma confiável. O Capítulo 2 ajuda você a entender a louca sintaxe do VBA. O Capítulo 3 decifra o código de como trabalhar de forma eficiente com intervalos e células.

O Capítulo 4 abrange o poder do loop usando VBA. O estudo de caso deste capítulo cria um programa que produz um relatório do departamento e, em seguida, encaixa a rotina do relatório em um loop para produzir 46 relatórios.

O Capítulo 5 aborda as fórmulas de estilo R1C1. O Capítulo 6 abrange nomes. O Capítulo 7 inclui alguns

NESTA INTRODUÇÃO

O Que Há Neste Livro? 1
O Futuro do VBA e das Versões Windows do Excel 4
Elementos Especiais e Convenções Tipográficas 5
Arquivos de Código-fonte 5
Próximos Passos 5

2 Introdução

grandes truques que usam programação orientada a eventos. Os Capítulos 8 e 9 englobam matrizes, classes e coleções. O Capítulo 10 apresenta caixas de diálogo personalizadas que você pode usar para coletar informações do usuário usando o Excel.

O Poder do VBA do Excel

O Capítulos 11 e 12 fornecem um olhar profundo sobre Filtro, Filtro Avançado e tabelas dinâmicas. As ferramentas de automação de relatório dependerão fortemente desses conceitos. Os Capítulos 13 e 14 incluem diversos exemplos de código projetados para expor o poder do Excel VBA e das funções personalizadas.

Os Capítulos 15 a 20 lidam com gráficos, visualização de dados, consultas web, minigráficos (sparklines) e automatização do Word.

Conhecimento Técnico Necessário para Produzir Aplicações

O Capítulo 21 lida com a leitura e a escrita para os bancos de dados do Access e SQL Server. As técnicas para a utilização de bases de dados do Access permitem construir uma aplicação com as características multiusuário do Access, mantendo a interface amigável do Excel.

O Capítulo 22 aborda tópicos de userform avançados. O Capítulo 23 ensina algumas maneiras complicadas para alcançar tarefas usando a interface de programação de aplicação do Windows. Os Capítulos 24 a 26 lidam com tratamento de erros, menus personalizados e add-ins. O Capítulo 27 é uma breve introdução para a construção de sua própria aplicação JavaScript no Excel. O Capítulo 28 resume as mudanças no Excel 2016.

Este Livro Ensina Excel?

A Microsoft acredita que o usuário intermediário do Office usa apenas 10% das características do Office. Acredito que quem ler esse livro está acima da média, e tenho um público bem inteligente na MrExcel.com. Mesmo assim, uma pesquisa com 8 mil leitores da MrExcel.com mostrou que apenas 42% dos usuários "mais espertos do que a média" usam alguma das 10 características mais poderosas do Excel.

Regularmente ministro um seminário sobre Excel Avançado para contadores. Eles são usuários muito experientes do Excel, usando-o de 30 a 40 horas toda semana. Mesmo assim, duas coisas aparecem em todos os seminários. Primeiro, metade do público engasga quando vê o quão rapidamente é possível realizar tarefas usando uma característica como os subtotais automáticos ou as tabelas dinâmicas. Segundo, alguém no auditório sempre me surpreende. Por exemplo, alguém me faz uma pergunta, eu respondo e outra pessoa na segunda fila levanta a mão para dar uma resposta melhor.

O que eu quero dizer com isso? Você e eu sabemos muito sobre o Excel. Entretanto, suponho que, em qualquer dado capítulo, talvez 58% das pessoas não tenham usado tabelas dinâmicas antes e, talvez, uma porção ainda menor tenha utilizado a característica "10 Primeiros" das tabelas dinâmicas. Com isso em mente, antes de mostrar como automatizar alguma coisa em VBA, abordo brevemente como fazer a mesma tarefa na interface do Excel. Este livro não lhe ensina a fazer tabelas dinâmicas, mas alerta quando você talvez tenha que explorar um tópico e aprender mais sobre ele em outro lugar.

ESTUDO DE CASO: RELATÓRIOS MENSAIS DE CONTABILIDADE

Esta é uma história real. Valerie é uma analista de negócios no departamento de contabilidade de uma corporação de médio porte. Sua companhia recentemente instalou um sistema de ERP superorçado de 16 milhões de dólares. Com o projeto perto do fim, não havia nenhum recurso disponível no orçamento de TI para produzir o relatório mensal que essa corporação usava para resumir cada departamento.

Entretanto, Valerie estava próxima o suficiente do processo de implementação e pensou em uma maneira de produzir o relatório ela mesma. Ela entendeu que podia exportar os dados do Livro-razão Geral do sistema de ERP para um arquivo de texto de valores separados por vírgulas (CSV). Usando o Excel, Valerie foi capaz de importar os dados LR/G do sistema de ERP para o Excel.

Criar o relatório não foi fácil. Como muitas companhias, havia exceções nos dados. Valerie sabia que certas contas de um centro de custos em particular precisavam ser reclassificadas como uma despesa. Ela sabia que outras contas precisavam ser excluídas completamente do relatório. Trabalhando cuidadosamente no Excel, Valerie fez esses ajustes. Ela criou uma Tabela dinâmica para produzir a primeira seção de resumo do relatório. Ela cortou os resultados da tabela dinâmica e colou-os em uma planilha em branco. Depois, ela criou um novo relatório de Tabela dinâmica para a segunda seção do resumo. Depois de umas 3 horas, ela importou os dados, produziu cinco Tabelas dinâmicas, arrumou-as em um resumo e formatou em cores o relatório de maneira nítida.

Tornando-se a Heroína

Valerie entregou o relatório para seu gerente, que tinha acabado de ouvir do departamento de TI que levaria meses antes que conseguissem produzir "aquele relatório complexo". Quando Valerie criou o relatório do Excel, ela se tornou a heroína instantânea do dia. Em 3 horas, ela conseguiu o impossível. Valerie estava no paraíso depois de um bem-merecido "Mas que garota!".

Mais Felicitações

No dia seguinte, o gerente de Valerie compareceu à reunião mensal dos departamentos. Quando os gerentes de departamento começaram a reclamar que eles não conseguiam o relatório do sistema de ERP, o gerente dela puxou seu relatório de departamento e colocou na mesa. Os outros gerentes ficaram maravilhados. Como ele foi capaz de produzir esse relatório? Todos ficaram aliviados de saber que alguém tinha descoberto o segredo. O presidente da companhia pediu ao gerente de Valerie se ele poderia produzir o relatório para cada departamento.

Felicidade Torna-se Pavor

Você provavelmente pode prever isto. Essa empresa em particular tinha 46 departamentos. Isso significa que 46 páginas de relatório têm que ser produzidas todos os meses. Cada relatório precisava importar dados do sistema de ERP, interromper certas contas, produzir cinco tabelas dinâmicas e depois formatar o relatório em cores. Mesmo que Valerie tenha gasto 3 horas para produzir o primeiro relatório, depois que ela pegou o jeito da coisa, ela conseguiria produzir os 46 relatórios em 40 horas. Isso era horrível. Valerie tinha um trabalho a fazer antes de se tornar responsável por gastar 40 horas mensais produzindo esses relatórios no Excel.

VBA para o Resgate

Valerie encontrou minha empresa, a MrExcel Consulting, e explicou sua situação. No curso de uma semana, fui capaz de produzir uma série de macros em Visual Basic que faziam todas as tarefas mundanas. Por exemplo, importavam os dados, cortavam certas contas, faziam cinco tabelas dinâmicas e aplicavam a formatação das cores. Do início ao fim, o processo de 40 horas manuais foi reduzido a dois cliques de botão e uns 4 minutos.

Neste momento, ou você ou alguém na sua empresa está provavelmente empacado fazendo tarefas manuais no Excel que poderiam ser automatizadas com VBA. Garanto que posso entrar em qualquer empresa com 20 ou mais usuários do Excel e encontrar um caso tão incrível quanto o de Valerie.

O Futuro do VBA e das Versões Windows do Excel

Alguns anos atrás, havia muitos rumores de que a Microsoft iria parar de dar suporte ao VBA. Atualmente há muitas evidências que indicam que o VBA vai estar nas versões Windows do Excel até 2036. Quando o VBA foi removido da versão Mac do Excel 2008, um enorme grito dos clientes levou a que ele fosse incluído na versão Mac do Excel seguinte.

As macros XML foram substituídas pelo VBA em 1993 e, 23 anos depois, ainda têm suporte. Alguns diriam que a Microsoft está tentando fornecer uma alternativa ao VBA com o JavaScript, mas parece que o Excel continuará a dar suporte ao VBA pelos próximos 23 anos.

As Versões do Excel

Esta quinta edição do *VBA e Macros* é projetada para trabalhar com o Excel 2016. As edições anteriores deste livro tratavam do código do Excel 97 até o 2013. Em 80% dos capítulos, o código para o Excel 2016 será idêntico ao código das versões anteriores. Entretanto, há exceções. Por exemplo, a funcionalidade nova AutoGroup na Tabela dinâmica adiciona novas opções que não estavam disponíveis no Excel 2013.

Diferenças para os Usuários de Mac

Apesar de o Excel para Windows e o Excel para Mac serem similares em suas interfaces, há uma quantidade de diferenças quando você compara o ambiente de VBA. Certamente, nada no Capítulo 23, que usa a API do Windows, vai funcionar no Mac. Os conceitos gerais discutidos no livro se aplicam ao Mac, mas as diferenças existirão. Você pode encontrar uma lista geral das diferenças com relação ao Mac em http://www.mrexcel.com/macvba.html (conteúdo em inglês). O desenvolvimento em VBA para Excel 2016 em um Mac é bem mais difícil do que no Windows, com ferramentas de edição rudimentares apenas. A Microsoft geralmente recomenda que você escreva todo o seu VBA em Excel 2016 para Windows e então, usar tal VBA em um Mac.

Elementos Especiais e Convenções Tipográficas

As seguintes convenções tipográficas são usadas neste livro:

- *Itálico* — Indica novos termos quando eles forem definidos, ênfases especiais, palavras ou expressões que tenham em português ou palavras usadas como palavras.
- `Monoespaçado` — Indica partes de código VBA, como nomes de objetos ou métodos.
- **`Negrito monoespaçado`** — Indica entrada do usuário.

Além dessas convenções tipográficas, há diversos outros elementos. Diversos capítulos possuem estudos de casos que apresentam uma solução real para problemas comuns. O estudo de caso também demonstra aplicações práticas dos tópicos discutidos no capítulo.

Além dos estudos de caso, é possível ver ícones de Notas, Dicas e Cuidados.

> **NOTA**
> As notas fornecem informações adicionais fora da linha de discussão principal do capítulo e que lhe podem ser úteis.

> **DICA**
> As dicas fornecem formas alternativas e técnicas rápidas que ajudam você a trabalhar mais eficientemente.

> **CUIDADO**
> Os quadros CUIDADO alertam para potenciais problemas que você pode encontrar. Eles podem evitar horas de frustração.

Arquivos de Código-fonte

Como um agradecimento a você por ter comprado este livro, os autores juntaram um conjunto de 50 pastas de trabalho (*workbooks*) do Excel que demonstram os conceitos incluídos neste livro. Esse conjunto de arquivos inclui todo o código encontrado no livro, exemplos de dados, notas adicionais dos autores e 25 macros bônus adicionais. Para fazer o download dos arquivos de código, acesse o site da Alta Books em www.altabooks.com.br (procure pelo nome do livro) e baixe os exemplos de código do livro

ATENÇÃO: Todas as planilhas/códigos estão em inglês.

Próximos Passos

O Capítulo 1 introduz as ferramentas de edição para o ambiente Visual Basic e mostra por que usar o gravador de macro não é uma maneira efetiva de escrever um código de macro VBA.

Libere o Poder do Excel com o VBA

1

O Poder do Excel

O *Visual Basic for Applications* (VBA), combinado com o Microsoft Excel, é provavelmente a ferramenta mais poderosa disponível para você. O VBA está nos computadores de 500 milhões de usuários do Microsoft Office, e a maioria nunca descobriu como aproveitar seu poder no Excel. Usando o VBA, é possível acelerar a produção de qualquer tarefa no Excel. Se você regularmente usa somente o Excel para produzir uma série de gráficos mensais, pode fazer o VBA realizar a mesma tarefa em questão de segundos.

Dificuldades Iniciais

Há duas barreiras no aprendizado bem-sucedido da programação em VBA. Primeiro, o gravador de macro do Excel é falho e não produz código funcional que possa ser usado como modelo. Segundo, para muitos que aprenderam uma linguagem de programação como o BASIC, a sintaxe do VBA é terrivelmente frustrante.

O Gravador de Macro Não Funciona!

A Microsoft começou a dominar o mercado de planilhas em meados da década de 1990. Apesar de ela ter sido extremamente bem-sucedida em construir um poderoso programa de planilhas para que qualquer usuário do Lotus 1-2-3 pudesse fazer a transição facilmente, a linguagem de macro era muito diferente. Qualquer pessoa proficiente na gravação de macros no Lotus 1-2-3 que tentasse gravar algumas macros no Excel provavelmente falharia. Apesar de a linguagem VBA da Microsoft ser muito mais poderosa que a linguagem de macro do Lotus 1-2-3, a falha fundamental é que o gravador de macro não funciona ao usar as configurações padrões.

NESTE CAPÍTULO

O Poder do Excel	7
Dificuldades Iniciais	7
Conhecendo suas Ferramentas: A Guia Desenvolvedor	9
Entendendo Quais Tipos de Arquivo Permitem Macros	10
Segurança de Macro	12
Visão Geral da Gravação, Armazenamento e Execução de uma Macro	14
Executando uma Macro	16
Entendendo o VB Editor	19
Entendendo os Problemas do Gravador de Macro	21
Próximos Passos	32

Capítulo 1 | Libere o Poder do Excel com o VBA

Com o Lotus 1-2-3, você podia gravar uma macro hoje e reproduzir novamente amanhã, e iria funcionar perfeitamente. Ao tentar a mesma coisa no Microsoft Excel, a macro pode funcionar hoje, mas não amanhã. Em 1995, quando tentei gravar minha primeira macro em Excel, fiquei terrivelmente frustrado com isso. Neste livro, eu ensino três regras para tirar o máximo proveito do gravador de macros.

Ninguém no Time do Excel se Preocupa com o Gravador de Macro

Conforme a Microsoft adiciona novos recursos, o gerenciamento de projeto inicial para um recurso certifica-se de que o gravador de marco gravará algo quando você executar o comando. Nesta última década, o código gravado talvez funcione em algumas situações, mas ele não funciona em todas as situações com frequência. Se a Microsoft tivesse alguém que estivesse focado em criar um gravador de macro funcional, o código gravado poderia ser muito mais geral do que é atualmente.

Uma vez perguntei aos gerentes de projeto se eles tinham diretrizes para o gravador de macro. Perguntei a eles, "Você está tentando gravar um código que realmente funcionará ou está somente tentando revelar dois objetos e métodos para que a pessoa que grava o código tenha que pesquisar mais para descobrir como usar os comandos?" A resposta me fez acreditar que ninguém na Microsoft se importava com o gravador de macro.

Anteriormente, um comando poderia ser gravado em quaisquer das cinco formas e o código gravado funcionaria. Infelizmente, hoje em dia, se quiser usar o gravador de macro, deve-se tentar gravar a macro de diversas formas diferentes, até encontrar uma maneira confiável para que ele funcione.

Visual Basic Não É como BASIC

Vinte anos atrás, o código gerado pelo gravador de macro era diferente de tudo o que eu já tinha visto. Ele dizia que era "Visual Basic" (VB). Eu tive o prazer de aprender uma meia dúzia de linguagens de programação em momentos diferentes; essa linguagem de aparência estranha era terrivelmente contraintuitiva e não se parecia com a linguagem BASIC que eu havia aprendido na escola.

Para piorar as coisas, mesmo em 1995 eu já era o guru das planilhas no meu escritório. Minha companhia forçou todos a migrarem do Lotus 1-2-3 para o Excel, o que significou que tive que encarar um gravador de macros que não funcionava e uma linguagem que eu não conseguia entender. Essa não foi uma boa combinação de eventos.

Minha suposição ao escrever este livro é que você seja bem talentoso com uma planilha. E que provavelmente saiba mais do que 90% das pessoas em seu escritório. Também suponho que, mesmo que você não seja um programador, talvez já tenha tido alguma aula sobre isso. No entanto, saber BASIC não é um requisito — na verdade é uma barreira para entrar no grupo dos programadores VBA bem-sucedidos. Há uma boa chance de você ter gravado uma macro no Excel e uma chance similar de você não ter ficado feliz com o resultado.

Boas Notícias: Escalar a Curva de Aprendizado É Fácil

Mesmo que você tenha sido frustrado pelo gravador de macro, isso foi apenas um pequeno inconveniente na sua jornada para escrever programas poderosos em Excel. Este livro não apenas vai lhe ensinar o porquê das falhas do gravador de macros, mas também como transformar o código gravado em algo útil. Para todos os antigos programadores BASIC na plateia, vou decodificar o VBA de forma que seja possível facilmente olhar o código gravado e entender o que está acontecendo.

Ótimas Notícias: Excel com VBA Vale o Esforço

Apesar de você ter ficado frustrado com a Microsoft pela inabilidade de gravar macros no Excel, a ótima notícia é que o VBA do Excel é poderoso. Simplesmente qualquer coisa feita na interface do Excel pode ser duplicada com rapidez incrível no VBA do Excel. Se você estiver criando os mesmos relatórios manualmente, dia após dia ou semana após semana, o VBA do Excel vai otimizar enormemente essas tarefas.

Os autores desse livro trabalham para a MrExcel Consulting. Nesta função, já automatizamos relatórios para centenas de clientes. As histórias são frequentemente similares: o departamento de TI tem um registro de chamados para diversos meses. Alguém na contabilidade ou engenharia descobre que ele ou ela pode importar alguns dados para o Excel e conseguir os relatórios necessários para gerir os negócios. Este é um evento libertador — você não tem mais que esperar meses para que o departamento de TI escreva um programa. Entretanto, o problema é que depois de importar os dados no Excel e ganhar os cumprimentos do seu gerente por produzir o relatório, provavelmente vão pedir que você produza o mesmo relatório todo mês ou toda semana. Isso se torna entediante.

Assim, a ótima notícia é que, com algumas horas de programação em VBA, é possível automatizar o processo de geração do relatório e transformá-lo em alguns poucos cliques de botão. Então, fique comigo enquanto cobrimos um pouco do básico.

Este capítulo explica por que o gravador de macro não funciona. Ele também explica o passo a passo, através de um exemplo de código gravado, e demonstra por que ele vai funcionar hoje, mas não amanhã. Sei que o código que você vê nesse capítulo pode não ser familiar, mas está tudo certo. O objetivo deste capítulo é demonstrar o problema fundamental do gravador de macro. Você também aprende os fundamentos do ambiente Visual Basic.

Conhecendo suas Ferramentas: A Guia Desenvolvedor

Vamos começar com uma visão geral básica das ferramentas necessárias para usar o VBA. Por padrão, a Microsoft oculta as ferramentas de VBA. Você tem que executar os seguintes passos para mudar uma configuração para acessar a guia Desenvolvedor.

1. Clique com o botão direito na Faixa de Opções e selecione Personalizar Faixa de Opções.
2. Na caixa de listagem à direita, selecione o check box do Desenvolvedor. É o nono item.
3. Clique em OK para retornar ao Excel.

O Excel exibe a guia Desenvolvedor como mostra a Figura 1.1.

Figura 1.1
A guia Desenvolvedor fornece uma interface para executar e gravar macros.

O grupo Código da guia Desenvolvedor contém os ícones usados para gravar e executar as macros em VBA, conforme listados aqui:

- **Visual Basic** — Abre o Editor do Visual Basic.
- **Macros** — Exibe a caixa de diálogo Macro, onde é possível escolher executar ou editar uma macro de uma lista de macros.
- **Gravar Macro** — Inicia o processo de gravação de uma macro.
- **Usar Referências Relativas** — Alterna entre o uso de gravação relativa ou absoluta. Com gravação relativa, o Excel grava que você moveu três células para baixo. Com a gravação absoluta, o Excel grava que você selecionou a célula A4.
- **Segurança de Macro** — Acessa a Central de Confiabilidade, onde é possível escolher habilitar ou desabilitar a execução de macros neste computador.

O grupo Suplementos fornece ícones para gerenciar suplementos regulares e suplementos de COM.

O grupo Controles da guia Desenvolvedor contém um menu Inserir, onde é possível acessar uma variedade de controles de programação que podem ser colocados na planilha. Veja "Atribuindo uma Macro a um Controle de Formulário, Caixa de Texto ou Forma", mais à frente neste capítulo. Outros ícones neste grupo possibilitam que você trabalhe com controles embutidos na planilha. O botão Executar Caixa de Diálogo possibilita a exibição de uma caixa de diálogo personalizada ou userform projetada no VBA. Para saber mais sobre userforms, veja o Capítulo 10, "Userforms: Uma Introdução".

O grupo XML da guia Desenvolvedor contém ferramentas para importar e exportar documentos XML.

Entendendo Quais Tipos de Arquivo Permitem Macros

O Excel 2016 oferece suporte para quatro tipos de arquivos. As macros não têm permissão para serem armazenadas no tipo de arquivo .xlsx, e esse tipo de arquivo é o tipo de arquivo padrão! Você tem que usar o Salvar Como para todas as suas pastas de trabalho com macros ou mudar o tipo de arquivo padrão usado no Excel 2016.

Os tipos de arquivos disponíveis são os seguintes:

- **Pasta de Trabalho do Excel (.xlsx)** — Os arquivos são armazenados como uma série de objetos XML e depois zipados em um único arquivo. Isto cria arquivos significativamente menores. Permite também que outros aplicativos (até mesmo o Bloco de Notas!) editem ou criem pastas de trabalho do Excel. Infelizmente, as macros não podem ser armazenadas em arquivos com uma extensão .xlsx.
- **Pasta de Trabalho Habilitada para Macro do Excel (.xlsm)** — Este é similar ao formato padrão .xlsx, mas macros são permitidas. O conceito básico é que, se alguém tiver um

arquivo.xlsx, ele ou ela não precisará se preocupar com macros maliciosas. Entretanto, se virem um arquivo .xlsm, devem ficar cientes de que pode haver macros anexadas.

- **Pasta de Trabalho Binária do Excel (.xlsb)** — Este é um formato binário projetado para lidar com as mais de 1 milhão de linhas introduzidas no Excel 2007. Versões antigas do Excel armazenavam seus arquivos em um formato binário proprietário. Apesar de formatos binários poderem carregar mais rápido, eles estão mais sujeitos a se corromperem, e uns poucos bits perdidos podem destruir o arquivo inteiro. As macros são permitidas nesse formato.

- **Pasta de Trabalho do Excel 97-2003 (.xls)** — Esse formato produz arquivos que podem ser lidos por qualquer um usando versões antigas do Excel. As macros são permitidas nesse formato binário; entretanto, quando você salva nesse formato, perde acesso a quaisquer células fora de A1:IV65536. Além disso, se alguém abrir o arquivo no Excel 2003, perderá acesso a qualquer coisa que tenha usado características introduzidas no Excel 2007 ou mais recentes.

Para evitar ter que escolher uma pasta de trabalho com macros habilitadas na caixa de diálogo Salvar Como, é possível personalizar a sua cópia do Excel para sempre salvar novos arquivos no formato .xlsm, seguindo os seguintes passos:

1. Clique no menu Arquivo e selecione em Opções.
2. Na caixa de diálogo Opções do Excel, selecione a categoria Salvar no painel de navegação à esquerda.
3. Abra Salvar Arquivos Neste Formato e selecione Pasta de Trabalho Habilitada para Macro do Excel (*.xlsm). Clique em OK.

> **NOTA**
>
> Apesar de você e eu não termos medo de usar macros, tenho encontrado algumas pessoas que parecem surtar quando veem a extensão .xlsm. Elas chegam a ficar nervosas se eu lhes envio um arquivo .xlsm que não tenha macros. A reação delas parece sair da fala do Rei Arthur, em *Monty Python em Busca do Cálice Sagrado*: "Você me assustou!". O Gmail do Google entrou para esse time, se recusando a mostrar uma preview de quaisquer anexos enviados no formato .xlsm.
>
> Se você encontrar alguém que pareça ter medo do tipo .xlsm, lembre-o destes pontos:
>
> - Toda pasta de trabalho criada nos últimos 30 anos poderia ter macros, mas, na verdade, a maioria não tem.
>
> - Se alguém estiver tentando evitar macros, deveria usar as configurações de segurança para prevenir as macros de serem executadas de qualquer maneira. Ainda assim, elas podem abrir o arquivo .xlsm para obter os dados da planilha.
>
> Com estes argumentos, espero que você possa superar quaisquer medos da extensão .xlsm, de forma que ele possa ser seu tipo de arquivo padrão.

Segurança de Macro

Depois que macros VBA foram utilizadas como método de ataque do vírus Melissa, a Microsoft mudou as configurações padrão de segurança para prevenir que as macros fossem executadas. Assim sendo, antes que possamos discutir a gravação de macros, precisamos lhe mostrar como ajustar as configurações padrão.

No Excel 2016, é possível ajustar as configurações de segurança em nível global ou controlar as configurações de macro para certas pastas de trabalho, salvando-as em um local de confiança. Quaisquer pastas de trabalho armazenadas em uma pasta que tenha sido marcada como um local de confiança vai ter suas macros automaticamente habilitadas.

Você pode encontrar as configurações de segurança para macros sob o ícone Segurança de Macro na guia Desenvolvedor. Ao clicar neste ícone, a categoria Configurações de Macros da Central de Confiabilidade é exibida. Você pode usar a barra de navegação à esquerda da caixa de diálogo para acessar a lista Locais Confiáveis

Adicionando um Local Confiável

É possível escolher armazenar suas pastas de trabalho com macros em uma pasta que esteja marcada como um local confiável. Qualquer pasta de trabalho armazenada em uma pasta confiável terá suas macros habilitadas. A Microsoft sugere que um local confiável deva estar no seu HD. A configuração padrão é que você não pode confiar em um local que esteja na rede.

Para especificar um local confiável, siga estes passos:

1. Clique em Segurança de Macro na guia Desenvolvedor.
2. Clique em Locais Confiáveis no painel de navegação à esquerda da Central de Confiabilidade.
3. Se você quiser confiar num local na rede, marque Permitir Locais Confiáveis na Minha Rede.
4. Clique no botão Adicionar Novo Local. O Excel exibe a caixa de diálogo Local Confiável do Microsoft Office (veja a Figura 1.2).
5. Clique no botão Procurar. O Excel exibe a caixa de diálogo Procurar.
6. Navegue até a pasta que contém a pasta que você quer que seja um local confiável. Clique na pasta confiável. Apesar de o nome completo da pasta não aparecer no campo Nome da Pasta, clique em OK. O nome correto da pasta vai aparecer na caixa de diálogo Procurar.
7. Se você quiser confiar nas subpastas da pasta selecionada, marque Subpastas Deste Local Também São Confiáveis..
8. Clique em OK para adicionar a pasta à lista Locais Confiáveis.

> **CUIDADO**
>
> Use de cautela ao selecionar um local confiável. Ao dar um duplo clique em uma planilha do Excel anexada a um e-mail, o Outlook armazena o arquivo em um diretório temporário do seu drive C:. Você não vai querer adicionar globalmente o C:\ e todas as suas subpastas à lista Locais Confiáveis.

Figura 1.2
Gerencie as pastas confiáveis na categoria Locais Confiáveis da Central de Confiabilidade.

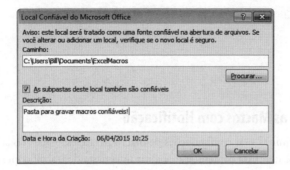

Usando as Configurações de Macro para Habilitar Macros em Pastas de Trabalho Fora de Locais Confiáveis

Para todas as macros não armazenadas em um local confiável, o Excel confia nas configurações de macro. As configurações Baixa, Média, Alta e Muito Alta, que eram familiares no Excel 2003, foram renomeadas.

Para acessar as configurações de macros, clique em Configurações de Macro, na guia Desenvolvedor. O Excel exibe a categoria Configurações de Macro da caixa de diálogo Central de Confiabilidade. Marque a segunda opção, Desabilitar Todas as Macros com Notificação. Segue uma descrição de cada opção:

- **Desabilitar Todas as Macros sem Notificação** — Esta configuração impede que qualquer macro seja executada. É indicada para pessoas que nunca têm a intenção de executar macros. Como você está atualmente segurando um livro que lhe ensina como usar macros, supõe-se que esta configuração não seja para você. Esta configuração é, grosso modo, equivalente à configuração Segurança Muito Alta do Excel 2003. Com essa configuração, apenas macros nas pastas Locais Confiáveis podem ser executadas.

- **Desabilitar Todas as Macros com Notificação** — As palavras essenciais nesta configuração são "com notificação". Isto significa que você vê uma notificação quando abre um arquivo com macros e você pode escolher habilitar o conteúdo. Se você ignorar a notificação, as macros permanecem desabilitadas. Essa configuração é similar à segurança Média no Excel 2003 e é a recomendada. No Excel 2016, uma mensagem é exibida na área de mensagem indicando que as macros foram desabilitadas. Você pode escolher habilitar o conteúdo clicando na opção correspondente, como mostrado na Figura 1.3.

- **Desabilitar Todas as Macros, Exceto as digitalmente assinadas** — Essa configuração requer que você obtenha uma ferramenta de assinatura digital da VeriSign ou de outro fornecedor. Isso pode ser apropriado se você for vender módulos suplementares (add-ins) para outros, mas é um pouco de exagero se for escrever macros apenas para seu próprio uso.

- **Habilitar Todas as Macros (Não Recomendado: Códigos Possivelmente Perigosos Podem Ser Executados)** — Essa configuração é similar ao nível baixo de segurança de macro do Excel 2003. Apesar de menos trabalhosa, ela também abre seu computador para ataques de vírus do tipo Melissa. A Microsoft sugere que você não use essa configuração.

Figura 1.3
Abra uma pasta de trabalho contendo macros usando a configuração Desabilitar Todas as Macros com Notificação para habilitar as macros.

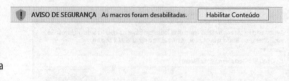

Desabilitando Todas as Macros com Notificação

É recomendado definir as suas configurações de macro para Desabilitar Todas as Macros com Notificação. Se você usar essa configuração e abrir uma pasta de trabalho que contenha macros, verá um Aviso de Segurança na área, logo acima da barra de fórmulas. Suponho que você esteja esperando macros nessa pasta de trabalho, clique em Habilitar Conteúdo. Caso não queira habilitar macros para a pasta de trabalho atual, descarte o Aviso de Segurança clicando no X, no canto direito da barra de mensagem.

Se você se esquecer de habilitar as macros e tentar executar uma delas, o Excel indicará que não é possível executá-la, porque todas foram desabilitadas. Se isso ocorrer, feche a pasta de trabalho e abra-a novamente para acessar a barra de mensagens de novo.

CUIDADO

Depois que habilitar as macros em uma pasta de trabalho armazenada em um HD local e então salvar a pasta de trabalho, o Excel vai se lembrar de que você previamente habilitou as macros nessa pasta de trabalho. Da próxima vez que você reabrir essa pasta de trabalho, as macros serão automaticamente habilitadas.

Visão Geral da Gravação, Armazenamento e Execução de uma Macro

Gravar uma macro é útil quando não se tem experiência em escrever linhas de código em uma macro. À medida que você ganha mais conhecimento e experiência, vai começar a gravar linhas de código com menos frequência.

Para começar a gravar uma macro, vá em Gravar Macro na guia Desenvolvedor. Antes de a gravação começar, o Excel exibe a caixa de diálogo Gravar Macro, como mostrado na Figura 1.4.

Figura 1.4
Use a caixa de diálogo Gravar Macro para atribuir um nome e uma tecla de atalho à macro sendo gravada.

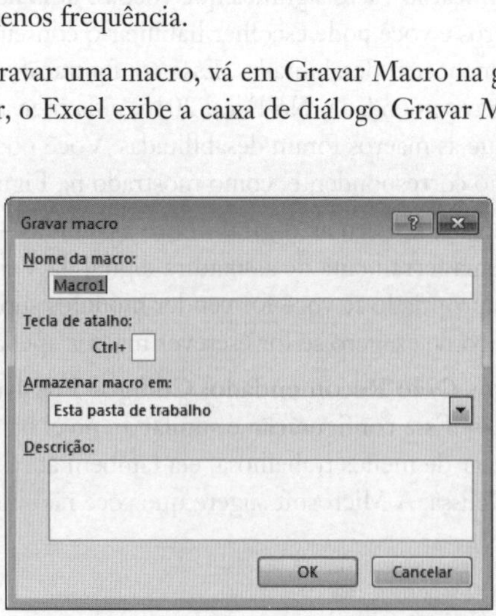

Preenchendo a Caixa de Diálogo Gravar Macro

No campo Nome da Macro, digite um nome para a macro. Certifique-se de usar caracteres contínuos. Por exemplo, digite **Macro1**, sem espaço, e não **Macro 1**. Supondo que você logo vai criar muitas macros, use nomes significativos para a macro. Um nome como FormatarRelatorio é muito mais útil que Macro1.

O segundo campo na caixa de diálogo Gravar Macro é uma tecla de atalho. Ao digitar J nesse campo e depois pressionar Ctrl+J, essa macro é executada. Tenha cuidado, entretanto, pois do Ctrl+A até Ctrl+Z (Exceto Ctrl+J e Ctrl+M) já estão todas associadas a outras tarefas no Excel. Se você atribui uma macro ao Ctrl+N, você não será mais capaz de usar Ctrl+N para negrito. Uma alternativa é atribuir as macros aos atalhos Ctrl+Shift+A até Ctrl+Shift+Z. Para atribuir uma macro ao Ctrl+Shift+A, você deve digitar Shift+A na caixa de atalho.[1]

> **CUIDADO**
> Você pode reutilizar uma tecla de atalho para uma macro. Se você atribuir uma macro a Ctrl+C, o Excel vai executar sua macro em vez de realizar a ação normal de copiar.

Na caixa de diálogo Gravar Macro, escolha onde quer salvar a macro quando ela for gravada: Pasta de Trabalho Pessoal de Macros, Nova Pasta de Trabalho, Esta Pasta de Trabalho. É recomendável que você armazene as macros relacionadas a determinada pasta de trabalho em Esta Pasta de Trabalho.

A Pasta de Trabalho Pessoal de Macros (Personal.xlsm) não é uma pasta de trabalho visível; ela é criada se você escolher salvar a gravação em Pasta de Trabalho Pessoal de Macros. Esta pasta é usada para salvar uma macro em uma pasta de trabalho que vai abrir automaticamente ao iniciar o Excel, possibilitando que você use a macro. Depois de o Excel ser iniciado, a pasta de trabalho é ocultada. Se quiser exibi-la, selecione Reexibir na guia Exibir.

> **DICA**
> Não é recomendável utilizar a pasta de trabalho pessoal para cada macro que salvar. Salve apenas aquelas macros que lhe ajudam em tarefas gerais — não as que são realizadas em uma pasta de trabalho ou planilha específica.

O quarto campo na caixa de diálogo Gravar Macro é para dar uma descrição. Essa descrição é incluída como um comentário no início da sua macro.

Depois de selecionar o local onde deseja armazenar a macro, clique em OK. Grave sua macro. Para este exemplo, digite **Alô Mundo** na célula ativa e pressione Ctrl+Enter para aceitar a

---
[1] NRT: Se o seu Caps Lock (fixa) estiver ligado, será o inverso.

16 Capítulo 1 | Libere o Poder do Excel com o VBA

> **DICA** Também é possível acessar o ícone Parar Gravação no canto inferior esquerdo da janela do Excel. Procure por um pequeno quadrado branco, à direita da palavra Pronto, na barra de status. Usar este botão pode ser mais conveniente do que retornar à guia Desenvolvedor. Depois de gravar sua primeira macro, esta área vai normalmente ter um ícone Gravar Macro, que é um pequeno ponto em uma planilha do Excel.

entrada e permanecer na mesma célula. Ao terminar de gravá-la, clique no ícone Parar Gravação da guia Desenvolvedor.

Executando uma Macro

Se você atribuiu um atalho à sua macro, pode executá-la pressionando a combinação de teclas. As macros podem também ser atribuídas a botões na Faixa de Opções ou Barra de Ferramentas de Acesso Rápido, controles de formulários, objetos de desenho, ou você pode executá-las a partir da barra de ferramentas do Visual Basic.

Criando um Botão para a Macro na Faixa de Opções

É possível adicionar um ícone a um novo grupo na sua Faixa de Opções para executar a sua macro. Isso é apropriado para macros armazenadas na Pasta de Trabalho Pessoal de Macros. Os ícones adicionados à Faixa de Opções ainda estão habilitados mesmo quando a pasta de trabalho da sua macro não esteja aberta. Se você clicar no ícone quando a pasta de trabalho da macro não está aberta, o Excel abre a pasta de trabalho e o executa. Siga esses passos para adicionar um botão para a macro na Faixa de Opções:

1. Clique com o botão direito na Faixa de Opções e selecione Personalizar Faixa de Opções.
2. Na caixa de listagem à direita, escolha o nome da guia onde quer adicionar um ícone.
3. Clique no botão Novo Grupo, abaixo da caixa de listagem da direita. O Excel adiciona uma entrada chamada Novo Grupo (Personalizado) no fim dos grupos daquela guia da faixa de opções.
4. Para mover o grupo para a esquerda na guia da Faixa de opções, clique diversas vezes no ícone da seta para cima à direita da caixa de diálogo.
5. Para renomear o grupo, clique no botão Renomear. Digite um novo rótulo, tal como **Relatório de Macro**. Clique em OK. O Excel vai mostrar o grupo na caixa de listagem como Relatórios de Macros (Personalizado). Repare que a palavra *Personalizado* não vai aparecer na Faixa de Opções.
6. Abra a caixa de combinação do canto superior esquerdo e escolha Macros dessa lista. A categoria Macros é a quarta da lista. O Excel exibe uma lista de macros disponíveis na caixa de listagem da esquerda.
7. Escolha uma macro da caixa de listagem à esquerda. Clique no botão Adicionar no centro da caixa de diálogo. O Excel move o macro para a caixa de listagem da direita no grupo selecionado. O Excel usa um ícone VBA genérico para todas as macros.
8. Clique na macro na caixa de listagem da direita. Clique no botão Renomear, na parte de baixo da caixa. O Excel exibe uma lista de 180 ícones possíveis. Escolha um. Após isso, digite um nome para o ícone, tal como Formatar Relatório.

9. Você pode mover o grupo Relatório de Macros para uma nova posição na guia Faixa de Opções. Clique em Relatório de Macros (Personalizar) e use as setas para cima e para baixo à direita da caixa de diálogo.
10. Clique em OK para fechar as opções do Excel. O novo botão aparece na guia selecionada da Faixa de Opções.

Criando um Botão para a Macro na Barra de Ferramentas de Acesso Rápido

É possível adicionar um ícone na barra de ferramentas de Acesso Rápido para executar a sua macro. Se a macro estiver armazenada na Pasta de Trabalho Pessoal de Macros, você pode ter um botão permanentemente exibido na barra de ferramentas de Acesso Rápido. Se a macro estiver armazenada na pasta de trabalho atual, você pode especificar que o ícone deve aparecer apenas quando a pasta de trabalho for aberta. Siga esses passos para adicionar um botão de macro na barra de ferramentas de Acesso Rápido:

1. Clique com o botão direito na Barra de Ferramentas de Acesso Rápido e selecione Personalizar Barra de Ferramentas de Acesso Rápido.
2. Se for necessário que a macro esteja disponível apenas quando a pasta de trabalho atual estiver aberta, abra a caixa de combinação superior direita e mude de Para Todos os Documentos (Padrão) para Para *NomeDoArquivo.xlsm*. Quaisquer ícones associados com a pasta de trabalho atual serão exibidos no final da barra de ferramentas de Acesso Rápido.
3. Abra a caixa de combinação superior esquerda e selecione Macros na lista. A categoria Macros é a quarta da lista. O Excel exibe uma lista de macros disponíveis na caixa de listagem da esquerda.
4. Escolha uma macro da caixa de listagem da esquerda. Clique no botão Adicionar, no centro da caixa de diálogo. O Excel move a macro para a caixa de listagem da direita. O Excel usa um ícone VBA genérico para todas as macros.
5. Clique na macro, na caixa de listagem da direita. Clique no botão Modificar, na parte de baixo da caixa de listagem. O Excel exibe uma lista de 180 ícones possíveis (veja a Figura 1.5). Escolha um ícone a partir da lista. Na caixa de Nome para Exibição, substitua o nome da macro pelo nome que você quer que apareça como dica de tela para o ícone.

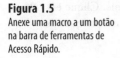

Figura 1.5
Anexe uma macro a um botão na barra de ferramentas de Acesso Rápido.

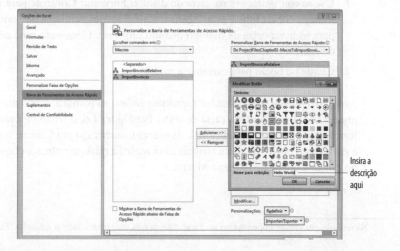

Insira a descrição aqui

18 Capítulo 1 | Libere o Poder do Excel com o VBA

6. Clique em OK para fechar a caixa de diálogo Modificar Botão.

7. Clique em OK para fechar as Opções do Excel. O novo botão aparece na barra de ferramentas de Acesso Rápido.

Atribuindo uma Macro a um Controle de Formulário, Caixa de Texto ou Forma

Se você quiser criar uma macro específica para uma pasta de trabalho, armazene a macro na pasta de trabalho e anexe-a a um controle de formulário ou qualquer objeto na planilha.

Siga esses passos para anexar uma macro a um controle de formulário na planilha:

1. Na guia Desenvolvedor, clique no botão Inserir para abrir a lista dele. O Excel oferece 12 Controles de Formulário e 12 Controles ActiveX. Os controles de formulário estão em cima e os controles ActiveX estão embaixo. A maioria dos ícones na seção ActiveX parece idêntica aos ícones da seção Controles de Formulário. Clique no ícone Botão (Controle de Formulário), no canto superior esquerdo da lista Inserir.

2. Mova o cursor sobre a planilha; o cursor muda para um sinal de mais.

3. Desenhe um botão na planilha, clicando e segurando o botão esquerdo do mouse enquanto desenha uma forma retangular. Solte o botão quando terminar.

4. Escolha uma macro da caixa de diálogo Atribuir Macro e clique em OK. O botão é criado com um texto genérico, tipo Botão 1.

5. Digite um novo rótulo para o botão. Observe que, enquanto digita, a borda de seleção ao redor do botão muda de pontos para linhas diagonais*, para indicar que você está no modo Editar Texto. Não é possível mudar a cor do botão no modo Editar Texto. Para sair do modo Editar Texto, clique nas linhas em diagonal para mudá-las para pontos ou, novamente, dê um Ctrl+Clique no botão para selecioná-lo de novo. Perceba que, se você acidentalmente clicar fora do botão, você deve dar um Ctrl+clique no botão para selecioná-lo. Então, arraste o cursor sobre o texto no botão para selecionar o texto.

6. Clique com o botão direito nos pontos ao redor do botão e selecione Formatar Controle. O Excel exibe a caixa de diálogo Formatar Controle, com sete guias ao longo do topo. Se a caixa de diálogo Formatar Controle tiver apenas a guia Fonte, você falhou ao sair do modo Editar Texto. Se isto ocorreu, feche a caixa de diálogo, dê um Ctrl+clique no botão e repita esse passo.

7. Use as configurações na caixa de diálogo Formatar Controle para mudar o tamanho da fonte, a cor da fonte, as margens e configurações similares do controle. Clique em OK para fechar a caixa de diálogo quando terminar. Clique em uma célula qualquer para desmarcar o botão.

8. Clique no botão para executar a macro.

As macros podem ser atribuídas a qualquer objeto na planilha, como um Clipart, uma forma, imagens SmartArt ou uma caixa de texto. Na Figura 1.6, o botão de cima é um botão de formulário de controle tradicional. As outras imagens são um Clipart, uma forma com Word Art e um gráfico SmartArt. Para atribuir uma macro a qualquer objeto, clique com o botão direito no objeto e selecione Atribuir Macro.

---

* N. E.: Na verdade, este efeito é imperceptível no Excel 2016, porém você pode observar a palavra "Edita" na barra de status.

Figura 1.6
Atribuindo uma macro a um controle de formulário ou a um objeto apropriado para macros armazenado na mesma pasta de trabalho que o controle. É possível atribuir uma macro a quaisquer desses objetos.

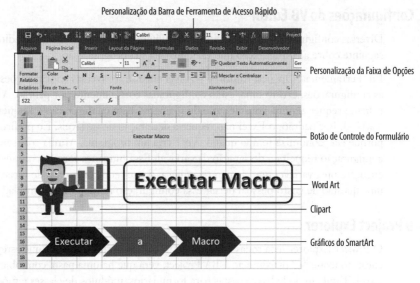

Entendendo o VB Editor

Se você quer editar sua macro gravada, tem que fazer isto no VB Editor. Aperte Alt+F11 ou use o ícone Visual Basic na guia Desenvolvedor.

A Figura 1.7 mostra um exemplo de uma tela típica do VB Editor. Você pode ver três janelas: a Project Explorer, a janela Propriedades e a janela de Programação. Não se preocupe se a sua janela não for exatamente igual a essa, porque você vai aprender como exibir as janelas que precisar nesta revisão do editor.

Figura 1.7
A janela VB Editor.

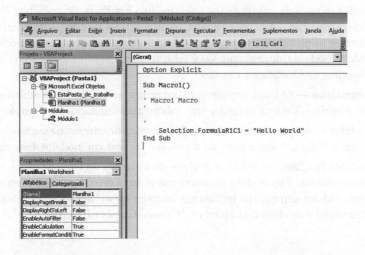

20 Capítulo 1 | Libere o Poder do Excel com o VBA

Configurações do VB Editor

Diversas configurações no VB Editor possibilitam a personalização desse editor. A subseção seguinte cobre a configuração que vai ajudar na sua programação.

Em Ferramentas, Opções, Editor, é possível encontrar diversas configurações úteis. Todas as configurações, exceto uma, estão configuradas corretamente por padrão. A configuração restante requer alguma consideração de sua parte. Esta configuração é Requerer Declaração de Variável. Por padrão, o Excel não requer a declaração de variáveis. Eu prefiro esta configuração porque ela economiza tempo quando você cria um programa. Minha coautora prefere que esta configuração requeira a declaração da variável. Essa mudança força o compilador a parar caso encontre uma variável que ele não reconheça, o que reduz os nomes de variáveis mal escritos. É uma questão de gosto pessoal deixar essa configuração ativada ou desativada.*

O Project Explorer

O Project Explorer lista todas as pastas de trabalho abertas e add-ins que estejam carregados. Ao clicar no ícone "+" próximo ao VBA Project, verá que há uma pasta com objetos do Microsoft Excel. Também pode haver pastas para formulários, módulos de classes e módulos padrão. Cada pasta inclui um ou mais componentes individuais.

Clicar com o botão direito em um componente e selecionar Exibir Código, ou simplesmente dar um duplo clique nos componentes, traz qualquer código para a janela Programação. A exceção são os userforms, onde um duplo clique exibe o userform no modo de exibição Design.

Para exibir a janela Project Explorer, vá em Exibir, Project Explorer, ou pressione Ctrl+R ou clique no ícone do Project Explorer na barra de ferramentas, situado entre o ícone Modo de Criação e o ícone Janela Propriedades.

Para inserir um módulo, clique com o botão direito, selecione Inserir e, em seguida, escolha o tipo de módulo que deseja. Os módulos disponíveis são os seguintes:

- **Objetos Microsoft Excel** — Por padrão, um projeto consiste de módulos para cada planilha na pasta de trabalho e um único módulo EstaPasta_de_trabalho (ThisWorkbook). Códigos específicos para uma planilha, como controles ou eventos de planilha, são colocados na planilha correspondente. Eventos de pastas de trabalho são colocados no módulo EstaPasta_de_trabalho. Você vai aprender mais sobre eventos no Capítulo 7, "Programação Orientada a Eventos".

- **Formulários** — O Excel permite que você projete seus próprios formulários para interagir com o usuário. Você vai aprender mais sobre estes formulários no Capítulo 10.

- **Módulos** — Ao gravar uma macro, o Excel automaticamente cria um módulo no qual colocar o código. A maior parte do seu código vai ficar em módulos desse tipo.

- **Módulos de Classe** — Módulos de classe são a maneira do Excel de deixar você criar seus próprios objetos. Eles também permitem que pedaços do código sejam compartilhados entre programadores sem que eles tenham que entender como funcionam. Você vai aprender mais sobre módulos de classe no Capítulo 9, "Criando Classes e Coleções".

---

* N.E.: A declaração obrigatória de variáveis é altamente recomendável para uma boa programação, pois evita que uma variável digitada incorretamente seja interpretada como uma nova variável vazia, o que poderia levar a cálculos incorretos e erros difíceis de serem detectados. Veja outras vantagens na página 83.

A Janela Propriedades

A janela Propriedades possibilita a edição das propriedades de vários componentes, tais como planilhas, pastas de trabalho, módulos e controles de formulário. A lista Propriedade varia de acordo com o componente selecionado. Para exibir esta janela, selecione Exibição, Janela Propriedades no menu, pressione F4 ou clique no ícone Janela Propriedades na barra de ferramentas.

Entendendo os Problemas do Gravador de Macro

Suponha que você trabalhe em um departamento de contabilidade. Cada dia você recebe um arquivo de texto do sistema da companhia mostrando todas as vendas do dia anterior. Esse arquivo de texto tem vírgulas separando cada campo. As colunas no arquivo são InvDate, InvNbr, RepNbr, CustNbr, ProdRevenue, ServRevenue, ProdCost (veja a Figura 1.8).

Figura 1.8
O Arquivo Invoice.txt.

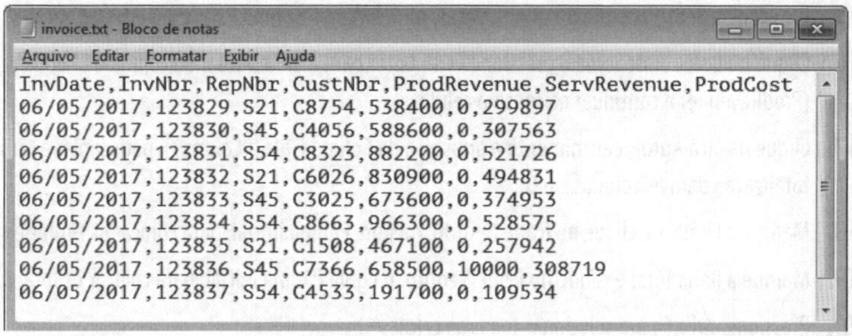

A cada manhã, você manualmente importa este arquivo no Excel. Você inclui uma linha de totalização nos dados, formata os títulos em negrito e depois imprime o relatório para distribuir para alguns gerentes.

Este parece um processo simples, que seria idealmente apto para o uso do gravador de macros. Entretanto, devido a alguns problemas com o gravador de macros, suas primeiras tentativas podem não ser bem-sucedidas. O estudo de caso seguinte explica como superar esses problemas.

ESTUDO DE CASO: PREPARANDO PARA GRAVAR A MACRO

A tarefa mencionada na seção anterior é perfeita para uma macro. Entretanto, antes de você gravar uma macro, pense nos passos que vai dar. Neste caso, os passos a serem dados são os seguintes:[1]

1. Clique no menu Arquivo e selecione Abrir.
2. Navegue até a pasta onde o arquivo Fatura.txt está armazenado.
3. Selecione Todos os Arquivos, na lista de Tipos de Arquivos[2].
4. Selecione Invoice.txt.
5. Clique em Abrir.

---

[1] N.E.: Antes de começar, abra a pasta dos arquivos do livro e renomeie Invoice.txt para Invoice2.txt. Em seguida, renomeie Invoice2.txt para Invoice.txt.
[2] N.E.: Na direita, onde aparece inicialmente "Todos os Arquivos do Excel".

Capítulo 1 | Libere o Poder do Excel com o VBA

6. No Assistente de Importação de Texto — Passo 1 de 3, selecione Delimitado, na seção Tipo de Dados Originais.
7. Clique em Avançar.
8. No Assistente de Importação de Texto — Passo 2 de 3, desmarque Tabulação e selecione Vírgula, na seção Delimitadores.
9. Clique em Avançar.
10. No Assistente de Importação de Texto — Passo 3 de 3, selecione Geral na seção Formato dos Dados da Coluna e mude-a para Data:MDA.[3]
11. Clique em Concluir para importar o arquivo.
12. Pressione a tecla End, seguida de Seta-Para-Baixo, para mover-se para a última linha de dados.
13. Pressione a Seta-Para-Baixo mais uma vez, para ir para a linha de totalização.
14. Digite a palavra **Total**.
15. Pressione a Seta-Para-Direita quatro vezes, para ir para a Coluna E da linha de totalização.
16. Clique no botão AutoSoma e pressione Ctrl+Enter para incluir o total da coluna de Renda do Produto (ProdRevenue) e continuar na mesma célula.
17. Clique na alça AutoPreenchimento e arraste-a da Coluna E até a Coluna G, para copiar a fórmula de totalização para as colunas F e G.
18. Marque a Linha 1 e clique no ícone Negrito, na guia Página Inicial, para colocar os títulos em negrito.
19. Marque a linha Total e clique no ícone Negrito, na guia Página Inicial, para colocar os totais em negrito.
20. Pressione Ctrl+* para selecionar todas as células[4].
21. Na guia Página Inicial, selecione Formatar, AutoAjuste da Largura da Coluna.

Depois de ter treinado estes passos na sua cabeça, você está pronto para gravar a sua primeira macro. Abra uma pasta de trabalho em branco e salve-a com um nome como MacroParaImportarFatura.xlsm. Clique no botão Gravar Macro na guia Desenvolvedor.

Na caixa de diálogo Gravar Macro, o nome padrão da macro é Macro1. Mude para algo descritivo, como `ImportarFatura`. Certifique-se de que as macros sejam armazenadas em Esta Pasta de Trabalho. Você talvez queira uma maneira fácil de executar essa macro mais tarde, então insira a letra i no campo Tecla de Atalho. No campo Descrição, insira um pequeno texto descritivo para dizer o que a macro está fazendo (veja a Figura 1.9). Clique em OK quando estiver pronto.

Figura 1.9
Antes de gravar a macro, preencha a caixa de diálogo Gravar Macro.

---

[3] NRT: Formato mês, dia e ano.
[4] NRT: Ctrl + Shift + 8, se não tiver o teclado numérico.

Gravando a Macro

O gravador de macros agora está registrando cada movimento que você fizer. Por este motivo, execute cada passo na ordem exata sem ações que não se relacionem à tarefa. Se você se mover sem querer para a Coluna F, digitar um valor, limpar o valor e depois voltar para a Coluna E para digitar o primeiro total, a macro gravada repetirá cegamente os mesmos passos errados de novo, de novo e de novo. As macros gravadas são executadas rapidamente, mas não há motivo para assistir ao gravador de macros repetir seus erros indefinidamente.

Cuidadosamente, execute todas as ações necessárias para produzir o relatório. Depois de ter dado o passo final, clique no botão Parar Gravação, na guia Desenvolvedor da Faixa de Opções.

Examinando o Código na Janela de Programação

Vamos examinar o código que você acabou de gravar no estudo de caso. Não se preocupe se ele não fizer sentido ainda.

Para abrir o VB Editor, pressione Alt+F11. No seu projeto VBA (MacroParaImportarFatura.xlsm), encontre o componente Módulo1, clique com o botão direito no módulo e selecione Exibir Código. Perceba que algumas linhas começam com um apóstrofo — elas são comentários e são ignoradas pelo programa. O gravador de macros começa as macros com alguns comentários, usando a descrição que você inseriu na caixa de diálogo Gravar Macro. O Comentário sobre o Atalho do Teclado está ali para lembrar você do atalho.

> **NOTA** O comentário *não* atribui o atalho. Se você alterar o comentário para ser Ctrl+J, ele não vai mudar o atalho. É necessário alterar essa definição na caixa de diálogo Macro no Excel ou executar esta linha de código:
>
> ```
> Application.MacroOptions Macro:="ImportarFatura", _
>     Description:="", ShortcutKey:="j"
> ```

O código de macros gravadas geralmente é bem limpo (veja a Figura 1.10). Cada linha que não seja de comentário é indentada em quatro caracteres. Se uma linha for maior do que 100 caracteres, o gravador a quebra em múltiplas linhas e indenta as linhas em quatro caracteres adicionais. Para continuar uma linha de código, digite um espaço e um sublinhado (_) no fim da linha. Não se esqueça do atalho antes do sublinhado. Usar um sublinhado sem o espaço precedente causa um erro.

> **NOTA** Observe que as limitações físicas desse livro não permitem 100 caracteres em uma única linha. Assim, as linhas serão quebradas em 80 caracteres de forma que elas caibam em uma página. Por essa razão, sua macro gravada pode parecer um pouco diferente daquelas que aparecem neste livro.

24 Capítulo 1 | Libere o Poder do Excel com o VBA

Figura 1.10

A macro gravada é clara ao olhar e bem indentada.

```
Sub ImportarFatura()
'
' ImportarFatura Macro
' Importa invoice.txt, adiciona linha de total e formata.
'
' Keyboard Shortcut: Ctrl+i
'
    Workbooks.OpenText Filename:="G:\2016VBA\SampleFiles\invoice.txt", _
        Origin:=437, StartRow:=1, DataType:=xlDelimited, TextQualifier:= _
        xlDoubleQuote, ConsecutiveDelimiter:=False, Tab:=False, Semicolon:=False _
        , Comma:=True, Space:=False, Other:=False, FieldInfo:=Array(Array(1, 3), _
        Array(2, 1), Array(3, 1), Array(4, 1), Array(5, 1), Array(6, 1), Array(7, 1)), _
        TrailingMinusNumbers:=True
    Selection.End(xlDown).Select
    Range("A11").Select
    ActiveCell.FormulaR1C1 = "Total"
    Range("E11").Select
    Selection.FormulaR1C1 = "=SUM(R[-9]C:R[-1]C)"
    Selection.AutoFill Destination:=Range("E11:G11"), Type:=xlFillDefault
    Range("E11:G11").Select
    Rows("1:1").Select
    Selection.Font.Bold = True
    Rows("11:11").Select
    Selection.Font.Bold = True
    Selection.CurrentRegion.Select
    Selection.Columns.AutoFit
End Sub
```

Considere que as seguintes sete linhas do código gravado são na verdade uma única linha de código que foi quebrada em diversas linhas para melhorar a legibilidade:

```
Workbooks.OpenText Filename:="C:\somepath\invoice.txt", _
    Origin:=437, StartRow:=1, DataType:=xlDelimited, _
    TextQualifier:=xlDoubleQuote, ConsecutiveDelimiter:=False, _
    Tab:=True, Semicolon:=False, Comma:=True, Space:=False, _
    Other:=False, FieldInfo:=Array(Array(1, 3), Array(2, 1), _
    Array(3, 1), Array(4, 1), Array(5, 1), Array(6, 1), _
    Array(7, 1)), TrailingMinusNumbers:=True
```

Contando isso como uma linha, o gravador de macros foi capaz de gravar nosso processo de 21 passos em 15 linhas de código, o que é bastante impressionante.

> **NOTA** Cada ação realizada na interface do usuário do Excel pode ser equivalente a uma ou mais linhas do código gravado. Algumas ações podem gerar uma dúzia de linhas de código.

Teste Cada Macro

É sempre bom testar as macros. Para testar sua nova macro, retorne para a interface normal do Excel pressionando Alt+F11. Feche o Invoice.txt sem salvar nenhuma mudança. O 01-MacroParaImportarFatura.xlsm ainda está aberto.

Pressione Ctrl+I para executar a macro gravada. Ela deve funcionar direito se você executou os passos corretamente. Os dados estão importados, os totais estão incluídos, a formatação em negrito é aplicada e as colunas estão alargadas. Esta parece a solução perfeita (veja a Figura 1.11).

Figura 1.11
A macro formata os dados na planilha.

	A	B	C	D	E	F	G
1	InvDate	InvNbr	RepNbr	CustNbr	ProdRevenue	ServRevenue	ProdCost
2	05/06/2017	123829	S21	C8754	538400	0	299897
3	05/06/2017	123830	S45	C4056	588600	0	307563
4	05/06/2017	123831	S54	C8323	882200	0	521726
5	05/06/2017	123832	S21	C6026	830900	0	494831
6	05/06/2017	123833	S45	C3025	673600	0	374953
7	05/06/2017	123834	S54	C8663	966300	0	528575
8	05/06/2017	123835	S21	C1508	467100	0	257942
9	05/06/2017	123836	S45	C7366	658500	10000	308719
10	05/06/2017	123837	S54	C4533	191700	0	109534
11	Total				5797300	10000	3203740
12							

Executar a Macro em Outro Dia Produz Resultados Indesejáveis

Depois de testar a macro, salve o arquivo da macro para usar em um outro dia. No dia seguinte, depois de receber um novo arquivo Invoice.txt do sistema, você abre a macro, pressiona Ctrl+I para executá-la e o desastre acontece. Os dados de 5 de junho tinham nove faturas, enquanto que os dados de 6 de junho tinham 17 faturas. Entretanto, a macro gravada cegamente adicionou os totais na Linha 11, porque foi ali que você colocou os totais quando a gravou (veja a Figura 1.12).

Para os que estão usando os arquivos de exemplo neste livro, siga estes passos para tentar importar os dados para um outro dia:

1. Feche o Invoice.txt no Excel

2. No Explorador de Arquivos, renomeie o Invoice.txt para Invoice1.txt.

3. No Explorador de Arquivos, renomeie o Invoice2.txt para Invoice.txt.

4. Retorne ao Excel e a pasta de trabalho MacroParaImportarFatura.xlsm.

5. Pressiona Ctrl+I para executar a macro com o maior conjunto de dados.

Este problema surge porque o gravador de macros, por padrão, está gravando todas as suas ações no modo absoluto. Em vez de usar o estado padrão do gravador de macros, a próxima seção discute a gravação relativa e como ela pode lhe aproximar de uma solução definitiva.

26 Capítulo 1 | Libere o Poder do Excel com o VBA

Figura 1.12
A intenção da macro gravada era adicionar um total ao final dos dados, mas o gravador criou uma macro que sempre grava totais na Linha 11.

	A	B	C	D	E	F	G
1	InvDate	InvNbr	RepNbr	CustNbr	ProdRevenue	ServRevenue	ProdCost
2	05/06/2017	123813	S82	C8754	716100	12000	423986
3	05/06/2017	123814		C4894	224200	0	131243
4	05/06/2017	123815	S43	C7278	277000	0	139208
5	05/06/2017	123816	S54	C6425	746100	15000	350683
6	05/06/2017	123817	S43	C6291	928300	0	488988
7	05/06/2017	123818	S43	C1000	723200	0	383069
8	05/06/2017	123819	S82	C6025	982600	0	544025
9	05/06/2017	123820	S17	C8026	490100	45000	243808
10	05/06/2017	123821	S43	C4244	615800	0	300579
11	Total	123822	S45	C1007	5703400	72000	3005589
12	05/06/2017	123823	S87	C1878	338100	0	165666
13	05/06/2017	123824	S43	C3068	567900	0	265775
14	05/06/2017	123825	S43	C7571	123456	0	55555
15	05/06/2017	123826	S55	C7181	37900	0	19811
16	05/06/2017	123827	S43	C7570	582700	0	292000
17	05/06/2017	123828	S87	C5302	495000	0	241504
18	05/06/2017	123828	S87	C5302	495000	0	241504
19							

Solução Possível: Use Referências Relativas Quando Estiver Gravando

Por padrão, o gravador de macros grava todas as ações como ações *absolutas*. Se você navegar até a Linha 11 enquanto grava a macro na segunda-feira, a macro sempre irá até a Linha 11 quando for executada. Isso raramente é apropriado quando estamos lidando com um número variável de linhas de dados. A melhor opção é usar referências relativas ao gravar.

Macros gravadas com referências absolutas apontam para o endereço real do ponteiro da célula, como, por exemplo, A11. Macros gravadas com referências relativas ditam que o ponteiro da célula deve se mover por um certo número de linhas e colunas a partir de sua posição atual. Por exemplo, se o ponteiro da célula começasse na célula A1, o código `ActiveCell.Offset(16, 1).Select` moveria o ponteiro da célula para B17, que é a célula 16 linhas abaixo e 1 coluna à direita.

Apesar de a gravação relativa ser apropriada para a maioria das situações, algumas vezes você precisará fazer algo absoluto ao gravar uma macro. Este é um ótimo exemplo: após adicionar o total em um conjunto de dados, você precisa voltar para a Linha 1. Se você simplesmente clicar na Linha 1 enquanto estiver no modo Relativo, o Excel grava que você quer selecionar a linha, 10 linhas acima da linha atual. Isso funciona com o primeiro arquivo de faturas, mas não com os arquivos maiores ou menores. Estas são duas sugestões:

- Desative entre a gravação relativa, clique na Linha 1, e ative a gravação relativa novamente.

- Mantenha a gravação relativa ativa. Exiba a caixa de diálogo Ir Para ao pressionar F5. Digite **A1** e clique em OK. A caixa de diálogo Ir Para permanece gravada como sempre, indo para o endereço absoluto que você digitou, mesmo se a gravação relativa estiver ativa. Uma variação desse método é utilizada no estudo de caso a seguir.

Vamos tentar o mesmo estudo de caso novamente, desta vez usando referências relativas. A solução ficará muito mais próxima de funcionar corretamente.

Entendendo os Problemas do Gravador de Macro | **27**

ESTUDO DE CASO: GRAVANDO A MACRO COM REFERÊNCIAS RELATIVAS

Vamos tentar gravar a macro novamente, mas dessa vez você vai usar referências relativas. Feche o Invoice.txt sem salvar nenhuma mudança.

Nota: Se você está usando os arquivos de exemplo, siga estes passos:

1. Feche o Invoice.txt no Excel.

2. Renomeie o Invoice.txt para Invoice2.txt.

3. Renomeie o Invoice1.txt para Invoice.txt.

4. Retorne ao Excel e a pasta de trabalho MacroParaImportarFatura.xlsm.

Na guia Desenvolvedor, selecione Usar Referência Relativa para alternar para gravação relativa. Essa configuração continua até você desativar ou fechar o Excel.

N a pasta de trabalho MacroParaImportarFatura.xlsm, grave uma nova macro ao selecionar Gravar Macros partir da guia Desenvolvedor. Nomeie a nova macro como ImportarFaturaRelativa e atribua uma tecla de atalho diferente, como Ctrl+J.

Repita os passos de 1 a 11 neste estudo de caso para importar o arquivo e, então, siga estes passos:

1. Pressione a tecla Ctrl com Seta-Para-Baixo, para ir até a última linha de dados.

2. Pressione a Seta-Para-Baixo mais uma vez, para ir para a linha de total.

3. Digite a palavra **Total**.

4. Pressione a Seta-Para-Direita quatro vezes, para ir para a Coluna E da linha Total.

5. Segure a tecla Shift enquanto pressiona a seta para direita duas vezes para selecionar E11:G11.

6. Clique no botão AutoSoma.

7. Pressione Shift+Barra de Espaço para selecionar a linha inteira. Digite Ctrl+N para aplicar a formatação negrito nela.

8. Pressione F5 para exibir a caixa de diálogo Ir Para.

9. Na caixa de diálogo Ir Para, digite A1:G1 e clique em OK. Mesmo se a gravação relativa estiver ligada, qualquer navegação pela caixa de diálogo Ir Para é gravada como uma referência absoluta. Pressione Ctrl+Home para mover para célula A1.

10. Clique no ícone Negrito para colocar o título em negrito.

11. Pressione Ctrl+* para selecionar todos os dados da região atual.

12. A partir da guia Home, seleciona todos os dados para a região atual.

13. Pare a gravação.

Pressione Alt+F11 para ir para o VB Editor para revisar o código. A nova macro aparece no Módulo1 abaixo da macro anterior.

Se você fechar o Excel entre a gravação da primeira e da segunda macro, o Excel insere um novo módulo chamado Módulo2 para a nova macro gravada.

```
Sub ImportarFaturaRelativa()
' ImportarFaturaRelativa Macro
' Importar, Linha de Total e Formatar.
' Keyboard Shortcut: Ctrl+J
```

28 Capítulo 1 | Libere o Poder do Excel com o VBA

```
Workbooks.OpenText Filename:="C:\data\invoice.txt", _
    Origin:= 437, StartRow:=1, DataType:=xlDelimited, _
    TextQualifier:=xlDoubleQuote, ConsecutiveDelimiter:=False, _
    Tab:=False, Semicolon:=False, Comma:=True, Space:=False, _
    Other:=False, FieldInfo:=Array(Array(1, 3), Array(2, 1), _
    Array(3, 1), Array(4, 1), Array(5, 1), Array(6, 1), _
    Array(7, 1)), TrailingMinusNumbers:=True
Selection.End(xlDown).Select
ActiveCell.Offset(1, 0).Range("A1").Select
ActiveCell.FormulaR1C1 = "Total"
ActiveCell.Offset(0, 4).Range("A1:C1").Select
Selection.FormulaR1C1 = "=SUM(R[-9]C:R[-1]C)"
ActiveCell.Rows("1:1").EntireRow.Select
ActiveCell.Activate
Selection.Font.Bold = True
Application.Goto Reference:="R1C1:R1C7"
Selection.Font.Bold = True
Selection.CurrentRegion.Select
Selection.Columns.AutoFitSelection.Font.Bold = True
End Sub
```

Para testar a macro, feche o Invoice.txt sem salvar e depois execute a macro com Ctrl+J. Tudo deve parecer bem e você deve obter os mesmos resultados da macro que você criou com o gravador de macros.

O próximo teste é ver se o programa funciona no dia seguinte, quando você talvez tenha mais linhas. Se você está trabalhando com arquivos de exemplo, feche o Invoice.txt no Excel. Renomeie Invoice.txt para Invoice1.txt. Renomeie Invoice2.txt para Invoice.txt.

Abra o 01-MacroParaImportarFatura.xlsm e execute a nova macro com Ctrl+J. Dessa vez, tudo deve estar certo, com os totais nos locais devidos. Veja a Figura 1.13 — você vê algo fora do comum?

Se você não for cuidadoso, pode imprimir esses resultados para o seu gerente. E, se você imprimiu, terá problemas. Olhando na célula E19, o Excel inseriu um triângulo verde que diz para você olhar na célula. Se você por acaso tentou isso no Excel 95 ou Excel 97, antes das SmartTags, não haveria nenhuma indicação de que alguma coisa estava errada.

Quando você move o ponteiro da célula para E19, um indicador de alerta surge perto da célula. Este indicador informa que a fórmula não incluiu as células adjacentes. Se você olhar na barra de fórmulas, você verá que a macro totalizou somente a partir da linha 10 até a 18. Nem a gravação relativa nem a não relativa são inteligentes o suficiente para replicar a lógica do botão AutoSoma.

Imagine que você pode ter tido apenas algumas vendas naquele dia em particular. O Excel teria brindado você com a fórmula ilógica =SUM(E6:E1048574), como mostra a Figura 1.14. Já que essa fórmula estaria em E7, os avisos de referência circular aparecem na barra de status.

Nota: Para você tentar, feche o Invoice.txt no Excel. Renomeie Invoice.txt para Invoice2.txt. Renomeie Invoice4.txt para Invoice.txt.

Entendendo os Problemas do Gravador de Macro | **29**

Figura 1.13
O resultado da execução
da macro Relativa.

	A	B	C	D	E	F	G
1	InvDate	InvNbr	RepNbr	CustNbr	ProdRevenue	ServRevenue	ProdCost
2	05/06/2017	123813	S82	C8754	716100	12000	423986
3	05/06/2017	123814		C4894	224200	0	131243
4	05/06/2017	123815	S43	C7278	277000	0	139208
5	05/06/2017	123816	S54	C6425	746100	15000	350683
6	05/06/2017	123817	S43	C6291	928300	0	488988
7	05/06/2017	123818	S43	C1000	723200	0	383069
8	05/06/2017	123819	S82	C6025	982600	0	544025
9	05/06/2017	123820	S17	C8026	490100	45000	243808
10	05/06/2017	123821	S43	C4244	615800	0	300579
11	05/06/2017	123822	S45	C1007	271300	0	153253
12	05/06/2017	123823	S87	C1878	338100	0	165666
13	05/06/2017	123824	S43	C3068	567900	0	265775
14	05/06/2017	123825	S43	C7571	123456	0	55555
15	05/06/2017	123826	S55	C7181	37900	0	19811
16	05/06/2017	123827	S43	C7570	582700	0	292000
17	05/06/2017	123828	S87	C5302	495000	0	241504
18	05/06/2017	123828	S87	C5302	495000	0	241504
19	Total				3527156	0	1735647
20							

Figura 1.14
O resultado de
executar a macro
Relativa com menos
registros de faturas.

	A	B	C	D	E	F	G
1	InvDate	InvNbr	RepNbr	CustNbr	ProdRevenue	ServRevenue	ProdCost
2	06/08/2017	123850		C1654	161000	0	90761
3	06/08/2017	123851		C6460	275500	10000	146341
4	06/08/2017	123852		C5143	925400	0	473515
5	06/08/2017	123853		C7868	148200	0	75700
6	06/08/2017	123854		C3310	890200	0	468333
7	Total				0	0	0
8							

Se você tentou usar o gravador de macro, muito provavelmente teve problemas similares aos produzidos pelos dois últimos estudos de caso. Apesar de isso ser frustrante, você deveria ficar feliz em saber que o gravador de macros, na verdade, lhe conduz até cerca de 95% do caminho de uma macro útil.

Seu trabalho é perceber onde o gravador de macros provavelmente vai falhar e, depois, ser capaz de entrar no código VBA para consertar uma ou duas linhas que precisem de ajustes de forma que tenha uma macro perfeita. Com um pouco de inteligência humana, é possível produzir macros incríveis para acelerar seu trabalho diário.

Se você for como eu, deve estar amaldiçoando a Microsoft agora. Perdemos uma boa quantidade de tempo nos últimos dias, e nenhuma das macros funciona. O que faz isso ser ainda pior é que esse tipo de procedimento teria sido executado perfeitamente pelo gravador de macros do velho Lotus 1-2-3, introduzido em 1983. Mitch Kapor resolveu este problema 33 anos atrás e a Microsoft ainda não consegue fazer isso funcionar.

Você sabia que, até o Excel 97, o Microsoft Excel executava secretamente as macros de linha de comando do Lotus? Descobri isso pouco depois da Microsoft terminar o suporte ao Excel 97. Naquele momento, certa quantidade de empresas fez o upgrade para o Excel XP, que não mais suportava as macros do Lotus 1-2-3. Muitas dessas empresas nos contrataram para converter as antigas macros Lotus 1-2-3 para o VBA do Excel. É interessante que, no Excel 5, 95 e 97, a Microsoft oferecia um interpretador que conseguia lidar com as macros do Lotus que resolviam

30 Capítulo 1 | Libere o Poder do Excel com o VBA

esse problema corretamente e, ainda assim, seu próprio gravador de macros não conseguia (e ainda não consegue!) resolver o problema.

Nunca Use o Botão AutoSoma ou Análise Rápida Enquanto Estiver Gravando uma Macro

Na verdade, há uma solução no gravador de macros para o problema atual. É importante reconhecer que o gravador de macros nunca irá gravar corretamente a intenção do botão AutoSoma.

Se você está na célula E99 e clica no botão AutoSoma, o Excel começa a varrer as células de E98 para cima até localizar uma célula de texto, em branco ou com uma fórmula. Ele então propõe uma fórmula que soma tudo entre a célula atual e a célula encontrada.

Entretanto, o gravador de macros grava o resultado específico daquela busca no dia em que a macro foi gravada. Em vez de gravar algo do tipo "faça a lógica normal da AutoSoma", o gravador de macros insere uma única linha de código para somar as 98 células anteriores.

O Excel 2013 acrescentou o recurso Análise Rápida. Selecione E2:G99, abra o Análise Rápida, escolha Totais, Some na Parte inferior e você conseguirá os totais corretos na Linha 100. O gravador macros codifica as fórmulas para sempre aparecer na Linha100 e sempre totalizar da Linha 2 até a Linha 99.

A solução, um tanto estranha, é digitar uma função SOMA que use uma mistura de referências de linha relativas e absolutas. Ao digitar =SOMA(E$2:E10) enquanto o gravador de macros está sendo executado, o Excel inclui corretamente o código que sempre soma da segunda linha — que é fixa — para baixo, até a referência relativa que está logo acima da célula atual.

Aqui está o código resultante com alguns comentários:

```
Sub FormatInvoice3()
' FormatInvoice3 Macro
' Importa, Faz Total e Formata.
' Keyboard Shortcut: Ctrl+K
Workbooks.OpenText Filename:="C:\Data\invoice.txt", _
    Origin:=437, StartRow:=1, DataType:=xlDelimited, _
    TextQualifier:=xlDoubleQuote, ConsecutiveDelimiter:=False, _
    Tab:=False, Semicolon:=False, Comma:=True, Space:=False, _
    Other:=False, FieldInfo:=Array(Array(1, 3), Array(2, 1), _
    Array(3, 1), Array(4, 1), Array(5, 1), Array(6, 1), _
    Array(7, 1)), TrailingMinusNumbers:=True
Selection.End(xlDown).Select
ActiveCell.Offset(1, 0).Range("A1").Select
ActiveCell.FormulaR1C1 = "Total"
ActiveCell.Offset(0, 4).Range("A1").Select
Selection.FormulaR1C1 = "=SUM(R2C:R[-1]C)"
Selection.AutoFill Destination:=ActiveCell.Range("A1:C1"), _
    Type:=xlFillDefault
ActiveCell.Range("A1:C1").Select
ActiveCell.Rows("1:1").EntireRow.Select
ActiveCell.Activate
Selection.Font.Bold = True
Application.Goto Reference:="R1C1:R1C7"
Selection.Font.Bold = True
Selection.CurrentRegion.Select
Selection.Columns.AutoFit
End Sub
```

Entendendo os Problemas do Gravador de Macro | **31**

Essa terceira macro vai funcionar consistentemente com um conjunto de dados de qualquer tamanho.

Quatro Dicas ao Usar o Gravador de Macros

Você raramente será capaz de gravar 100% das suas macros e fazê-las funcionarem. Entretanto, chegará mais perto usando estas quatro dicas demonstradas nas próximas subseções.

Dica 1: Ative as Configurações de Referências Relativas

A Microsoft deveria tornar essa configuração o padrão. Ative essa configuração e deixe ativa enquanto gravar suas macros.

Dica 2: Use Teclas Especiais de Navegação para Ir até o Final de um Conjunto de Dados

Se você estiver no topo do conjunto de dados e precisar ir para a última célula com dados, pode pressionar Ctrl+Seta-Para-Baixo ou pressionar a tecla End e depois a tecla Seta-Para-Baixo.

De forma similar, para ir até a última coluna na linha atual do conjunto de dados, pressione Ctrl+Seta-Para-Direita ou pressione End e depois a tecla Seta-Para-Direita.

Usando essas teclas de navegação, é possível pular até o fim de um conjunto de dados, não importando quantas linhas ou colunas tenha no momento.

Use Ctrl+* para selecionar a região atual na célula ativa. Visto que você não possui células ou colunas em branco em seus dados, essa combinação de teclas seleciona um conjunto de dados inteiro.

Dica 3: Nunca Toque no Ícone AutoSoma Enquanto Estiver Gravando uma Macro

O gravador de macros não irá gravar a "essência" do botão AutoSoma. Pelo contrário, ele vai escrever no código a fórmula que resultou ao pressionar o botão AutoSoma. Essa fórmula não funciona a qualquer momento em que haja mais ou menos registros no conjunto de dados.

Em vez disso, digite uma fórmula com um único sinal de cifrão, tal como =SOMA(E$2:E10). Quando isso é feito, o gravador de macros registra o primeiro E$2 como uma referência fixa e começa o intervalo da SOMA diretamente abaixo dos títulos da Linha 1. Dado que a célula ativa seja a E11, o gravador de macros reconhece E10 como uma referência relativa apontando diretamente acima da célula corrente.

Dica 4: Tente Gravar Métodos Diferentes Se Um Método Não Funcionar

Há diversas maneiras de executar tarefas no Excel. Se você se deparar com código defeituoso em um método, tente outro. Com 16 gerentes de projeto diferentes no time do Excel, é provável que cada método tenha sido programado por um grupo diferente. Em um dos estudos de caso deste capítulo, uma tarefa envolveu aplicar AutoAjustar a Largura das Colunas em todas as células. Algumas pessoas pressionaram Ctrl+T para selecionar todas as células. Outras podem ter pressionado Ctrl+*. Desde o Excel 2007, o código gerado pelo Ctrl+T não funciona quando pressionado no modo Relativo. O código Ctrl+* é muito antigo mas continua a funcionar em todos os casos.

Próximos Passos

O Capítulo 2, "Isso Parece o BASIC. Então Por que Não É Familiar?" examina as três macros que você gravou neste capítulo para entendê-las melhor. Depois que você souber como decodificar o código VBA, vai parecer natural corrigir macros gravadas ou simplesmente escrever o código a partir do zero. Leia mais um capítulo. Você em breve aprenderá que VBA é a solução e escreverá códigos úteis que funcionam consistentemente.

Isso Parece o BASIC. Então Por que Não É Familiar?

2

Não Entendo Este Código

Como mencionei no Capítulo 1, se você teve aulas de linguagens procedurais como BASIC ou COBOL, talvez fique confuso ao olhar para um código VBA. Mesmo que o VBA queira dizer *Visual Basic for Applications*, ele é uma versão *orientada a objetos do BASIC*. Aqui está um pedaço de código VBA:

```
Selection.End(xlDown).Select
Range("A11").Select
ActiveCell.FormulaR1C1 = "Total"
Range("E11").Select
Selection.FormulaR1C1 = _
    "=SUM(R[-9]C:R[-1]C)"
Selection.AutoFill _
    Destination:=Range("E11:G11"), _
    Type:=xlFillDefault
```

Esse código provavelmente não faz sentido algum para qualquer pessoa que conheça somente linguagens procedurais. Infelizmente, sua primeira experiência com programação na faculdade (presumindo que você tenha mais de 40 anos) foi uma Linguagem Procedural.

Aqui está uma seção de código escrito em linguagem BASIC:

```
For x = 1 to 10
    Print Rpt$(" ",x);
    Print "*"
Next x
```

NESTE CAPÍTULO

Não Entendo Este Código 33

Entendendo as Partes do
"Discurso" VBA 34

VBA Não É Tão Difícil 37

Examinando o Código da Macro
Gravado: Usando o VB Editor e a Ajuda ... 39

Usando Ferramentas de Depuração
para Entender Código Gravado 43

Pesquisador de Objeto (Object
Browser): A Referência Suprema............ 50

Sete Dicas para Limpar
o Código Gravado 51

Próximos Passos 57

Ao executar esse código, o resultado será uma pirâmide de asteriscos na sua tela:

```
*
 *
  *
   *
    *
     *
      *
       *
        *
         *
```

Se você já esteve em alguma aula de linguagens procedurais, provavelmente conseguirá ver o código e descobrir o que está acontecendo, porque linguagens procedurais são mais parecidas com a linguagem natural do que as linguagens orientadas a objetos. A instrução `Print "Olá Mundo"` segue o formato verbo-objeto, que é como você geralmente fala. Vamos sair um pouco da programação por um segundo e pensar em um exemplo concreto.

Entendendo as Partes do "Discurso" VBA

Se você tivesse que escrever código para instruções, para jogar futebol usando BASIC, a instrução para chutar a bola se pareceria com algo assim:

```
"Chute a Bola"
```

Ei, assim é como você fala! Mas faz sentido. Você tem um verbo (chutar) e depois um substantivo (bola). O código BASIC na seção anterior tinha um verbo (`Print` — imprimir) e um substantivo (asterisco). A vida é boa.

Aqui está o problema: o VBA não funciona assim. Na verdade, nenhuma linguagem orientada a objetos funciona assim. Em uma linguagem orientada a objetos, os objetos (substantivos) são o mais importante, daí o nome "orientado a objeto". Se você fosse escrever código com instruções para jogar futebol com VBA, a estrutura básica seria assim:

```
Bola.Chutar
```

Você tem um substantivo (bola), que vem primeiro. Em VBA, isso é um *objeto*. Depois, você tem um verbo (chutar), que vem logo em seguida. Em VBA, isso é um *método*.

A estrutura básica do VBA é um bando de linhas de código em que temos:

```
Objeto.Método
```

Nem é preciso dizer que isso não é português. Se você teve aulas de como ser romântico na escola, deve se lembrar de que isso é uma construção "substantivo-adjetivo". Não se usa "substantivo-verbo" para dizer a alguém para fazer algo:

```
Água.Beber
Comida.Comer
Comida.Comer
```

Por isso que o VBA é confuso para alguém que anteriormente tenha frequentado aulas de linguagens de programação procedurais.

Entendendo as Partes do "Discurso" VBA | **35**

Vamos continuar com a analogia mais um pouco. Imagine que você esteja andando em um campo gramado e há cinco bolas na sua frente: uma bola de futebol, uma de basquete, uma de beisebol, uma de boliche e uma de tênis. Você quer mandar o garoto do seu time de futebol "Chutar a bola de futebol".

Se você disser para ele chutar a bola (ou `bola.chutar`), não terá certeza de qual das cinco bolas ele vai chutar. Talvez ele chute a mais próxima a ele, o que pode ser um problema se ele estiver de frente para a bola de boliche.

Para quase qualquer substantivo, ou objeto, em VBA, há uma coleção daquele objeto. Pense no Excel. Se você pode ter uma linha, pode ter várias. Se você pode ter uma célula, pode ter várias células. Se você pode ter uma planilha, pode ter várias. A única diferença entre um objeto (object) e uma coleção (collection) é que você vai adicionar um "s" ao nome do objeto:

`Linha` torna-se `Linhas`.

`Célula` torna-se `Células`.

`Linha` torna-se `Linhas`.

Quando você faz referência a uma coleção, tem que dizer para a linguagem de programação a qual item está se referindo. Há algumas maneiras de se fazer isso. Você pode se referir a um item usando um número. Por exemplo, se a bola de futebol for a segunda, você poderia dizer o seguinte:

`Bolas(2).Chutar`

Isso funciona, mas poderia ser uma maneira perigosa de programar. Por exemplo, poderia funcionar na terça-feira. Entretanto, se você voltar ao campo na quarta-feira e alguém tiver rearranjado as bolas, `Bolas(2).Chutar` poderia ser um exercício doloroso.

Uma maneira muito segura de prosseguir seria usar um nome para o objeto em uma coleção. Você pode dizer o seguinte:

`Bolas("Futebol").Chutar`

Com esse método, você sempre saberá que será a bola de futebol que será chutada.

Até agora tudo bem. Você sabe que uma bola vai ser chutada, e sabe que será uma bola de futebol. Para a maioria dos verbos, ou métodos em Excel VBA, há *parâmetros* que dizem como *executar* a ação. Esses parâmetros agem como advérbios. Você pode querer que a bola de futebol seja chutada para a esquerda e com muita força. Nesse caso, o método teria uma quantidade de parâmetros que diriam como o programa deveria realizar o método:

`Bolas("Futebol").Chutar  Direção:=Esquerda, Força:=Muita`

Ao olhar o código VBA, a combinação dois pontos + sinal de igual (:=) indica que você está vendo parâmetros sobre como o verbo deve ser executado.

Algumas vezes, um método vai ter uma lista de 10 parâmetros, alguns dos quais são opcionais. Por exemplo, se o método `Chutar` tiver um parâmetro de `Elevação`, terá esta linha de código:

`Bolas("Futebol").Chutar  Direção:=Esquerda, Força:=Muita, Elevação:=Alta`

Isso Parece o BASIC. Então Por que Não É Familiar?

Aqui está a parte confusa. Cada método tem uma ordem padrão dos parâmetros. Se você não for um programador consciente e souber a ordem dos parâmetros, pode omitir os nomes dos parâmetros. O seguinte código é equivalente à linha de código anterior:

```
Bolas("Futebol").Chutar  Esquerda, Muita, Alta
```

Isso detona nosso entendimento. Sem os dois pontos mais o sinal de igual, não é óbvio que você tenha parâmetros. A menos que você saiba a ordem dos parâmetros, é possível não entender o que está sendo dito. É bem simples com `Esquerda`, `Muita` e `Alta`, mas quando tiver parâmetros como os seguintes:

```
ActiveSheet.Shapes.AddShape type:=1, Left:=10, Top:=20, _
    Width:=100, Height:=200
```

É confuso ver:

```
ActiveSheet.Shapes.AddShape 1, 10, 20, 100, 200
```

Isso é um código válido. Entretanto, a menos que você saiba que a ordem padrão dos parâmetros para este método `AddShape` é `Type`, `Left`, `Top`, `Width`, `Height`, este código não fará sentido. A ordem padrão para qualquer método em particular é a ordem dos parâmetros conforme mostrado no tópico de ajuda para aquele método.

Para tornar a vida ainda mais confusa, é permitido começar a especificar os parâmetros em sua ordem padrão sem nomeá-los e, depois, trocar para parâmetros nomeados quando chegar a um que não esteja na ordem padrão. Se você quiser chutar a bola para a esquerda e para cima, mas não se importa com a força (você está disposto a aceitar a força padrão), as duas expressões seguintes são equivalentes:

```
Bolas("Futebol").Chutar  Direção:=Esquerda, Elevação:=Alta
Bolas("Futebol").Chutar  Esquerda, Elevação:=Alta
```

Entretanto, tenha em mente que, assim que começa a nomear parâmetros, eles têm que continuar sendo nomeados pelo resto daquela linha de código.

Alguns métodos simplesmente agem por si sós. Para simular a tecla F9, você usa este código:

```
Application.Calculate
```

Outros métodos executam uma ação e criam alguma coisa. Por exemplo, você pode adicionar uma planilha usando o seguinte:

```
Worksheets.Add Before:=Worksheets(1)
```

Entretanto, como `Worksheets.Add` cria um novo objeto, você pode atribuir o resultado desse método a uma variável. Neste caso, deve-se colocar parênteses ao redor dos parâmetros:

```
Set MyWorksheet = Worksheets.Add(Before:=Worksheets(1))
```

É necessário mais um pouco de gramática para finalizar: adjetivos. Assim como os adjetivos descrevem um substantivo, as *propriedades* descrevem um objeto. Como você é fã do Excel, vamos mudar da analogia com o futebol para uma com o Excel. Há um objeto que descreve a célula ativa. Felizmente, ele tem um nome bastante intuitivo:

```
ActiveCell
```

Suponha que você queira mudar a cor da célula ativa para vermelho. Há uma propriedade chamada `Interior.Color` para uma célula que usa uma complexa série de códigos. Entretanto, você pode tornar uma célula vermelha usando este código:

```
ActiveCell.Interior.Color = 255
```

É possível ver como isso pode ser confuso. Novamente, há a construção *Substantivo*-ponto-*AlgumaCoisa*, mas dessa vez é `Objeto.Propriedade` em vez de `Objeto.Método`. A diferença entre eles é bem sutil — não há um dois pontos antes do sinal de igual. Uma propriedade quase sempre é definida como igual a alguma coisa ou talvez o valor de uma propriedade esteja atribuído a alguma outra propriedade.

Para tornar a cor da célula atual igual à da célula A1, seria possível fazer assim:

```
ActiveCell.Interior.Color = Range("A1").Interior.Color
```

`Interior.Color` é uma propriedade. Ao mudar o valor de uma propriedade, pode-se tornar as coisas diferentes. É meio bizarro: mude um adjetivo e você na verdade está fazendo algo com a célula. As pessoas diriam "Pinte a célula de vermelho", ao passo que o VBA diz:

```
ActiveCell.Interior.Color = 255
```

A Tabela 2.1 resume as "partes do discurso" VBA.

Tabela 2.1   Partes da Linguagem de Programação VBA

Componente do VBA	Análogo a	Comentários
Objeto	Substantivo	Exemplos incluem célula ou planilha.
Coleção	Substantivo no Plural	Geralmente especifica o objeto: `Worksheets(1)`.
Método	Verbo	Aparece como `Objeto.Método`.
Parâmetro	Advérbio	Lista parâmetros depois do método. Separe o nome do parâmetro do seu valor com `:=`.
Propriedade	Adjetivo	É possível definir uma propriedade (por exemplo, `activecell.height 10`) ou buscar o valor de uma propriedade (Por exemplo, `x = activecell.height`).

VBA Não É Tão Difícil

Saber se você está lidando com propriedades ou métodos vai ajudar lhe a definir a sintaxe correta para o seu código. Não se preocupe se tudo isso parecer confuso agora. Quando estiver escrevendo VBA do zero, é difícil saber se o processo de mudar uma célula para amarelo requer um verbo ou um adjetivo. É um método ou uma propriedade?

Aqui é onde a beleza do gravador de macros aparece. Quando você não sabe como codificar alguma coisa, grava uma pequena macro, olha o código gravado e descobre o que está acontecendo.

38 Capítulo 2 | Isso Parece o BASIC. Então Por que Não É Familiar?

Arquivos de Ajuda do VBA: Usando F1 para Encontrar Tudo

Essa é uma característica extremamente interessante, disponível quando seu computador está conectado à Internet. Se você for escrever macros VBA, então você definitivamente *tem* que ter os tópicos de ajuda do VBA instalados. Siga estes passos para ver o quanto é fácil obter ajuda no VBA.

1. Abra o Excel e alterne para o VB Editor pressionando Alt+F11. No menu Inserir, selecione Módulo.

2. Digite estas três linhas de código.

```
Sub Test()
    MsgBox "Hello World!"
End Sub
```

3. Clique na dentro da palavra `MsgBox`.

4. Com o cursor na palavra `MsgBox`, pressione F1. Se você puder se comunicar com a Internet, você verá o tópico de ajuda para a função `MsgBox`.

Usando os Tópicos de Ajuda

Se você requisitar ajuda em uma função ou método, o tópico de ajuda lhe mostrará os possíveis argumentos. Se você descer até a parte inferior dos tópicos de ajuda, exemplos de código são apresentados sob o cabeçalho "Exemplo", o que é um ótimo recurso (veja a Figura 2.1).

É possível selecionar o código, copiá-lo para a Área de Transferência pressionando Ctrl+C e, depois, colá-lo no seu módulo pressionando Ctrl+V.

Se, depois de ter gravado uma macro, houver objetos ou métodos sobre os quais tem dúvidas, você pode obter ajuda posicionando o cursor em qualquer palavra-chave e pressionando F1.

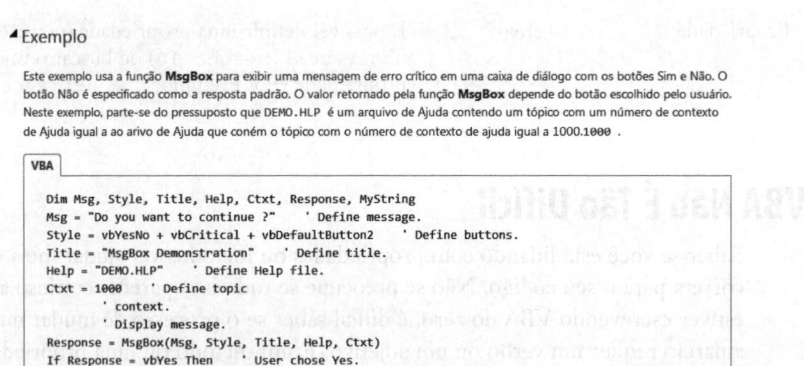

Figura 2.1
A maioria dos tópicos de ajuda inclui exemplos de código.

◢ Exemplo

Este exemplo usa a função **MsgBox** para exibir uma mensagem de erro crítico em uma caixa de diálogo com os botões Sim e Não. O botão Não é especificado como a resposta padrão. O valor retornado pela função **MsgBox** depende do botão escolhido pelo usuário. Neste exemplo, parte-se do pressuposto que DEMO.HLP é um arquivo de Ajuda contendo um tópico com um número de contexto de Ajuda igual a ao arivo de Ajuda que coném o tópico com o número de contexto de ajuda igual a 1000.1000 .

```
VBA
Dim Msg, Style, Title, Help, Ctxt, Response, MyString
Msg = "Do you want to continue ?"    ' Define message.
Style = vbYesNo + vbCritical + vbDefaultButton2    ' Define buttons.
Title = "MsgBox Demonstration"    ' Define title.
Help = "DEMO.HLP"    ' Define Help file.
Ctxt = 1000    ' Define topic
        ' context.
        ' Display message.
Response = MsgBox(Msg, Style, Title, Help, Ctxt)
If Response = vbYes Then    ' User chose Yes.
    MyString = "Yes"    ' Perform some action.
Else    ' User chose No.
    MyString = "No"    ' Perform some action.
End If
```

Examinando o Código da Macro Gravado: Usando o VB Editor e a Ajuda

Vamos examinar o código gravado no Capítulo 1, para ver se faz mais sentido agora no contexto de objetos, propriedades e métodos. Você também pode ver se é possível corrigir erros cometidos pelo gravador de macros.

A Figura 2.2 mostra o primeiro código que o Excel gravou no exemplo do Capítulo 1.

Figura 2.2
Código gravado do exemplo no Capítulo 1.

```
(Geral)                                                      ImportarFatura

Sub ImportarFatura()

' ImportarFatura Macro
' Importa invoice.txt, adiciona linha de total e formata.
'
' Keyboard Shortcut: Ctrl+i
'
    Workbooks.OpenText Filename:="G:\2016VBA\SampleFiles\invoice.txt", _
        Origin:=437, StartRow:=1, DataType:=xlDelimited, TextQualifier:= _
        xlDoubleQuote, ConsecutiveDelimiter:=False, Tab:=False, Semicolon:=False _
        , Comma:=True, Space:=False, Other:=False, FieldInfo:=Array(Array(1, 3), _
        Array(2, 1), Array(3, 1), Array(4, 1), Array(5, 1), Array(6, 1), Array(7, 1)), _
        TrailingMinusNumbers:=True
    Selection.End(xlDown).Select
    Range("A11").Select
    ActiveCell.FormulaR1C1 = "Total"
    Range("E11").Select
    Selection.FormulaR1C1 = "=SUM(R[-9]C:R[-1]C)"
    Selection.AutoFill Destination:=Range("E11:G11"), Type:=xlFillDefault
    Range("E11:G11").Select
    Rows("1:1").Select
    Selection.Font.Bold = True
    Rows("11:11").Select
    Selection.Font.Bold = True
    Selection.CurrentRegion.Select
    Selection.Columns.AutoFit
End Sub
```

Agora que você entende o conceito de Substantivo, Verbo, Objeto e Método, considere a primeira linha de código que diz `Workbooks.OpenText`. Nesse caso, `Workbooks` é um objeto, enquanto que `OpenText` é um método. Clique com o cursor na palavra `OpenText` e pressione F1 para obter uma explicação do método `OpenText` (veja a Figura 2.3).

O arquivo de Ajuda confirma que `OpenText` é um método ou uma palavra de ação. A ordem padrão de todos os argumentos que podem ser usados com `OpenText` aparece na caixa cinza. Observe que apenas um argumento é requerido: `Filename`. Todos os outros argumentos são listados como opcionais.

Parâmetros Opcionais

O arquivo de Ajuda pode informar se você esqueceu um parâmetro opcional. Para `StartRow`, o arquivo de Ajuda indica que o valor padrão é 1. Caso não use o parâmetro `StartRow` o Excel começa a importar na Linha 1. Isso é bem seguro.

Agora olhe a observação no arquivo de Ajuda sobre o `Origin`. Se esse argumento for omitido, você herda qualquer que seja o valor usado para `Origin` da última vez que alguém usou esta característica no Excel neste computador. Isso é uma receita para o desastre. Por exemplo, seu código pode funcionar 98% do tempo. Entretanto, imediatamente após alguém importar um arquivo árabe, o Excel vai lembrar a configuração para o árabe e assumir que é isso que sua macro quer, se você não codificar explicitamente este parâmetro.

Figura 2.3
Parte do tópico de Ajuda para o método OpenText.

Parâmetros

Nome	Obrigatório/Opcional	Tipo de dados	Descrição
Filename	Required	String	Especifica o nome do arquivo de texto a ser aberto ou analisado.
Origin	Opcional	Variant	Especifica a origem do arquivo de texto. Pode ser uma das seguintes constantes **XlPlatform: xlMacintosh**, **xlWindows** ou **xlMSDOS**. Adicionalmente, poderia ser um inteiro representando o número da página de código da página de código desejada. Por exemplo, "1256" especificaria que a codificação do arquivo de texto de origem é Árabe (Windows). Se esse argumento for omitido, o método usará a configuração atual da opção **Origem do Arquivo** no **Assistente de Importação de Texto**.
StartRow	Opcional	Variant	O número da linha na qual o texto começa a ser analisado. O valor padrão é 1.
DataType	Opcional	Variant	Especifica o formato da coluna dos dados no arquivo. Pode ser uma das seguintes constantes **XlTextParsingType: xlDelimited** ou **xlFixedWidth**. Se esse argumento não for especificado, o Microsoft Excel tentará determinar o formato da coluna quando abrir o arquivo.
TextQualifier	Opcional	XlTextQualifier	Especifica o qualificador do texto.
ConsecutiveDelimiter	Opcional	Variant	**True** para ter delimitadores consecutivos considerados como um delimitador. O padrão é **False**.

Constantes Definidas

Olhe a entrada no arquivo de Ajuda de `DataType` na Figura 2.3, que diz que ele se torna uma dessas constantes: `xlDelimited` ou `xlFixedWidth`. O arquivo de Ajuda diz que elas são constantes `xlTextParsingType` válidas predefinidas no VBA do Excel. No VB Editor, pressione Ctrl+G para trazer a janela Verificação Imediata. Nela, digite esta linha e pressione Enter:

    Print xlFixedWidth

A resposta aparece na janela Verificação Imediata. O `xlFixedWidth` é equivalente a se dizer "2" (veja a Figura 2.4). Peça a janela Verificação Imediata para `Print xlDelimited`, que é o mesmo que digitar 1. A Microsoft assume corretamente que é mais fácil para alguém ler o código que use o termo, de alguma forma mais legível, `xlDelimited` em vez de 1.

Figura 2.4
Na janela Verificação Imediata do VB Editor, consulte o valor verdadeiro de constantes tipo `xlFixedWidth`.

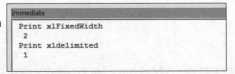

Se você fosse um programador maligno, certamente poderia memorizar todas essas constantes e escrever código usando os equivalentes numéricos das constantes. Entretanto, os deuses da programação (e a próxima pessoa que tiver que olhar para o seu código) vão lhe amaldiçoar por isso.

Na maioria dos casos, o arquivo de ajuda especificamente diz os valores válidos ou oferece um hiperlink azul que faz com que o arquivo de Ajuda expanda e lhe mostre os valores válidos para as constantes (veja a Figura 2.5).

Examinando o Código da Macro Gravado: Usando o VB Editor e a Ajuda | **41**

Uma reclamação sobre esse excelente sistema de Ajuda é que ele não identifica quais parâmetros podem ser novos para uma dada versão. Um exemplo deste caso é o, `TrailingMinusNumbers` que foi introduzido no Excel 2002. Se você tentar dar esse programa para alguém que ainda estiver usando o Excel 2000, o código não executará porque não entende o parâmetro `TrailingMinusNumbers`. Infelizmente, a única maneira de aprender a lidar com esse problema frustrante é através da tentativa e erro.

Ao ler o tópico de Ajuda sobre o `OpenText`, é possível perceber que ele é basicamente equivalente a abrir um arquivo usando o Assistente de Importação de Texto. No primeiro passo do assistente, normalmente escolhe-se ou Delimitado ou Largura Fixa. Também é possível especificar a Origem do Arquivo e em qual linha começar. O primeiro passo do assistente é executado por esses parâmetros do método `OpenText`:

```
Origin:=437
StartRow:=1
DataType:=xlDelimited
```

Figura 2.5
Clique no hiperlink para ver todos os valores possíveis de constantes. Aqui, as 10 possíveis constantes `xlColumnDataType` são reveladas em um novo tópico de ajuda.

Enumeração XlColumnDataType (Excel)

Office 2013 and later

Especifica Especifica como uma coluna deve ser analisada.

Nome	Valor	Descrição
xlDMYFormat	4	Formato de data DMY.
xlDYMFormat	7	Formato de data DYM.
xlEMDFormat	10	Formato de data EMD.
xlGeneralFormat	1	Geral.
xlMDYFormat	3	Formato de data MDY.
xlMYDFormat	6	Formato de data MYD.
xlSkipColumn	9	A coluna não é analisada.
xlTextFormat	2	Texto.
xlYDMFormat	8	Formato de data YDM.
xlYMDFormat	5	Formato de data YMD.

A etapa 2 do Assistente de Importação de Texto possibilita especificar que os campos sejam delimitados por uma vírgula. Como não queremos tratar duas vírgulas como uma única, o checkbox Considerar Delimitadores Consecutivos como Um Só não está marcado. Algumas vezes, um campo pode conter uma vírgula, "XYZ, Inc.". Nesse caso, o campo deve estar entre aspas, como especificado no campo Qualificador de Texto. Esta segunda etapa do assistente é executada pelos seguintes parâmetros do método `OpenText`:

```
TextQualifier:=xlDoubleQuote
ConsecutiveDelimiter:=False
```

Capítulo 2 | Isso Parece o BASIC. Então Por que Não É Familiar?

```
Tab:=False
Semicolon:=False
Comma:=True
Space:=False
Other:=False
```

A etapa 3 do assistente é onde você realmente identifica os tipos dos campos. Neste caso, deixam-se todos os campos como Geral, com exceção do primeiro campo, que foi marcado como uma data no formato DMA (Dia, Mês, Ano). Isto é representado em código pelo parâmetro `FieldInfo`.

A terceira etapa do Assistente de Importação de Texto é bastante complexa. O parâmetro `FieldInfo` inteiro do método `OpenText` duplica as escolhas feitas nesta etapa do assistente.Se você clicar no botão Avançado, no terceiro passo do assistente, terá a oportunidade de especificar algo diferente do Separador de Decimal e do Separador de Milhar, assim como a configuração de Sinal de Menos para Números Negativos.

> **DICA** Note que o gravador de macro não escreve código para o `DecimalSeparator` ou `ThousandsSeparator`, a menos que você mude eles das opções padrão. Note que o gravador de macro sempre escreve código para o parâmetro `TrailingMinusNumbers`.

Cada ação realizada no Excel enquanto estiver gravando uma macro é traduzida para código VBA. No caso de muitas caixas de diálogo, as configurações que você não altera vão ser frequentemente gravadas juntamente com os itens que você mudou. Ao clicar em OK para fechar a caixa de diálogo, o gravador de macros frequentemente grava todas as configurações atuais da caixa de diálogo na macro.

Aqui está outro exemplo. A próxima linha do código da macro é esta:

```
Selection.End(xlDown).Select
```

É possível clicar para obter ajuda para três tópicos nesta linha de código: `Selection`, `End`, e `Select`. Presumindo que `Selection` e `Select` são de alguma forma autoexplicativos, clique na palavra `End` autoexplicativos, clique na palavra `End` — um na biblioteca do Excel e outro na biblioteca do VBA.

Se você for novo no VBA, pode não saber qual biblioteca de Ajuda usar. Selecione uma e depois clique em Ajuda. Neste caso, o tópico de Ajuda do `End` na biblioteca do VBA é sobre a instrução `End`, o que não é o que queremos.

Feche a Ajuda, pressione F1 de novo e selecione o objeto `End` na biblioteca do Excel. Esse tópico de ajuda diz que `End` é uma propriedade. Ele retorna um objeto `Range` que é equivalente a pressionar End+Seta-Para-Cima ou End+Seta-Para-Baixo na interface do Excel (veja a Figura 2.6). Ao clicar no hiperlink azul para `xlDirection`, verá os parâmetros válidos que podem ser passados para a função `End`.

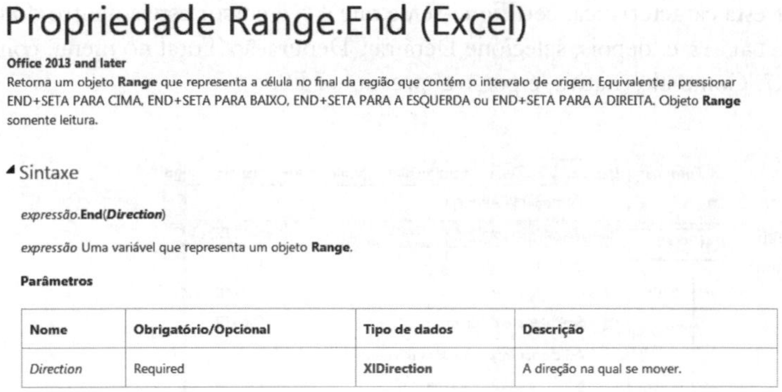

Usando Ferramentas de Depuração para Entender Código Gravado | **43**

Figura 2.6
O tópico de ajuda correto para a propriedade End.

Propriedade Range.End (Excel)

Office 2013 and later

Retorna um objeto **Range** que representa a célula no final da região que contém o intervalo de origem. Equivalente a pressionar END+SETA PARA CIMA, END+SETA PARA BAIXO, END+SETA PARA A ESQUERDA ou END+SETA PARA A DIREITA. Objeto **Range** somente leitura.

◢ Sintaxe

expressão.**End**(*Direction*)

expressão Uma variável que representa um objeto **Range**.

Parâmetros

Nome	Obrigatório/Opcional	Tipo de dados	Descrição
Direction	Required	**XlDirection**	A direção na qual se mover.

Propriedades Podem Retornar Objetos

Lembre-se de que a discussão no início do capítulo dizia que a sintaxe básica do VBA é `Objeto.Método`. Considere a linha de código que estamos examinando:

```
Selection.End(xlDown).Select
```

Nesta linha de código em particular, o método é `Select`. A palavra-chave `End` é uma propriedade, mas, do arquivo de Ajuda, você vê que ela retorna um objeto `Range`. Como o método `Select` pode ser aplicado a um objeto `Range` o método na verdade está colocado em uma propriedade.

Com base nessa informação, você pode supor que `Selection` é o objeto dessa linha de código. Se você clicar com o mouse na palavra `Selection` e pressionar F1, verá que, de acordo com o tópico da ajuda, `Selection` na verdade é uma propriedade e não um objeto. Na realidade, o código certo seria `Application.Selection`. Entretanto, ao executar dentro do Excel, o VBA supõe que você está se referindo ao modelo de objetos do Excel, então você pode deixar de lado o objeto `Application`. Se você fosse escrever um programa em VBA do Word para automatizar o Excel, seria necessário incluir uma variável objeto antes da propriedade `Selection` para qualificar para qual aplicação estaria se referindo.

Neste caso, a `Application.Selection` pode retornar diversos tipos diferentes de objetos. Se uma célula estiver selecionada, ele retorna o objeto `Range`.

Usando Ferramentas de Depuração para Entender Código Gravado

Esta seção introduz algumas ferramentas de depuração incríveis que estão incluídas no VB Editor. Essas ferramentas são excelentes para lhe ajudar a ver o que uma macro gravada está fazendo.

Passo a Passo pelo Código

Geralmente uma macro executa rápido: você a inicia e, menos de um segundo depois, está terminada. Se alguma coisa der errado, você não tem a chance de descobrir o que está acontecendo. Entretanto, usar a característica Depuração Total do Excel torna possível executar uma linha de código por vez.

Para usar esta característica, certifique-se de que o seu cursor esteja dentro do procedimento `ImportarFatura` e, depois, selecione Depurar, Depuração Total no menu, como mostrado na Figura 2.7. Como alternativa, é possível pressionar F8.

Figura 2.7
Usar a característica Depuração Total permite executar uma única linha de código por vez.

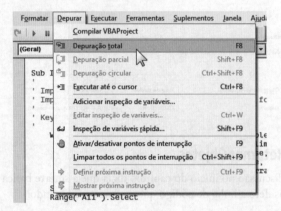

O VB Editor está agora em modo Interromper. A linha prestes a ser executada aparece destacada em amarelo, com uma seta amarela na margem antes do código (veja a Figura 2.8).

Figura 2.8
A primeira linha da macro está para ser executada.

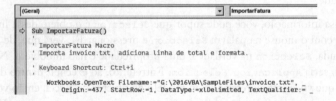

Neste caso, a linha a ser executada é a linha `Sub ImportarFatura()`. Isso basicamente diz "Você está prestes a começar a execução deste procedimento". Pressione a tecla F8 para executar a linha em amarelo e ir para a próxima linha de código. O longo código da `OpenText` é então destacado. Pressione F8 para executar esta linha de código. Ao ver que a linha `Selection.End(xlDown).Select` está destacada, você saberá que o Visual Basic terminou de executar o comando `OpenText`. Neste ponto, você pode pressionar Alt+Tab para alternar para o Excel e ver que o arquivo `Invoice.txt` foi analisado e importado para o Excel. Repare que A1 está selecionada.

> **NOTA** Se tiver um monitor grande, pode usar o ícone Restaurar Tamanho no canto superior direito da janela do VBA para organizar a janela de forma que possa ver tanto a janela do VBA quanto a do Excel. (Restaurar Tamanho é o ícone com duas janelas lado a lado entre o minimizar e o "x" de fechar, no topo de cada janela).
>
> Este também é um ótimo truque ao gravar código novo. Você pode ver o código aparecendo, em tempo real, na medida em que faz coisas no Excel.

Volte para o VB Editor pressionando Alt+Tab. A próxima linha a ser executada é a
`Selection.End(xlDown).Select`. Pressione F8 para executar este código. Alterne para o
Excel, para ver que a última célula no seu conjunto de dados está selecionada.

Pressione F8 de novo para executar a linha `Range("A11").Select`. Se você alterar para o
Excel pressionando Alt+Tab, verá que é aqui que a macro começa a ter problemas. Em vez de
ir para a primeira linha em branco, o programa foi para a linha errada.

Agora que você identificou a área com problema, pode interromper a execução do código
usando o comando Redefinir, seja selecionando Executar, Redefinir no menu ou clicando no
botão Redefinir na barra de ferramentas (é um pequeno quadrado azul perto dos ícones de
executar e de interromper). Depois de clicar Redefinir, retorne ao Excel e desfaça tudo o que foi
feito pela macro parcialmente executada. Neste caso, feche o arquivo `Invoice.txt` sem salvar.

Mais opções de Depuração: Pontos de Interrupção (Breakpoints)

Se você tiver centenas de linhas de código, pode não querer ir passo a passo pelas linhas. Se tiver
uma ideia geral de que o problema está ocorrendo em uma seção em particular do código, você
pode definir um ponto de interrupção. Então, é possível fazer o código começar a executar, mas
a macro para imediatamente antes de executar a linha de código do ponto de interrupção.

Para definir um ponto de interrupção, clique na área de margem cinza à esquerda da linha de código
na qual quer parar. Um grande ponto marrom aparece próximo a este código, e a linha de código
é destacada em marrom (veja a Figura 2.9). (Se você não estiver vendo esta área de margem, vá em
Ferramentas, Opções, Formato do Editor, e marque Barra Indicadora de Margem.) Ou selecione
uma linha de código e pressione F9 ativar ou desativar o ponto de interrupção.

Figura 2.9
O grande ponto marrom significa um ponto de interrupção.

Em seguida, no menu, vá em Executar, Executar Sub/UserForm, ou pressione F5. O
programa executa, mas para antes do ponto de interrupção. O VB Editor mostra a linha de
ponto de interrupção destacada em amarelo. Você pode agora pressionar F8 para começar a ir
passo a passo pelo código.

Depois que tiver terminado de depurar o código, remova os pontos de interrupção clicando no
ponto marrom na margem para desligar o ponto de interrupção. Como alternativa, você pode
selecionar Depurar, Limpar Todos os Pontos de Interrupção, ou pressionar Ctrl+Shift+F9 para
limpar todos os pontos de interrupção definidos no projeto.

Andando pelo Código

Ao ir passo a passo pelo código, você talvez queira pular algumas linhas de código ou corrigir
algumas linhas de código que queira executar novamente. Isso é fácil de fazer quando se está
trabalhando no modo Interromper. Um método muito usado é usar o mouse para selecionar
a seta amarela. O cursor altera para um ícone de três setas, o que significa que você pode ir à

46 Capítulo 2 | Isso Parece o BASIC. Então Por que Não É Familiar?

próxima linha para cima ou para baixo. Arraste a linha amarela para qualquer linha que queira executar em seguida. A outra opção é clicar com o botão direito na linha para a qual você quer pular e, depois, selecionar Definir Próxima Instrução.

Não Tendo que Passar por Cada Linha de Código

Ao ir passo a passo através do código, você talvez queira executar uma seção do código sem ter que ir passo a passo por cada linha, como quando se entra em um loop. Você pode querer que o VBA execute o loop 100 vezes, para depois ir passo a passo depois do loop. É particularmente monótono pressionar F8 umas 100 vezes para ir passo a passo pelo código. Em vez disso, clique com o cursor na linha que quer ir e pressione Ctrl+F8, ou selecione Depurar, Executar Até o Cursor*. Esse comando também está disponível no menu do botão direito.

Consultando ao Andar pelo Código

Mesmo que variáveis ainda não tenham sido discutidas, é possível consultar o valor de tudo enquanto estiver no modo Interromper. Entretanto, tenha em mente que o gravador de macro nunca grava uma variável.

Usando a Janela Verificação Imediata

Pressione Ctrl+G para exibir a janela Verificação Imediata no VB Editor. Enquanto a macro está no modo Interromper, peça ao VB Editor para lhe informar a célula atualmente selecionada, o nome da planilha ativa ou o valor de qualquer variável. A Figura 2.10 mostra diversos exemplos de consultas digitadas na janela Verificação Imediata.

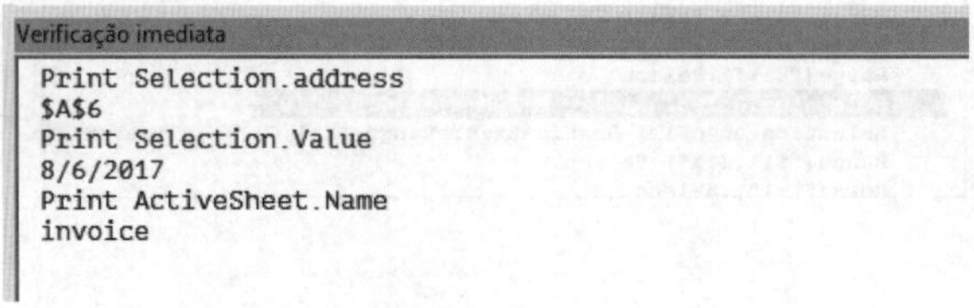

Figura 2.10
Consultas que podem ser digitadas na janela Verificação Imediata enquanto uma macro está em modo Interromper, junto com suas respostas.

```
Verificação imediata
Print Selection.address
$A$6
Print Selection.Value
8/6/2017
Print ActiveSheet.Name
invoice
```

Em vez de digitar `Print`, você pode digitar um ponto de interrogação: `? Selection Address`. Leia o ponto de interrogação como sendo "O que é".

Quando chamada com Ctrl+G, a janela Verificação Imediata normalmente aparece no pé da janela de Código. Você pode usar a alça de redimensionamento, que está localizada acima da barra de título Verificação Imediata em azul, para tornar a janela maior ou menor .

Há uma barra de rolagem ao lado da janela Verificação Imediata que pode ser usada para rolar para cima ou para baixo pela série de entradas anteriores da janela Verificação Imediata.

Não é necessário executar consultas apenas na parte de baixo da janela. Por exemplo: se você acabou de executar uma linha de código, na janela Verificação Imediata é possível pedir o `Selection.Address` para garantir que essa linha de código tenha funcionado.

---

* N.E.: Isto equivale a criar um ponto de interrupção e executar com F5, porém você pode achar mais prático em alguns casos.

Usando Ferramentas de Depuração para Entender Código Gravado | **47**

Pressione F8 para executar a próxima linha de código. Em vez de redigitar a mesma consulta, clique na janela Verificação Imediata, em qualquer lugar da linha contendo a última consulta e pressione Enter.

A janela Verificação Imediata executará essa consulta de novo, exibindo os resultados na linha seguinte e empurrando os resultados antigos mais para baixo na janela. Neste caso, o endereço selecionado é $E$11:$G$11. A resposta anterior, $E$11, é empurrada mais para baixo na janela.

Também é possível usar esse método para alterar a consulta, clicando à direita da palavra `Address` na janela Verificação Imediata. Pressione a barra de espaço para apagar a palavra `Address` e digite `Columns.Count`. Pressione Enter e a janela mostrará o número de colunas na seleção.

Essa é uma excelente técnica para quando se está tentando entender um pedaço de código confuso. Por exemplo, você pode consultar o nome da planilha ativa (`Print Activesheet.Name`), a seleção (`Print Selection.Address`), a célula ativa (`Print ActiveCell.Address`), a fórmula na célula ativa (`Print ActiveCell.Formula`), o valor da célula ativa (`Print ActiveCell.Value`, ou `Print ActiveCell` porque `Value` é a propriedade padrão de uma célula), e por aí vai.

Para descartar a janela Verificação Imediata, clique no X, no canto superior direito dela.

> **NOTA** Ctrl+G não liga e desliga a janela. Use o X no canto superior direito da janela Verificação Imediata para fechá-la.

Consultando com o Mouse

Em muitos casos, você pode passar o cursor por cima de uma expressão no código e depois esperar um segundo para que uma dica de tela seja exibida e mostre o valor corrente da expressão. Essa é uma ferramenta valiosa ao chegar à criação de loops no Capítulo 4, "Loop e Controle de Fluxo". Ela também se tornará útil com código gravado. Observe que a expressão sobre a qual você posicionou o cursor do mouse não tem que estar na linha de código que acabou de ser executada. Na Figura 2.11, o Visual Basic selecionou E1:G1, tornando E1 a célula ativa. Se você posicionar o cursor sobre `ActiveCell.FormulaR1C1`, vai obter uma ToolTip mostrando que a fórmula na `ActiveCell` é `"=SUM(R[-9]C:R[-1]C)"`.

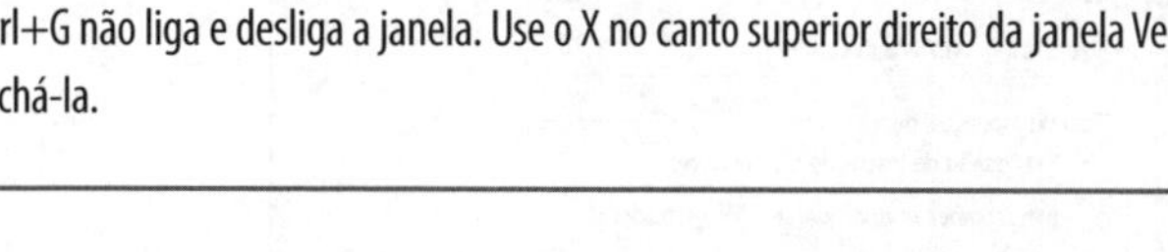

Figura 2.11
Posicione o cursor do mouse sobre qualquer expressão por alguns segundos, e uma dica de tela mostra o valor atual da expressão.

```
        Range("A11").Select
        ActiveCell.FormulaR1C1 = "Total"
ActiveCell.FormulaR1C1 = "=SUM(R[-9]C:R[-1]C)"
        Selection.FormulaR1C1 = "=SUM(R[-9]C:R[-1]C)"
        Selection.AutoFill Destination:=Range("E11:G11"), Type:=xlFillDefault
        Range("E11:G11").Select
```

Algumas vezes a janela do VBA parece não responder ao posicionamento do mouse. Como algumas expressões não retornam valores, é difícil dizer se o VBA não está exibindo o valor de propósito ou se você está no modo problemático "não respondendo". Tente posicionar o mouse sobre alguma coisa que você sabe que deveria responder, como uma variável. Se não obtiver resposta, posicione o mouse, clique na variável e mantenha o mouse posicionado acima da variável. Isso tende a acordar o Excel do estupor, e o posicionamento do mouse vai voltar a funcionar de novo.

Você já está impressionado? Esse capítulo começou reclamando que isso não se parecia muito com BASIC. Entretanto, a esta altura, você tem que admitir que o ambiente do Visual Basic é ótimo de se trabalhar e que as ferramentas de depuração são excelentes.

Consultar Usando uma Janela Inspeção de Variáveis

No Visual Basic, uma inspeção de variáveis permite que se observe o valor de qualquer expressão enquanto se anda passo a passo através do código. Vamos dizer que, no exemplo corrente, você queira observar o que é selecionado à medida que o código é executado. É possível fazer isso definindo uma inspeção de variáveis para `Selection.Address`.

No menu Depurar do VB Editor, selecione Adicionar Inspeção de Variáveis. Na caixa de diálogo Adicionar Inspeção de Variáveis, insira `Selection.Address` no campo de texto Expressão e clique em OK (veja a Figura 2.12).

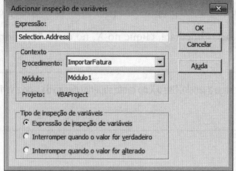

Figura 2.12
Definindo uma Inspeção de Variáveis para ver o endereço da seleção atual*.

Uma janela Inspeção de Variáveis é adicionada à, já cheia, janela Visual Basic, geralmente no pé da janela de código. Quando você começar a executar a macro, importe o arquivo e pressione End+Seta Para Baixo para ir à última linha com dados. A janela Inspeções de Variáveis mostra que `Selection.Address` é `$A$10` (veja a Figura 2.13).

Pressione a tecla F8 para executar o código `Rows("1:1").Select`. A janela Inspeção de

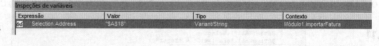

Figura 2.13
Sem ter que posicionar o mouse em cima ou digitar na janela Verificação Imediata, você pode sempre ver o valor das expressões inspecionadas.

Variáveis é atualizada para mostrar o endereço corrente de `Selection` que é agora `$1:$1`.

Na janela Inspeção de Variáveis, a coluna valor é leitura/gravação (onde for possível)! Você pode digitar um novo valor ali e vê-lo ser alterado na planilha.

---

* N.E.: Também é possível definir um contexto de inspeção. Observe que o autor especificou módulo e procedimento. Se você adicionar uma inspeção clicando antes em alguma linha de comando de uma macro, estes campos já aparecerão preenchidos.

Usando a Inspeção de Variáveis para Definir Breakpoint

Clique com o botão direito em qualquer linha na janela Inspeção de Variáveis e selecione Editar Inspeção de Variáveis. Na seção Tipo de Inspeção de Variáveis da caixa de diálogo Editar Inspeção de Variáveis, selecione Interromper Quando o Valor For Alterado. Clique em OK.

O ícone dos óculos mudou para um ícone de uma mão com um triângulo. Você agora pode pressionar F5 para executar o código. A macro começa a executar linhas de código até algo novo ser selecionado. Isso é muito útil. Em vez de ter que ir passo a passo através de cada linha de código, agora você pode convenientemente fazer a macro parar apenas quando alguma coisa importante acontecer. Uma inspeção de variável pode também ser definida para parar quando o valor de uma determinada variável mudar.

Usando a Inspeção de Variáveis em um Objeto

No exemplo anterior, você inspecionou uma propriedade específica: `Selection.Address`. Também é possível inspecionar um objeto como o `Selection`. Na Figura 2.14, quando uma inspeção de variável é definida para `Selection`, você tem um ícone de óculos e um ícone +.

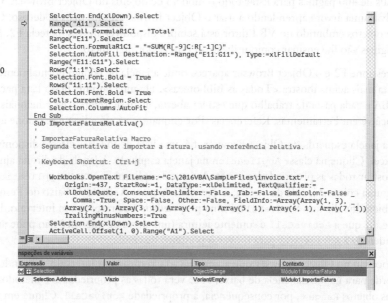

Figura 2.14
Definir uma inspeção de variável em um objeto lhe apresenta um ícone + próximo do ícone dos óculos.

Clicando no ícone +, é possível ver todas as propriedades associadas ao objeto `Selection`. Ao olhar a Figura 2.15, você pode ver mais do queria saber sobre o `Selection`! Há propriedades que provavelmente você nunca percebeu que estavam disponíveis. Também é possível ver que a propriedade `AddIndent` está definida como `False` e a `AllowEdit` como `True`. Existem propriedades úteis na lista — você pode ver a `Formula` da seleção.

Nesta janela Inspeção de Variáveis, algumas entradas podem ser expandidas. Por exemplo, a coleção Borders tem um sinal + próximo a ela, o que significa que você pode clicar em qualquer sinal de + para ver mais detalhes.

Figura 2.15
Clicar no ícone + mostra uma diversidade de propriedades com seus valores atuais.

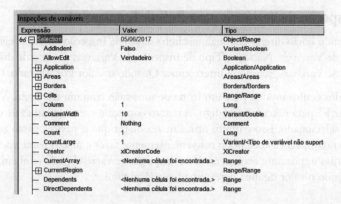

Pesquisador de Objeto (Object Browser): A Referência Suprema

No VB Editor, pressione F2 para abrir o Object Browser, que permite navegar e pesquisar em toda a biblioteca de objetos do Excel. Eu antes possuía livros grandes de Excel que dedicavam mais de 400 páginas para listar todo o modelo de objetos do Object Browser. Você pode salvar uma árvore aprendendo a usar o Object Browser muito mais poderoso. O pesquisador de objetos embutido no VB Editor está sempre disponível através da tecla F2. As próximas páginas vão lhe ensinar como utilizar o Pesquisador de Objeto.

Pressione F2 e o Object Browser aparece onde a janela de código normalmente aparece. A lista mais acima mostra <Todas as Bibliotecas>. Há uma entrada nessa lista para Excel, Office, VBA e cada pasta de trabalho que estiver aberta, além de referências adicionais para tudo que você vê em Ferramentas, Referências. Por enquanto, vá até a lista e selecione apenas Excel.

Na janela esquerda do Object Browser, há uma lista de todas as classes disponíveis para o Excel. Clique na classe Application na janela esquerda. A janela da direita ajusta-se para mostrar todas as propriedades e métodos que se aplicam ao objeto Application. Clique em alguma coisa na janela da direita, como ActiveCell. A janela de baixo do Pesquisador de Objeto lhe diz que ActiveCell é uma propriedade que retorna um intervalo. Ela também lhe diz que a ActiveCell é somente leitura (um alerta de que você não pode atribuir um endereço a ActiveCell para mover o ponteiro de célula).

Você viu no Object Browser que a ActiveCell retorna um intervalo. Clicando no hiperlink verde para Range na janela de baixo, você verá todas as propriedades e métodos que se aplicam aos objetos Range e, por consequência, à propriedade ActiveCell. Clique em qualquer propriedade ou método e, em seguida, no ponto de interrogação amarelo próximo ao topo do Pesquisador de Objeto, para ir ao tópico de ajuda para aquela propriedade ou método.

Digite qualquer termo na caixa de texto próxima aos binóculos e clique neles em seguida para descobrir todos os membros da biblioteca do Excel que coincidem com o que escreveu. Os métodos aparecem como livros verdes. As propriedades aparecem como cartões de índice (fichas) com uma mão apontando para eles.

A capacidade de busca e os hiperlinks disponíveis no Object Browser o tornam mais valioso do que uma lista com todas as informações impressas alfabeticamente. Aprenda a fazer uso do Object Browser pela janela do VBA pressionando F2. Para fechar o Object Browser e retornar à janela de código, clique no X no canto superior direito.

Sete Dicas para Limpar o Código Gravado | **51**

Sete Dicas para Limpar o Código Gravado

Nesse momento, você tem, com relação à gravação de código, duas dicas que vieram do Capítulo 1. Até agora, esse capítulo examinou como entender código gravado, como acessar a ajuda do VBA para qualquer palavra e como usar as excelentes ferramentas de depuração do VBA para analisar o código. O restante do capítulo apresenta sete dicas para serem usadas ao fazer a limpeza do código gravado.

Dica 1: Não Selecione Coisa Alguma

Ter um código que seleciona coisas antes de agir em cima delas é como ligar um letreiro de néon com "código gravado" escrito; o que faz sentido, porque na interface do Excel você tem que selecionar a Linha 1 antes de poder colocá-la em negrito.

Entretanto, isso raramente é feito em VBA. Há algumas exceções a esta regra. Por exemplo, é necessário selecionar uma célula quando estiver definindo uma fórmula para formatação condicional. É possível diretamente formatar a fonte em negrito na Linha 1 sem selecioná-la.

Para otimizar o código que o gravador de macro mostrou, em muitos casos, você pode remover a parte do código que desempenha essa seleção. As duas linhas de código a seguir são códigos do gravador de macro antes de ser otimizado:

```
Cells.Select
Selection.Columns.AutoFit
```

Você pode otimizar o código gravado para que fique desta forma:

```
Cells.Columns.AutoFit
```

Há algumas vantagens nessa otimização. Primeiro, o número de linhas de código do programa será a metade. Segundo, o programa vai ser executado mais rapidamente.

Para realizar essa otimização, depois de gravar o código, destaque desde antes da palavra Select, no fim de uma linha, até o ponto depois da palavra Selection na linha seguinte e pressione Delete (veja as Figuras 2.16 e 2.17).

Figura 2.16
Selecione daqui até aqui...

```
Range("E11:G11").Select
Rows("1:1").Select
Selection.Font.Bold = True
Rows("11:11").Select
Selection.Font.Bold = True
Cells.CurrentRegion.Select
Selection.Columns.AutoFit
End Sub
```

Figura 2.17
... e pressione a tecla Delete. Isso é o básico da limpeza de código.

```
Range("E11:G11").Select
Rows("1:1").Select
Selection.Font.Bold = True
Rows("11:11").Font.Bold = True
Cells.CurrentRegion.Select
Selection.Columns.AutoFit
End Sub
```

52 Capítulo 2 | Isso Parece o BASIC. Então Por que Não É Familiar?

Dica 2: `Cells(2,5)` É Mais Conveniente que `Range("E2")`

O gravador de macros usa a propriedade `Range()` frequentemente. Ao seguir o exemplo dele, você vai acabar produzindo um monte de código complicado. Por exemplo, se você tiver o número da linha da totalização armazenada em uma variável, pode tentar este código

```
Range("E" & LinhaDeTotal).Formula = "=SUM(E2:E" & LinhaDeTotal-1 & ")"
```

Neste código, você está usando concatenação para juntar a letra *E* com o valor atual da variável `LinhaDeTotal`. Isso funciona, mas você vai acabar tendo que se referir a um intervalo onde a coluna esteja armazenada em uma variável. Digamos que NumColuna seja 10, o que indica a Coluna J. Para se referir a esta coluna em um comando `Range`, é necessário fazer algo assim:

```
LetraColuna = MID("ABCDEFGHIJKLMNOPQRSTUVWXYZ",NumColuna,1)
Range(LetraColuna & "2").Select
```

Como alternativa, talvez você pudesse fazer algo assim:

```
LetraColuna = CHR(64 + NumColuna)
Range(LetraColuna & "2").Select
```

Estas abordagens funcionam para as primeiras 26 colunas, mas falham para as restantes 99,85% das colunas.

Você poderia começar a escrever funções de 10 linhas para calcular que a letra para a coluna 15896 é WMJ, mas isso não é necessário. Em vez de usar `Range("WMJ17")`, você pode usar a sintaxe `Cells(Linha,Coluna)`.

O Capítulo 3, "Fazendo Referência a Intervalos", aborda isso em detalhes. Entretanto, por enquanto, você tem que entender que ambos `Range("E10")` e `Cells(10,5)` apontam para a célula na interseção da quinta coluna com a décima linha. O Capítulo 3 também lhe mostra como usar `Resize` para apontar para um intervalo retangular `Cells(11, 5).Resize(1, 3)` Que é E11:G11.

Dica 3: Comece a Pesquisa pelo Final para Encontrar a Última Coluna

É difícil confiar em dados vindos de qualquer lugar. Caso esteja analisando dados no Excel, lembre- se de que eles podem ter vindo de "sabe-se lá qual" sistema, escrito "sabe-se lá quanto tempo atrás". A verdade universal é que eventualmente algum atendente vai descobrir uma maneira de quebrar o sistema e inserir um registro sem um número de venda correspondente. Talvez precise de uma falha de energia para fazer isso, mas invariavelmente você não pode confiar que todas as células estejam preenchidas.

Isso é um problema ao usar o atalho End+Seta-Para-Baixo. Essa combinação de teclas não o leva até a última linha com dados na sua planilha, mas até a última linha com dados no intervalo atual. Na Figura 2.18, pressionar End+Seta-Para-Baixo moveria o cursor para a célula A7 em vez da última linha com dados.

Uma solução melhor é começar na parte inferior da planilha e procurar a primeira célula não branca com:

```
UltimaLinha = Cells(Rows.Count, 1).End(xlUp).Row
```

Sete Dicas para Limpar o Código Gravado | **53**

Figura 2.18
A End+Seta-Para- Baixo falha na interface do usuário se um registro estiver sem um valor. De forma similar, o End(xlDown) falha no Excel VBA.

	A	B	C	D
1	Cabeçalho	Cabeçalho	Cabeçalho	Cabeçalho
2	Dado	Dado	Dado	Dado
3	Dado	Dado	Dado	Dado
4	Dado	Dado	Dado	Dado
5	Dado	Dado	Dado	Dado
6	Dado	Dado	Dado	Dado
7	Dado	Dado	Dado	Dado
8		Dado	Dado	Dado
9	Dado	Dado	Dado	Dado
10	Dado	Dado	Dado	Dado
11	Dado	Dado	Dado	Dado

Esse método pode falhar se acontecer de o último registro tiver uma linha em branco. Se os dados estão não espaçados o suficiente de modo que haverá um caminho diagonal de células não brancas até a última linha, você poderia usar:

```
UltimaLinha = Cells(1,1).CurrentRegion.Rows.Count
```

Se você tem certeza de que não há notas ou células vagas ativadas abaixo do conjunto de dados, você pode tentar:

```
UltimaLinha = Cells(1, 1).SpecialCells(xlLastCell).Row
```

A propriedade xlLastCell frequentemente está errada. Digamos que você tenha dados em A1:F500. Se, por acaso, pressionar Ctrl+ Seta Para Baixo a partir de A500, você chegará em A1048576. Então, se você aplicar negrito às células vazias, elas se tornam ativas. Ou, se você digitar Total e depois limpar as células, elas se tornam ativas. Neste ponto, xlLastCell irá se referir à F1048576.

Outro método é usar o método Find:

```
UltimaLinha = Cells.Find("*", SearchOrder:=xlByRows, _
    SearchDirection:=xlPrevious).Row
```

Você terá de escolher um destes vários métodos baseados na natureza do seu conjunto de dados. Se não tem certeza, você pode percorrer todas as colunas. Se está esperando sete colunas de dados, você usaria este código:

```
UltimaLinha = 0
For i = 1 to 7
        EstaUltima = Cells(Rows.Count, i).End(xlUp).Row
        If EstaUltima > UltimaLinha then UltimaLinha = EstaUltima
Next I
```

Dica 4: Use Variáveis para Evitar Linhas e Fórmulas Explícitas

O gravador de macros nunca grava uma variável. Variáveis são fáceis de usar, mas, como no BASIC, uma variável pode guardar um valor. Variáveis são discutidas com mais detalhes no Capítulo 4.

É recomendável definir a última linha com dados em uma variável. Use nomes de variáveis significativos, como em UltimaLinha:

```
UltimaLinha = Cells(Rows.Count, 1).End(xlUp).Row
```

Agora que você sabe o número da linha do último registro, ponha a palavra *Total* na Coluna A da linha posterior:

```
Cells(UltimaLinha + 1, 1).Value = "Total"
```

54 Capítulo 2 | Isso Parece o BASIC. Então Por que Não É Familiar?

É possível até usar o nome da variável ao construir a fórmula. Esta fórmula totaliza tudo desde E2 até a UltimaLinha da coluna E:

```
Cells(UltimaLinha + 1, 5).Formula = "=SUM(E2:E" & UltimaLinha & ")"
```

Dica 5: Fórmulas R1C1 que Tornam Sua Vida Mais Fácil

O gravador de macros frequentemente escreve fórmulas em um estilo R1C1 meio arcano. Entretanto, a maioria das pessoas muda o código de volta para usar as fórmulas em estilo A1 regular. Depois de ler o Capítulo 5, "Fórmulas Estilo R1C1", você entenderá que há momentos em que você pode criar uma fórmula R1C1 que seja mais simples do que a fórmula correspondente em estilo A1. Usando uma fórmula R1C1, pode-se adicionar totais a todas as células na linha Total com o seguinte código:

```
Cells(UltimaLinha +1, 5).Resize(1, 3).FormulaR1C1 = "=SUM(R2C:R[-1]C)"
```

Dica 6: Aprenda a Copiar e Colar em uma Única Instrução

O código gravado é notório por copiar um intervalo, selecionar outro intervalo e depois fazer um `ActiveSheet.Paste`. O método `Copy` da forma como é aplicado a um intervalo é na verdade muito mais poderoso. Você pode especificar o que copiar e o local em uma expressão

Código gravado:

```
Range("E14").Select
Selection.Copy
Range("F14:G14").Select
ActiveSheet.Paste
```

Código melhor:

```
Range("E14").Copy Destination:=Range("F14:G14")
```

Dica 7: Use `With...End With` **para Executar Múltiplas Ações**

Se você fosse fazer a linha com os totais ficar em negrito, com sublinhado duplo, com uma fonte maior e uma cor especial, poderia acabar com um código gravado assim:

```
Range("A14:G14").Select
Selection.Font.Bold = True
Selection.Font.Size = 12
Selection.Font.ColorIndex = 5
Selection.Font.Underline = xlUnderlineStyleDoubleAccounting
```

Para quatro dessas linhas, o VBA deve resolver a expressão `Selection.Font`. Como você tem quatro linhas que se referem todas ao mesmo objeto, é possível nomear o objeto uma vez no topo do bloco `With`. Dentro do bloco `With...End With`, tudo que começa com um ponto supõe-se estar se referindo ao objeto `With`:

```
With Range("A14:G14").Font
        .Bold = True
        .Size = 12
        .ColorIndex = 5
        .Underline = xlUnderlineStyleDoubleAccounting
End With
```

Sete Dicas para Limpar o Código Gravado | **55**

ESTUDO DE CASO: COLOCANDO TUDO JUNTO: CONSERTANDO O CÓDIGO GRAVADO

Usando as sete dicas discutidas na seção anterior, você pode converter o código gravado em um código eficiente e com aparência profissional. Aqui está o código gravado pelo gravador de macro no fim do Capítulo 1:

```
Sub FormatInvoice3()
Workbooks.OpenText Filename:="C:\Data\invoice.txt", Origin:=437, _
    StartRow:=1, DataType:=xlDelimited, TextQualifier:=xlDoubleQuote, _
    ConsecutiveDelimiter:=False, Tab:=False, Semicolon:=False, _
    Comma:=True, Space:=False, Other:=False, FieldInfo:=Array(_
    Array(1, 3), Array(2, 1), Array(3, 1), Array(4, 1), _
    Array(5, 1), Array(6, 1), Array(7, 1))
Selection.End(xlDown).Select
ActiveCell.Offset(1, 0).Range("A1").Select
ActiveCell.FormulaR1C1 = "Total"
ActiveCell.Offset(0, 4).Range("A1").Select
Selection.FormulaR1C1 = "=SUM(R2C:R[-1]C)"
Selection.AutoFill Destination:=ActiveCell.Range("A1:C1"), Type:= _
    xlFillDefault
ActiveCell.Range("A1:C1").Select
ActiveCell.Rows("1:1").EntireRow.Select
ActiveCell.Activate
Selection.Font.Bold = True
Application.Goto Reference:="R1C1:R1C7"
Selection.Font.Bold = True
Selection.CurrentRegion.Select
Selection.Columns.AutoFit
End Sub
```

Siga estes passos para limpar a macro:

1. Não mexa com as linhas do `Workbook.OpenText`, elas estão corretas da maneira como foram gravadas.

2. A seguintes linhas de código tentam localizar a linha final de dados de forma que o programa saiba onde entrar com a linha dos totais:

   ```
   Selection.End(xlDown).Select
   ```

   Não é necessário selecionar coisa alguma para encontrar a última linha. Também ajuda atribuir o número da linha final e da linha dos totais a uma variável para poderem ser usadas mais tarde. Para lidar com o caso inesperado que uma única célula na Coluna A esteja em branco, comece no fundo da planilha e suba para encontrar a última linha usada:

   ```
   ' Encontre a última linha com dados. Isso pode mudar todo dia
   UltimaLinha = Cells(Rows.Count, 1).End(xlUp).Row
   LinhaTotal = UltimaLinha + 1
   ```

3. Repare que estas linhas de código inserem a palavra Total na Coluna A da linha Total:

   ```
   ActiveCell.Offset(1,0).Select
   ActiveCell.FormulaR1C1 = "Total"
   ```

56 Capítulo 2 | Isso Parece o BASIC. Então Por que Não É Familiar?

O melhor código seria usar a variável LinhaTotal para localizar onde inserir a palavra Total. De novo, não há necessidade de selecionar a célula antes de inserir o rótulo:

```
' Crie uma linha de Total abaixo dessa
Cells(LinhaTotal,1).Value = "Total"
```

4. Estas linhas inserem a fórmula de Total na Coluna E e copiam-na para as próximas duas colunas:

```
ActiveCell.Offset(0, 4).Range("A1").Select
Selection.FormulaR1C1 = "=SUM(R2C:R[-1]C)"
Selection.AutoFill Destination:=ActiveCell.Range("A1:C1"), Type:= _
    xlFillDefault
ActiveCell.Range("A1:C1").Select
```

Não há razão para fazer toda essa seleção. A seguinte linha insere a fórmula nas três células. O estilo R1C1 de fórmulas é discutido no Capítulo 6:

```
Cells(LinhaTotal,5).Resize(1, 3).FormulaR1C1 = "=SUM(R2C:R[-1]C)"
```

5. O gravador de macro seleciona um intervalo e depois aplica a formatação:

```
ActiveCell.Rows("1:1").EntireRow.Select

ActiveCell.Activate

Selection.Font.Bold = True

Application.Goto Reference:="R1C1:R1C7"

Selection.Font.Bold = True
```

Não há razão para selecionar antes de aplicar a formatação. Estas duas linhas realizam a mesma ação e fazem isso muito mais rápido:

```
Cells(LinhaTotal, 1).Resize(1, 7).Font.Bold = True
Cells(1, 1).Resize(1, 7).Font.Bold = True
```

6. Repare que o gravador de macros seleciona todas as células fazendo o comando `AutoFit`:

```
Selection.CurrentRegion.Select
Selection.Columns.AutoFit
```

Não há necessidade de selecionar todas as células antes de fazer o `AutoFit`:

```
Cells(1, 1).Resize(LinhaTotal, 7).Columns.AutoFit
```

7. O gravador de macros adiciona uma breve descrição no topo de cada macro:

```
' ImportarFatura  Macro
```

Agora que você mudou o código da macro gravada em algo que vai realmente funcionar, sinta-se livre para incluir seu nome como autor na descrição e mencionar o que a macro faz:

```
' Escrita por Bill Jelen. Essa macro vai importar o Invoice.txt e
adicionar os totais.
```

Aqui está a macro final com as mudanças:

```
Sub FormatInvoiceFixed()
' Essa macro vai importar o Invoice.txt e adicionar os totais.
```

```
Workbooks.OpenText Filename:="C:\Data\invoice.txt", Origin:=437, _
    StartRow:=1, DataType:=xlDelimited, TextQualifier:=xlDoubleQuote, _
    ConsecutiveDelimiter:=False, Tab:=False, Semicolon:=False, _
    Comma:=True, Space:=False, Other:=False, FieldInfo:=Array(_
    Array(1, 3), Array(2, 1), Array(3, 1), Array(4, 1), _
    Array(5, 1), Array(6, 1), Array(7, 1))
FinalRow = Cells(Rows.Count, 1).End(xlUp).Row
LinhaTotal = UltimaLinha + 1
Cells(LinhaTotal, 1).Value = "Total"
Cells(LinhaTotal, 5).Resize(1, 3).FormulaR1C1 = "=SUM(R2C:R[-1]C)"
Cells(LinhaTotal, 1).Resize(1, 7).Font.Bold = True
Cells(1, 1).Resize(1, 7).Font.Bold = True
Cells(1, 1).Resize(LinhaTotal, 7).Columns.AutoFit
End Sub
```

Próximos Passos

Agora, você já deve saber como gravar uma macro. Também deve ser capaz de usar a ajuda e depurar para descobrir como o código funciona. Este capítulo forneceu sete ferramentas para tornar mais profissional a aparência do código gravado.

Os próximos capítulos entram em mais detalhes sobre como fazer referências a intervalos, loops e o estilo de fórmulas R1C1 louco, porém útil, que o gravador de macros adora usar.

Fazendo Referência a Intervalos

Um *intervalo* (*range*, em inglês) pode ser uma célula, linha, coluna ou um grupo de qualquer um desses itens. O objeto RANGE é provavelmente o objeto mais frequentemente usado no VBA do Excel; afinal, você está manipulando dados em uma planilha. Apesar de um intervalo poder se referir a qualquer agrupamento de células em uma planilha, ele pode se referir apenas a uma planilha por vez. Se você quiser fazer referência a intervalos em múltiplas planilhas, deverá se referir a cada planilha separadamente.

Este capítulo mostra duas maneiras diferentes de fazer referência a intervalos, especificando uma linha ou coluna. Você também vai aprender a manipular células com base na célula ativa e como criar um novo intervalo a partir de intervalos que se sobrepõem.

O Objeto Range

A hierarquia de objetos do Excel é a seguinte:

```
Application > Workbook > Worksheet >
Range
```

O objeto Range é uma propriedade do objeto Worksheet. Isso significa que ele requer que uma planilha esteja ativa, ou que ele deva se referenciar a uma planilha. Ambas as linhas seguintes significam a mesma coisa se Worksheets(1) for a planilha ativa:

```
Range("A1")
Worksheets(1).Range("A1")
```

Há diversas maneiras de se referir a um objeto Range. O Range("A1") é o mais identificável porque é como o gravador de macros se refere a ele. Entretanto, cada uma das linhas seguintes é equivalente quando se referem a um intervalo:

```
Range("D5")
[D5]
Range("B3").Range("C3")
Cells(5,4)
Range("A1").Offset(4,3)
Range("MeuIntervalo") 'Assumindo que D5
tenha o 'nome de MeuIntervalo
```

3

NESTE CAPÍTULO

O Objeto Range 59
Sintaxe para Especificar um Intervalo 60
Intervalos Nomeados 60
Atalho para Referenciar Intervalos 60
Referenciando Intervalos
em Outras planilhas 61
Referenciando um Intervalo
Relativo a Outro Intervalo 61
Usando a Propriedade Cells para
Selecionar um Intervalo 62
Use a Propriedade Offset
para se Referir a um Intervalo 63
Use a Propriedade Resize para Alterar
o Tamanho de um Intervalo 65
Use as Propriedades Columns e Rows
para Especificar um Intervalo 66
Use o Método Union para
Juntar Múltiplos Intervalos 66
Use o Método Intersect para
Criar um Novo Intervalo a Partir de
Intervalos que se Sobrepõem 67
Use a Função IsEmpty para Verificar
se uma Célula está Vazia 67
Use a Propriedade CurrentRegion
para Selecionar um Intervalo de Dados .. 68
Use a Coleção Areas para Retornar
um Intervalo Não Contíguo 70
Fazendo Referência a Tabelas 71
Próximos Passos 72

60 Capítulo 3 | Fazendo Referência a Intervalos

O formato usado depende das suas necessidades. Continue lendo, isso vai fazer sentido em breve!

Sintaxe para Especificar um Intervalo

A propriedade `Range` tem duas sintaxes aceitáveis. Para especificar um intervalo retangular na primeira sintaxe, especifique a referência completa do intervalo da mesma forma como você faria em uma fórmula do Excel:

```
Range("A1:B5")
```

Na sintaxe alternativa, especifique o canto superior esquerdo e o canto inferior direito do intervalo retangular desejado. Nessa sintaxe, a expressão equivalente seria esta:

```
Range("A1", "B5")
```

Para qualquer canto, é possível substituir um intervalo nomeado, a propriedade `Cells` ou a propriedade `ActiveCell`. A linha de código seguinte seleciona um intervalo retangular de A1 até a célula ativa:

```
Range("A1", ActiveCell).Select
```

A expressão seguinte seleciona da célula ativa até cinco linhas abaixo e duas colunas à direita:

```
Range(ActiveCell, ActiveCell.Offset(5, 2)).Select
```

Intervalos Nomeados

Você provavelmente já usou intervalos nomeados em planilhas e fórmulas, e também pode usá-los no VBA.

Use o seguinte código para se referir ao "MeuIntervalo" na Planilha1:

```
Worksheets("Planilha1").Range("MeuIntervalo")
```

Perceba que o nome do intervalo está entre aspas, ao contrário do uso de intervalos nomeados em fórmulas e na planilha em si. Se você esquecer de pôr o nome entre aspas, o Excel pensa que você está se referindo a uma variável no programa. Uma exceção é usar a sintaxe de atalho que será discutida na próxima seção. Nesse caso, as aspas não são usadas.

Atalho para Referenciar Intervalos

Um atalho está disponível ao se referir a intervalos. O atalho usa colchetes, como mostrado na Tabela 3.1.

Tabela 3.1 Atalhos para Fazer Referência a Intervalos

Método padrão	Atalho
Range("D5")	[D5]
Range("A1:D5")	[A1:D5]
Range("A1:D5, G6:I17")	[A1:D5, G6:I17]
Range("MeuIntervalo")	[MeuIntervalo]

Referenciando Intervalos em Outras planilhas

Alternar entre planilhas, ativando a planilha necessária, pode tornar seu código muito mais lento. Para evitar isso, é possível fazer referência a uma planilha que não esteja ativa, referindo-se primeiro ao objeto `Worksheet`:

```
Worksheets("Planilha1").Range("A1")
```

Essa linha de código faz referência a Planilha1 da pasta de trabalho ativa, mesmo que a Planilha2 seja a planilha ativa.

Se precisar referenciar um intervalo em outra pasta de trabalho, inclua o objeto `Workbook`, o objeto `Worksheet` e depois o objeto `Range`:

```
Workbooks("InvoiceData.xlsx").Worksheets("Planilha1").Range("A1")
```

Para usar a propriedade `Range` como um argumento dentro de outra propriedade `Range`, identifique o intervalo completamente a cada vez. Por exemplo, suponha que essa Planilha1 seja sua planilha ativa e você precise do dado sobre o total que está na Planilha2:

```
WorksheetFunction.Sum(Worksheets("Planilha2").Range(Range("A1"), _
    Range("A7")))
```

Essa linha não funciona. Por que não? Porque `Range("A1")`, `Range("A7")` refere-se à planilha do início da linha de código. O Excel não presume que você queria carregar a referência ao objeto `Worksheet` para outros objetos `Range` e presume que eles se referem à planilha ativa, Planilha1. Então, o que fazer? Bem, você poderia escrever isto:

```
WorksheetFunction.Sum(Worksheets("Planilha2").Range(Worksheets("Planilha2"). _
    Range("A1"), Worksheets("Planilha2").Range("A7")))
```

Mas isso não apenas é uma longa linha de código, ela é difícil de ler! Ainda bem que há uma maneira mais simples, usando `With...End With`:

```
With Worksheets("Planilha2")
    WorksheetFunction.Sum(.Range(.Range("A1"), .Range("A7")))
End With
```

Observe agora que há um `.Range` no seu código, mas sem a referência do objeto precedente. Isso porque `With Worksheets("Planilha2")` implica que o objeto do intervalo (`Range`) seja a planilha (`Worksheet`). Toda vez que o Excel vê um período sem um objeto de referência diretamente à esquerda dele, ele procura no código pela instrução `If` mais próxima e a usa como referência de objeto.

Referenciando um Intervalo Relativo a Outro Intervalo

Normalmente, o objeto `Range` é uma propriedade de uma planilha. Também é possível que a `Range` seja propriedade de outro intervalo. Nesse caso, a propriedade `Range` é relativa ao intervalo original, o que torna o código não intuitivo. Veja este exemplo:

```
Range("B5").Range("C3").Select
```

Esse código, na verdade, seleciona a célula D7. Pense na célula C3, que está localizada duas linhas abaixo e duas colunas à direita da célula A1. A linha de código precedente começa na célula B5. Se supuséssemos que B5 estivesse na posição de A1, o VBA encontraria a célula que estivesse na posição C3 relativa a B5. Em outras palavras, o VBA encontra a célula que está duas linhas abaixo e duas colunas à direita de B5, que é a D7.

62 Capítulo 3 | Fazendo Referência a Intervalos

Novamente, considero esse estilo de codificação não muito intuitivo. Essa linha de código menciona dois endereços e a célula selecionada não é nenhum deles! Parece confuso quando se está tentando ler esse código.

Você pode considerar usar essa sintaxe para se referir a uma célula relativa à célula ativa. Por exemplo, a linha de código seguinte ativa a célula três linhas abaixo e quatro colunas para a direita da célula que está atualmente ativa:

```
Selection.Range("E4").Select
```

Essa sintaxe só é mencionada porque o gravador macro a usa. Lembre de quando você gravou uma macro no Capítulo 1, "Liberte o Poder do Excel com VBA", com as Referências Relativas ativadas, a seguinte linha foi gravada:

```
ActiveCell.Offset(0, 4).Range("A2").Select
```

Essa linha encontrou a célula quatro colunas para a direita da célula ativa e de lá ela selecionou a célula que corresponderia à A2. Esta não é a maneira mais fácil de escrever código, mas é como o gravador de macro o faz.

Apesar de uma planilha ser geralmente o objeto da propriedade Range, ocasionalmente, tal como durante a gravação, um intervalo pode ser a propriedade de um intervalo.

Usando a Propriedade `Cells` para Selecionar um Intervalo

A propriedade `Cells` se refere a todas as células do objeto Range especificado, que pode ser uma planilha ou um intervalo de células. Por exemplo, esta linha seleciona todas as células da planilha ativa:

```
Cells.Select
```

Usar a propriedade `Cells` com o objeto `Range` pode parecer redundante:

```
Range("A1:D5").Cells
```

Essa linha se refere ao objeto `Range` original. Entretanto, a propriedade `Cells` tem uma propriedade `Item` que torna a propriedade `Cells` muito útil. A propriedade `Item` possibilita fazer referência a uma célula específica relativa ao objeto `Range`.

A sintaxe para o uso da propriedade `Item` com a propriedade `Cells` é a seguinte:

```
Cells.Item(Linha,Coluna)
```

Você tem que usar um valor numérico para `Linha`, mas pode usar um valor numérico ou de texto para `Coluna`. Ambas as linhas seguintes se referem à célula C5:

```
Cells.Item(5,"C")
Cells.Item(5,3)
```

Como a propriedade `Item` é a propriedade padrão do objeto `RANGE`, é possível encurtar estas linhas assim:

```
Cells(5,"C")
Cells(5,3)
```

A habilidade de usar valores numéricos em parâmetros é particularmente útil caso precise iterar pelas linhas ou colunas. O gravador de macros geralmente usa algo como `Range("A1")`.`Select` para uma única célula e `Range("A1:C5").Select` para um intervalo de células. Se

Usando a Propriedade `Offset` para se Referir a um Intervalo | **63**

você estiver aprendendo a codificar apenas a partir do gravador, pode ficar tentado a escrever um código como este:

```
UltimaLinha = Cells(Rows.Count, 1).End(xlUp).Row
For i = 1 to UltimaLinha
    Range("A" & i & ":E" & i).Font.Bold = True
Next i
```

Esse pequeno trecho de código, que itera pelas linhas e coloca em negrito as células das Colunas A até E, é estranho de ler e escrever. Mas de que outra maneira você poderia fazer isso?

```
UltimaLinha = Cells(Rows.Count, 1).End(xlUp).Row
For i = 1 to UltimaLinha
        Cells(i,"A").Resize(,5).Font.Bold = True
Next i
```

Em vez de tentar digitar os endereços dos intervalos, este novo código usa as propriedades `Cells` e `Resize` para encontrar a célula desejada, com base na célula ativa. Veja a seção "Use a Propriedade `Resize` para Alterar o Tamanho de um Intervalo" mais adiante neste capítulo para mais informações sobre a Propriedade `Resize`.

As propriedades `Cells` podem ser usadas como parâmetros da propriedade `Range`. A linha seguinte se refere ao intervalo A1:E5:

```
Range(Cells(1,1),Cells(5,5))
```

Isso é particularmente útil quando se precisa especificar as variáveis com um parâmetro, como no exemplo anterior de iteração.

Use a Propriedade `Offset` para se Referir a um Intervalo

Você já viu uma referência a `Offset` quando o gravador de macros a usou na ocasião em que você gravou uma referência relativa. `Offset` permite manipular uma célula baseada fora da localização da célula ativa. Dessa maneira, não é necessário saber o endereço de uma célula.

A sintaxe para a propriedade `Offset` é a seguinte:

```
Range.Offset(RowOffset, ColumnOffset)
```

A sintaxe para afetar a célula F5 a partir da célula A1 é:

```
Range("A1").Offset(RowOffset:=4, ColumnOffset:=5)
```

Ou, para encurtar mais, escreva assim:

```
Range("A1").Offset(4,5)
```

A contagem das linhas e colunas começa em A1, mas não a inclui. Mas e se você precisar pular apenas uma linha ou coluna, mas não ambas? Não é necessário inserir os parâmetros de linha e coluna. Se precisar referenciar uma célula ou uma coluna, use uma dessas linhas*:

```
Range("A1").Offset(ColumnOffset:=1)
Range("A1").Offset(,1)
```

---

* N.E.: Repare que `Offset(1,)` não funciona, então você pode se habituar a usar o zero para definir a ausência de um dos deslocamentos, assim: `Range("A1").Offset(1,0).Select`.

64 Capítulo 3 | Fazendo Referência a Intervalos

Ambas linhas significam a mesma coisa, então a escolha é sua. Fazer referência a uma célula em uma linha acima é similar:

```
Range("B2").Offset(RowOffset:=-1)
Range("B2").Offset(-1)
```

Mais uma vez, você pode escolher qual usar. É uma questão de legibilidade do código. Suponha que você tenha uma lista de produtos com os totais próximos a eles. Caso queira encontrar qualquer total que seja igual a zero e colocar BAIXO na célula do lado, faça assim:

```
Set Rng = Range("B1:B16").Find(What:="0", LookAt:=xlWhole, _
    LookIn:=xlValues)
Rng.Offset(, 1).Value = "LOW"
```

Usado em uma Sub e fazendo loop em um conjunto de dados, ficaria assim;

```
Sub FindLow()
With Range("B1:B16")
    Set Rng = .Find(What:="0", LookAt:=xlWhole, LookIn:=xlValues)
    If Not Rng Is Nothing Then
        firstAddress = Rng.Address
        Do
            Rng.Offset(, 1).Value = "BAIXO"
            Set Rng = .FindNext(Rng)
        Loop While Not Rng Is Nothing And Rng.Address <> firstAddress
    End If
End With
End Sub
```

Os totais BAIXO são notados pelo programa, como mostra a Figura 3.1.

Figura 3.1
Encontre os produtos
com total igual a zero.

▲	A	B	C
1	Maçãs	45	
2	Laranjas	12	
3	Uvas	86	
4	Limões	0	BAIXO

> **NOTA**
> Veja a seção "Variáveis Objeto", no Capítulo 4, para obter mais informações sobre a expressão Set.

Offset não é apenas para células únicas — ele pode ser usado com intervalos. É possível mudar o foco de um intervalo da mesma maneira que se pode mudar a célula ativa. A seguinte linha se refere a B2:D4 (veja a Figura 3.2):

```
Range("A1:C3").Offset(1,1)
```

Figura 3.2
Fazendo o offset de um intervalo:
Range("A1:C3").
Offset(1,1).
Select.

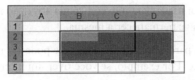

Use a Propriedade Resize para Alterar o Tamanho de um Intervalo

A propriedade Resize possibilita mudar o tamanho de um intervalo com base na localização da célula ativa. Você pode criar um novo intervalo conforme a necessidade. A sintaxe para a propriedade Resize é:

    Range.Resize(RowSize, ColumnSize)

Para criar um intervalo B3:D13, use o seguinte:

    Range("B3").Resize(RowSize:=11, ColumnSize:=3)

Ou uma maneira mais simples de criar este intervalo:

    Range("B3").Resize(11, 3)

Mas e se você precisar redimensionar apenas por uma linha ou uma coluna, mas não ambas? Não é necessário inserir ambos os parâmetros.

Se precisar expandir por duas colunas, use o seguinte:

    Range("B3").Resize(ColumnSize:=2)

ou

    Range("B3").Resize(,2)

Ambas linhas significam a mesma coisa. A escolha é sua. Se usar a segunda linha, certifique-se de incluir a vírgula para que o Excel saiba que o 2 se refere ao argumento ColumnSize. Redimensionar apenas as linhas é similar. Você pode usar uma das seguintes linhas:

    Range("B3").Resize(RowSize:=2)

ou

    Range("B3").Resize(2)

Mais uma vez, a escolha é sua. É uma questão de legibilidade* de código.

A partir da lista de produtos, encontre os totais zero e coloque cor nas células do total e do produto correspondente (veja a Figura 3.3). Você pode fazer desta forma:

    Set Rng = Range("B1:B16").Find(What:="0", LookAt:=xlWhole, _
        LookIn:=xlValues)
    Rng.Offset(, -1).Resize(, 2).Interior.ColorIndex = 15

Figura 3.3
Redimensionar um intervalo para estender a seleção.

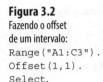

---

*N.E.: Em vez de omitir um parâmetro do Resize, talvez você queira usar o 1, assim: Range("B3").Resize(1,2)

66 Capítulo 3 | Fazendo Referência a Intervalos

Repare que a propriedade `Offset` foi usada para mover a célula ativa. Ao redimensionar, a célula do canto superior esquerdo deve permanecer a mesma.

O redimensionamento não é apenas para células individuais: ele pode ser usado para redimensionar um intervalo existente. Por exemplo, se você tiver um intervalo nomeado, mas precisar dele e da coluna ao lado, use isto:

```
Range("Produce").Resize(,2)
```

Lembre-se, o número pelo qual você está redimensionando é o número total de linhas/colunas que quer aplicar.

Use as Propriedades `Columns` e `Rows` para Especificar um Intervalo

As propriedades `Columns` e `Rows` se referem às colunas e linhas de um objeto `Range` especificado, que pode ser uma planilha ou um intervalo de células. Eles retornam um objeto `Range` referenciando as colunas ou linhas do objeto especificado.

Você já viu esta linha seguinte, mas o que ela está fazendo?

```
UltimaLinha = Cells(Rows.Count, 1).End(xlUp).Row
```

Essa linha de código encontra a última linha em uma planilha em que a Coluna A tenha um valor e coloca o número da linha desse objeto `Range` na variável `UltimaLinha`. Isso pode ser útil quando se precisa iterar pela planilha linha por linha — você vai saber exatamente por quantas linhas precisa iterar.

> **NOTA**
> Algumas propriedades das colunas e linhas precisam de linhas e colunas contíguas para funcionar apropriadamente. Por exemplo, se você fosse usar a linha de código a seguir, 9 seria a resposta, porque apenas o primeiro intervalo seria avaliado:
>
> ```
> Range("A1:B9, C10:D19").Rows.Count
> ```
>
> Entretanto, se os intervalos estivessem agrupados separadamente, a resposta seria 19. O Excel considera a célula superior-esquerda A1, e a inferior-direita D19, e conta as células no intervalo A1:D19:
>
> ```
> Range("A1:B9", "C10:D19").Rows.Count
> ```

Use o Método `Union` para Juntar Múltiplos Intervalos

O método `Union` possibilita juntar dois ou mais intervalos não contíguos. Ele cria um objeto temporário com os múltiplos intervalos, o que permite que você os afete em conjunto:

```
Application.Union(argument1, argument2, etc.)
```

Use a Função `IsEmpty` para Verificar se uma Célula está Vazia | **67**

O seguinte código une dois intervalos nomeados da planilha, insere a fórmula =ALEATÓRIO() e os coloca em negrito:

```
Set UnionRange = Union(Range("Range1"), Range("Range2"))
With UnionRange
    .Formula = "=RAND()"
    .Font.Bold = True
End With
```

Use o Método `Intersect` para Criar um Novo Intervalo a Partir de Intervalos que se Sobrepõem

O método `Intersect` retorna as células da intersecção entre dois ou mais intervalos:

```
Application.Intersect(argument1, argument2, etc.)
```

A expressão `Application` não é necessária. O seguinte código colore as células da intersecção dos dois intervalos:

```
Set IntersectRange = Intersect(Range("Range1"), Range("Range2"))
IntersectRange.Interior.ColorIndex = 6
```

Use a Função `IsEmpty` para Verificar se uma Célula está Vazia

A função `IsEmpty` retorna um valor Booleano sobre o estado da célula: `True` se estiver vazia; caso contrário, `False`. A célula deve estar realmente vazia. Mesmo que ela tenha um espaço que você não possa ver, o Excel não considera a célula como sendo vazia:

```
IsEmpty(Célula)
```

Você tem vários grupos de dados separados por uma linha em branco e quer fazer separações um pouco mais óbvias. O código a seguir verifica os dados da Coluna A. Quando encontra uma célula vazia, ele colore as quatro primeiras células daquela coluna (veja a Figura 3.4).

```
UltimaLinha = Cells(Rows.Count, 1).End(xlUp).Row
For i = 1 To UltimaLinha
    If IsEmpty(Cells(i, 1)) Then
```

Figura 3.4
Linhas coloridas
separando dados.

	A	B	C	D
1	Apples	Oranges	Grapefruit	Lemons
2	45	12	86	15
3	71%	53%	82%	52%
4				
5	Tomatoes	Cabbage	Lettuce	Green Peppers
6	58	24	31	0
7	30%	43%	68%	1%
8				
9	Potatoes	Yams	Onions	Garlic
10	10	61	26	29
11	18%	19%	22%	82%

```
        Cells(i, 1).Resize(1, 4).Interior.ColorIndex = 1
    End If
Next i
```

68 Capítulo 3 | Fazendo Referência a Intervalos

Use a Propriedade `CurrentRegion` para Selecionar um Intervalo de Dados

`CurrentRegion` retorna um objeto `Range` representando um conjunto de dados contíguos. Desde que os dados estejam cercados por uma linha e uma coluna vazias, você pode selecionar a tabela com `CurrentRegion`:

```
RangeObject.CurrentRegion
```

A linha seguinte seleciona A1:D3, porque este é o intervalo contínuo de células ao redor de A1 (veja a Figura 3.5):

```
Range("A1").CurrentRegion.Select
```

Isso é útil se você tiver uma tabela cujo tamanho esteja em constante mudança.

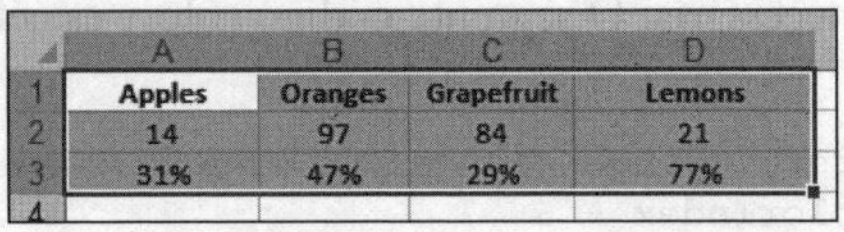

Figura 3.5
Use `CurrentRegion` para selecionar um intervalo de dados contíguos ao redor da célula ativa.

	A	B	C	D
1	**Apples**	**Oranges**	**Grapefruit**	**Lemons**
2	14	97	84	21
3	31%	47%	29%	77%

ESTUDO DE **CASO**: USANDO O MÉTODO `SPECIALCELLS` PARA SELECIONAR CÉLULAS ESPECÍFICAS

Mesmo os usuários avançados do Excel podem não ter encontrado a caixa de diálogo Ir Para Especial. Ao pressionar a tecla F5 em uma planilha do Excel, você consegue a caixa de diálogo Ir Para (veja a Figura 3.6). No canto inferior esquerdo dessa caixa de diálogo, há um botão rotulado Especial. Clique nesse botão para ir para a superpoderosa caixa de diálogo Ir Para Especial (veja a Figura 3.7).

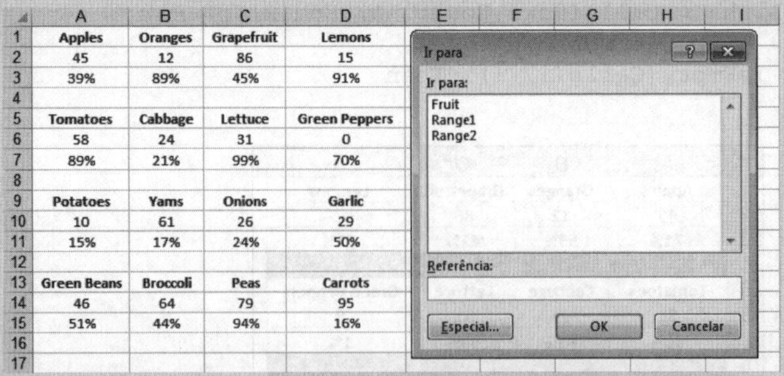

Figura 3.6
Apesar de a caixa de diálogo Ir Para não parecer útil, clique no botão Especial no canto inferior esquerdo.

	A	B	C	D
1	**Apples**	**Oranges**	**Grapefruit**	**Lemons**
2	45	12	86	15
3	39%	89%	45%	91%
4				
5	**Tomatoes**	**Cabbage**	**Lettuce**	**Green Peppers**
6	58	24	31	0
7	89%	21%	99%	70%
8				
9	**Potatoes**	**Yams**	**Onions**	**Garlic**
10	10	61	26	29
11	15%	17%	24%	50%
12				
13	**Green Beans**	**Broccoli**	**Peas**	**Carrots**
14	46	64	79	95
15	51%	44%	94%	16%
16				
17				

Ir para / Ir para: Fruit, Range1, Range2 / Referência: / Especial... OK Cancelar

Na interface do Excel, a caixa de diálogo Ir Para Especial possibilita selecionar apenas células com fórmulas, apenas células em branco ou apenas as células visíveis. Selecionar apenas as células visíveis é excelente para pegar os resultados visíveis de dados AutoFiltrados.

Para simular a caixa de diálogo Ir Para Especial no VBA, use o método `SpecialCells`. Isso possibilita que você aja em células que atendam a determinado critério:

```
RangeObject.SpecialCells(Type, Value)
```

Figura 3.7
A caixa de diálogo
Ir Para Especial tem
muitas opções úteis
de ferramentas.

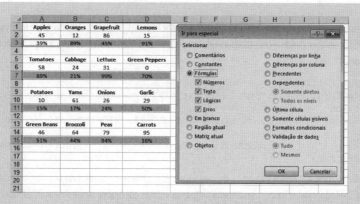

Esse método tem dois parâmetros: Type e Value. Type é uma das constantes xlCellType:

xlCellTypeAllFormatConditions
xlCellTypeAllValidation
xlCellTypeBlanks
xlCellTypeComments
xlCellTypeConstants
xlCellTypeFormulas
xlCellTypeLastCell
xlCellTypeSameFormatConditions
xlCellTypeSameValidation
xlCellTypeVisible

Value é opcional e pode ser um dos seguintes:

xlErrors
xlLogical
xlNumbers
xlTextValues

O código a seguir retorna todos os intervalos que tenham formatação condicional definida. Isso produz um erro, se não houver formatos condicionais, e adiciona uma borda ao redor de cada seção contígua que encontrar:

```
Set rngCond = ActiveSheet.Cells.SpecialCells(xlCellTypeAllFormatConditions)
If Not rngCond Is Nothing Then
    rngCond.BorderAround xlContinuous
End If
```

Já houve alguém que tenha lhe enviado uma planilha sem todos os rótulos preenchidos? Algumas pessoas consideram que os dados na Figura 3.8 parecem arrumados. Elas inserem o campo Região apenas uma vez para cada região. Isso pode parecer esteticamente agradável, mas é impossível de classificar.

Figura 3.8
As células em
branco na coluna
Região dificultam
a classificação de
tabelas de dados
como essa.

	A	B	C
1	Region	Product	Sales
2	North	ABC	766,469
3		DEF	776,996
4		XYZ	832,414
5	East	ABC	703,255
6		DEF	891,799
7		XYZ	897,949

Usar o método `SpecialCells` para selecionar todas as células em branco neste intervalo é uma maneira de preencher rapidamente todas as células em branco da coluna Região com a região encontrada acima delas:

```
Sub FillIn()
On Error Resume Next 'Precisa disso porque, se não houver células em
branco, o código vai retornar um erro
Range("A1").CurrentRegion.SpecialCells(xlCellTypeBlanks).FormulaR1C1 _
    = "=R[-1]C"
Range("A1").CurrentRegion.Value = Range("A1").CurrentRegion.Value
End Sub
```

Nesse código, `Range("A1").CurrentRegion` refere-se ao intervalo contínuo de dados no relatório. O método `SpecialCells` retorna apenas as células em branco desse intervalo. Embora você possa ler mais sobre fórmulas em estilo R1C1 no Capítulo 5, "Fórmulas no Estilo R1C1 [L1C1]", essa fórmula em particular preenche todas as células em branco com uma fórmula que aponta para a célula acima da célula em branco. A segunda linha de código é uma maneira rápida de simular a ação Copiar e, depois, Colar Especial. A Figura 3.9 mostra os resultados.

Figura 3.9
Depois de a macro ser executada, as células em branco na coluna Região foram preenchidas com dados.

	A	B	C
1	Region	Product	Sales
2	North	ABC	766,469
3	North	DEF	776,996
4	North	XYZ	832,414
5	East	ABC	703,255
6	East	DEF	891,799
7	East	XYZ	897,949

Use a Coleção `Areas` para Retornar um Intervalo Não Contíguo

`Areas` é uma coleção de intervalos não contíguos dentro de uma seleção. Ela consiste de objetos `Range` individuais representando intervalos contíguos de células dentro de uma seleção. Se a seleção contiver apenas uma área, a coleção `Areas` terá um único objeto `Range` correspondente a essa seleção.

Você pode ficar tentado a percorrer as linhas de uma planilha e verificar as propriedades de uma célula em uma linha, tais como a sua formatação (por exemplo, fonte ou preenchimento) ou se a célula contém uma fórmula ou valor. Depois, você pode copiar a linha e colá-la em outra seção. Porém há uma forma mais fácil. Na Figura 3.10, o usuário entra com os valores abaixo de cada fruta ou vegetal. As porcentagens são fórmulas. O código a seguir seleciona as células com constantes numéricas e, depois, copia-as para outra área:

```
Range("A:D").SpecialCells(xlCellTypeConstants, xlNumbers).Copy _
    Range("I1")
```

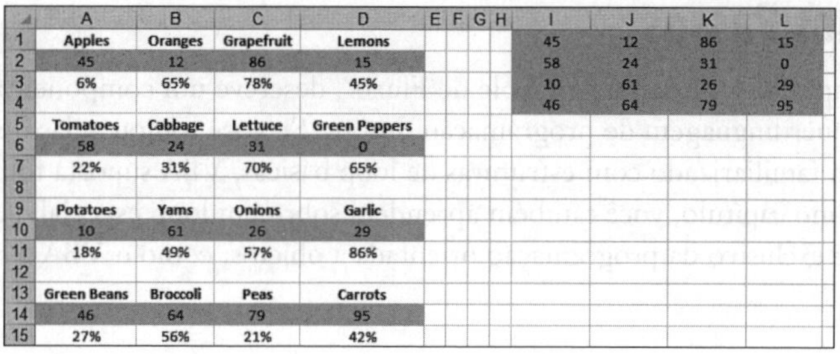

Figura 3.10
A coleção `Areas` facilita a manipulação de intervalos não contíguos.

	A	B	C	D	E	F	G	H	I	J	K	L
1	Apples	Oranges	Grapefruit	Lemons					45	12	86	15
2	45	12	86	15					58	24	31	0
3	6%	65%	78%	45%					10	61	26	29
4									46	64	79	95
5	Tomatoes	Cabbage	Lettuce	Green Peppers								
6	58	24	31	0								
7	22%	31%	70%	65%								
8												
9	Potatoes	Yams	Onions	Garlic								
10	10	61	26	29								
11	18%	49%	57%	86%								
12												
13	Green Beans	Broccoli	Peas	Carrots								
14	46	64	79	95								
15	27%	56%	21%	42%								

Fazendo Referência a Tabelas

As tabelas são um tipo especial de intervalo que oferecem a conveniência dos intervalos nomeados, mas elas não são criadas da mesma maneira. Para obter mais informações sobre como criar uma tabela nomeada, veja o Capítulo 6, "Crie e Manipule Nomes no VBA".

Apesar de ser possível fazer referência a uma tabela ao usar `Worksheets(1).Range("Tabela1")`, você tem acesso a mais propriedades e métodos que são únicos das tabelas se usar o objeto `ListObjects`, assim:

```
Worksheets(1).ListObjects("Tabela1")
```

Isso abre as propriedades e métodos de uma tabela, mas não é possível usar tal linha para selecionar a tabela. Para fazer isso, deve-se especificar a parte da tabela que se quer trabalhar. Para selecionar uma tabela inteira, incluindo o título e o total de linhas, especifique a propriedade `Range`:

```
Worksheets(1).ListObjects("Tabela1").Range.Select
```

As propriedades da parte de uma tabela incluem:

- `Range` — Retorna a tabela inteira.

- `DataBodyRange` — Retorna apenas a parte dos dados.

- `HeaderRowRange` — Retorna apenas a linha do cabeçalho.

- `TotalRowRange` — Retorna apenas a linha de totais.

O que eu realmente gosto de codificar em tabelas é a facilidade de se fazer referência a colunas específicas de uma tabela. Não é necessário saber quantas colunas deve-se mover a partir de uma posição inicial ou a letra/número da coluna, e não é necessário usar a função `FIND`. Em vez disso, você pode usar o nome do cabeçalho da coluna. Por exemplo, faça isto para se referenciar à coluna Qde da tabela, mas não para o cabeçalho e o total de linhas:

```
Worksheets(1).ListObjects("Tabela1").ListColumns("Qty")_
    .DataBodyRange.Select
```

> **NOTA**
> Para saber mais detalhes sobre tabelas, veja "Excel Tables: A Complete Guide for Creating, Using and Automating Lists and Tables" de Zack Barresse e Kevin Jones (ISBN: 978-1615470280).

72 Capítulo 3 | Fazendo Referência a Intervalos

Próximos Passos

O Capítulo 4, "Loop e Controle de Fluxo", descreve um componente fundamental de qualquer linguagem de programação: Loops. Se você tomou aulas de programação, estará familiarizado com estruturas de loop básicas, VBA suporta todos loops usuais. No próximo capítulo, você também aprenderá sobre um loop especial, `For Each...Next`, que é exclusivo da programação orientada a objetos, como o VBA.

Loop e Controle de Fluxo

Loops facilitam a sua vida. Você pode ter 20 linhas de código macro que façam algo bacana uma vez. Adicione uma linha acima e abaixo e de repente o seu macro conserta milhares de linhas em vez de uma linha. Loops são um componente fundamental de qualquer linguagem de programação. Se você tomou qualquer aula de programação, até mesmo BASIC, você provavelmente encontrou um loop `For...Next`. Felizmente, o VBA suporta todos os loops usuais, e mais um loop especial que é excelente para se usar com VBA.

Este capítulo abrange as estruturas básicas de iteração:

- `For...Next`
- `Do...While`
- `Do...Until`
- `While...Wend`
- `Until...Loop`

Este capítulo também discute esta útil estrutura de iteração que é única para linguagens orientadas a objeto: `For Each...Next`

NESTE CAPÍTULO

Loops `For...Next` 73
Loops `Do` 78
Loop VBA: `For Each` 82
Controle de Fluxo: Usando `If...Then...Else` **e** `Select Case` 86
Próximos Passos 91

Loops `For...Next`

`For` e `Next` são construções comuns de loops. Tudo entre o `For` e o `Next` é executado múltiplas vezes. Cada vez que o código é executado, certa variável numérica contadora, especificada na expressão `For`, tem um valor diferente.

Considere este código:

```
For I = 1 to 10
    Cells(I, I).Value = I
Next I
```

Quando esse programa começa a ser executado, é necessário dar à variável contadora um nome. Nesse exemplo, o nome da variável é `I`. Na primeira vez que se passa pelo código, a variável `I` está definida como 1. Na primeira vez que o loop é executado, `I` é igual a 1. Então a célula na Linha 1, Coluna 1, será definida como 1 (veja a Figura 4.1).

Figura 4.1
Depois da primeira iteração pelo loop, a célula na Linha 1, Coluna 1, tem o valor de 1.

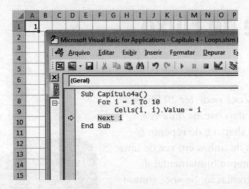

Vamos dar uma olhada mais atenta[1] ao que acontece quando o VBA chega à linha que diz `Next I`. Antes de executar essa linha, a variável `I` é igual a 1. Durante a execução de `Next I`, o VBA terá que tomar uma decisão. O VBA adiciona 1 à variável `I` e a compara com o valor máximo do termo `To` da instrução `For`. Se a variável estiver dentro dos limites especificados no termo `To`, o loop não é finalizado. No caso atual, o valor de `I` será incrementado para 2. A execução do código move-se então para a primeira linha de código depois da expressão `For`. A Figura 4.2 mostra o estado do programa antes de executar a linha `Next`. A Figura 4.3 mostra o que acontece depois da execução da linha `Next`.

Figura 4.2
`I` é igual a 1 antes de executar a instrução `Next I`. O VBA pode adicionar com segurança 1 à `I`, e a variável será menor do que o 10 especificado no termo `To` da instrução `For`.

```
Sub Capítulo4a()
    For i = 1 To 10
        Cells(i, i).Value = i
    Next i
End Sub    i = 1
```

Figura 4.3
Depois de executar a instrução `Next I`, a variável `I` é incrementada para 2. A execução do código continua com a linha de código imediatamente seguinte à instrução `For`, que grava 2 na célula B2.

```
Sub Capítulo4a()
    For i = 1 To 10
        Cells(i, i).Value = i
    Next i                    i = 2
End Sub
```

Na segunda vez que o loop é executado, o valor de `I` é 2. A célula na Linha 2, Coluna 2 (isto é, célula B2), recebe um valor de 2.

Na medida em que o processo continua, a instrução `Next I` avança `I` para 3, 4, e por aí vai. Na décima execução do loop, a célula na Linha 10, Coluna 10, recebe um valor de 10.

---

[1] NRT: Se você ativou Option Explicit no capítulo 1, declare a variável i usando a linha de comando DIM I antes do FOR.

É interessante observar o que acontece com a variável I na última passagem por Next I. Na Antes de executar a linha Next I, a variável contém 10. O VBA está agora em um ponto de decisão. Ele soma 1 à variável I. E I agora é igual a 11, o que é maior que o limite do loop For...Next. O VBA, então, move a execução para a próxima linha da macro, depois da instrução Next (veja a Figura 4.4). Nesse caso, você se sente tentado a usar a variável I mais tarde na macro. É importante perceber que ela será incrementada além do limite especificado no termo To da instrução For.

Figura 4.4
Depois de incrementar I para 11, a execução do código vai para a linha após a instrução Next.

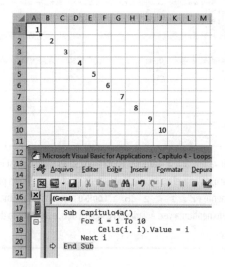

O uso comum para esse tipo de loop é percorrer todas as linhas de um conjunto de dados e decidir realizar alguma ação com base em algum critério. Por exemplo, se quiser marcar todas as linhas da Coluna F que tenham receita de serviço positiva, pode usar esse loop:

```
For I = 2 to 10
    If Cells(I, 6).Value > 0 Then
        Cells(I, 8).Value = "Receita de Serviço"
        Cells(I, 1).Resize(1, 8).Interior.ColorIndex = 4
    End If
Next i
```

Esse loop verifica cada item de dado da Linha 2 até a Linha 10. Se houver um número positivo na Coluna F, a Coluna H dessa linha vai receber um novo rótulo, e as células nas Colunas A:H da linha serão pintadas da cor do índice 4, que é verde. Depois de executar essa macro, os resultados se parecem com a Figura 4.5.

Usando Variáveis na Instrução For

O exemplo anterior não é muito útil pelo fato de funcionar apenas quando houver exatamente 10 linhas de dados. É possível usar uma variável para especificar o limite superior/inferior da instrução For. Este exemplo de código identifica a última linha que contém dados, UltimaLinha, e depois itera da Linha 2 até esta linha:

76 Capítulo 4 | Loop e Controle de Fluxo

```
UltimaLinha = Cells(Rows.Count, 1).End(xlUp).Row
For I = 2 to UltimaLinha
    If Cells(I, 6).Value > 0 Then
        Cells(I, 8).Value = "Receita de Serviços"
        Cells(I, 1).Resize(1, 8).Interior.ColorIndex = 4
    End If
Next I
```

Figura 4.5
Depois de o loop executar todas as nove iterações, quaisquer linhas com valores positivos na Coluna F estarão pintadas de verde e terão o rótulo "Receita de Serviços" incluído na Coluna H.

	A	B	C	D	E	F	G	H	I
1	InvoiceDate	InvoiceNumber	SalesRepNumber	CustomerNumber	ProductRevenue	ServiceRevenue	ProductCost		
2	08/06/2015	123829	S21	C8754	21000	0	9875		
3	08/06/2015	123834	S54	C7796	339000	0	195298		
4	08/06/2015	123835	S21	C1654	161000	0	90761		
5	08/06/2015	123836	S45	C6460	275500	10000	146341	Service Revenue	
6	08/06/2015	123837	S54	C5143	925400	0	473515		
7	08/06/2015	123841	S21	C8361	94400	0	53180		
8	08/06/2015	123842	S45	C1842	36500	55000	20696	Service Revenue	
9	08/06/2015	123843	S54	C4107	599700	0	276718		
10	08/06/2015	123844	S21	C5205	244900	0	143393		
11									

> **CUIDADO**
>
> Tenha cautela ao usar variáveis. E se o arquivo importado estiver vazio e possuir apenas a linha de cabeçalhos? Nesse caso, a variável `UltimaLinha` seria igual a 1. Isso faz a primeira instrução do loop dizer essencialmente `For I = 2 to 1`. Como o número inicial é maior que o número final, o loop não é executado nenhuma vez. A variável I é igual a dois, e a execução do código pula para a linha depois de `Next`.

Variações no Loop `For...Next`

Em um loop `For...Next`, é possível ter a variável do loop incrementada por outro valor que não seja 1. Por exemplo, você pode usar isso para aplicar uma formatação da barra verde, linha sim, linha não. Nesse caso, você quer que a variável contadora I examine linha sim, linha não, no conjunto de dados. Indique isso adicionando o termo `Step` no fim da instrução `For`.

```
UltimaLinha = Cells(Rows.Count, 1).End(xlUp).Row
For i = 2 to UltimaLinha Step 2
    Cells(i, 1).Resize(1, 7).Interior.ColorIndex = 35
Next i
```

Ao executar esse código, o VBA adiciona um preenchimento verde-claro nas Linhas 2, 4, 6, e assim por diante (veja Figura 4.6).

Figura 4.6
O termo `Step` na instrução `For` do loop faz a ação ocorrer linha sim, linha não.

	A	B	C	D	E
1	InvoiceDate	InvoiceNumber	SalesRepNumber	CustomerNumber	ProductRevenue
2	07/06/2011	123829	S21	C8754	21000
3	07/06/2011	123830	S45	C3390	188100
4	07/06/2011	123831	S54	C2523	510600
5	07/06/2011	123832	S21	C5519	86200
6	07/06/2011	123833	S45	C3245	800100
7	07/06/2011	123834	S54	C7796	339000
8	07/06/2011	123835	S21	C1654	161000

Loops for...Next | **77**

O termo `Step` pode ser qualquer número. Você pode querer verificar cada décima linha de um conjunto de dados para extrair uma amostra aleatória. Nesse caso, poderia usar `Step 10`:

```
UltimaLinha = Cells(Rows.Count, 1).End(xlUp).Row
ProximaLinha = UltimaLinha + 5
Cells(ProximaLinha -1, 1).Value = "Amostra Aleatória dos Dados Acima"
For I = 2 to UltimaLinha Step 10
    Cells(I, 1).Resize(1, 8).Copy Destination:=Cells(NextRow, 1)
    ProximaLinha = ProximaLinha + 1
Next i
```

Também pode-se ter um loop `For...Next` sendo executado para trás, do maior para o menor. Isso é particularmente útil se você estiver apagando linhas seletivamente. Para fazer isso, reverta a ordem da instrução `For` e faça com que o termo `Step` especifique um número negativo:

```
' Remove todas  as linhas onde a coluna  C é igual a S54
UltimaLinha = Cells(Rows.Count, 1).End(xlUp).Row
For I = UltimaLinha to 2 Step -1
    If Cells(I, 3).Value = "S54" Then
        Rows(I).Delete
    End If
Next i
```

> **NOTA** Há uma maneira mais rápida de remover linhas, que é discutida na seção "Substituindo um Loop pelo AutoFiltro" do Capítulo 11, "Mineração de Dados com Filtro Avançado".

Abortando um Loop Logo que uma Condição for Atendida

Algumas vezes não é necessário executar o loop inteiro. Talvez apenas precise ler o conjunto de dados até encontrar um registro que atenda a um certo critério. Nesse caso, você quer encontrar o primeiro registro e depois parar a iteração. Uma instrução chamada `Exit For` faz isso.

O próximo exemplo de macro procura por uma linha do conjunto de dados onde a receita de serviços na Coluna F seja positiva e a receita de produtos na Coluna E seja 0. Se tal linha for encontrada, você pode mostrar em uma mensagem que dessa vez o arquivo precisa de processamento manual e, então, mover o ponteiro de célula para a linha:

```
' Há situações especiais de processamento nestes dados?
UltimaLinha = Cells(Rows.Count, 1).End(xlUp).Row
ProblemaEncontrado = False
For I = 2 to UltimaLinha
    If Cells(I, 6).Value > 0 Then
        If cells(I, 5).Value = 0 Then
            Cells(I, 6).Select

            ProblemaEncontrado = True
            Exit For
        End If
    End If
Next I
If ProblemFound Then
```

78 Capítulo 4 | Loop e Controle de Fluxo

```
    MsgBox "There is a problem at row " & I
    Exit Sub
End If
```

Aninhando Loops Dentro de Outro Loop

Não há problema em executar um loop dentro de outro. O código a seguir tem o primeiro loop iterado por todas as linhas de um conjunto de registros, enquanto que o loop secundário itera por todas as colunas:

```
' Itera por todas as linhas e colunas
' Inclui uma formatação tipo tabuleiro de xadrez
UltimaLinha = Cells(Rows.Count, 1).End(xlUp).Row
UltimaColuna = Cells(1, Columns.Count).End(xlToLeft).Column
For I = 2 to UltimaLinha
    ' Para linhas pares, comece na coluna 1
    ' Para linhas ímpares, comece na coluna 2
    If I Mod 2 = 1 Then ' Divide I por 2 e mantém o resto
        PrimeiraColuna = 1
    Else
        PrimeiraColuna = 2
    End If
    For J = PrimeiraColuna to UltimaColuna Step 2
        Cells(I, J).Interior.ColorIndex = 35
    Next J
Next I
```

Nesse código, o loop externo está usando a variável contadora I em todas as linhas do conjunto de dados. O loop interno está usando a variável contadora J para iterar por todas as colunas daquela linha. Como a Figura 4.7 tem sete linhas de dados, o código passa pelo loop I sete vezes. A cada vez pelo loop I, o código passa pelo loop J seis ou sete vezes. Isso significa que a linha de código que está dentro do loop J acaba sendo executada diversas vezes para cada passada pelo loop I. A Figura 4.7 mostra o resultado.

Figura 4.7
O resultado de aninhar um loop dentro de outro; o VBA pode iterar por cada linha e depois por cada coluna.

	A	B	C	D	E
1	Item	January	February	March	April
2	Hardware Revenue	1.972.637	1.655.321	1.755.234	1.531.060
3	Software Revenue	236.716	198.639	210.628	183.727
4	Service Revenue	473.433	397.277	421.256	367.454
5	Cost of Good Sold	1.084.951	910.427	965.379	842.083
6	Selling Expense	394.527	331.064	351.047	306.212
7	G&A Expense	150.000	150.000	150.000	150.000
8	R&D	125.000	125.000	125.000	125.000

Loops Do

Há diversas variações do loop Do. O mais básico loop Do é útil para fazer uma série de tarefas comuns. Por exemplo, suponha que alguém lhe envie uma lista de endereços em uma coluna, como mostrado na Figura 4.8.

Nesse caso, você pode precisar reordenar esses endereços em um banco de dados com o nome na Coluna B, a rua na Coluna C, cidade e estado na Coluna D. Clicando no botão Usar Referências Relativas (veja o Capítulo 1, "Libere o Poder do Excel com o VBA") e usando a tecla de atalho Ctrl+Shift+A, é possível gravar esse trecho de código útil:

```
Sub FixOneRecord()
' Atalho do teclado: Ctrl+Shift+A
    ActiveCell.Offset(1, 0).Range("A1").Select
    Selection.Cut
    ActiveCell.Offset(-1, 1).Range("A1").Select
    ActiveSheet.Paste
    ActiveCell.Offset(2, -1).Range("A1").Select
    Selection.Cut
    ActiveCell.Offset(-2, 2).Range("A1").Select
    ActiveSheet.Paste
    ActiveCell.Offset(1, -2).Range("A1:A3").Select
    Selection.EntireRow.Delete
    ActiveCell.Select
End Sub
```

Figura 4.8
Seria mais útil ter estes endereços em formato de banco de dados para poder usar em uma mala direta de e-mails.

5	
6	John Smith
7	123 Main Street
8	Akron OH 44308
9	
10	Jane Doe
11	245 State Street
12	Merritt Island FL 32953
13	
14	Ralph Emerson
15	345 2nd Ave
16	New York NY 10011
17	
18	George Washington
19	456 3rd St
20	Philadelphia PA 12345
21	

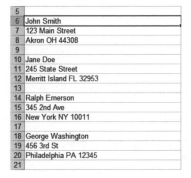

Este código tem a função de copiar um único endereço para o formato de banco de dados. O código também posiciona o ponteiro de célula ao nome do próximo endereço na lista. Cada vez que pressionar Ctrl+A, um endereço é reformatado.

> **NOTA**
> Não suponha que o código é adequado para uma aplicação profissional. Você não precisa selecionar alguma coisa para agir nela. Entretanto, algumas vezes macros são gravadas para automatizar uma tarefa comum que ocorre só uma vez.

Sem uma macro, a maioria dos copiar e colar manuais são necessários. Entretanto, com uma macro gravada anteriormente, você pode simplesmente posicionar o ponteiro da célula em um nome na coluna A e pressionar Ctrl+Shift+A. Esse endereço é copiado em três colunas, e o ponteiro da célula se move para o início do próximo endereço (veja a Figura 4.9).

Figura 4.9
Depois de executar a macro uma vez, um endereço é movido para o formato apropriado e o ponteiro de célula é posicionado para executar a macro novamente.

5			
6	John Smith	123 Main Street	Akron OH 44308
7	Jane Doe		
8	245 State Street		
9	Merritt Island FL 32953		
10			

80 Capítulo 4 | Loop e Controle de Fluxo

Ao usar essa macro, você vai ser capaz de processar um endereço a cada segundo usando a tecla de atalho. Entretanto, quando precisar processar 5 mil endereços, não vai querer continuar executando a mesma macro repetidamente. Nesse caso, um `Do...Loop` pode ser usado para fazer a macro executar continuamente. É possível fazer o VBA executar esse código continuamente ao encapsular o código gravado com `Do` no topo e `Loop` no fim. Agora, você pode sentar e ver o código realizar essa tarefa tediosa em minutos em vez de horas.

Note que esse `Do...Loop` em particular vai executar para sempre, porque não há um mecanismo para pará-lo. Isso vai funcionar para esta tarefa, porque você pode observar o progresso na tela e pressionar Ctrl+Break para parar a execução quando o programa avançar para depois do fim desse banco de dados.

Este código usa um loop `Do` para consertar os endereços.

```
Sub FixAllRecords()
Do
    ActiveCell.Offset(1, 0).Range("A1").Select
    Selection.Cut
    ActiveCell.Offset(-1, 1).Range("A1").Select
    ActiveSheet.Paste
    ActiveCell.Offset(2, -1).Range("A1").Select
    Selection.Cut
    ActiveCell.Offset(-2, 2).Range("A1").Select
    ActiveSheet.Paste
    ActiveCell.Offset(1, -2).Range("A1:A3").Select
    Selection.EntireRow.Delete
    ActiveCell.Select
Loop
End Sub
```

Estes exemplos são loops "rápidos e rasteiros", que são ótimos para quando se precisa realizar tarefas rapidamente. O `Do...Loop` fornece uma quantidade de opções que permite fazer o programa parar automaticamente quando ele chega ao fim da tarefa.

A primeira opção é ter uma linha no `Do...Loop` que detecte o fim do conjunto de dados e saia do loop. No exemplo atual, isso poderia ser conseguido usando o comando `Exit Do` em uma instrução `If`. Se a célula de dados atual estiver em uma célula vazia, você pode supor que chegou ao final dos dados e parar o processamento do loop:

```
Sub LoopUntilDone
Do
    If Selection.Value = "" Then Exit Do
    ActiveCell.Offset(1, 0).Range("A1").Select
    Selection.Cut
    ActiveCell.Offset(-1, 1).Range("A1").Select
    ActiveSheet.Paste
    ActiveCell.Offset(2, -1).Range("A1").Select
    Selection.Cut
    ActiveCell.Offset(-2, 2).Range("A1").Select
    ActiveSheet.Paste
    ActiveCell.Offset(1, -2).Range("A1:A3").Select
    Selection.EntireRow.Delete
    ActiveCell.Select
Loop
End Sub
```

Usando `While` ou `Until` nos Loops `Do`

Há quatro variações no uso do `While` ou `Until`. Estes termos podem ser adicionadas tanto à instrução `Do`, quanto à instrução `Loop`. Em cada caso, os termos `While` e `Until` incluem algum teste que resulta em `Verdadeiro` ou `Falso`.

Com uma construção `Do While <expressão de teste>...Loop`, o loop nunca é executado se `<expressão de teste>` for falsa. Se você está lendo registros de um arquivo texto, não pode supor que o arquivo tenha um ou mais registros. Em vez disso, tem que testar para ver se já se encontra no fim do arquivo, usando a função `EOF` antes de entrar no loop:

```
' Lê um arquivo de texto, ignorando as linhas Total
    Open "C:\Invoice.txt" For Input As #1
    R = 1
    Do While Not EOF(1)
        Line Input #1, Data
        If Not Left (Data, 5) = "TOTAL" Then
            ' Importa esta linha
            r = r + 1
            Cells(r, 1).Value = Data
        End If
    Loop
    Close #1
```

Neste exemplo, a palavra-chave `Not` na frente de `EOF(1)` resulta em `True` depois de não haver mais registros a serem lidos de `Fatura.txt`. Alguns programadores acreditam que é difícil ler um programa que contenha uma série de `Not`. Para evitar o uso do `Not`, use a construção `Do Until <expressão de teste>`.

```
' Lê um arquivo de texto, ignorando as linhas total.
    Open "C:\Invoice.txt" For Input As #1
    R = 1
    Do Until EOF(1)
        Line Input #1, Data
        If Not Left(Data, 5) = "TOTAL" Then
            ' Importa esta linha
            r = r + 1
            Cells(r, 1).Value = Data
        End If
    Loop
    Close #1
```

Em outros exemplos, é possível querer sempre que o loop seja executado antes do teste. Nesses casos, mova as instruções `While` ou `Until` para o fim do loop. Esse exemplo de código pede ao usuário para inserir as quantias vendidas no dia. Ele continuamente pede as quantias até que um zero seja inserido:

```
TotalSales = 0
Do
    x = InputBox( _
        Prompt:="Enter Amount of Next Invoice. Enter 0 when done.", _
        Type:=1)
    TotalSales = TotalSales + x
Loop Until x = 0
MsgBox "The total for today is $" & TotalSales
```

Capítulo 4 | Loop e Controle de Fluxo

No loop a seguir, uma quantia em cheque é inserida e depois o loop procura por faturas em aberto às quais o cheque poderia ser aplicado. Entretanto, é comum o caso em que um único cheque recebido cubra diversas faturas. O programa seguinte aplica sequencialmente o cheque às faturas mais antigas até que 100% do cheque tenha sido aplicado.

```
' Pergunta a quantia recebida em cheque.
AmtToApply = InputBox("Enter Amount of Check") + 0
' Itera na lista de faturas em aberto.
' Aplica o cheque às faturas em aberto mais antigas e diminua QuantiaCheque
NextRow = 2
Do While AmtToApply > 0
    OpenAmt = Cells(NextRow, 3)
    If OpenAmt > AmtToApply Then
        ' Aplica o total do cheque nesta fatura
        Cells(NextRow, 4).Value = AmtToApply
        AmtToApply = 0
    Else
        Cells(NextRow, 4).Value = OpenAmt
        AmtToApply = AmtToApply - OpenAmt
    End If
    NextRow = NextRow + 1
Loop
```

Como você pode construir o Do...Loop com os qualificadores While e Until no início ou no fim, há uma grande quantidade de controle sutil para ver se o loop é sempre executado uma vez, mesmo quando a condição é verdadeira no início.

Loops While...Wend

Loops While...Wend são incluídos no VBA por uma questão de compatibilidade com código antigo. Nos arquivos de ajuda do VBA, a Microsoft sugere que Do...Loops sejam mais flexíveis. Entretanto, como é possível encontrar loops While...Wend em códigos escritos por outros, um exemplo rápido é fornecido aqui. Nesse loop, a primeira linha é sempre While <condição>. A última linha do loop é sempre Wend. Note que não há instrução Exit While. Em geral, não há problema com esses loops, mas a construção Do...Loop é mais robusta e flexível. Como o loop Do oferece os qualificadores While e Until, estes qualificadores podem ser usados no início ou no fim do loop, e há a possibilidade de sair do loop Do mais cedo:

```
' Lê um arquivo de texto, somando as quantias
    Open "C:\Invoice.txt" For Input As #1
    TotalSales = 0
    While Not EOF(1)
        Line Input #1, Data
        TotalSales = TotalSales + Data
    Wend
    MsgBox "Total Sales=" & TotalSales
    Close #1
```

Loop VBA: For Each

Mesmo o loop VBA sendo um excelente loop, o gravador de macros nunca o registra. O VBA é uma linguagem orientada a objetos. É comum ter uma coleção de objetos do Excel, como uma coleção de planilhas, em uma pasta de trabalho, células em um intervalo, tabelas dinâmicas em uma planilha ou séries de dados em um gráfico.

Esse tipo especial de loop é ótimo para iterar por todos os itens de uma coleção. Entretanto, antes de discuti-lo em detalhe, você precisa entender um tipo especial de variável chamado *variáveis objeto*.

Variáveis Objeto

Neste ponto, você já viu uma variável que contém um único valor. Quando se tem uma variável como `VendasTotais = 0`, a `VendasTotais` é uma variável normal e geralmente contém apenas um único valor. Também é possível ter uma variável mais poderosa chamada *variável objeto*, que contém muitos valores. Em outras palavras, qualquer propriedade associada ao objeto é também associada à variável objeto.

Geralmente, os desenvolvedores não gastam tempo declarando variáveis. Muitos livros imploram que você use a instrução `DIM` para identificar todas as variáveis no topo do procedimento. Isso permite especificar que certa variável seja de certo tipo, como `Integer` ou `Double`. Apesar de isso economizar um pouquinho de memória, requer que você saiba de antemão quais variáveis planeja usar. Entretanto, desenvolvedores tendem a criar variáveis no calor do momento, quando a necessidade aparece. Mesmo assim, existem ótimos benefícios em declarar variáveis. Por exemplo, a característica AutoCompletar do VBA é ligada ao declarar uma variável objeto no início do procedimento. As seguintes linhas de código declaram três variáveis objeto: uma planilha (`Worksheet`), um intervalo (`Range`) e uma tabela dinâmica (`PivotTable`).

```
Sub Test()
    Dim WSD as Worksheet
    Dim MyCell as Range
    Dim PT as PivotTable
    Set WSD = ThisWorkbook.Worksheets("Data")
    Set MyCell = WSD.Cells(Rows.Count, 1).End(xlUp).Offset(1, 0)
    Set PT = WSD.PivotTables(1)
    ...
```

Nesse código, é possível ver que mais de uma instrução de igualdade é usada para fazer atribuições às variáveis objeto. Também é necessário usar a instrução `Set` para atribuir um objeto específico a uma variável objeto.

Há muitas boas razões para se usar variáveis objeto, não apenas pelo fato delas serem uma ótima notação reduzida. É muito mais fácil ter muitas linhas de código fazendo referência a `WSD` em vez de a `ThisWorkbook.Worksheets("Dados")`. Além disso, como mencionado anteriormente, a variável objeto herda todas as propriedades do objeto ao qual se refere.

O `For Each...Loop` emprega uma variável objeto em vez de uma `Variável Contador`. O código a seguir itera por todas as células na Coluna A.

```
For Each cell in Range("A1").CurrentRegion.Resize(, 1)
    If cell.Value = "Total" Then
        cell.resize(1,8).Font.Bold = True
    End If
Next cell
```

84 Capítulo 4 | Loop e Controle de Fluxo

O código usa a propriedade `.CurrentRegion` para definir a região atual e, em seguida, a propriedade `.Resize` para limitar o intervalo selecionado a uma única coluna. A variável objeto é chamada `Cell`. Qualquer nome* poderia ser utilizado para a variável objeto, mas `Cell` parece mais apropriado do que algo arbitrário, tipo `Fred`.

Este exemplo de código busca em todas as pastas de trabalho abertas, procurando por uma em que a primeira planilha seja chamada Menu:

```
For Each wb in Workbooks
    If wb.Worksheets(1).Name = "Menu" Then
        WBFound = True
        WBName = wb.Name
        Exit For
    End If
Next wb
```

Este exemplo de código remove todas as tabelas dinâmicas na planilha ativa:

```
For Each pt in ActiveSheet.PivotTables
    pt.TableRange2.Clear
Next pt
```

ESTUDO DE CASO: ITERANDO POR TODOS OS ARQUIVOS EM UMA PASTA

Este estudo de caso inclui alguns procedimentos úteis que fazem uso extensivo de loops.

O primeiro procedimento usa o `Scripting.FileSystemObject` do VBA para encontrar todos os arquivos JPG em um determinado diretório. Cada arquivo é listado em uma coluna do Excel.

```
Sub FindJPGFilesInAFolder()
    Dim fso As Object
    Dim strName As String
    Dim strArr(1 To 1048576, 1 To 1) As String, i As Long

    ' Insere o nome do diretório aqui
    Const strDir As String = "C:\Artwork\"

    strName = Dir$(strDir & "*.jpg")
    Do While strName <> vbNullString
        i = i + 1
        strArr(i, 1) = strDir & strName
        strName = Dir$()
    Loop
    Set fso = CreateObject("Scripting.FileSystemObject")
    Call recurseSubFolders(fso.GetFolder(strDir), strArr(), i)
    Set fso = Nothing
    If i > 0 Then
        Range("A1").Resize(i).Value = strArr
    End If

    ' Agora, faça a iteração por todos os arquivos encontrados
    ' e divida-o em caminho e nome do arquivo
    FinalRow = Cells(Rows.Count, 1).End(xlUp).Row
    For i = 1 To FinalRow
```

---

[2] Presumindo que neste ponto o leitor já está mais familiarizado com as variáveis, começaremos aos poucos a mantê-las com seus nomes originais em Inglês, como os autores escreveram. Muitas delas são abreviadas. Repare que os comentários, o próprio objetivo do código e os tipos ajudarão no entendimento (Ex. STR é String, RNG é Range, WB é Workbook etc).

```vba
            ThisEntry = Cells(i, 1)
            For j = Len(ThisEntry) To 1 Step -1
                If Mid(ThisEntry, j, 1) = Application.PathSeparator Then
                    Cells(i, 2) = Left(ThisEntry, j)
                    Cells(i, 3) = Mid(ThisEntry, j + 1)
                    Exit For
                End If
            Next j
        Next i

End Sub
Private Sub recurseSubFolders(ByRef Folder As Object, _
    ByRef strArr() As String, _
    ByRef i As Long)
Dim SubFolder As Object
Dim strName As String
For Each SubFolder In Folder.SubFolders
    strName = Dir$(SubFolder.Path & "*.jpg")
    Do While strName <> vbNullString
        i = i + 1
        strArr(i, 1) = SubFolder.Path & strName
        strName = Dir$()
    Loop
    Call recurseSubFolders(SubFolder, strArr(), i)
Next
End Sub
```

A ideia nessa situação é organizar as fotos em novas pastas. Na Coluna D, se quiser mover uma foto para uma nova pasta, digite o caminho dessa pasta. O loop For... Each a seguir fica encarregado da cópia das imagens. A cada iteração pelo loop, a variável objeto chamada Cell vai conter uma referência a uma célula na Coluna A. Você pode usar Cell.Offset(0,3) para retornar o valor da célula três colunas à direita do intervalo representado por Cell:

```vba
Sub CopyToNewFolder()
    FinalRow = Cells(Rows.Count, 1).End(xlUp).Row
    For Each Cell In Range("A2:A" & FinalRow)
        OrigFile = Cell.Value
        NewFile = Cell.Offset(0, 3) & Application.PathSeparator & _
            Cell.Offset(0, 2)
        FileCopy OrigFile, NewFile
    Next Cell
End Sub
```

Repare que a Application.PathSeparator é uma contrabarra (\) nos computadores Windows, mas pode ser diferente se o código estiver rodando em um Macintosh.

86 Capítulo 4 | Loop e Controle de Fluxo

Controle de Fluxo: Usando `If...Then...`
`Else` e `Select Case`

Outro aspecto de programação que nunca será registrado pelo gravador de macros é o conceito de controle de fluxo. Algumas vezes você não quer que cada linha do seu programa seja executada toda vez que executar a macro. O VBA oferece duas excelentes opções para o controle de fluxo: as construções `If...Then...Else` e a construção `Select Case`.

Controle de Fluxo Básico: `If...Then...Else`

O dispositivo mais comum para controle de fluxo em programação é a instrução `If`. Por exemplo, suponha que você tenha uma lista de produtos como a mostrada na Figura 4.10 e quer iterar por cada produto da lista e copiá-lo para a lista Frutas ou Vegetais. Programadores iniciantes poderiam ficar tentados a iterar pelas linhas duas vezes — uma vez para buscar pelas frutas e a segunda para buscar pelos vegetais. Entretanto, não há necessidade de iterar duas vezes, porque pode-se usar uma construção `If...Then...Else` em um único loop para copiar cada linha para o local correto.

Figura 4.10
Uma única iteração pode buscar por frutas ou vegetais.

	A	B	C
1	Class	Product	Quantity
2	Fruit	Apples	1
3	Fruit	Apricots	3
4	Vegetable	Asparagus	62
5	Fruit	Bananas	55
6	Fruit	Blueberry	17
7	Vegetable	Broccoli	56
8	Vegetable	Cabbage	35
9	Fruit	Cherries	59
10	Herbs	Dill	91
11	Vegetable	Eggplant	94
12	Fruit	Kiwi	86

Usando Condições

Qualquer instrução `If` precisa de uma condição que seja testada. A condição deve sempre resultar em VERDADEIRO ou FALSO. Estes são alguns exemplos de condições simples e complexas:

- `If Range("A1").Value = "Título" Then`

- `If Not Range("A1").Value = "Título" Then`

- `If Range("A1").Value = "Título" And Range("B1").Value = "Fruta" Then`

- `If Range("A1").Value = "Título" Or Range("B1").Value = "Fruta" Then`

Usando `If...Then...End If`

Depois da instrução `If`, você pode incluir uma ou mais linhas de programação que serão executadas apenas se a condição for atendida. Você então deve fechar o bloco `If` com uma linha `End If`. Aqui está um exemplo simples de uma instrução `If`:

Controle de Fluxo: Usando `If...Then...Else` e `Select Case` | **87**

```vba
Sub ColorFruitRedBold()
    FinalRow = Cells(Rows.Count, 1).End(xlUp).Row

    For i = 2 To FinalRow
        If Cells(i, 1).Value = "Fruit" Then
            Cells(i, 1).Resize(1, 3).Font.Bold = True
            Cells(i, 1).Resize(1, 3).Font.ColorIndex = 3
        End If
    Next i

    MsgBox "Fruit is now bold and red"
End Sub
```

Usando Decisões Ou: `If...Then...Else...End If`

Algumas vezes, você vai querer executar um conjunto de comandos se a condição for verdadeira, e outro conjunto se a condição não for verdadeira. Para fazer isso em VBA, o segundo conjunto de condições deve ser codificado depois da instrução `Else`. Há apenas uma instrução `End If` associada a essa construção. Por exemplo, você poderia usar o seguinte código para colorir as frutas de vermelho e os vegetais de verde:

```vba
Sub FruitRedVegGreen()
    FinalRow = Cells(Rows.Count, 1).End(xlUp).Row

    For i = 2 To FinalRow
        If Cells(i, 1).Value = "Fruit" Then
            Cells(i, 1).Resize(1, 3).Font.ColorIndex = 3
        Else
            Cells(i, 1).Resize(1, 3).Font.ColorIndex = 50
        End If
    Next i

    MsgBox "Fruit is red / Veggies are green"
End Sub
```

Usando `If...Else If...End If` para Condições Múltiplas

Observe que nossa lista de produtos inclui um item que é classificado como erva. Você tem três condições que podem ser usadas para testar itens na lista. É possível construir uma estrutura `If...End If` com múltiplas condições. Primeiro, teste para ver se o registro é uma fruta. Depois, use um `Else If` para testar se o registro é um vegetal. Depois, teste para ver se o registro é uma erva. Finalmente, se o registro não for nenhum desses, destaque o registro como um erro.

```vba
Sub MultipleIf()
    FinalRow = Cells(Rows.Count, 1).End(xlUp).Row

    For i = 2 To FinalRow
        If Cells(i, 1).Value = "Fruit" Then
            Cells(i, 1).Resize(1, 3).Font.ColorIndex = 3
        ElseIf Cells(i, 1).Value = "Vegetable" Then
            Cells(i, 1).Resize(1, 3).Font.ColorIndex = 50
        ElseIf Cells(i, 1).Value = "Herbs" Then
            Cells(i, 1).Resize(1, 3).Font.ColorIndex = 5
        Else
            ' Deve ser um erro no registro
```

88 Capítulo 4 | Loop e Controle de Fluxo

```
            Cells(i, 1).Resize(1, 3).Interior.ColorIndex = 6
        End If
    Next i

    MsgBox "Fruit is red / Veggies are green / Herbs are blue"
End Sub
```

Usando `Select Case...End Select` para Condições Múltiplas

Quando você tem muitas condições diferentes, torna-se difícil lidar com muitas expressões `Else If`. Por essa razão, o VBA oferece outra construção conhecida como `Select Case`. No exemplo atual, sempre verifique a Classe na Coluna A. Esse valor é chamado de *expressão de teste*. A sintaxe básica dessa construção começa com as palavras `Select Case`, seguidas pela expressão de teste:

```
Select Case Cells(i, 1).Value
```

Pensando sobre esse problema em linguagem natural, seria possível dizer: "Nos casos onde o registro for fruta, pinte o registro de vermelho". O VBA usa uma versão reduzida disso. Você escreve a palavra `Case` seguida de um "Fruta" literal. Quaisquer expressões que se sigam ao `Case "Fruta"` serão executadas sempre que a expressão de teste for uma fruta. Depois dessas expressões, você tem a próxima instrução `Case`: `Case "Vegetal"`. Continue dessa maneira, escrevendo uma instrução `Case`, seguida pelas linhas de programa que serão executadas se o caso for verdadeiro.

Depois de ter listado todas as condições possíveis que se pôde pensar, pode-se optar por incluir uma seção `Case Else` no fim. A seção `Case Else` inclui o que o programa deve fazer se a expressão de teste não coincidir com nenhum dos casos. Abaixo, a macro adiciona uma nota na coluna D se um valor inesperado for encontrado em A. Finalmente, feche a estrutura inteira com a instrução `End Select`.

O programa a seguir faz a mesma operação da macro anterior, mas usa a instrução `Select Case`:

```
Sub SelectCase()
FinalRow = Cells(Rows.Count, 1).End(xlUp).Row

    For i = 2 To FinalRow
        Select Case Cells(i, 1).Value
            Case "Fruit"
                Cells(i, 1).Resize(1, 3).Font.ColorIndex = 3
            Case "Vegetable"
                Cells(i, 1).Resize(1, 3).Font.ColorIndex = 50
            Case "Herbs"
                Cells(i, 1).Resize(1, 3).Font.ColorIndex = 5
            Case Else
                Cells(i, 4).Value = "Unexpected value!"
        End Select
    Next i

    MsgBox "Fruit is red / Veggies are green / Herbs are blue"
End Sub
```

Expressões Complexas em Estruturas `Case`

É possível ter expressões bem complexas na instrução `Case`. Digamos que você queira executar as mesmas ações para todos os registros das frutas:

```
Case "Strawberry", "Blueberry", "Raspberry"
    AdCode = 1
```

Se fizer sentido, você pode codificar um intervalo de valores[3] na instrução `Case`:

```
Case 1 to 20
    Discount = 0.05
Case 21 to 100
    Discount = 0.1
```

É possível incluir a palavra-chave `Is` e um operador de comparação, como < ou >:

```
Case Is < 10
    Discount = 0
Case Is > 100
    Discount = 0.2
Case Else
    Discount = 0.10
```

Aninhando Expressões `If`

Não é apenas possível, mas também comum, aninhar instruções `If` dentro de outra instrução `If`. Nessa situação, é importante usar uma indentação apropriada. Frequentemente, você vai descobrir que há diversas linhas `End If` no fim da construção. Ao usar a indentação apropriada, é mais fácil dizer qual `End If` está associado a qual `If` em particular.

A macro final deste capítulo tem bastante de lógica que lida com as regras de desconto a seguir:

- Para Fruta, quantidades menores do que 5 caixas não ganham desconto.
- Quantidades de 5 a 20 caixas ganham 10% de desconto.
- Quantidades acima de 20 caixas ganham 15% de desconto.
- Para ervas, quantidades abaixo de 10 caixas não ganham desconto.
- Quantidades entre 10 e 15 caixas ganham 3% de desconto.
- Quantidades acima de 15 caixas ganham 6% de desconto.
- Para vegetais, exceto o Aspargo, 5 caixas ou acima ganham um desconto de 12%.
- Aspargos precisam de 20 caixas para um desconto de 12%.
- Nenhum dos descontos se aplica se o produto estiver em promoção na semana. O preço promocional tem desconto de 25% em relação ao preço normal. Os itens em promoção nesta semana são morango, alface e tomate.

O código para executar essa lógica é o seguinte:

```
Sub ComplexIf()
    FinalRow = Cells(Rows.Count, 1).End(xlUp).Row

    For i = 2 To FinalRow
```

---

[3] NRT: Observe que, no VBA, o separador decimal é sempre um ponto.

```vba
ThisClass = Cells(i, 1).Value
ThisProduct = Cells(i, 2).Value
ThisQty = Cells(i, 3).Value

' Primeiro, descubra se o item está em promoção
Select Case ThisProduct
    Case "Strawberry", "Lettuce", "Tomatoes"
        Sale = True
    Case Else
        Sale = False
End Select

' Descobre o desconto
If Sale Then
    Discount = 0.25
Else
    If ThisClass = "Fruit" Then
        Select Case ThisQty
            Case Is < 5
                Discount = 0
            Case 5 To 20
                Discount = 0.1
            Case Is > 20
                Discount = 0.15
        End Select
    ElseIf ThisClass = "Herbs" Then
        Select Case ThisQty
            Case Is < 10
                Discount = 0
            Case 10 To 15
                Discount = 0.03
            Case Is > 15
                Discount = 0.06
        End Select
    ElseIf ThisClass = "Vegetables" Then
        ' Há uma condição especial para asparagus
        If ThisProduct = "Asparagus" Then
            If ThisQty < 20 Then
                Discount = 0
            Else
                Discount = 0.12
            End If
        Else
            If ThisQty < 5 Then
                Discount = 0
            Else
                Discount = 0.12
            End If
        End If ' O produto é asparagus ou não?
    End If ' O produto é um legume?
End If ' O produto está a venda?

Cells(i, 4).Value = Discount

If Sale Then
    Cells(i, 4).Font.Bold = True
End If

Next i
```

```
    Range("D1").Value = "Discount"

    MsgBox "Discounts have been applied"

End Sub
```

Próximos Passos

Loops adicionam muito poder às macros gravadas. A qualquer momento que precisar repetir um processo em todas as planilhas ou em todas as linhas de uma planilha, a solução são os loops. O VBA do Excel suporta os loops tradicionais de programação `For...Next` e `Do... Loop` e o loop orientado a objeto `For Each...Next`. A seguir, o Capítulo 5, "Fórmulas Estilo R1C1 [L1C1]", discute o aparentemente indecifrável estilo de fórmulas R1C1 e mostra por que ele é importante no VBA do Excel

Fórmulas Estilo R1C1

Referenciando Células: Referências A1 Versus R1C1

Entender fórmulas R1C1 facilitará seu trabalho em VBA. Você poderia pular este capítulo, mas o seu código será mais difícil de escrever. Reservar 30 minutos para entender R1C1 fará cada macro que você escrever mais fácil de codificar para o resto de sua vida.

Podemos associar o estilo de referência A1 ao VisiCalc. Dan Bricklin e Bob Frankston usaram A1 para referenciar a célula no canto superior esquerdo da planilha. Mitch Kapor usou o mesmo esquema de endereçamento no Lotus 1-2-3. O Multiplan da Microsoft tentou mudar a tendência e começou a usar algo chamado de endereçamento estilo R1C1. No endereçamento R1C1, a célula conhecida como A1 é referida como R1C1, porque ela está na Linha 1 (*Row*, em inglês), Coluna 1.

Com a dominância do Lotus 1-2-3 nos anos 1980 e início dos 1990, o estilo A1 tornou-se o padrão. A Microsoft percebeu que estava lutando em uma batalha perdida e, eventualmente, ofereceu tanto endereçamento A1 quanto R1C1 no Excel. Atualmente, ao abrir o Excel, o estilo A1 é usado por padrão. Entretanto, oficialmente, a Microsoft suporta ambos estilos de endereçamento.

Você poderia pensar que este capítulo é irrelevante. Qualquer um que use a interface do Excel concordaria que o estilo R1C1 está morto. Entretanto, temos o que em face disso parece ser um problema irritante. O gravador de macro grava as fórmulas no estilo R1C1. Então você pode estar pensando que só precisa saber endereçamento R1C1 para que possa ler o código e trocar para o estilo mais familiar A1.

Tenho que dar crédito à Microsoft. Depois que você entende as fórmulas em estilo R1C1, elas são na verdade mais eficientes, especialmente quando se está lidando com a criação de fórmulas em VBA. Usar o estilo de endereçamento R1C1 permite escrever código de maneira mais eficiente. Além disso, há algumas

5

NESTE CAPÍTULO

Referenciando Células:
Referências A1 Versus R1C1 93

Alternando o Excel para Exibir
Referências no Estilo R1C1 94

Testemunhe o Milagre das
Fórmulas do Excel 95

Explicação do Estilo de
Referência R1C1 97

Usando Fórmulas R1C1 com
Matrizes (Arrays) 101

Próximos Passos 102

características como a definição de fórmulas de matriz onde é necessário inserir a fórmula no estilo R1C1.

Consigo ouvir o resmungo coletivo dos usuários de Excel em toda a parte. Você poderia ignorar estas páginas sobre o estilo antigo se fosse apenas uma questão menor, ou apenas algo para melhorar a eficiência. Entretanto, como é necessário entender o estilo R1C1 para usar de forma efetiva importantes características como as fórmulas de matriz, você tem que mergulhar nele e aprender esse estilo.

Alternando o Excel para Exibir Referências no Estilo R1C1

Não é necessário alternar para o estilo R1C1 a fim de usar `.FormulaR1C1` em seu código. Entretanto, enquanto estiver aprendendo sobre R1C1, ajudará alternar para o estilo R1C1.

Para alternar para o estilo de endereçamento R1C1, selecione Opções do Excel no menu Arquivo. Na categoria Fórmulas, marque o checkbox Estilo de Referência R1C1 (veja a Figura 5.1)*.

Figura 5.1
Selecionar o Estilo de Referência L1C1 na categoria Fórmulas, na caixa de diálogo Opções do Excel, faz o Excel reverter para o estilo R1C1 na interface do usuário.

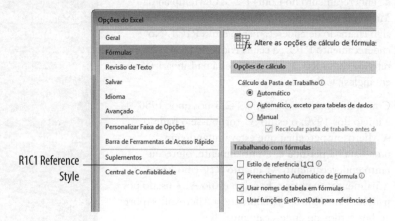

R1C1 Reference Style

Depois de alternar para o estilo R1C1, as letras da coluna A, B e C ao longo do topo da planilha são substituídas pelos números 1, 2 e 3 (veja a Figura 5.2).

Figura 5.2
No estilo R1C1, as letras das colunas são substituídas por números.

	1	2	3	4
1	Tax Rate	6,25%		
2				
3	SKU	Quantity	Unit Price	Total Price
4	217	12	12,45	149,4
5	123	144	1,87	269,28
6	329	18	19,95	359,1
7	616	1	642	642
8	909	64	17,5	1120

← Números

---

* Como o livro trata de VBA, cujos comandos são em Inglês, usaremos predominantemente a sigla R1C1 em vez da tradução L1C1 que aparece na interface do Excel.

Testemunhe o Milagre das Fórmulas do Excel | **95**

Nesse formato, a célula que você conhece como B5 é chamada R5C2, porque ela está na Linha 5, Coluna 2.

A cada duas semanas, alguém acidentalmente liga essa opção e recebemos um pedido urgente de suporte na MrExcel. Esse estilo é desconhecido para 99% dos usuários de planilhas.

Testemunhe o Milagre das Fórmulas do Excel

Recalcular automaticamente milhares de células é o principal benefício das planilhas eletrônicas com relação à folha de papel pautada usada até 1979. Entretanto, o prêmio de segundo lugar seria poder inserir uma fórmula e copiá-la para milhares de células.

Digite uma Fórmula uma Vez e a Copie Mil Vezes

Alterne para a referência do estilo A1. Observe esta planilha na Figura 5.3. Insira uma fórmula simples, como =C4*B4 na célula D4, dê um duplo clique na alça AutoPreenchimento e a fórmula inteligentemente muda à medida que é copiada para baixo no intervalo.

Figura 5.3
Dê um duplo clique na alça AutoPreenchimento e o Excel inteligentemente copia esta fórmula de referência relativa ao longo da coluna.

	A	B	C	D	E
1	Tax Ra	6,25%			
2					
3	SKU	Quantity	Unit Price	Total Price	Taxable?
4	217	12	12,45	149,4	VERDADEIRO
5	123	144	1,87		VERDADEIRO
6	329	18	19,95		VERDADEIRO
7	616	1	642		FALSO
8	909	64	17,5		VERDADEIRO
9	527	822	0,12		VERDADEIRO
10	Total				

A fórmula está reescrita em cada linha, eventualmente começando com =C9*B9. Parece intimidante considerar ter uma macro inserida em cada umas dessas diferentes fórmulas. A Figura 5.4 mostra como as fórmulas mudam quando você as copia nas colunas abaixo D, F e G.

> **NOTA**
>
> Pressiona Ctrl+` para alternar entre mostrar as fórmulas em vez de ver os resultados. Pressione novamente e alterne para ver os valores.*
>
> ---
> * Se o CTRL + CRASE (Crtl + Shift + Acento Agudo) não funcionar no seu computador, experimente CTRL+J

Figura 5.4
É incrível que o Excel ajuste as referências das células em cada fórmula na medida em que você copia para baixo na coluna.

Total Price		Taxable?	Tax	Total
=B4*C4		VERDADEIRO	=SE(E4;ARRED(D4*$B$1;2);0)	=F4+D4
=B5*C5		VERDADEIRO	=SE(E5;ARRED(D5*$B$1;2);0)	=F5+D5
=B6*C6		VERDADEIRO	=SE(E6;ARRED(D6*$B$1;2);0)	=F6+D6
=B7*C7		FALSO	=SE(E7;ARRED(D7*$B$1;2);0)	=F7+D7
=B8*C8		VERDADEIRO	=SE(E8;ARRED(D8*$B$1;2);0)	=F8+D8
=B9*C9		VERDADEIRO	=SE(E9;ARRED(D9*$B$1;2);0)	=F9+D9
=B10*C10			=SOMA(G4:G9)	

96 Capítulo 5 | Fórmulas Estilo R1C1

A fórmula na célula F4 inclui tanto fórmulas relativas quanto absolutas: `=SE(E4;ARRED(D4*$B$1;2);0)`. Graças ao cifrão inserido na célula B1, você pode copiar para baixo essa fórmula, e ela sempre multiplica o Preço Total destas linhas pela taxa de imposto da célula B1.

O Segredo: Não É Assim Tão Incrível

Lembre-se de que o Excel faz tudo em fórmulas no estilo R1C1. O Excel mostra endereços e fórmulas no estilo A1, apenas porque ele precisa estar no padrão tornado popular pelo VisiCalc e pelo Lotus.

Ao alternar a planilha na Figura 5.4 para usar a notação R1C1, você perceberá que as fórmulas "diferentes" em D4:D9 são na verdade fórmulas idênticas na notação R1C1. O mesmo é verdadeiro para F4:F9 e G4:G9.

Use a caixa de diálogo Opções do Excel para alternar a planilha de exemplo para o estilo de endereço R1C1. Se você examinar as fórmulas na Figura 5.5 verá que, em linguagem R1C1, toda fórmula na Coluna 4 é idêntica. Visto que o Excel armazena as fórmulas em estilo R1C1, copia e meramente traduz para o estilo A1 para que possamos entender, faz com que não seja mais tão incrível que o Excel possa manipular fórmulas em estilo A1 como ele faz.

Figura 5.5
As mesmas fórmulas no estilo R1C1. Observe que cada fórmula na Coluna 4 ou Coluna 6 é a mesma que todas as outras fórmulas naquelas colunas.

	4	5	6
it e	Total Price	Taxable?	Tax
	=RC[-2]*RC[-1]	TRUE	=IF(RC[-1],ROUND(RC[-2]*R1C2,2),0)
	=RC[-2]*RC[-1]	TRUE	=IF(RC[-1],ROUND(RC[-2]*R1C2,2),0)
	=RC[-2]*RC[-1]	TRUE	=IF(RC[-1],ROUND(RC[-2]*R1C2,2),0)
	=RC[-2]*RC[-1]	FALSE	=IF(RC[-1],ROUND(RC[-2]*R1C2,2),0)
	=RC[-2]*RC[-1]	TRUE	=IF(RC[-1],ROUND(RC[-2]*R1C2,2),0)
	=RC[-2]*RC[-1]	TRUE	=IF(RC[-1],ROUND(RC[-2]*R1C2,2),0)
	=RC[-1]*RC[-2]		=SUM(R[-6]C[1]:R[-1]C[1])

Essa é uma das razões pela qual as fórmulas no estilo R1C1 são mais eficientes em VBA. É menos confuso quando a mesma fórmula é inserida em um intervalo inteiro de dados.

ESTUDO DE **CASO**: INSERINDO A1 VERSUS R1C1 NO VBA

Pense em como você deveria definir esta planilha na interface do Excel. Primeiro, você insere uma fórmula nas células D4, F4, G4. Depois as copia e cola no resto da coluna. Ao usar o estilo de fórmulas R1C1, é possível inserir a mesma fórmula em uma coluna inteira de uma vez só.

O código equivalente em estilo R1C1 permite que as fórmulas sejam inseridas na coluna inteira em uma única instrução. Lembre-se, a vantagem do estilo de fórmulas R1C1 é que todas as fórmulas nas Colunas D, F e na maior parte da G são iguais:

```
Sub R1C1Style()
    ' Localize a última linha
```

```
        FinalRow = Cells(Rows.Count, 2).End(xlUp).Row
        ' Insira a primeira fórmula
        Range("D4:D" & FinalRow).FormulaR1C1 = "=RC[-1]*RC[-2]"
        Range("F4:F" & FinalRow).FormulaR1C1 = _
          "=IF(RC[-1],ROUND(RC[-2]*R1C2,2),0)"
        Range("G4:G" & FinalRow).FormulaR1C1 = "=RC[-1]+RC[-3]"
        ' Insira a linha de Total
        Cells(FinalRow + 1, 1).Value = "Total"
        Cells(FinalRow + 1, 6).FormulaR1C1 = "=SUM(R4C:R[-1]C)"
    End Sub
```

> **NOTA**
> Pode parecer contraintuitivo, mas ao especificar fórmulas no estilo A1, a Microsoft internamente a converte para R1C1 e, então, a insere em um intervalo inteiro. Portanto, é possível inserir a "mesma" fórmula no estilo A1 em um intervalo inteiro usando uma única linha de código:
>
> ```
> Range("D4:D" & FinalRow).Formula = "=B4*C4"
> ```

> **NOTA**
> Observe que, apesar de você estar pedindo para uma fórmula `=B4*C4` seja inserida em `D4:D1000`, o Excel insere a fórmula na Linha 4 e a ajusta de acordo com as linhas adicionais.

Explicação do Estilo de Referência R1C1

Um estilo de referência R1C1 inclui a letra *R* para se referir à linha (*row*, em inglês) e a letra *C* para se referir à coluna. Como a maioria das referências comuns em uma fórmula é uma referência relativa, vamos olhar as referências relativas no estilo R1C1 em primeiro lugar.

Usando R1C1 com Referências Relativas

Imagine que você esteja inserindo uma fórmula em uma célula. Para apontar para uma célula em uma fórmula, você usa as letras *R* e *C*. Depois de cada letra, insira o número de linhas ou colunas entre colchetes.

A seguinte lista explica as "regras" para o uso de referências relativas em R1C1:

- Para colunas, um número positivo significa ir para a direita certo número de colunas e um número negativo significa ir para a esquerda certo número de colunas. Por exemplo, da célula E5, use `RC[1]` para se referir à célula F5 e `RC[-1]` para se referir à célula D5.

- Para linhas, um número positivo significa ir para baixo na planilha uma certa quantidade de linhas. Um número negativo significa ir em direção ao topo da planilha por uma certa quantidade de linhas. Nas células E5, use `R[1]C` para se referir à célula E6 e use `R[-1]C` para se referir à célula E4.

- Se você deixar de fora os números para `R` ou para `C`, significa que está apontando para uma célula na mesma linha ou coluna que a célula com a fórmula. O `R` em `RC[3]` significa que você está apontando para a linha atual.

- Se você inserir =R[-1]C[-1] na célula E5, estará se referindo a uma célula uma linha acima e uma coluna à esquerda. Isso seria a célula D4.
- Se você inserir =RC[1] na célula E5, estará se referindo a uma célula na mesma linha, mas uma coluna à direita. Isso seria a célula F5.
- Se você inserir =RC na célula E5, estará se referindo a uma célula na mesma linha e coluna, o que seria a própria célula E5. Geralmente você nunca faria isso, porque criaria uma referência circular.

A Figura 5.6 mostra como você inseriria uma referência na célula E5 para apontar para várias células ao redor de E5.

Figura 5.6
Aqui estão as várias referências relativas. Elas seriam inseridas na célula E5 para descrever cada célula ao redor de E5.

É possível usar o estilo R1C1 para se referir a um intervalo de células. Se quiser adicionar as 12 células à esquerda da célula atual, a fórmula é esta:

```
=SUM(RC[-12]:RC[-1])
```

Usando R1C1 com Referências Absolutas

Uma *referência absoluta* é aquela onde a linha e a coluna se mantêm fixas quando a fórmula é copiada para um novo local. No estilo de notação A1, o Excel usa um $ antes do número da linha ou letra da coluna para manter aquela linha ou coluna absoluta quando a fórmula for copiada.

Para se referir sempre a um número absoluto de linha ou coluna, simplesmente não faça uso dos colchetes. Esta referência indica a célula $B$3, não importa onde ela seja colocada:

```
=R3C2
```

Usando R1C1 com Referências Mistas

Uma *referência mista* é uma referência na qual a linha é fixa e a coluna tem permissão para ser relativa, ou a coluna é fixa e a linha relativa. Isso vai ser útil em muitas situações.

Imagine escrever uma macro para importar o Fatura.txt para o Excel. Usando .End(xlUp), você descobre onde a linha de total deve ficar. Ao inserir os totais, você sabe que deseja somar da linha acima da fórmula até a Linha 2. O código seguinte lida com isso:

```
Sub MixedReference()
```

Explicação do Estilo de Referência R1C1 | **99**

```
       TotalRow = Cells(Rows.Count, 1).End(xlUp).Row + 1
       Cells(TotalRow, 1).Value = "Total"
       Cells(TotalRow, 5).Resize(1, 3).FormulaR1C1 = "=SUM(R2C:R[-1]C)"
    End Sub
```

Nesse código, a referência `R2C:R[-1]C` indica que a fórmula deve somar da Linha 2 na mesma coluna até a linha acima da fórmula na coluna atual. Vê a vantagem de usar fórmulas R1C1 nesse caso? Uma única fórmula R1C1 com uma referência mista pode ser usada para inserir facilmente uma fórmula para lidar com um número indeterminado de linhas de dados (veja a Figura 5.7).

Figura 5.7

Depois de executar a macro, as fórmulas nas Colunas 5:7 da linha de totalização vão ter uma referência a um intervalo que está fixo na Linha 2, mas todos os outros aspectos são relativos.

	1	2	3	4	5	6	7	8
1	InvoiceDate	InvoiceNumber	SalesRepNumber	CustomerNumber	ProductRevenue	ServiceRevenue	ProductCost	
2	09/06/2014	123829	S21	C8754	538400	0	299897	
3	09/06/2014	123830	S45	C4056	588600	0	307563	
4	09/06/2014	123831	S54	C8323	882200	0	521726	
5	09/06/2014	123832	S21	C6026	830900	0	494831	
6	09/06/2014	123833	S45	C3025	673600	0	374953	
7	09/06/2014	123834	S54	C8663	966300	0	528575	
8	09/06/2014	123835	S21	C1508	467100	0	257942	
9	09/06/2014	123836	S45	C7366	658500	10000	308719	
10	09/06/2014	123837	S54	C4533	191700	0	109534	
11	Total				5797300	10000	=SOMA(L2C:L[-1]C)	
12								

Referindo-se a Colunas ou Linhas Inteiras com o Estilo R1C1

Você ocasionalmente vai escrever uma fórmula que se refira a uma coluna inteira. Por exemplo, pode-se querer saber o valor máximo na Coluna G. Se você não souber quantas linhas terá na coluna G, escreva `=MÁXIMO($G:$G)` em estilo A1, ou `=MÁXIMO(C7)` em estilo R1C1. Para encontrar o valor mínimo da Linha 1, use `=MÍNIMO($1:$1)` em estilo A1 ou `=MÍNIMO(L1)` em estilo R1C1. É possível usar referências relativas tanto para colunas quanto para linhas. Para encontrar a média de uma linha acima da célula atual, use `=MÉDIA(L[-1])`.

Substituindo Muitas Fórmulas A1 por uma Única R1C1

Depois de se acostumar com as fórmulas em estilo R1C1, elas na verdade se parecem mais intuitivas de criar. Um exemplo clássico para ilustrar as fórmulas em estilo R1C1 é criar uma tabela de multiplicação. É fácil criar uma tabela de multiplicação no Excel usando uma única fórmula de referência mista.

Construindo a Tabela

Insira os números de **1** a **12** no intervalo B1:M1. Copie e transponha os números de forma que eles fiquem no intervalo A2:A13. Agora o desafio é construir uma única fórmula que funcione em todas as células de B2:M13 e que mostre as multiplicações do número na Linha 1 vezes o número na Coluna 1. Usando fórmulas em estilo A1, pressione a tecla F4 cinco vezes para conseguir os sinais de cifrão nos locais apropriados. A fórmula seguinte é uma fórmula muito mais simples em estilo R1C1:

```
Sub MultiplicationTable()
    ' Crie uma tabela de multiplicação com uma única fórmula
    Range("B1:M1").Value = Array(1, 2, 3, 4, 5, 6, 7, 8, 9, 10, 11, 12)
    Range("B1:M1").Font.Bold = True
    Range("B1:M1").Copy
```

100 Capítulo 5 | Fórmulas Estilo R1C1

```
        Range("A2:A13").PasteSpecial Transpose:=True
        Range("B2:M13").FormulaR1C1 = "=RC1*R1C"
        Cells.EntireColumn.AutoFit
    End Sub
```

A referência em estilo R1C1 =RC1*R1C não poderia ser mais simples. Em português, isso está dizendo: "Pegue a Coluna 1 dessa linha e multiplique pela Linha 1 desta coluna". Funciona perfeitamente para criar a tabela de multiplicação mostrada na Figura 5.8.

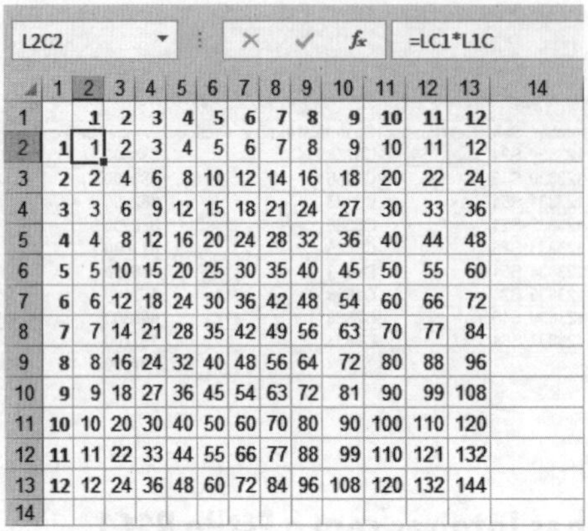

Figura 5.8

A macro cria uma tabela de multiplicação. A fórmula em B2 usa duas referências mistas: =$A2*B$1.

> ┌─ **CUIDADO** ──
> │
> │ Depois de executar a macro e produzir a tabela de multiplicação na Figura 5.9, note que o Excel ainda
> │ copia o intervalo da linha 2 da macro como o item ativo na área de transferência. Se o usuário dessa
> │ macro selecionar uma célula e pressionar Enter, os conteúdos dessas células serão copiados para um novo
> │ local. Entretanto, isso geralmente não é desejável. Para tirar o Excel do modo Cortar/ Copiar, insira esta
> │ linha de código antes do fim do programa:
> │
> │ ```
> │ Application.CutCopyMode = False
> │ ```

Uma Virada interessante

Tente este experimento. Mova o ponteiro da célula para F6. Ligue o gravador de macro usando o botão Gravar Macro na guia Desenvolvedor. Clique no botão Usar Referências Relativas, na guia Desenvolvedor. Insira a fórmula =A1 e pressione Ctrl+Enter para permanecer em F6. Clique no botão Parar Gravação, na barra de tarefas flutuante. Você obtém esta macro de uma única linha, que insere a fórmula que aponta para uma célula cinco linhas acima e cinco colunas à esquerda:

```
Sub Macro1()
    ActiveCell.FormulaR1C1 = "=R[-5]C[-5]"
End Sub
```

Agora, mova o ponteiro de célula para a célula A1 e execute a macro que você acabou de gravar. É possível pensar que apontar para uma célula cinco linhas acima de A1 levaria ao onipresente Erro em Tempo de Execução '1004'. Mas não leva! Quando você executa a macro, a fórmula na célula A1 está apontando para =XFA1048572, como mostra a Figura 5.9, significando que o estilo R1C1 de fórmulas, na verdade, dá a volta pelo lado esquerdo da pasta de trabalho. Não consigo pensar em nenhuma situação onde isso poderia ser realmente útil, mas, para aqueles que se baseiam no Excel para gerar erro quando for pedido algo que não faça sentido, é melhor estar ciente de que sua macro pode gerar um resultado válido e que provavelmente não seja aquele que você esperava!

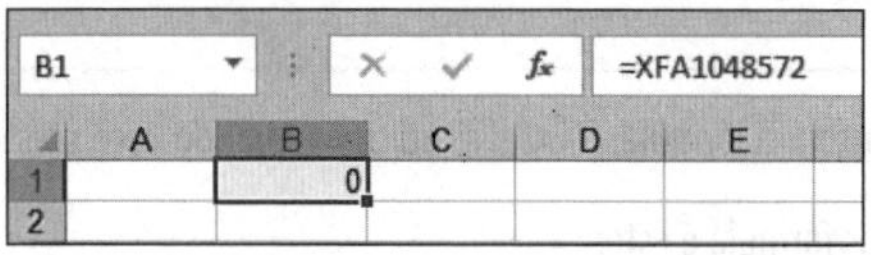

Figura 5.9
A fórmula para apontar para cinco linhas acima de B1 dá a volta e retorna pela parte de baixo da pasta de trabalho.

Lembrando Números de Coluna Associados às Letras de Coluna

Gosto o suficiente dessas fórmulas para usá-las regularmente no VBA. Mas não o suficiente para mudar minha interface do Excel para usar números no estilo R1C1. Então rotineiramente tenho que saber que a célula conhecida como U21 é, na verdade, a R21C21.

Saber que U é a 21ª letra do alfabeto não é algo que venha naturalmente. Temos 26 letras, então A é 1 e Z é 26. M está no meio do alfabeto e é a Coluna 13. O resto das letras não são particularmente intuitivas. Uma maneira rápida de obter a quantidade de coluna para qualquer uma é inserir =COL() na célula vazia daquela coluna. O resultado diz que, por exemplo, DGX é a coluna 2910 (veja a Figura 5.10).

Figura 5.10
Use a fórmula temporária =COL() para saber o número da coluna de qualquer célula.

Também é possível selecionar qualquer célula em DGX, alternar pra VBA, pressionar Ctrl+G para a janela Verificação Imediata, digitar ? **ActiveCell.Column** e pressionar Enter.

Usando Fórmulas R1C1 com Matrizes (Arrays)

As fórmulas matriciais são poderosas "superfórmulas". Na MrExcel.com, são chamadas de fórmulas CSE, porque você tem que usar Ctrl+Shift+Enter para inseri-las. Caso não esteja familiarizado com fórmulas de matriz, elas se parecem com algo que não deveria funcionar.

A fórmula de matriz em F4, mostrada na Figura 5.11, é uma fórmula que faz 19.000 multiplicações e depois soma os resultados. Parece que seria uma fórmula ilegal. Na verdade, se você inseri-la sem usar o Ctrl+Shift+Enter, receberá o esperado erro #VALOR!. Entretanto, se inseri-la com Ctrl+Shift+Enter, a fórmula miraculosamente exibe uma matriz de 19.000 valores e avalia cada um.

102 Capítulo 5 | Fórmulas Estilo R1C1

Figura 5.11
A fórmula de matriz em F4 faz 19.000 cálculos. Você deve usar Ctrl+Shift+Enter para inserir essa fórmula.

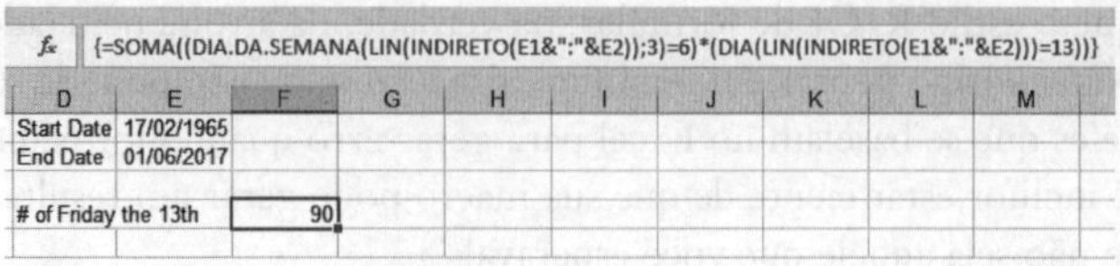

> **NOTA**
>
> Não digite as chaves ao inserir a fórmula. O Excel as adiciona quando você pressiona Ctrl+Shift+Enter.
>
> O código para inserir essas fórmula é este:
>
> ```
> Sub EnterArrayFormulas()
> Cells(4, 6).FormulaArray = "=SUM((WEEKDAY(ROW(INDIRECT(" & _
>     "R[-3]C[-1]& "":""&R[-2]C[-1])),3)=6)*(DAY(ROW(INDIRECT(" & _
>     "(R[-3]C[-1]&""":""&R[-2]C[-1])))=13))"
> End Sub
> ```

Repare que embora as fórmulas apareçam na interface do usuário em notação estilo A1, você deve usar a notação estilo R1C1 para inserir as fórmulas de array.

> **DICA**
>
> Use esse truque para encontrar rapidamente a fórmula R1C1. Insira uma fórmula em estilo A1 ou uma fórmula de matriz em qualquer célula no Excel. Selecione esta célula. Vá para o editor de VBA e pressione Ctrl+G para exibir a janela Verificação Imediata. Digite **Print ActiveCell.FormulaR1C1** e pressione Enter. O Excel vai converter a fórmula na barra de fórmulas para uma fórmula em estilo R1C1. Também é possível usar um ponto de interrogação em vez de `Print`.

Próximos Passos

Leia o Capítulo 6, "Crie e Manipule Nomes no VBA", para aprender como usar intervalos nomeados em suas macros.

Crie e Manipule Nomes no VBA

6

Você provavelmente já nomeou intervalos em uma planilha destacando o intervalo e digitando um nome na caixa Nome à esquerda do campo de fórmula. Você também pode já ter criado nomes mais complicados contendo fórmulas. Por exemplo, talvez tenha criado um nome para uma fórmula que encontra a última linha de uma coluna. A capacidade de definir um nome para um intervalo torna muito mais fácil escrever fórmulas.

A capacidade de criar e manipular nomes está também disponível no VBA e fornece os mesmos benefícios que a nomeação de intervalos em uma planilha. Por exemplo, é possível armazenar um novo intervalo em um nome.

Este capítulo explica os diferentes tipos de nomes e as várias maneiras em que se pode usá-los.

Nomes Globais Versus Locais

Os nomes ditos *globais* estão disponíveis em qualquer lugar da pasta de trabalho. Nomes também podem ser do tipo *local*, o que significa que estão disponíveis apenas em uma planilha específica. Com nomes locais, pode-se ter múltiplas referências em uma pasta de trabalho com o mesmo nome. Nomes globais devem ser únicos na pasta de trabalho.

A caixa de diálogo Gerenciador de Nomes (localizada na Guia Fórmulas) lista todos os nomes em uma pasta de trabalho, até mesmo um nome que tenha sido atribuído a ambos os níveis, local e global. A coluna Escopo lista o escopo do nome, seja ele a pasta de trabalho ou uma planilha específica, tipo a Planilha1.

Por exemplo, na Figura 6.1, o nome "Maçãs" está atribuído à Planilha1, mas também à pasta de trabalho.

NESTE CAPÍTULO

Nomes Globais Versus Locais 103

Adicionando Nomes 104

Excluindo Nomes 105

Adicionando Comentários 106

Tipos de Nomes 106

Ocultando Nomes 111

Verificando a Existência de um Nome... 111

Próximos Passos 114

Figura 6.1
O Gerenciador de Nomes lista todos os nomes locais e globais.

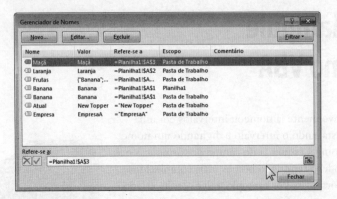

Adicionando Nomes

Ao gravar a criação de um intervalo nomeado e depois visualizar o código, verá algo do tipo:

```
ActiveWorkbook.Names.Add Name:="Fruits", RefersToR1C1:="=Planilha2!R1C1:R6C6"
```

Isso cria um nome global Frutas, que inclui o intervalo A1:F6 (R1C1:R6C6). A fórmula está entre aspas e o sinal de igual deve ser incluído. Além disso, a referência do intervalo deve ser absoluta (incluir o sinal de $) ou estar em notação R1C1. Se a planilha na qual o nome foi criado for a planilha ativa, a referência à planilha não tem que ser incluída. Entretanto, isso pode facilitar o entendimento do código.

> **NOTA**
> Se a referência não for absoluta, o nome pode ser criado, mas não vai apontar para o intervalo correto. Por exemplo, ao executar esta linha de código, o nome é criado na pasta de trabalho:
>
> ```
> ActiveWorkbook.Names.Add Name:="Citrus", _
>     RefersTo:="=Planilha1!A1"
> ```
>
> Entretanto, como pode ser visto na Figura 6.2, ele não foi realmente atribuído ao intervalo. A referência mudará dependendo de qual célula está ativa quando o nome é visualizado.

Para criar um nome local, inclua o nome da planilha:

```
ActiveWorkbook.Names.Add Name:="Planilha2!Fruits", _
    RefersToR1C1:="=Planilha2!R1C1:R6C6"
```

De forma alternativa, especifique que a coleção Names pertence a uma planilha:

```
Worksheets("Planilha2").Names.Add Name:="Fruits", _
    RefersToR1C1:="=Planilha2!R1C1:R6C6"
```

O exemplo anterior é o que você aprenderia pelo gravador de macros. Há uma maneira mais simples:

```
Range("A1:F6").Name = "Fruits"
```

Figura 6.2
Apesar do que foi codificado, como a referência absoluta não foi usada, Citrus se refere à célula ativa.

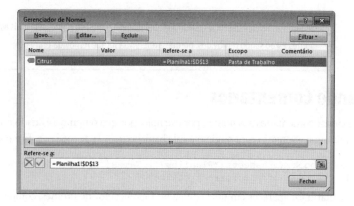

De forma alternativa, para uma variável local apenas, pode-se usar o seguinte:

`Range("A1:F6").Name = "Planilha1!Fruits"`

Ao criar nomes com esse método, a referência absoluta não é necessária.

> **NOTA**
> Você pode usar nomes de tabelas como nomes definidos, mas você não os cria da mesma maneira. Veja a seção "Tabelas", mais à frente neste capítulo, para obter mais informações sobre a criação de nomes de tabelas.

Apesar de esta forma ser muito mais fácil e rápida do que a maneira como o gravador de macros cria, é limitada a só trabalhar com intervalos. Fórmulas, textos, números e matrizes requerem o uso do método Add.

O nome que você cria se torna o objeto quando referenciado desta forma:

`Names("Fruits")`

O objeto tem muitas propriedades, incluindo Name, a qual você pode usar para renomear o nome existente, assim:

`Names("Fruits").Name = "Produto"`

Frutas não existe mais; Produto é agora o nome do intervalo.

Quando você está renomeando nomes nos quais tanto as referências local quanto a global têm o mesmo nome, a linha anterior renomeia a referência local primeiro.

Excluindo Nomes

Use o método Delete para excluir um nome:

`Names("CodProduto").Delete`

Um erro ocorre se você tentar excluir um nome que não existe.

NOTA Se tanto as referências local quanto a global tiverem o mesmo nome, seja mais específico sobre quais nomes estão sendo removidos, porque a referência local é removida primeiro.

Adicionando Comentários

Você adicionar comentários aos nomes; por exemplo, por que o nome foi criado ou onde ele é usado. Para inserir um comentário para o nome local chamado EscritórioLocal, faça o seguinte:

```
ActiveWorkbook.Worksheets("Planilha7").Names("EscritórioLocal").Comment = _
    "Holds the name of the current office"
```

Esse comentário vai aparecer em uma coluna no Gerenciador de Nomes, como mostra a Figura 6.3.

CUIDADO O nome deve existir antes de um comentário ser adicionado a ele.

Figura 6.3
Você pode adicionar comentários sobre nomes para ajudar a lembrar seu propósito.

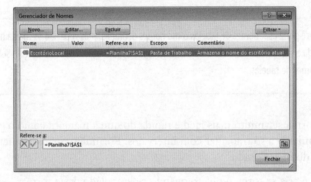

Tipos de Nomes

O uso mais comum dos nomes é para armazenar intervalos; entretanto, nomes podem armazenar mais do que apenas intervalos. Afinal, é para isso que eles existem: nomes armazenam informações. Nomes tornam mais simples lembrar e usar informações potencialmente complexas ou em grandes quantidades. Além disso, ao contrário das variáveis, nomes lembram o que armazenam para além da vida do programa.

Você já viu a criação de intervalos nomeados, mas também pode atribuir nomes para fórmulas, textos, números e matrizes, conforme veremos nas páginas seguintes.

Fórmulas

A sintaxe para armazenar uma fórmula em um nome é a mesma que para um intervalo, porque um intervalo é essencialmente uma fórmula. O código a seguir permite que uma coluna nomeada dinamicamente com um item de lista comece em A2:

```
Names.Add Name:="ListaDeProdutos", _
    RefersTo:="=OFFSET(Planilha2!$A$2,0,0,COUNTA(Planilha2!$A:$A))"
```

O código precedente útil para criar um conjunto de dados dinâmicos ou para referenciar qualquer listagem dinâmica na qual os cálculos sejam realizados, como mostra a Figura 6.4.

Figura 6.4
Fórmulas dinâmicas podem ser atribuídas a nomes.

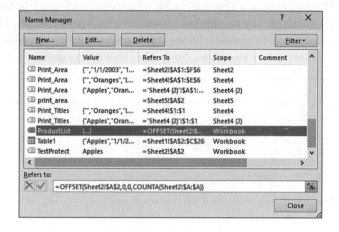

Textos

Ao utilizar nomes para armazenar textos como o nome do produtor de frutas atual, coloque o texto entre aspas. Como não há uma fórmula envolvida, o sinal de igual não é necessário. Se você incluísse um sinal de igual, o Excel trataria o valor como uma fórmula. Deixe o Excel incluir o sinal de igual no Gerenciador de Nomes.

```
Names.Add Name: = "Empresa", RefersTo:="EmpresaA"
```

A Figura 6.5 mostra como o nome codificado vai aparecer na janela do Gerenciador de Nomes.

Figura 6.5
Um valor de texto pode ser atribuído a um nome.

108 Capítulo 6 | Crie e Manipule Nomes no VBA

> **DICA** Como nomes não perdem suas referências entre sessões, esta é uma ótima maneira de armazenar valores, em vez de fazê-lo em células de onde a informação teria de ser recuperada. Por exemplo, para controlar o produtor principal entre safras, crie um nome: Líder. Se o maior produtor da nova safra coincidir com o nome da referência, um relatório especial comparando as safras poderia ser criado. A outra opção é criar uma planilha especial para controlar os valores entre as safras e depois recuperar os valores conforme a necessidade. Com os nomes, os valores ficam prontamente disponíveis.

O seguinte procedimento mostra como as células em uma planilha variável são usadas para armazenar informações entre sessões:

```
Sub NoNames(ByRef CurrentTop As String)
TopSeller = Worksheets("Variables").Range("A1").Value
If CurrentTop = TopSeller Then
    MsgBox "Top Producer is " & TopSeller & " again."
Else
    MsgBox "New Top Producer is " & CurrentTop
End If
End Sub
```

O procedimento a seguir mostra como nomes são usados para armazenar informações entre sessões:

```
Sub WithNames()
If Evaluate("Current") = Evaluate("Previous") Then
    MsgBox "Top Producer is " & Evaluate("Previous") & " again."
Else
    MsgBox "New Top Producer is " & Evaluate("Current")
End If
End Sub
```

Se `Atual` e `Anterior` forem dois nomes previamente declarados, você os acessa diretamente em vez de criar variáveis para colocá-los. Observe o uso do método `Evaluate` para extrair os valores dos nomes. O texto sendo armazenado não pode ter mais que 255 caracteres.

Números

Também é possível usar nomes para armazenar números entre sessões. Use isso:

```
NumofSales = 5123
Names.Add Name:="TotalSales", RefersTo:=NumofSales
```

De forma alternativa, você pode usar isto:

```
Names.Add Name:="TotalSales", RefersTo:=5123
```

Perceba a ausência de aspas ou sinal de igual no parâmetro `RefersTo`. Usar aspas muda de número para texto. Com a adição de um sinal de igual, o número muda para uma fórmula.

Para recuperar o valor em um nome, temos uma opção mais longa e uma mais curta:

```
NumofSales = Names("TotalSales").Value
```

ou esta:

```
NumofSales = [TotalSales]
```

> **NOTA** Tenha em mente que alguém lendo o seu código pode não estar familiarizado com esse uso do método Evaluate (os colchetes). Se você sabe que alguém mais vai ler o código, evite usar o método Evaluate ou adicione um comentário, explicando-o.

Tabelas

As tabelas do Excel compartilham algumas das propriedades dos nomes definidos, mas elas também têm seus próprios métodos únicos. Ao contrário dos nomes definidos, que são o que você está acostumado a usar, as tabelas não podem ser criadas manualmente. Em outras palavras, não se pode selecionar um intervalo em uma planilha e digitar um nome no campo Nome. Entretanto, é possível criá-las manualmente pelo VBA.

As tabelas não são criadas usando o mesmo método que os nomes definidos. Em vez de `Range(xx).Add` ou `Names.Add`, use `ListObjects.Add`.

Para criar uma tabela a partir das células A1:C26 e supondo que a tabela possui colunas com cabeçalhos, conforme mostra na Figura 6.6, faça o seguinte:

```
ActiveSheet.ListObjects.Add(xlSrcRange, Range("$A$1:$C$26"), , xlYes). 
Name = "Tabela1"
```

Figura 6.6
Você pode atribuir um nome especial a uma tabela de dados.

O `xlSrcRange` (o `SourceType`) informa ao Excel qual a fonte dos dados em um intervalo do Excel. Você então precisa especificar o intervalo (a fonte) da tabela. Se tiver cabeçalhos na tabela, inclua essa linha ao indicar o intervalo. O argumento seguinte, que não é usado no exemplo anterior, é o `LinkSource`, um valor Booleano indicando se há uma fonte de dados externa, e ele não é usado se `SourceType` for `xlSrcRange`. `xlYes` informa ao Excel se a tabela de dados tem cabeçalhos de coluna; caso contrário, o Excel os gera automaticamente. O argumento final, que não é mostrado no exemplo anterior, é o destino. Este é usado quando o `SourceType` é `xlSrcExternal`, indicando a célula do canto superior esquerdo onde a tabela vai começar.

Usando Matrizes em Nomes

Um nome também pode armazenar dados contidos em uma matriz. O tamanho da matriz é limitado pela memória disponível. Veja o Capítulo 8, "Matrizes (Arrays)", para obter mais informações sobre matrizes.

Uma referência a uma matriz é armazenada em um nome, da mesma maneira que uma referência numérica:

```
Sub NamedArray()
Dim myArray(10, 5)
Dim i As Integer, j As Integer
```

110 Capítulo 6 | Crie e Manipule Nomes no VBA

```
'Os Loops For a seguir preenchem a matriz myArray
For i = 0 To 10 'por padrão, arrays começam no 0
    For j = 0 To 5
        myArray(i, j) = i + j
    Next j
Next i
'A linha seguinte pega nossa matriz e lhe  dá um nome
Names.Add Name:="FirstArray", RefersTo:=myArray
End Sub
```

Como o nome está referenciando uma variável, não é necessário aspas ou o sinal de igual.

Nomes Reservados

O Excel usa seus nomes locais próprios para manter controle das informações. Estes nomes locais são considerados reservados e, se usá-los para nomear as suas próprias referências, você pode causar problemas.

Destaque uma área na planilha. Depois, na guia Layout de Página, selecione Área de Impressão, Definir Área de Impressão.

Conforme mostra a Figura 6.7, uma listagem `Area_de_impressao` está no campo Caixa de Nome. Desfaça a seleção da área e olhe de novo o campo Caixa de Nome. O nome ainda está lá. Selecione-o e a área de impressão previamente selecionada está agora destacada. Se você salvar, fechar e reabrir a pasta de trabalho, a `Area_de_impressao` ainda estará configurada para o mesmo intervalo. A `Area_de_impressao` é um nome reservado pelo Excel para uso próprio.

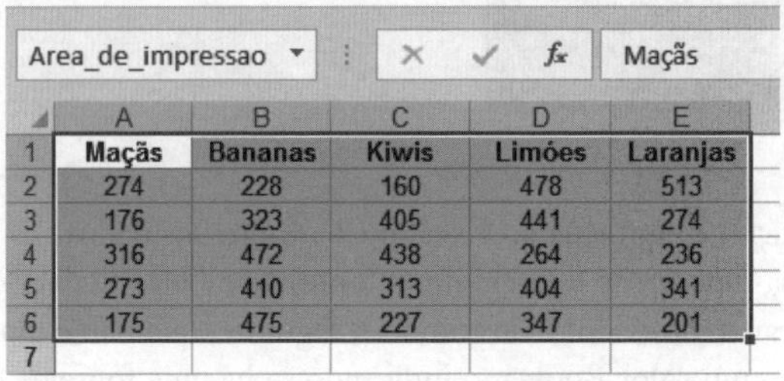

Figura 6.7
O Excel cria seus próprios nomes.

> **NOTA**
> Cada planilha tem sua própria área de impressão. Além disso, definir uma nova área de impressão em uma planilha com uma área de impressão já existente sobrescreve o nome da área de impressão original.

Felizmente, o Excel não tem uma lista grande de nomes reservados:

```
Criterios
Banco_de_dados
Area_de_extracao
Area_de_impressao
Titulos_de_impressao
```

`Criterios` e `Area_de_extracao` são usados quando o Filtro Avançado (na guia Dados, selecione Filtro Avançado) é configurado para extrair resultados do filtro para um novo local.

Banco_de_dados não é mais necessário no Excel. Entretanto, algumas características, como o Formulário de Dados, reconhecem-no. Versões antigas do Excel o usam para identificar os dados que deseja manipular em certas funções.

A `Area_de_impressao` é usada quando uma área de impressão é definida (da guia Layout de Página, selecione Área de Impressão, Definir Área de Impressão) ou quando são mudadas as opções Configurações de Página que designam a área de impressão (da guia Layout de Página, Escala).

`Titulos_de_impressao` é usado quando a impressão de título é definida (Layout de Página, Imprimir Títulos). Estes nomes devem ser evitados e variações dos mesmos usadas com cautela. Por exemplo, se você criar um nome `AreaDeImpressao`, pode acidentalmente codificar isso:

```
Worksheets("Planilha4").Names("Area_De_Impressao").Delete
```

Se fizer isso, você apaga o nome do Excel em vez do seu.

Ocultando Nomes

Nomes são incrivelmente úteis, mas você não quer necessariamente ver todos os que criou. Como muitos outros objetos, nomes têm a propriedade `Visible`. Para ocultar um nome, defina a propriedade `Visible` como `False`. Para mostrar um nome, defina a propriedade `Visible` como `True`:

```
Names.Add Name:="ProduceNum", RefersTo:="=$A$1", Visible:=False
```

> **DICA** Se um usuário cria um objeto Name com o mesmo nome que o seu oculto, o nome oculto é sobrescrito sem qualquer mensagem de aviso. Para prevenir isso, proteja a planilha.

Verificando a Existência de um Nome

É possível usar a seguinte função para verificar a existência de um dado nome definido pelo usuário, mesmo que ele esteja oculto:

```
Function NameExists(FindName As String) As Boolean
Dim Rng As Range
Dim myName As String
On Error Resume Next 'Ignora o erro caso o nome não exista
myName = ActiveWorkbook.Names(FindName).Name
If Err.Number = 0 Then
    NameExists = True
Else
    NameExists = False
End If
On Error Goto 0
End Function
```

Tenha em mente que essa função não retorna a existência dos nomes reservados do Excel. Mesmo assim, é uma inclusão útil para seu arsenal de "códigos úteis para programadores" (Veja o Capítulo 14, "Funções Definidas Pelo Usuário", para mais informações sobre como implementar funções customizadas).

112 Capítulo 6 | Crie e Manipule Nomes no VBA

O código anterior é também um exemplo de como usar erros em seu proveito. Se o nome para o qual estiver fazendo a busca não existir, uma mensagem de erro é gerada. Ao incluir a linha `On Error Resume Next` no início, você força o código a continuar. Depois, usa `Err.Number` para lhe dizer se ele topou com um erro. Se não topar, o `Err.Number` é zero, o que significa que o nome existe. Caso contrário, houve um erro e o nome não existe. Use `On Error GoTo 0` para reiniciar o erro encontrado; caso contrário, outros erros podem ser omitidos.

ESTUDO DE **CASO**: USANDO INTERVALOS NOMEADOS PARA O VLOOKUP*

Digamos que todos os dias, você importa um arquivo de dados de vendas de uma rede de lojas. Este arquivo inclui o número da loja, mas não o nome. Você obviamente não quer ter que digitar os nomes das lojas sempre, mas gostaria que eles aparecessem no relatório gerado.

Você possui uma tabela de números e nomes de lojas em uma planilha de fundo. É possível usar o VBA para ajudar a manter a lista de lojas a cada dia e depois usar a função VLOOKUP para colocar os nomes das lojas dentro do seu conjunto de dados.

Os passos básicos são os seguintes:

1. Importar o arquivo.

2. Descobrir todos os diferentes números de lojas no arquivo do dia.

3. Verificar se algum desses números de lojas não está na sua tabela atual de nomes de lojas.

4. Para qualquer loja que seja nova, incluí-la na tabela e pedir o nome da loja para o usuário.

5. A tabela Nomes das Lojas está agora maior, então atribua novamente o intervalo nomeado usado para descrever a tabela de lojas.

6. Use a função VLOOKUP no conjunto de dados original para incluir um nome de loja em todos os registros. Essa VLOOKUP referencia o intervalo nomeado da tabela expandida Nomes das Lojas.

O seguinte código lida com esses seis passos:

```
Sub ImportData()
'Essa rotina importa o Vendas.csv para a planilha de dados
'Verifique se há alguma loja na coluna A que seja nova
'Se houver, o inclui na tabela StoreList
Dim WSD As Worksheet, WSM As Worksheet
Dim WB As Workbook
Dim tblStores As ListObject
Dim NewRow As ListRow

Set WB = ThisWorkbook
'Os dados são armazenados na planilha Data
Set WSD = WB.Worksheets("Data")
'StoreList é armazenado na planilha Menu
Set WSM = WB.Worksheets("Menu")
Set tblStores = WSM.ListObjects("tblStoreLookup")

'Abre o arquivo. Isso torna ativo o arquivo CSV
Workbooks.Open Filename:="C:\Sales.csv"
'Copia os dados para WSD e fecha
```

---

* VLOOKUP é o PROCV. No VBA, as funções precisam ser escritas nas versões em inglês.

```vb
ActiveWorkbook.Range("A1").CurrentRegion.Copy _
    Destination:=WSD.Range("A1")
ActiveWorkbook.Close SaveChanges:=False

'Obtém uma lista de lojas únicas da coluna A
FinalRow = WSD.Cells(WSD.Rows.Count, 1).End(xlUp).Row
WSD.Range("A1").Resize(FinalRow, 1).AdvancedFilter _
    Action:=xlFilterCopy, CopyToRange:=WSD.Range("Z1"), Unique:=True

'Para todas  as lojas únicas, ver se elas já estão na lista
'atual de lojas
'Descobre a próxima linha para uma nova loja. Como a StoreList
'começa em A1 da planilha Menu, descobre a nova linha disponível
FinalStore = WSD.Range("Z" & WSD.Rows.Count).End(xlUp).Row
WSD.Range("AA1").Value = "There?"
WSD.Range("AA2:AA" & FinalStore).FormulaR1C1 = _
    "=ISNA(VLOOKUP(RC[-1], tblStoreLookup[#All],1,False))"

'Itera pela lista das lojas de hoje. Se elas forem dadas como
' faltando, então as adicione no fim da StoreList.
For i = 2 To FinalStore
    If WSD.Cells(i, 27).Value = True Then
        'pega a próxima linha vazia na tabela
        Set NewRow = tblStores.ListRows.Add
        ThisStore = Cells(i, 26).Value
        With NewRow.Range
            .Columns(1) = ThisStore
            .Columns(2) = _
            InputBox(Prompt:="Enter name of store " _
            & ThisStore, Title:="New Store Found")
        End With
    End If
Next i

'Remove a lista temporária de lojas em Z & AA
WSD.Range("Z1:AA" & FinalStore).Clear

'Usa a VLOOKUP para incluir StoreName na coluna B do conjunto de dados
WSD.Range("B1").EntireColumn.Insert
WSD.Range("B1").Value = "StoreName"
WSD.Range("B2:B" & FinalRow).FormulaR1C1 = _
    "=VLOOKUP(RC1, tblStoreLookup[#All],2,False)"

'Muda as Fórmulas para Valores
WSD.Range("B2:B" & FinalRow).Value = Range("B2:B" & FinalRow).Value

'Ajusta a largura das colunas
WSD.Range("A1").CurrentRegion.EntireColumn.AutoFit

'Libera nossas variáveis para liberar a memória do sistema
Set NewRow = Nothing
Set tblStores = Nothing
Set WB = Nothing
Set WSD = Nothing
Set WSM = Nothing
End Sub
```

Próximos Passos

No Capítulo 7, "Programação Orientada a Eventos", você aprenderá como o código pode ser escrito para executar automaticamente com base nas ações dos usuários, como ativar uma planilha ou selecionar uma célula. Isso é feito com eventos, que são ações no Excel que podem ser capturadas e usadas a seu favor.

Programação Orientada a Eventos

7

Anteriormente no livro, você leu sobre eventos da pasta de trabalho e viu exemplos de eventos de planilha. *Eventos* permitem que você faça com que um programa rode baseado em alguma coisa que um usuário ou programa faz no Excel. Por exemplo, se um usuário muda os conteúdos de uma célula, depois de pressionar Enter ou Tab, o código rodaria automaticamente. O evento que desencadeou isso foi a mudança do conteúdo da célula.

Níveis de Eventos

Esses eventos podem ser encontrados nos seguintes níveis:

- **Nível da Aplicação** — Controle com base em ações da aplicação, como a `Application_NewWorkbook`

- **Nível da Pasta de Trabalho** — Controle com base em ações da pasta de trabalho, como a `Workbook_Open`

- **Nível da Planilha** — Controle com base em ações da planilha, como a `Worksheet_SelectionChange`

- **Nível da Folha de Gráfico** — Controle com base em ações dos gráficos, como a `Chart_Activate`

Aqui estão listados os locais nos quais os diferentes tipos de eventos devem ser colocados:

- Eventos da pasta de trabalho (workbook) ficam no módulo ThisWorkbook

- Eventos de planilha ficam no módulo da planilha que eles afetam, como em Planilha1.

- Eventos da folha de gráfico ficam no módulo da folha de gráfico que eles afetam, como em Gráf1.

- Eventos de tabela dinâmica ficam dentro do módulo da respectiva planilha ou no módulo ThisWorkbook (ou EstaPasta_de_trabalho).

- Eventos de gráficos incorporados e de aplicação ficam nos módulos de classe.

NESTE CAPÍTULO

Níveis de Eventos 115

Usando Eventos 116

Eventos de Pastas de Trabalho (Workbook) 117

Eventos de Planilhas 120

Eventos de Gráfico 123

Eventos no Nível da Aplicação 125

Próximos Passos 130

Os eventos ainda podem fazer chamadas às funções ou procedimentos fora de seus próprios módulos. Dessa maneira, se você quer que a mesma ação aconteça em duas planilhas diferentes, não terá que copiar o código. Em vez disso, coloque o código em um módulo e faça cada evento de planilha chamar o procedimento.

Neste capítulo, você aprenderá sobre diferentes níveis de eventos, onde encontrá-los e como usá-los.

> **NOTA** Eventos de userform e de controles são discutidos no Capítulo 10, "Userforms: Uma Introdução", e no Capítulo 22, "Técnicas Avançadas para Userforms".

Usando Eventos

Cada nível consiste de diversos tipos de eventos e memorizar a sintaxe deles todos poderia ser um feito e tanto. O Excel facilita a visualização e inserção dos eventos disponíveis em seus próprios módulos direto do VB Editor.

Quando um módulo EstaPasta_de_trabalho, Plan<X>, Graf<X> ou de classe estiver ativo, os eventos correspondentes ficarão disponíveis nas listas Objeto e Procedimento, como mostrado na Figura 7.1.

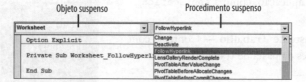

Figura 7.1
Os diferentes eventos são fáceis de acessar a partir das listas Objeto e Procedimento do VB Editor.

Depois de o objeto ser selecionado, a lista Procedimento é atualizada para mostrar os eventos disponíveis para aquele objeto. Selecionar um procedimento automaticamente coloca no editor o cabeçalho (`Private Sub`) e o rodapé (`End Sub`) do procedimento, conforme mostra a Figura 7.2.

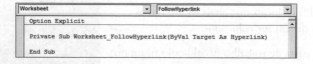

Figura 7.2
O cabeçalho e o rodapé do procedimento são colocados automaticamente.

Parâmetros de Eventos

Alguns eventos têm parâmetros, como `Target` ou `Cancel`, que permitem que os valores sejam passados para o procedimento. Por exemplo, alguns procedimentos são disparados antes do evento real, como o `BeforeRightClick`. Atribuir `True` ao parâmetro `Cancel` impede que a ação padrão ocorra. Nesse caso, o menu de atalho não aparece:

```
Private Sub Worksheet_BeforeRightClick(ByVal Target As Range, _
    Cancel As Boolean)
Cancel = True
End Sub
```

Habilitando Eventos

Alguns eventos podem disparar outros eventos, incluindo a si mesmos. Por exemplo, o evento `Worksheet_Change` é disparado por uma alteração em uma célula. Se o evento for disparado e o procedimento em si mudar a célula, o evento é disparado de novo, o que muda a célula, disparando outro evento, e por aí vai. O procedimento fica preso em um loop infinito.

Para evitar isso, desabilite os eventos e depois reabilite-os no fim do procedimento:

```
Private Sub Worksheet_Change(ByVal Target As Range)
    Application.EnableEvents = False
    Range("A1").Value = Target.Value
    Application.EnableEvents = True
End Sub
```

> **DICA** Para interromper uma macro, pressione Esc ou Ctrl+Break. Para reiniciá-la, use Executar na barra de ferramentas ou pressione F5.

Eventos de Pastas de Trabalho (Workbook)

A Tabela 7.1 lista os procedimentos de eventos disponíveis no nível da pasta de trabalho. Alguns eventos, como o `Workbook_SheetActivate`, são eventos de planilha disponíveis no nível da pasta de trabalho. Isso significa que não é necessário copiar e colar o código em cada planilha na qual deseja que ele execute.

Tabela 7.1   Eventos de Pastas de Trabalho

Nome do evento	Descrição
`Workbook_Activate`	Ocorre quando a pasta de trabalho contendo esse evento se torna a pasta de trabalho ativa.
`Workbook_Deactivate`	Ocorre quando a pasta de trabalho ativa muda da que contém o evento para outra.
`Workbook_Open`	É o evento padrão da pasta de trabalho. Ocorre quando uma pasta de trabalho é aberta; nenhuma interface com o usuário é necessária.
`Workbook_BeforeSave`	Ocorre quando a pasta de trabalho é salva. `SaveAsUI` é definido como `True` se a caixa de diálogo Salvar Como tiver que ser exibida. Definir `Cancel` como `True` impede que a pasta de trabalho seja salva.
`Workbook_AfterSave`	Ocorre depois de a pasta de trabalho ser salva. `Success` retorna `True`, se o arquivo é salvo com sucesso, e `False`, quando não foi salvo com sucesso.
`Workbook_BeforePrint`	Ocorre quando qualquer comando de impressão é usado, esteja ele na Faixa de Opções, no teclado ou em uma macro. `Cancel` definido como `True` previne que a pasta de trabalho seja impressa.

118 Capítulo 7 | Programação Orientada a Eventos

Nome do evento	Descrição
Workbook_BeforeClose	Ocorre quando uma pasta de trabalho é fechada. Cancel definido como True impede que a pasta de trabalho feche.
Workbook_NewSheet	Ocorre quando uma planilha é adicionada a uma pasta de trabalho ativa. Sh é o novo objeto Worksheet ou ChartSheet.
Workbook_SheetBeforeDelete	Ocorre antes de qualquer planilha de trabalho na pasta de trabalho ser excluída. Sh é a planilha que será excluída.
Workbook_NewChart	Ocorre quando o usuário adiciona um novo gráfico à pasta de trabalho ativa. Ch é o novo objeto Chart. O evento não será acionado se o gráfico for movido de um local para outro, a não ser que seja movido entre uma folha de gráfico e um objeto gráfico. Nesse caso, o evento é acionado por uma nova folha de gráfico ou objeto que está sendo criado.
Workbook_WindowResize	Ocorre quando a pasta de trabalho ativa é redimensionada. Wn é a janela.
Workbook_WindowActivate	Ocorre quando qualquer janela da pasta de trabalho é ativada. Wn é a janela. Somente a ativação da janela da pasta de trabalho dispara esse evento.
Workbook_WindowDeactivate	Ocorre quando qualquer janela da pasta de trabalho é desativada. Wn é a janela. Somente a desativação da janela da pasta de trabalho dispara esse evento.
Workbook_AddInInstall	Ocorre quando a pasta de trabalho é instalada como um suplemento (selecionando Arquivo, Opções, Suplementos). Dar um duplo clique em um arquivo .xlam (um suplemento) para abri-lo não ativa esse evento.
Workbook_AddInUninstall	Ocorre quando a pasta de trabalho (add-in) é desinstalada. O suplemento não é fechado automaticamente.
Workbook_Sync	Ocorre quando a cópia local de uma planilha em uma pasta de trabalho, que é parte de um Espaço de Trabalho de Documento (Document Workspace), é sincronizada com a cópia no servidor. SyncEventType é o status da sincronização.
Workbook_PivotTableCloseConnection	Ocorre quando um relatório de tabela dinâmica fecha sua conexão com a fonte de dados. Target é a tabela dinâmica que fechou a conexão.
Workbook_PivotTableOpenConnection	Ocorre quando um relatório de tabela dinâmica abre uma conexão com sua fonte de dados. Target é a tabela dinâmica que abriu a conexão.
Workbook_RowsetComplete	Ocorre quando o usuário navega em um conjunto de registros ou chama uma ação rowset em uma OLAP PivotTable. Description é a descrição do evento; Sheet é o nome da planilha onde o conjunto de registros é criado; Success indica sucesso ou falha.
Workbook_BeforeXmlExport	Ocorre quando dados XML são exportados ou salvos. Map é o mapa usado para exportar ou salvar os dados; Url é a localização do arquivo XML; Cancel definido como True cancela a operação de exportação.
Workbook_AfterXmlExport	Ocorre depois de dados XML serem exportados ou salvos. Map é o mapa usado para exportar ou salvar os dados; Url é a localização do arquivo XML; Result indica sucesso ou falha.

Eventos de Pastas de Trabalho (Workbook) | **119**

Nome do evento	Descrição
`Workbook_BeforeXmlImport`	Ocorre quando dados XML são importados ou atualizados. Map é o mapa usado para importar os dados; Url é a localização do arquivo XML; IsRefresh retorna `True` se o evento foi disparado pela atualização de uma conexão existente e False se disparado pela importação de uma nova fonte de dados; `Cancel` definido como `True` cancela a operação de importação ou atualização.
`Workbook_AfterXmlImport`	Ocorre quando dados XML são importados ou atualizados. Map é o mapa usado para importar os dados; `isrefresh` retorna `True` se o evento foi disparado pela atualização de uma conexão existente e `False` se disparado pela importação de uma nova fonte de dados; `Result` indica sucesso ou falha.
`Workbook_ModelChange`	Ocorre quando o usuário altera um modelo de dados. `Changes` é o tipo de alteração, tais como colunas adicionadas, alteradas ou deletadas, que eram feitas para o modelo de dados.

Eventos de Planilha e Gráfico no Nível da Pasta de Trabalho

A Tabela 7.2 a seguir são eventos de planilha e gráfico disponíveis no nível da pasta de trabalho.

Tabela 7.2   Eventos de Planilha e Gráfico no Nível da Pasta de Trabalho

Nome do evento	Descrição
`Workbook_SheetActivate`	Ocorre quando qualquer planilha ou planilha de gráfico na pasta de trabalho é ativada. Sh é a planilha ativa.
`Workbook_SheetBeforeDoubleClick`	Ocorre quando o usuário dá um duplo clique em qualquer planilha ou planilha de gráfico na pasta de trabalho ativa. Sh é a planilha ativa; `Target` é o objeto que recebeu o duplo clique; `Cancel` definido como `True` previne que a ação padrão aconteça.
`Workbook_SheetBeforeRightClick`	Ocorre quando o usuário clica com o botão direito em qualquer planilha da pasta de trabalho ativa. Sh é a planilha ativa; `Target` é o objeto que recebeu o clique com o botão direito; `Cancel` definido como `True` previne que a ação padrão ocorra.
`Workbook_SheetCalculate`	Ocorre quando qualquer planilha é recalculada ou qualquer dado atualizado é plotado em um gráfico. Sh é a planilha que está disparando o cálculo.
`Workbook_SheetChange`	Ocorre quando qualquer intervalo em uma planilha é alterado. Sh é a planilha; `Target` é o intervalo alterado.
`Workbook_SheetDeactivate`	Ocorre quando qualquer planilha de gráfico ou planilha na pasta de trabalho é desativada. Sh é a planilha sendo desativada.
`Workbook_SheetFollowHyperlink`	Ocorre quando qualquer hiperlink é clicado no Excel. Sh é a planilha ativa; `Target` é o hiperlink.

120 Capítulo 7 | Programação Orientada a Eventos

Nome do evento	Descrição
Workbook_SheetSelectionChange	Ocorre quando um novo intervalo é selecionado em qualquer planilha. Sh é a planilha ativa; Target é o intervalo afetado.
Workbook_SheetTableUpdate	Ocorre quando o usuário altera um objeto da tabela. Sh é a planilha; Target é o objeto tabela que foi atualizado.
Workbook_SheetLensGalleryRenderComplete	Ocorre quando a ferramenta Análise Rápida é selecionada. Sh é a planilha ativa.
Workbook_SheetPivotTableUpdate	Ocorre quando uma tabela dinâmica é atualizada. Sh é a planilha ativa; Target é a tabela dinâmica atualizada.
Workbook_SheetPivotTableAfterValueChange	Ocorre depois de o usuário editar células dentro da planilha ativa ou recalculá-las se contiverem uma fórmula. Sh é a planilha em que a tabela dinâmica está; TargetPivotTable é a tabela dinâmica que contém as células alteradas; TargetRange é o intervalo que foi alterado.
Workbook_SheetPivotTableBeforeAllocateChanges	Ocorre antes de a tabela dinâmica ser atualizada a partir de sua fonte de dados OLAP. Sh é a planilha em que a tabela dinâmica está; TargetPivotTable é a tabela dinâmica atualizada; ValueChangeStart é o número do índice da primeira mudança; ValueChangeEnd é o número do índice da última mudança; Cancel definido como True impede que as alterações sejam aplicadas à tabela dinâmica.
Workbook_SheetPivotTableBeforeCommitChanges	Ocorre antes de a tabela dinâmica OLAP atualizar sua fonte de dados. Sh é a planilha em que a tabela dinâmica está; TargetPivotTable é a tabela dinâmica atualizada; ValueChangeStart é o número do índice da primeira mudança; ValueChangeEnd é o número do índice da última mudança; Cancel definido como True impede que as alterações sejam aplicadas à fonte de dados.
Workbook_SheetPivotTableBeforeDiscardChanges	Ocorre antes de a tabela dinâmica OLAP descartar mudanças a partir de sua fonte de dados. Sh é a planilha em que a tabela dinâmica está; TargetPivotTable é a tabela dinâmica contendo as mudanças a descartar; ValueChangeStart é o número do índice da primeira mudança; ValueChangeEnd é o número do índice da última mudança.
Workbook_SheetPivotTableChangeSync	Ocorre depois que uma tabela dinâmica é alterada. Sh é a planilha em que a tabela dinâmica está; Target é a tabela dinâmica que foi alterada.

Eventos de Planilhas

A Tabela 7.3 lista os procedimentos de eventos disponíveis no nível da planilha.

Eventos de Planilhas | **121**

Tabela 7.3   Eventos de Planilhas

Nome do evento	Descrição
`Worksheet_Activate`	Ocorre quando a planilha na qual o evento está localizado se torna a planilha ativa.
`Worksheet_Deactivate`	Ocorre quando outra planilha se torna a planilha ativa.
`Worksheet_BeforeDoubleClick`	Permite o controle sobre o que acontece quando o usuário dá um duplo clique na planilha. `Target` é o intervalo selecionado na planilha; `Cancel` é definido como False por padrão, mas, se definido como `True`, ele impede que a ação padrão, como entrar em uma célula, aconteça.
`Worksheet_BeforeRightClick`	É disparado quando o usuário clica com o botão direito em um intervalo. `Target` é o objeto recebendo o clique com o botão direito; `Cancel` definido como `True` impede que a ação padrão ocorra.
`Worksheet_Calculate`	Ocorre depois de uma planilha ser recalculada.
`Worksheet_Change`	É disparado por uma mudança no valor de uma célula, tal como um texto a ser inserido, editado ou removido. `Target` é a célula que foi mudada.
`Worksheet_SelectionChange`	Ocorre quando um novo intervalo é selecionado. `Target` é o novo intervalo selecionado.
`Worksheet_FollowHyperlink`	Ocorre quando um hiperlink é clicado. `Target` é o hiperlink.
`Worksheet_LensGalleryRenderComplete`	Ocorre quando a ferramenta Análise Rápida é selecionada.
`Worksheet_PivotTableUpdate`	Ocorre quando uma tabela dinâmica é atualizada. `Target` é a tabela dinâmica atualizada.
`Worksheet_PivotTableAfterValueChange`	Ocorre depois de o usuário editar células dentro da tabela dinâmica ou recalculá-las se contiverem uma fórmula. `TargetPivotTable` é a tabela dinâmica que contém as células alteradas; `TargetRange` é o intervalo que foi alterado.
`Worksheet_PivotTableBeforeAllocateChanges`	Ocorre antes de a tabela dinâmica ser atualizada a partir de sua fonte de dados OLAP. `Sh` é a planilha em que a tabela dinâmica está; `TargetPivotTable` é a tabela dinâmica atualizada; `ValueChangeStart` é o número do índice da primeira mudança; `ValueChangeEnd` é o número do índice da última mudança; `Cancel` definido como `True` impede que as alterações sejam aplicadas à tabela dinâmica.
`Worksheet_PivotTableBeforeCommitChanges`	Ocorre antes de a tabela dinâmica OLAP atualizar sua fonte de dados. `TargetPivotTable` é a tabela dinâmica atualizada; `ValueChangeStart` é o número do índice da primeira mudança; `ValueChangeEnd` é o número do índice da última mudança; `Cancel` definido como `True` impede que as alterações sejam aplicadas à fonte de dados.

122 Capítulo 7 | Programação Orientada a Eventos

Nome do evento	Descrição
Worksheet_PivotTableBeforeDiscardChanges	Ocorre antes de a tabela dinâmica OLAP descartar mudanças a partir de sua fonte de dados. `TargetPivotTable` é a tabela dinâmica contendo as mudanças descartadas; `ValueChangeStart` é o número do índice da primeira mudança; `ValueChangeEnd` é o número do índice da última mudança.
Worksheet_PivotTableChangeSync	Ocorre depois que uma tabela dinâmica foi alterada. `Target` é a tabela dinâmica que foi alterada.

ESTUDO DE **CASO**: INSERINDO RAPIDAMENTE O HORÁRIO MILITAR EM UMA CÉLULA

Você está inserindo horários de chegada e saída e quer que eles estejam formatados no padrão de 24 horas, que também é conhecido como *horário militar*. Você tentou formatar a célula, mas não importa como você insere as horas, elas são exibidas no formato 0:00 horas e minutos.

A única maneira de fazer o horário aparecer em horário militar, como em 23:45, é inserir o horário na célula dessa maneira. Como digitar o dois pontos consome tempo, seria mais eficiente inserir os números e deixar o Excel formatá-los para você.

A solução é usar um evento Change para pegar o que está na célula e inserir o dois pontos:

```
Private Sub Worksheet_Change(ByVal Target As Range)
Dim ThisColumn As Integer
Dim UserInput As String, NewInput As String
ThisColumn = Target.Column
If ThisColumn < 3 Then
   If Target.Count > 1 Then Exit Sub 'Verifique se apenas uma célula está selecionada
   If Len(Target) = 1 Then Exit Sub 'Verifique se mais de 1 caractere foi inserido

   UserInput = Target.Value
   If UserInput > 1 Then
      NewInput = Left(UserInput, Len(UserInput) - 2) & ":" & _
      Right(UserInput, 2)
      Application.EnableEvents = False
      Target = NewInput
      Application.EnableEvents = True
   End If
End If
End Sub
```

Uma entrada 2345 é exibida como 23:45. Repare que o código limita essa mudança de formato nas coluna A e B (If ThisColumn < 3). Sem essa limitação, inserir números em qualquer lugar em uma planilha como em uma coluna de totais forçaria com que os números fossem reformatados.

> **NOTA** Use `Application.EnableEvents = False` para impedir que o procedimento chame a si mesmo quando o valor no alvo for alterado.

Eventos de Gráfico

Eventos de gráfico ocorrem quando um gráfico é alterado ou ativado. Os gráficos incorporados requerem o uso de módulos de classe para acessar os eventos. Para obter mais informações sobre módulos de classe, veja o Capítulo 9, "Criando Classes e Coleções".

Gráficos Incorporados

Como os gráficos incorporados (embutidos) não criam planilhas de gráficos, os eventos de gráfico não ficam disponíveis imediatamente. Entretanto, é possível disponibilizá-los incluindo um módulo de classe, desta forma:

1. Insira um módulo de classe.
2. Renomeie o módulo para algo que faça sentido para você, como cl_ChartEvents.
3. Insira a seguinte linha de código no módulo de classe:

    ```
    Public WithEvents myChartClass As Chart
    ```

    Os eventos de gráfico agora estão disponíveis para o gráfico, conforme mostra a Figura 7.3. Eles são acessados no módulo de classe em vez de na planilha de gráfico.

4. Insira um módulo padrão.
5. Insira as seguintes linhas de código em um módulo padrão:

    ```
    Dim myClassModule As New cl_ChartEvents
    Sub InitializeChart()
        Set myClassModule.myChartClass = _
             Worksheets(1).ChartObjects(1).Chart
    End Sub
    ```

Essas linhas inicializam o gráfico incorporado para ser reconhecido como um objeto do gráfico. O procedimento deve ser executado uma vez por sessão no Excel.

> **NOTA** Workbook_Open pode ser usado para executar automaticamente o procedimento InitializeAppEvent.

Figura 7.3
Eventos de gráficos incorporados estão agora disponíveis no módulo de classe.

124 Capítulo 7 | Programação Orientada a Eventos

Gráficos Incorporados e Eventos de Planilhas de Gráfico

Os mesmos eventos ocorrem em um gráfico que esteja incorporado em uma planilha regular ou em sua própria planilha de gráfico. A única diferença será que o procedimento em direção ao gráfico incorporado substitui Chart pelo objeto de classe que você criou. Por exemplo, para disparar o evento BeforeDoubleClick em uma planilha de gráfico, o cabeçalho do procedimento seria este:

```
Chart_BeforeDoubleClick
```

Para disparar o evento BeforeDoubleClick em um gráfico incorporado (usando o objeto de classe criado na seção anterior), o cabeçalho do procedimento seria este:

```
myChartClass_BeforeDoubleClick
```

A Tabela 7.4 lista os muitos eventos de gráficos disponíveis para os gráficos incorporados e a planilha de gráficos:

Tabela 7.4 Eventos de Gráfico

Nome do evento	Descrição
Chart_Activate	Ocorre quando uma planilha de gráfico é ativada ou alterada.
Chart_BeforeDoubleClick	Ocorre quando alguma parte de um gráfico recebe um duplo clique. ElementID é a parte do gráfico que recebeu o duplo clique, como a legenda. Arg1 e Arg2 são dependentes de ElementID; Cancel definido como True previne que a ação padrão do duplo clique ocorra.
Chart_BeforeRightClick	Ocorre quando um gráfico recebe um clique com o botão direito. Cancel definido como True impede que a ação padrão do clique com o botão direito ocorra.
Chart_Calculate	Ocorre quando os dados de um gráfico são alterados.
Chart_Deactivate	Ocorre quando outra planilha se torna a planilha ativa.
Chart_MouseDown	Ocorre quando o cursor está em cima do gráfico e qualquer botão do mouse é pressionado. Button é o botão do mouse que foi clicado; Shift indica se Shift, Ctrl ou Alt foram pressionados; X é a coordenada X do cursor, de quando o botão é pressionado; Y é a coordenada Y do cursor, de quando o botão é pressionado.
Chart_MouseMove	Ocorre quando o cursor é movido sobre o gráfico. Button é o botão do mouse sendo pressionado, caso haja; Shift indica se Shift, Ctrl ou Alt foram pressionados; X é a coordenada X do cursor no gráfico; Y é a coordenada Y do cursor no gráfico.
Chart_MouseUp	Ocorre quando qualquer botão do mouse é liberado enquanto o cursor está sobre o gráfico. Button é o botão do mouse que foi clicado; Shift indica se Shift, Ctrl ou Alt foram pressionados; X é a coordenada X do cursor quando o botão foi liberado; Y é a coordenada Y do mouse quando o botão foi liberado.
Chart_Resize	Ocorre quando um gráfico é redimensionado usando as alças de redimensionamento. Entretanto, isso não ocorre quando o tamanho é alterado usando o controle na guia Formatar das ferramentas de gráfico.
Chart_Select	Ocorre quando um elemento do gráfico é selecionado. ElementID é a parte do gráfico que está selecionada, como a legenda. Arg1 e Arg2 dependem do ElementID.
Chart_SeriesChange	Ocorre quando um ponto de dados do gráfico é atualizado. SeriesIndex é o offset da coleção Series da série atualizada; PointIndex é o offset na coleção Point do ponto atualizado.

Eventos no Nível da Aplicação

Eventos no nível da aplicação, listadas na Tabela 7.5 afetam todas as pastas de trabalho abertas em uma sessão do Excel e requerem um módulo de classe para serem acessados. Isso é similar ao módulo de classe usado para acessar eventos para eventos de gráficos incorporados. Siga esses passos para criar o módulo de classe:

1. Insira um módulo de classe.
2. Renomeie o módulo para algo que faça sentido para você, como cl_AppEvents.
3. Insira a seguinte linha de código no módulo de classe:

   ```
   Public WithEvents AppEvent As Application
   ```

   Os eventos de aplicação estão agora disponíveis para a pasta de trabalho, como mostrado na Figura 7.4. Eles são acessados no módulo de classe em vez de no módulo padrão.

4. Insira um módulo padrão.
5. Insira as seguintes linhas de código no módulo padrão:

```
Dim myAppEvent As New cl_AppEvents
Sub InitializeAppEvent()
    Set myAppEvent.AppEvent = Application
End Sub
```

Essas linhas inicializam a aplicação para reconhecer eventos de aplicação. O procedimento deve ser executado uma vez por sessão.

> **DICA** `Workbook_Open` pode ser usado para executar automaticamente o procedimento InitializeAppEvent.

Figura 7.4
Os eventos de aplicação estão disponíveis por meio do módulo de classe.

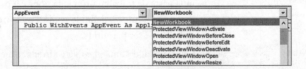

> **NOTA** O objeto em frente ao evento como AppEvent é dependente do nome dado no módulo de classe.

126 Capítulo 7 | Programação Orientada a Eventos

Tabela 7.5 Eventos no Nível da Aplicação

Nome do evento	Descrição
`AppEvent_AfterCalculate`	Ocorre depois de todos os cálculos estarem completos, depois de `AfterRefresh`, eventos `SheetChange` e `Application`. `CalculationState` é definido para `xlDone` e não há mais nenhuma consulta em execução ou cálculo incompleto.
`AppEvent_NewWorkbook`	Ocorre quando o usuário cria uma nova pasta de trabalho. `Wb` é a nova pasta de trabalho.
`AppEvent_ ProtectedViewWindowActivate`	Ocorre quando o usuário ativa uma pasta de trabalho no Modo de Exibição Protegido (Protected View). `Pvw` é a pasta de trabalho que está sendo ativada.
`AppEvent_ ProtectedViewWindowBeforeClose`	Ocorre quando uma pasta de trabalho no Modo de Exibição Protegido é fechada. `Pvw` é a pasta de trabalho sendo desativada; `Reason` é o motivo da pasta de trabalho estar sendo fechada; `Cancel` definido como `True` previne que a pasta de trabalho feche.
`AppEvent_ ProtectedViewWindowDeactivate`	Ocorre quando uma pasta de trabalho no Modo de Exibição Protegido é desativada. `Pvw` é a pasta de trabalho sendo desativada.
`AppEvent_ProtectedViewWindowOpen`	Ocorre quando uma pasta de trabalho é aberta no Modo de Exibição Protegido. `Pvw` é a pasta de trabalho que está sendo aberta.
`AppEvent_ProtectedViewWindowResize`	Ocorre quando a janela da pasta de trabalho protegida é redimensionada. Entretanto, isso não ocorre na aplicação em si. `Pvw` é a pasta de trabalho que está sendo redimensionada.
`AppEvent_ ProtectedViewWindowBeforeEdit`	Ocorre quando o usuário clica no botão Permitir Edição de uma pasta de trabalho protegida. `Pvw` é a pasta de trabalho protegida; `Cancel` definido como `True` previne a pasta de trabalho de ser permitida.
`AppEvent_SheetActivate`	Ocorre quando uma planilha é ativada. `Sh` é a planilha ou planilha de gráfico.
`AppEvent_SheetBeforeDelete`	Ocorre antes de uma planilha de trabalho em uma pasta de trabalho ser excluída. `Sh` é a planilha que está sendo deletada.
`AppEvent_SheetBeforeDoubleClick`	Ocorre quando o usuário dá um duplo clique em uma planilha. `Target` é o intervalo selecionado na planilha; `Cancel` é definido como `False` por padrão. Entretanto, quando definido como `True`, ele previne que a ação padrão aconteça, por exemplo: entrar na célula.
`AppEvent_SheetBeforeRightClick`	Ocorre quando o usuário clica com botão direito em qualquer planilha. `Sh` é a planilha ativa; `Target` é o objeto que recebeu o clique com o botão direito; `Cancel`, definido como `True`, previne que a ação padrão aconteça.
`AppEvent_SheetCalculate`	Ocorre quando qualquer planilha é recalculada ou qualquer dado atualizado é plotado em um gráfico. `Sh` é a planilha ativa.

Eventos no Nível da Aplicação | 127

Nome do evento	Descrição
`AppEvent_SheetChange`	Ocorre quando o valor de qualquer célula é alterado. `Sh` é a planilha; `Target` é o intervalo alterado.
`AppEvent_SheetDeactivate`	Ocorre quando qualquer planilha ou planilha de gráfico em uma pasta de trabalho é desativada. `Sh` é a planilha sendo desativada.
`AppEvent_SheetFollowHyperlink`	Ocorre quando qualquer hiperlink é clicado no Excel. `Sh` é a planilha ativa; `Target` é o hiperlink.
`AppEvent_SheetSelectionChange`	Ocorre quando um novo intervalo é selecionado em qualquer planilha. `Sh` é a planilha ativa; `Target` é o intervalo selecionado.
`AppEvent_SheetTableUpdate`	Ocorre quando um objeto da tabela é modificado. `Sh` é a planilha ativa; `Target` é o objeto da tabela que foi atualizado.
`AppEvent_SheetLensGalleryRenderComplete`	Ocorre quando a ferramenta Análise Rápida é selecionada. `Sh` é a planilha ativa.
`AppEvent_SheetPivotTableUpdate`	Ocorre quando uma tabela dinâmica é atualizada. `Sh` é a planilha ativa; `Target` é a tabela dinâmica atualizada.
`AppEvent_SheetPivotTableAfterValueChange`	Ocorre quando depois de uma célula dentro de uma tabela dinâmica ser editada ou, se a célula contém uma fórmula, ela é recalculada. `Sh` é a planilha em que a tabela dinâmica está; `TargetPivotTable` é a tabela dinâmica que contêm as célula alteradas; `TargetRange` é o intervalo que foi alterado.
`AppEvent_SheetPivotTableBeforeAllocateChanges`	Ocorre antes de uma tabela dinâmica ser atualizada a partir de sua fonte de dados OLAP. `Sh` é a planilha em que a tabela dinâmica está ativa; `TargetPivotTable` é a tabela dinâmica atualizada; `ValueChangeStart` é o número do índice da primeira alteração; `ValueChangeEnd` é o número do índice da última alteração; `Cancel` definido como `True` impede que as alterações sejam aplicadas à tabela dinâmica.
`AppEvent_SheetPivotTableBeforeCommitChanges`	Ocorre antes de uma tabela dinâmica OLAP atualizar sua fonte de dados. `Sh` é a planilha da tabela dinâmica ativa; `TargetPivotTable` é a tabela dinâmica atualizada; `ValueChangeStart` é o número do índice da primeira alteração; `ValueChangeEnd` é o número do índice da última alteração; `Cancel` definido como `True` impede que as alterações sejam aplicadas à fonte de dados.
`AppEvent_SheetPivotTableBeforeDiscardChanges`	Ocorre antes de uma tabela dinâmica OLAP descartar alterações em sua fonte de dados. `Sh` é a planilha da tabela dinâmica ativa; `TargetPivotTable` é a tabela dinâmica com as alterações; `ValueChangeStart` é o número do índice da primeira alteração; `ValueChangeEnd` é o número do índice da última alteração.
`AppEvent_SheetPivotTableChangeSync`	Ocorre depois de o usuário alterar uma tabela dinâmica. `Sh` é a planilha da tabela dinâmica ativa; `Target` é a tabela dinâmica que foi alterada.

Nome do evento	Descrição
AppEvent_WindowActivate	Ocorre quando qualquer janela de pasta de trabalho é ativada. Wb é a pasta de trabalho sendo ativada; Wn é a janela. Funciona apenas se houver múltiplas janelas.
AppEvent_WindowDeactivate	Ocorre quando qualquer janela de pasta de trabalho é desativada. Wb é a pasta de trabalho ativa; Wn é a janela. Funciona apenas se houver múltiplas janelas.
AppEvent_WindowResize	Ocorre quando a pasta de trabalho ativa é redimensionada. Wb é a pasta de trabalho ativa; Wn é a janela. Funciona apenas se houver múltiplas janelas.
AppEvent_WorkbookActivate	Ocorre quando qualquer pasta de trabalho é ativada. Wb é a pasta de trabalho sendo ativada.
AppEvent_WorkbookDeactivate	Ocorre quando o usuário alterna entre pastas de trabalho. Wb é a pasta de trabalho que deixou de ser a ativa.
AppEvent_WorkbookAddinInstall	Ocorre quando uma pasta de trabalho é instalada como um suplemento (Arquivo, Opções, Suplementos). Dar um duplo clique em um arquivo XLAM para abri-lo não ativa o evento. Wb é a pasta de trabalho sendo instalada.
AppEvent_WorkbookAddinUninstall	Ocorre quando uma pasta de trabalho (add-in) é desinstalada. O suplemento não é automaticamente fechado. Wb é a pasta de trabalho sendo desinstalada.
AppEvent_WorkbookBeforeClose	Ocorre quando uma pasta de trabalho fecha. Wb é a pasta de trabalho; Cancel, definido como True, previne que a pasta de trabalho seja fechada.
AppEvent_WorkbookBeforePrint	Ocorre quando qualquer comando de impressão é usado (pela Faixa de Opções, teclado ou macro). Wb é a pasta de trabalho; Cancel, definido como True, previne que a pasta de trabalho seja impressa.
AppEvent_Workbook_BeforeSave	Ocorre quando uma pasta de trabalho é salva. Wb é a pasta de trabalho; SaveAsUI é definido como True se a caixa de diálogo Salvar Como for exibida; Cancel, definido como True, previne que a pasta de trabalho seja salva.
AppEvent_WorkbookAfterSave	Ocorre depois de o usuário ter salvo a pasta de trabalho. Wb é a pasta de trabalho. Success retorna True se o arquivo foi salvo com sucesso; False é retornado se o arquivo não foi salvo com sucesso.
AppEvent_WorkbookNewSheet	Ocorre quando uma nova planilha é adicionada à pasta de trabalho ativa. Wb é a pasta de trabalho; Sh é o novo objeto de planilha ou planilha de gráfico.
AppEvent_WorkbookNewChart	Ocorre quando o usuário adiciona um novo gráfico à pasta de trabalho ativa; Wb é a pasta de trabalho; Ch é o novo objeto Chart. O evento não é acionado se o usuário mover o gráfico de um lugar para o outro, a menos que o usuário faça o movimento entre uma planilha de gráfico e um objeto de gráfico. Neste caso, o evento é acionado porque uma nova planilha de gráfico ou objeto de gráfico foi criado.

Eventos no Nível da Aplicação | 129

Nome do evento	Descrição
`AppEvent_WorkbookOpen`	Ocorre quando uma pasta de trabalho é aberta. `Wb` é a pasta de trabalho que foi aberta.
`AppEvent_WorkbookPivotTableCloseConnection`	Ocorre quando um relatório de tabela dinâmica fecha sua conexão com a fonte de dados. `Wb` é a pasta de trabalho contendo a tabela dinâmica que disparou o evento; `Target` é a tabela dinâmica que fechou a conexão.
`AppEvent_WorkbookPivotTableOpenConnection`	Ocorre quando o relatório de tabela dinâmica abre a conexão com sua fonte de dados. `Wb` é a pasta de trabalho contendo a tabela dinâmica que disparou o evento; `Target` é a tabela dinâmica que disparou o evento.
`AAppEvent_WorkbookRowsetComplete`	Ocorre quando o usuário navega em um recordset ou chama uma ação rowset em uma tabela dinâmica OLAP. `Wb` é a pasta de trabalho que disparou o evento; `Description` é uma descrição do evento; `Sheet` é o nome da planilha na qual o recordset foi criado; `Success` indica sucesso ou falha.
`AppEvent_WorkbookSync`	Ocorre quando a cópia local de uma planilha em uma pasta de trabalho, que é parte de um Espaço de Trabalho de Documento, é sincronizada com a cópia no servidor. `Wb` é a pasta de trabalho que disparou o evento; `SyncEventType` é o status da sincronização.
`AppEvent_WorkbookBeforeXmlExport`	Ocorre quando dados XML são exportados ou salvos. `Wb` é a pasta de trabalho que disparou o evento; `Map` é o mapa usado para exportar ou salvar os dados; `Url` é o local do arquivo XML; `Cancel`, definido como `True`, cancela a operação de exportar.
`AppEvent_WorkbookAfterXmlExport`	Ocorre quando os dados XML são exportados ou salvos. `Wb` é a pasta de trabalho que disparou o evento; `Map` é o mapa usado para exportar ou salvar os dados; `Url` é o local do arquivo XML; `Result` indica sucesso ou falha.
`AppEvent_WorkbookBeforeXmlImport`	Ocorre quando dados XML são importados ou atualizados. `Wb` é a planilha que disparou o evento; `Map` é o mapa usado para importar os dados; `Url` é o local do arquivo XML; `IsRefresh` retorna `True` se o evento foi disparado pela atualização de uma conexão existente e False se disparado pela importação de uma nova fonte de dados; `Cancel`, definido como `True`, cancela a operação de importação ou atualização.
`AppEvent_WorkbookAfterXmlImport`	Ocorre quando os dados XML são exportados ou salvos. `Wb` é a pasta de trabalho que disparou o evento; `Map` é o mapa usado para exportar ou salvar os dados; `IsRefresh` retorna `True` se o evento foi disparado pela atualização de uma conexão existente e False se disparado pela importação de uma nova fonte de dados; `Result` indica sucesso ou falha.

Nome do evento	Descrição
AppEvent_WorkbookModelChange	Ocorre quando o usuário altera um modelo de dados. Wb é a pasta de trabalho que desencadeou o evento; Changes é o tipo de alteração, como colunas adicionadas, alteradas ou excluídas, que o usuário fez no Modelo de Dados.

Próximos Passos

Neste capítulo, você aprendeu mais sobre como interagir com a interface do Excel. No Capítulo 8, "Matrizes (Arrays)", você descobrirá como usar arrays multidimensionais. Ler dados para um array multidimensional, realizar cálculos no array e, depois, gravar o array de volta em um intervalo pode acelerar dramaticamente suas macros.

Matrizes (Arrays)

Uma matriz (*array*) é um tipo de variável que pode ser usado para armazenar diversas unidades de dados. Por exemplo, se você tiver que trabalhar com o nome e o endereço de um cliente, seu primeiro pensamento poderia ser o de atribuir uma variável para o nome e outra para o endereço do cliente. Em vez disso, considere o uso de um array, que pode armazenar ambas as informações, e não apenas para um cliente, mas para centenas.

Declarando um Array

Declare um array adicionando parênteses depois do seu nome. Os parênteses contêm o número de elementos no array:

```
Dim myArray(2)
```

Isso cria um array, `myArray`, que contém três elementos:

```
myArray(0) = 10
myArray(1) = 20
myArray(2) = 30
```

Os três elementos são incluídos porque, por padrão, a contagem do índice começa em 0. Se o contador de índice precisar começar em 1, use `Option Base 1`. Isso força o contador a começar em 1. Para fazer isso, coloque a instrução `Option Base` na seção de declarações do módulo:

```
Option Base 1
Sub MyFirstArray()
Dim myArray(2)
```

Isso agora força o array a ter apenas 2 elementos. Você também pode criar um array independentemente da instrução `Option Base` ao declarar seu limite inferior:

```
Dim myArray(1 to 10)
Dim BigArray(100 to 200)
```

NESTE CAPÍTULO

Declarando um Array 131
Declarando Arrays Multidimensionais ...132
Preenchendo um Array..........................133
Recuperando Dados de um Array 134
Usando Arrays para Acelerar Código 135
Usando Arrays Dinâmicos 136
Passando um Array 137
Próximos Passos 138

Cada array tem um limite inferior (LBound) e um limite superior (UBound). Ao declarar Dim myArray(2), está declarando o limite superior e permitindo que o Option Base declare o limite inferior. Ao declarar Dim myArray(1 to 10), você declara o limite inferior 1 e o limite superior 10.

Declarando Arrays Multidimensionais

Os arrays já discutidos são considerados *arrays unidimensionais*, porque apenas um número designa a posição de um elemento do array. O array é como uma única linha de dados, mas como só pode ter uma, você não precisa se preocupar com o número da linha, apenas com o número da coluna. Por exemplo, para recuperar o segundo elemento (Option Base 0), use myArray(1).

Em alguns casos, uma dimensão não é suficiente. É aí que os arrays multidimensionais entram. O array unidimensional é uma única linha de dados, já um array multidimensional contém linhas *e* colunas.

> **NOTA** Outra palavra para array é *matriz*, que aliás é o que uma planilha é. O objeto Cells refere-se a elementos em uma planilha — e uma célula consiste em uma linha e uma coluna. Você já vinha usando arrays!

Para declarar outra dimensão em um array, adicione outro argumento. O código seguinte cria um array de 10 linhas e 20 colunas:

```
Dim myArray(1 to 10, 1 to 20)
```

Isso coloca valores nas duas primeiras colunas da primeira linha, como mostrado na Figura 8.1:

```
myArray(1,1) = 10
myArray(1,2) = 20
```

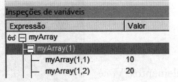

Figura 8.1
A janela Inspeções de Variáveis mostra a primeira "linha" do array sendo preenchida pelas linhas de código anteriores.

Isso coloca valores nas primeiras duas colunas da segunda linha:

```
myArray(2,1) = 20
myArray(2,2) = 40
```

E assim por diante. Claro, isso consome tempo e pode precisar de muitas linhas de código. Outras maneiras de preencher um array serão discutidas na próxima seção.

> **NOTA** Para obter os limites inferiores e superiores de outra dimensão, deve-se especificá-la. Por exemplo, para recuperar o limite superior da segunda dimensão, use: UBound(MyArray,2).

Preenchendo um Array

Agora que você pode declarar um array, precisa preenchê-lo. Um método discutido anteriormente é inserir um valor para cada elemento do array individualmente. Entretanto, há uma maneira mais rápida, como mostrada no exemplo de código seguinte e na Figura 8.2:

```
Option Base 1

Sub ColumnHeaders()
Dim myArray As Variant 'Variants podem armazenar qualquer tipo de dados, inclusive arrays.
Dim myCount As Integer

'Preencha o variant com dados do array
myArray = Array("Name", "Address", "Phone", "Email")

'Descarregue o array colocando ela em um range do mesmo tamanho
'Se não estiver usando Option Base 1, então adicione 1 ao LBound
Worksheets("Planilha2").Range("A1").Resize(LBound(myArray), _
    UBound(myArray)).Value = myArray
End With
End Sub
```

Figura 8.2
Use um array para criar cabeçalhos de coluna rapidamente.

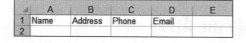

Variáveis `Variant` podem armazenar qualquer tipo de informação. Crie uma variável do tipo `Variant` que possa ser tratada como um array. Use uma função `Array` para inserir os dados na variável, forçando-a a ter as propriedades de um array. Repare que você não declara o tamanho do array quando você preenche ele da maneira que foi mostrada no exemplo anterior.

Se a informação necessária no array já estiver na planilha, use o seguinte para preencher um array rapidamente. Este código cria um array de16 linhas por 2 colunas:

```
Dim myArray As Variant
myArray = Worksheets("Planilha1").Range("B2:C17")
```

Apesar de esses dois métodos serem rápidos e diretos, eles podem não se adequar à situação. Por exemplo, se você precisa de linha sim, linha não, no array, use o seguinte código (veja a Figura 8.3):

```
Sub EveryOtherRow()
'Aqui estão 16 linhas de dados, mas estamos apenas preenchendo
'array precisa apenas de 8 linhas
Dim myArray(1 To 8, 1 To 2)
Dim i As Integer, j As Integer, myCount As Integer

'Preenche o array com linha sim, linha não
```

134 Capítulo 8 | Matrizes (Arrays)

```
For i = 1 To 8
    For j = 1 To 2
'i*2 direciona o programa para recuperar linha sim, linha não
        myArray(i, j) = Worksheets("Planilha1").Cells(i * 2, j + 1).Value
    Next j
Next i

'Calcula o conteúdo do array e transfira o resultado para a planilha
For myCount = LBound(myArray) To UBound(myArray)
    Worksheets("Planilha1").Cells(myCount * 2, 4).Value = _
    WorksheetFunction.Sum(myArray(myCount, 1), myArray(myCount, 2))
Next myCount
End Sub
```

Figura 8.3
Preencha o array apenas com os dados necessários.

▲	A	B	C	D
1		dez/14	jan/15	Soma
2	Maçãs	45	0	45
3	Laranjas	12	10	
4	Uvas	86	12	98
5	Limões	15	15	
6	Tomates	58	24	82

LBound encontra o local inicial e o limite inferior do array (myArray). UBound encontra a posição final e o limite superior do array. O programa pode, então, iterar pelo array e somar a informação à medida que a escreve na planilha. Como esvaziar um array é explicado na seção seguinte.

Recuperando Dados de um Array

Depois de um array ser preenchido, os dados precisam ser recuperados. Entretanto, antes de fazer isso, é possível manipular os dados ou retornar informações sobre eles, como o maior inteiro, como mostrado no código seguinte (veja a Figura 8.4):

```
Sub QuickFillMax()
Dim myArray As Variant

myArray = Worksheets("Planilha1").Range("B2:C12").Value
MsgBox "Máximo Inteiro é: " & WorksheetFunction.Max(myArray)

End Sub
```

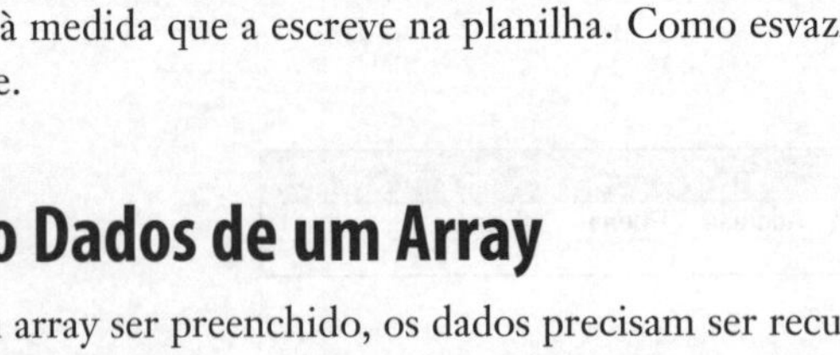

Figura 8.4
Retorna a variável Max em um array.

▲	A	B	C	D	E	F
1		dez/14	jan/15			
2	Maçãs	45	0			
3	Laranjas	12	10	Microsoft Excel		
4	Uvas	86	12			
5	Limões	15	15			
6	Tomates	58	101	Máximo Inteiro é: 101		
7	Cenouras	24	26			
8	Alface	31	29			
9	Pepinos	0	31			
10	Batatas	10	45	OK		
11	Inhames	61	46			

Os dados também podem ser manipulados ao serem retornados para a planilha. No exemplo seguinte, LBound e UBound são usados em um loop For para iterar pelos elementos de um array e tirar a média de cada conjunto.

> **NOTA** MyCount + 1 é usado para colocar os resultados na planilha, porque Lbound é 1 e os dados começam na Linha 2.

```
Sub QuickFillAverage()
Dim myArray As Variant
Dim myCount As Integer
'preenche o array
myArray = Worksheets("Planilha1").Range("B2:C12")

'Calcula a média dos dados do array assim que eles forem colocados na planilha
For myCount = LBound(myArray) To UBound(myArray)
'Calcula a média e coloque o resultado na Coluna E
    Worksheets("Planilha1").Cells(myCount + 1, 5).Value = _
    WorksheetFunction.Average(myArray(myCount, 1), myArray(myCount, 2))
Next myCount
End Sub
```

O resultado é colocado na planilha em uma nova coluna (veja a Figura 8.5).

Figura 8.5
Os cálculos podem ser feitos nos dados na medida em que eles são retornados para a planilha.

▲	A	B	C	D	E
1		dez/14	jan/15	Soma	Média
2	Maçãs	45	0	45	22,5
3	Laranjas	12	10		11
4	Uvas	86	12	98	49
5	Limões	15	15		15
6	Tomates	58	101	159	79,5
7	Cenouras	24	26		25

Usando Arrays para Acelerar Código

Até agora, você aprendeu que arrays podem facilitar a manipulação de dados e o modo como obter informações sobre eles — mas é só para isso que eles são bons? Não. Arrays são tão poderosos porque podem, na verdade, fazer o código ser executado mais rápido!

No exemplo anterior, cada linha foi processada como se estivesse dentro da planilha. Imagine fazer isso 10.000 vezes, 100.000 vezes, ou mais. Cada vez que o Excel tiver que escrever na planilha, ele desacelera. É possível minimizar a escrita na planilha ao fazer o processo na memória e, então, escrever os dados na planilha de uma só vez.

No exemplo a seguir, a média calculada é colocada em um segundo array: MyAverage. Primeiro, é necessário redimensionar o array usando ReDim para que ele tenha espaço suficiente para armazenar todos os valores calculados. (Veja a seção "Usando Arrays Dinâmicos" mais adiante neste capítulo.) Depois de iterá-lo e preenchê-lo, coloque o array inteiro na planilha. Repare que o intervalo no qual ele foi colocado, está redimensionado para caber o array inteiro. Além disso, como o array foi criado em um código e é um elemento único (linha), você deve transpô-lo para formato de coluna:

Capítulo 8 | Matrizes (Arrays)

```vba
Sub QuickFillAverageFast()
'Escreve os dados na planilha uma vez
'Também é mais flexível que o intervalo dinâmico
Dim myArray As Variant, MyAverage As Variant
Dim myCount As Long, LastRow As Long
Dim wksData As Worksheet
Set wksData = Worksheets("EveryOther")
With wksData
    LastRow = .Range("A" & .Rows.Count).End(xlUp).Row
    myArray = .Range("B2:C" & LastRow)

    ReDim MyAverage(UBound(myArray))
    For myCount = LBound(myArray) To UBound(myArray)
        MyAverage(myCount) = _
            WorksheetFunction.Average(myArray(myCount, 1), _
                myArray(myCount, 2))
    Next myCount
    .Range("E2").Resize(UBound(MyAverage)).Value = _
        Application.Transpose(MyAverage)
End With
End Sub
```

Usando Arrays Dinâmicos

Nem sempre se sabe o quão grande um array terá que ser. Você poderia criar um array com base no tamanho máximo possível, mas isso não é apenas um grande desperdício de memória — e se o array precisar ser maior ainda? Para evitar esse problema, pode-se usar um array dinâmico (*dynamic array*). Um array dinâmico é um array que não tem um tamanho definido. Em outras palavras, você declara um array; mas deixa os parênteses vazio:

```vba
Dim myArray()
```

Mais tarde, na medida em que o programa precisar usar o array, `ReDim` é utilizado para definir o tamanho do array. O programa a seguir, que retorna os nomes de todas as planilhas da pasta de trabalho, primeiro cria um array sem limite e depois define um limite superior, assim que souber quantas planilhas há na pasta de trabalho:

```vba
Sub MySheets()
Dim myArray() As String
Dim myCount As Integer, NumShts As Integer

NumShts = ActiveWorkbook.Worksheets.Count

'Dimensiona o array
ReDim myArray(1 To NumShts)

For myCount = 1 To NumShts
    myArray(myCount) = ActiveWorkbook.Sheets(myCount).Name
Next myCount

End Sub
```

Usar `ReDim` reinicializa o array. Dessa maneira, se você fosse utilizá-lo diversas vezes como em um loop, perderia todos os dados que ele armazenasse. Para evitar que isso aconteça, é necessário usar `Preserve`. A palavra-chave `Preserve` permite que se redimensione a última dimensão do array, mas você não pode utilizá-la para mudar o número de dimensões.

Passando um Array | **137**

O exemplo seguinte busca todos os arquivos do Excel de um diretório e coloca o resultado em um array. Como não se sabe quantos arquivos poderá haver até que realmente se pesquise por eles, não se pode dimensionar o array antes de o programa ser executado:

```
Sub XLFiles()
Dim FName As String
Dim arNames() As String
Dim myCount As Integer

FName = Dir("C:\Excel VBA 2016 by Jelen & Syrstad\*.xls*")
Do Until FName = ""
    myCount = myCount + 1
    ReDim Preserve arNames(1 To myCount)
    arNames(myCount) = FName
    FName = Dir
Loop
End Sub
```

> **NOTA** Usar `Preserve` em grandes quantidades de dados em um loop pode deixar o programa mais lento. Se possível, use o código para descobrir o tamanho máximo do array.

Passando um Array

Assim como strings, inteiros e outras variáveis, arrays podem ser passados para outros procedimentos. Isso torna um código mais eficiente e fácil de ler. A seguinte sub, `PassAnArray`, passa o array `myArray` para uma função `RegionSales`. Os dados no array são sumarizados para a região especificada e o resultado é retornado para a sub:

```
Sub PassAnArray()
Dim myArray() As Variant
Dim myRegion As String

myArray = Range("mySalesData") 'Intervalo nomeado contendo todos os dados
myRegion = InputBox("Enter Region - Central, East, West")
MsgBox myRegion & " Sales are: " & Format(RegionSales(myArray, _
    myRegion), "$#,#00.00")
End Sub

Function RegionSales(ByRef BigArray As Variant, sRegion As String) As Long
Dim myCount As Integer

RegionSales = 0
For myCount = LBound(BigArray) To UBound(BigArray)
'As regiões estão listadas na coluna 1 dos dados,
'logo na primeira coluna do array
    If BigArray(myCount, 1) = sRegion Then
        'Os dados a serem somados estão na 6ª coluna de dados
        RegionSales = BigArray(myCount, 6) + RegionSales
    End If
Next myCount
End Function
```

138   Capítulo 8 | Matrizes (Arrays)

Consulte o Capítulo 14, "Funções Definidas pelo Usuário", para aprender mais sobre o uso de funções!

> **CUIDADO**
>
> Você não pode atribuir os valores de um array para ser os valores de outro a menos que ambos tenham o mesmo tamanho ou o segundo não tenha dimensões declaradas específicas. Para incluir os valores de um array para outro ou passar os valores entre arrays de tamanhos diferentes, você deve iterar pelos arrays.

Próximos Passos

Os arrays são um tipo de variável usados para conter mais de um pedaço de dados. No Capítulo 9, "Criando Classes e Coleções", você aprenderá sobre a poderosa técnica de criar o seu próprio módulo de classe. Com essa técnica, é possível configurar seu próprio objeto com seus próprios métodos e propriedades.

Criando Classes e Coleções

O Excel já tem muitos objetos disponíveis, mas há momentos em que um objeto personalizado seria mais adequado para o trabalho que se tem em mãos. Você pode criar objetos personalizados que são usados da mesma maneira que os objetos internos do Excel. Esses objetos especiais são criados em *módulos de classe*.

Módulos de classe são usados para criar objetos personalizados com propriedades e métodos personalizados. Eles podem interceptar eventos do aplicativo, eventos de gráficos internos, eventos de controles ActiveX e muito mais.

As coleções são um tipo de variável que podem armazenar grupos de itens similares, incluindo objetos personalizados. Cada item em uma coleção possui uma chave única, incluindo todas as propriedades de um objeto, a partir da coleção.

Inserindo um Módulo de Classe

A partir do VB Editor, selecione Inserir, Módulo de Classe. Um novo módulo, Classe1, é adicionado à pasta de trabalho do VBAProject e pode ser visto na janela do Project Explorer (veja a Figura 9.1). Deve-se ter duas coisas em mente a respeito de módulos de classe:

- Cada objeto personalizado deve ter seu próprio módulo (capturas de eventos podem compartilhar um módulo).
- O módulo de classe deve ser renomeado para refletir o objeto personalizado.

9

NESTE CAPÍTULO

Inserindo um Módulo de Classe 139

Interceptando Eventos de Aplicações e de Gráficos Incorporados 140

Criando um Objeto Personalizado 143

Usando um Objeto Personalizado..........145

Usando Coleções 145

Usando Dicionários 150

Usando Tipos Definidos pelo Usuário (UDTs) para Criar Propriedades Personalizadas 153

Próximos Passos 156

Figura 9.1
Objetos personalizados são criados em módulos de classes.

Interceptando Eventos de Aplicações e de Gráficos Incorporados

O Capítulo 7, "Programação Orientada a Eventos", mostrou como certas ações em pastas de trabalho, planilhas e gráficos não integrados poderiam ser interceptadas e usadas para ativar códigos. Resumidamente, o capítulo viu como criar um módulo de classe para capturar eventos de aplicações e gráficos. A seguir, entraremos em mais detalhes sobre o que foi mostrado naquele capítulo.

Eventos de Aplicação

O evento `Workbook_BeforePrint` é disparado quando a pasta de trabalho em que ele está é impressa. Se você quiser executar o mesmo código em cada pasta de trabalho disponível, terá que copiar o código para cada pasta de trabalho. Uma alternativa é usar um evento de aplicação, `Workbook_BeforePrint`, que é disparado quando qualquer pasta de trabalho é impressa.

Os eventos de aplicação já existem, mas, primeiro, um módulo de classe deve ser criado para que eles possam ser vistos. Para criar um módulo de classe, siga estes passos:

1. Insira um módulo de classe no projeto. Renomeie para algo que vá fazer sentido para você, como `cAppEvents`. Selecione Exibir, Janela 'Propriedades' para renomear o módulo.

2. Entre com a seguinte declaração no módulo de classe:
   `Public WithEvents xlApp As Application`

   O nome da variável, `xlApp`, pode ser qualquer nome de variável. A palavra-chave `WithEvents` exibe os eventos associados ao objeto `Application`.

3. O `xlApp` já está disponível na caixa de seleção Objeto desse módulo de classe. Selecione-o na caixa de seleção e, em seguida, clique na caixa de seleção Procedimento, à sua direita, para ver a lista de eventos que está disponível para o tipo de objeto (`Application`) do `xlApp`, como mostra a Figura 9.2.

➤ Para uma revisão dos vários eventos de aplicação, **veja** a seção "Eventos no Nível da Aplicação" no Capítulo 7, **p. 125**.

Figura 9.2
Eventos são disponibilizados após a criação do objeto.

Interceptando Eventos de Aplicações e de Gráficos Incorporados | **141**

Quaisquer eventos listados podem ser capturados, assim como os eventos de pasta de trabalho e planilha foram capturados no Capítulo 7. O exemplo a seguir usa o evento `NewWorkbook` para configurar as informações do rodapé automaticamente. Este código é colocado no módulo de classe, abaixo da linha da declaração `xlApp`, que você acabou de adicionar:

```
Private Sub xlApp_NewWorkbook(ByVal Wb As Workbook)
Dim wks As Worksheet
With Wb
    For Each wks In .Worksheets
        wks.PageSetup.LeftFooter = "Created by: " & .Application.UserName
        wks.PageSetup.RightFooter = Now
    Next wks
End With
End Sub
```

O procedimento colocado em um módulo de classe não é executado automaticamente como os eventos na pasta de trabalho ou módulos de planilha seriam. Uma instância do módulo de classe deve ser criada, e o objeto `Application`, atribuído à propriedade `xlApp`. Depois que estiver concluído, o procedimento `TrapAppEvent` precisa ser executado. Enquanto o processo estiver em execução, o rodapé será criado, em cada planilha, toda vez que uma nova pasta de trabalho for criada. Coloque o código seguinte em um módulo padrão:

```
Public clsAppEvent As New cAppEvents

Sub TrapAppEvent()
    Set myAppEvent.xlApp = Application
End Sub
```

> **NOTA** A captura de eventos de aplicação pode ser terminada por qualquer ação que redefina as variáveis públicas ou de módulo, incluindo a edição do código no VB Editor. Para reiniciar, execute o procedimento que cria o objeto (`TrapAppEvent`).

Neste exemplo, a declaração pública `myAppEvent` foi colocada em um módulo padrão com o procedimento `TrapAppEvent`. Para automatizar a execução da captura do evento inteiro, todos os módulos poderão ser transferidos para a `Personal.xlsb`, e o processo, transferido para um evento `Workbook_Open`. Em qualquer caso, a declaração `Public` do `myAppEvent` *precisa* permanecer em um módulo padrão para que ela possa ser compartilhada entre os módulos.

Eventos de Gráficos Incorporados

A preparação para capturar eventos de gráficos incorporados é a mesma que para capturar eventos de aplicação. Crie um módulo de classe, insira a declaração pública para um tipo gráfico, crie um procedimento para o evento desejado e então adicione um procedimento de módulo padrão para iniciar a captura. O mesmo módulo de classe utilizado para os eventos de aplicação pode ser usado para o evento de gráfico incorporado.

Coloque a seguinte linha na seção de declaração do módulo de classe:

```
Public WithEvents xlChart As Chart
```

Os eventos de gráficos disponíveis são, agora, visíveis (veja a Figura 9.3).

➡ Para uma revisão dos vários eventos de gráfico, **veja** "Eventos de Planilhas de Gráfico" no Capítulo 7 na **p. 123**.

Figura 9.3
Os eventos de gráfico estão disponíveis após a declaração da variável do tipo de gráfico.

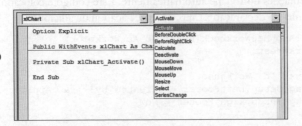

Vamos criar um programa para mudar a escala de gráficos. Três eventos são criados. O evento principal, MouseDown, muda a escala do gráfico com um clique com o botão direito ou clique duplo. Como essas ações têm também outras ações associadas a elas, são necessários mais dois eventos, que são BeforeRightClick e BeforeDoubleClick, que impedem a ação normal de acontecer.

O evento BeforeDoubleClick, a seguir, impede que o resultado normal de um duplo clique aconteça:

```
Private Sub xlChart_BeforeDoubleClick(ByVal ElementID As Long, _
    ByVal Arg1 As Long, ByVal Arg2 As Long, Cancel As Boolean)
    Cancel = True
End Sub
```

O evento BeforeRightClick, a seguir, impede que o resultado normal de um clique com o botão direito aconteça:

```
Private Sub xlChart_BeforeRightClick(Cancel As Boolean)
    Cancel = True
End Sub
```

Agora que as ações normais do clique duplo e do botão direito do mouse foram controladas, o evento ChartMouseDown reescreve as ações iniciadas por um clique com o botão direito e clique duplo:

```
Private Sub xlChart_MouseDown(ByVal Button As Long, _
    ByVal Shift As Long, ByVal x As Long, ByVal y As Long)
    If Button = 1 Then 'botão esquerdo do mouse
        xlChart.Axes(xlValue).MaximumScale = _
            xlChart.Axes(xlValue).MaximumScale - 50
    End If

    If Button = 2 Then 'botão direito do mouse
        xlChart.Axes(xlValue).MaximumScale = _
            xlChart.Axes(xlValue).MaximumScale + 50
    End If
End Sub
```

Depois que os eventos são definidos no módulo de classe, tudo o que resta a fazer é declarar a variável em um módulo padrão, como segue:

```
Public myChartEvent As New clsEvents
```

Em seguida, crie um procedimento que irá capturar os eventos no gráfico incorporado:

```
Sub TrapChartEvent()
    Set myChartEvent.xlChart = Worksheets("EmbedChart"). _
        ChartObjects("Chart 2").Chart
End Sub
```

Criando um Objeto Personalizado

Módulos de classe são úteis para a captura de eventos, mas também são importantes porque podem ser usados para criar objetos personalizados. Quando se está criando um objeto personalizado, o módulo de classe se torna um modelo das propriedades e métodos do objeto. Para entender isso melhor, no exemplo a seguir, você criará um objeto funcionário para registrar o nome do funcionário, RG, salário por hora e as horas trabalhadas.

Insira um módulo de classe e o renomeie para cEmployee. O objeto cEmployee tem seis propriedades e um método. As *Propriedades* são variáveis no objeto nas quais você pode atribuir um valor ou ler um valor a partir delas. Elas podem ser declaradas privadas, as propriedades são acessíveis somente dentro do módulo em que são declaradas. Ou, podem ser declaradas públicas, essas propriedades estão disponíveis a partir de qualquer módulo.

Bem no início do módulo de classe, coloque as variáveis privadas a seguir. Repare que cada linha começa com a palavra Private. Essas variáveis serão usadas somente dentro do próprio módulo de classe, e recebem seus valores a partir das propriedades ou funções internas do módulo:

```
Private m_employeename As String
Private m_employeeid As String
Private m_employeehourlyrate As String
Private m_employeeweeklyhours As String
Private m_normalhours As Double
Private m_overtimehours As Double
```

Os procedimentos Property Let são usados para atribuir valores às propriedades. Por padrão, as propriedades são públicas, logo não é necessário atestar que:

```
Property Let EmployeeName(RHS As String)
    m_employeename = RHS
End Property

Property Let EmployeeID(RHS As String)
    m_employeeid = RHS
End Property

Property Let EmployeeHourlyRate(RHS As Double)
    m_employeehourlyrate = RHS
End Property

Property Let EmployeeWeeklyHours(RHS As Double)
    m_employeeweeklyhours = RHS
    m_normalhours = WorksheetFunction.Min(40, RHS)
    m_overtimehours = WorksheetFunction.Max(0, RHS - 40)
End Property
```

Esses quatro objetos das propriedades são graváveis. Coloque os após ter declarado as variáveis privadas. O argumento, RHS, é o valor atribuído à propriedade que depois é atribuído a uma

144 Capítulo 9 | Criando Classes e Coleções

das variáveis privadas. Gosto de usar RHS (do inglês *Right Hand Side*, fácil de lembrar!) como o nome de um argumento comum para a consistência, mas pode usar o que quiser.

Os procedimentos Property Get são propriedades de somente leitura dos módulos de classe:

```
Property Get EmployeeName() As String
    EmployeeName = m_employeename
End Property

Property Get EmployeeID() As String
    EmployeeID = m_employeeid
End Property

Property Get EmployeeWeeklyHours() As Double
    EmployeeWeeklyHours = m_employeeweeklyhours
End Property

Property Get EmployeeNormalHours() As Double
    EmployeeNormalHours = m_normalhours
End Property

Property Get EmployeeOverTimeHours() As Double
    EmployeeOverTimeHours = m_overtimehours
End Property
```

Além das três propriedades que possuem valores atribuídos, mais duas estão disponíveis para obter valores de: EmployeeNormalHours e EmployeeOverTimeHours. EmployeeHourlyRate é a única propriedade na qual o valor pode ser gravado mas não pode ser lido. Por quê? Imagine que há outra rotina que lê todos os valores a partir de um banco de dados para a memória de um programa. Um programador que usa o seu módulo de classe não precisa ver os dados brutos. Ao usar a propriedade Get, é possível controlar quais dados o programador pode acessar mas ainda manter os dados disponíveis para o programa.

> **NOTA** Os procedimentos Property Set são usados para atribuir um objeto à propriedade. Por exemplo, se quiser criar uma propriedade de planilha que passa um objeto de planilha, faça isto:
>
> ```
> Property Set DataWorksheets (RHS as Worksheet)
> ```
>
> Get seria usado para a recuperação, desta forma:
>
> ```
> Property Get DataWorksheets () As Worksheet
> ```

Por fim, a função se torna um método do objeto:

```
Public Function EmployeeWeeklyPay() As Double
    EmployeeWeeklyPay = (m_normalhours * m_employeehourlyrate) + _
        (m_overtimehours * m_employeehourlyrate * 1.5)
End Function
```

Assim como uma função normal, ela pode ter argumentos mas, nesse caso, todas as variáveis necessárias foram definidas usando Let.

Você também pode usar subs em módulos de classe. Nesse caso, uma função é usada porque um valor deve ser retornado. Se quiser fazer uma ação, como Range.Cut, use um sub.

Usando um Objeto Personalizado | **145**

Agora o objeto está completo. O próximo passo é usá-lo em um programa real.

Usando um Objeto Personalizado

Depois que um objeto personalizado é configurado corretamente em um módulo de classe, ele pode ser referenciado a partir de outro módulo. Para acessar as propriedades e funções do objeto, primeiro declare uma variável como o módulo de classe e então defina uma nova instância do objeto. É possível escrever o código, referenciando o objeto personalizado e tirando vantagem do IntelliSense para acessar suas propriedades e métodos, como mostra a Figura 9.4.

O exemplo a seguir define os valores das propriedades e gera uma caixa de mensagem, recuperando alguns daqueles valores e acessando o método que você criou:

```
Sub SingleEmployeePayTime()
'Declare uma variável como o módulo/objeto da classe
Dim clsEmployee As cEmployee
'Define uma nova instância para o objeto
Set clsEmployee = New cEmployee
With clsEmployee
    .EmployeeName = "Tracy Syrstad"
    .EmployeeID = "1651"
    .EmployeeHourlyRate = 35.15
    .EmployeeWeeklyHours = 45
    MsgBox .EmployeeName & Chr(10) & Chr(9) & _
    "Normal Hours: " & .EmployeeNormalHours & Chr(10) & Chr(9) & _
    "OverTime Hours: " & .EmployeeOverTimeHours & Chr(10) & Chr(9) & _
    "Weekly Pay : $" & .EmployeeWeeklyPay
End With
End Sub
```

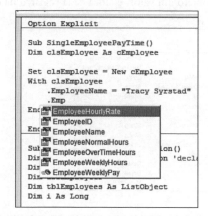

Figura 9.4
As propriedades e o método do objeto personalizado são tão facilmente acessíveis quanto os objetos padrões.

Usando Coleções

Uma *coleção* armazena um grupo de itens similares. Por exemplo, Worksheet é um membro da coleção Worksheets. É possível adicionar, remover, contar, e referir-se a cada planilha em uma pasta de trabalho por item.

Criando Coleções

Para usar uma coleção, primeiro declare uma variável como coleção e então defina uma nova instância para a coleção. É possível utilizar o método Add para adicionar itens:

```
CollectionName.Add Item, Key, Before, After
```

O método Add tem quatro argumentos. Item é qualquer informação que a coleção armazena, pode ser desde uma string até um objeto, tal como uma planilha. O segundo valor, que é opcional, é a Key. Ela é usada para procurar por membros da coleção e deve ser um único valor de string. Key pode ser usada para referenciar diretamente um item em uma coleção. Se você não conhece Key, a única maneira de encontrar um item em uma coleção é iterar por ela.

Os argumentos opcionais Before e After podem ser usados para posicionar um item em uma coleção. Você pode se referir à chave ou à posição do outro item. O exemplo a seguir cria uma coleção com dois itens. O primeiro item é adicionado com uma chave; o segundo não.

```
Dim myFirstCollection as Collection
Set MyFirstCollection = New Collection
MyFirstCollection.Add Item1, "Key1" 'with a key
MyFirstCollection.Add Item2 'without a key
```

Repare que a chave é uma string. Se quiser usar números para uma a, force os a serem tratados como uma string, desta forma:

```
MyFirstCollection.Add Item3, CStr(1)
```

Criando uma Coleção em um Módulo Padrão

Por meio da criação de uma coleção em um módulo padrão, você pode acessar os quatro métodos padrão de coleção: Add, Remove, Count e Item. O exemplo a seguir lê uma lista de funcionários de uma planilha e a coloca em um array. Ele, em seguida, processa o array, fornecendo a cada propriedade do objeto um valor, e aloca cada registro na coleção, como mostra a Figura 9.5.

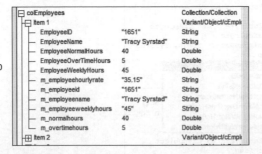

Figura 9.5
Uma coleção pode armazenar qualquer tipo de variável, inclusive a propriedade de um objeto personalizado.

> **NOTA** Este exemplo armazena um objeto personalizado em uma coleção. Como dito anteriormente, o valor que uma coleção armazena pode ser qualquer um, inclusive propriedades múltiplas de um módulo de classe. Tecnicamente, um único registro da coleção armazena somente um valor: o objeto personalizado. Mas o próprio objeto personalizado consiste em valores múltiplos.

Usando Coleções | 147

```
Sub EmployeesPayUsingCollection()
Dim colEmployees As Collection 'declara uma variável para a coleção
Dim clsEmployee As cEmployee
Dim arrEmployees
Dim tblEmployees As ListObject
Dim i As Long

Set colEmployees = New Collection 'define uma nova instância da coleção
Set tblEmployees = Worksheets("Employee Info").ListObjects("tblEmployees")

arrEmployees = tblEmployees.DataBodyRange

'itera por cada funcionário
'atribui valores às propriedades d objeto personalizado
'posiciona o objeto personalizado na coleção
'usando a id do funcionário como chave única
For i = 1 To UBound(arrEmployees)
    Set clsEmployee = New cEmployee
    With clsEmployee
        .EmployeeName = arrEmployees(i, 1)
        .EmployeeID = arrEmployees(i, 2)
        .EmployeeHourlyRate = arrEmployees(i, 3)
        .EmployeeWeeklyHours = arrEmployees(i, 4)
        colEmployees.Add clsEmployee, CStr(.EmployeeID)
    End With
Next i

'recupera informação do objeto personalizado na coleção
'especificamente, o segundo membro da coleção
Set clsEmployee = colEmployees(2)
MsgBox "Number of Employees: " & colEmployees.Count & Chr(10) & _
    "Employee(2) Name: " & clsEmployee.EmployeeName

'recupera a informação usando a chave
MsgBox "Tracy's Weekly Pay: $" & colEmployees("1651").EmployeeWeeklyPay

Set colEmployees = Nothing
Set tblEmployees = Nothing
Set clsEmployee = Nothing
End Sub
```

A coleção `colEmployees` é declarada como uma nova coleção, e o registro, `clsEmployee`, é atribuído como o objeto novo do módulo de classe `cEmployee`.

Após valores serem dados às propriedades do objeto, o registro `clsEmployee` é adicionado à coleção. O segundo parâmetro do método `Add` aplica uma chave única para o registro, que, neste caso, é o número de identificação do funcionário. Isso permite que um registro específico seja acessado rapidamente, como mostrado pela segunda caixa de mensagem (`colEmployees("1651"). EmployeeWeeklyPay`) (veja a Figura 9.6).

Figura 9.6
Crie objetos personalizados para tornar o código mais eficiente.

148 Capítulo 9 | Criando Classes e Coleções

Criando uma Coleção em um Módulo de Classe

As coleções podem ser criadas em um módulo de classe. Neste caso, os métodos inatos da coleção (Add, Remove, Count, Item) não estão disponíveis; eles precisam ser criados no módulo de classe. As vantagens da criação de uma coleção em um módulo de classe são:

- O código inteiro está em um módulo.
- Você tem mais controle sobre o que é feito com a coleção.
- Você pode impedir o acesso à coleção.

Insira um novo módulo de classe para a coleção e o renomeie cEmployees. Declare uma coleção privada para ser usada dentro do módulo de classe:

```
Private AllEmployees As New Collection
```

Adicione as novas propriedades e métodos necessários para fazer a coleção funcionar. Os métodos inatos da coleção estão disponíveis no módulo de classe e podem ser usados para criar os métodos personalizados e propriedades:

Insira um método Add para adicionar novos itens a coleção:

```
Public Sub Add(recEmployee As clsEmployee)
AllEmployees.Add recEmployee, CStr(recEmployee.EmployeeID)
End Sub
```

Insira uma propriedade Remove para remover um item específico da coleção:

```
Public Sub Remove(myItem As Variant)
AllEmployees.Remove (myItem)
End Sub
```

Insira uma propriedade Count para retornar o número de itens na coleção:

```
Public Property Get Count() As Long
Count = AllEmployees.Count
End Property
```

Insira uma propriedade Items para retornar a coleção inteira:

```
Public Property Get Items() As Collection
Set Items = AllEmployees
End Property
```

Insira uma propriedade Item para retornar um item específico da coleção:

```
Public Property Get Item(myItem As Variant) As cEmployee
Set Item = AllEmployees(myItem)
End Property
```

Property Get é usado com Count, Item e Items porque estas são propriedades somente leitura. Item retorna uma referência a um único membro da coleção, ao passo que Items retorna a coleção inteira, de forma que esta possa ser usada em loops do tipo For Each Next.

Após a coleção ser definida no módulo de classe, um procedimento pode ser escrito em um módulo padrão para usá-la:

```
Sub EmployeesPayUsingCollection()
'usando uma coleção em um módulo de classe
```

```vba
Dim colEmployees As cEmployees
Dim clsEmployee As cEmployee
Dim arrEmployees
Dim tblEmployees As ListObject
Dim i As Long

Set colEmployees = New cEmployees 'define uma nova instância da coleção
Set tblEmployees = Worksheets("Employee Info").ListObjects("tblEmployees")

arrEmployees = tblEmployees.DataBodyRange

'itera por cada funcionário
'atribui valores às propriedades do objeto personalizado
'posiciona o objeto personalizado na coleção
'usando a id do funcionário como chave única
For i = 1 To UBound(arrEmployees)
    Set clsEmployee = New cEmployee
    With clsEmployee
        .EmployeeName = arrEmployees(i, 1)
        .EmployeeID = arrEmployees(i, 2)
        .EmployeeHourlyRate = arrEmployees(i, 3)
        .EmployeeWeeklyHours = arrEmployees(i, 4)
        'A chave é adicionada pelo método Add do módulo de classe
        colEmployees.Add clsEmployee
    End With
Next i

'recupera informação do objeto personalizado na coleção
'especificamente, o segundo membro da coleção
Set clsEmployee = colEmployees.Item(2)
MsgBox "Number of Employees: " & colEmployees.Count & Chr(10) & _
        "Employee(2) Name: " & clsEmployee.EmployeeName

'recupera a informação usando a chave
MsgBox "Tracy's Weekly Pay: $" & colEmployees.Item("1651"). _
    EmployeeWeeklyPay

Set colEmployees = Nothing
Set tblEmployees = Nothing
Set clsEmployee = Nothing
End Sub
```

Este programa não é muito diferente daquele utilizado com a coleção padrão, mas existem algumas diferenças fundamentais:

- Em vez de declarar `colEmployees` como uma `Collection`, declare como tipo `cEmployees` a nova coleção do módulo de classe.

- O array e a coleção são preenchidos da mesma maneira, mas a forma como os registros são referenciados na coleção mudou. Quando se referir a um membro da coleção, como registro de empregado 2, a propriedade `Item` deve ser usada.

150 Capítulo 9 | Criando Classes e Coleções

Usando Dicionários

A habilidade de usar uma chave para encontrar valores em uma coleção é uma grande técnica. De vez em quando, eu comparo coleções e matrizes para ajudar a encontrar informações em um array. Por exemplo, uso a chave na coleção para encontrar um valor, que é a localização de um registro dentro do array.

Mas o lado negativo em relação às coleções é, depois que um item é adicionado a uma coleção, não é possível mudá-lo. Portanto, se precisar dos benefícios de uma coleção mas, também, precisar mudá-lo, é necessário usar um *dicionário*. Ele faz tudo que uma coleção faz e muito mais. Porém, necessita de um pouco mais de configuração devido ao fato de ser parte do Microsoft Scripting Runtime Library.

Algumas outras diferenças entre coleções e dicionários são:

- Um dicionário requer uma chave.
- A chave de um dicionário pode ser qualquer tipo de variável exceto um array.
- A chave de um dicionário pode ser mudada.
- É necessário usar a chave para recuperar o valor. Não é possível usar a localização do item.
- É possível mudar um valor.
- É possível verificar a existência de uma chave.

No exemplo a seguir, que declara o dicionário usando uma late binding, os dados são posicionados no array e processados, usando o nome do produto como chave. As quantidades somadas são colocadas na planilha, com as chaves do dicionário como rótulos, como mostra a Figura 9.7.

Figura 9.7
Use um dicionário para armazenados os dados em transição.

Region	Product	Date	Customer	Quantity
East	Tools	1/1/2015	Exclusive Shovel Trad	1000
Central	Accessories	1/2/2015	Bright Hairpin Compa	100
East	Jewelry	1/4/2015	Cool Jewelry Corpora	800
East	Food	1/4/2015	Tasty Kettle Inc.	400
East	Tools	1/7/2015	Remarkable Meter Cc	400
East	Jewelry	1/7/2015	Wonderful Jewelry In	1000
Central	Tools	1/9/2015	Remarkable Meter Cc	800
Central	Tools	1/10/2015	Safe Flagpole Supply	900
Central	Tools	1/12/2015	Reliable Tripod Comp	300
East	Tools	1/14/2015	Matchless Vise Inc.	100
East	Accessories	1/15/2015	Bright Hairpin Compa	500
East	Tools	1/16/2015	Appealing Calculator	600
West	Accessories	1/19/2015	Bright Hairpin Compa	100
East	Food	1/21/2015	Best Vegetable Comp	800
Electrical Tools	4100			
Accessories	700			
Jewelry	1800			
Food	1200			

➡ **Veja** o Capítulo 20, Automatizando o Word para mais informações sobre early versus late binding.

```
Sub UsingADictionary()
Dim dictData As Object
```

```vb
Dim bItemExists As Boolean
Dim tblSales As ListObject
Dim arrData, arrReport, arrHeaders
Dim i As Long
Dim rng As Range

'cria o objeto dicionário
Set dictData = CreateObject("Scripting.Dictionary")
Set tblSales = Worksheets("Table").ListObjects("tblSales")

'insere os dados na matriz para um processamento mais rápido
arrData = tblSales.DataBodyRange

'itera pela matriz
For i = 1 To UBound(arrData)
    'se a chave existir, adicione a ela
    'se não, crie e adicione a ela
    If dictData.Exists(arrData(i, 2)) Then
        dictData.Item(arrData(i, 2)) = dictData.Item(arrData(i, 2)) + _
            arrData(i, 5)
    Else
        dictData.Add arrData(i, 2), arrData(i, 5)
    End If
Next i

'renomeie a chave, só pelo prazer
'a única forma de renomear uma chave é saber seu nome
dictData.Key("Tools") = "Electrical Tools"

'o lugar de 2 linhas abaixo da tabela
Set rng = tblSales.Range.Offset(tblSales.Range.Rows.Count + 2).Resize(1, 1)

'coloca as chaves e os valores do dicionário em uma matriz
'e então os joga na planilha
arrHeaders = dictData.Keys
rng.Resize(dictData.Count, 1).Value = Application.Transpose(arrHeaders)
arrReport = dictData.Items
rng.Offset(, 1).Resize(dictData.Count, 1).Value = _
    Application.Transpose(arrReport)
Set dictData = Nothing
Set tblSales = Nothing
Set rng = Nothing
End Sub
```

ESTUDO DE CASO: BOTÕES DE AJUDA

Você tem uma planilha complexa que requer uma maneira para o usuário obter ajuda. Você pode colocar as informações em caixas de comentários, mas elas não são muito óbvias, especialmente para o usuário iniciante do Excel. Outra opção é criar botões de ajuda.

Para fazer isso, crie pequenos rótulos ActiveX (e não rótulos Formulários de Controle) com uma interrogação em cada uma das planilhas. Para obter a aparência de botão, como mostrado na Figura 9.8, defina a propriedade `SpecialEffect` dos rótulos, como `Raised`, e escureça a cor de fundo `BackColor`. Coloque um rótulo por linha. Em outra planilha, insira o texto de ajuda que deseja que apareça quando o rótulo for clicado. Por exemplo, se o nome do rótulo for `Label1`, coloque o texto correspondente na célula A1; se o nome do rótulo for `label151`, coloque o texto na célula A51.

152 Capítulo 9 | Criando Classes e Coleções

Figura 9.8
Coloque botões de ajuda na planilha e digite o texto de ajuda em outra planilha que pode ser oculta mais tarde.

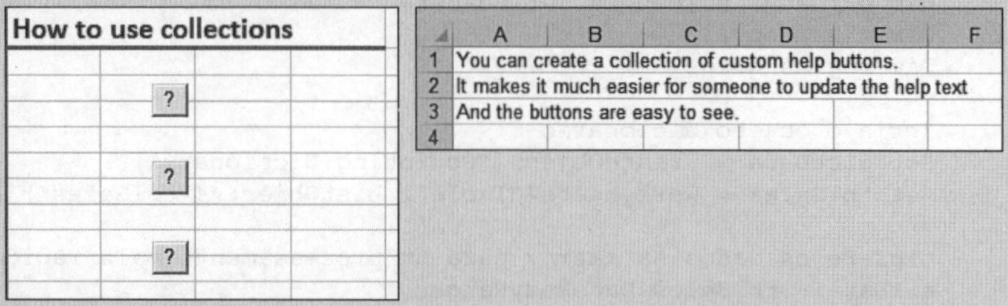

How to use collections		
	?	
	?	
	?	

▲	A	B	C	D	E	F
1	You can create a collection of custom help buttons.					
2	It makes it much easier for someone to update the help text					
3	And the buttons are easy to see.					
4						

Crie um userform simples com um rótulo e um botão Fechar (Veja o Capítulo 10, "Userforms: Uma Introdução", para mais informações sobre formulários). Renomeie o formulário `HelpForm`, o botão `CloseHelp` e o rótulo `HelpText`. Defina o tamanho do rótulo grande o suficiente para armazenar o texto de ajuda. Adicione a seguinte macro, `CloseHelp_Click` atrás do formulário[1] para escondê-lo quando o botão for clicado.

```
Private Sub CloseHelp_Click()
Unload Me
End Sub
```

Neste ponto, você pode programar cada botão separadamente. Se tiver muitos botões, esta tarefa pode ser tediosa. Se algum dia precisar adicionar mais botões, também terá que atualizar o código. Ou poderia criar um módulo de classe e uma coleção que irá incluir automaticamente todos os botões de ajuda na folha, agora e no futuro.

Insira um módulo de classe chamado `cLabel`. Será necessária uma variável pública, `HelpLabel`, para capturar os eventos de controle:

```
Public WithEvents Lbl As MSForms.Label
```

Além disso, você precisa de um método para encontrar e exibir o texto de ajuda correspondente. O código seguinte extrai o número no final do nome do rótulo e o usa para encontrar a linha correspondente na planilha com o texto de ajuda:

```
Private Sub HelpLabel_Click()
Dim RowNumber As Long

RowNumber = Right(HelpLabel.Name, Len(HelpLabel.Name) - 5)
If HelpLabel.Caption = "?" Then
    HelpForm.Caption = "Label in cell " & "A" & RowNumber
    HelpForm.HelpText.Caption = Worksheets("Help Text").
Cells(RowNumber, 1)
    HelpForm.Show
End If
End Sub
```

No módulo EstaPasta_de_Trabalho, crie uma coleção global no topo do módulo. Depois, crie o procedimento `Workbook_Open` para criar uma coleção de rótulos na pasta de trabalho:

```
Dim colLabels As Collection

Sub Workbook_Open()
Dim wks As Worksheet
Dim clsLbl As cLabel
```

[1] NRT: Dê um duplo clique no botão CloseHelp.

Usando Tipos Definidos pelo Usuário (UDTs) para Criar Propriedades Personalizadas | **153**

```
Dim OleObj As OLEObject

Set colLabels= New Collection
For Each wks In ThisWorkbook.Worksheets
    For Each OleObj In wks.OLEObjects
        If OleObj.OLEType = xlOLEControl Then
'caso você possua outros controles na planilha, inclua somente os rótulos
            If TypeName(OleObj.Object) = "Label" Then
                Set clsLbl = New cLabel
                Set clsLbl.HelpLabel = OleObj.Object
                colLabels.Add clsLbl
            End If
        End If
    Next OleObj
Next wks
End Sub
```

Execute `Workbook_Open` para criar a coleção. Clique em um rótulo sobre a planilha. O texto de ajuda correspondente aparece em formato de ajuda, como mostra a Figura 9.9.

Figura 9.9
O texto de ajuda está somente a um clique de distância.

Usando Tipos Definidos pelo Usuário (UDTs) para Criar Propriedades Personalizadas

Tipos Definidos pelo Usuário (UDTs, do inglês *User Defined Types*) fornecem parte do poder de um objeto personalizado, mas sem a necessidade de um módulo de classe. Um módulo de classe permite a criação de propriedades e métodos personalizados, enquanto um UDT permite apenas propriedades personalizadas. No entanto, às vezes isso é tudo que você precisa.

O UDT é declarado com uma declaração `Type... End Type`. Esta pode ser pública ou privada. Um nome que é tratado como um objeto é dado ao UDT. Dentro do `Type`, variáveis individuais que são declaradas se tornam as propriedades do UDT.

Dentro de um procedimento, uma variável é definida como do tipo personalizado. Quando essa variável é utilizada, as propriedades ficam disponíveis, assim como estão em um objeto personalizado (veja a Figura 9.10).

Figura 9.10
As propriedades de um UDT estão disponíveis, assim como estão em um objeto personalizado.

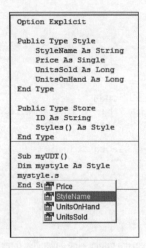

O exemplo a seguir usa dois UDTs para resumir um relatório de estilos de produto em várias lojas. O primeiro UDT consiste de propriedades para cada estilo do produto:

```
Public Type Style
    StyleName As String
    Price As Single
    UnitsSold As Long
    UnitsOnHand As Long
End Type
```

O segundo UDT consiste no nome da loja e um array cujo tipo é o primeiro UDT:

```
Public Type Store
    Name As String
    Styles() As Style
End Type
```

Após os UDTs serem estabelecidos, o programa principal é escrito. Apenas uma variável do segundo tipo UDT, Store, é necessária, porque este contém o primeiro tipo, Style (veja a Figura 9.11). No entanto, todas as propriedades dos UDTs estão facilmente disponíveis. Além disso, com o uso do UDT, diversas variáveis são fáceis de lembrar — elas estão apenas a um ponto (.) de distância. Este é o programa principal:

```
Sub UDTMain()
Dim ThisStore As Long, ThisStyle As Long
Dim CurrRow As Long, i As Long
Dim TotalDollarsSold As Double, TotalDollarsOnHand As Double
Dim TotalUnitsSold As Long, TotalUnitsOnHand As Long
Dim StoreID As String
Dim tblStores As ListObject
Dim arrStores 'para armazenar os dados da tabela
ReDim Stores(0 To 0) As Store 'a UDT é declarada como matriz externa

Set tblStores = Worksheets("Sales Data").ListObjects("tblStores")
'assegura que os dados estão classificados por nome
With tblStores
    .Sort.SortFields.Add .ListColumns(1).DataBodyRange, _
        xlSortOnValues, xlAscending
```

Usando Tipos Definidos pelo Usuário (UDTs) para Criar Propriedades Personalizadas | 155

```vb
    .Sort.Apply
    .Sort.SortFields.Clear
End With
'coloca os dados dentro da matriz para que o processo seja rápido
arrStores = tblStores.DataBodyRange

'O seguinte loop For preenche ambos os arrays.
'O array externo é preenchido
'com o nome da loja e um array de detalhes do produto.
'Para conseguir isso, o nome da loja é controlado e, quando ele muda,
'o array externo é expandido.
'O array interno para cada array externo se expande com cada novo produto
For i = LBound(arrStores) To UBound(arrStores)
    StoreID = arrStores(i, 1)
    'Verifica se essa é a primeira entrada do array externo
    If LBound(Stores) = 0 Then
        ThisStore = 1
        ReDim Stores(1 To 1) As Store
        Stores(1).ID = StoreID
        ReDim Stores(1).Styles(0 To 0) As Style
    Else
    'se não for a primeira entrada, veja se Store já foi adicionada
        For ThisStore = LBound(Stores) To UBound(Stores)
            'a loja foi adicionada, não é necessário adicionar de novo
                If Stores(ThisStore).ID = StoreID Then Exit For
        Next ThisStore
        'a loja não foi adicionada, adicione agora
        If ThisStore > UBound(Stores) Then
            ReDim Preserve Stores(LBound(Stores) To_
                UBound(Stores) + 1) As Store
            Stores(ThisStore).ID = StoreID
            ReDim Stores(ThisStore).Styles(0 To 0) As Style
        End If
    End If
    'agora adicione os detalhes da loja
    With Stores(ThisStore)
        'verifique se o estilo já existe na matriz interior
        If LBound(.Styles) = 0 Then
            ReDim .Styles(1 To 1) As Style
        Else
            ReDim Preserve .Styles(LBound(.Styles) To _
                UBound(.Styles) + 1) As Style
        End If
        'adicione o restante dos detalhes
        With .Styles(UBound(.Styles))
            .StyleName = arrStores(i, 2)
            .Price = arrStores(i, 3)
            .UnitsSold = arrStores(i, 4)
            .UnitsOnHand = arrStores(i, 5)
        End With
    End With
Next i

'Cria um relatório em uma nova planilha
Sheets.Add
Range("A1").Resize(, 5).Value = Array("Store ID", "Units Sold", _
    "Dollars Sold", "Units On Hand", "Dollars On Hand")
CurrRow = 2
```

```
    'itera pela matriz exterior
For ThisStore = LBound(Stores) To UBound(Stores)
    With Stores(ThisStore)
        TotalDollarsSold = 0
        TotalUnitsSold = 0
        TotalDollarsOnHand = 0
        TotalUnitsOnHand = 0
        'Passa pelo array de estilos de produtos dentro do array
        'de lojas para resumir a informação.
        For ThisStyle = LBound(.Styles) To UBound(.Styles)
            With .Styles(ThisStyle)
                TotalDollarsSold = TotalDollarsSold + .UnitsSold *.Price
                TotalUnitsSold = TotalUnitsSold + .UnitsSold
                TotalDollarsOnHand = TotalDollarsOnHand + .UnitsOnHand * _
                    .Price
                TotalUnitsOnHand = TotalUnitsOnHand + .UnitsOnHand
            End With
        Next ThisStyle
        Range("A" & CurrRow).Resize(, 5).Value = _
            Array(.ID, TotalUnitsSold, TotalDollarsSold, _
            TotalUnitsOnHand, TotalDollarsOnHand)
    End With
    CurrRow = CurrRow + 1
Next ThisStore
Set tblStores = Nothing
End Sub
```

Figura 9.11
A variável Stores é do tipo Store, que inclui os styles variáveis da matriz. Isso permite que você organize múltiplos pedaços de dados em duas variáveis.

Próximos Passos

O Capítulo 10, "Userforms: Uma Introdução", apresenta as ferramentas que podem ser usadas para interagir com o usuário. Você vai aprender como solicitar informações ao usuário para usá-las em seu código, avisá-lo sobre ações ilegais ou fornecer-lhe uma interface de trabalho diferente de uma planilha.

Userforms: Uma Introdução

10

Userforms possibilitam que você exiba informações e permitem que o usuário insira informações. Os controles `InputBox` e `MsgBox` são maneiras simples de fazer isso. É possível usar os controles de userform no VB Editor para criar formulários que são mais complexos.

Este capítulo cobre interfaces simples com o usuário, usando caixas de entrada e caixas de mensagem e os fundamentos da criação de userforms no VB Editor.

➡ Para aprender mais sobre programação avançada de userforms, **veja** o Capítulo 22, "Técnicas Avançadas para Userforms".

Caixas de Entrada

A função `InputBox` é usada para criar um elemento de interface básico que pede uma entrada do usuário antes de o programa poder continuar. Você pode configurar a mensagem, o título da janela, um valor padrão, a posição da janela e os arquivos de ajuda para o usuário. Os únicos dois botões fornecidos são os botões de OK e Cancelar. O valor retornado é um texto.

O seguinte código pede ao usuário o número de meses dos quais se quer a média. A Figura 10.1 mostra a `InputBox` resultante.

```
AveMos = InputBox(Prompt:="Entre com o número " & _
" de meses para fazer a média", Title:="Entre com os Meses", _
Default:="3")
```

NESTE CAPÍTULO

Caixas de Entrada	157
Caixas de Mensagem	158
Criando um Userform	158
Chamando e Ocultando um Userform	159
Programando o Userform	160
Programando Controles	162
Usando Controles Básicos de Formulário	163
Verificando as Entradas nos Campos	174
Fechamento Ilegal da Janela	174
Obtendo o Nome do Arquivo	175
Próximos Passos	176

Figura 10.1
Uma caixa de entrada simples, mas efetiva.

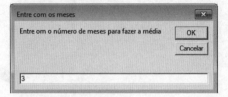

Caixas de Mensagem

A função MsgBox cria uma caixa de mensagem que exibe informações e aguarda que o usuário clique em um botão antes de continuar. Onde a InputBox tinha apenas botões de OK e Cancelar, a função MsgBox permite escolher entre diversas configurações de botões, incluindo Sim, Não, OK e Cancelar. Você também pode configurar o prompt (mensagem), o título da janela e os arquivos de ajuda. O código seguinte produz um prompt para descobrir se o usuário quer continuar. Uma instrução Select Case é, então, usada para continuar o programa com a ação apropriada:

```
myTitle = "Relatório Concluído"
MyMsg = "Você deseja salvar as alterações e fechar?"
Response = MsgBox(myMsg, vbExclamation + vbYesNoCancel, myTitle)
Select Case Response
    Case Is = vbYes
        ActiveWorkbook.Close SaveChanges:=False
    Case Is = vbNo
        ActiveWorkbook.Close SaveChanges:=True
    Case Is = vbCancel
        Exit Sub
End Select
```

A Figura 10.2 mostra a caixa de mensagem personalizada resultante.

Figura 10.2
A função MsgBox é usada para exibir informações e obter uma resposta básica do usuário.

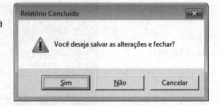

Criando um Userform

Userforms combinam as capacidades da InputBox e da MsgBox para criar uma maneira mais eficiente de interagir com o usuário. Por exemplo, em vez de ter o usuário preenchendo as informações pessoais em uma planilha, você pode criar um userform que peça ao usuário os dados necessários (veja a Figura 10.3).

Figura 10.3
Crie um userform personalizado para obter mais informações do usuário.

Insira um userform no VB Editor selecionando Inserir, UserForm, a partir do menu principal. Quando um módulo UserForm é adicionado ao Project Explorer, um formulário em branco aparece na janela onde seu código geralmente fica, e a barra de ferramentas Controles aparece.

Para trocar o nome do código de um userform, selecione o formulário e troque a propriedade (Name). O nome do código de um userform é usado para se referir ao formulário, como mostram as seções seguintes. É possível redimensionar o formulário pegando e arrastando as alças no lado direito, nas bordas ou no canto inferior direito do userform. Para adicionar controles ao formulário, clique no controle desejado na barra de ferramentas e arraste-o para o formulário. Os controles podem ser removidos e redimensionados a qualquer momento.

> **NOTA** Por padrão, a caixa de ferramentas exibe os controles mais comuns. Para acessar mais controles, clique com o botão direito na barra de ferramentas e selecione Controles Adicionais. Entretanto, seja cuidadoso, pois outros usuários podem não ter os mesmos controles que você. Ao enviar a esses usuários um formulário com um controle que eles não tenham instalado, o programa vai gerar um erro.

Depois de o controle ser adicionado ao formulário, suas propriedades podem ser alteradas na janela Propriedades. (Ou, se não quiser definir estas propriedades manualmente agora, é possível definir mais tarde via programação.) Se a janela Propriedades não estiver visível, você pode fazê-la aparecer selecionando Exibir, Janela Propriedades. A Figura 10.4 mostra a janela Propriedades para uma caixa de texto.

Figura 10.4
Use a janela Propriedades para mudar as propriedades de um controle.

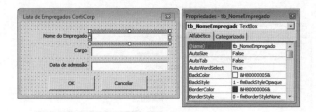

Chamando e Ocultando um Userform

Um userform pode ser chamado de qualquer módulo. O comando `NomeDoFormulario.Show` mostra o formulário para o usuário.

```
frm_AddEmp.Show
```

O método `Load` também pode ser usado para chamar um userform. Isso permite que o formulário seja carregado, mas permaneça oculto.

```
Load frm_AddEmp
```

Para ocultar um userform, use o método `Hide`. O formulário ainda está ativo, mas oculto para o usuário. Entretanto, os controles no formulário ainda podem ser acessados por meio de programação.

```
Frm_AddEmp.Hide
```

O método `Unload` descarrega o formulário da memória e remove-o da visão do usuário, o que significa que o formulário não pode ser acessado pelo usuário ou por programação.

```
Unload Me
```

> **DICA** Me é uma palavra-chave que pode ser usada para se referir ao userform em si. Ela pode ser usada no código de qualquer controle para se referir a si mesmo.

Programando o Userform

O código para um controle vai no módulo do Formulário. Ao contrário de outros módulos, um duplo clique no módulo do Formulário abre-o no modo de exibição Design. Para visualizar o código, é possível clicar com o botão direito no módulo ou no userform, no modo Design, e selecionar Exibir Código.*

Eventos de Userform

Assim como uma planilha, um userform tem eventos que podem ser disparados por ações. Depois de o userform ser adicionado ao projeto, os eventos estarão disponíveis na caixa de combinação Propriedades, no canto superior direito da janela de código (veja a Figura 10.5); para acessá-los, selecione UserForm na lista Objetos na esquerda.

Figura 10.5
Vários eventos para o userform podem ser selecionados na caixa de combinação no topo da janela de código.

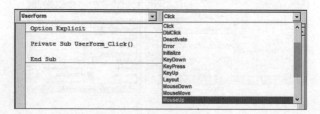

Os eventos disponíveis para o userform estão descritos na Tabela 10.1.

---
*N.E.: Se preferir, use o atalho F7.

Tabela 10.1   Os Eventos para Userforms

Evento	Descrição
Activate	Ocorre quando um userform é mostrado ou carregado. Este evento é disparado depois do evento Initialize.
AddControl	Ocorre quando um controle é adicionado a um userform em tempo de execução. Não executa em tempo de projeto ou na inicialização do userform.
BeforeDragOver	Ocorre quando o usuário arrasta e solta no formulário.
BeforeDropOrPaste	Ocorre quando o usuário está prestes a soltar ou colar dados no userform.
Click	Ocorre quando o usuário clica no userform com o mouse.
DblClick	Ocorre quando o usuário dá um duplo clique no userform com o mouse. Se um evento Click também estiver em uso, o evento do duplo clique não vai funcionar.
Deactivate	Ocorre quando um userform é desativado.
Error	Ocorre quando o userform encontra um erro e não consegue retornar a informação do erro.
Initialize	Ocorre quando o userform é carregado pela primeira vez, antes do evento Activate. Ao ocultar e depois mostrar um formulário, o Initialize não vai disparar.
KeyDown	Ocorre quando o usuário pressiona uma tecla no teclado.
KeyPress	Ocorre quando o usuário pressiona uma tecla ANSI. Uma tecla ANSI é um caractere digitável, como a letra *A*. Um exemplo de um caractere não digitável é a tecla Tab.
KeyUp	Ocorre quando o usuário solta uma tecla no teclado.
Layout	Ocorre quando o controle muda de tamanho.
MouseDown	Ocorre quando o usuário pressiona o botão do mouse dentro das bordas do userform.
MouseMove	Ocorre quando o usuário move o mouse dentro das bordas do userform.
MouseUp	Ocorre quando o usuário libera o botão do mouse dentro das bordas do userform.
QueryClose	Ocorre antes de o userform fechar. Isso permite reconhecer o método usado para fechar um formulário e ter um código para responder de acordo.
RemoveControl	Ocorre quando um controle é removido de dentro de um userform.
Resize	Ocorre quando o userform é redimensionado.
Scroll	Ocorre quando uma barra de rolagem visível é reposicionada.
Terminate	Ocorre quando o userform foi descarregado. É disparado após o QueryClose.
Zoom	Ocorre quando o valor do zoom é alterado.

Programando Controles

Para programar um controle, destaque-o e selecione Exibir, Código. O rodapé, cabeçalho e ação padrão do controle são inseridos no campo de programação automaticamente. Para ver as outras ações que estão disponíveis para um controle, selecione o controle da caixa de combinação Objeto e veja as ações na caixa de combinação Propriedades, como mostrado na Figura 10.6.

Figura 10.6
Várias ações para um controle podem ser selecionadas a partir das listas do VB Editor.

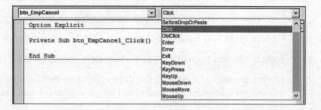

Os controles são objetos, como `ActiveWorkbook`. Eles têm propriedades e métodos, dependendo do tipo de controle. A maioria da programação para os controles é feita em segundo plano no formulário. Entretanto, se outro módulo precisar se referir ao controle, o pai (que é o formulário) precisa ser incluído com o objeto. Aqui está como é feito:

```
Private Sub btn_EmpCancel_Click()
Unload Me
End Sub
```

O código anterior pode ser dividido em três seções:

- `btn_EmpCancel` — Nome dado ao controle
- `Click` — Ação do controle
- `Unload Me` — O código por trás do controle, que, neste caso, está descarregando o formulário.

DICA Mude a propriedade (Name) na janela Propriedades do controle para renomear um controle, mudando o padrão atribuído pelo editor.

ESTUDO DE CASO: CONSERTO DE BUG AO ADICIONAR CONTROLES A UM FORMULÁRIO EXISTENTE

Se você estiver usando um userform há algum tempo e mais tarde tentar adicionar um novo controle, talvez veja que o Excel parece ficar confuso com o controle. Você vai ver que o controle é adicionado ao formulário, mas, ao clicar com o botão direito no controle e selecionar Exibir Código, o módulo do código parece não reconhecer que o controle existe. O nome do controle não vai estar disponível na lista da esquerda no topo do módulo de código.

Para contornar essa situação, siga estes passos:

1. Inclua todos os controles que você precisa adicionar ao formulário existente.

2. No Project Explorer, clique com o botão direito no userform e selecione Exportar Arquivo. Selecione Salvar para salvar o arquivo no local padrão.

3. No Project Explorer, clique com o botão direito no userform e selecione Remover. Como você acabou de exportar o userform, clique Não para a pergunta sobre a exportação.

4. Clique com o botão direito em qualquer lugar no Project Explorer e selecione Importar Arquivo. Selecione o nome de arquivo salvo no passo 2.

Os novos controles vão agora estar disponíveis no painel de código do userform.

Usando Controles Básicos de Formulário

Cada controle tem diferentes eventos associados a ele, o que permite codificar o que acontece nas ações do usuário. Uma tabela revisando os eventos de controle está disponível no fim de cada uma das seções que se seguem.

Um controle de rótulo é usado para exibir texto com informação para o usuário.

Um controle de caixa de texto é usado para obter uma entrada manual do usuário.

Um controle de botão de comando é usado para criar um botão que o usuário possa pressionar para que o programa execute uma ação.

Usando Rótulos, Caixas de Texto e Botões de Comando

O formulário básico mostrado na Figura 10.7 consiste de Rótulo (Label), Caixa de Texto (TextBox) e Botão de Comando (CommandButton). Ele é uma maneira simples, mas eficiente, de requisitar informações do usuário. Depois de as caixas de texto serem preenchidas, o usuário clica em OK e o seu código reformata os dados se necessário e, então, a informação é incluída em uma planilha (veja a Figura 10.8), como mostra o código a seguir:

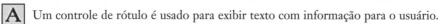

Figura 10.7
Um formulário simples para coletar informações do usuário.

Figura 10.8
As informações são adicionadas à planilha.

164 Capítulo 10 | Userforms: Uma Introdução

```
Private Sub btn_EmpOK_Click()
Dim LastRow As Long
LastRow = Worksheets("Employee").Cells(Worksheets("Employee").Rows.Count, 1) _
.End(xlUp).Row + 1
Cells(LastRow, 1).Value = tb_EmpName.Value
Cells(LastRow, 2).Value = tb_EmpPosition.Value
Cells(LastRow, 3).Value = Format(tb_EmpHireDate.Value, "d-mmm-yy")
End Sub
```

Com uma mudança no código mostrado no exemplo seguinte, o mesmo design de formulário pode ser usado para recuperar informações. O código seguinte recupera a posição e a data de contratação depois do nome do empregado ter sido fornecido:

```
Private Sub btn_EmpOK_Click()
Dim EmpFound As Range
With Range ("EmpList") 'um intervalo nomeado em uma planilha listando os nomes dos empregados
    Set EmpFound = .Find(tb_EmpName.Value)
    If EmpFound Is Nothing Then
        MsgBox "Employee not found!"
        tb_EmpName.Value = ""

    Else
        With Range(EmpFound.Address)
            tb_EmpPosition = .Offset(0, 1)
            tb_HireDate = Format(.Offset(0, 2), "d-mmm-yy")
        End With
    End If
End With
Set EmpFound = Nothing
End Sub
```

Os eventos disponíveis para os controles de rótulo (Label), caixa de texto (TextBox) e botão de comando (CommandButton) estão descritos na Tabela 10.2.

Tabela 10.2   Os Eventos para os Controles `Label`, `TextBox`, **e** `CommandButton`

Evento	Descrição
AfterUpdate[1]	Ocorre depois dos dados do controle serem alterados pelo usuário.
BeforeDragOver	Ocorre enquanto o usuário arrasta e solta dados no controle.
BeforeDropOrPaste	Ocorre logo antes de o usuário soltar ou colar dados no controle.
BeforeUpdate[1]	Ocorre antes de os dados no controle serem alterados.
Change[1]	Ocorre quando o valor do controle é alterado.
Click[2]	Ocorre quando o usuário clica no controle com o mouse.
DblClick	Ocorre quando o usuário dá um duplo clique no controle com o mouse.
DropButtonClick[1]	Ocorre quando o usuário pressiona F4 no teclado. Isso é similar ao controle drop-down da caixa de seleção, mas não há drop-down em uma caixa de texto.
Enter[3]	Ocorre logo antes de o controle receber o foco vindo de outro controle no mesmo userform.
Error	Ocorre quando o controle encontra um erro e não consegue retornar a informação de erro.
Exit[3]	Ocorre logo depois de o controle perder o foco para outro controle no mesmo userform.
KeyDown[1]	Ocorre quando o usuário pressiona uma tecla no teclado.

Usando Controles Básicos de Formulário | **165**

Evento	Descrição
KeyPress[3]	Ocorre quando o usuário pressiona uma tecla ANSI. Uma tecla ANSI é um caractere digitável, como a letra A. Um exemplo de um caractere não digitável é a tecla Tab.
KeyUp[1]	Ocorre quando o usuário libera uma tecla no teclado.
MouseDown	Ocorre quando o usuário pressiona o botão do mouse dentro das bordas do controle.
MouseMove	Ocorre quando o usuário move o mouse dentro das bordas do controle.
MouseUp	Ocorre quando o usuário libera o botão do mouse nas bordas do controle.

[1] Apenas para o controle TextBox
[2] Controles Label e CommandButton
[3] Controles CommandButton e TextBox

Decidindo Quando Usar Caixas de Listagens ou Caixas de Combinação nos Formulários

É possível deixar os usuários digitarem o nome do empregado a ser pesquisado, mas e se eles errarem o nome? Você precisa de uma maneira de garantir que esse nome seja digitado corretamente. Qual usar: uma Caixa de Listagem (ListBox) ou uma Caixa de Combinação (ComboBox)? Como listado a seguir, os dois são similares, mas a Caixa de Combinação tem um recurso adicional necessário ou não.

 Uma caixa de listagem exibe uma lista de valores para possível escolha do usuário.

 Uma caixa de combinação exibe uma lista de valores para possível escolha do usuário e permite que o usuário insira um novo valor.

Neste caso, quando se quer limitar as opções do usuário, deve-se usar uma caixa de listagem para listar os nomes dos empregados, como mostrado na Figura 10.9.

Figura 10.9
Use uma caixa de listagem para controlar a entrada do usuário.

Na propriedade RowSource da caixa de listagem, insira o intervalo de onde o controle deve retirar os dados. Use um intervalo dinamicamente nomeado para manter a lista atualizada se empregados forem adicionados, como mostrado no código seguinte:

```
Private Sub btn_EmpOK_Click()
Dim EmpFound As Range
With Range("EmpList")
    Set EmpFound = .Find(lb_EmpName.Value)
    If EmpFound Is Nothing Then
        MsgBox ("Employee not found!")
        lb_EmpName.Value = ""
        Exit Sub
```

```
        Else
            With Range(EmpFound.Address)
                tb_EmpPosition = .Offset(0, 1)
                tb_HireDate = .Offset(0, 2)
            End With
        End If
    End With
End Sub
```

Usando a Propriedade MultiSelect da Caixa de Listagem

Caixas de listagem têm uma propriedade MultiSelect, que permite que o usuário selecione itens múltiplos dentre as opções da caixa de listagem, como mostrado na Figura 10.10:

- fmMultiSelectSingle — A configuração padrão permite apenas a seleção de um único item por vez.
- fmMultiSelectMulti — Permite que um item seja desmarcado ao clicar nele novamente; múltiplos itens podem ser selecionados.
- fmMultiSelectExtended — Permite que as teclas Ctrl e Shift sejam usadas para selecionar múltiplos itens.

Se múltiplos itens forem selecionados, a propriedade Value não pode ser usada para recuperar os itens. Em vez disso, verifique se o item está selecionado e depois o manipule conforme a necessidade usando o seguinte código:

```
Private Sub btn_EmpOK_Click()
Dim LastRow As Long, i As Integer
LastRow = Worksheets("Planilha2").Cells(Worksheets("Planilha2").Rows.Count, 1) _
.End(xlUp).Row + 1
Cells(LastRow, 1).Value = tb_EmpName.Value
'Verifica o status de seleção dos itens da ListBox
For i = 0 To lb_EmpPosition.ListCount - 1
'Se o Item estiver selecionado, adicionar ele à planilha
    If lb_EmpPosition.Selected(i) = True Then
        Cells(LastRow, 2).Value = Cells(LastRow, 2).Value & _
            lb_EmpPosition.List(i) & ","
    End If
Next i
Cells(LastRow, 2).Value = Left(Cells(LastRow, 2).Value, _
Len(Cells(LastRow, 2).Value) - 1) 'Remove a última vírgula da string
Cells(LastRow, 3).Value = tb_HireDate.Value
End Sub
```

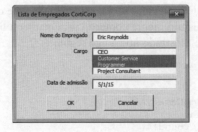

Figura 10.10
MultiSelect permite que o usuário selecione múltiplos itens de uma caixa de listagem.

Os itens em uma caixa de listagem começam a contar do zero. Por essa razão, se você usar a propriedade `ListCount`, deve subtrair um do resultado:

    For i = 0 To lb_EmpPosition.ListCount - 1

Os eventos disponíveis para os controles Caixa de Listagem (`ListBox`) e Caixa de Seleção (`ComboBox`) estão descritos na Tabela 10.3.

Tabela 10.3 Eventos para os Controles ListBox e ComboBox

Event	Description
`AfterUpdate`	Ocorre depois de os dados do controle serem alterados pelo usuário.
`BeforeDragOver`	Ocorre enquanto o usuário arrasta e solta dados no controle.
`BeforeDropOrPaste`	Ocorre logo antes de o usuário soltar ou colar dados no controle.
`BeforeUpdate`	Ocorre antes de os dados no controle serem alterados.
`Change`	Ocorre quando o valor do controle é alterado.
`Click`	Ocorre quando o usuário seleciona um valor da caixa de listagem ou da caixa de seleção.
`DblClick`	Ocorre quando o usuário dá um duplo clique no controle com o mouse.
`DropButtonClick`[1]	Ocorre quando a caixa de combinação aparece depois de o usuário clicar na seta da caixa de seleção ou pressionar F4 no teclado.
`Enter`	Ocorre logo antes de o controle receber o foco vindo de outro controle no mesmo userform.
`Error`	Ocorre quando o controle encontra um erro e não consegue retornar a informação de erro.
`Exit`	Ocorre logo depois de o controle perder o foco para outro controle no mesmo userform.
`KeyDown`	Ocorre quando o usuário pressiona uma tecla no teclado.
`KeyPress`	Ocorre quando o usuário pressiona uma tecla ANSI. Uma tecla ANSI é um caractere digitável como a letra A. Um exemplo de um caractere não digitável é a tecla Tab.
`KeyUp`	Ocorre quando o usuário libera uma tecla no teclado.
`MouseDown`	Ocorre quando o usuário pressiona o botão do mouse nas bordas do controle.
`MouseMove`	Ocorre quando o usuário move o mouse nas bordas do controle.
`MouseUp`	Ocorre quando o usuário libera o botão do mouse dentro das bordas do controle.

[1] Apenas para o controle `ComboBox`

Adicionando um Botão de Opções a um Userform

Os Botões de Opção (Option Buttons) são similares às Caixas de Seleção (Checkboxes), já que podem ser usados para fazer uma seleção. Entretanto, ao contrário das caixas de seleção, botões de opção podem ser configurados para permitir a seleção de apenas um valor dentro de um grupo.

Usando a ferramenta Quadro (Frame), desenhe um quadro para separar o próximo conjunto de controles dos outros controles no userform. O quadro é usado para agrupar botões de opção, como mostrado na Figura 10.11.

Figura 10.11
Use um quadro para agrupar botões de opção.

Os botões de opção têm uma propriedade `GroupName`. Se atribuir o mesmo nome de grupo, por exemplo Construções, a um conjunto de botões de opção, você força-os a agirem coletivamente como um interruptor, de maneira que apenas um botão no conjunto pode estar selecionado. Selecionar um botão de opção automaticamente desmarca os outros no mesmo grupo ou quadro. Para evitar este comportamento, deixe a propriedade `GroupName` em branco ou insira outro nome.

> **NOTA** Para usuários que preferem selecionar o rótulo do botão de opção em vez do botão em si, crie um rótulo em separado e adicione código ao rótulo para disparar o botão de opção.
>
> ```
> Private Sub Lbl_Bldg1_Click()
>     Obtn_Bldg1.Value = True
> End Sub
> ```

Os eventos disponíveis para os controles de Botão de Opção (`OptionButton`) e de Quadro (`Frame`) são descritos na Tabela 10.4.

Tabela 10.4   Eventos para os Controles Botão de Opção (OptionButton) e Quadro (Frame)

Evento	Descrição
`AfterUpdate`[1]	Ocorre depois de os dados do controle serem alterados pelo usuário.
`AddControl`[2]	Ocorre quando um controle é adicionado ao quadro em um formulário em tempo de execução. Não funciona durante o design ou durante a inicialização do formulário.
`BeforeDragOver`	Ocorre enquanto o usuário arrasta e solta dados no controle.
`BeforeDropOrPaste`	Ocorre logo antes de o usuário soltar ou colar dados no controle.
`BeforeUpdate`[1]	Ocorre antes de os dados no controle serem alterados.
`Change`[1]	Ocorre quando o valor do controle é alterado.
`Click`	Ocorre quando o usuário clica no controle com o mouse.
`DblClick`	Ocorre quando o usuário dá um duplo clique no controle com o mouse.
`Enter`	Ocorre logo antes de o controle receber o foco vindo de outro controle no mesmo userform.

Evento	Descrição
Error	Ocorre quando o controle encontra um erro e não consegue retornar a informação de erro.
Exit	Ocorre logo depois de o controle perder o foco para outro controle no mesmo userform.
KeyDown	Ocorre quando o usuário pressiona uma tecla no teclado.
KeyPress	Ocorre quando o usuário pressiona uma tecla ANSI. Uma tecla ANSI é um caractere digitável como a letra A. Um exemplo de um caractere não digitável é a tecla Tab.
KeyUp	Ocorre quando o usuário libera uma tecla no teclado.
Layout²	Ocorre quando o quadro muda de tamanho.
MouseDown	Ocorre quando o usuário pressiona o botão do mouse dentro das bordas do controle.
MouseMove	Ocorre quando o usuário move o mouse nas bordas do controle.
MouseUp	Ocorre quando o usuário libera o botão do mouse nas bordas do controle.
RemoveControl²	Ocorre quando um controle é removido do controle de quadro.
Scroll²	Ocorre quando a barra de rolagem, se estiver visível, é reposicionada.
Zoom²	Ocorre quando o valor de zoom é alterado.

[1] Controle apenas para OptionButton
[2] Controle apenas para Frame

Incluindo Imagens em um Userform

Uma lista em um formulário pode ser ainda mais útil se uma imagem correspondente for incluída no formulário. O código seguinte exibe a fotografia correspondente ao empregado selecionado a partir da caixa de listagem:

```
Private Sub lb_EmpName_Change()
Dim EmpFound As Range
With Range("EmpList")
    Set EmpFound = .Find(lb_EmpName.Value)
    If EmpFound Is Nothing Then
        MsgBox "Employee not found!"
        lb_EmpName.Value = ""
    Else
        With Range(EmpFound.Address)
            tb_EmpPosition = .Offset(0, 1)
            tb_HireDate = .Offset(0, 2)
            On Error Resume Next
            Img_Employee.Picture = LoadPicture _
    ("C:\Excel VBA 2016 by Jelen & Syrstad\" & EmpFound & ".bmp")
            On Error GoTo 0
        End With
    End If
End With
Set EmpFound = Nothing
Exit Sub
```

Os eventos disponíveis para os controles de gráfico (Graphic) são descritos na Tabela 10.5.

Capítulo 10 | Userforms: Uma Introdução

Tabela 10.5 Eventos para os Controles `Graphic`

Evento	Descrição
`BeforeDragOver`	Ocorre enquanto o usuário arrasta e solta dados no controle.
`BeforeDropOrPaste`	Ocorre logo antes de o usuário soltar ou colar dados no controle.
`Click`	Ocorre quando o usuário clica no controle com o mouse.
`DblClick`	Ocorre quando o usuário dá um duplo clique no controle com o mouse.
`Error`	Ocorre quando o controle encontra um erro e não consegue retornar a informação de erro.
`MouseDown`	Ocorre quando o usuário pressiona o botão do mouse nas bordas da imagem.
`MouseMove`	Ocorre quando o usuário move o mouse nas bordas da imagem.
`MouseUp`	Ocorre quando o usuário libera o botão do mouse nas bordas da imagem.

Usando um Botão de Rotação (Spin Button) em um Userform

Como está, o campo Data de Contratação permite que o usuário insira a data em qualquer formato, incluindo 1/1/1 ou Janeiro 1, 2001. A possível inconsistência pode criar problemas mais tarde, caso precise usar ou buscar as datas. A solução? Forçar os usuários a inserirem datas de uma maneira unificada.

Botões de Rotação (Spin Buttons) permitem que o usuário incremente/decremente entre uma série de números. Dessa maneira, o usuário é forçado a inserir números em vez de texto.

Desenhe um botão de rotação para a entrada Mês no formulário. Em Propriedades, defina `Min` de 1 para Janeiro e `Max` de 12 para Dezembro. Na propriedade `Value`, insira 1, o primeiro mês. Depois, desenhe uma caixa de texto próxima ao botão de rotação. Esta caixa de texto reflete o valor do botão de rotação. Além disso, podem ser adicionados rótulos. Coloque o código abaixo atrás do controle do botão de rotação do mês.

```
Private Sub SpBtn_Month_Change()
tb_Month.Value = SpBtn_Month.Value
End Sub
```

Finalize a construção do formulário. Use um `Min` de 1 e `Max` de 31 para o Dia ou um `Min` de 1900 e um `Max` de 2100 para o Ano:

```
Private Sub btn_EmpOK_Click()
Dim LastRow As Long, i As Integer
LastRow = Worksheets("Planilha2").Cells(Worksheets("Planilha2").Rows.Count, 1) _
.End(xlUp).Row + 1
Cells(LastRow, 1).Value = tb_EmpName.Value
For i = 0 To lb_EmpPosition.ListCount - 1
    If lb_EmpPosition.Selected(i) = True Then
        Cells(LastRow, 2).Value = Cells(LastRow, 2).Value & _
        lb_EmpPosition.List(i) & ","
    End If
Next i
```

```
'Concatena os valores das caixas de texto para criar a data
Cells(LastRow, 3).Value = tb_Day.Value & "/" & tb_Month.Value & _
    "/" & tb_Year.Value
Cells(LastRow, 2).Value = Left(Cells(LastRow, 2).Value, _
Len(Cells(LastRow, 2).Value) - 1) 'remove a vírgula
End Sub
```

Os eventos disponíveis para os controles Botão de Rotação (SpinButton) estão descritos na Tabela 10.6.

Tabela 10.6   Eventos para os Controles `SpinButton`

Evento	Descrição
`AfterUpdate`	Ocorre depois de os dados do controle serem alterados pelo usuário.
`BeforeDragOver`	Ocorre enquanto o usuário arrasta e solta dados no controle.
`BeforeDropOrPaste`	Ocorre logo antes de o usuário soltar ou colar dados no controle.
`BeforeUpdate`	Ocorre antes dos dados no controle serem alterados.
`Change`	Ocorre quando o valor do controle é alterado.
`Enter`	Ocorre logo antes do controle receber o foco vindo de outro controle no mesmo userform.
`Error`	Ocorre quando o controle encontra um erro e não consegue retornar a informação de erro.
`Exit`	Ocorre logo depois de o controle perder o foco para outro controle no mesmo userform.
`KeyDown`	Ocorre quando o usuário pressiona uma tecla no teclado.
`KeyPress`	Ocorre quando o usuário pressiona uma tecla ANSI. Uma tecla ANSI é um caractere digitável como a letra A. Um exemplo de um caractere não digitável é a tecla Tab.
`KeyUp`	Ocorre quando o usuário libera uma tecla no teclado.
`SpinDown`	Ocorre quando o usuário clica no botão de rotação de baixo ou da esquerda, diminuindo o valor.
`SpinUp`	Ocorre quando o usuário clica no botão de rotação de cima ou da direita, aumentando o valor.

Usando o Controle `Multipage` para Combinar Formulários

O controle `MultiPage` fornece uma maneira limpa de organizar múltiplos formulários. Em vez de ter um formulário para as informações pessoais do empregado e um para as informações do trabalho, combine as informações em um único formulário multipágina, como mostrado nas Figuras 10.12 e 10.13.

É possível modificar uma página clicando com o botão direito na guia da página, o que exibe as seguintes opções de menu: Nova Página, Excluir Página, Renomear ou Mover.

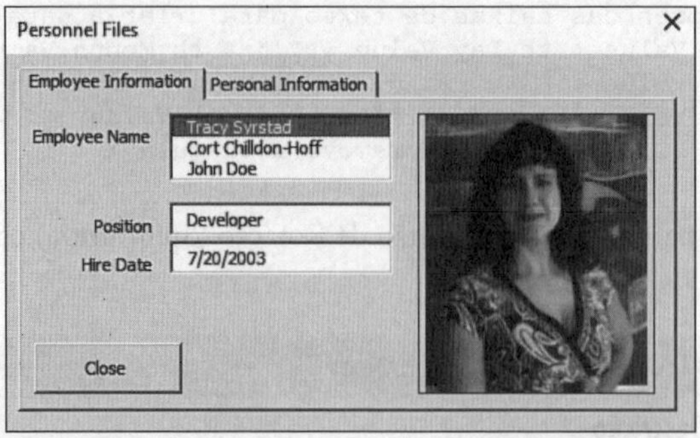

Figura 10.12
Use o controle
`MultiPage` para combinar múltiplos formulários. Esta é a primeira página do formulário.

Figura 10.13
Esta é a segunda página do formulário.

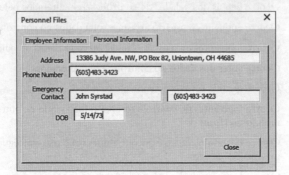

> **DICA** Adicionar páginas múltiplas depois do resto do formulário ter sido criado não é uma tarefa fácil. Dessa maneira, planeje formulários de páginas múltiplas desde o começo. Caso decida mais tarde que precisa de um formulário de páginas múltiplas, insira um novo formulário, projete a `MultiPage` e copie/cole os controles dos outros formulários no seu novo formulário.

> **NOTA** Não clique com o botão direito na área da guia para visualizar o código do `MultiPage`. Clique com o botão direito na área principal do `MultiPage` para obter a opção Exibir Código.

Ao contrário de muitos dos outros controles onde a propriedade Value contém um valor inserido ou selecionado pelo usuário, a propriedade Value do controle MultiPage contém o número da página ativa, começando do zero. Por exemplo, se você tem um formulário de cinco páginas e quer ativar a quarta página, faça isso:

```
MultiPage1.Value = 3
```

Se você tiver um controle que quer compartilhar com todas as páginas, tais como os botões Salvar ou Cancelar, coloque o controle no userform principal em vez de nas páginas individuais, como mostrado na Figura 10.14.

Os eventos disponíveis para os controles de Páginas Múltiplas (MultiPage) são descritos na Tabela 10.7.

Usando Controles Básicos de Formulário | **173**

Figura 10.14
Coloque os controles comuns, como o botão Fechar, no userform principal.

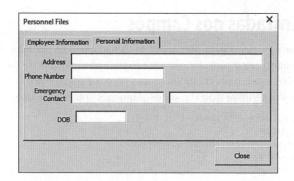

Tabela 10.7 Eventos para o Controle de `MultiPage`

Evento	Descrição
`AddControl`	Ocorre quando um controle é adicionado a uma página do controle MultiPage. Não ocorre em tempo de design ou na inicialização do userform.
`BeforeDragOver`	Ocorre enquanto o usuário arrasta e solta dados em uma página do controle MultiPage.
`BeforeDropOrPaste`	Ocorre logo antes de o usuário soltar ou colar dados em uma página do controle MultiPage.
`Change`	Ocorre quando o usuário muda de página em um controle MultiPage.
`Click`	Ocorre quando o usuário clica em uma página do controle MultiPage.
`DblClick`	Ocorre quando o usuário dá um duplo clique em uma página do controle MultiPage.
`Enter`	Ocorre logo antes de um controle Páginas Múltiplas receber o foco de outro controle no mesmo userform.
`Error`	Ocorre quando o controle MultiPage encontra um erro e não consegue retornar a informação do erro.
`Exit`	Ocorre depois de o multipage perder foco para outro controle no mesmo userform.
`KeyDown`	Ocorre quando o usuário pressiona uma tecla no teclado.
`KeyPress`	Ocorre quando o usuário pressiona uma tecla ANSI. Uma tecla ANSI é um caractere digitável, como a letra A. Um exemplo de um caractere não digitável é a tecla Tab.
`KeyUp`	Ocorre quando o usuário libera uma tecla no teclado.
`Layout`	Ocorre quando a multipágina muda de tamanho.
`MouseDown`	Ocorre quando o usuário pressiona o botão do mouse dentro das bordas do controle.
`MouseMove`	Ocorre quando o usuário move o mouse nas bordas do controle.
`MouseUp`	Ocorre quando o usuário libera o botão do mouse nas bordas do controle.
`RemoveControl`	Ocorre quando um controle é removido de uma página do MultiPage.
`Scroll`	Ocorre quando a barra de rolagem, se visível, é reposicionada.
`Zoom`	Ocorre quando o valor de zoom é alterado.

Verificando as Entradas nos Campos

Mesmo se for dito aos usuários para preencher os campos, não há maneira de forçá-los a isso — exceto um formulário eletrônico. Como um programador, você pode assegurar que todos os campos necessários estejam preenchidos ao não permitir que o usuário continue até que todos os requerimentos tenham sido atendidos. Aqui está como fazer isso.

```
If tb_EmpName.Value = "" Then
    frm_AddEmp.Hide
    MsgBox "Please enter an Employee Name"
    frm_AddEmp.Show
    Exit Sub
End If
```

Fechamento Ilegal da Janela

Os userforms criados no VB Editor não são tão diferentes de janelas normais. Eles também incluem o botão X de fechar no canto superior direito. Apesar de não ser errado usar este botão, ele pode causar problemas, dependendo do objetivo do userform. Em casos como esse, é possível querer controlar o que acontece se o usuário pressionar o botão. Use o evento QueryClose do userform para descobrir que método está sendo usado para fechar o formulário e codifique uma ação apropriada:

```
Private Sub UserForm_QueryClose(Cancel As Integer, CloseMode As Integer)
If CloseMode = vbFormControlMenu Then
    MsgBox "Please use the OK or Cancel buttons to close the form", _
        vbCritical
    Cancel = True 'Impede o formulário de fechar
End If
End Sub
```

Depois de saber o método que o usuário usou para fechar o formulário, você pode criar uma caixa de mensagem similar à da Figura 10.15 para avisar ao usuário que o método foi ilegal.

Figura 10.15
Controle o que acontece quando o usuário clica no botão X.

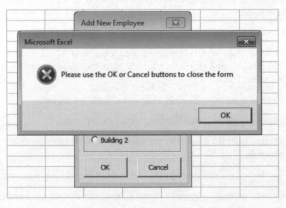

O evento `QueryClose` pode ser disparado de quatro maneiras:

- `vbFormControlMenu` — O usuário clica com o botão direito na barra de título do formulário e seleciona o comando Fechar ou clica no X no canto superior direito do formulário.
- `vbFormCode` — A instrução Unload é usada.
- `vbAppWindows` — O Windows reinicia.
- `vbAppTaskManager` — A aplicação é fechada pelo Gerenciador de Tarefas.

Obtendo o Nome do Arquivo

Uma das interações com cliente mais comuns é quando você precisa que ele especifique um caminho e um nome de arquivo. O VBA do Excel tem uma função interna para exibir a caixa de diálogo Abrir Arquivo, como mostrada na Figura 10.16. O cliente navega e seleciona um arquivo. Quando o botão Abrir for selecionado, em vez de abrir o arquivo, o VBA do Excel retorna o caminho completo do arquivo para o código.

Figura 10.16
Use a caixa de diálogo Abrir para permitir que o usuário selecione um arquivo.

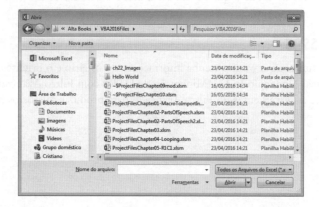

```
Sub SelectFile()
'Pergunta qual arquivo deve ser aberto
x = Application.GetOpenFilename( _
    FileFilter:="Excel Files (*.xls*), *.xls*", _
    Title:="Choose File to Copy", MultiSelect:=False)

'Verifica o caso de nenhum arquivo ter sido selecionado
If x = "False" Then Exit Sub

MsgBox "You selected " & x
End Sub
```

176 | Capítulo 10 | Userforms: Uma Introdução

O código anterior permite que o cliente selecione um arquivo. Caso queira que ele especifique múltiplos arquivos, use este código:

```
Sub ManyFiles()
Dim x As Variant

x = Application.GetOpenFilename( _
    FileFilter:="Excel Files (*.xls*), *.xls*", _
    Title:="Choose Files", MultiSelect:=True)

On Error Resume Next
If Ubound(x) > 0 Then
    For i = 1 To UBound(x)
        MsgBox "You selected " & x(i)
    Next i
ElseIf x = "False" Then
    Exit Sub
End If
On Error GoTo 0

End Sub
```

De uma maneira similar, você pode usar `Application.GetSaveAsFileName` para encontrar o caminho e o nome do arquivo que devem ser utilizados para salvar um arquivo.

Próximos Passos

Userforms permitem que você obtenha informações do usuário e o oriente em como fornecê-las ao programa. No Capítulo 11, "Mineração de Dados com Filtro Avançado", você vai aprender sobre as ferramentas do Filtro Avançado para produzir relatórios rapidamente.

Mineração de Dados com Filtro Avançado

11

Leia este capítulo.

Embora poucas pessoas usem Filtro Avançado no Excel, ele é um carregador de piano no Excel VBA. Estimo que uso uma dessas técnicas de filtragem como núcleo de uma macro em 80% das macros que desenvolvo para os clientes. Visto que o Filtro Avançado é usado em menos de 1% das sessões de Excel, essa é uma estatística drástica.

Então, mesmo que você quase nunca tenha usado o Filtro Avançado no Excel normal, deve estudar este capítulo por causa das poderosas técnicas do VBA.

Substituindo um Loop pelo AutoFiltro

No Capítulo 4, "Loop e Controle de Fluxo", você leu sobre diversas maneiras de iterar por um conjunto de dados para formatar registros que coincidam com certos critérios. Usando o Filtro (nome usado pela Microsoft para se referir originalmente ao AutoFiltro), é possível alcançar o mesmo resultado muito mais rápido. Embora a Microsoft tenha mudado o nome do AutoFiltro para Filtro no Excel 2007, o código VBA ainda se refere a AutoFiltro.

Quando o AutoFiltro foi adicionado ao Excel, a Microsoft adicionou atenção e cuidado extras. Itens ocultos por causa de um AutoFiltro não são tratados da mesma maneira que as outras linhas ocultas. O AutoFiltro recebe um tratamento especial. Você já deve ter executado situações frustrantes no passado em que teve de aplicar formatações para linhas visíveis e a formatação foi aplicada às linhas ocultas. Esse é certamente um problema quando você tem que ocultar linhas clicando no Grupo #2 e no botão Contorno depois de usar o comando Subtotal. Isso é sempre um problema quando você manualmente oculta linhas. Mas nunca é um problema quando as linhas estão ocultadas por causa do AutoFiltro.

NESTE CAPÍTULO

Substituindo um Loop pelo
AutoFiltro 177

Usar o Filtro Avançado É Mais Fácil
em VBA do que no Excel 184

Usando Filtros Avançados para Extrair
uma Lista de Valores Distintos 186

Usando Filtro Avançado com
Faixas de Critérios 192

Usando Filtro no Lugar do
Filtro Avançado 201

O Verdadeiro Carregador de Piano:
`xlFilterCopy` com Todos os Registros
em Vez de Apenas Registros Distintos . 203

Próximos Passos................................. 210

178 Capítulo 11 | Mineração de Dados com Filtro Avançado

Uma vez que você aplicou um AutoFiltro às linhas ocultas, qualquer ação executada em `CurrentRegion` é somente aplicada às linhas visíveis. Você pode aplicar negrito. Você pode mudar a cor da fonte para vermelho. `CurrentRegion.EntireRow.Delete` exclui as linhas visíveis e as linhas ocultas sem afetar o filtro.

Digamos que você tenha um conjunto de dados, como mostra a Figura 11.1, e quer realizar algumas ações em todos os registros que correspondem a determinadas critérios, tal como todos os registros Ford.

Figura 11.1
Encontre todos os registros Ford e marque os.

	A	B	C	D	E	F	G	H
1	Region	Product	Date	Customer	Quantity	Revenue	COGS	Profit
84	East	R537	11-Sep-18	Mouthwatering Notebook Inc.	1000	20940	11242	9698
85	East	R537	12-Sep-18	Trustworthy Flagpole Partners	100	2257	1082	1175
86	Central	W435	13-Sep-18	Ford	900	20610	9742	10868
87	Central	R537	13-Sep-18	Distinctive Wax Company	700	17367	7869	9498
88	West	M556	13-Sep-18	Guarded Aerobic Corporation	700	12145	6522	5623
89	Central	R537	13-Sep-18	Magnificent Eggbeater Corporation	1000	25140	11242	13898

No Capítulo 5, "Fórmulas Estilo R1C1", você aprendeu a escrever código como este para colorir de verde todos os registros Ford:

```
Sub OldLoop()
    FinalRow = Cells(Rows.Count, 1).End(xlUp).Row
    For i = 2 To FinalRow
        If Cells(i, 4) = "Ford" Then
            Cells(i, 1).Resize(1, 8).Interior.Color = RGB(0,255,0)
        End If
    Next i
End Sub
```

Se precisar remover registros, terá que ser cuidadoso para realizar o loop de baixo para cima no conjunto de dados, usando um código assim:

```
Sub OldLoopToDelete()
    FinalRow = Cells(Rows.Count, 1).End(xlUp).Row
    For i = FinalRow To 2 Step -1
        If Cells(i, 4) = "Ford" Then
            Rows(i).Delete
        End If
    Next i
End Sub
```

O método `AutoFiltro`, entretanto, possibilita o isolamento de todos os registros `Ford` em uma única linha de código:

```
Range("A1").AutoFilter Field:=4, Criteria1:= "Ford"
```

Depois de isolar os registros correspondentes, não é preciso usar a configuração `VisibleCellsOnly` para formatar os registros correspondentes. Em vez disso, a seguinte linha de código vai formatar em verde todos os registros coincidentes:

```
Range("A1").CurrentRegion.Interior.Color = RGB(0,255,0)
```

Há dois problemas com a atual macro de duas linhas. Primeiro, o programa deixa as listas suspensas do AutoFiltro no conjunto de dados. Segundo, o cabeçalho também fica formatado em verde.

> **NOTA**
> Observe que a propriedade `.CurrentRegion` estende a referência A1 para incluir o conjunto de dados inteiro.

Esta simples linha de código desativa o menu suspenso do AutoFiltro e limpa o filtro:

```
Range("A1").AutoFilter
```

Se quiser deixar as listas suspensas do AutoFiltro ligadas, mas evitar que a lista da Coluna D fique mostrando Ford, pode usar esta linha de código:

```
ActiveSheet.ShowAllData
```

O segundo problema é um pouco mais difícil. Depois de aplicar o filtro e selecionar `Range("A1").CurrentRegion`, a seleção inclui os cabeçalhos automaticamente nela. Qualquer formatação também é aplicada à linha do cabeçalho.

Se você não se importar com a primeira linha em branco abaixo dos dados, você pode simplesmente adicionar um `OFFSET(1)` para mover a região corrente para baixo e começar em A2. Isso funcionaria direito se o objetivo fosse remover todos os registros Ford:

```
Sub DeleteFord()
    ' Pula o cabeçalho, mas também remove a linha em branco abaixo
    Range("A1").AutoFilter Field:=4, Criteria1:="Ford"
    Range("A1").CurrentRegion.Offset(1).EntireRow.Delete
    Range("A1").AutoFilter

End Sub
```

O código anterior funciona porque você não se importa se a primeira linha em branco abaixo

> **NOTA**
> A propriedade `OFFSET` normalmente requer o número de linhas e o número de colunas. Usar `.OFFSET(-2,5)` move duas linhas para cima e cinco colunas para a direita. Se não quiser ajustar por nenhuma coluna, deixe de fora o parâmetro coluna `.OFFSET(1)`, o que significa uma linha para baixo e zero colunas para o lado.

dos dados for removida. Entretanto, se estiver aplicando uma formatação verde a essas linhas, o código vai aplicar a formatação verde à linha abaixo do conjunto de dados, o que não pareceria certo.

Se for fazer alguma formatação, é possível determinar a altura do conjunto de dados e usar `.Resize` para reduzir a altura da região corrente enquanto usa o `OFFSET`:

```
Sub ColorFord()
    DataHt = Range("A1").CurrentRegion.Rows.Count
    Range("A1").AutoFilter Field:=4, Criteria1:="Ford"
    With Range("A1").CurrentRegion.Offset(1).Resize(DataHt - 1)
    ' Não precisa usar VisibleCellsOnly para a formatação
        .Interior.Color = RGB(0,255,0)
        .Font.Bold = True
    End With
    ' Limpa o Filtro e remove os drop-downs
    Range("A1").AutoFilter
End Sub
```

180 Capítulo 11 | Mineração de Dados com Filtro Avançado

Usando Novas Técnicas de AutoFiltro

O Excel 2007 introduziu a possibilidade de selecionar múltiplos itens pelo filtro, filtrar por cor, filtrar por ícone, filtrar pelos top 10 e filtrar para filtros de datas virtuais. O Excel 2010 introduziu a nova caixa de busca na lista do filtro. Todos esses novos filtros têm equivalentes VBA, apesar de alguns deles serem implementados em VBA usando métodos de filtragem antigos.

Selecionando Múltiplos Itens

Versões antigas do Excel permitiam selecionar dois valores, conectados por AND ou OR. Nesse caso, você especificaria x1AND ou x1OR como o operador:

```
Range("A1").AutoFilter Field:=4, _
    Criteria1:="Ford", _
    Operator:=xlOr, _
    Criteria2:="General Motors"
```

Como o comando AutoFilter se tornou mais flexível, a Microsoft continuou a usar os mesmos três parâmetros, mesmo que eles não fizessem muito sentido. Por exemplo, o Excel deixa filtrar um campo solicitando os cinco primeiros itens ou os 8% finais dentre os registros. Para usar esse tipo de filtro, especifique ou "5" ou "8" como o argumento Criteral e, depois, especifique xlTop10Items, xlTop10Percent, xlBottom10Items, xlBottom10Percent como o operador. O seguinte código produz os 12 maiores registros de receita:

```
Sub Top10Filter()
    ' 12 maiores registros de receita
    Range("A1").AutoFilter Field:=6, _
        Criteria1:="12", _
        Operator:=xlTop10Items
End Sub
```

Há uma série de números (6, 12, 10) no código para esse AutoFilter. Field:=6 indica que você está olhando para a sexta coluna. O xlTop10Items é o nome do filtro, mas o filtro não é limitado a 10 itens. O critério de 12 indica o número de itens que quer que o filtro retorne.

O Excel oferece diversas novas opções de filtro. O Excel continua a forçar essas opções de filtro a se encaixarem no antigo modelo de objetos, onde o comando filtrar devia caber em um operador e até dois campos de critério.

Se quiser escolher três ou mais itens, mude o operador para o novo Operator:=xlFilterValues e especifique a lista de itens com um array no argumento Criteria1:

```
Range("A1").AutoFilter Field:=4, _
    Criteria1:=Array("General Motors", "Ford", "Fiat"), _
    Operator:=xlFilterValues
```

Selecionando Usando a Caixa de Pesquisa

O Excel 2010 introduziu a nova Caixa de Pesquisa na lista do AutoFiltro. Depois de digitar alguma coisa na caixa de pesquisa, é possível usar o item Selecionar Todos os Resultados da Pesquisa.

O gravador de macros faz um trabalho fraco ao gravar a caixa de pesquisa. O gravador de macros coloca hard-coded (escrita de maneira fixa, em vez de dinâmica) a lista de clientes que atenderam à busca na hora que você executou a macro.

Pense na Caixa de Pesquisa. Ela é, na verdade, um atalho para selecionar Filtros de Texto, Contém. Além disso, o filtro Contém é, na verdade, um atalho para especificar uma string de busca entre asteriscos. Dessa maneira, para filtrar todos os registros que contenham "at", use isso:

```
Range("A1").AutoFilter, Field:=4, Criteria1:="*at*"
```

Filtrando por Cor

Para encontrar registros que tenham uma cor de fonte em particular, use um operador xlFilterFontColor e especifique o valor RGB para o critério. Este código encontra todas as células com uma fonte vermelha na Coluna F:

```
Sub FilterByFontColor()
    Range("A1").AutoFilter Field:=6, _
        Criteria1:=RGB(255, 0, 0), Operator:=xlFilterFontColor
End Sub
```

Para encontrar registros que tenham uma cor de fonte em particular, use um operador de xlFilterAutomaticFillColor e não especifique qualquer critério.

```
Sub FilterNoFontColor()
    Range("A1").AutoFilter Field:=6, _
        Operator:=xlFilterAutomaticFontColor
End Sub
```

Para encontrar registros que tenham uma cor de preenchimento em particular, use um operador xlFilterCellColor e especifique um valor RGB como critério. Este código encontra todas as células vermelhas na Coluna F:

```
Sub FilterByFillColor()
    Range("A1").AutoFilter Field:=6, _
        Criteria1:=RGB(255, 0, 0), Operator:=xlFilterCellColor
End Sub
```

Para encontrar registros que não tenham cor de preenchimento, use um operador xlFilterNoFill e não especifique qualquer critério.

Filtrando por Ícone

Se você está esperando que o conjunto de dados tenha um conjunto de ícones aplicado, é possível filtrar para mostrar apenas aqueles registros com um ícone em particular, usando o operador xlFilterIcon.

Para os critérios, é necessário saber qual conjunto de ícones foi aplicado e qual ícone dentro do conjunto. Os conjuntos de ícones são identificados usando os nomes mostrados na Coluna A da Figura 11.2. O itens vão de 1 a 5. O seguinte código filtra a coluna Receita para mostrar as linhas que contêm uma seta apontando para cima no conjunto de ícones 5 Setas (cinza):

```
Sub FilterByIcon()
    Range("A1").AutoFilter Field:=6, _
        Criteria1:=ActiveWorkbook.IconSets(xl5ArrowsGray).Item(5), _
        Operator:=xlFilterIcon
End Sub
```

Para encontrar registros que não tenham um ícone de formatação condicional, use um operador de xlFilterNoIcon e não especifique qualquer critério.

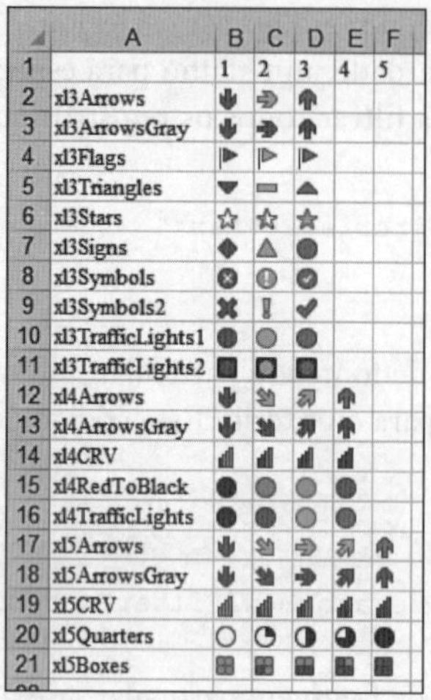

182 Capítulo 11 | Mineração de Dados com Filtro Avançado

Figura 11.2
Para procurar um ícone em particular, você precisa conhecer o conjunto de ícones da Coluna A e o número do item da Linha 1.

	A	B	C	D	E	F
1		1	2	3	4	5
2	xl3Arrows					
3	xl3ArrowsGray					
4	xl3Flags					
5	xl3Triangles					
6	xl3Stars					
7	xl3Signs					
8	xl3Symbols					
9	xl3Symbols2					
10	xl3TrafficLights1					
11	xl3TrafficLights2					
12	xl4Arrows					
13	xl4ArrowsGray					
14	xl4CRV					
15	xl4RedToBlack					
16	xl4TrafficLights					
17	xl5Arrows					
18	xl5ArrowsGray					
19	xl5CRV					
20	xl5Quarters					
21	xl5Boxes					

Selecionando um Intervalo Dinâmico de Datas Usando os AutoFiltros

Talvez a mais poderosa característica nos filtros do Excel sejam os filtros dinâmicos. Esses filtros possibilitam a escolha de registros que estejam acima da média ou com um campo de datas para selecionar períodos virtuais, como Próxima Semana ou Ano Passado.

Para usar um filtro dinâmico, especifique `xlFilterDynamic` como o operador e depois use um dos 34 valores como `Criteria1`. O código seguinte encontra todas as datas que estão no próximo ano:

```
Sub DynamicAutoFilter()
    Range("A1").AutoFilter Field:=3, _
        Criteria1:=xlFilterNextYear, _
        Operator:=xlFilterDynamic
End Sub
```

Listadas abaixo estão as opções de filtros dinâmicos. Especifique esses valores como o `Criteria1` do método `AutoFilter`:

- **Critério para valores** — Use `xlFilterAboveAverage` ou `xlFilterBelowAverage` para encontrar todas as linhas que estejam acima ou abaixo de uma média. Observe que, em Lake Wobegon, usar `xlFilterBelowAverage` provavelmente vai retornar nenhum registro.

- **Critério para períodos futuros** — Use `xlFilterTomorrow`, `xlFilterNextWeek`, `xlFilterNextMonth`, `xlFilterNextQuarter` ou `xlFilterNextYear` para encontrar linhas que caiam em um certo período futuro. Observe que Próxima Semana (Next Week) começa no domingo e termina no sábado.

- **Critério para períodos atuais** — Use `xlFilterToday`, `xlFilterThisWeek`, `xlFilterThisMonth`, `xlFilterThisQuarter` ou `xlFilterThisYear` para encontrar linhas que caiam dentro do período atual. O Excel vai usar o relógio do sistema para descobrir o dia atual.

- **Critério para períodos passados** — Use `xlFilterYesterday`, `xlFilterLastWeek`, `xlFilterLastMonth`, `xlFilterLastQuarter`, `xlFilterLastYear` ou `xlFilterYearToDate` para encontrar linhas que caiam em períodos passados.

- **Critério para trimestres específicos** — Use xlFilterDatesInPeriodQuarter1, xlFilterDatesInPeriodQuarter2, xlFilterDatesInPeriodQuarter3 ou xlFilterDatesInPeriodQuarter4 para filtrar linhas que caiam dentro de um trimestre específico. Observe que esses filtros não se diferenciam com base no ano. Se você pedir pelo 1º trimestre, poderá obter registros de janeiro, fevereiro passado ou de março que vem.

- **Critério para meses específicos** — Use de xlFilterDatesInPeriodJanuary até xlFilterDatesInPeriodDecember para filtrar registros que caiam durante um certo mês. Assim como os trimestres, o filtro não filtra para nenhum ano em particular.

Infelizmente, não é possível combinar critérios. Pode-se pensar em combinar xlFilterDatesInPeriodJanuary com Criteria1 e xlFilterDatesNextYear com Criteria2. Mesmo que essa seja uma ideia brilhante, a Microsoft não suporta essa sintaxe (ainda).

Selecionando Apenas as Células Visíveis

Uma vez aplicado um filtro, a maioria dos comandos só opera nas linhas visíveis da seleção. Se precisar remover, formatar ou aplicar uma formatação condicional aos registros, você pode simplesmente se referir à região atual (.CurrentRegion) da primeira coluna de título e executar o comando.

Entretanto, se tiver um conjunto de dados onde as linhas foram ocultadas usando o comando Ocultar Linhas, qualquer formatação aplicada a .CurrentRegion também será aplicada às linhas ocultas. Nesses casos, deve-se usar a opção Somente Células Visíveis da caixa de diálogo Ir Para Especial, como mostrado na Figura 11.3.

Figura 11.3
Se as linhas foram ocultadas manualmente, use Somente Células Visíveis da caixa de diálogo Ir Para Especial.

Para usar Somente Células Visíveis no código, utilize a propriedade SpecialCells:

```
Range("A1").CurrentRegion.SpecialCells(xlCellTypeVisible)
```

ESTUDO DE CASO: IR PARA ESPECIAL EM VEZ DE LOOP

A caixa de diálogo Ir Para Especial também representa um papel no seguinte estudo de caso:

Em um evento Data Analyst Boot Camp, um dos participantes tinha uma macro que estava levando muito tempo para ser executada. A pasta de trabalho tinha uma boa quantidade de controles de seleção. Uma função `IF()` complexa nas células H10:H750 selecionava quais registros deveriam ser incluídos em um relatório. Ao mesmo tempo que essa condição `IF()` tinha muitas condições aninhadas, a fórmula inseria MANTER ou OCULTAR em cada célula:

```
=IF(logical_test,"KEEP","HIDE")
```

A seguinte seção de código estava ocultando linhas individuais:

```
For Each cell In Range("H10:H750")
    If cell.Value = "HIDE" Then
        cell.EntireRow.Hidden = True
    End If
Next cell
```

A macro demorava diversos minutos para ser executada. Fórmulas SUBTOTAL, que excluíam linhas ocultadas, eram recalculadas depois de cada passada pelo loop. A primeira tentativa de acelerar a macro envolveu o desligamento da atualização de tela e cálculo:

```
Application.ScreenUpdating = False
Application.Calculation = xlCalculationManual
For Each cell In Range("H10:H750")
    If cell.Value = "HIDE" Then
        cell.EntireRow.Hidden = True
    End If
Next cell
Application.Calculation = xlCalculationAutomatic
Application.ScreenUpdating = True
```

Por alguma razão, ainda estava levando muito tempo para iterar por todos os registros. Tentamos usar o AutoFiltro para isolar os registros OCULTAR e, então, ocultar essas linhas, mas perde-se a ocultação manual de linhas depois de desligar o AutoFiltro.

A solução foi fazer uso da habilidade da caixa de diálogo Ir Para Especial para limitar a seleção aos resultados textuais das fórmulas. Primeiro, a fórmula na Coluna H foi alterada para retornar ou OCULTAR ou um número:

```
=IF(logical_test,"HIDE",1)
```

Depois, a seguinte linha de código ocultou as linhas que geravam um valor textual na Coluna H:

```
Range("H10:H750") _
    .SpecialCells(xlCellTypeFormulas, xlTextValues) _
    .EntireRow.Hidden = True
```

Devido a todas as linhas serem ocultadas com uma única linha de comando, aquela seção da macro passou a rodar em segundos em vez de minutos.

Usar o Filtro Avançado É Mais Fácil em VBA do que no Excel

Usar o comando arcano do Filtro Avançado é tão difícil na interface do usuário do Excel que é bastante raro encontrar alguém que goste de usá-lo regularmente.

Entretanto, em VBA, filtros avançados são fáceis de usar. Com uma única linha de código, é possível extrair rapidamente um subconjunto de registros de um banco de dados ou obter, com rapidez, uma lista de valores em qualquer coluna. Isso é crítico quando se quer executar relatórios para uma região ou usuários específicos. Dois filtros avançados são usados com mais frequência no mesmo procedimento, um para obter uma lista única de clientes e um segundo para filtrar para cada cliente individual, como mostrado na Figura 11.4. O resto desse capítulo é desenvolvido na direção dessa rotina.

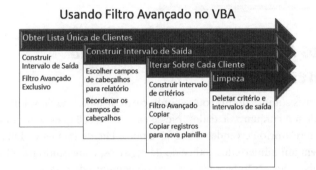

Figura 11.4
Uma macro típica usa dois filtros avançados.

Usando a Interface do Excel para Criar um Filtro Avançado

Como nem tantas pessoas usam o recurso Filtro Avançado, esta seção mostra exemplos, usando a interface do usuário, para criar um filtro avançado e depois mostra o código análogo. Você vai se surpreender com o quanto a interface do usuário faz isso parecer complicado e, também, como é fácil programar um filtro avançado poderoso para extrair registros.

Uma razão pela qual o Filtro Avançado é difícil de usar é por ser possível usar o filtro de diversas maneiras diferentes. Você deve fazer três escolhas básicas na caixa de diálogo Filtro Avançado. Como cada escolha tem duas opções, há oito possíveis combinações (2 × 2 × 2) dessas três escolhas. As três escolhas são mostradas na Figura 11.5 e descritas aqui:

- **Ação** — É possível selecionar Filtrar a Lista no Local ou Copiar para Outro Local. Ao escolher filtrar os registros no local, as linhas não coincidentes são ocultadas. Escolher copiar para um novo local copia os registros que coincidem com o filtro para um novo intervalo.
- **Critério** — É possível filtrar com ou sem critério. Filtrar com critério é apropriado para obter um subconjunto de linhas. Filtrar sem critério ainda é útil quando se quer um subconjunto de colunas ou quando está usando a opção Somente Registros Exclusivos.
- **Registros Exclusivos** — É possível escolher requisitar Somente Registros Exclusivos ou todos os registros coincidentes. Essa opção torna o comando Filtro Avançado uma das maneiras mais rápidas de se encontrar uma lista de valores distintos* em um campo. Ao colocar o título "Cliente" no intervalo de saída, você obterá uma lista de valores distintos para aquela coluna.

---

*N.E.: Elementos existentes, já desconsiderando as repetições. Exclusivos. Únicos.

Figura 11.5
A caixa de diálogo Filtro Avançado é complicada de usar na interface do usuário do Excel. Por sorte, é muito mais fácil no VBA.

Usando Filtros Avançados para Extrair uma Lista de Valores Distintos

Um dos usos mais simples do Filtro Avançado é extrair uma lista de valores distintos de um único campo de um conjunto de dados. Nesse exemplo, você quer obter uma lista de clientes distintos de um relatório de vendas. Você sabe que o cliente está na Coluna D do conjunto de dados. Você tem um número desconhecido de registros, começando na célula A2, e a Linha 1 é a linha de cabeçalhos. Não há nada à direita do conjunto de dados.

Extraindo uma Lista de Valores Distintos pela Interface do Usuário

Para extrair uma lista de valores distintos, siga estes passos:

1. Com o cursor em qualquer lugar do intervalo de dados, selecione Avançado, do grupo Classificar, e Filtrar, na guia Dados. Na primeira vez que usar o comando Filtro Avançado em uma planilha, o Excel automaticamente preencherá a caixa de texto Intervalo da Lista com o intervalo inteiro do seu conjunto de dados. Em usos subsequentes do comando Filtro Avançado, essa caixa de diálogo lembrará as configurações do filtro avançado anterior.
2. Marque o checkbox Somente Registros Distintos na parte de baixo da caixa de diálogo.
3. Na seção Ação, selecione Copiar para Outro Local.
4. Digite J1 na caixa de texto Copiar Para.

Por padrão, o Excel copia todas as colunas no conjunto de dados. Você pode filtrar apenas a coluna Cliente, limitando o Intervalo da Lista para incluir apenas a Coluna D ou especificando um ou mais cabeçalhos no intervalo Copiar Para. Qualquer dos métodos tem suas próprias desvantagens.

Altere o Intervalo da Lista para uma Única Coluna

Edite o Intervalo da Lista para apontar para a coluna Cliente. Nesse caso, isso significa mudar o padrão $A$1:$H$1127 para $D$1:$D$1127. A caixa de diálogo Filtro Avançado deve aparecer.

> **NOTA** Ao editar inicialmente qualquer intervalo na caixa de diálogo, o Excel deve estar em modo Aponte. Nesse modo, pressione a tecla Seta-Para-Esquerda ou Seta-Para-Direita e insira uma referência de célula na caixa de texto. Se você vir a palavra *Aponte* no canto inferior esquerdo da sua janela do Excel, pressione a tecla F2 para mudar do modo Aponte para o modo Editar.

Usando Filtros Avançados para Extrair uma Lista de Valores Distintos | **187**

A desvantagem desse método é que o Excel se lembra do intervalo da lista nos usos subsequentes de um comando Filtro Avançado. Se, mais tarde, você quiser obter uma lista distinta de regiões, terá que especificar, constantemente, o intervalo de lista.

Copie o Cabeçalho de Clientes Antes de Filtrar

Com um pequeno pré-planejamento, antes de chamar o Filtro Avançado, é possível permitir que o Excel mantenha o intervalo de lista padrão de $A$1:$H$1127. Na célula J1, digite o cabeçalho Cliente, como mostrado na Figura 11.6. Deixe o campo Intervalo da Lista apontando para as Colunas de A a H. Como o intervalo Copiar Para de J1 já contém um cabeçalho válido do intervalo de lista, o Excel copia dados apenas da coluna Cliente. Esse é o método preferido, particularmente se você for criar múltiplos filtros avançados. Como o Excel lembra as configurações anteriores do último filtro avançado, é mais conveniente sempre filtrar as colunas inteiras do intervalo de lista e limitar as colunas, definindo os cabeçalhos no intervalo Copiar Para.

Depois de usar um dos métodos para realizar o filtro avançado, uma lista concisa de clientes distintos aparece na Coluna J (veja a Figura 11.6).

Figura 11.6
O filtro avançado extrai uma lista distinta de clientes do conjunto de dados e os copia para a Coluna J.

J	K	L	M
Customer			
Trustworthy Flagpole Partners			
Amazing Shoe Company			
Mouthwatering Notebook Inc.			
Cool Saddle Traders			
Tasty Shovel Company			
Distinctive Wax Company			
Guarded Aerobic Corporation			
Tasty Yogurt Corporation			
Agile Aquarium Inc.			
Magnificent Eggbeater Corporation			
User-Friendly Luggage Corporation			
Guarded Umbrella Traders			

Extraindo uma Lista de Valores Distintos com Código VBA

No VBA, você usa o método `AdvancedFilter` para executar o comando Filtro Avançado. Novamente, você tem três escolhas a fazer:

- **Ação (Action)** — Optar por filtrar no lugar com o parâmetro `Action:=xlFilterInPlace` ou copiar com `Action:=xlFilterCopy`. Se quiser copiar, também tem que especificar o parâmetro `CopyToRange:=Range("J1")`.

- **Critério (CriteriaRange)** — Para filtrar com critérios, inclua o parâmetro `CriteriaRange:=Range("L1:L2")`. Para filtrar sem critério, omita esse parâmetro opcional.

- **Registros Exclusivos (Unique)** — Para retornar apenas registros distintos, especifique o parâmetro `Unique:=True`.

O seguinte código define um intervalo de saída em uma coluna, duas colunas à direita da última coluna usada no intervalo de dados:

```
Sub GetUniqueCustomers()
    Dim IRange As Range
```

188 Capítulo 11 | Mineração de Dados com Filtro Avançado

```
    Dim ORange As Range

    ' Descobre o tamanho do conjunto de dados de hoje
    FinalRow = Cells(Rows.Count, 1).End(xlUp).Row
    NextCol = Cells(1, Columns.Count).End(xlToLeft).Column + 2

    ' Define o intervalo de saída copiando o cabeçalho de D1 aqui
    Range("D1").Copy Destination:=Cells(1, NextCol)
    Set ORange = Cells(1, NextCol)

    ' Define o intervalo de entrada
    Set IRange = Range("A1").Resize(FinalRow, NextCol - 2)

    ' Faz o Filtro Avançado obter a lista de Clientes Distintos
    IRange.AdvancedFilter Action:=xlFilterCopy, CopyToRange:=ORange, _
        Unique:=True

End Sub
```

Por padrão, um filtro avançado copia todas as colunas. Se você quiser apenas uma coluna em particular, use esse cabeçalho de coluna como o cabeçalho do intervalo de saída.

O primeiro trecho de código descobre a linha e coluna finais do conjunto de dados. Apesar de não ser necessário fazer isso, é possível definir uma variável objeto para o intervalo de saída (ORange) e para o intervalo de entrada (IRange).

Este código é genérico o suficiente para não ter que ser reescrito se novas colunas forem adicionadas ao conjunto de dados mais tarde. A definição das variáveis de objeto para os intervalos de entrada e saída é feita por motivo de legibilidade em vez de necessidade. O código anterior poderia ser reescrito tão facilmente como essa versão reduzida:

```
Sub UniqueCustomerRedux()
    ' Copia um cabeçalho para criar um intervalo de saída
    Range("J1").Value = Range("D1").Value
    ' Cria o filtro avançado
    Range("A1").CurrentRegion.AdvancedFilter xlFilterCopy, _
        CopyToRange:=Range("J1"), Unique:=True
End Sub
```

Ao executar um dos blocos de código anteriores sobre o conjunto de dados de exemplo, você obtém uma lista de clientes não repetidos à direita dos dados. A chave para obter uma lista de clientes distintos é copiar o cabeçalho do campo Cliente para uma célula em branco e especificar essa célula como intervalo de saída.

Depois que tiver a lista única de clientes, poderá classificá-la e adicionar uma fórmula SUMIF para obter a receita total por cliente. O seguinte código obtém uma lista de clientes distinta, classifica-a e depois constrói uma fórmula para totalizar a receita por cliente. A Figura 11.7 mostra os resultados:

```
Sub RevenueByCustomers()
    Dim IRange As Range
    Dim ORange As Range

    ' Descobre o tamanho do conjunto de dados de hoje
    FinalRow = Cells(Rows.Count, 1).End(xlUp).Row
    NextCol = Cells(1, Columns.Count).End(xlToLeft).Column + 2
```

Usando Filtros Avançados para Extrair uma Lista de Valores Distintos | 189

```
' Define o intervalo de saída e copie o cabeçalho de D1
Range("D1").Copy Destination:=Cells(1, NextCol)
Set ORange = Cells(1, NextCol)

' Define o intervalo de entrada
Set IRange = Range("A1").Resize(FinalRow, NextCol - 2)

' Faz o filtro avançado obter a lista única de clientes
IRange.AdvancedFilter Action:=xlFilterCopy, _
    CopyToRange:=ORange, Unique:=True

' Determina quantos clientes únicos nós temos
LastRow = Cells(Rows.Count, NextCol).End(xlUp).Row

' Classifica os dados
Cells(1, NextCol).Resize(LastRow, 1).Sort Key1:=Cells(1, NextCol), _
    Order1:=xlAscending, Header:=xlYes

' Adiciona uma fórmula SOMASE para obter os totais
Cells(1, NextCol + 1).Value = "Revenue"
Cells(2, NextCol + 1).Resize(LastRow - 1).FormulaR1C1 = _
    "=SUMIF(R2C4:R" & FinalRow & _
    "C4,RC[-1],R2C6:R" & FinalRow & "C6)"

End Sub
```

Figura 11.7
Esta macro produziu um relatório resumido por cliente de um conjunto de dados grande. Usar `AdvancedFilter` é a chave para macros poderosas como essa.

=SOMASE($M$2:$M$1127;S2;$O$2:$O$1127)

	J	K	L	M
	Customer	Revenue		
	Agile Aguarium Ir	97107		
	Amazing Shoe Co	820384		
	Appealing Eggbea	92544		
	Cool Saddle Trade	53170		
	Distinctive Wax C	947025		
	Enhanced Eggbea	1543677		
	First-Rate Glass C	106442		

Outro uso para uma lista de valores distintos é preencher rapidamente uma caixa de listagem ou uma caixa de combinação em um userform. Por exemplo, suponha que você tenha uma macro que possa criar um relatório para um cliente específico. Para permitir aos usuários escolher para quais clientes gerar o relatório, crie um simples userform. Adicione uma caixa de listagem ao userform e defina a propriedade `MultiSelect` da caixa de listagem para `1-fmMultiSelectMulti`. Nesse caso, o formulário é chamado de `frmReport`. Além disso, para a caixa de listagem, há quatro botões de comando: OK, Cancelar, Marcar Todos e Desmarcar Todos. O código para executar o formulário está exemplificado a seguir. Observe que o procedimento `Userform_Initialize` inclui um filtro avançado para obter uma lista única de clientes do conjunto de dados:

```
Private Sub CancelButton_Click()
    Unload Me
End Sub

Private Sub cbSubAll_Click()
    For i = 0 To lbCust.ListCount - 1
        Me.lbCust.Selected(i) = True
```

Capítulo 11 | Mineração de Dados com Filtro Avançado

```vba
    Next i
End Sub

Private Sub cbSubClear_Click()
    For i = 0 To lbCust.ListCount - 1
        Me.lbCust.Selected(i) = False
    Next i
End Sub

Private Sub OKButton_Click()
    For i = 0 To lbCust.ListCount - 1
        If Me.lbCust.Selected(i) = True Then
            ' Chama uma rotina para produzir esse  relatório
            RunCustReport WhichCust:=Me.lbCust.List(i)
        End If
    Next i
    Unload Me
End Sub

Private Sub UserForm_Initialize()
    Dim IRange As Range
    Dim ORange As Range

    ' Encontra o tamanho do conjunto de dados de hoje
    FinalRow = Cells(Rows.Count, 1).End(xlUp).Row
    NextCol = Cells(1, Columns.Count).End(xlToLeft).Column + 2

    ' Define o intervalo de saída. Copie o cabeçalho de D1
    Range("D1").Copy Destination:=Cells(1, NextCol)
    Set ORange = Cells(1, NextCol)

    ' Define o intervalo de entrada
    Set IRange = Range("A1").Resize(FinalRow, NextCol - 2)

    ' Faz o filtro avançado obter a lista única de clientes
    IRange.AdvancedFilter Action:=xlFilterCopy, _
        CopyToRange:=ORange, Unique:=True

    ' Determina quantos clientes únicos nós temos
    LastRow = Cells(Rows.Count, NextCol).End(xlUp).Row

    ' Classifica os dados
    Cells(1, NextCol).Resize(LastRow, 1).Sort Key1:=Cells(1, NextCol), _
        Order1:=xlAscending, Header:=xlYes

With Me.lbCust
    .RowSource = ""
    .List = Cells(2, NextCol).Resize(LastRow - 1, 1).Value
End With

    ' Apaga a lista temporária de clientes
    Cells(1, NextCol).Resize(LastRow, 1).Clear
End Sub
```

Usando Filtros Avançados para Extrair uma Lista de Valores Distintos | **191**

Execute esse formulário com um módulo simples como este:

```
Sub ShowCustForm()
    frmReport.Show
End Sub
```

Seus usuários veem uma lista de todos os clientes válidos do conjunto de dados. Como a propriedade `MultiSelect` da caixa de listagem é definida para permitir isso, eles podem selecionar qualquer número de clientes.

Obtendo Combinações Únicas de Dois ou Mais Campos

Para obter as combinações únicas de dois ou mais campos, defina o intervalo de saída para incluir os campos adicionais. Este exemplo de código gera uma lista de combinações únicas de dois campos, Cliente e Produto:

```
Sub UniqueCustomerProduct()
    Dim IRange As Range
    Dim ORange As Range

    ' Descobre o tamanho do conjunto de dados de hoje
    FinalRow = Cells(Rows.Count, 1).End(xlUp).Row
    NextCol = Cells(1, Columns.Count).End(xlToLeft).Column + 2

    ' Define o intervalo de saída. Copie os cabeçalhos de D1 e B1
    Range("D1").Copy Destination:=Cells(1, NextCol)
    Range("B1").Copy Destination:=Cells(1, NextCol + 1)
    Set ORange = Cells(1, NextCol).Resize(1, 2)

    ' Define o intervalo de entrada
    Set IRange = Range("A1").Resize(FinalRow, NextCol - 2)

    ' Faz o filtro avançado obter uma lista única de clientes e produtos
    IRange.AdvancedFilter Action:=xlFilterCopy, _
        CopyToRange:=ORange, Unique:=True

    ' Determina quantas linhas únicas nós temos
    LastRow = Cells(Rows.Count, NextCol).End(xlUp).Row

    ' Classifica os dados
    Cells(1, NextCol).Resize(LastRow, 2).Sort Key1:=Cells(1, NextCol), _
        Order1:=xlAscending, Key2:=Cells(1, NextCol + 1), _
        Order2:=xlAscending, Header:=xlYes

End Sub
```

No resultado mostrado na Figura 11.8, é possível ver que o Enhanced Eggbeater compra apenas um produto e o Distinctive Wax compra três produtos. Isso pode ser útil para usar como guia na geração de relatórios, tanto do tipo cliente por produto quanto do tipo produto por cliente.

Figura 11.8
Incluindo duas colunas no intervalo de saída em uma consulta de Valores Distintas, obtemos todas as combinações de Cliente e Produto.

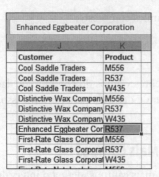

Usando Filtro Avançado com Faixas de Critérios

Como o nome implica, o Filtro Avançado é comumente usado para filtrar registros — em outras palavras, para obter um subconjunto de dados. Você especifica o subconjunto definindo uma faixa de critérios.

> **NOTA** Mesmo se estiver familiarizado com critérios, certifique-se de estar usando as poderosas fórmulas Booleanas nas faixas de critérios mais tarde neste capítulo, na seção "O Critério Mais Complexo: Substituindo a Lista de Valores por uma Condição Criada como Resultado de uma Fórmula".

Defina uma faixa de critério em uma área em branco da planilha. Uma faixa de critérios sempre inclui duas ou mais linhas. A primeira linha da faixa de critérios contém um ou mais cabeçalhos de campos para coincidir com aquele(s) no intervalo de dados que você quer filtrar. A segunda linha contém um valor mostrando quais registros extrair. Na Figura 11.9, o Intervalo J1:J2 é a faixa de critério e o Intervalo L1 é o intervalo de saída.

Na interface do usuário do Excel, para extrair uma lista distinta de produtos que foram comprados por um cliente em particular, selecione Filtro Avançado e defina a caixa de diálogo Filtro Avançado como mostrado na Figura 11.9. A Figura 11.10 mostra os resultados.

Figura 11.9
Para ver uma lista distinta dos produtos comprados pela Cool Saddle Traders, defina a faixa de critérios mostrada em J1:J2.

Figura 11.10

Os resultados do filtro avançado que usam uma faixa de critério e solicitam uma lista de produtos distintos. É claro que podem ser criados critérios mais complexos e interessantes.

J	K	L
Customer		Product
Cool Saddle Traders		R537
		M556
		W435

Em VBA, usa-se o seguinte código para criar um filtro avançado equivalente:

```
Sub UniqueProductsOneCustomer()
    Dim IRange As Range
    Dim ORange As Range
    Dim CRange As Range

    ' Descobre o tamanho do conjunto de dados de hoje
    FinalRow = Cells(Rows.Count, 1).End(xlUp).Row
    NextCol = Cells(1, Columns.Count).End(xlToLeft).Column + 2

    ' Define o intervalo de dados com um cliente
    Cells(1, NextCol).Value = Range("D1").Value
    ' Na realidade, este valor deve ser passado pelo userform
    Cells(2, NextCol).Value = Range("D2").Value
    Set CRange = Cells(1, NextCol).Resize(2, 1)

    ' Define o intervalo de saída. Copie o cabeçalho de B1
    Range("B1").Copy Destination:=Cells(1, NextCol + 2)
    Set ORange = Cells(1, NextCol + 2)

    ' Define o intervalo de entrada
    Set IRange = Range("A1").Resize(FinalRow, NextCol - 2)

    ' Faz o filtro avançado obter uma lista única  de clientes e produtos
    IRange.AdvancedFilter Action:=xlFilterCopy, _
        CriteriaRange:=CRange, CopyToRange:=ORange, Unique:=True
    ' O comando acima poderia ter sido escrito assim:
    'IRange.AdvancedFilter xlFilterCopy, CRange, ORange, True

    ' Determina quantas linhas únicas temos
    LastRow = Cells(Rows.Count, NextCol + 2).End(xlUp).Row

    ' Classifica os dados
    Cells(1, NextCol + 2).Resize(LastRow, 1).Sort Key1:=Cells(1, _
  NextCol + 2), Order1:=xlAscending, Header:=xlYes

End Sub
```

Juntando Múltiplos Critérios com um OU Lógico

Você pode querer filtrar registros que atendam a um critério ou outro. Por exemplo, é possível buscar clientes que compraram o produto M556 ou o produto M537. Isso é chamado de critério *OU lógico*.

Quando seus critérios precisam ser juntados com um OU lógico, coloque os em linhas subsequentes do intervalo de critérios. Por exemplo, o intervalo de critérios mostrado em J1:J3 da Figura 11.11 lhe diz quais clientes pediram o produto M556 ou o W435.

Figura 11.11
Coloque critérios em linhas sucessivas para juntá-los com um OU. Essa faixa de critérios traz clientes que tenham comprado o produto M556 ou o W435.

Juntando Dois Critérios com um E Lógico

Outras vezes, você vai querer filtrar registros que atendam a um critério e depois a outro. Por exemplo, é possível querer buscar registros onde o produto vendido tenha sido o W435 e a região seja a Oeste. Isso é chamado de um *E lógico*.

Para juntar dois critérios com um E, ponha ambos critérios na mesma linha do intervalo de critérios. Por exemplo, o intervalo de critérios mostrado em J1:K2 da Figura 11.12 obtém os clientes que compraram o produto W435 e estavam na região Oeste.

Figura 11.12
Coloque critérios na mesma linha para juntá-los com um E. O intervalo de critério em J1:K2 obtém clientes da região Oeste que tenham comprado o produto W435.

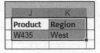

Outras Faixas de Critérios um Pouco Complexas

A faixa de critérios mostrada na Figura 11.13 é baseada em dois campos diferentes que são juntados com um OU. A consulta descobre todos os registros da região Oeste ou cujo produto tenha sido o W435.

Figura 11.13
O intervalo de critérios em J1:K3 retorna registros onde a Região é Oeste ou o Produto é W435.

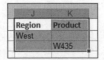

O Critério Mais Complexo: Substituindo a Lista de Valores por uma Condição Criada como Resultado de uma Fórmula

É possível ter uma faixa de critério com múltiplos critérios E lógicos e OU lógicos juntos. Apesar de isso funcionar em algumas situações, em outros cenários essa possibilidade desanda rapidamente. Felizmente, o Excel permite critérios onde os registros são selecionados como resultado de uma fórmula para lidar com essa situação.

ESTUDO DE CASO: TRABALHANDO COM UM CRITÉRIO MUITO COMPLEXO

Seus clientes gostaram tanto do relatório "Crie um Comprador" que lhe contrataram para gerar um novo relatório. Nesse caso, eles poderiam selecionar qualquer comprador, produto, região ou combinação desses três. Você pode adaptar rapidamente o userform `frmReport` para mostrar três caixas de listagem, como mostrado na Figura 11.14.

Figura 11.14
Este formulário superflexível deixa o cliente executar qualquer tipo de relatório que ele puder imaginar. Ele cria algumas faixas de critérios dignas de um pesadelo, a menos que você encontre uma saída.

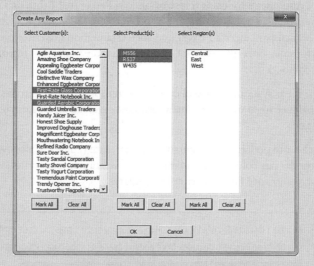

No seu primeiro teste, imagine que você tenha selecionado dois compradores e dois produtos. Nesse caso, o programa tem que criar uma faixa de critérios de cinco linhas, como mostrado na Figura 11.15. Isso não é tão ruim.

Figura 11.15
Esta faixa de critérios retorna quaisquer registros em que os dois compradores selecionados tiverem encomendado algum dos dois produtos selecionados.

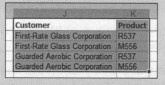

Isso fica confuso se alguém selecionar 10 produtos, todas as regiões, menos a própria, e todos os compradores, menos os internos. Sua faixa de critérios precisaria de combinações únicas dos campos selecionados. Isso poderia facilmente ser 10 produtos, vezes 9 regiões, vezes 499 compradores, mais de 44.000 linhas de critério de intervalo. Uma vez eu fui tolo o suficiente para realmente tentar executar um filtro avançado com um critério assim. Ele ainda estaria tentando terminar se eu não tivesse sido obrigado a reiniciar o computador.

A solução para esse relatório é substituir as listas de valores por uma condição baseada em fórmula.

196 Capítulo 11 | Mineração de Dados com Filtro Avançado

Definindo uma Condição como Resultado de uma Fórmula

Surpreendentemente, há uma versão incrivelmente obscura do critério do Filtro Avançado que pode substituir a faixa de critérios de 44.000 linhas do estudo de caso anterior. Na forma alternativa da faixa de critérios, a linha do topo é deixada em branco. Não há cabeçalho acima do critério. O critério definido na Linha 2 é uma fórmula que resulta em Verdadeiro ou Falso. Se a fórmula contiver qualquer referência relativa à Linha 2 do intervalo de dados, o Excel compara essa fórmula a cada linha do intervalo de dados, uma a uma.

Por exemplo, caso queira todos os registros onde o Percentual Bruto de Lucro esteja abaixo de 53%, a fórmula criada em J2 vai referenciar o Lucro em H2 e a Renda em F2. Para fazer isso, deixe J1 em branco para dizer ao Excel que você está usando um critério computado. A Célula J2 contém a fórmula `=(H2/F2)<0,53`. O critério de intervalo para o filtro avançado seria especificado como `J1:J2`.

Ao executar o filtro avançado, o Excel copia a fórmula e a aplica em todas as linhas do banco de dados. Qualquer lugar onde a fórmula resultar `Verdadeiro`, o registro é incluído no intervalo de saída.

Isso é incrivelmente poderoso e executado com bastante rapidez. É possível combinar múltiplas fórmulas nas colunas ou linhas adjacentes para juntar ao critérios de fórmula com E ou OU, assim como você faz com critérios regulares.

> **NOTA** A Linha 1 da faixa de critérios não tem que ficar em branco, mas não pode conter alguma palavra que seja título no intervalo de dados. Você poderia usar essa linha para explicar que a pessoa deve olhar nessa página desse livro uma explicação sobre esses critérios computados.

ESTUDO DE **CASO**: USANDO CONDIÇÕES BASEADAS EM FÓRMULA NA INTERFACE DO EXCEL

Você pode usar condições baseadas em fórmula para resolver o relatório introduzido no estudo de caso anterior. A figura 11.16 mostra o fluxo de configuração de um critério baseado em fórmula.

Para ilustrar, à direita da faixa de critérios, defina uma coluna de células com a lista dos compradores selecionados. Atribua um nome ao intervalo, como MyCust. Na célula J2 do critério de intervalo, insira uma fórmula como `=NÃO(É.NÃO.DISP(CORRESP(D2;MyCust;0)))`.

À direita do intervalo MyCust, defina um intervalo com uma lista de produtos selecionados. Atribua a esse intervalo o nome de MyProd. Na célula K2 do intervalo de critério, adicione uma fórmula para verificar os produtos `=NÃO(É.NÃO.DISP(CORRESP(B2;MyProd;0)))`.

À direita do intervalo MyProd, defina um intervalo com a lista de regiões selecionadas. Atribua a esse intervalo o nome de MyRegion. Na célula L2 do critério de intervalo, adicione uma fórmula para verificar as regiões selecionadas, `=NÃO(É.NÃO.DISP(CORRESP(A2;MyRegion;0)))`.

Agora, com o critério de intervalo de J1:L2, você pode efetivamente recuperar os registros que atendam a qualquer combinação de seleções do userform.

Usando Filtro Avançado com Faixas de Critérios | **197**

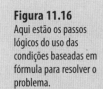

Figura 11.16
Aqui estão os passos lógicos do uso das condições baseadas em fórmula para resolver o problema.

Usando Condições Baseadas em Fórmula com VBA

Falando de novo do UserForm mostrado na figura 11.14, você pode usar condições baseadas em fórmula para filtrar o relatório usando o UserForm. A seguir, temos o código para este userform. Observe a lógica no OKButton_Click que cria a fórmula. A Figura 11. 17 mostra a planilha do Excel antes do filtro avançado ser executado.

Figura 11.17
A planilha antes da macro executar o filtro avançado.

O seguinte código inicializa o userform. Três filtros avançados encontram a lista única de compradores, produtos e regiões:

Capítulo 11 | Mineração de Dados com Filtro Avançado

```vba
Private Sub UserForm_Initialize()
    Dim IRange As Range
    Dim ORange As Range

    ' Encontra o tamanho do conjunto de dados de hoje
    FinalRow = Cells(Rows.Count, 1).End(xlUp).Row
    NextCol = Cells(1, Columns.Count).End(xlToLeft).Column + 2

    ' Define o intervalo de entrada
    Set IRange = Range("A1").Resize(FinalRow, NextCol - 2)

    ' Define o intervalo de saída para Comprador. Copie o cabeçalho de D1 daqui
    Range("D1").Copy Destination:=Cells(1, NextCol)
    Set ORange = Cells(1, NextCol)

    ' Faz o Filtro Avançado obter uma lista única  dos compradores
    IRange.AdvancedFilter Action:=xlFilterCopy, CriteriaRange:="", _
        CopyToRange:=ORange, Unique:=True

    ' Determina quantos compradores nós temos
    LastRow = Cells(Rows.Count, NextCol).End(xlUp).Row

    ' Classifica os dados
    Cells(1, NextCol).Resize(LastRow, 1).Sort Key1:=Cells(1, NextCol), _
        Order1:=xlAscending, Header:=xlYes

    With Me.lbCust
        .RowSource = ""
        .List = Application.Transpose( _
            Cells(2,NextCol).Resize(LastRow-1,1))
    End With

    ' Apaga a lista temporária de compradores
    Cells(1, NextCol).Resize(LastRow, 1).Clear

    ' Define o intervalo de saída para produto. Copie o cabeçalho de B1
    Range("B1").Copy Destination:=Cells(1, NextCol)
    Set ORange = Cells(1, NextCol)

    ' Faz o Filtro Avançado obter uma lista única de compradores
    IRange.AdvancedFilter Action:=xlFilterCopy, _
        CopyToRange:=ORange, Unique:=True

    ' Determina quantos compradores nós temos
    LastRow = Cells(Rows.Count, NextCol).End(xlUp).Row

    ' Classifica os dados
    Cells(1, NextCol).Resize(LastRow, 1).Sort Key1:=Cells(1, NextCol), _
        Order1:=xlAscending, Header:=xlYes

    With Me.lbProduct
        .RowSource = ""
        ' A lista tem que seguir, então transponha os dados verticais.
        .List = Application.Transpose( _
            Cells(2,NextCol).Resize(LastRow-1,1))
    End With

    ' Apaga a lista temporária de compradores
```

Usando Filtro Avançado com Faixas de Critérios | **199**

```vba
    Cells(1, NextCol).Resize(LastRow, 1).Clear

    ' Define o intervalo de saída para Região. Copie o cabeçalho de A1
    Range("A1").Copy Destination:=Cells(1, NextCol)
    Set ORange = Cells(1, NextCol)

    ' Faz o Filtro Avançado obter a lista única de compradores
    IRange.AdvancedFilter Action:=xlFilterCopy, CopyToRange:=ORange, _
        Unique:=True

    ' Determina quantos compradores temos
    LastRow = Cells(Rows.Count, NextCol).End(xlUp).Row

    ' Classifica os dados
    Cells(1, NextCol).Resize(LastRow, 1).Sort Key1:=Cells(1, NextCol), _
        Order1:=xlAscending, Header:=xlYes

    With Me.lbRegion
        .RowSource = ""
        .List = Application.Transpose( _
            Cells(2,NextCol).Resize(LastRow-1,1))
    End With

    ' Apaga a lista temporária de compradores
    Cells(1, NextCol).Resize(LastRow, 1).Clear
End Sub
```

Estes pequenos procedimentos são executados quando alguém clica em Mark All (Marcar Todos) ou Clear All (Desmarcar Todos) no userForm da Figura 11.14:

```vba
Private Sub CancelButton_Click()
    Unload Me
End Sub

Private Sub cbSubAll_Click()
    For i = 0 To lbCust.ListCount - 1
        Me.lbCust.Selected(i) = True
    Next i
End Sub

Private Sub cbSubClear_Click()
    For i = 0 To lbCust.ListCount - 1
        Me.lbCust.Selected(i) = False
    Next i
End Sub

Private Sub CommandButton1_Click()
    ' Limpa todos os produtos
    For i = 0 To lbProduct.ListCount - 1
        Me.lbProduct.Selected(i) = False
    Next i
End Sub

Private Sub CommandButton2_Click()
    ' Marca todos os produtos
    For i = 0 To lbProduct.ListCount - 1
        Me.lbProduct.Selected(i) = True
    Next i
```

Capítulo 11 | Mineração de Dados com Filtro Avançado

```vb
End Sub

Private Sub CommandButton3_Click()
    ' Limpa todas  as regiões
    For i = 0 To lbRegion.ListCount - 1
        Me.lbRegion.Selected(i) = False
    Next i
End Sub

Private Sub CommandButton4_Click()
    ' Marca todas as regiões
    For i = 0 To lbRegion.ListCount - 1
        Me.lbRegion.Selected(i) = True
    Next i
End Sub
```

O código a seguir é anexado ao botão OK. Esse código cria os três intervalos em O, P e Q que listam os compradores, produtos e regiões selecionados. A faixa de critérios de verdade é composta de três linhas em branco em J1:L1 e depois três fórmulas em J2:L2:

```vb
Private Sub OKButton_Click()
    Dim CRange As Range, IRange As Range, ORange As Range
    ' Cria um critério complexo com um AND que junte todas as escolhas
    NextCCol = 10
    NextTCol = 15

    For j = 1 To 3
        Select Case j
            Case 1
                MyControl = "lbCust"
                MyColumn = 4
            Case 2
                MyControl = "lbProduct"
                MyColumn = 2
            Case 3
                MyControl = "lbRegion"
                MyColumn = 1
        End Select
        NextRow = 2
        ' Verifica para ver o que foi selecionado.
        For i = 0 To Me.Controls(MyControl).ListCount - 1
            If Me.Controls(MyControl).Selected(i) = True Then
                Cells(NextRow, NextTCol).Value = _
                    Me.Controls(MyControl).List(i)
                NextRow = NextRow + 1
            End If
        Next i
        ' Se algo tiver sido selecionado, crie uma nova fórmula de critério
        If NextRow > 2 Then
            ' a referência para a Row 2 deve ser relativa para que funcione
            MyFormula = "=NOT(ISNA(MATCH(RC" & MyColumn & ",R2C" & _
                NextTCol & ":R" & NextRow - 1 & "C" & NextTCol & ",0)))"
            Cells(2, NextCCol).FormulaR1C1 = MyFormula
            NextTCol = NextTCol + 1
            NextCCol = NextCCol + 1
        End If
    Next j
    Unload Me
```

Usando Filtro no Lugar do Filtro Avançado | **201**

```
' A Figura 11.19 mostra a planilha neste ponto
' Se criou algum critério, defina o intervalo do critério
If NextCCol > 10 Then
    Set CRange = Range(Cells(1, 10), Cells(2, NextCCol - 1))
    Set IRange = Range("A1").CurrentRegion
    Set ORange = Cells(1, 20)
    IRange.AdvancedFilter xlFilterCopy, CRange, Orange

    ' Limpa o critério
    Cells(1, 10).Resize(1, 10).EntireColumn.Clear
End If

' Neste ponto, os registros que atenderam estão em T1

End Sub
```

A Figura 11.17 mostra a planilha logo antes do método `AdvancedFilter` ser chamado. O usuário selecionou compradores, produtos e regiões. A macro criou tabelas temporárias nas colunas O, P e Q para mostrar quais valores o usuário selecionou. A faixa de critérios é J1:L2. A fórmula de critério em J2 procura ver se o valor em `$D2` está na lista de compradores selecionados em O. As fórmulas em K2 e L2 comparam `$B2` com a coluna P e `$A2` com a coluna Q.

> **NOTA**
> A Ajuda do VBA do Excel diz que, ao não especificar uma faixa de critérios, nenhum critério será usado. Isso não é verdade no Excel 2016. Ao trabalhar no Excel 2013 ou 2016, se nenhum critério for especificado, o filtro avançado herda o intervalo de critério do filtro avançado anterior. Você deve incluir CriteriaRange:="" para limpar o valor anterior.

Usando Condições Baseadas em Fórmulas para Retornar Registros Acima da Média

As condições baseadas em fórmulas são legais mas são um recurso raramente usado em uma função raramente usada. Algumas aplicações de negócios interessantes usam essa técnica. Por exemplo, esta fórmula de critério acharia todas as linhas acima da média dentro do conjunto de dados:

```
=$A2>Média($A$2:$A$1048576)
```

Usando Filtro no Lugar do Filtro Avançado

É possível filtrar um grande conjunto de dados no mesmo local. Nesse caso, não é necessário um intervalo de saída. Você normalmente especificaria uma faixa de critérios — caso contrário, retornaria 100% dos registros e não teria necessidade de fazer um filtro avançado!

Na interface do usuário do Excel, executar Filtrar a Lista no Local faz sentido: é possível facilmente percorrer a lista filtrada procurando por alguma coisa em particular.

Executar Filtrar a Lista no Local no VBA é um pouco menos conveniente. A única boa maneira de percorrer por programação os registros filtrados é usando a opção `xlCellTypeVisible` do método `SpecialCells`. Na interface do usuário do Excel, a ação equivalente é selecionar Localizar e Selecionar, Ir Para Especial, da guia Página Inicial. Na caixa de diálogo Ir Para Especial, selecione Somente Células Visíveis.

202 | Capítulo 11 | Mineração de Dados com Filtro Avançado

Para executar Filtrar a Lista no Local, use a constante `XLFilterInPlace` como o parâmetro `Action` no comando `AdvancedFilter` e remova o `CopyToRange` do comando:

```
IRange.AdvancedFilter Action:=xlFilterInPlace, CriteriaRange:=CRange, _
    Unique:=False
```

Depois, o equivalente programático de iterar pelas Somente Células Visíveis é esse código:

```
For Each cell In Range("A2:A" & FinalRow).SpecialCells(xlCellTypeVisible)
    Ctr = Ctr + 1
Next cell
MsgBox Ctr & " cells match the criteria"
```

Se você souber que não haverá células em branco nas células visíveis, pode eliminar o loop com:

```
Ctr = Application.Counta(Range("A2:A" & _
FinalRow).SpecialCells(xlCellTypeVisible))
```

Não Obtendo Registros ao Usar o Filtro no Local

Assim como quando usou o `Copy`, você tem que atentar para a possibilidade de não ter registros que atendam ao critério. Entretanto, nesse caso, é mais difícil perceber que nada foi retornado. Geralmente descobre-se quando o método `.SpecialCells` retorna um Erro em Tempo de Execução '1004' — Nenhuma Célula Encontrada.

Para capturar essa condição, é necessário definir uma verificação de erros a fim de antecipar o erro 1004 com o método `SpecialCells`.

```
On Error GoTo NoRecs
    For Each cell In _
        Range("A2:A" & FinalRow).SpecialCells(xlCellTypeVisible)
        Ctr = Ctr + 1
    Next cell
    On Error GoTo 0
    MsgBox Ctr & " cells match the criteria"
    Exit Sub
NoRecs:
    MsgBox "No records match the criteria"
End Sub
```

➡ **Veja** o Capítulo 24, "Lidando com Erros", para obter mais informações sobre a verificação de erros.

Essa verificação de erros funciona excluindo especificamente a linha de cabeçalho do intervalo `SpecialCells`. A linha de cabeçalho é sempre visível depois de um filtro avançado. Incluí-la no intervalo evita que o erro 1004 aconteça.

Mostrando Todos os Registros Depois do Filtro

Depois de Filtrar a Lista no Local, é possível fazer todos os registros aparecerem de novo, usando o método `ShowAllData`:

```
ActiveSheet.ShowAllData
```

O Verdadeiro Carregador de Piano: `xlFilterCopy` com Todos os Registros em Vez de Apenas Registros Distintos

Os exemplos no início deste capítulo falaram sobre usar `xlFilterCopy` para obter uma lista de valores distintos de um campo. Você usou essas listas distintas para cliente, região e produto, para preencher as caixas de listagem nos seus userforms de relatório.

Entretanto, um cenário mais comum é usar um filtro avançado para retornar todos os registros que satisfaçam a um critério. Depois de o usuário selecionar qual cliente inserir no relatório, um filtro avançado pode buscar todos os registros para esse cliente.

Em todos os exemplos nas seções seguintes, deve-se manter o checkbox Somente Registros Distintos desmarcado. Você faz isso no VBA especificando `Unique:=False` como um parâmetro do método `AdvancedFilter`.

Isso não é difícil de fazer e existem algumas opções poderosas. Se precisar apenas de um subconjunto dos campos para o relatório, copie apenas os títulos desses campos para o intervalo de saída. Se quiser reordenar os campos para aparecerem exatamente como você precisa no relatório, pode fazer isso alterando a sequência dos títulos no intervalo de saída.

As próximas seções lhe guiam em três rápidos exemplos, para mostrar as opções disponíveis.

Copiar Todas as Colunas

Para copiar todas as colunas, especifique uma única célula em branco como o intervalo de saída. Você obterá todas as colunas daqueles registros que satisfazem ao critério, como mostrado na Figura 11.18:

```
Sub AllColumnsOneCustomer()
    Dim IRange As Range
    Dim ORange As Range
    Dim CRange As Range

    ' Descobre o tamanho do conjunto de dados de hoje
    FinalRow = Cells(Rows.Count, 1).End(xlUp).Row
    NextCol = Cells(1, Columns.Count).End(xlToLeft).Column + 2

    ' Define a faixa de critérios com um cliente
    Cells(1, NextCol).Value = Range("D1").Value
    ' Na verdade, esse valor deveria ser passado pelo userform
    Cells(2, NextCol).Value = Range("D2").Value
    Set CRange = Cells(1, NextCol).Resize(2, 1)

    ' Define o intervalo de saída. É uma única célula em branco
    Set ORange = Cells(1, NextCol + 2)

    ' Define o Intervalo de Entrada
    Set IRange = Range("A1").Resize(FinalRow, NextCol - 2)

    ' Faz o Filtro Avançado obter a lista única de clientes e produtos
    IRange.AdvancedFilter Action:=xlFilterCopy, _
        CriteriaRange:=CRange, CopyToRange:=Orange

End Sub
```

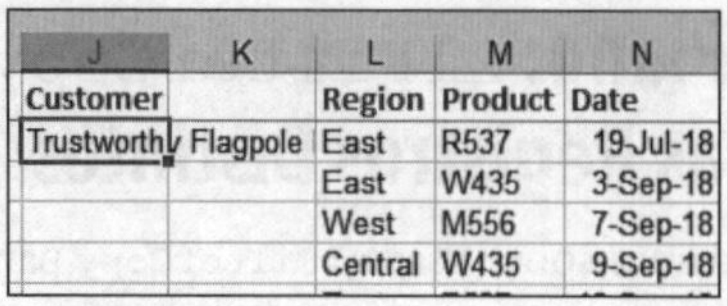

Figura 11.18
Ao usar `xlFilterCopy` com um intervalo de saída em branco, você obtém todas as colunas na mesma ordem que elas aparecem no intervalo original.

J	K	L	M	N
Customer		Region	Product	Date
Trustworthy	Flagpole	East	R537	19-Jul-18
		East	W435	3-Sep-18
		West	M556	7-Sep-18
		Central	W435	9-Sep-18

Copiando e Reordenando um Subconjunto de Colunas

Se você estiver criando um filtro avançado para enviar alguns registros para um relatório, muito provavelmente vai precisar apenas de um subconjunto de colunas e poderá precisar delas numa sequência diferente.

Este exemplo finaliza o exemplo `frmReport` que foi apresentado anteriormente neste capítulo. Como você lembra, `frmReport` permite que o usuário selecione um cliente. O botão OK então chama a rotina `RunCustReport`, passando um parâmetro para identificar sobre qual cliente preparar um relatório.

Imagine que este é um relatório sendo enviado para seu cliente. Ele não se importa sobre a região ao redor e você não quer revelar o custo dos bens vendidos ou o lucro. Supondo que você vá colocar o nome do cliente no título do relatório, os campos necessários para gerar o relatório são Data, Quantidade, Produto e Receita.

O código a seguir copia esses cabeçalhos para o intervalo de saída.

```
Sub RunCustReport(WhichCust As Variant)
    Dim IRange As Range
    Dim ORange As Range
    Dim CRange As Range
    Dim WBN As Workbook
    Dim WSN As Worksheet
    Dim WSO As Worksheet

    Set WSO = ActiveSheet
    ' Descobre o tamanho do conjunto de dados de hoje
    FinalRow = Cells(Rows.Count, 1).End(xlUp).Row
    NextCol = Cells(1, Columns.Count).End(xlToLeft).Column + 2

    ' Define o intervalo de critério com um cliente
    Cells(1, NextCol).Value = Range("D1").Value
    Cells(2, NextCol).Value = WhichCust
    Set CRange = Cells(1, NextCol).Resize(2, 1)

    ' Define o intervalo de saída. Queremos Data, Quantidade, Produto e Receita
    ' Estas colunas estão em C, E, B e F
    Cells(1, NextCol + 2).Resize(1, 4).Value = _
        Array(Cells(1, 3), Cells(1, 5), Cells(1, 2), Cells(1, 6))
    Set ORange = Cells(1, NextCol + 2).Resize(1, 4)

    ' Define o Intervalo de Entrada
    Set IRange = Range("A1").Resize(FinalRow, NextCol - 2)

    ' Cria o Filtro Avançado para obter a lista única de clientes e produtos
```

O Verdadeiro Carregador de Piano: xFilterCopy com Todos os Registros em Vez de Apenas Registros Distintos | **205**

```
IRange.AdvancedFilter Action:=xlFilterCopy, _
    CriteriaRange:=CRange, CopyToRange:=ORange

' Cria uma nova pasta de trabalho, com uma planilha em branco para conter
' a saída. xlWBATWorksheet é o nome do modelo para uma única planilha
Set WBN = Workbooks.Add(xlWBATWorksheet)
Set WSN = WBN.Worksheets(1)

' Define um título para WSN
WSN.Cells(1, 1).Value = "Report of Sales to " & WhichCust

' Copia os dados de WSO para WSN
WSO.Cells(1, NextCol + 2).CurrentRegion.Copy _
    Destination:=WSN.Cells(3, 1)
TotalRow = WSN.Cells(Rows.Count, 1).End(xlUp).Row + 1
WSN.Cells(TotalRow, 1).Value = "Total"
WSN.Cells(TotalRow, 2).FormulaR1C1 = "=SUM(R2C:R[-1]C)"
WSN.Cells(TotalRow, 4).FormulaR1C1 = "=SUM(R2C:R[-1]C)"

' Formata o novo relatório com negrito
WSN.Cells(3, 1).Resize(1, 4).Font.Bold = True
WSN.Cells(TotalRow, 1).Resize(1, 4).Font.Bold = True
WSN.Cells(1, 1).Font.Size = 18

WBN.SaveAs ThisWorkbook.Path & Application.PathSeparator & _
    WhichCust & ".xlsx"
WBN.Close SaveChanges:=False

WSO.Select

' Limpa o intervalo de saída, etc.
Range("J:Z").Clear

End Sub
```

O filtro avançado produz os dados, como mostrado na Figura 11.19. O programa então prossegue e copia os registros resultantes para uma nova pasta de trabalho. Um título e uma linha de totalização são adicionados, e o relatório é gravado com o nome do cliente. A Figura 11.20 mostra o relatório final.

Figura 11.19
Imediatamente depois do filtro avançado, você tem somente as colunas e gravações necessárias para o relatório.

J	K	L	M	N	O
Customer		Date	Quantity	Product	Revenue
Cool Saddle Traders		22-Jul-18	400	R537	9152
		25-Jul-18	600	R537	13806
		16-Aug-18	400	M556	7136
		23-Sep-18	100	R537	2358
		29-Sep-18	100	R537	1819
		21-Oct-18	100	R537	2484
		3-Mar-19	200	W435	4270
		18-Aug-19	700	W435	12145

206 Capítulo 11 | Mineração de Dados com Filtro Avançado

Figura 11.20
Depois de copiar os dados filtrados para uma nova folha e aplicar alguma formatação, você terá um relatório de boa aparência para enviar a cada cliente.

	A	B	C	D	E	F	G	H
1	Report of Sales to Trustworthy Flagpole Partners							
2								
3	Date	Quantity	Product	Revenue				
4	19-Jul-18	1000	R537	22810				
5	3-Sep-18	200	W435	4742				
6	7-Sep-18	300	M556	5700				
7	9-Sep-18	600	W435	12282				
8	12-Sep-18	100	R537	2257				

ESTUDO DE CASO: UTILIZANDO DOIS TIPOS DE FILTROS AVANÇADOS PARA CRIAR UM RELATÓRIO PARA CADA CLIENTE

O exemplo final de filtro avançado deste capítulo usa diversas técnicas de filtros avançados. Digamos que, depois de importar os registros das vendas, você queira enviar um resumo de compras para cada cliente. O processo seria o seguinte:

1. Execute um filtro avançado requisitando valores distintos para obter uma lista dos clientes em J. Esse `AdvancedFilter` especifica o parâmetro `Unique:=True` e usa um `CopyToRange` que inclui um único cabeçalho para Cliente:

```
' Defina o intervalo de saída. Copie ali o cabeçalho de D1
Range("D1").Copy Destination:=Cells(1, NextCol)
Set ORange = Cells(1, NextCol)

' Defina o Intervalo de Entrada
Set IRange = Range("A1").Resize(FinalRow, NextCol - 2)

' Crie o Filtro Avançado para obter uma lista única de clientes
IRange.AdvancedFilter Action:=xlFilterCopy, CriteriaRange:="", _
    CopyToRange:=ORange, Unique:=True
```

2. Para cada cliente na lista distinta na Coluna J, execute os passos de 3 a 7. Encontre o número de clientes no intervalo de saída do passo 1. Depois, use um loop `For Each Cell` para iterar pelos clientes:

```
' Itere por cada cliente
FinalCust = Cells(Rows.Count, NextCol).End(xlUp).Row
For Each cell In Cells(2, NextCol).Resize(FinalCust - 1, 1)
    ThisCust = cell.Value
    ' ... Passos  de 3 a 7 aqui.
Next Cell
```

3. Crie uma faixa de critérios em L1:L2 para ser usado em um novo filtro avançado. O intervalo de critério deve incluir 12 o cabeçalho Cliente em L1 e o nome do cliente da iteração na célula L2:

```
' Defina a faixa de critérios com um cliente
Cells(1, NextCol + 2).Value = Range("D1").Value
Cells(2, NextCol + 2).Value = ThisCust
Set CRange = Cells(1, NextCol + 2).Resize(2, 1)
```

4. Crie um filtro avançado para copiar os registros coincidentes desse cliente para a Coluna N. Esta instrução `Advanced Filter` especifica o parâmetro `Unique:=False`. Como você quer apenas as colunas Data, Quantidade, Produto e Renda, o `CopyToRange` especifica um intervalo de quatro colunas com os cabeçalhos copiados na ordem apropriada:

O Verdadeiro Carregador de Piano: xFilterCopy com Todos os Registros em Vez de Apenas Registros Distintos

```
' Defina o intervalo de saída (Data, Quantidade, Produto e Renda)
' Estas colunas são C, E, B e F
Cells(1, NextCol + 4).Resize(1, 4).Value = _
    Array(Cells(1, 3), Cells(1, 5), Cells(1, 2), Cells(1, 6))
Set ORange = Cells(1, NextCol + 4).Resize(1, 4)

' Crie o Filtro Avançado para obter uma lista única
IRange.AdvancedFilter Action:=xlFilterCopy,
CriteriaRange:=CRange, _
    CopyToRange:=Orange
```

5. Copie os registros do cliente para uma planilha de relatório em uma nova pasta de trabalho. O código VBA usa o método `Workbooks.Add` para criar uma nova pasta de trabalho em branco. O nome de Template (modelo) de xlWBATWORKSHEET é o jeito de você especificar que você quer uma pasta de trabalho com uma única planilha. Os registros extraídos do passo 4 são copiados para a Célula A3 da nova pasta de trabalho:

```
' Crie uma nova pasta de trabalho com 1 planilha
' em branco para conter a saída
Set WBN = Workbooks.Add(xlWBATWorksheet)
Set WSN = WBN.Worksheets(1)
' Copie os dados de WSO para WSN
WSO.Cells(1, NextCol + 4).CurrentRegion.Copy _
    Destination:=WSN.Cells(3, 1)
```

6. Formate o relatório com um título e totais. No VBA, adicione um título que reflita o nome do cliente na célula A1. Coloque os cabeçalhos em negrito e um total abaixo da última linha:

```
' Defina um título em WSN
WSN.Cells(1, 1).Value = "Report of Sales to " & ThisCust

TotalRow = WSN.Cells(Rows.Count, 1).End(xlUp).Row + 1
WSN.Cells(TotalRow, 1).Value = "Total"
WSN.Cells(TotalRow, 2).FormulaR1C1 = "=SUM(R2C:R[-1]C)"
WSN.Cells(TotalRow, 4).FormulaR1C1 = "=SUM(R2C:R[-1]C)"

' Formate  o novo relatório com negrito
WSN.Cells(3, 1).Resize(1, 4).Font.Bold = True
WSN.Cells(TotalRow, 1).Resize(1, 4).Font.Bold = True
WSN.Cells(1, 1).Font.Size = 18
```

7. Use o SaveAs para gravar a pasta de trabalho com base no nome do cliente. Depois de a pasta de trabalho ser gravada, feche a nova pasta de trabalho. Retorne para a pasta de trabalho original e limpe o intervalo de saída para preparar para a nova passada pelo loop:

```
WBN.SaveAs ThisWorkbook.Path & Application.PathSeparator & _
        WhichCust & ".xlsx"
WBN.Close SaveChanges:=False

WSO.Select
' Libere a memória definindo as variáveis de objeto como nada
Set WSN = Nothing
Set WBN = Nothing
' Limpe o intervalo de saída, etc.
Cells(1, NextCol + 2).Resize(1, 10).EntireColumn.Clear
```

O código completo é o seguinte:

Capítulo 11 | Mineração de Dados com Filtro Avançado

```vba
Sub RunReportForEachCustomer()
    Dim IRange As Range
    Dim ORange As Range
    Dim CRange As Range
    Dim WBN As Workbook
    Dim WSN As Worksheet
    Dim WSO As Worksheet

    Set WSO = ActiveSheet
    ' Descubra o tamanho do conjunto de dados de hoje
    FinalRow = Cells(Rows.Count, 1).End(xlUp).Row
    NextCol = Cells(1, Columns.Count).End(xlToLeft).Column + 2
    ' Primeiro - obtenha uma lista única de clientes em J
    ' Defina o intervalo de saída. Copie ali o cabeçalho de D1

    Range("D1").Copy Destination:=Cells(1, NextCol)
    Set ORange = Cells(1, NextCol)

    ' Defina o Intervalo de Entrada
    Set IRange = Range("A1").Resize(FinalRow, NextCol - 2)

    ' Faça o Filtro Avançado obter a lista única de clientes
     IRange.AdvancedFilter Action:=xlFilterCopy, CriteriaRange:="", _
        CopyToRange:=ORange, Unique:=True

    ' Itere por cada cliente
    FinalCust = Cells(Rows.Count, NextCol).End(xlUp).Row
    For Each cell In Cells(2, NextCol).Resize(FinalCust - 1, 1)
        ThisCust = cell.Value

        ' Defina o Intervalo de Critério com 1 cliente
        Cells(1, NextCol + 2).Value = Range("D1").Value
        Cells(2, NextCol + 2).Value = ThisCust
        Set CRange = Cells(1, NextCol + 2).Resize(2, 1)

        ' Defina o intervalo de saída (Data, Quantidade, Produto e Receita)
        ' Estas colunas estão em C, E, B e F
        Cells(1, NextCol + 4).Resize(1, 4).Value = _
            Array(Cells(1, 3), Cells(1, 5), Cells(1, 2), Cells(1, 6))
        Set ORange = Cells(1, NextCol + 4).Resize(1, 4)

        ' Faça o Filtro Avançado obter a lista única de clientes e produtos
        IRange.AdvancedFilter Action:=xlFilterCopy, _
            CriteriaRange:=CRange, _
            CopyToRange:=Orange

        ' Crie uma nova pasta de trabalho com uma planilha
        ' em branco para conter a saída
        Set WBN = Workbooks.Add(xlWBATWorksheet)
        Set WSN = WBN.Worksheets(1)
        ' Copie os dados de WSO para WSN
        WSO.Cells(1, NextCol + 4).CurrentRegion.Copy _
            Destination:=WSN.Cells(3, 1)

        ' Defina um título em WSN
        WSN.Cells(1, 1).Value = "Report of Sales to " & ThisCust
        TotalRow = WSN.Cells(Rows.Count, 1).End(xlUp).Row + 1
        WSN.Cells(TotalRow, 1).Value = "Total"
```

```
                    WSN.Cells(TotalRow, 2).FormulaR1C1 = "=SUM(R2C:R[-1]C)"
                    WSN.Cells(TotalRow, 4).FormulaR1C1 = "=SUM(R2C:R[-1]C)"

                    ' Formate o novo relatório com negrito
                    WSN.Cells(3, 1).Resize(1, 4).Font.Bold = True
                    WSN.Cells(TotalRow, 1).Resize(1, 4).Font.Bold = True
                    WSN.Cells(1, 1).Font.Size = 18
                    WBN.SaveAs ThisWorkbook.Path & Application.PathSeparator & _
                        WhichCust & ".xlsx"
                    WBN.Close SaveChanges:=False
                    WSO.Select
                    Set WSN = Nothing

                    Set WBN = Nothing

                    ' Limpe o intervalo de saída etc.
                    Cells(1, NextCol + 2).Resize(1, 10).EntireColumn.Clear
                Next cell

                Cells(1, NextCol).EntireColumn.Clear
                MsgBox FinalCust - 1 & " Reports have been created!"
            End Sub
```

Estas são 58 linhas notáveis de código. Incorporando um par de filtros avançados e não muito mais, você foi capaz de produzir uma ferramenta que criou 27 relatórios em menos de 1 minuto. Mesmo um usuário avançado de Excel levaria normalmente de 2 a 3 minutos por relatório para criá-los manualmente. Em menos de 60 segundos, esse código economiza algumas horas de alguém toda vez que esses relatórios precisem ser criados. Imagine um cenário real onde haja centenas de clientes. Sem dúvida, em cada cidade há pessoas que estão criando manualmente esses relatórios no Excel, porque simplesmente não percebem o poder do VBA do Excel.

Excel na Prática: Desligando Algumas Caixas de Seleção no AutoFiltro

Uma característica interessante está presente apenas no VBA do Excel. Ao executar o AutoFiltro de uma lista na interface do usuário do Excel, cada coluna no conjunto de dados recebe uma caixa de seleção na linha de cabeçalhos. Algumas vezes, você tem um campo que não faz muito sentido para o AutoFiltro. Por exemplo, no seu conjunto de dados atual, você pode querer providenciar caixas de seleção de AutoFiltro para Região, Produto, Cliente, mas não para campos numéricos ou de data. Depois de definir o AutoFiltro, precisa-se de uma linha de código para desligar cada caixa de seleção que não queira que apareça. O seguinte código desliga as caixas de seleção para as colunas C, E, F, G e H:

```
Sub AutoFilterCustom()
    Range("A1").AutoFilter Field:=3, VisibleDropDown:=False
    Range("A1").AutoFilter Field:=5, VisibleDropDown:=False
    Range("A1").AutoFilter Field:=6, VisibleDropDown:=False
    Range("A1").AutoFilter Field:=7, VisibleDropDown:=False
    Range("A1").AutoFilter Field:=8, VisibleDropDown:=False
End Sub
```

Usar essa ferramenta é algo bem raro. Na maioria das vezes, o VBA do Excel deixa você fazer coisas que são possíveis na interface do usuário — apesar de ele nos deixar fazê-las bem rápido.

210 Capítulo 11 | Mineração de Dados com Filtro Avançado

O parâmetro `VisibleDropDown`, na verdade, possibilita fazer algo no VBA que geralmente não está disponível na interface do usuário do Excel. Seus usuários vão ficar coçando a cabeça tentando descobrir como você configurou o AutoFiltro com apenas algumas colunas filtráveis (veja a Figura 11.21).

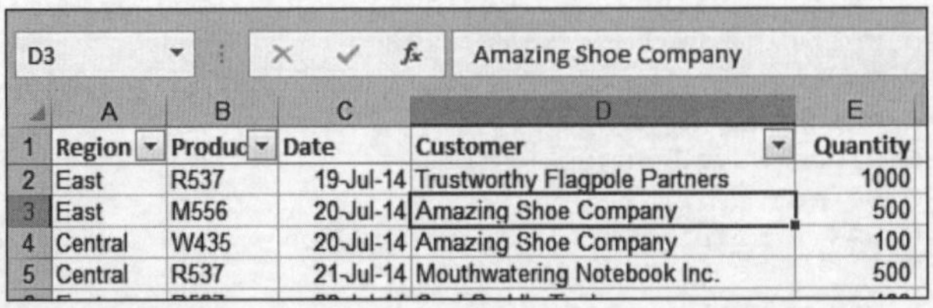

Figura 11.21
Usando o VBA, é possível definir um autofiltro onde apenas certas colunas tem a caixa de seleção de AutoFiltro.

Para limpar o filtro da coluna de clientes, você usa este código:

```
Sub SimpleFilter()
    Worksheets("SalesReport").Select
    Range("A1").AutoFilter
    Range("A1").AutoFilter Field:=4
End Sub
```

Próximos Passos

Usando as técnicas deste capítulo, você tem muitas técnicas de relatórios disponíveis ao utilizar a ferramenta arcana Filtro Avançado. O Capítulo 12, "Usando o VBA para Criar Tabelas Dinâmicas", introduz a mais poderosa característica do Excel: a tabela dinâmica. A combinação de filtros avançados e tabelas dinâmicas cria ferramentas de geração de relatórios que possibilitam aplicações incríveis.

Usando o VBA para Criar Tabelas Dinâmicas

12

Tabelas dinâmicas (*Pivot Tables*) são as ferramentas mais poderosas do Excel. Seu conceito foi posto em prática pela primeira vez pelo Lotus com seu produto Improv.

Gosto muito de tabelas dinâmicas: elas resumem com rapidez quantidades enormes de dados. O nome *tabela dinâmica* vem da possibilidade de arrastar campos para áreas da tabela e fazê-los serem recalculados. É possível usar a tabela dinâmica básica para produzir um resumo conciso em segundos. São tão variadas que podem ser as ferramentas preferidas dos usuários. As tabelas dinâmicas são usadas como mecanismo de cálculo, a fim de produzir relatórios por loja, por estilo, ou encontrar os 5 primeiros ou os 10 últimos de qualquer coisa.

Não estou sugerindo usar o VBA para criar tabelas dinâmicas para seus usuários. Em vez disso, use tabelas dinâmicas como um meio para um fim — extrair um resumo dos dados e usá-lo para finalidades melhores.

A Evolução das Tabelas Dinâmicas nas Versões do Excel

Como a Microsoft investe em tornar o Excel a escolha preferida da área de business intelligence, as tabelas dinâmicas continuam a evoluir. Elas foram introduzidas no Excel 5 e aperfeiçoadas no Excel 97. No Excel 2000, sua criação pelo VBA foi dramaticamente alterada. Novos parâmetros foram adicionados no Excel 2002. Novas propriedades como `PivotFilters` e `TableStyle2` foram adicionadas no Excel 2007. Estas são algumas modificações feitas três versões mais recentes:

- O Excel 2010 introduziu slicers, Repetir Todos os Rótulos de Item, Conjuntos Nomeados e outras opções de cálculos: `xlPercentOfParentColumn`, `xlPercentOfParentRow`, `xlPercentRunningTotal`, `xlRankAscending` e `xlRankDescending`. Estas opções não funcionam no Excel 2007.

NESTE CAPÍTULO

A Evolução das Tabelas Dinâmicas nas Versões do Excel...................................211

Criando uma Tabela Dinâmica com VBA do Excel.................................212

Usando Características Avançadas das Tabelas Dinâmicas 219

Filtrando um Conjunto de Dados............228

Usando o Modelo de Dados no Excel 2016...242

Usando outras Características das Tabelas Dinâmicas 247

Próximos Passos 250

212 Capítulo 12 | Usando o VBA para Criar Tabelas Dinâmicas

- O Excel 2013 introduziu as linhas do tempo, a função `xlDistinctCount` e o Modelo de Dados PowerPivot. Você pode adicionar tabelas ao Modelo de Dados, criar uma relação e produzir uma tabela dinâmica, mas o código não funciona no Excel 2010 ou nas versões anteriores.

- O Excel 2016 introduziu o AutoGrouping para datas. Embora seja automático, não afeta as tabelas dinâmicas construídas com o VBA.

Devido a todas as mudanças de versão para versão, você precisa ser muito cuidadoso ao escrever códigos no Excel 2016 que possam não funcionar em outras versões.

> **NOTA** A maior parte do código neste capítulo funciona com o Excel 2010 e os mais recentes. Embora este livro não inclua códigos para o Excel 2007, um único exemplo dele foi incluído no arquivo de exemplos neste capítulo. A listagem de código para este capítulo está disponível para download no site da editora em www.altabooks.com.br, procurando pelo título do livro.

Criando uma Tabela Dinâmica com VBA do Excel

Como mencionei anteriormente, este capítulo não quer insinuar que você deva utilizar o VBA para criar tabelas dinâmicas para apresentar aos seus usuários. Em vez disso, o propósito desse capítulo é lembrar-lhe de que tabelas dinâmicas podem ser usadas como um meio para um fim. É possível usar uma tabela dinâmica para extrair um resumo de dados e depois usar esse resumo em outro local.

> **NOTA** Apesar de a interface do usuário do Excel ter novos nomes para as várias seções de uma tabela dinâmica, o código VBA continua a fazer referência aos nomes antigos. A Microsoft teve que usar essa decisão; caso contrário, milhões de linhas de código deixariam de funcionar no Excel 2007 quando fizessem referência a um *page field* em vez de um *filter field*. Apesar de as quatro seções da tabela dinâmica na interface do usuário do Excel serem Filtro de Relatório, Rótulos de Coluna, Rótulos de Linha e Valores, o VBA continua a usar os termos antigos PageFields, ColumnFields, RowFields e DataFields.

Definindo a Cache Dinâmica

Na primeira parte deste capítulo, o conjunto de dados é formado por 8 colunas x 5.000 linhas, como mostra a Figura 12.1. As macros viram uma tabela dinâmica normal a partir de dados da planilha de trabalho. No final do capítulo, um exemplo mostra como construir uma tabela dinâmica baseada em um Modelo de Dados e no PowerPivot.

Figura 12.1
Crie relatórios resumidos a partir deste conjunto de dados.

	A	B	C	D	E	F	G	H
1	Region	Product	Date	Customer	Quantity	Revenue	COGS	Profit
2	West	D625	1/4/2018	Guarded Kettle Corporatic	430	10937	6248	4689
3	Central	A292	1/4/2018	Mouthwatering Jewelry Cc	400	8517	4564	3953
4	West	B722	1/4/2018	Agile Glass Supply	940	23188	11703	11485
5	Central	E438	1/4/2018	Persuasive Kettle Inc.	190	5520	2958	2562
6	East	E438	1/4/2018	Safe Saddle Corporation	130	3933	2024	1909
7	West	C409	1/4/2018	Agile Glass Supply	440	11304	5936	5368
8	West	C409	1/4/2018	Guarded Kettle Corporatic	770	20382	10387	9995
9	Central	E438	1/4/2018	Matchless Yardstick Inc.	570	17584	8875	8709
10	East	D625	1/4/2018	Unique Marble Company	380	10196	5521	4675

Criando uma Tabela Dinâmica com VBA do Excel

No Excel 2010 e em versões mais recentes, você primeiro cria um objeto PivotCache (uma cache dinâmica) para descrever a área de entrada dos dados:

```
Dim WSD As Worksheet
Dim PTCache As PivotCache
Dim PT As PivotTable
Dim PRange As Range
Dim FinalRow As Long
Dim FinalCol As Long
Set WSD = Worksheets("PivotTable")

' Remova qualquer tabela dinâmica anterior
For Each PT In WSD.PivotTables
    PT.TableRange2.Clear
Next PT

' Defina a área  de entrada e uma Cache Dinâmica
FinalRow = WSD.Cells(Rows.Count, 1).End(xlUp).Row
FinalCol = WSD.Cells(1, Columns.Count).End(xlToLeft).Column
Set PRange = WSD.Cells(1, 1).Resize(FinalRow, FinalCol)
Set PTCache = ActiveWorkbook.PivotCaches.Create( _
][ ][ ][  SourceType:=xlDatabase, _
    SourceData:=PRange, _
][ ][ ][  Version:=xlPivotTableVersion14)
```

Criando e Configurando a Tabela Dinâmica

Depois de definir a tabela dinâmica, use o método CreatePivotTable para criar uma em branco baseada na cache dinâmica já definida:

```
Set PT = PTCache.CreatePivotTable(TableDestination:=WSD.Cells(2, _
  FinalCol + 2), TableName:="PivotTable1", Version:=xlPivotTableVersion14)
```

No método CreatePivotTable, especifica-se o local de saída e dá um nome opcional à tabela. Depois de executar essa linha de código, você tem uma tabela dinâmica em branco estranha, como aquela vista na Figura 12.2. Agora, você terá que usar o código para arrastar os campos para a tabela.

Figura 12.2
Ao usar o método CreatePivotTable, o Excel apresenta uma tabela dinâmica em branco de quatro células que não é muito útil.

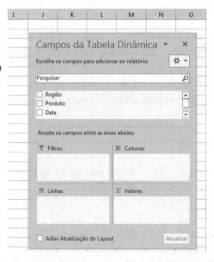

214 Capítulo 12 | Usando o VBA para Criar Tabelas Dinâmicas

Agora, você pode passar pelos passos necessários para arrumar a tabela dinâmica. No método `.AddFields` é possível especificar um ou mais campos que devem estar na área de linha, coluna ou filtro da tabela dinâmica.

O parâmetro `RowFields` lhe possibilita definir os campos que aparecem na área de Rótulos de Linha da Lista de Campos da Tabela Dinâmica. O parâmetro `ColumnFields` corresponde à área de Rótulos de Coluna. O parâmetro `PageFields` corresponde à área de Filtro de Relatório.

A seguinte linha de código preenche uma tabela dinâmica com dois campos na área da linha e um campo na área da coluna:

```
' Defina os campos de linha e coluna
PT.AddFields RowFields:=Array("Region", "Customer"), _
    ColumnFields:="Product"
```

Para adicionar um campo como Receita na área de valores da tabela, altere a propriedade `Orientation` do campo para `xlDataField`.

Adicionando Campos à Área de Dados

Quando se está adicionando campos à área de Dados da tabela dinâmica, há muitas configurações que se deve controlar em vez de deixar o Intellisense do Excel decidir. Por exemplo, digamos que você esteja criando um relatório com receita no qual, provavelmente, vai querer somar a renda. Se não especificar explicitamente o cálculo, o Excel o verificará através dos dados subjacentes. Se 100% das colunas de renda forem numéricas, o Excel as soma. Se uma célula estiver em branco ou contiver texto, o Excel vai decidir naquele dia contar a receita, o que vai produzir resultados confusos. Por causa dessa possível variabilidade, nunca se deve usar o argumento `DataFields` do método `AddFields`. Em vez disso, altere a propriedade do campo para `xlDataField`. Você pode então especificar a `Function` como sendo `xlSum`.

Enquanto estiver configurando o campo de dados, é possível alterar diversas outras propriedades dentro do mesmo bloco `With...End With`. A propriedade `Position` é útil quando estiver adicionando múltiplos campos à área de dados. Especifique `1` para o primeiro campo, `2` para o segundo, e assim em diante.

Por padrão, o Excel vai renomear um campo Receita para ter um nome estranho como Soma de Receita. É possível usar a propriedade `.Name` para mudar esse título para algo normal.

> **NOTA** Observe que não se pode reutilizar a palavra "Receita" como um nome. Em vez disso, utilize "Receita " (com um espaço).

Você não precisa especificar um formato de número, mas pode tornar a tabela dinâmica mais fácil de entender e leva apenas mais uma linha de código:

```
' Defina os campos de dados
With PT.PivotFields("Revenue")
    .Orientation = xlDataField
```

Criando uma Tabela Dinâmica com VBA do Excel | **215**

```
        .Function = xlSum
        .Position = 1
        .NumberFormat = "#,##0"
        .Name = "Revenue "
End With
```

Sua tabela dinâmica herda as configurações do estilo de tabela, selecionadas como padrão em qualquer computador que execute o código. Se quiser controle sobre o formato final, pode escolher explicitamente um estilo de tabela. O código a seguir aplica linhas de cores alternadas e um estilo de tabela médio:

```
' Formata a tabela dinâmica
PT.ShowTableStyleRowStripes = True
PT.TableStyle2 = "PivotStyleMedium10"
```

Se quiser reutilizar dados da tabela dinâmica, desligue os totais gerais e os subtotais e preencha os rótulos ao longo da coluna esquerda. O caminho mais fácil para suprimir os 11 possíveis subtotais é tornar Subtotals(1) *True* e depois *False*:

```
With PT
    .ColumnGrand = False
    .RowGrand = False
    .RepeatAllLabels xlRepeatLabels ' New in Excel 2010
End With
PT.PivotFields("Region").Subtotals(1) = True
PT.PivotFields("Region").Subtotals(1) = False
```

Nesse ponto, você tem uma tabela dinâmica completa como a mostrou a Figura 12.3.

Figura 12.3
Menos de 50 linhas de código criaram esta tabela dinâmica em menos de 1 segundo.

Revenue		Product				
Region	Customer	A292	B722	C409	D625	E438
⊟Central	Enhanced Toothpick Corporation	293,017	403,764	364,357	602,380	635,402
Central	Inventive Clipboard Corporation	410,968	440,937	422,647	292,109	346,605
Central	Matchless Yardstick Inc.	476,223	352,550	260,833	392,890	578,970
Central	Mouthwatering Jewelry Company	374,000	446,290	471,812	291,793	522,434
Central	Persuasive Kettle Inc.	1,565,368	1,385,296	1,443,434	1,584,759	2,030,578
Central	Remarkable Umbrella Company	362,851	425,325	469,054	653,531	645,140
Central	Tremendous Bobsled Corporation	560,759	711,826	877,247	802,303	1,095,329
⊟East	Excellent Glass Traders	447,771	386,804	723,888	522,227	454,540
East	Magnificent Patio Traders	395,186	483,856	484,067	430,971	539,616
East	Mouthwatering Tripod Corporation	337,100	310,841	422,036	511,184	519,701
East	Safe Saddle Corporation	646,559	857,573	730,463	1,038,371	1,053,369
East	Unique Marble Company	1,600,347	1,581,665	1,765,305	1,707,140	2,179,242
East	Unique Saddle Inc.	408,114	311,970	543,737	458,428	460,826
East	Vibrant Tripod Corporation	317,953	368,601	313,807	499,055	519,112
⊟West	Agile Glass Supply	628,204	652,845	905,059	712,285	978,745
West	Functional Shingle Corporation	504,818	289,670	408,567	505,071	484,777
West	Guarded Kettle Corporation	1,450,110	1,404,742	1,889,149	1,842,751	2,302,023
West	Innovative Oven Corporation	452,320	364,200	420,624	539,300	582,773
West	Persuasive Yardstick Corporation	268,394	426,882	441,914	257,998	402,987
West	Tremendous Flagpole Traders	446,799	557,376	237,439	554,595	564,562
West	Trouble-Free Eggbeater Inc.	390,917	520,048	506,324	370,819	515,235

12

A Listagem 12.1 mostra o código completo usado para gerar a tabela dinâmica.

Listagem 12.1   Código para Gerar uma Tabela Dinâmica

```
Sub CreatePivot()
    Dim WSD As Worksheet
    Dim PTCache As PivotCache
    Dim PT As PivotTable
    Dim PRange As Range
    Dim FinalRow As Long
```

```vba
Set WSD = Worksheets("PivotTable")

' Limpa qualquer tabela dinâmica anterior
For Each PT In WSD.PivotTables
    PT.TableRange2.Clear
Next PT

' Define a área  de entrada e uma Cache Dinâmica
FinalRow = WSD.Cells(Application.Rows.Count, 1).End(xlUp).Row
FinalCol = WSD.Cells(1, Application.Columns.Count). _
    End(xlToLeft).Column
Set PRange = WSD.Cells(1, 1).Resize(FinalRow, FinalCol)
Set PTCache = ActiveWorkbook.PivotCaches.Create( _
][ ][ ][ ][ ][ ][ ][ SourceType:= xlDatabase, _
    SourceData:=PRange.Address, _
][ ][ ][ ][ ][ ][ ][ Version:=xlPivotTableVersion14)

' Cria a Tabela Dinâmica a partir da Cache Dinâmica
Set PT = PTCache.CreatePivotTable(TableDestination:=WSD. _
    Cells(2, FinalCol + 2), TableName:="TabelaDinâmica1")

 ' Define os campos linha e coluna
PT.AddFields RowFields:=Array("Region", "Customer"), _
    ColumnFields:="Product"

' Define os campos de dados
With PT.PivotFields("Revenue")
    .Orientation = xlDataField
    .Function = xlSum
    .Position = 1
    .NumberFormat = "#,##0"
    .Name = "Revenue "
End With

'Formata a tabela dinâmica
PT.ShowTableStyleRowStripes = True
PT.TableStyle2 = "PivotStyleMedium10"
With PT
    .ColumnGrand = False
    .RowGrand = False
    .RepeatAllLabels xlRepeatLabels
End With
PT.PivotFields("Region").Subtotals(1) = True
PT.PivotFields("Region").Subtotals(1) = False
WSD.Activate
Range("J2").Select

End Sub
```

Entendendo Porque Você Não Pode Mover ou Alterar Parte de um Relatório Dinâmico

Apesar de as tabelas dinâmicas serem incríveis, elas têm limitações irritantes; por exemplo, não é possível mover ou alterar apenas parte de uma tabela dinâmica. Tente executar uma macro que limpe a Linha 2. A macro para com um erro 1004, como mostrado na Figura 12.4. Para contornar essa limitação, pode-se copiar a tabela dinâmica e colá-la como valores.

Figura 12.4
Você não pode remover apenas uma parte de uma tabela dinâmica.

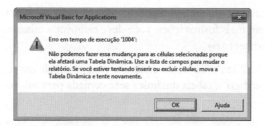

Determinando o Tamanho de uma Tabela Dinâmica Pronta para Convertê-la em Valores

Conhecer o tamanho de uma tabela dinâmica de antemão é difícil. Se você executar um relatório de dados transacionais em um dia, você pode ou não ter vendas da região Oeste, por exemplo. Isso poderá fazer com que a tabela tenha seis ou sete colunas de largura. Dessa maneira, deve-se usar a propriedade especial TableRange2 para se referir à tabela dinâmica resultante inteira.

PT.TableRange2 inclui a tabela dinâmica inteira. Na Figura 12.5, o TableRange2 inclui a linha extra no topo com o Cabeçalho de Receita. Para eliminar essa linha, o código copia PT.TableRange2, mas desloca essa seleção de uma linha, usando .Offset(1, 0). Dependendo da natureza da sua tabela dinâmica, pode ser necessário usar um offset de duas ou mais linhas para eliminar as informações supérfluas no topo da tabela dinâmica.

Figura 12.5
Esta figura mostra um resultado intermediário da macro. Apenas o resumo em J12:M17 permanecerá depois que a macro finalizar.

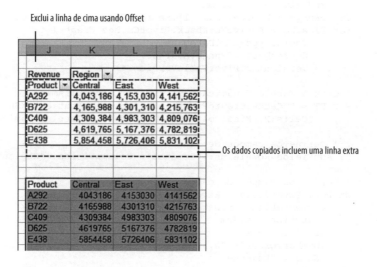

O código copia PT.TableRange2 e usa PasteSpecial em uma célula cinco linhas abaixo da tabela dinâmica atual. Nesse ponto no código, a planilha aparece conforme exibida na Figura 12.5. A tabela em J2 é uma tabela dinâmica ativa, e a tabela em J12 são apenas os resultados copiados.

218 | Capítulo 12 | Usando o VBA para Criar Tabelas Dinâmicas

Então, é possível eliminar a tabela dinâmica aplicando o método `Clear` à tabela inteira. Se o código for prosseguir com mais formatações, você deve remover a tabela dinâmica da memória definindo `PTCache` como `Nothing`.

O código em Listagem 12.2 usa uma tabela dinâmica para produzir um resumo dos dados subjacentes. No fim do código, a tabela dinâmica será copiada para valores estáticos e, depois, eliminada.

Listagem 12.2   Código para Produzir um Resumo Estático de uma Tabela Dinâmica

```
Sub CreateSummaryReportUsingPivot()
    ' Usa uma tabela dinâmica para criar um relatório estático de resumo
    ' Com o Produto  nas linhas e Região nas colunas
    Dim WSD As Worksheet
    Dim PTCache As PivotCache
    Dim PT As PivotTable
    Dim PRange As Range
    Dim FinalRow As Long
    Set WSD = Worksheets("PivotTable")

    ' Remove qualquer tabela dinâmica anterior
    For Each PT In WSD.PivotTables
        PT.TableRange2.Clear
    Next PT
    WSD.Range("J1:Z1").EntireColumn.Clear

    ' Define a área  de entrada e uma Cache Dinâmica
    FinalRow = WSD.Cells(Application.Rows.Count, 1).End(xlUp).Row
    FinalCol = WSD.Cells(1, Application.Columns.Count). _
        End(xlToLeft).Column
    Set PRange = WSD.Cells(1, 1).Resize(FinalRow, FinalCol)
    Set PTCache = ActiveWorkbook.PivotCaches.Create( _
        SourceType:= xlDatabase, _
        SourceData:=PRange.Address, _
        Version:=xlPivotTableVersion14)

    ' Cria a Tabela Dinâmica a partir da Cache Dinâmica
    Set PT = PTCache.CreatePivotTable(TableDestination:=WSD. _
        Cells(2, FinalCol + 2), TableName:="TabelaDinâmica1")

     ' Define os campos de linha
    PT.AddFields RowFields:="Product", ColumnFields:="Region"

    ' Define os campos de dados
    With PT.PivotFields("Revenue")
        .Orientation = xlDataField
        .Function = xlSum
        .Position = 1
        .NumberFormat = "#,##0"
        .Name = "Revenue "
    End With

    With PT
        .ColumnGrand = False
        .RowGrand = False
        .NullString = "0"
```

Usando Características Avançadas das Tabelas Dinâmicas | **219**

```
      End With

         ' PT.TableRange2 contém os resultados. Mova-os para J12 apenas como
         ' Valores e não como uma tabela dinâmica de verdade.
         PT.TableRange2.Offset(1, 0).Copy
         WSD.Cells(5 + PT.TableRange2.Rows.Count, FinalCol + 2). _
             PasteSpecial xlPasteValues

         ' Nesse ponto, a planilha se parece com a da Figura 12.5
         ' Pare

         ' Remova a Tabela Dinâmica original e a Cache Dinâmica
         PT.TableRange2.Clear
         Set PTCache = Nothing

         WSD.Activate
         Range("J12").Select
      End Sub
```

O código na Listagem 12.2 cria a tabela dinâmica. A seguir, ele copia os resultados e os cola como valores em J12:M13. A Figura 12.5, que foi mostrada anteriormente, inclui um resultado intermediário, logo antes de a tabela dinâmica ser eliminada.

Até agora, este capítulo guiou você pela criação do mais simples relatório de tabela dinâmica, que oferece muito mais flexibilidade. As seções seguintes apresentam exemplos de relatórios mais complexos.

Usando Características Avançadas das Tabelas Dinâmicas

Nesta seção, você vai pegar os dados transacionais detalhados e produzir uma série de relatórios para a gerente de linha de produto. Essa seção cobre as seguintes características avançadas das tabelas dinâmicas que serão necessárias nestes relatórios:

1. Agrupar as datas diárias até as datas anuais.
2. Adicionar múltiplos campos à área de valores.
3. Controlar a ordem de classificação de forma que os maiores clientes sejam listados primeiramente.
4. Usar a característica ShowPages para replicar o relatório para cada gerente de linha de produto.
5. Depois de gerar as tabelas dinâmicas, converter a tabela dinâmica em valores e executar alguma formatação básica.

A Figura 12.6 mostra o relatório para um gerente de linha de produto, de forma que você possa entender o objetivo final.

220 Capítulo 12 | Usando o VBA para Criar Tabelas Dinâmicas

Figura 12.6
Usar tabelas dinâmicas simplifica a criação do relatório.

▲	A	B	C	D	E
1	Product report for A292				
2					
3					
4		2018			2019
5	Customer	# of Orders	Revenue	% of Total	# of Orders
6	Unique Marble Company	59	716,631	12.4%	70
7	Persuasive Kettle Inc.	64	860,540	14.9%	53
8	Guarded Kettle Corporation	63	710,732	12.3%	54
9	Safe Saddle Corporation	15	184,144	3.2%	36

Usando Campos de Múltiplos Valores

O relatório tem três campos na área de valores: Contagem dos Pedidos, Receita e % da Receita Total (em inglês). Sempre que você tiver dois ou mais campos na área de valores, um novo campo virtual, chamado Dados, torna-se disponível na tabela dinâmica. No Excel 2016, esse campo aparece como valores sigma em um quadrante da Lista de Campos da Tabela Dinâmica. Ao criar a tabela dinâmica, é possível especificar Data como um dos campos de coluna ou linha. A posição do campo Data é importante. Ela normalmente funciona melhor como o campo de coluna mais interno.

Ao definir sua tabela dinâmica no VBA, vai ter dois campos de coluna: o campo Data e o campo Dados. Para especificar dois ou mais campos no método `AddFields`, junte esses campos em uma função Array.

Use este código para definir a tabela dinâmica:

```
' Define os campos de linha
PT.AddFields RowFields:="Customer", _
    ColumnFields:=Array("Date", "Data"), _
    PageFields:="Product"
```

Esta é a primeira vez que você vê o parâmetro `PageFields` neste capítulo. Se estivesse criando uma tabela dinâmica para alguém usar, os campos em `PageFields` permitiriam uma análise ad hoc fácil. Nesse caso, o valor em `PageFields` tornará mais fácil replicar o relatório para cada gerente de linha de produto.

Contando o Número de Registros

Até agora, a propriedade `.Function` dos campos de dados tem sido sempre `xlSum`. Há um total de 11 funções disponíveis: `xlSum`, `xlCount`, `xlAverage`, `xlStdDev`, `xlMin`, `xlMax`, e assim por diante.

`Count` é a única função que funciona para campos de texto. Para contar o número de registros e, portanto, o número de pedidos, adicione um campo de texto à área de dados e selecione `xlCount` como a função:

```
With PT.PivotFields("Region")
    .Orientation = xlDataField
    .Function = xlCount
    .Position = 1
    .NumberFormat = "#,##0"
    .Name = "# of Orders "
End With
```

Usando Características Avançadas das Tabelas Dinâmicas | **221**

> **NOTA** Isto é uma contagem do número de registros e não uma contagem dos valores distintos de um campo. Isso sempre foi difícil de fazer em uma tabela dinâmica. Agora é possível usar um Modelo de Dados. Veja a seção "Usando o Modelo de Dados no Excel 2016" mais adiante neste capítulo para detalhes.

Agrupando as Datas em Meses, Trimestres ou Anos

As tabelas dinâmicas têm a incrível capacidade de agrupar datas em meses, trimestres e/ou anos. No VBA, essa característica é um pouco irritante, porque você tem que selecionar uma célula de data antes de executar o comando.

> **NOTA** Eu costumava passar por todos os tipos de truques para descobrir onde o primeiro campo de data estava. Na verdade, você pode simplesmente se referir a PT.PivotFields("Data").LabelRange para apontar para o cabeçalho de data.

Há sete maneiras de agrupar tempos ou datas: Segundos, Minutos, Horas, Dias, Meses, Trimestres e Anos. Observe que você pode agrupar um item por múltiplos itens. Você especifica uma série de sete valores True/False correspondentes a Segundos, Minutos e assim por diante.

Por exemplo, para agrupar por Meses, Trimestres e Anos, você usaria o seguinte:

```
PT.PivotFields("Date").LabelRange.Group , Periods:= _
    Array(False, False, False, False, True, True, True)
```

> **NOTA** Nunca selecione agrupar apenas por meses sem incluir anos. Se fizer isso, o Excel combina janeiro desse ano e janeiro do ano passado em um único item chamado janeiro. Apesar de isso ser ótimo para análise de sazonalidade, raramente é o que se quer em um resumo. Sempre selecione Anos e Meses na caixa de diálogo Agrupamento.

Se quiser agrupar por semana, agrupe apenas por dia e use 7 como o valor do parâmetro By:

```
PT.PivotFields("Date").LabelRange.Group _
    Start:=True, End:=True, By:=7, _
    Periods:=Array(False, False, False, True, False, False, False)
```

Especificar True para Start e End iniciará a primeira semana na data mais antiga dos dados. Se quiser mostrar as semanas começando na segunda-feira, 30 de dezembro de 2013 até domingo, 3 de janeiro de 2016, use este código:

```
With PT.PivotFields("Date")
    .LabelRange.Group _
        Start:=DateSerial(2013, 12, 30), _
        End:=DateSerial(2016, 1, 3), _
        By:=7, _
        Periods:=Array(False, False, False, True, False, False, False)
    On Error Resume Next
    .PivotItems("<12/30/2013").Visible = False
    .PivotItems(">1/3/2016").Visible = False
    On Error Goto 0
End With
```

222 Capítulo 12 | Usando o VBA para Criar Tabelas Dinâmicas

> **NOTA** Há uma limitação no agrupamento por semana. Ao agrupar por semana, não pode agrupar por outra medida. Por exemplo, agrupar por semana e trimestre não é válido.

O Excel 2016 introduziu o conceito de AutoGrouping para datas. Ele possui regras incorporadas que analisam o período de datas e decide se elas devem ser agrupadas mês a mês, trimestre ou ano. Isso não acontece no VBA mas é possível forcá-lo usando:

```
PT.AutoGroup
```

Para esse relatório, você precisa apenas agrupar por ano, então o código é o seguinte:

```
' Agrupa as datas diárias por anos
PT.PivotFields("Date").LabelRange.Group , Periods:= _
    Array(False, False, False, False, False, False, True)
```

> **DICA** Antes de agrupar as datas diárias em anos, você tinha umas 500 colunas de datas nesse relatório. Depois do agrupamento, você tem duas colunas mais um total. Eu prefiro agrupar as datas o mais cedo possível na macro. Se você adicionou outros dois campos de data ao relatório antes de agrupar, seu relatório deve ter umas 1.500 colunas de largura. Mesmo que isso não seja um problema, uma vez que o Excel 2007 aumentou o limite de colunas de 256 para 16.384, isso cria ainda um relatório muito grande quando se precisa apenas de algumas colunas. Permitir que uma Tabela Dinâmica cresça para 1500 colunas, mesmo por poucas linhas de código, faria a última célula da planilha ficar na coluna BER.

Depois de você agrupar datas por anos, o novo campo de anos ainda será chamado do tipo Data. Isso pode não ser sempre verdade. Se agrupar datas diárias em meses e depois em anos, o campo Data vai conter meses e um novo campo Ano vai ser adicionado à lista de campos para conter os anos.

Alterando o Cálculo para Mostrar Porcentagens

O Excel 2016 oferece 15 opções na lista Mostrar Valores Como, na caixa de diálogo Configurações de Campo de Valor. Esses cálculos permitem mudar como um campo é exibido no relatório. Em vez de mostrar as vendas, seria possível mostrar as vendas como um percentual do total de vendas. Você poderia mostrar as vendas de cada dia como um percentual das vendas do dia anterior.

Todas essas configurações são controladas pela propriedade `.Calculation` do campo dinâmico. Cada cálculo tem seu próprio conjunto único de regras. Alguns, como a % da coluna, funcionam sem nenhuma outra configuração. Outros, como o Soma Acumulada Em, requerem um campo base. Outros, como o Diferença De, requerem um campo base e um item base.

Para obter o percentual do total, especifique `xlPercentOfTotal` como a propriedade `.Calculation` para o page field:

```
.Calculation = xlPercentOfTotal
```

Para definir uma soma acumulada (running total), é necessário especificar um `BaseField`. Digamos que precise de uma soma acumulada ao longo da coluna de datas:

Usando Características Avançadas das Tabelas Dinâmicas | **223**

```
' define a soma acumulada
    .Calculation = xlRunningTotal
    .BaseField = "Date"
```

Com os meses nas colunas, você pode querer ver o crescimento no percentual de Receita Bruta mês a mês. É possível configurar essa organização com a configuração `xlPercentDifferenceFrom`. Nesse caso, especifique que o `BaseField` seja "Data" e que o `BaseItem` seja algo chamado (anterior):

```
' Define a mudança percentual com relação ao mês anterior
With PT.PivotFields("Revenue")
    .Orientation = xlDataField
    .Function = xlSum
    .Caption = "%Change"
    .Calculation = xlPercentDifferenceFrom
    .BaseField = "Date"
    .BaseItem = "(previous)"
    .NumberFormat = "#0.0%"
End With
```

Observe que, com os cálculos posicionais, você não pode usar os métodos `AutoShow` ou `AutoSort`. Isso é ruim; seria interessante classificar os clientes do maior para o menor e ver seus tamanhos em relação uns aos outros.

Pode-se usar a configuração `xlPercentDifferenceFrom` para expressar receitas como um percentual das vendas da região Oeste:

```
' Mostra a receita como um percentual da Califórnia
With PT.PivotFields("Revenue")
    .Orientation = xlDataField
    .Function = xlSum
    .Caption = "% of West"
    .Calculation = xlPercentDifferenceFrom
    .BaseField = "State"
    .BaseItem = "California"
    .Position = 3
    .NumberFormat = "#0.0%"
End With
```

A Tabela 12.1 mostra a lista completa das opções `.Calculation`. A segunda coluna indica se o cálculo é compatível com versões anteriores do Excel. A terceira coluna indica se você precisa de um campo base e um item base.

Tabela 12.1 Lista Completa das Opções `.Calculation`

Calculation	Versão	Campo Base/Item Base
xlDifferenceFrom	Todas	Ambos são necessários
xlIndex	Todas	Nenhum
xlNoAdditionalCalculation	Todas	Nenhum
xlPercentDifferenceFrom	Todas	Ambos são necessários
xlPercentOf	Todas	Ambos são necessários
xlPercentOfColumn	Todas	Nenhum
xlPercentOfParent	2010+	Apenas BaseField

224 Capítulo 12 | Usando o VBA para Criar Tabelas Dinâmicas

Calculation	Versão	Campo Base/Item Base
xlPercentOfParentColumn	2010+	Ambos são necessários
xlPercentOfParentRow	2010+	Ambos são necessários
xlPercentOfRow	Todas	Nenhum
xlPercentOfTotal	Todas	Nenhum
xlPercentRunningTotal	2010+	Apenas BaseField
xlRankAscending	2010+	Apenas BaseField
xlRankDescending	2010+	Apenas BaseField
xlRunningTotal	Todas	Apenas BaseField

Depois dessa longa explicação da propriedade .Calculation, é possível construir os outros dois campos dinâmicos para o relatório da linha de produto.

Adicione Receita ao relatório duas vezes. Na primeira vez, não há cálculo. Na segunda vez, calcule o percentual do total:

```
' Define os campos de dados - Receita
With PT.PivotFields("Revenue")
    .Orientation = xlDataField
    .Function = xlSum
    .Position = 2
    .NumberFormat = "#,##0"
    .Name = "Revenue "
End With

' Define os campos de dados - % da Receita Total
With PT.PivotFields("Revenue")
    .Orientation = xlDataField
    .Function = xlSum
    .Position = 3
    .NumberFormat = "0.0%"
    .Name = "% of Total "
    .Calculation = xlPercentOfColumn
End With
```

> **NOTA**
> Anote com cuidado o nome do primeiro campo no código anterior. Por padrão, o Excel usaria Soma de Receita. Se, assim como eu, você acha que isso é um título bobo, pode mudá-lo. Entretanto, você não deve mudá-lo para Receita, porque já há um campo na lista de campos da tabela dinâmica com esse nome.
>
> No código anterior, eu usei o nome "Receita " (com um espaço no fim). Isso funciona bem e ninguém percebe o espaço extra. Entretanto, no resto da macro, quando se referir ao campo, lembre-se de se referir a ele como "Receita " (com um espaço no fim).

Usando Características Avançadas das Tabelas Dinâmicas | **225**

Eliminando Células em Branco na Área de Valores

Se você tiver alguns clientes novos no ano 2, as vendas deles irão aparecer em branco no ano 1. Qualquer um usando o Excel 97 ou versão superior pode substituir essas células em branco por zeros. Na interface do Excel, é possível encontrar a configuração na guia Layout e Formato da caixa de diálogo Opções de Tabela Dinâmica. Selecione a opção Para Células Vazias, então Mostrar e digite 0 no campo.

A operação equivalente no VBA é definir a propriedade `NullString` da tabela dinâmica como "0":

```
PT.NullString = "0"
```

> **NOTA**
> Apesar de o código apropriado definir esse valor como um zero em forma de texto, o Excel na verdade coloca um zero real nas células vazias.

Controlando a Ordem de Classificação com o AutoSort

A interface do Excel oferece uma opção Classificar que possibilita mostrar os clientes em ordem decrescente baseado na receita. O código equivalente em VBA para classificar o campo do produto pela renda decrescente usa método `AutoSort`:

```
PT.PivotFields("Cliente").AutoSort Order:=xlDescending, _
    Field:="Receita"
```

Depois de aplicar alguma formatação na macro, você agora tem um relatório com totais para todos os produtos, como mostrado na Figura 12.7.

Figura 12.7
A lista suspensa de Produto na coluna K permite filtrar o relatório por certos produtos.

	J	K	L	M	N
	Product	(All) ▼			
		Date ▼	Data		
		2018			2019
	Customer	# of Orders	Revenue	% of Total	# of Orders
	Guarded Kettle Corporation	316	4,501,310	13.2%	283
	Unique Marble Company	307	4,418,324	13.0%	314
	Persuasive Kettle Inc.	268	3,870,414	11.4%	288
	Safe Saddle Corporation	135	1,979,144	5.8%	158

Copiando o Relatório para Cada Produto

Desde que a tabela dinâmica não tenha sido criada em uma fonte de dados OLAP, você agora tem acesso a uma das mais poderosas, mas pouco conhecidas, características das tabelas dinâmicas. O comando é chamado Mostrar Páginas do Filtro de Relatório, e vai pegar a tabela dinâmica e replicá-la para cada item em um dos campos da área Filtro de Relatório.

Como você criou o relatório com Produto sendo o campo de filtro, é necessária apenas uma linha de código para replicar a tabela dinâmica para cada produto:

```
'Replica a tabela dinâmica para cada produto
```

226 Capítulo 12 | Usando o VBA para Criar Tabelas Dinâmicas

```
PT.ShowPages PageField:="Product"
```

Depois de executar essa linha de código, você vai ter uma nova planilha para cada produto no conjunto de dados. Dali, têm-se mais alguns cálculos e formatações simples. Verifique o final da macro por essas técnicas, como mostra a Listagem 12.3, as quais devem passar a ser dominadas naturalmente deste ponto em diante do livro.

Listagem 12.3   Produzir Relatório por Produto

```vba
Sub CustomerByProductReport()
    ' Usa uma Tabela Dinâmica para gerar um relatório para cada produto
    ' com clientes em linhas e anos nas colunas
    Dim WSD As Worksheet
    Dim PTCache As PivotCache
    Dim PT As PivotTable
    Dim PT2 As PivotTable
    Dim WS As Worksheet
    Dim WSF As Worksheet
    Dim PRange As Range
    Dim FinalRow As Long
    Set WSD = Worksheets("PivotTable")

    ' Remove qualquer tabela dinâmica anterior
    For Each PT In WSD.PivotTables
        PT.TableRange2.Clear
    Next PT
    WSD.Range("J1:Z1").EntireColumn.Clear

    ' Define a área de entrada e uma Cache Dinâmica
    FinalRow = WSD.Cells(Application.Rows.Count, 1).End(xlUp).Row
    FinalCol = WSD.Cells(1, Application.Columns.Count). _
        End(xlToLeft).Column
    Set PRange = WSD.Cells(1, 1).Resize(FinalRow, FinalCol)
    Set PTCache = ActiveWorkbook.PivotCaches.Create( _
        SourceType:= xlDatabase, _
        SourceData:=PRange.Address, _
        Version:=xlPivotTableVersion14)

    ' Crie a Tabela Dinâmica a partir da Cache Dinâmica
    Set PT = PTCache.CreatePivotTable(TableDestination:=WSD. _
        Cells(2, FinalCol + 2), TableName:="PivotTable1")

    ' Define os campos de linha
    PT.AddFields RowFields:="Customer", _
        ColumnFields:=Array("Date", "Data"), _
        PageFields:="Product"

    ' Define os campos de dados - contagem dos pedidos
    With PT.PivotFields("Region")
        .Orientation = xlDataField
        .Function = xlCount
        .Position = 1
        .NumberFormat = "#,##0"
        .Name = "# of Orders "
    End With

    ' Pausa aqui para agrupar as datas diárias em anos
```

Usando Características Avançadas das Tabelas Dinâmicas | 227

```
PT.PivotFields("Date").LabelRange.Group , Periods:= _
    Array(False, False, False, False, False, False, True)

' Define os campos de dados - Receita
With PT.PivotFields("Revenue")
    .Orientation = xlDataField
    .Function = xlSum
    .Position = 2
    .NumberFormat = "#,##0"
    .Name = "Revenue "
End With

' Define os campos de dados - % da Receita Total
With PT.PivotFields("Revenue")
    .Orientation = xlDataField
    .Function = xlSum
    .Position = 3
    .NumberFormat = "0.0%"
    .Name = "% of Total "
    .Calculation = xlPercentOfColumn
End With

' Classifica os clientes de forma que o maior fique no topo
PT.PivotFields("Customer").AutoSort Order:=xlDescending, _
    Field:="Revenue "

With PT
    .ShowTableStyleColumnStripes = True
    .ShowTableStyleRowStripes = True
    .TableStyle2 = "PivotStyleMedium10"
    .NullString = "0"
End With

' Copia a tabela dinâmica  para cada produto
PT.ShowPages PageField:="Product"

Ctr = 0
For Each WS In ActiveWorkbook.Worksheets
    If WS.PivotTables.Count > 0 Then
        If WS.Cells(1, 1).Value = "Product" Then
            ' Save some info
            WS.Select
            ThisProduct = Cells(1, 2).Value
            Ctr = Ctr + 1
            If Ctr = 1 Then
                Set WSF = ActiveSheet
            End If
            Set PT2 = WS.PivotTables(1)
            CalcRows = PT2.TableRange1.Rows.Count - 3

            PT2.TableRange2.Copy
            PT2.TableRange2.PasteSpecial xlPasteValues

            Range("A1:C3").ClearContents
            Range("A1:B2").Clear
            Range("A1").Value = "Product report for " & ThisProduct
            Range("A1").Style = "Title"

            ' Conserta alguns cabeçalhos
```

228 Capítulo 12 | Usando o VBA para Criar Tabelas Dinâmicas

```
            Range("b5:d5").Copy Destination:=Range("H5:J5")
            Range("H4").Value = "Total"
            Range("I4:J4").Clear

            ' Copia o formato
            Range("J1").Resize(CalcRows + 5, 1).Copy
            Range("K1").Resize(CalcRows + 5, 1). _
                PasteSpecial xlPasteFormats
            Range("K5").Value = "% Rev Growth"
            Range("K6").Resize(CalcRows, 1).FormulaR1C1 = _
                "=IFERROR(RC6/RC3-1,1)"

            Range("A2:K5").Style = "Heading 4"
            Range("A2").Resize(CalcRows + 10, 11).Columns.AutoFit

        End If
      End If
    Next WS

    WSD.Select
    PT.TableRange2.Clear
    Set PTCache = Nothing

    WSF.Select
    MsgBox Ctr & " product reports created."

  End Sub
```

Filtrando um Conjunto de Dados

Há muitas maneiras de filtrar uma tabela dinâmica, do novo Segmentação de Dados (Slicers), aos filtros conceituais, a simplesmente selecionar e limpar itens de uma das muitas caixas de seleção de campo.

Filtrando Manualmente Dois ou Mais Itens de uma Tabela Dinâmica

Quando abrir a lista de cabeçalhos de campos e se selecionar ou limpar os itens da lista, você está aplicando um filtro manual. (Veja a Figura 12.8.)

Por exemplo, você tem um cliente que vende sapatos. No relatório mostrando vendas de sandálias, ele quer ver apenas as lojas que estão em estados com climas quentes. O código para ocultar uma loja em particular é o seguinte:

Figura 12.8
Esta caixa de seleção de filtro oferece filtros manuais, um campo de busca e filtros conceituais.

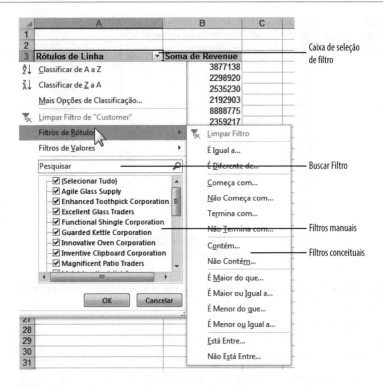

```
PT.PivotFields("Store").PivotItems("Minneapolis").Visible = False
```

Esse processo é fácil em VBA. Depois de criar a tabela com o Produto no campo de página, itere para mudar a propriedade Visible para mostrar apenas o total de certos produtos:

```
' Certifica-se de que todas as tabelas dinâmicas ao longo da linha estejam visíveis
For Each PivItem In _
    PT.PivotFields("Product").PivotItems
    PivItem.Visible = True
Next PivItem

' Agora, itera e mantém visíveis apenas certos itens
For Each PivItem In _
    PT.PivotFields("Product").PivotItems
    Select Case PivItem.Name
        Case "Landscaping/Grounds Care", _
            "Green Plants and Foliage Care"
            PivItem.Visible = True
        Case Else
            PivItem.Visible = False
    End Select
Next PivItem
```

Usando os Filtros Conceituais

O Excel 2007 introduziu novos filtros conceituais para os campos de datas, campos numéricos e textuais. Abra a lista para qualquer campo na tabela dinâmica. Na lista que aparece, é possível escolher Filtros de Rótulos, Filtros de Data ou Filtros de Valores. Os filtros de data oferecem a habilidade de filtrar para um período conceitual, como o mês passado ou o próximo ano (veja a Figura 12.9).

Figura 12.9
Estes filtros de data foram introduzidos no Excel 2007.

Para aplicar um filtro de rótulo no VBA, use o método `PivotFilters.Add`. O seguinte código filtra os clientes que começam com a letra *E*:

```
PT.PivotFields("Customer").PivotFilters.Add _
    Type:=xlCaptionBeginsWith, Value1:="E"
```

Para limpar o filtro do campo Cliente, use o método `ClearAllFilters`:

```
PT.PivotFields("Customer").ClearAllFilters
```

Para aplicar um filtro de data ao campo de data para encontrar os registros para essa semana, use este código:

```
PT.PivotFields("Date").PivotFilters.Add Type:=xlThisWeek
```

Os filtros de valor permitem que você filtre um campo baseado no valor de outro campo. Por exemplo, para encontrar todos os mercados onde a receita total é maior do que $100.000, você usaria este código:

```
PT.PivotFields("Market").PivotFilters.Add _
    Type:=xlValueIsGreaterThan, _
    DataField:=PT.PivotFields("Sum of Revenue"), _
    Value1:=100000
```

Outros filtros de valor podem permitir especificar as filiais onde a receita está entre $50.000 e $100.000. Nesse caso, você especificaria um limite como Value1 e o segundo limite como Value2:

```
PT.PivotFields("Market").PivotFilters.Add _
    Type:=xlValueIsBetween, _
    DataField:=PT.PivotFields("Sum of Revenue"), _
    Value1:=50000, Value2:=100000
```

A Tabela 12.2 lista todos os possíveis tipos de filtro.

Tabela 12.2   Tipos de Filtros

Filtro	Descrição
xlBefore	Filtra todas as datas antes de uma data especificada
xlBeforeOrEqualTo	Filtra todas as datas anteriores ou iguais a uma data especificada

Filtrando um Conjunto de Dados | 231

Filtro	Descrição
`xlAfter`	Filtra todas as datas depois de uma data especificada
`xlAfterOrEqualTo`	Filtra todas as datas iguais ou posteriores a uma data especificada
`xlAllDatesInPeriodJanuary`	Filtra todas as datas em janeiro
`xlAllDatesInPeriodFebruary`	Filtra todas as datas em fevereiro
`xlAllDatesInPeriodMarch`	Filtra todas as datas em março
`xlAllDatesInPeriodApril`	Filtra todas as datas em abril
`xlAllDatesInPeriodMay`	Filtra todas as datas em maio
`xlAllDatesInPeriodJune`	Filtra todas as datas em junho
`xlAllDatesInPeriodJuly`	Filtra todas as datas em julho
`xlAllDatesInPeriodAugust`	Filtra todas as datas em agosto
`xlAllDatesInPeriodSeptember`	Filtra todas as datas em setembro
`xlAllDatesInPeriodOctober`	Filtra todas as datas em outubro
`xlAllDatesInPeriodNovember`	Filtra todas as datas em novembro
`xlAllDatesInPeriodDecember`	Filtra todas as datas em dezembro
`xlAllDatesInPeriodQuarter1`	Filtra todas as datas no 1º Trimestre
`xlAllDatesInPeriodQuarter2`	Filtra todas as datas no 2º Trimestre
`xlAllDatesInPeriodQuarter3`	Filtra todas as datas no 3º Trimestre
`xlAllDatesInPeriodQuarter4`	Filtra todas as datas no 4º Trimestre
`xlBottomCount`	Filtra o número especificado de valores inferiores da lista
`xlBottomPercent`	Filtra o percentual especificado de valores inferiores da lista
`xlBottomSum`	Soma os valores inferiores da lista
`xlCaptionBeginsWith`	Filtra todos os rótulos começando com uma string especificada
`xlCaptionContains`	Filtra todos os rótulos que contenham uma string especificada
`xlCaptionDoesNotBeginWith`	Filtra todos os rótulos que não comecem com uma string especificada
`xlCaptionDoesNotContain`	Filtra todos os rótulos que não contenham uma string especificada
`xlCaptionDoesNotEndWith`	Filtra todos os rótulos que não terminem com uma string especificada
`xlCaptionDoesNotEqual`	Filtra todos os rótulos que não coincidam com uma string especificada
`xlCaptionEndsWith`	Filtra todos os rótulos que terminem com uma string especificada
`xlCaptionEquals`	Filtra todos os rótulos que coincidam com uma string especificada
`xlCaptionIsBetween`	Filtra todos os rótulos que estejam entre um intervalo especificado de valores
`xlCaptionIsGreaterThan`	Filtra todos os rótulos que são maiores que um valor especificado
`xlCaptionIsGreaterThanOrEqualTo`	Filtra todos os rótulos que sejam maiores ou iguais a um valor especificado

232 Capítulo 12 | Usando o VBA para Criar Tabelas Dinâmicas

Filtro	Descrição
xlCaptionIsLessThan	Filtra todos os rótulos que sejam menores que um valor especificado
xlCaptionIsLess ThanOrEqualTo	Filtra todos os rótulos que sejam menores ou iguais a um valor especificado
xlCaptionIsNotBetween	Filtra todos os rótulos que não estejam entre um intervalo de valores especificado
xlDateBetween	Filtra todas as datas que estejam entre um intervalo de dados especificado
xlDateLastMonth	Filtra todas as datas que se apliquem ao mês passado
xlDateLastQuarter	Filtra todas as datas que se apliquem ao trimestre passado
xlDateLastWeek	Filtra todas as datas que se apliquem à semana anterior
xlDateLastYear	Filtra todas as datas que se apliquem ao ano anterior
xlDateNextMonth	Filtra todas as datas que se apliquem ao próximo mês
xlDateNextQuarter	Filtra todas as datas que se apliquem ao próximo trimestre
xlDateNextWeek	Filtra todas as datas que se apliquem à próxima semana
xlDateNextYear	Filtra todas as datas que se apliquem ao próximo ano
xlDateThisMonth	Filtra todas as datas que se apliquem ao mês atual
xlDateThisQuarter	Filtra todas as datas que se apliquem ao trimestre corrente
xlDateThisWeek	Filtra todas as datas que se aplicam à semana atual
xlDateThisYear	Filtra todas as datas que se aplicam ao ano atual
xlDateToday	Filtra todas as datas que se aplicam à data atual
xlDateTomorrow	Filtra todas as datas que se aplicam ao próximo dia
xlDateYesterday	Filtra todas as datas que se aplicam ao dia anterior
xlNotSpecificDate	Filtra todas as datas que não coincidem com uma data especificada
xlSpecificDate	Filtra todas as datas que coincidem com uma data especificada
xlTopCount	Filtra o número especificado de valores do topo da lista
xlTopPercent	Filtra o percentual especificado de valores do topo da lista
xlTopSum	Soma os valores do topo da lista
xlValueDoesNotEqual	Filtra todos os valores que não coincidem com um valor especificado
xlValueEquals	Filtra todos os valores que coincidem com um valor especificado
xlValueIsBetween	Filtra todos os valores que estejam entre um intervalo especificado de valores
xlValueIsGreaterThan	Filtra todos os valores que sejam maiores que um valor especificado
xlValueIsGreater ThanOrEqualTo	Filtra todos os valores que sejam maiores ou iguais a um valor especificado
xlValueIsLessThan	Filtra todos os valores que sejam menores que um valor especificado
xlValueIsLess ThanOrEqualTo	Filtra todos os valores que sejam menores ou iguais a um valor especificado

Filtro	Descrição
xlValueIsNotBetween	Filtra todos os valores que não estejam dentro de um intervalo especificado de valores
xlYearToDate	Filtra todos os valores que estejam a um ano de uma data especificada

ESTUDO DE CASO: FILTRANDO OS TOP 5 OU TOP 10 USANDO UM FILTRO

Se estiver projetando um utilitário de dashboard executivo, talvez queira destacar os cinco maiores clientes. Com a opção AutoSort, é possível ser um profissional em tabela dinâmica e nunca ter topado com a característica 10 Primeiros do Excel. Essa configuração permite selecionar os n maiores ou menores registros, com base em qualquer campo de Dados no relatório.

O código para fazer isso no VBA é o método .AutoShow:

```
' Mostre apenas os 5 maiores clientes
PT.PivotFields("Customer").AutoShow Top:=xlAutomatic, Range:=xlTop, _
    Count:=5, Field:= "Sum of Revenue"
```

Ao criar um relatório usando o método .AutoShow, muitas vezes é útil copiar os dados e então voltar ao relatório dinâmico original para pegar os totais para todos os mercados. Nesse código, isso é alcançado removendo o campo Cliente da tabela dinâmica e copiando o grande total para o relatório. O código produz o relatório mostrado na Figura 12.10:

```
Sub Top5Customers()
    ' Produz um relatório dos 5 maiores clientes
    Dim WSD As Worksheet
    Dim WSR As Worksheet
    Dim WBN As Workbook
    Dim PTCache As PivotCache
    Dim PT As PivotTable
    Dim PRange As Range
    Dim FinalRow As Long
    Set WSD = Worksheets("PivotTable")

    ' Remove qualquer tabela dinâmica anterior
    For Each PT In WSD.PivotTables
        PT.TableRange2.Clear
    Next PT
    WSD.Range("J1:Z1").EntireColumn.Clear

    ' Define a área  de entrada e uma Cache Dinâmica
    FinalRow = WSD.Cells(Application.Rows.Count, 1).End(xlUp).Row

    FinalCol = WSD.Cells(1, Application.Columns.Count). _
        End(xlToLeft).Column
    Set PRange = WSD.Cells(1, 1).Resize(FinalRow, FinalCol)
    Set PTCache = ActiveWorkbook.PivotCaches.Create( _
        SourceType:= xlDatabase, _
        SourceData:=PRange.Address, _
    Version:=xlPivotTableVersion14)
```

234 Capítulo 12 | Usando o VBA para Criar Tabelas Dinâmicas

```vba
' Cria a Tabela Dinâmica a partir da Cache Dinâmica
Set PT = PTCache.CreatePivotTable(TableDestination:=WSD. _
    Cells(2, FinalCol + 2), TableName:="PivotTable1")

' Define os campos de linha
PT.AddFields RowFields:="Customer", ColumnFields:="Product"

' Define os campos de dados
With PT.PivotFields("Revenue")
    .Orientation = xlDataField
    .Function = xlSum
    .Position = 1
    .NumberFormat = "#,##0"
    .Name = "Total Revenue"
End With

' Assegura que temos zeros em vez de células em branco na área de dados
PT.NullString = "0"

' Classifica os clientes de forma decrescente pela soma da renda
PT.PivotFields("Customer").AutoSort Order:=xlDescending, _
    Field:="Total Revenue"

' Mostra apenas os 5 maiores clientes
PT.PivotFields("Customer").AutoShow _
    Type:=xlAutomatic, Range:=xlTop, _
    Count:=5, Field:="Total Revenue"

' Cria uma nova pasta de trabalho em branco com uma planilha
Set WBN = Workbooks.Add(xlWBATWorksheet)
Set WSR = WBN.Worksheets(1)
WSR.Name = "Report"
' Define o título do relatório
With WSR.[A1]
    .Value = "Top 5 Customers"
    .Font.Size = 14
End With

' Copia os dados da tabela dinâmica para a linha 3 da planilha de relatório
' Usa o offset para eliminar a linha de título da tabela dinâmica

PT.TableRange2.Offset(1, 0).Copy
WSR.[A3].PasteSpecial Paste:=xlPasteValuesAndNumberFormats
LastRow = WSR.Cells(Rows.Count, 1).End(xlUp).Row
WSR.Cells(LastRow, 1).Value = "Top 5 Total"

' Volta à tabela dinâmica para obter os totais sem o AutoShow
PT.PivotFields("Customer").Orientation = xlHidden
PT.ManualUpdate = False
PT.ManualUpdate = True
PT.TableRange2.Offset(2, 0).Copy
WSR.Cells(LastRow + 2, 1).PasteSpecial Paste:= _
    xlPasteValuesAndNumberFormats
WSR.Cells(LastRow + 2, 1).Value = "Total Company"
```

Filtrando um Conjunto de Dados | **235**

```
      ' Limpa a tabela dinâmica
      PT.TableRange2.Clear
      Set PTCache = Nothing

      ' Faz alguma formatação básica

      ' Autoajusta as colunas, coloque os títulos em negrito e alinhe à direita
      WSR.Range(WSR.Range("A3"), WSR.Cells(LastRow + 2, 6)).Columns.AutoFit
      Range("A3").EntireRow.Font.Bold = True
      Range("A3").EntireRow.HorizontalAlignment = xlRight
      Range("A3").HorizontalAlignment = xlLeft

      Range("A2").Select
      MsgBox "CEO Report has been Created"
   End Sub
```

Figura 12.10
O relatório dos 5 Maiores
Clientes contém duas
tabelas dinâmicas.

	A	B	C	D	E	F	G
1	Top 5 Customers						
2							
3	Customer	A292	B722	C409	D625	E438	Grand Total
4	Guarded Kettle Corporation	1,450,110	1,404,742	1,889,149	1,842,751	2,302,023	8,888,775
5	Unique Marble Company	1,600,347	1,581,665	1,765,305	1,707,140	2,179,242	8,833,699
6	Persuasive Kettle Inc.	1,565,368	1,385,296	1,443,434	1,584,759	2,030,578	8,009,435
7	Safe Saddle Corporation	646,559	857,573	730,463	1,038,371	1,053,369	4,326,335
8	Tremendous Bobsled Corporation	560,759	711,826	877,247	802,303	1,095,329	4,047,464
9	Top 5 Total	5,823,143	5,941,102	6,705,598	6,975,324	8,660,541	34,105,708
10							
11	Total Company	12,337,778	12,683,061	14,101,763	14,569,960	17,411,966	71,104,528
12							

Os relatórios dos 5 Maiores Clientes contêm, na verdade, dois instantâneos das tabelas dinâmicas. Depois de usar a característica AutoShow para achar os cinco maiores mercados com seus totais, a macro voltou à tabela dinâmica, removeu a opção AutoShow e pegou o total para todos os clientes, para produzir a linha Total da Companhia.

Definindo Segmentação de Dados para Filtrar uma Tabela Dinâmica

O Excel 2010 introduziu o conceito de Segmentação de Dados (slicer) para filtrar uma tabela dinâmica. Um *slicer* é um filtro visual, que pode ser redimensionado e reposicionado. Você pode controlar a cor e o número de colunas de uma segmentação de dados. Também é possível marcar ou desmarcar itens de um slicer usando o VBA.

A Figura 12.11 mostra uma tabela dinâmica com duas segmentações de dados. Ambas foram modificadas para mostrar múltiplas colunas.

Figura 12.11
As segmentações de dados fornecem um filtro visual de diversos campos.

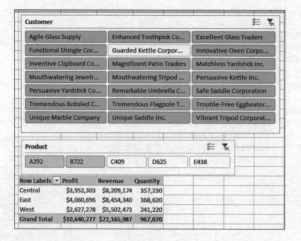

As segmentações de dados eram novas no Excel 2010 e trabalham somente com tabelas dinâmicas designadas para serem usadas no Excel 2010 ou em versões mais novas. Elas introduzem algumas mudanças no código anterior deste capítulo. Uma segmentação de dados consiste de uma cache de segmentação de dados. Para definir uma cache de segmentação de dados, é necessário especificar uma tabela dinâmica como a fonte e um nome de campo como o SourceField. A cache de segmentação de dados é definida no nível da pasta de trabalho. Isso permite que você tenha a segmentação de dados em uma planilha diferente da tabela dinâmica real:

```
Dim SCP as SlicerCache
Dim SCR as SlicerCache
Set SCP = ActiveWorkbook.SlicerCaches.Add(Source:=PT,
SourceField:="Product")
Set SCR = ActiveWorkbook.SlicerCaches.Add(Source:=PT,
SourceField:="Region")
```

Depois que você tiver definido a cache da segmentação de dados, poderá adicionar a segmentação de dados. A segmentação de dados é definida como um objeto na cache da segmentação de dados. Especifique uma planilha como o destino. O argumento name controla o nome interno da segmentação de dados. O argumento Caption é o cabeçalho que vai ser visível na segmentação de dados. Isso pode ser útil se você quiser mostrar o nome Região, mas o departamento de TI definiu o campo como IDKRegn. Especifique o tamanho da segmentação de dados usando altura e largura em pontos. Especifique a localização usando top e left em pontos.

No código seguinte, os valores para top, left, height e width são atribuídos para serem iguais ao local e tamanho de certos intervalos de células:

```
Dim SLP as Slicer
Set SLP = SCP.Slicers.Add(SlicerDestination:=WSD, Name:="Product", _
    Caption:="Product", _
    Top:=WSD.Range("A12").Top, _
    Left:=WSD.Range("A12").Left + 10, _
    Width:=WSR.Range("A12:C12").Width, _
    Height:=WSD.Range("A12:A16").Height)
```

Todas as segmentações de dados começam como uma coluna. É possível mudar o estilo e o número de colunas com esse código:

```
' Formate a cor e o número de colunas
With SLP
    .Style = "SlicerStyleLight6"
    .NumberOfColumns = 5
End With
```

Assim que a segmentação de dados tiver sido definida, você pode realmente usar o VBA para escolher quais itens são ativados na segmentação de dados. Parece pouco intuitivo, mas para escolher itens na segmentação de dados, é necessário mudar o `SlicerItem`, que é membro de `SlicerCache`, e não um membro de `Slicer`:

```
With SCP
    .SlicerItems("A292").Selected = True
    .SlicerItems("B722").Selected = True
    .SlicerItems("C409").Selected = False
    .SlicerItems("D625").Selected = False
    .SlicerItems("E438").Selected = False
End With
```

A Listagem 12.4 mostra como construir uma tabela dinâmica com dois segmentadores:

Listagem 12.4   Código para Construir uma Tabela Dinâmica com Dois Segmentadores

```
Sub PivotWithTwoSlicers()
    Dim SCP As SlicerCache ' Para Segmentação por Produto
    Dim SCC As SlicerCache ' Para Segmentação por Cliente
    Dim SLP As Slicer
    Dim SLC As Slicer
    Dim WSD As Worksheet
    Dim WSR As Worksheet
    Dim WBD As Workbook
    Dim PT As PivotTable
    Dim PTCache As PivotCache
    Dim PRange As Range
    Dim FinalRow As Long
    Set WBD = ActiveWorkbook
    Set WSD = Worksheets("Data")

    ' Exclui quaisquer tabelas dinâmicas anteriores
    For Each PT In WSD.PivotTables
        PT.TableRange2.Clear
    Next PT

    ' Exclui quaisquer caches dinâmicas anteriores
    For Each SC In ActiveWorkbook.SlicerCaches
        SC.Delete
    Next SC

    ' Define a área de entrada e configura o Pivot Cache
    WSD.Select
    FinalRow = WSD.Cells(Rows.Count, 1).End(xlUp).Row
    FinalCol = WSD.Cells(1, Columns.Count). _
        End(xlToLeft).Column
    Set PRange = WSD.Cells(1, 1).Resize(FinalRow, FinalCol)

    ' Define a cache da tabela dinâmica
    Set PTCache = ActiveWorkbook.PivotCaches.Create( _
        SourceType:=xlDatabase, _
        SourceData:=PRange.Address, _
```

```vba
                Version:=xlPivotTableVersion15)

    ' Define a cache da tabela dinâmica
    Set PT = PTCache.CreatePivotTable( _
        TableDestination:=Cells(18, FinalCol + 2), _
        TableName:="PivotTable1", _
        DefaultVersion:=xlPivotTableVersion15)

    ' Configura os campos de linha e coluna
    PT.AddFields RowFields:=Array("Region")

    ' Configura os campos dos dados
    With PT.PivotFields("Quantity")
        .Orientation = xlDataField
        .Function = xlSum
        .Position = 1
        .NumberFormat = "#,##0"
        .Name = "Quantity "
    End With

    With PT.PivotFields("Revenue")
        .Orientation = xlDataField
        .Function = xlSum
        .Position = 1
        .NumberFormat = "$#,##0"
        .Name = "Revenue "
    End With

    With PT.PivotFields("Profit")
        .Orientation = xlDataField
        .Function = xlSum
        .Position = 1
        .NumberFormat = "$#,##0"
        .Name = "Profit "
    End With

    ' Define os Slicer Caches
    Set SCC = WBD.SlicerCaches.Add(PT, "Customer")
    Set SCP = WBD.SlicerCaches.Add(PT, "Product")

    ' Define Product como segmentador
    Set SLP = SCP.Slicers.Add(WSD, , _
        Name:="Product", _
        Caption:="Product", _
        Top:=WSD.Range("J14").Top + 5, _
        Left:=WSD.Range("J14").Left + 5, _
        Width:=343, Height:=54)
    SLP.Style = "SlicerStyleLight4"
    SLP.NumberOfColumns = 5

    ' Define Customer como segmentador
    Set SLC = SCC.Slicers.Add(WSD, , _
        Name:="Customer", _
        Caption:="Customer", _
        Top:=WSD.Range("J1").Top + 5, _
        Left:=WSD.Range("J1").Left + 5, _
        Width:=415, Height:=184)
    SLC.Style = "SlicerStyleLight2"
```

Filtrando um Conjunto de Dados | 239

```
        SLC.NumberOfColumns = 3

        ' Desmarca alguns produtos
        With SCP
            .SlicerItems("C409").Selected = False
            .SlicerItems("D625").Selected = False
            .SlicerItems("E438").Selected = False
        End With

        ' Desmarca um cliente
        With SCC
            .SlicerItems("Guarded Kettle Corporation").Selected = False
        End With

    End Sub
```

O código anterior atribuiu o segmentador recém criado para uma variável objeto a fim de formatar o segmentador. E se o segmentador foi criado antes da macro começar a executar? É fácil de descobrir o nome do segmentador. Se um segmentador foi criado no campo Product, por exemplo, o nome do `SlicerCache` é `"Slicer_Product"`. O código a seguir formata os segmentadores existentes:

```
Sub MoveAndFormatSlicer()
    Dim SCP As SlicerCache
    Dim SLP as Slicer
    Dim WSD As Worksheet
    Set WSD = ActiveSheet
    Set SCP = ActiveWorkbook.SlicerCaches("Slicer_Product")
    Set SLP = SCS.Slicers("Product")
    With SLP
        .Style = "SlicerStyleLight6"
        .NumberOfColumns = 5
        .Top = WSD.Range("A1").Top + 5
        .Left = WSD.Range("A1").Left + 5
        .Width = WSD.Range("A1:B14").Width - 60
        .Height = WSD.Range("A1:B14").Height
    End With
End Sub
```

Definindo uma Linha do Tempo para Filtrar uma Tabela Dinâmica do Excel 2016

A Microsoft introduziu, no Excel 2013, a segmentação de dados da linha do tempo. Esta segmentação é um tipo especial de segmentação de dados e não é compatível com o Excel 2010 ou versões anteriores. O nome de comercialização do Excel 2013 é Versão 15 e o VBA ainda usa esse nome, então, se planejar usar um segmentador linha do tempo, você deve especificar `xlPivotTableVersion15` (ou mais recente) em dois locais dentro do código:

```
' Define a cache da tabela dinâmica
Set PTCache = ActiveWorkbook.PivotCaches.Create( _
    SourceType:=xlDatabase, _
    SourceData:=PRange.Address, _
    Version:=xlPivotTableVersion15)

' Cria a Tabela Dinâmica a partir da Cache Dinâmica
Set PT = PTCache.CreatePivotTable( _
    TableDestination:=Cells(10, FinalCol + 2), _
    TableName:="PivotTable1", _
    DefaultVersion:=xlPivotTableVersion15)
```

Capítulo 12 | Usando o VBA para Criar Tabelas Dinâmicas

Depois, após adicionar campos à sua tabela dinâmica, você define uma cache de segmentação de dados e especifica o tipo como xlTimeLine:

```
' Define a Cache Dinâmica
' Os primeiros dois argumentos são Source and SourceField
' Terceiro argumento, Name deve ser ignorado
Set SC = WBD.SlicerCaches.Add2(PT, "ShipDate", , _
    SlicerCacheType:=xlTimeline)
```

A segmentação de dados é, então, adicionada à Cache de Segmentação de Dados:

```
' Define a linha do tempo como uma segmentação de dados
Set SL = SC.Slicers.Add(WSD, , _
    Name:="ShipDate", _
    Caption:="Year", _
    Top:=WSD.Range("J1").Top, _
    Left:=WSD.Range("J1").Left, _
    Width:=262.5, Height:=108)
```

Linhas do tempo podem existir no nível de dia, mês, trimestre ou ano. Para trocar o nível da linha do tempo, use a propriedade TimelineViewState.Level:

```
SL.TimelineViewState.Level = xlTimelineLevelYears
```

Para realmente filtrar o cronograma para determinadas datas, você tem que usar a propriedade TimelineState.SetFilterDataRange, que se aplica à Cache de Segmentação de Dados:*

```
SC.TimelineState.SetFilterDateRange "1/1/2014", "12/31/2015"
```

O Código 12.5 mostra a macro completa para construir uma tabela dinâmica da versão 15 e adicionar a segmentação de dados da linha do tempo.

Listagem 12.5   Dinâmica com Linha do tempo**

```
Sub PivotWithYearSlicer()
    Dim SC As SlicerCache
    Dim SL As Slicer
    Dim WSD As Worksheet
    Dim WSR As Worksheet
    Dim WBD As Workbook
    Dim PT As PivotTable
    Dim PTCache As PivotCache
    Dim PRange As Range
    Dim FinalRow As Long
    Set WBD = ActiveWorkbook
    Set WSD = Worksheets("Data")

    ' Exclui quaisquer tabelas dinâmicas anteriores
    For Each PT In WSD.PivotTables
        PT.TableRange2.Clear
    Next PT

    ' Exclui quaisquer caches dinâmicas anteriores
    For Each SC In ActiveWorkbook.SlicerCaches
        SC.Delete
    Next SC

    ' Define uma área de entrada e cria uma Cache Dinâmica
    WSD.Select
```

---

* N.E.: Em vez de usar as datas entre aspas, use no formato #ano/mês/dia# a fim de evitar problemas com o formato americano e o usado no Brasil. Adapte os arquivos de exemplo com: SL.TimelineState.SetFilterDateRange #2014/1/1#, #2015/1/31#

** N.E.: Nos arquivos de exemplo, substitua SlicerCaches.Add por SlicerCaches.Add2

Filtrando um Conjunto de Dados | 241

```vba
FinalRow = WSD.Cells(Rows.Count, 1).End(xlUp).Row
FinalCol = WSD.Cells(1, Columns.Count). _
    End(xlToLeft).Column
Set PRange = WSD.Cells(1, 1).Resize(FinalRow, FinalCol)


' Define a cache da tabela dinâmica
Set PTCache = ActiveWorkbook.PivotCaches.Create( _
    SourceType:=xlDatabase, _
    SourceData:=PRange.Address, _
    Version:=xlPivotTableVersion15)


' Cria a tabela Dinâmica a partir da Cache Dinâmica
Set PT = PTCache.CreatePivotTable( _
    TableDestination:=Cells(10, FinalCol + 2), _
    TableName:="PivotTable1", _
    DefaultVersion:=xlPivotTableVersion15)

 ' Configura os campos de linha e coluna
PT.AddFields RowFields:=Array("Customer")


' Configura os campos de dados
With PT.PivotFields("Revenue")
    .Orientation = xlDataField
    .Function = xlSum
    .Position = 1
    .NumberFormat = "#,##0"
    .Name = "Revenue "
End With


 ' Define a Cache Dinâmica
 ' Os primeiros dois argumentos são Source and SourceField
 ' Terceiro argumento, Name deve ser ignorado
Set SC = WBD.SlicerCaches.Add2(PT, "ShipDate", , _
    SlicerCacheType:=xlTimeline)

' Define a linha do tempo como uma segmentação de dados
Set SL = SC.Slicers.Add(WSD, , _
    Name:="ShipDate", _
    Caption:="Year", _
    Top:=WSD.Range("J1").Top, _
    Left:=WSD.Range("J1").Left, _
    Width:=262.5, Height:=108)


' Configura a linha do tempo para mostrar anos
SL.TimelineViewState.Level = xlTimelineLevelYears


' Configura os dados para a linha do Tempo
SC.TimelineState.SetFilterDateRange "1/1/2018", "12/31/2018"
End Sub
```

A Figura 12.12 mostra a segmentação de dados da linha do tempo construída pela Listagem 12.5.

Figura 12.12
Linhas do tempo foram apresentadas no Excel 2013.

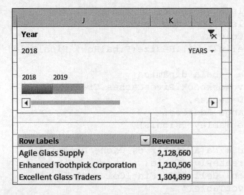

Usando o Modelo de Dados no Excel 2016

O Excel 2016 incorpora partes da Tabela Dinâmica para dentro do produto principal do Excel. Itens na Faixa de Opções do Excel são incorporados para dentro do Modelo de Dados. Isto significa que você pode adicionar duas tabelas ao Modelo de Dados, criar uma relação e, então, construir uma tabela dinâmica a partir do Modelo de Dados.

Para acompanhar este exemplo, abra o arquivo 12-BeforeDataModel.xlsm dos arquivos baixados*. Esta pasta de trabalho tem duas tabelas: Vendas e Setor. Setor é uma tabela que está relacionada com a tabela de vendas através de um campo do cliente. Para construir a tabela dinâmica, siga estes passos gerais na macro:

1. Adicione a tabela principal ao modelo.
2. Adicione a tabela de pesquisa ao modelo.
3. Vincule, através de uma relação, as duas tabelas.
4. Crie uma cache dinâmica de `ThisWorkbookDataModel`.
5. Crie uma tabela dinâmica da cache.
6. Adicione campos de linha.
7. Defina uma medida e a adicione à tabela dinâmica.

Adicionando Ambas Tabelas ao Modelo de Dados

Você deve ter um conjunto de dados na pasta de trabalho que já tenha sido convertido em uma tabela usando o atalho Ctrl+Alt+T. Na guia Design de Ferramentas de Tabela, altere o nome da tabela Vendas. Para ligar esta tabela ao modelo de dados, use este código**:

```
' Constrói uma conexão com a tabela Vendas principal
Set WBT = ActiveWorkbook
TableName = "Sales"
WBT.Connections.Add Name:="LinkedTable_" & TableName, _
    Description:="", _
    ConnectionString:="WORKSHEET;" & WBT.FullName, _
    CommandText:=WBT.Name & "!" & TableName, _
    lCmdType:=7, _
```

---
* N.E.: Os códigos mostrados nos exemplos seguintes estão mantendo os nomes de campos e de planilhas em Inglês, tais como nos arquivos fornecidos pelos autores.
** N.E.: Substitua os métodos `Connections.Add` por `Conections.Add2`

```
        CreateModelConnection:=True, _
        ImportRelationships:=False
```

Há, neste código, diversas variáveis que usam o nome da tabela, o caminho de pasta de trabalho e / ou o nome da pasta de trabalho. Ao armazenar o nome da tabela em uma variável no topo do código, você pode construir o nome da conexão, a string de conexão e um texto de comando usando as variáveis.

Adaptar o código anterior ao link da tabela de pesquisa requer apenas a alteração da variável `TableName`:

```
TableName = "Sector"
WBT.Connections.Add Name:="LinkedTable_" & TableName, _
    Description:="", _
    ConnectionString:="WORKSHEET;" & WBT.FullName, _
    CommandText:=WBT.Name & "!" & TableName, _
    lCmdType:=7, _
    CreateModelConnection:=True, _
    ImportRelationships:=False
```

Criando um Relacionamento entre as Duas Tabelas

Ao criar um relacionamento na interface do Excel, você especifica 4 itens na caixa de diálogo Criar Vínculo. O código para criar o relacionamento é mais simplificado. Só pode haver um modelo de dados por pasta de trabalho. Defina uma variável de objeto MO para se referir ao modelo nesta pasta de trabalho. Use o método `ModelRelationships.Add`, especificando os dois campos que estão ligados:

```
' Relaciona as duas tabelas
Dim MO As Model
Set MO = ActiveWorkbook.Model
MO.ModelRelationships.Add _
    ForeignKeyColumn:= _
        MO.ModelTables("Sales").ModelTableColumns("Customer"), _
        PrimaryKeyColumn:= _
        MO.ModelTables("Sector").ModelTableColumns("Customer")
```

Definindo a Cache Dinâmica e Construindo uma Tabela Dinâmica

O código para definir ao cache dinâmica especifica que os dados são externos. Mesmo que as tabelas vinculadas estejam em sua pasta de trabalho e mesmo que o modelo de dados seja armazenado como um objeto binário grande dentro da pasta de trabalho, a conexão de dados ainda assim é considerada externa. A conexão é sempre chamada de `ThisWorkbookDataModel`. Para Configurar a tabela dinâmica, use este código:

```
' Define a cache dinâmica
Set PTCache = WBT.PivotCaches.Create(SourceType:=xlExternal, _
    SourceData:=WBT.Connections("ThisWorkbookDataModel"), _
    Version:=xlPivotTableVersion15)

' Cria a tabela dinâmica da cache dinâmica
Set PT = PTCache.CreatePivotTable( _
    TableDestination:=WSD.Cells(1, 1), TableName:="PivotTable1")
```

Adicionando Modelos de Campo à Tabela Dinâmica

Há realmente dois tipos de campos que você pode adicionar à tabela dinâmica. Os campos de texto, tais como Cliente, Setor ou Produto são simplesmente os campos que podem ser adicionados à área da linha ou coluna da tabela dinâmica. Nenhum cálculo deve acontecer nestes campos. O código para adicionar campos de texto é apresentado nesta seção. Quando você adiciona um campo numérico para a área de valores na interface do Excel, você está, na realidade, implicitamente definindo um novo campo calculado. Para fazer isso no VBA, você tem que definir explicitamente o campo e, em seguida, adicioná-lo.

Primeiro, o exemplo mais simples de adição de um campo de texto a uma área de linha. O código VBA genericamente se parece com isto:

```
With PT.CubeFields("[TableName].[FieldName]")
    .Orientation = xlRowField
    .Position = 1
End With
```

No exemplo atual, adicione o campo Setor a partir da tabela Setor, usando este código:

```
With PT.CubeFields("[Sector].[Sector]")
    .Orientation = xlRowField
    .Position = 1
End With
```

Adicionando Campos Numéricos à Área de Valores

Se você tem uma tabela dinâmica de Modelo de Dados e marcar o campo Receita, você verá o campo Receita se mover para a área Valores. Nos bastidores, porém, o Excel está implicitamente definindo uma nova medida, chamada Soma da Receita. (Você pode ver as medidas implícitas na janela Power Pivot se você tiver o Excel 2016 Pro Plus.) Em VBA, o primeiro passo é definir uma nova medida para Soma da Receita. Para tornar mais fácil ao se referir a esta medida depois, atribua a nova medida a uma variável de objeto:

```
' Antes de adicionar Receita à tabela dinâmica,
' você tem de definir a medida.
' Isto acontece usando o método GetMeasure.
' Atribua o campo cubo ao objeto CFRevenue
Dim CFRevenue As CubeField
Set CFRevenue = PT.CubeFields.GetMeasure( _
    AttributeHierarchy:="[Sales].[Revenue]", _
    Function:=xlSum, _
    Caption:="Sum of Revenue")
' Adicione o mais novo campo cubo criado à tabela dinâmica
PT.AddDataField Field:=CFRevenue, _
    Caption:="Total Revenue"
PT.PivotFields("Total Revenue").NumberFormat = "$#,##0,K"
```

Você pode usar o exemplo anterior para criar uma nova medida. A medida a seguir usa a nova função xlDistinctCount para contar o número de clientes em cada setor:

```
' Adiciona Distinct Count dos Clientes como um Campo Cubo
Dim CFCustCount As CubeField
Set CFCustCount = PT.CubeFields.GetMeasure( _
    AttributeHierarchy:="[Sales].[Customer]", _
    Function:=xlDistinctCount, _
    Caption:="Customer Count")
```

Usando o Modelo de Dados no Excel 2016 | **245**

```
' Adiciona o mais novo campo cubo criado à tabela dinâmica
PT.AddDataField Field:=CFCustCount, _
    Caption:="Customer Count"
```

> **CUIDADO**
>
> Antes que você fique muito animado, a equipe do Excel tomou uma decisão interessante em relação às partes do Power Pivot disponíveis via VBA. Qualquer funcionalidade que está disponível no Office 2013 Padrão está disponível em VBA. Se você tentar definir um novo campo de cálculo que usa a fórmula de linguagem DAX do Power Pivot, ele não vai funcionar em VBA.

Colocando Tudo Isso Junto

A Figura 12.13 mostra a tabela dinâmica do Modelo de Dados criada usando o código da Listagem 12.6.

Figura 12.13
Para criar uma vínculo especifique um campo em ambas tabelas.

	A	B	C
1	Row Labels ▾	Total Revenue	Customer Count
2	Apparel	$758K	2
3	Chemical	$569K	1
4	Consumer	$2,195K	7
5	Electronics	$222K	4
6	Food	$750K	1
7	Hardware	$2,179K	11
8	Textiles	$35K	1
9	Grand Total	$6,708K	27
10			

Listagem 12.6 Código para Criar uma Tabela Dinâmica do Modelo de Dados

```
Sub BuildModelPivotTable()
    Dim WBT As Workbook
    Dim WC As WorkbookConnection
    Dim MO As Model
    Dim PTCache As PivotCache
    Dim PT As PivotTable
    Dim WSD As Worksheet
    Dim CFRevenue As CubeField
    Dim CFCustCount As CubeField

    Set WBT = ActiveWorkbook
    Set WSD = WBT.Worksheets("Report")

    ' Construa a conexão para a tabela Vendas principal
    TableName = "Sales"
    WBT.Connections.Add2 Name:="LinkedTable_" & TableName, _
        Description:="MainTable", _
        ConnectionString:="WORKSHEET;" & WBT.FullName, _
        CommandText:=WBT.Name & "!" & TableName, _
        lCmdType:=7, _
        CreateModelConnection:=True, _
        ImportRelationships:=False
```

246 Capítulo 12 | Usando o VBA para Criar Tabelas Dinâmicas

```vba
' Construa a conexão para a tabela de pesquisa Setor
TableName = "Sector"
WBT.Connections.Add2 Name:="LinkedTable_" & TableName, _
    Description:="LookupTable", _
    ConnectionString:="WORKSHEET;" & WBT.FullName, _
    CommandText:=WBT.Name & "!" & TableName, _
    lCmdType:=7, _
    CreateModelConnection:=True, _
    ImportRelationships:=False

' Relacione as duas tabelas
Set MO = ActiveWorkbook.Model
MO.ModelRelationships.Add _
    ForeignKeyColumn:=MO.ModelTables("Sales") _
        .ModelTableColumns("Customer"), _
    PrimaryKeyColumn:=MO.ModelTables("Sector") _
        .ModelTableColumns("Customer")

' Exclua quaisquer tabelas dinâmicas anteriores
For Each PT In WSD.PivotTables
    PT.TableRange2.Clear
Next PT

' Defina a cache dinâmica
Set PTCache = WBT.PivotCaches.Create(SourceType:=xlExternal, _
    SourceData:=WBT.Connections("ThisWorkbookDataModel"), _
    Version:=xlPivotTableVersion15)

' Cria a tabela dinâmica da cache dinâmica
Set PT = PTCache.CreatePivotTable( _
    TableDestination:=WSD.Cells(1, 1), TableName:="PivotTable1")

' Adicione o campo Setor da tabela Setor às áreas de linha
With PT.CubeFields("[Sector].[Sector]")
    .Orientation = xlRowField
    .Position = 1
End With

' Antes de adicionar Receita à tabela dinâmica,
' Você tem de definir a medida.
' Isto acontece usando o método GetMeasure
' Atribui o campo cubo ao objeto CFRevenue
Set CFRevenue = PT.CubeFields.GetMeasure( _
    AttributeHierarchy:="[Sales].[Revenue]", _
    Function:=xlSum, _
    Caption:="Sum of Revenue")
' Adiciona o mais novo campo cubo criado à tabela dinâmica
PT.AddDataField Field:=CFRevenue, _
    Caption:="Total Revenue"
 PT.PivotFields("[Measures].[Sum of Revenue]") _
    .NumberFormat = "$#,##0,K"

' Add Distinct Count of Customer as a Cube Field
Set CFCustCount = PT.CubeFields.GetMeasure( _
    AttributeHierarchy:="[Sales].[Customer]", _
    Function:=xlDistinctCount, _
    Caption:="Customer Count")
' Adiciona o mais novo campo cubo criado à tabela dinâmica
```

Usando outras Características das Tabelas Dinâmicas | **247**

```
    PT.AddDataField Field:=CFCustCount, _
        Caption:="Customer Count"

End Sub
```

Usando outras Características das Tabelas Dinâmicas

Esta seção aborda algumas características adicionais das tabelas dinâmicas que você pode precisar codificar com VBA.

Campos Calculados de Dados

Tabelas dinâmicas oferecem dois tipos de fórmula. O tipo mais útil define uma fórmula para um campo calculado. Isso adiciona um novo campo à tabela dinâmica. Cálculos para campos calculados são sempre feitos no nível de resumo. Ao definir um campo calculado para a média do preço como receita, dividido pelas unidades vendidas, o Excel primeiro adiciona a receita total e a quantidade total, e depois faz a divisão desses totais para obter o resultado. Em muitos casos, isso é exatamente o que você precisa. Se o seu cálculo não segue a lei associativa da matemática, ele pode não funcionar como o esperado.

Para definir um campo Calculado, use o método `Add` com o objeto `CalculatedFields`. É necessário especificar um nome de campo e uma fórmula.

> **NOTA** Perceba que, ao criar um campo chamado Percentual de Lucro, a tabela dinâmica padrão produzirá um campo chamado Soma de Percentual de Lucro. Esse título é enganador e totalmente bobo. A solução é usar a propriedade Name quando definir o campo Dados para substituir o Soma de Percentual de Renda com algo como Perc. Lucro Bruto. Tenha em mente que este nome deve ser diferente do nome para o campo Calculado.

```
' Define campos calculados
    PT.CalculatedFields.Add Name:="ProfitPercent", _
        Formula:="=Profit/Revenue"
    With PT.PivotFields("ProfitPercent")
        .Orientation = xlDataField
        .Function = xlSum
        .Position = 3
        .NumberFormat = "#0.0%"
        .Name = "GP Pct"
    End With
```

Itens Calculados

Suponha que você tenha um campo Medida juntamente com dois itens, Orçamento e Real e gostaria de adicionar uma nova posição para calcular Variação Real-Orçamento. É possível fazer isso com um item calculado usando este código:

```
' Define o item calculado ao longo da dimensão Produto
PT.PivotFields("Measure").CalculatedItems _
    .Add "Variance", "='Actual'-'Budget'"
```

248 Capítulo 12 | Usando o VBA para Criar Tabelas Dinâmicas

Usando `ShowDetail` para Filtrar um Record Set

Quando pegar qualquer tabela dinâmica na interface do usuário do Excel e depois der um duplo clique em qualquer número na tabela, o Excel vai inserir uma nova planilha na pasta de trabalho e copiar todos os registros fonte que representam aquele número. Na interface de usuário do Excel, essa é uma ótima maneira de realizar uma consulta drill-down em um conjunto de dados.

A propriedade VBA equivalente é `ShowDetail`. Ao definir essa propriedade como `True` para qualquer célula na tabela dinâmica, você gera uma nova planilha com todos os registros que geram aquela célula:

```
PT.TableRange2.Offset(2, 1).Resize(1, 1).ShowDetail = True
```

Alterando o Layout a Partir da Guia Design

O grupo Layout da guia Design contém quatro listas que controlam o seguinte:

- Localização dos subtotais (no início ou no final).
- Presença dos grandes totais.
- Layout do relatório, incluindo se os rótulos das linhas mais externas são repetidos.
- Presença de linhas em branco.

Subtotais podem aparecer no início ou no final de um grupo de itens dinâmicos. A propriedade `SubtotalLocation` se aplica à tabela dinâmica inteira e os valores válidos são `xlAtBottom` ou `xlAtTop`:

```
PT.SubtotalLocation:=xlAtTop
```

Grandes totais podem ser ligados ou desligados para linhas ou colunas. Como essas duas configurações podem confundir, lembre-se de que no fundo de um relatório há uma linha de totais que a maioria das pessoas chama de Linha de Grande Total. Para desligá-la, use o seguinte:

```
PT.ColumnGrand = False
```

Você precisa desligar a `ColumnGrand` quando desejar suprimir a linha de total, porque a Microsoft chama essa linha de "total geral para as colunas". Entendeu? Em outras palavras, elas estão dizendo que a linha na parte de baixo contém o total das colunas acima. Eu finalmente comecei a me sair melhor quando eu decidia qual desligar e então desligava a oposta.

Para suprimir o que você chamaria de Coluna de Geral Total ao longo do lado direito do relatório, é necessário suprimir o que a Microsoft chama de Total das Linhas com o seguinte código:

```
PT.RowGrand = False
```

Configurações para o Layout do Relatório

Há três configurações para o layout do relatório:

- **Formato de Tabela** — Similar ao layout padrão do Excel 2003
- **Formato de Estrutura de tópicos** — Disponível opcionalmente no Excel 2003
- **Formato Compacto** — Introduzido no Excel 2007

Ao criar uma tabela dinâmica na interface do Excel, você tem o layout compacto. Ao criar uma tabela dinâmica no VBA, você tem o layout tabular. É possível mudar para um dos outros layouts com uma dessas linhas:

```
PT.RowAxisLayout xlTabularRow
PT.RowAxisLayout xlOutlineRow
PT.RowAxisLayout xlCompactRow
```

A partir do Excel 2007, pode-se adicionar uma linha em branco ao layout depois de cada grupo de itens dinâmicos. Apesar de a guia Design oferecer uma única configuração para afetar a tabela dinâmica inteira, essa configuração é, na verdade, aplicada a cada campo dinâmico individualmente. O gravador de macros responde gravando uma dúzia de linhas de código para uma tabela dinâmica de 12 campos. Você pode inteligentemente adicionar uma única linha de código para os campos externos de linha:

```
PT.PivotFields("Region").LayoutBlankLine = True
```

Suprimindo Subtotais em Campos com Múltiplas Linhas

Assim que você tiver mais de um campo de linha, o Excel automaticamente adiciona subtotais para todos, menos o campo de linha mais interno. Esse campo de linha extra pode ficar no caminho se você planeja reutilizar os resultados da tabela dinâmica como um novo conjunto de dados para outro propósito. Apesar de a realização manual dessa tarefa poder ser relativamente simples, o código do VBA para suprimir os subtotais é surpreendentemente complexo.

A maioria das pessoas não percebe que é possível mostrar múltiplos tipos de subtotais. Por exemplo, é possível escolher mostrar Total, Média, Mínimo e Máximo na mesma tabela dinâmica.

Para suprimir os subtotais para um campo, deve-se definir a propriedade Subtotals como igual a um Array de 12 valores False. O primeiro False desliga os subtotais automáticos, o segundo False desliga o subtotal Sum, o terceiro False desliga o subtotal Count, e assim em diante. Esta linha de código suprime o subtotal Região:

```
PT.PivotFields("Region").Subtotals = Array(False, False, False, False, _
    False, False, False, False, False, False, False, False)
```

Uma técnica diferente é ligar o primeiro subtotal. Esse método desliga automaticamente os outros 11 subtotais. Você, então, pode desligar o primeiro subtotal para garantir que todos os subtotais tenham sido suprimidos:

```
PT.PivotFields("Region").Subtotals(1) = True
PT.PivotFields("Region").Subtotals(1) = False
```

ESTUDO DE CASO: APLICANDO UMA VISUALIZAÇÃO DE DADOS

A partir do Excel 2007, fantásticas visualizações de dados como conjuntos de ícones, gradientes de cores e barras de dados dentro de células são oferecidas. Ao aplicar a visualização a uma tabela dinâmica, deve-se excluir as linhas de total da visualização.

Se você tiver 20 clientes que produzem $3.000.000 de renda cada, o total para os 20 clientes será de $60 milhões. Ao incluir o total na visualização de dados, o total fica com a barra maior e todos os clientes ficam com barras pequenas.

Na interface do usuário do Excel, você sempre quer usar a opção Add Rule ou Edit Rule para selecionar a opção All Cells Showing "Soma de Receita" para "Cliente".

O código para adicionar uma barra de dados para o campo Receita é o seguinte:

```
' Aplique uma barra de dados
PT.TableRange2.Cells(3, 2).Select
Selection.FormatConditions.AddDatabar
Selection.FormatConditions(1).ShowValue = True
Selection.FormatConditions(1).SetFirstPriority
With Selection.FormatConditions(1)
    .MinPoint.Modify newtype:=xlConditionValueLowestValue
    .MaxPoint.Modify newtype:=xlConditionValueHighestValue
End With
With Selection.FormatConditions(1).BarColor
    .ThemeColor = xlThemeColorAccent3
    .TintAndShade = -0.5
End With
Selection.FormatConditions(1).ScopeType = xlFieldsScope
```

Próximos Passos

Caso ainda não tenha percebido, as tabelas dinâmicas são minha característica preferida no Excel. Elas são incrivelmente poderosas e flexíveis. Combinadas com VBA, elas fornecem um excelente motor de cálculo e estão por trás de muitos dos relatórios que construo para clientes. No Capítulo 13, "O Poder do Excel", você aprenderá múltiplas técnicas para lidar com várias tarefas no VBA.

O Poder do Excel

13

Um dos principais segredos dos programadores de sucesso é nunca perder tempo escrevendo o mesmo código duas vezes. Todos eles têm pequenos pedaços — ou mesmo grandes pedaços — de código que são usados repetidas vezes. Outro grande segredo é nunca levar 8 horas para fazer algo que pode ser feito em 10 minutos — e é sobre isso que o livro trata!

Este capítulo contém programas doados por diversos usuários avançados do Excel. São programas que eles acharam úteis e esperam que também lhe ajudem. Eles podem não apenas economizar tempo, mas também lhe ensinar novas maneiras de resolver problemas comuns.

Programadores diferentes têm estilos de programação diferentes e não reescrevemos o que foi enviado. Ao revisar essas linhas de código, você vai notar maneiras diferentes de fazer a mesma tarefa, como fazer referência a intervalos.

NESTE CAPÍTULO

Operações com Arquivos	251
Combinando e Separando Pastas de Trabalho	255
Trabalhando com Comentários nas Células	260
Selecionando Células	263
Técnicas para os Profissionais de VBA	268
Aplicações Interessantes	280
Próximos Passos	282

Operações com Arquivos

Os seguintes utilitários lidam com a manipulação de arquivos em pastas. Ser capaz de iterar por uma lista de arquivos em uma pasta é uma tarefa útil.

Listar Arquivos de um Diretório

Enviado por Nathan P. Oliver, de Minneapolis, Minnesota.

Este programa retorna o nome de arquivo, tamanho e data de modificação de todos os tipos de arquivos especificados no diretório selecionado e em seus subdiretórios:

O Poder do Excel

```vba
Sub ExcelFileSearch()
Dim srchExt As Variant, srchDir As Variant
Dim i As Long, j As Long, strName As String
Dim varArr(1 To 1048576, 1 To 3) As Variant
Dim strFileFullName As String
Dim ws As Worksheet
Dim fso As Object

Let srchExt = Application.InputBox("Please Enter File Extension", _
    "Info Request")
If srchExt = False And Not TypeName(srchExt) = "String" Then
    Exit Sub
End If

Let srchDir = BrowseForFolderShell
If srchDir = False And Not TypeName(srchDir) = "String" Then
    Exit Sub
End If

Application.ScreenUpdating = False

Set ws = ThisWorkbook.Worksheets.Add(Sheets(1))
On Error Resume Next
Application.DisplayAlerts = False
ThisWorkbook.Worksheets("FileSearch Results").Delete
Application.DisplayAlerts = True
On Error GoTo 0
ws.Name = "FileSearch Results"

Let strName = Dir$(srchDir & "\*" & srchExt)
Do While strName <> vbNullString
    Let i = i + 1
    Let strFileFullName = srchDir & strName
    Let varArr(i, 1) = strFileFullName
    Let varArr(i, 2) = FileLen(strFileFullName) \ 1024
    Let varArr(i, 3) = FileDateTime(strFileFullName)
    Let strName = Dir$()
Loop

Set fso = CreateObject("Scripting.FileSystemObject")
Call recurseSubFolders(fso.GetFolder(srchDir), varArr(), i, CStr(srchExt))
Set fso = Nothing

ThisWorkbook.Windows(1).DisplayHeadings = False
With ws
    If i > 0 Then
        .Range("A2").Resize(i, UBound(varArr, 2)).Value = varArr
        For j = 1 To i
            .Hyperlinks.Add anchor:=.Cells(j + 1, 1), Address:=varArr(j, 1)
        Next
    End If
    .Range(.Cells(1, 4), .Cells(1, .Columns.Count)).EntireColumn.Hidden = _
        True
    .Range(.Cells(.Rows.Count, 1).End(xlUp)(2), _
        .Cells(.Rows.Count, 1)).EntireRow.Hidden = True
    With .Range("A1:C1")
```

```vba
        .Value = Array("Full Name", "Kilobytes", "Last Modified")
        .Font.Underline = xlUnderlineStyleSingle
        .EntireColumn.AutoFit
        .HorizontalAlignment = xlCenter
    End With
End With
Application.ScreenUpdating = True
End Sub


Private Sub recurseSubFolders(ByRef Folder As Object, _
    ByRef varArr() As Variant, _
    ByRef i As Long, _
    ByRef srchExt As String)
Dim SubFolder As Object
Dim strName As String, strFileFullName As String
For Each SubFolder In Folder.SubFolders
    Let strName = Dir$(SubFolder.Path & "\*" & srchExt)
    Do While strName <> vbNullString
        Let i = i + 1
        Let strFileFullName = SubFolder.Path & "\" & strName
        Let varArr(i, 1) = strFileFullName
        Let varArr(i, 2) = FileLen(strFileFullName) \ 1024
        Let varArr(i, 3) = FileDateTime(strFileFullName)
        Let strName = Dir$()
    Loop
    If i > 1048576 Then Exit Sub
    Call recurseSubFolders(SubFolder, varArr(), i, srchExt)
Next
End Sub


Private Function BrowseForFolderShell() As Variant
Dim objShell As Object, objFolder As Object
Set objShell = CreateObject("Shell.Application")
Set objFolder = objShell.BrowseForFolder(0, "Please select a folder", _
    0, "C:\")
If Not objFolder Is Nothing Then
    On Error Resume Next
    If IsError(objFolder.Items.Item.Path) Then
        BrowseForFolderShell = CStr(objFolder)
    Else
        On Error GoTo 0
        If Len(objFolder.Items.Item.Path) > 3 Then
            BrowseForFolderShell = objFolder.Items.Item.Path & _
            Application.PathSeparator
        Else
            BrowseForFolderShell = objFolder.Items.Item.Path
        End If
    End If
Else
    BrowseForFolderShell = False
End If
Set objFolder = Nothing: Set objShell = Nothing
End Function
```

Importar e Apagar um Arquivo CSV

Enviado por Masaru Kaji, de Kobe, Japão. Masaru é um administrador de sistemas. Ele mantém um site de dicas de Excel, Colo's Excel Junk Room, em excel.toypark.in/tips.shtml

Se você se encontrar importando vários arquivos de variáveis separadas por vírgula (CSV) e depois tendo que voltar e removê-los, este programa é para você. Ele rapidamente abre um CSV no Excel e remove permanentemente o arquivo original:

```
Option Base 1

Sub OpenLargeCSVFast()
Dim buf(1 To 16384) As Variant
Dim i As Long
'Muda o local do arquivo aqui
Const strFilePath As String = "C:\temp\Sales.CSV"

Dim strRenamedPath As String
strRenamedPath = Split(strFilePath, ".")(0) & "txt"

With Application
    .ScreenUpdating = False
    .DisplayAlerts = False
End With
'Configura um array de informações de campos para abrir CSV
For i = 1 To 16384
    buf(i) = Array(i, 2)
Next
Name strFilePath As strRenamedPath
Workbooks.OpenText Filename:=strRenamedPath, DataType:=xlDelimited, _
    Comma:=True, FieldInfo:=buf
Erase buf
ActiveSheet.UsedRange.Copy ThisWorkbook.Sheets(1).Range("A1")
ActiveWorkbook.Close False
Kill strRenamedPath
With Application
    .ScreenUpdating = True
    .DisplayAlerts = True
End With
End Sub
```

Ler um TXT Inteiro para a Memória e Analisá-lo

Enviado por Rory Archibald, um analista de resseguros e mora em East Sussex, Reino Unido. Um nerd de carteirinha dono do site ExcelMatters.com.

Este exemplo toma uma abordagem diferente na leitura de um arquivo de texto que você talvez tenha usado anteriormente. Em vez de ler um registro por vez, a macro carrega o arquivo de texto inteiro na memória em uma única variável string. Depois, a macro analisa e divide o texto em registros individuais ainda na memória. Todos os registros são colocados na planilha de uma só vez (o que chamo de "despejar" os dados na planilha). A vantagem desse método é acessar o arquivo no disco apenas uma vez. Todo o processamento subsequente ocorre na memória e é muito rápido:

```
Sub LoadLinesFromCSV()
Dim sht                 As Worksheet
Dim strtxt              As String
Dim textArray()         As String

' Adiciona nova planilha para saída
Set sht = Sheets.Add

' abre o arquivo csv
With CreateObject("Scripting.FileSystemObject") _
    .GetFile("c:\temp\sales.csv").OpenAsTextStream(1)
    'lê o conteúdo em uma variável
    strtxt = .ReadAll
    ' fecha!
    .Close
End With

'divide o texto em um array usando o código de fim de linha e
'o separador de line feed
textArray = VBA.Split(strtxt, vbCrLf)

sht.Range("A1").Resize(UBound(textArray) + 1).Value = _
Application.Transpose(textArray)
End Sub
```

Combinando e Separando Pastas de Trabalho

Os utilitários das próximas seções demonstram como combinar planilhas em uma única pasta de trabalho ou separar uma pasta de trabalho em planilhas individuais ou exportar os dados para uma planilha em um arquivo XML.

Separar Planilhas em Pastas de Trabalho

Enviado por Tommy Miles de Houston, Texas.

Este exemplo passa pela pasta de trabalho ativa e salva cada planilha como sua própria pasta de trabalho no mesmo caminho da pasta de trabalho original. Ele nomeia as novas pastas de trabalho com base no nome da planilha e vai sobrescrever arquivos sem pedir confirmação. Você também vai notar que precisa escolher se salva o arquivo como .xlsm (macros habilitadas) ou .xlsx (as macros serão removidas). No código seguinte, ambas as linhas estão incluídas — xlsm e xlsx — mas as linhas xlsx estão comentadas, tornando-as inativas:

```
Sub SplitWorkbook()
Dim ws As Worksheet
Dim DisplayStatusBar As Boolean

DisplayStatusBar = Application.DisplayStatusBar
Application.DisplayStatusBar = True
Application.ScreenUpdating = False
Application.DisplayAlerts = False

For Each ws In ThisWorkbook.Sheets
    Dim NewFileName As String
    Application.StatusBar = ThisWorkbook.Sheets.Count & _
        " Remaining Sheets"
    If ThisWorkbook.Sheets.Count <> 1 Then
```

Capítulo 13 | O Poder do Excel

```
        NewFileName = ThisWorkbook.Path & "\" & ws.Name & ".xlsm" _
            'Macros Habilitadas
'       NewFileName = ThisWorkbook.Path & "\" & ws.Name & ".xlsx" _
            'Macros Desabilitadas
        ws.Copy
        ActiveWorkbook.Sheets(1).Name = "NovaPlanilha1"
        ActiveWorkbook.SaveAs Filename:=NewFileName, _
            FileFormat:=xlOpenXMLWorkbookMacroEnabled
'        ActiveWorkbook.SaveAs Filename:=NewFileName, _
            FileFormat:=xlOpenXMLWorkbook
        ActiveWorkbook.Close SaveChanges:=False
    Else
        NewFileName = ThisWorkbook.Path & "\" & ws.Name & ".xlsm"
'        NewFileName = ThisWorkbook.Path & "\" & ws.Name & ".xlsx"
        ws.Name = "Sheet1"
    End If
Next

Application.DisplayAlerts = True
Application.StatusBar = False
Application.DisplayStatusBar = DisplayStatusBar
Application.ScreenUpdating = True
End Sub
```

Combinar Pastas de Trabalho

Enviado por Tommy Miles.

Este exemplo passa pelos arquivos do Excel em um diretório especificado e combina-os
em uma única pasta de trabalho. Ele renomeia as planilhas com base no nome da pasta de
trabalho original.

```
Sub CombineWorkbooks()
Dim CurFile As String, DirLoc As String
Dim DestWB As Workbook
Dim ws As Object 'permite diferentes tipos de planilhas

DirLoc = ThisWorkbook.Path & "\tst\" 'local dos arquivos
CurFile = Dir(DirLoc & "*.xls*")

Application.ScreenUpdating = False
Application.EnableEvents = False

Set DestWB = Workbooks.Add(xlWorksheet)

Do While CurFile <> vbNullString
    Dim OrigWB As Workbook
    Set OrigWB = Workbooks.Open(Filename:=DirLoc & CurFile, _
        ReadOnly:=True)

    ' Limita a nomes válidos de planilhas e remove o .xls*
    CurFile = Left(Left(CurFile, Len(CurFile) - 5), 29)

    For Each ws In OrigWB.Sheets
        ws.Copy After:=DestWB.Sheets(DestWB.Sheets.Count)

        If OrigWB.Sheets.Count > 1 Then
            DestWB.Sheets(DestWB.Sheets.Count).Name = CurFile & ws.Index
        Else
```

Combinando e Separando Pastas de Trabalho — 257

```
                DestWB.Sheets(DestWB.Sheets.Count).Name = CurFile
        End If
    Next

    OrigWB.Close SaveChanges:=False
    CurFile = Dir
Loop

Application.DisplayAlerts = False
DestWB.Sheets(1).Delete
Application.DisplayAlerts = True

Application.ScreenUpdating = True
Application.EnableEvents = True

Set DestWB = Nothing
End Sub
```

Filtrar e Copiar Dados para Planilhas Separadas

Enviado por Dennis Wallentin, de Ostersund, Suécia. Dennis fornece dicas e truques do Excel em http://xldennis.wordpress.com.

Este exemplo usa uma coluna especificada para filtrar dados e copiar os resultados para novas planilhas na pasta de trabalho ativa:

```
Sub Filter_NewSheet()
Dim wbBook As Workbook
Dim wsSheet As Worksheet
Dim rnStart As Range, rnData As Range
Dim i As Long

Set wbBook = ThisWorkbook
Set wsSheet = wbBook.Worksheets("Sheet1")

With wsSheet
    'Garante que a primeira linha contenha cabeçalhos.
    Set rnStart = .Range("A2")
    Set rnData = .Range(.Range("A2"), .Cells(.Rows.Count, 3).End(xlUp))
End With

Application.ScreenUpdating = True

For i = 1 To 5
    'Aqui filtramos os dados com o primeiro critério.
    rnStart.AutoFilter Field:=1, Criteria1:="AA" & i
    'Copia a lista filtrada
    rnData.SpecialCells(xlCellTypeVisible).Copy
    'Adiciona uma nova planilha à pasta de trabalho ativa.
    Worksheets.Add Before:=wsSheet
    'Nomeia as novas planilhas adicionadas.
    ActiveSheet.Name = "AA" & i
    'Cola a lista filtrada.
    Range("A2").PasteSpecial xlPasteValues
Next i

'Reinicia a lista com seu status original.
```

258 Capítulo 13 | O Poder do Excel

```
rnStart.AutoFilter Field:=1

With Application
    'Limpa a área de transferência.
    .CutCopyMode = False
    .ScreenUpdating = False
End With
End Sub
```

Copiar Dados para Separar Planilhas Sem Usar Filtro

Utilitário enviado por Zack Barresse de Boardman, Oregon. Zack é um ninja do Excel e louco por VBA, já trabalhou como bombeiro e paramédico e administra o exceltables.com. Junto com Kevin Jones escreveu *Excel Tables: A Complete Guide for Creating, Using, and Automatting Lists and Tables* (Holy Macro! Books, 2014).

O exemplo anterior usa o Filtro para obter os registros desejados. Embora esse método funcione bem em muitos casos, se estiver lidando com muitos dados ou possuir fórmulas no conjunto de dados, ele pode demorar um pouco. Em vez de usar o Filtro, considere usar uma fórmula para marcar o registro desejado e então ordenar por coluna para agrupar os registros. Combine isso com SpecialCells, e terá um procedimento que executa 10 vezes mais rápido do que o código e o Filtro. Veja como é:

```
Sub CriteriaRange_Copy()
Dim Table As ListObject
Dim SortColumn As ListColumn
Dim CriteriaColumn As ListColumn
Dim FoundRange As Range
Dim TargetSheet As Worksheet
Dim HeaderVisible As Boolean

Set Table = ActiveSheet.ListObjects(1) ' Set as desired
HeaderVisible = Table.ShowHeaders
Table.ShowHeaders = True

On Error GoTo RemoveColumns
Set SortColumn = Table.ListColumns.Add(Table.ListColumns.Count + 1)
Set CriteriaColumn = Table.ListColumns.Add _
    (Table.ListColumns.Count + 1)
On Error GoTo 0

'Adiciona uma coluna para monitorar a ordem original dos registros
SortColumn.Name = " Sort"
CriteriaColumn.Name = " Criteria"
SortColumn.DataBodyRange.Formula = "=ROW(A1)"
SortColumn.DataBodyRange.Value = SortColumn.DataBodyRange.Value

'Adiciona a fórmula para marcar os registros desejados
'os registros não desejados terão erros
CriteriaColumn.DataBodyRange.Formula = "=1/(([@Units]<10)*([@Cost]<5))"
CriteriaColumn.DataBodyRange.Value = CriteriaColumn.DataBodyRange.Value

Table.Range.Sort Key1:=CriteriaColumn.Range(1, 1), _
    Order1:=xlAscending, Header:=xlYes
On Error Resume Next
```

13

Combinando e Separando Pastas de Trabalho | **259**

```
Set FoundRange = Intersect(Table.Range, CriteriaColumn.DataBodyRange. _
    SpecialCells(xlCellTypeConstants, xlNumbers).EntireRow)
On Error GoTo 0

If Not FoundRange Is Nothing Then
    Set TargetSheet = ThisWorkbook.Worksheets.Add(After:=ActiveSheet)
    FoundRange(1, 1).Offset(-1, 0).Resize(FoundRange.Rows.Count + 1, _
        FoundRange.Columns.Count - 2).Copy
    TargetSheet.Range("A1").PasteSpecial xlPasteValuesAndNumberFormats
    Application.CutCopyMode = False
End If
Table.Range.Sort Key1:=SortColumn.Range(1, 1), Order1:=xlAscending, _
    Header:=xlYes

RemoveColumns:
If Not SortColumn Is Nothing Then SortColumn.Delete
If Not CriteriaColumn Is Nothing Then CriteriaColumn.Delete
Table.ShowHeaders = HeaderVisible
End Sub
```

Exportar Dados para um Arquivo XML

Livio Lanzo enviou este utilitário. Atualmente ele trabalha como analista de negócios em finanças em Luxemburgo. Sua principal atividade é desenvolver ferramentas de Excel/Access para um banco. Livio também está participando dos fóruns no MrExcel.com VBA com o perfil Geek.

Este programa exporta dados de uma tabela para um arquivo XML. Uma referência deve ser estabelecida no VB Editor com o uso da early binding, por meio da biblioteca Tools, References to the Microsoft XML, v6.0:

```
Const ROOT_ELEMENT_NAME = "SAMPLEDATA"
Const GROUPS_NAME = "EMPLOYEES"
Const XML_EXPORT_PATH = "C:\temp\myXMLFile.xml"

Sub CreateXML()
Dim xml_DOM As MSXML2.DOMDocument60
Dim xml_El  As MSXML2.IXMLDOMElement
Dim xRow    As Long
Dim xCol    As Long
Set xml_DOM = CreateObject("MSXML2.DOMDocument.6.0")
xml_DOM.appendChild xml_DOM.createElement(ROOT_ELEMENT_NAME)
With Sheet1.ListObjects("TableEmployees")
    For xRow = 1 To .ListRows.Count
        CREATE_APPEND_ELEMENT xml_DOM, ROOT_ELEMENT_NAME, GROUPS_NAME, _
            0, NODE_ELEMENT
        For xCol = 1 To .ListColumns.Count
            CREATE_APPEND_ELEMENT xml_DOM, GROUPS_NAME, _
                .HeaderRowRange(1, xCol).Text, (xRow - 1), NODE_ELEMENT
            CREATE_APPEND_ELEMENT xml_DOM, .HeaderRowRange(1, xCol).Text, _
                .DataBodyRange(xRow, xCol).Text, (xRow - 1), NODE_TEXT
        Next xCol
    Next xRow
End With
xml_DOM.Save XML_EXPORT_PATH
MsgBox "File Created: " & XML_EXPORT_PATH, vbInformation
End Sub
```

13

```
Private Sub CREATE_APPEND_ELEMENT(xmlDOM As MSXML2.DOMDocument60, _
                                  ParentElName As String, _
                                  NewElName As String, _
                                  ParentElIndex As Long, _
                                  ELType As MSXML2.tagDOMNodeType)
Dim xml_ELEMENT As Object
If ELType = NODE_ELEMENT Then
    Set xml_ELEMENT = xmlDOM.createElement(NewElName)
ElseIf ELType = NODE_TEXT Then
    Set xml_ELEMENT = xmlDOM.createTextNode(NewElName)
End If
xmlDOM.getElementsByTagName(ParentElName)(ParentElIndex).appendChild _
    xml_ELEMENT
End Sub
```

Trabalhando com Comentários nas Células

Comentários nas células são características frequentemente subutilizadas do Excel. Os dois utilitários seguintes ajudam a obter maior proveito.

Redimensionar os Comentários

Enviado por Tom Urtis, de São Francisco, Califórnia. Tom é o principal dono da Atlas Programming Management, uma firma de consultoria de Excel na Bay Area.

O Excel não redimensiona automaticamente as células de comentários. Além disso, se você tiver diversas caixas em uma planilha, como mostrado na Figura 13.1, pode ser um problema dimensioná-las uma por vez. O exemplo de código seguinte redimensiona todas as caixas de comentários em uma planilha de forma que, quando selecionadas, o comentário inteiro é facilmente visualizável, como mostrado na Figura 13.2.

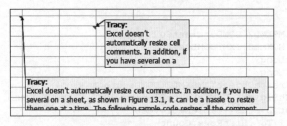

Figura 13.1
Por padrão, o Excel não dimensiona as caixas para mostrar todo o texto inserido.

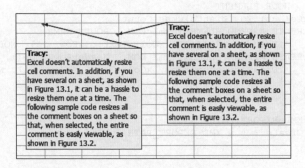

Figura 13.2
Redimensione as caixas de comentário para mostrar todo o texto.

```
Sub CommentFitter()
Application.ScreenUpdating = False
Dim x As Range, y As Long

For Each x In Cells.SpecialCells(xlCellTypeComments)
    Select Case True
        Case Len(x.NoteText) <> 0
            With x.Comment
                .Shape.TextFrame.AutoSize = True
                If .Shape.Width > 250 Then
                    y = .Shape.Width * .Shape.Height
                    .Shape.Width = 150
                    .Shape.Height = (y / 200) * 1.3
                End If
            End With
    End Select
Next x
Application.ScreenUpdating = True
End Sub
```

Colocar um Gráfico em um Comentário

Enviado por Tom Urtis.

Um gráfico ao vivo não pode existir em uma forma, mas é possível pegar um instantâneo do gráfico e carregá-lo no comentário, como mostrado na Figura 13.3.

Figura 13.3
Coloque um gráfico em um comentário de célula.

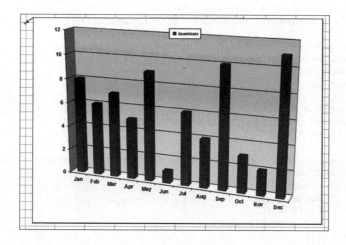

Os passos para fazer isso manualmente são os seguintes:

1. Crie e grave a imagem instantânea que quer exibir no comentário.
2. Se você ainda não fez isso, crie o comentário e selecione a célula na qual o comentário está localizado.
3. Na guia Revisão, selecione Editar Comentário ou clique com o botão direito na célula e selecione Editar Comentário.

4. Clique com o botão direito na borda do comentário e selecione Formatar Comentário.

5. Selecione a guia Cores e Linhas, clique na seta para baixo que pertence ao campo Cor da seção Preencher.

6. Selecione Efeitos de Preenchimento, selecione a guia Imagem e depois clique no botão Selecionar Imagem.

7. Navegue até a imagem desejada, selecione a imagem e clique em OK duas vezes.

O efeito de ter um "gráfico ao vivo" em um comentário pode ser alcançado se, por exemplo, o código é parte de um evento SheetChange quando os dados fonte do gráfico estiverem sendo alterados. Além disso, gráficos de negócios são atualizados frequentemente, então você pode querer uma macro para manter o comentário atualizado e para evitar repetir os mesmos passos.

A seguinte macro faz isso — ela define um caminho e nome de arquivo temporários o gráfico e planilha de destino, célula e tamanho do comentário, dependendo do tamanho do gráfico:

```
Sub PlaceGraph()
Dim x As String, z As Range

Application.ScreenUpdating = False

'Atribui um local temporário para manter a imagem
x = "C:\temp\XWMJGraph.gif"

'Atribui a célula a manter o comentário
Set z = Worksheets("ChartInComment").Range("A3")

'Apaga qualquer comentário existente na célula
On Error Resume Next
z.Comment.Delete
On Error GoTo 0

'Seleciona e exporta o gráfico
ActiveSheet.ChartObjects("Chart 1").Activate
ActiveChart.Export x

'Adiciona um novo comentário à célula, define o tamanho e insere o gráfico
With z.AddComment
    With .Shape
        .Height = 322
        .Width = 465
        .Fill.UserPicture x
    End With
End With

'Apaga a imagem temporária
Kill x

Range("A1").Activate
Application.ScreenUpdating = True

Set z = Nothing
End Sub
```

Selecionando Células

Selecionar células é uma parte essencial do Excel, mas as ferramentas que o usuário usa como ajuda são limitadas. As seções seguintes apresentam duas formas de ajudar os usuários com mais facilidade a localizar a célula selecionadas mas, também, destacar a linha e a coluna. Além disso, apresenta um método para tornar menos frustrante uma seleção de célula contígua, especialmente quando a célula errada é selecionada. Por fim, há um exemplo do uso do evento Change para criar um arquivo de registro oculto com as mudanças do usuário.

Usando Formatação Condicional para Destacar a Célula Selecionada

Enviado por Ivan F. Moala, de Auckland, Nova Zelândia. Ivan é o autor do site The XcelFiles (http://excelplaza.com/ep_ivan/default.php), onde é possível descobrir como fazer coisas que você pensava que não podiam ser feitas no Excel.

A formatação condicional é usada para destacar a linha e coluna da célula ativa para ajudá-lo a localizá-la visualmente, como mostra a Figura 13.4.

Figura 13.4
Use a formatação condicional para destacar a linha e a coluna da célula selecionada na tabela.

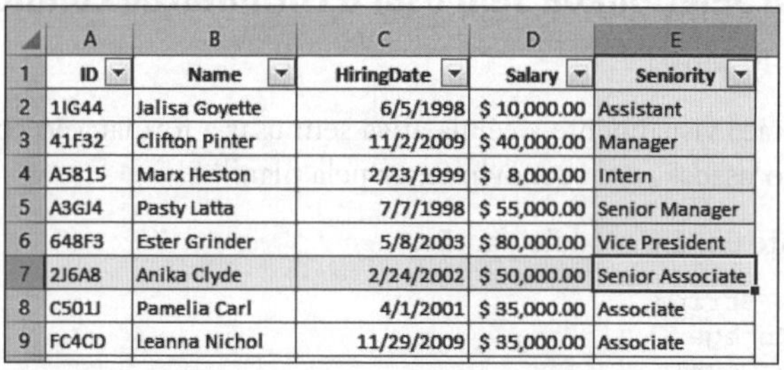

	A	B	C	D	E
1	ID	Name	HiringDate	Salary	Seniority
2	1IG44	Jalisa Goyette	6/5/1998	$ 10,000.00	Assistant
3	41F32	Clifton Pinter	11/2/2009	$ 40,000.00	Manager
4	A5815	Marx Heston	2/23/1999	$ 8,000.00	Intern
5	A3GJ4	Pasty Latta	7/7/1998	$ 55,000.00	Senior Manager
6	648F3	Ester Grinder	5/8/2003	$ 80,000.00	Vice President
7	2J6A8	Anika Clyde	2/24/2002	$ 50,000.00	Senior Associate
8	C501J	Pamelia Carl	4/1/2001	$ 35,000.00	Associate
9	FC4CD	Leanna Nichol	11/29/2009	$ 35,000.00	Associate

> **NOTA** *Não* use esse método se você já tiver formatos condicionais em uma planilha. Qualquer formato condicional vai ser sobrescrito. Além disso, este programa limpa a Área de Transferência. Dessa forma, não é possível usar esse método enquanto estiver fazendo operações de copiar, cortar ou colar.

```
Const iInternational As Integer = Not (0)

Private Sub Worksheet_SelectionChange(ByVal Target As Range)
Dim iColor As Integer
'// Em caso de erro continuar caso
'// o usuário selecione uma faixa de células
On Error Resume Next
iColor = Target.Interior.ColorIndex
'// Deixa On Error ligado para os erros de offset de linha

If iColor < 0 Then
    iColor = 36
Else
    iColor = iColor + 1
End If

'// Precisa testar no caso da cor da fonte ser a mesma
```

264 Capítulo 13 | O Poder do Excel

```
If iColor = Target.Font.ColorIndex Then iColor = iColor + 1

Cells.FormatConditions.Delete

'// Faixa de cor horizontal
With Range("A" & Target.Row, Target.Address) 'Rows(Target.Row)
    .FormatConditions.Add Type:=2, Formula1:=iInternational 'Ou apenas 1
        '"TRUE"
    .FormatConditions(1).Interior.ColorIndex = iColor
End With

'// Faixa de cor vertical
With Range(Target.Offset(1 - Target.Row, 0).Address & ":" & _
    Target.Offset(-1, 0).Address)
    .FormatConditions.Add Type:=2, Formula1:=iInternational 'Ou apenas 1
        '"TRUE"
    .FormatConditions(1).Interior.ColorIndex = iColor
End With

End Sub
```

Destacando a Célula Selecionada Sem Usar a Formatação Condicional

Enviado por Ivan F. Moala.

Este exemplo destaca visualmente a célula ativa sem usar a formatação condicional quando as teclas das setas são usadas para se movimentar pela planilha.

Coloque o seguinte em um módulo padrão:

```
Dim strCol As String
Dim iCol As Integer
Dim dblRow As Double

Sub HighlightRight()
    HighLight 0, 1
End Sub

Sub HighlightLeft()
    HighLight 0, -1
End Sub

Sub HighlightUp()
    HighLight -1, 0, -1
End Sub

Sub HighlightDown()
    HighLight 1, 0, 1
End Sub

Sub HighLight(dblxRow As Double, iyCol As Integer, _
    Optional dblZ As Double = 0)
On Error GoTo NoGo
strCol = Mid(ActiveCell.Offset(dblxRow, iyCol).Address, _
        InStr(ActiveCell.Offset(dblxRow, iyCol).Address, "$") + 1, _
        InStr(2, ActiveCell.Offset(dblxRow, iyCol).Address, "$") - 2)
iCol = ActiveCell.Column
dblRow = ActiveCell.Row
```

```
    Application.ScreenUpdating = False

    With Range(strCol & ":" & strCol & "," & dblRow + dblZ & ":" & _
        dblRow + dblZ)
        .Select
        Application.ScreenUpdating = True
        .Item(dblRow + dblxRow).Activate
    End With

NoGo:
End Sub

Sub ReSet() 'manual reset
    Application.OnKey "{RIGHT}"
    Application.OnKey "{LEFT}"
    Application.OnKey "{UP}"
    Application.OnKey "{DOWN}"
End Sub
```

Coloque o seguinte no módulo EstaPasta_de_trabalho:

```
Private Sub Workbook_Open()
    Application.OnKey "{RIGHT}", "HighlightRight"
    Application.OnKey "{LEFT}", "HighlightLeft"
    Application.OnKey "{UP}", "HighlightUp"
    Application.OnKey "{DOWN}", "HighlightDown"
    Application.OnKey "{DEL}", "DisableDelete"
End Sub

Private Sub Workbook_BeforeClose(Cancel As Boolean)
    Application.OnKey "{RIGHT}"
    Application.OnKey "{LEFT}"
    Application.OnKey "{UP}"
    Application.OnKey "{DOWN}"
    Application.OnKey "{DEL}"
End Sub
```

Selecionando/Desmarcando Células Não Contíguas

Enviado por Tom Urtis.

Normalmente, para desmarcar uma única célula ou intervalo em uma planilha, deve-se clicar em uma célula não selecionada para desmarcar todas as células e depois começar de novo, selecionando novamente todas as células corretas. Isso é inconveniente se você precisar selecionar novamente uma série de células não contíguas.

Este exemplo adiciona duas novas opções para o menu contextual de seleção: Desmarcar Célula Ativa e Desmarcar Área Ativa. Com as células não contíguas selecionadas, mantenha pressionada a tecla Ctrl, clique na célula que quer desmarcar, tornando-a ativa, solte a tecla Ctrl e, depois, clique com o botão direito na célula que quer desmarcar. O menu contextual mostrado na Figura 13.5 aparece. Clique no item de menu que desmarca a seleção, a célula ativa ou a área selecionada contígua da qual ela é parte.

Figura 13.5
O procedimento `ModifyRightClick` fornece um menu de contexto personalizado para desmarcar células contíguas.

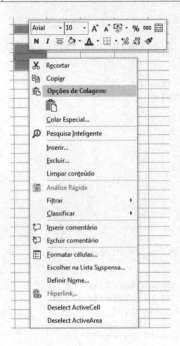

Insira os seguintes procedimentos em um módulo padrão:

```
Sub ModifyRightClick()
'Adiciona novas opções no menu suspenso
Dim O1 As Object, O2 As Object

'Exclui as opções se já existirem
On Error Resume Next
With CommandBars("Cell")
    .Controls("Deselect ActiveCell").Delete
    .Controls("Deselect ActiveArea").Delete
End With
On Error GoTo 0

'Adiciona as novas opções
Set O1 = CommandBars("Cell").Controls.Add

With O1
    .Caption = "Deselect ActiveCell"
    .OnAction = "DeselectActiveCell"
End With

Set O2 = CommandBars("Cell").Controls.Add

With O2
    .Caption = "Deselect ActiveArea"
    .OnAction = "DeselectActiveArea"
End With
End Sub

Sub DeselectActiveCell()
Dim x As Range, y As Range
```

```
    If Selection.Cells.Count > 1 Then
        For Each y In Selection.Cells
            If y.Address <> ActiveCell.Address Then
                If x Is Nothing Then
                    Set x = y
                Else
                    Set x = Application.Union(x, y)
                End If
            End If
        Next y
        If x.Cells.Count > 0 Then
            x.Select
        End If
    End If
End Sub

Sub DeselectActiveArea()
Dim x As Range, y As Range

If Selection.Areas.Count > 1 Then
    For Each y In Selection.Areas
        If Application.Intersect(ActiveCell, y) Is Nothing Then
            If x Is Nothing Then
                Set x = y
            Else
                Set x = Application.Union(x, y)
            End If
        End If
    Next y
    x.Select
End If
End Sub
```

Adicione os seguintes procedimentos ao módulo `ThisWorkbook`:

```
Private Sub Workbook_Activate()
ModifyRightClick
End Sub

Private Sub Workbook_Deactivate()
Application.CommandBars("Cell").Reset
End Sub
```

Criação de um Arquivo de Registro Oculto

Chris "Smitty" Smith enviou este utilitário de Crested Butte, Colorado. Smitty é desenvolvedor profissional do Office, levando sua experiência corporativa anterior para diferentes clientes corporativos. Quando não está ocupado com o trabalho, é um grande alpinista de montanhas de gelo.

O evento `Change` é uma solução de código postada com frequência nos fóruns do Excel, primeiramente porque ele preenche um espaço que as fórmulas não conseguem gerenciar (por exemplo, inserir data e hora quando o usuário altera um intervalo específico). O evento `Change` tem a vantagem de criar um arquivo de registro que rastreia o endereço do célula, um valor novo, data, hora e nome do usuário para as alterações feitas na coluna A da planilha na qual o código foi colocado:

```
Private Sub Worksheet_Change(ByVal Target As Range)
'O código entra no módulo específico da planilha
```

```
Dim ws As Worksheet
Dim lr As Long
Dim rng As Range
'Configura a planilha de destino
Set ws = Sheets("Log Sheet")
'Pega a primeira linha não-usada na planilha Log
lr = ws.Cells(Rows.Count, "A").End(xlUp).Row
'Configura Target Range, ou seja Range("A1, B2, C3"), ou Range ("A1:B3")
Set rng = Target.Parent.Range("A:A")
'Somente observa a alteração de uma única célula
If Target.Count > 1 Then Exit Sub
'Somete observa aquele intervalo
If Intersect(Target, rng) Is Nothing Then Exit Sub
'Ação se a Condition(s) for encontrada (faça do seu jeito aqui...)
'Coloca o endereço da célula Target na Coluna A
ws.Cells(lr + 1, "A").Value = Target.Address
'Coloca o valor da célula Target na Coluna B
ws.Cells(lr + 1, "B").Value = Target.Value
'Coloca Date na Coluna C
ws.Cells(lr + 1, "C").Value = Date
'Coloca Time na Coluna D
ws.Cells(lr + 1, "D").Value = Format(Now, "HH:MM:SS AM/PM")
'Coloca Date na Coluna E
ws.Cells(lr + 1, "E").Value = Environ("UserName")
End Sub
```

Técnicas para os Profissionais de VBA

Os próximos 8 utilitários me surpreendem. Nas várias comunidades na Internet, os programadores VBA estão constantemente aparecendo com novas maneiras de fazer algo mais rápido ou melhor. Quando alguém posta algum novo código que obviamente é melhor que o melhor código que se conhecia até então, todos se beneficiam.

Módulo de Classe de Estado do Excel

Enviado por Juan Pablo Gonzalez Ruiz de Bogotá, Colômbia. Juan Pablo é um consultor de Excel e dirige o seu negócio de fotografia em www.juanpg.com.

O módulo de classe que se segue é um dos meus favoritos e eu o utilizo em quase todos os projetos que crio. Antes de Juan dividir o módulo comigo, eu costumava inserir as quatro linhas de código para desligar e voltar a atualização de tela, eventos, alertas e cálculos. No início de uma sub I, eu desligaria e, no final, eu ligaria de volta. Isso era um pouco de digitação. Agora, eu só coloco o módulo de classe em uma nova pasta de trabalho que crio e o chamo quando necessário.

Insira um módulo de classe chamada CAppState e coloque o seguinte código nele:

```
Private m_su As Boolean
Private m_ee As Boolean
Private m_da As Boolean
Private m_calc As Long
Private m_cursor As Long

Private m_except As StateEnum
```

```vba
Public Enum StateEnum
    None = 0
    ScreenUpdating = 1
    EnableEvents = 2
    DisplayAlerts = 4
    Calculation = 8
    Cursor = 16
End Enum

Public Sub SetState(Optional ByVal except As StateEnum = StateEnum.None)
    m_except = except
With Application
    If Not m_except And StateEnum.ScreenUpdating Then
        .ScreenUpdating = False
    End If

    If Not m_except And StateEnum.EnableEvents Then
        .EnableEvents = False
    End If

    If Not m_except And StateEnum.DisplayAlerts Then
        .DisplayAlerts = False
    End If

    If Not m_except And StateEnum.Calculation Then
        .Calculation = xlCalculationManual
    End If

    If Not m_except And StateEnum.Cursor Then
        .Cursor = xlWait
    End If
End With
End Sub

Private Sub Class_Initialize()
With Application
    m_su = .ScreenUpdating
    m_ee = .EnableEvents
    m_da = .DisplayAlerts
    m_calc = .Calculation
    m_cursor = .Cursor
End With
End Sub

Private Sub Class_Terminate()
With Application
    If Not m_except And StateEnum.ScreenUpdating Then
        .ScreenUpdating = m_su
    End If

    If Not m_except And StateEnum.EnableEvents Then
        .EnableEvents = m_ee
    End If

    If Not m_except And StateEnum.DisplayAlerts Then
        .DisplayAlerts = m_da
    End If

    If Not m_except And StateEnum.Calculation Then
        .Calculation = m_calc
    End If
```

270 Capítulo 13 | O Poder do Excel

```
      If Not m_except And StateEnum.Cursor Then
          .Cursor = m_cursor
      End If
  End With
  End Sub
```

O código a seguir é um exemplo de chamar o módulo de classe para desligar os vários estados, executar o seu código, e em seguida, definir os estados de volta.

```
Sub RunFasterCode
Dim appState As CAppState
Set appState = New CAppState
appState.SetState None
'Rode seu código
'Se você tem quaisquer fórmulas que precisa atualizar, use
'Application.Calculate
'para forçar a pasta de trabalho a calcular
Set appState = Nothing
End Sub
```

Exploração de Tabela Dinâmica

Enviado por Tom Urtis.

Quando se dá um duplo clique na seção de dados, o comportamento padrão de uma tabela dinâmica é inserir uma nova planilha e exibir aquela informação detalhada na nova planilha. O exemplo seguinte serve como uma opção para conveniência, a fim de manter os conjuntos de registros onde se fez a exploração na mesma planilha que a tabela dinâmica (veja a Figura 13.6)

Figura 13.6
Mostra os conjuntos de registros detalhados na mesma planilha que a tabela dinâmica.

27	⊟ Zelda	Q4		86	1803	5037	
28	Zelda Total			86	1803	5037	
29	Grand Total			48780	20396	38672	11738
30							
31	**Name**	**Region**	**Quarter**	**Item**	**Color**	**Sales**	
32	Jim	East	Q3	Hats	Black	4525	
33	Jim	South	Q3	Hats	Yellow	1941	
34	Jim	South	Q3	Hats	Yellow	7400	
35	Jim	West	Q3	Hats	Red	191	
36							

e lhe deixa removê-los como quiser.

Para usar essa macro, dê um duplo clique na seção de dados ou na seção de Totais para criar conjuntos empilhados de registros de exploração na próxima linha disponível da planilha. Para remover qualquer conjunto de registros de exploração, dê um duplo clique em sua respectiva região corrente.

Este é o código:

```
Private Sub Worksheet_BeforeDoubleClick(ByVal Target As Range, _
    Cancel As Boolean)
Application.ScreenUpdating = False
Dim LPTR&

With ActiveSheet.PivotTables(1).DataBodyRange
    LPTR = .Rows.Count + .Row - 1
End With
```

```
Dim PTT As Integer
On Error Resume Next
PTT = Target.PivotCell.PivotCellType
If Err.Number = 1004 Then
    Err.Clear
    If Not IsEmpty(Target) Then
        If Target.Row > Range("A1").CurrentRegion.Rows.Count + 1 Then
            Cancel = True
            With Target.CurrentRegion
                .Resize(.Rows.Count + 1).EntireRow.Delete
            End With
        End If
    Else
        Cancel = True
    End If
Else
    CS = ActiveSheet.Name
End If
Application.ScreenUpdating = True
End Sub
```

Filtragem da Tabela Dinâmica OLAF por uma Lista de Itens

Enviado por Jerry Sullivan de San Diego, Califórnia. Jerry é gerente de operações para a exp (www.exp.com), uma empresa de consultoria em engenharia de construção.

Este procedimento filtra uma tabela dinâmica OLAP para mostrar itens em uma lista separada, se o item tiver ou não um registro correspondente.

O código converte itens amigáveis em referências de membro MDX — por exemplo, de "banana" para "[tblSales].[product_name].&[banana]"]":

```
Sub FilterOLAP_PT()
'O exemplo mostra a chamada para a função sOLAP_FilterByItemList

Dim pvt As PivotTable
Dim sErrMsg As String, sTemplate As String
Dim vItemsToBeVisible As Variant

On Error GoTo ErrProc
With Application
    .EnableCancelKey = xlErrorHandler
    .ScreenUpdating = False
    .DisplayStatusBar = False
    .EnableEvents = False
End With

'Lê os itens do filtro a partir da tabela da planilha
vItemsToBeVisible = Application.Transpose( _
        wksPivots.ListObjects("tblVisibleItemsList").DataBodyRange.Value)

Set pvt = wksPivots.PivotTables("PivotTable1")
'Chama a função
sErrMsg = sOLAP_FilterByItemList( _
    pvf:=pvt.PivotFields("[tblSales].[product_name].[product_name]"), _
    vItemsToBeVisible:=vItemsToBeVisible, _
```

Capítulo 13 | O Poder do Excel

```vb
    sItemPattern:="[tblSales].[product_name].&[ThisItem]")

ExitProc:
On Error Resume Next
With Application
    .EnableEvents = True
    .DisplayStatusBar = True
    .ScreenUpdating = True
End With
If Len(sErrMsg) > 0 Then MsgBox sErrMsg
Exit Sub

ErrProc:
sErrMsg = Err.Number & " - " & Err.Description
Resume ExitProc
End Sub

Private Function sOLAP_FilterByItemList(ByVal pvf As PivotField, _
    ByVal vItemsToBeVisible As Variant, _
    ByVal sItemPattern As String) As String

'Filtra uma tabela dinâmica OLAP para exibir uma lista de itens,
'    na qual alguns dos itens não existem
'Trabalha testando se cada pivotitem existe, e então constrói
'    um array de itens existentes para ser usado com a
' Propriedade VisibleItemsList

'Input Parameters:
'pvf - objeto pivotfield é filtrado
'vItemsToBeVisible - array 1-D de strings representando itens para
' serem visíveis
'sItemPattern - uma string que tem o padrão MDX da referência pivotItem
'               na qual o texto"ThisItem" será substituído por cada
'               Item em vItemsToBeVisible para fazer as referências pivotItem.
'               por exemplo:"[tblSales].[product_name].&[ThisItem]"

Dim lFilterItemCount As Long, lNdx As Long
Dim vFilterArray As Variant
Dim vSaveVisibleItemsList As Variant
Dim sReturnMsg As String, sPivotItemName As String

'Armazena os itens visíveis existentes
vSaveVisibleItemsList = pvf.VisibleItemsList

If Not (IsArray(vItemsToBeVisible)) Then _
    vItemsToBeVisible = Array(vItemsToBeVisible)
ReDim vFilterArray(1 To _
    UBound(vItemsToBeVisible) - LBound(vItemsToBeVisible) + 1)
pvf.Parent.ManualUpdate = True

'Verifica se o pivotitem existe e constrói um array de itens que existem
For lNdx = LBound(vItemsToBeVisible) To UBound(vItemsToBeVisible)
    'Cria um formato MDX referência pivotItem ao substituir o item
    'no padrão
    sPivotItemName = Replace(sItemPattern, "ThisItem", _
                            vItemsToBeVisible(lNdx))

    'Tenta tornar o item especificado o único visível
    On Error Resume Next
```

Técnicas para os Profissionais de VBA | **273**

```
        pvf.VisibleItemsList = Array(sPivotItemName)
        On Error GoTo 0

        'Se o item não existe no campo, será falso
        If LCase$(sPivotItemName) = LCase$(pvf.VisibleItemsList(1)) Then
            lFilterItemCount = lFilterItemCount + 1
            vFilterArray(lFilterItemCount) = sPivotItemName
        End If
    Next lNdx

    'Se ao menos um item existente for encontrado, ele filtra pivot usando o array
    If lFilterItemCount > 0 Then
        ReDim Preserve vFilterArray(1 To lFilterItemCount)
        pvf.VisibleItemsList = vFilterArray
    Else
        sReturnMsg = "No matching items found."
        pvf.VisibleItemsList = vSaveVisibleItemsList
    End If
    pvf.Parent.ManualUpdate = False

    sOLAP_FilterByItemList = sReturnMsg
    End Function
```

Criação de uma Ordem de Classificação Personalizada

Enviado por Wei Jiang, da Cidade de Wuhan, China. Jiang é um consultor para a MrExcel.com.

Por padrão, o Excel possibilita classificar as listas numericamente ou alfabeticamente, mas algumas vezes isso não é o que é necessário. Por exemplo, um cliente pode precisar que os dados das vendas de cada dia sejam classificados pela ordem padrão de bolsas, carteiras, cintos, relógios e qualquer outra coisa. Embora você possa definir manualmente uma série personalizada e classificar usando-a, se você estiver criando uma pasta de trabalho

Figura 13.7
Ao usar a macro, a lista em A:C é ordenada primeiro por data e depois em uma ordem de classificação personalizada na Coluna I.

Date	Category	# sold				Belts	
1/1/2015	Belts	15				Handbags	
1/1/2015	Handbags	23				Watches	
1/1/2015	Watches	42				Wallets	
1/1/2015	Wallets	17				Everything Else	
1/1/2015	Everything Else	36					
1/2/2015	Belts	17					
1/2/2015	Handbags	21					

automatizada para outros usuários, isto pode não ser uma opção. Esse exemplo usa uma ordem de classificação personalizada para classificar um intervalo de dados na ordem de divisão padrão e depois remove a ordem de classificação padrão. A Figura 13.7 mostra os resultados.

```
Sub CustomSort()
' Adiciona a lista personalizada às listas personalizadas
Application.AddCustomList ListArray:=Range("I1:I5")

' Pega o número da lista
```

274 Capítulo 13 | O Poder do Excel

```
nIndex = Application.GetCustomListNum(Range("I1:I5").Value)

' Agora nós poderíamos classificar um intervalo com uma lista personalizada.
' Deveríamos usar nIndex + 1 como o número da lista personalizada,
' Para a primeira é ordem normal
Range("A2:C16").Sort Key1:=Range("B2"), Order1:=xlAscending, _
    Header:=xlNo, Orientation:=xlSortColumns, _
    OrderCustom:=nIndex + 1
Range("A2:C16").Sort Key1:=Range("A2"), Order1:=xlAscending, _
    Header:=xlNo, Orientation:=xlSortColumns

' Ao final deveríamos remover esta lista personalizada...
Application.DeleteCustomList nIndex
End Sub
```

Criação de um Indicador de Progresso na Célula

Enviado por Tom Urtis.

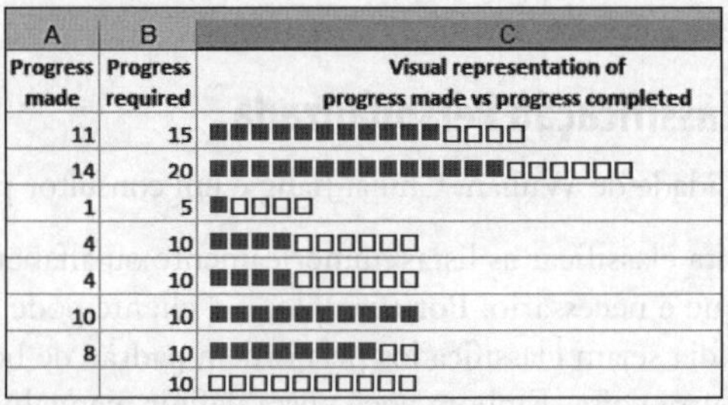

Figura 13.8
Use indicadores nas células para mostrar o progresso.

A	B	C
Progress made	Progress required	Visual representation of progress made vs progress completed
11	15	■■■■■■■■■■■□□□□
14	20	■■■■■■■■■■■■■■□□□□□□
1	5	■□□□□
4	10	■■■■□□□□□□
4	10	■■■■□□□□□□
10	10	■■■■■■■■■■
8	10	■■■■■■■■□□
	10	□□□□□□□□□□

Tenho que admitir, as novas opções de formatação condicional do Excel, como barras de dados, são fantásticas. Entretanto, ainda não há uma opção para um visual como o que é mostrado na Figura 13.8. O exemplo seguinte constrói um indicador de progresso na Coluna C com base em entradas nas Colunas A e B.

```
Private Sub Worksheet_Change(ByVal Target As Range)
If Target.Column > 2 Or Target.Cells.Count > 1 Then Exit Sub
If Application.IsNumber(Target.Value) = False Then
    Application.EnableEvents = False
    Application.Undo
    Application.EnableEvents = True
    MsgBox "Numbers only please."
    Exit Sub
End If
Select Case Target.Column
    Case 1
        If Target.Value > Target.Offset(0, 1).Value Then
            Application.EnableEvents = False
            Application.Undo
            Application.EnableEvents = True
            MsgBox "Value in column A may not be larger than value " & _
                "in column B."
            Exit Sub
        End If
```

```
            Case 2
                If Target.Value < Target.Offset(0, -1).Value Then
                    Application.EnableEvents = False
                    Application.Undo
                    Application.EnableEvents = True
                    MsgBox "Value in column B may not be smaller " & _
                        "than value in column A."
                    Exit Sub
                End If
        End Select
        Dim x As Long
        x = Target.Row
        Dim z As String
        z = Range("B" & x).Value - Range("A" & x).Value
        With Range("C" & x)
            .Formula = "=IF(RC[-1]<=RC[-2],REPT("""n""",RC[-1])&" & _
                "REPT("""n""",RC[-2]-RC[-1]),REPT("""n""",RC[-2])&" & _
                "REPT("""o""",RC[-1]-RC[-2]))"
            .Value = .Value
            .Font.Name = "Wingdings"
            .Font.ColorIndex = 1
            .Font.Size = 10
            If Len(Range("A" & x)) <> 0 Then
                .Characters(1, (.Characters.Count - z)).Font.ColorIndex = 3
                .Characters(1, (.Characters.Count - z)).Font.Size = 12
            End If
        End With
    End Sub
```

Uso da Caixa de Senha Protegida

Enviado por Daniel Klann de Sidney, Austrália. Daniel trabalha principalmente com VBA no Excel e Access, mas brinca com todos os tipos de linguagens.

Usar uma caixa de entrada para proteção de senha tem uma falha de segurança principal:

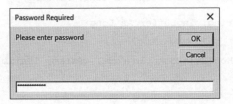

Figura 13.9
Use uma caixa de entrada como campo de senha mais seguro.

Os caracteres que são inseridos ficam facilmente visíveis. Esse programa muda os caracteres para asteriscos à medida que eles são inseridos — assim como um campo de senha real (veja a Figura 13.13). Note que o código a seguir não funciona na versão 64 bits do Excel. Veja o Capítulo 23, "API Windows", para mais informações sobre modificação de código para excel 64 Bits.

```
Private Declare Function CallNextHookEx Lib "user32" _
```

Capítulo 13 | O Poder do Excel

```
(ByVal hHook As Long, _
ByVal ncode As Long, ByVal wParam As Long, lParam As Any) As Long

Private Declare Function GetModuleHandle Lib "kernel32" _
    Alias "GetModuleHandleA" (ByVal lpModuleName As String) As Long

Private Declare Function SetWindowsHookEx Lib "user32" _
    Alias "SetWindowsHookExA" _
    (ByVal idHook As Long, ByVal lpfn As Long, _
    ByVal hmod As Long,ByVal dwThreadId As Long) As Long

Private Declare Function UnhookWindowsHookEx Lib "user32" _
    (ByVal hHook As Long) As Long

Private Declare Function SendDlgItemMessage Lib "user32" _
    Alias "SendDlgItemMessageA" _
    (ByVal hDlg As Long, _
    ByVal nIDDlgItem As Long, ByVal wMsg As Long, _
    ByVal wParam As Long, ByVal lParam As Long) As Long

Private Declare Function GetClassName Lib "user32" _
    Alias "GetClassNameA" (ByVal hwnd As Long, _
    ByVal lpClassName As String, _
    ByVal nMaxCount As Long) As Long

Private Declare Function GetCurrentThreadId _
    Lib "kernel32" () As Long

'Constantes a serem usadas em nossas funções API
Private Const EM_SETPASSWORDCHAR = &HCC
Private Const WH_CBT = 5
Private Const HCBT_ACTIVATE = 5
Private Const HC_ACTION = 0

Private hHook As Long

Public Function NewProc(ByVal lngCode As Long, _
    ByVal wParam As Long, ByVal lParam As Long) As Long
Dim RetVal
Dim strClassName As String, lngBuffer As Long

If lngCode < HC_ACTION Then
    NewProc = CallNextHookEx(hHook, lngCode, wParam, lParam)
    Exit Function
End If

strClassName = String$(256, " ")
lngBuffer = 255

If lngCode = HCBT_ACTIVATE Then      'Uma janela foi ativada

    RetVal = GetClassName(wParam, strClassName, lngBuffer)

    'Verifica o nome de classe do ImputBox
    If Left$(strClassName, RetVal) = "#32770" Then
        'Change the edit control to display the password character *.
        'You can change the Asc("*") as you please.
        SendDlgItemMessage wParam, &H1324, EM_SETPASSWORDCHAR, Asc("*"), &H0
    End If
```

```
End If

'Esta linha garantirá que qualquer outros hooks que estejam em andamento serão
'chamados corretamente.
CallNextHookEx hHook, lngCode, wParam, lParam
End Function

Public Function InputBoxDK(Prompt, Optional Title, _
    Optional Default, Optional XPos, _
    Optional YPos, Optional HelpFile, Optional Context) As String
    Dim lngModHwnd As Long, lngThreadID As Long

    lngThreadID = GetCurrentThreadId
    lngModHwnd = GetModuleHandle(vbNullString)

    hHook = SetWindowsHookEx(WH_CBT, AddressOf NewProc, lngModHwnd, _
        lngThreadID)
    On Error Resume Next
    InputBoxDK = InputBox(Prompt, Title, Default, XPos, YPos, HelpFile, _
        Context)
    UnhookWindowsHookEx hHook
End Function

Sub PasswordBox()
If InputBoxDK("Please enter password", "Password Required") <> _
    "password" Then
        MsgBox "Sorry, that was not a correct password."
    Else
        MsgBox "Correct Password!  Come on in."
    End If
End Sub
```

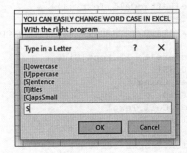

Figura 13.10
Agora você pode alternar entre maiúscula e minúscula igual ao Word.

Alterando entre Maiúsculas e Minúsculas

Enviado por Ivan F. Moala.

O Word pode mudar um texto selecionado entre maiúsculas e minúsculas, mas essa capacidade está notavelmente ausente no Excel. Este programa possibilita que o usuário do

278 Capítulo 13 | O Poder do Excel

Excel mude o texto em qualquer intervalo selecionado entre maiúsculas e minúsculas, como mostrado na Figura 13.10.

```
Sub TextCaseChange()
Dim RgText As Range
Dim oCell As Range
Dim Ans As String
Dim strTest As String
Dim sCap As Integer, _
    lCap As Integer, _
    i As Integer

'// Você primeiro precisa selecionar um intervalo para alterar!

Again:
Ans = Application.InputBox("[L]owercase" & vbCr & "[U]ppercase" & vbCr & _
        "[S]entence" & vbCr & "[T]itles" & vbCr & "[C]apsSmall", _
        "Type in a Letter", Type:=2)

If Ans = "False" Then Exit Sub
If InStr(1, "LUSTC", UCase(Ans), vbTextCompare) = 0 _
    Or Len(Ans) > 1 Then GoTo Again

On Error GoTo NoText
If Selection.Count = 1 Then
    Set RgText = Selection
Else
    Set RgText = Selection.SpecialCells(xlCellTypeConstants, 2)
End If
On Error GoTo 0

For Each oCell In RgText
    Select Case UCase(Ans)
        Case "L": oCell = LCase(oCell.Text)
        Case "U": oCell = UCase(oCell.Text)
        Case "S": oCell = UCase(Left(oCell.Text, 1)) & _
            LCase(Right(oCell.Text, Len(oCell.Text) - 1))
        Case "T": oCell = Application.WorksheetFunction.Proper(oCell.Text)
        Case "C"
            lCap = oCell.Characters(1, 1).Font.Size
            sCap = Int(lCap * 0.85)
            'Small caps for everything.
            oCell.Font.Size = sCap
            oCell.Value = UCase(oCell.Text)
            strTest = oCell.Value
            'Large caps for 1st letter of words.
            strTest = Application.Proper(strTest)
            For i = 1 To Len(strTest)
                If Mid(strTest, i, 1) = UCase(Mid(strTest, i, 1)) Then
                    oCell.Characters(i, 1).Font.Size = lCap
                End If
            Next i
    End Select
Next

Exit Sub
NoText:
MsgBox "No text in your selection @ " & Selection.Address

End Sub
```

Selecionando com SpecialCells

Enviado por Ivan F. Moala.

Geralmente, quando se quer encontrar certos valores, textos ou fórmulas em um intervalo, o intervalo é selecionado e cada célula é testada. O exemplo seguinte mostra como o `SpecialCells` pode ser usado para selecionar apenas as células desejadas. Ter menos células para testar vai acelerar seu código.

O código seguinte executa em um piscar de olhos na minha máquina. Entretanto, a versão que verificava cada célula no intervalo (A1:Z20000) levou 14 segundos — uma eternidade no mundo da automação!

```
Sub SpecialRange()
Dim TheRange As Range
Dim oCell As Range

Set TheRange = Range("A1:Z20000").SpecialCells(__
    xlCellTypeConstants, xlTextValues)

For Each oCell In TheRange
    If oCell.Text = "Your Text" Then
      MsgBox oCell.Address
      MsgBox TheRange.Cells.Count
    End If
Next oCell
End Sub
```

Reiniciando o Formato de uma Tabela

Enviado por Zack Barresse.

As tabelas são ótimas ferramentas mas não são perfeitas. Eventualmente, você encontrará uma problema na formatação da tabela. Por exemplo, de repente a formatação não poderá ser utilizada em linhas novas. O procedimento seguinte reinicia a formatação de uma tabela para que ela funcione adequadamente:

```
Sub ResetFormat(ByVal Table As ListObject, _
    Optional ByVal RetainNumberFormats As Boolean = True)
Dim Formats() As Variant
Dim ColumnStep As Long

If Table.Parent.ProtectContents = True Then
    MsgBox "The worksheet is protected.", vbExclamation, "Whoops!"
    Exit Sub
End If

If RetainNumberFormats Then
    ReDim Formats(Table.ListColumns.Count - 1)
    For ColumnStep = 1 To Table.ListColumns.Count
        On Error Resume Next
        Formats(ColumnStep - 1) = Table.ListColumns(ColumnStep). _
            DataBodyRange.NumberFormat
        On Error GoTo 0
        If IsEmpty(Formats(ColumnStep - 1)) Then
            Formats(ColumnStep - 1) = "General"
        End If
    Next ColumnStep
End If
```

Capítulo 13 | O Poder do Excel

```
Table.Range.Style = "Normal"

If RetainNumberFormats Then
    For ColumnStep = 1 To Table.ListColumns.Count
        On Error Resume Next
        Table.ListColumns(ColumnStep).DataBodyRange.NumberFormat = _
            Formats(ColumnStep - 1)
        On Error GoTo 0
        If Err.Number <> 0 Then
            Table.ListColumns(ColumnStep).DataBodyRange.NumberFormat = _
                "General"
            Err.Clear
        End If
    Next ColumnStep
End If
End Sub
```

Aplicações Interessantes

Estes últimos exemplos são aplicações interessantes que podem ser incorporadas nos seus próprios projetos.

Cotações Históricas de Ações/Fundos

Enviado por Nathan P. Oliver.

O código seguinte recupera a média de uma ação válida ou o fechamento de um fundo na data especificada:

```
Private Sub GetQuote()
Dim ie As Object, lCharPos As Long, sHTML As String
Dim HistDate As Date, HighVal As String, LowVal As String
Dim cl As Range

Set cl = ActiveCell
HistDate = cl(, 0)

If Intersect(cl, Range("C2:C" & Cells.Rows.Count)) Is Nothing Then
    MsgBox "You must select a cell in column C."
    Exit Sub
End If

If Not CBool(Len(cl(, -1))) Or Not CBool(Len(cl(, 0))) Then
    MsgBox "You must enter a symbol and date."
    Exit Sub
End If

Set ie = CreateObject("InternetExplorer.Application")

With ie
    .Navigate _
        "http://bigcharts.marketwatch.com/historical" & _
        "/default.asp?detect=1&symb=" _
        & cl(, -1) & "&closedate=" & Month(HistDate) & "%2F" & _
        Day(HistDate) & "%2F" & Year(HistDate) & "&x=0&y=0"
```

```
    Do While .Busy And .ReadyState <> 4
        DoEvents
    Loop
    sHTML = .Document.body.innertext
    .Quit
End With

Set ie = Nothing

lCharPos = InStr(1, sHTML, "High:", vbTextCompare)
If lCharPos Then HighVal = Mid$(sHTML, lCharPos + 5, 15)

If Not Left$(HighVal, 3) = "n/a" Then
    lCharPos = InStr(1, sHTML, "Low:", vbTextCompare)
    If lCharPos Then LowVal = Mid$(sHTML, lCharPos + 4, 15)
    cl.Value = (Val(LowVal) + Val(HighVal)) / 2
Else: lCharPos = InStr(1, sHTML, "Closing Price:", vbTextCompare)
    cl.Value = Val(Mid$(sHTML, lCharPos + 14, 15))
End If

Set cl = Nothing
End Sub
```

Usando a Extensibilidade do VBA para Adicionar Código a Novas Pastas de Trabalho

Você tem uma macro que move dados para uma nova pasta de trabalho para os gerentes regionais. E se você também precisar copiar as macros para uma nova pasta de trabalho? É possível usar a Visual Basic for Application Extensibility para importar módulos para uma pasta de trabalho ou para realmente escrever linhas de código na pasta de trabalho.

Para usar qualquer um desses exemplos, deve-se primeiro abrir o VB Editor, selecionar Referências do menu Ferramentas e selecionar a referência para Microsoft Visual Basic for Applications Extensibility 5.3. Você deve, também, acessar o VBA na guia Desenvolvedor, escolher Segurança de Macro e marcar Confiar no Acesso ao Modelo de Objeto do Projeto do VBA.

A maneira mais fácil de usar a Extensibilidade VBA é exportar um módulo completo ou userform do projeto atual e importá-lo para a nova pasta de trabalho. Talvez você tenha uma aplicação com milhares de linhas de código e quer criar uma nova pasta de trabalho com dados para o regente regional, dando a ele três macros, a fim de possibilitar a formatação e impressão personalizadas. Coloque todas essas macros em um módulo chamado `modToRegion`. As macros nesse módulo também chamam o userform `frmRegion`. O seguinte código transfere esse código da pasta de trabalho atual para a nova pasta de trabalho:

```
Sub MoveDataAndMacro()
Dim WSD as worksheet
Set WSD = Worksheets("Report")
' Copia o relatório para uma nova pasta de trabalho
WSD.Copy
' A pasta de trabalho ativa passa a ser nova
' Apaga qualquer cópia antiga do módulo de C
On Error Resume Next
' Deleta do disco rígido qualquer cópia perdida
Kill ("C:\temp\ModToRegion.bas")
Kill ("C:\temp\frmRegion.frm")
```

282 Capítulo 13 | O Poder do Excel

```
On Error GoTo 0
' Exporta módulo e formulário desta pasta de trabalho
ThisWorkbook.VBProject.VBComponents("ModToRegion").Export _
    ("C:\temp\ModToRegion.bas")
ThisWorkbook.VBProject.VBComponents("frmRegion").Export _
    ("C:\temp\frmRegion. frm")
' Importa para a nova pasta de trabalho
ActiveWorkbook.VBProject.VBComponents.Import ("C:\temp\ModToRegion.bas")
ActiveWorkbook.VBProject.VBComponents.Import ("C:\temp\frmRegion.frm")
On Error Resume Next
Kill ("C:\temp\ModToRegion.bas")
Kill ("C:\temp\frmRegion.bas")
On Error GoTo 0
End Sub
```

O método precedente vai funcionar se você precisar mover módulos ou userforms para uma nova pasta de trabalho. Mas e se precisar escrever algum código na macro `Workbook_Open` no módulo `EstaPasta_de_trabalho`? Há duas ferramentas a serem utilizadas. O método `Lines` permite retornar um conjunto particular de linhas de código de um dado módulo. O método `InsertLines` permite a inserção de linhas de código em um novo módulo.

> **NOTA** Com cada chamada a InsertLines, você deve inserir uma macro completa. O Excel vai tentar compilar o código depois de cada chamada a InsertLines. Ao inserir linhas que não compilem completamente, o Excel poderá ser interrompido com uma falha geral de proteção (GPF — General Protection Fault).

```
Sub MoveDataAndMacro()
Dim WSD as worksheet
Dim WBN as Workbook
Dim WBCodeMod1 As Object, WBCodeMod2 As Object
Set WSD = Worksheets("Report")
' Copia o relatório para uma nova pasta de trabalho
WSD.Copy
' A pasta de trabalho ativa passa a ser a nova
Set WBN = ActiveWorkbook
' Copia os Event handlers do nível de workbook
Set WBCodeMod1 = ThisWorkbook.VBProject.VBComponents("ThisWorkbook") _
    .CodeModule
Set WBCodeMod2 = WBN.VBProject.VBComponents("ThisWorkbook").CodeModule
WBCodeMod2.insertlines 1, WBCodeMod1.Lines(1, WBCodeMod1.countoflines)
End Sub
```

Próximos Passos

As utilidades neste capítulo não são somente fonte de poder da programação. Funções Definidas pelo Usuário (UDFs) habilitam você a criar fórmulas personalizadas complexas. No Capítulo 14, "Funções Definidas pelo Usuário", você descobrirá como criar e compartilhar suas próprias funções.

Funções Definidas pelo Usuário

14

O Excel fornece muitas fórmulas pré-prontas. Entretanto, algumas vezes você precisa de uma fórmula personalizada complexa que não existe, como uma fórmula que some um intervalo de células com base na cor do interior delas.

Então, o que fazer? Você poderia percorrer sua lista e copiar as células coloridas para outra seção. Ou talvez ter uma calculadora perto de você na medida em que inspeciona a sua lista, cuidado para não somar o mesmo número duas vezes! Ambos os métodos consomem muito tempo e tendem a causar acidentes. O que fazer?

Você poderia escrever um procedimento para resolver esse problema, afinal, este livro é sobre isso. Entretanto, existe outra opção: Funções Definidas pelo Usuário (UDFs — *User-Defined Functions*).

Criando Funções Definidas pelo Usuário

As funções podem ser criadas em VBA e usadas como as funções internas do Excel, como a SOMA. Depois da função personalizada ser criada, um usuário precisa apenas saber o nome da função e seus argumentos.

NESTE CAPÍTULO

Criando Funções Definidas
pelo Usuário 283

Compartilhando UDFs 286

Funções Personalizadas
Úteis do Excel 286

Próximos Passos 308

284 Capítulo 14 | Funções Definidas pelo Usuário

> **NOTA**
> As UDFs podem ser inseridas apenas nos módulos padrão. Módulos Planilha e EstaPasta_de_trabalho são um tipo especial de módulo. Se você inserir a função ali, o Excel não reconhecerá que você está criando uma UDF.

ESTUDO DE **CASO**: FUNÇÕES PERSONALIZADAS: EXEMPLO E EXPLICAÇÃO

Vamos criar uma função personalizada e adicionar dois valores. Depois de você tê-la criado, vai usá-la em uma planilha.

Insira um novo módulo no VB Editor. Digite a seguinte função no módulo. É uma função chamada `ADICIONE` que vai totalizar dois números em células diferentes. Essa função tem dois argumentos:

`Adicione(Numero1,Numero2)`

`Numero1` é o primeiro número a ser adicionado; Numero2 é o segundo número a ser adicionado:

```
Function Adicione(Numero1 As Integer, Numero2 As Integer) As Integer
Adicione = Numero1 + Numero2
End Function
```

Vamos por partes:

- Nome da função: `ADICIONE`.
- Os argumentos são posicionados entre parênteses depois do nome da função. Este exemplo tem dois argumentos: `Número1` e `Numero2`.
- `As Integer` define o tipo de variável do resultado como um número inteiro.
- `Adicione = Número1 + Numero2`: O resultado da função é retornado. Aqui está como usar essa função em uma planilha.

Olhe como usar a função em uma planilha:

1. Digite os números nas células A1 e A2.
2. Selecione a célula A3.
3. Pressione Shift+F3 para abrir a caixa de diálogo Inserir Função ou escolha Inserir Função na guia Fórmulas.
4. Selecione a categoria Definido Pelo Usuário (veja a Figura 14.1).
5. Selecione a função ADICIONE.
6. No primeiro campo de argumento, selecione a célula A1 (veja a Figura 14.2)..
7. No segundo campo de argumento, selecione a célula A2.
8. Clique em OK.

Parabéns! Você criou sua primeira função personalizada.

Criando Funções Definidas pelo Usuário | 285

Figura 14.1
Você pode encontrar UDFs na categoria Definido Pelo Usuário da caixa de diálogo Inserir Função.

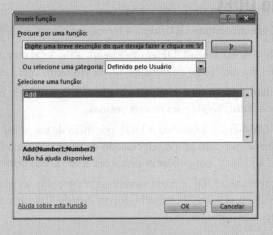

Figura 14.2
Usar a caixa de diálogo Argumentos da Função para inserir seus argumentos.

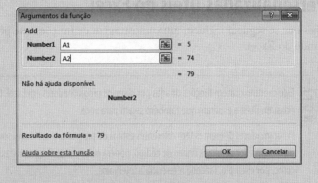

> **NOTA** É possível compartilhar com facilidade funções personalizadas, porque os usuários não precisam saber como a função funciona. Veja a seção "Compartilhando UDFs" neste capítulo para obter mais informações.

A maioria das funções usadas nas planilhas pode ser utilizada em VBA e vice-versa. Entretanto, em VBA você chama a UDF (ADICIONE) a partir de um procedimento (Adicao)[1]:

```
Sub Adicao ()
Dim Total as Integer
Total = Adicione (1,10) 'usamos uma
MsgBox "A resposta é:" & Total
End Sub
```

---
[1] N.E.: Se você estiver usando a UDF na interface do usuário, os argumentos devem ser separados por ponto e vírgula. Caso esteja usando a UDF no VB Editor, é necessário separar os argumentos por vírgula.

286 | Capítulo 14 | Funções Definidas pelo Usuário

Compartilhando UDFs

O local onde você armazena uma UDF afeta a forma como você pode compartilhá-la:

- **Personal.xlsb** — Armazene a UDF em `Personal.xlsb` se ela for apenas para uso pessoal e não for usada em uma pasta de trabalho aberta em outro computador.

- **Pasta de Trabalho** — Armazene a UDF na pasta de trabalho em que ela está sendo usada se ela precisar ser distribuída para muitas pessoas.

- **Suplemento (Add-In)** — Distribua a UDF por meio de um add-In se a pasta de trabalho for compartilhada entre um grupo selecionado de pessoas. Veja o Capítulo 26, "Criando Suplementos (Add-Ins)", para obter informações sobre como criar um suplemento.

- **Modelo** — Armazene a UDF em um modelo se ela precisar ser usada para criar diversas pastas de trabalho e as pastas de trabalho forem distribuídas entre muitas pessoas.

Funções Personalizadas Úteis do Excel

Estas seções que se seguem incluem uma amostragem de funções que podem ser úteis no dia a dia do mundo do Excel.

> **NOTA**
>
> Este capítulo contém funções doadas por diversos programadores em Excel. Essas são funções que eles acharam úteis e esperam que também sejam para você.
>
> Programadores diferentes têm diferentes estilos de programação. Não reescrevemos as submissões. À medida que for vendo as linhas de código, poderá notar diferentes maneiras de fazer a mesma tarefa, como, por exemplo, fazendo referência a intervalos.

Definir o Nome da Pasta de Trabalho Atual em uma Célula

A seguinte função define o nome da pasta de trabalho ativa em uma célula, como mostrado na Figura 14.3:

```
MyName()
```

Figura 14.3
Usar uma UDF para mostrar o nome do arquivo ou o nome do arquivo com o caminho das pastas.

| ProjectFilesChapter14.xlsm | =MyName() |
| C:\VBA 2016\Workbooks\ProjectFilesChapter14.xlsm | =MyFullname() |

Nenhum argumento é usado nesta função:

```
Function MyName() As String
    MyName = ThisWorkbook.Name
End Function
```

Funções Personalizadas Úteis do Excel | **287**

Definir o Nome e o Caminho da Pasta de Trabalho Atual em uma Célula

Uma variação da função anterior, a função seguinte define o caminho e o nome da pasta de trabalho ativa em uma célula, como mostrado na Figura 14.3:

```
MyFullName()
```

Nenhum argumento é usado nesta função:

```
Function MyFullName() As String
    MyFullName = ThisWorkbook.FullName
End Function
```

Verificar se uma Pasta de Trabalho Está Aberta

Há vezes em que pode-se precisar verificar se uma pasta de trabalho está aberta. A função seguinte retorna Verdadeiro se a pasta de trabalho estiver aberta e Falso se estiver fechada:

```
BookOpen(Bk)
```

O argumento é `Bk`, que é o nome da pasta de trabalho a ser verificada:

```
Function BookOpen(Bk As String) As Boolean
Dim T As Excel.Workbook
Err.Clear 'limpa quaisquer erros
On Error Resume Next 'Se o código se depara com um erro, ele pula e continua
Set T = Application.Workbooks(Bk)
BookOpen = Not T Is Nothing
'Se a pasta de trabalho estiver aberta, t armazenará o objeto da pasta de
'trabalho e não será mais nada
Err.Clear
On Error GoTo 0
End Function
```

Aqui está um exemplo usando esta função:

```
Sub OpenAWorkbook()
Dim IsOpen As Boolean
Dim BookName As String
BookName = "ProjectFilesChapter14.xlsm"
IsOpen = BookOpen(BookName) 'Chamando nossa função - não se esqueça do
'parâmetro
If IsOpen Then
    MsgBox BookName & " is already open!"
Else
    Workbooks.Open (BookName)
End If
End Sub
```

Verificar se uma Determinada Planilha Está em uma Pasta de Trabalho

Esta função requer que a(s) pasta(s) de trabalho que ela verifica esteja(m) aberta(s). Ela retorna Verdadeiro se a planilha for encontrada e, caso contrário, Falso.

```
SheetExists(SName, WBName)
```

Os argumentos são os seguintes:

14

288 Capítulo 14 | Funções Definidas pelo Usuário

- `SName` — O nome da planilha procurada
- `WBName` — (Opcional) O nome da pasta de trabalho que contém a planilha.

```
Function SheetExists(SName As String, Optional WB As Workbook) As Boolean
    Dim WS As Worksheet

    ' Usa a pasta de trabalho ativa por padrão
    If WB Is Nothing Then
        Set WB = ActiveWorkbook
    End If

    On Error Resume Next
        SheetExists = CBool(Not WB.Sheets(SName) Is Nothing)
    On Error GoTo 0

End Function
```

Aqui está um exemplo do uso dessa função:

> **NOTA** CBool é uma função que converte a expressão entre parênteses em um valor booleano.

```
Sub CheckForSheet()
Dim ShtExists As Boolean
ShtExists = SheetExists("Sheet9")
'repare que um único parâmetro foi passado: o nome da pasta de trabalho é opcional
If ShtExists Then
    MsgBox "The worksheet exists!"
Else
    MsgBox "The worksheet does NOT exist!"
End If
End Sub
```

Contar o Número de Pastas de Trabalho em um Diretório

Esta função pesquisa no diretório atual e nos subdiretórios, se você quiser, contando todos os arquivos do Excel que podem conter macros (.xlsm), incluindo arquivos ocultos, ou apenas aqueles começando com um dado conjunto de caracteres:

```
NumFilesInCurDir(LikeText, Subfolders)
```

Os argumentos são os seguintes:

- `LikeText` — (Opcional) Um texto a ser buscado; tem que incluir um asterisco (*), como em Sr*
- `Subfolders` — (Opcional) Verdadeiro para pesquisar em subpastas, `Falso` (Padrão) para não

Esta função é uma função recursiva — ela chama a si mesma até que uma condição específica seja atendida; nesse caso, até que todas as subpastas tenham sido processadas:

```
Function NumFilesInCurDir(Optional strInclude As String = "", _
```

Funções Personalizadas Úteis do Excel | **289**

> **NOTA**
>
> `FileSystemObject` requer a biblioteca de referência Microsoft Scripting Runtime. Para habilitar essa configuração, vá até Ferramentas, Referências, e marque Microsoft Scripting Runtime.

```
    Optional blnSubDirs As Boolean = False)
Dim fso As FileSystemObject
Dim fld As Folder
Dim fil As File
Dim subfld As Folder
Dim intFileCount As Integer
Dim strExtension As String
  strExtension = "XLSM"
  Set fso = New FileSystemObject
  Set fld = fso.GetFolder(ThisWorkbook.Path)
  For Each fil In fld.Files
    If UCase(fil.Name) Like "*" & UCase(strInclude) & "*." & _
       UCase(strExtension) Then
      intFileCount = intFileCount + 1
    End If
  Next fil
  If blnSubDirs Then
    For Each subfld In fld.Subfolders
      intFileCount = intFileCount + NumFilesInCurDir(strInclude, True)
    Next subfld
  End If
  NumFilesInCurDir = intFileCount
  Set fso = Nothing
End Function
```

Aqui está um exemplo de uso desta função:

```
Sub CountMyWkbks()
Dim MyFiles As Integer
MyFiles = NumFilesInCurDir("MrE*", True)
MsgBox MyFiles & " file(s) found"
End Sub
```

Recuperar a ID do usuário

Já precisou manter um registro de quem salvou alterações em uma pasta de trabalho? Com a função USERID, é possível recuperar o nome do usuário "logado" em um computador. Combine isso com a função discutida na seção "Recuperar Data e Hora Permanentes" e terá um bom arquivo de log. Você também pode usar a função USERID para definir permissões dos usuários em uma pasta de trabalho.

```
WinUserName()
```

Nenhum argumento é usado nessa função.

Esta primeira seção (declarações Private) deve estar no topo do módulo:

```
Private Declare Function WNetGetUser Lib "mpr.dll" Alias "WNetGetUserA" _
    (ByVal lpName As String, ByVal lpUserName As String, _
```

14

Capítulo 14 | Funções Definidas pelo Usuário

> **NOTA** A função USERID é uma função avançada que usa a API (application programming interface), que é revisada no Capítulo 23, "API Windows". O código é específico para o Excel 32 bits. Se você está rodando o Excel 64 Bits, veja no Capítulo 23 as alterações para fazê-lo funcionar.

```
      lpnLength As Long) As Long
Private Const NO_ERROR = 0
Private Const ERROR_NOT_CONNECTED = 2250&
Private Const ERROR_MORE_DATA = 234
Private Const ERROR_NO_NETWORK = 1222&
Private Const ERROR_EXTENDED_ERROR = 1208&
Private Const ERROR_NO_NET_OR_BAD_PATH = 1203&
```

Você pode colocar a seguinte seção de código em qualquer lugar do módulo, desde que esteja abaixo da seção anterior:

```
Function WinUsername() As String
    'variáveis
    Dim strBuf As String, lngUser As Long, strUn As String
    'Limpa o buffer para o nome do usuário a partir da função api
    strBuf = Space$(255)
    'Usa a função api WNetGetUser para atribuir o valor do usuário em lngUser
    'Terá muitos espaços em branco
    lngUser = WNetGetUser("", strBuf, 255)
    'Se não houver erro algum na chamada de função
    If lngUser = NO_ERROR Then
        'acabe com o espaço em branco em srtBuf e atribua valor à função
        strUn = Left(strBuf, InStr(strBuf, vbNullChar) - 1)
        WinUsername = strUn
    Else
    'erro, desistir
        WinUsername = "Error :" & lngUser
    End If
End Function
```

Este é um exemplo do uso dessa função:

```
Sub CheckUserRights()
Dim UserName As String
UserName = WinUsername
Select Case UserName
    Case "Administrator"
        MsgBox "Full Rights"
    Case "Guest"
        MsgBox "You cannot make changes"
    Case Else
        MsgBox "Limited Rights"
End Select
End Sub
```

14

Funções Personalizadas Úteis do Excel | **291**

Recuperar a Data e a Hora da Última Gravação

Esta função recupera a data e a hora da última gravação de qualquer pasta de trabalho, incluindo a atual:

```
LastSaved(FullPath)
```

> **NOTA** A célula deve estar formatada apropriadamente para exibir a data/hora.

O argumento é `FullPath`, um texto mostrando o caminho completo e o nome do arquivo em questão:

```
Function LastSaved(FullPath As String) As Date
LastSaved = FileDateTime(FullPath)
End Function
```

Recuperar Data e Hora Permanentes

Por causa da volatilidade da função NOW, não é muito útil marcar uma planilha com a data da criação ou edição. Toda vez que a pasta de trabalho for aberta ou recalculada, o resultado da função NOW é atualizado. A função seguinte usa a função NOW. Entretanto, como é necessário reinserir a célula para atualizar a função, é muito menos volátil (veja a Figura 14.4).

```
DateTime()
```

Figura 14.4
Mesmo depois de forçar um cálculo, a célula `DateTime()` mostra a hora quando foi inserida originalmente na célula, enquanto que `NOW()` mostra o sistema de hora atual.

6/15/15 10:56 AM	=NOW()
6/15/15 10:51 AM	=DateTime()

> **NOTA** A célula deve estar formatada apropriadamente para exibir a data/hora.

Nenhum argumento é usado nesta função:

```
DateTime()
```

Exemplo da função:

```
Function DateTime()
    DateTime = Now
End Function
```

292 Capítulo 14 | Funções Definidas pelo Usuário

Validar um Endereço de E-mail

Se você gerencia uma lista de e-mails, pode receber endereços inválidos, como um e-mail com um espaço antes do símbolo de "arroba" (@). A função ISEMAILVALID pode verificar os endereços e confirmar que eles são apropriados (veja a Figura 14.5).

```
IsEmailValid(strEmail)
```

Figura 14.5
Validando endereços de e-mail.

Tracy@ MrExcel.com	FALSE	<-a space after the @
ExcelGGirl@gmail.com	TRUE	
consult$@MrExcel.com	FALSE	<-invalid characters

> **NOTA** Esta função não pode verificar se o endereço de e-mail existe. Ela apenas verifica a sintaxe para ver se o endereço pode ser legítimo.

O argumento é strEmail, um endereço de e-mail:

```
Function IsEmailValid(strEmail As String) As Boolean
Dim strArray As Variant
Dim strItem As Variant
Dim i As Long
Dim c As String
Dim blnIsItValid As Boolean
blnIsItValid = True
'conta a @ na string
i = Len(strEmail) - Len(Application.Substitute(strEmail, "@", ""))
'Se há mais do que um @, e-mail inválido
If i <> 1 Then IsEmailValid = False: Exit Function
ReDim strArray(1 To 2)
'As duas linhas seguintes colocam o texto à esquerda e às direita
'das @ em suas próprias variáveis
strArray(1) = Left(strEmail, InStr(1, strEmail, "@", 1) - 1)
strArray(2) = Application.Substitute(Right(strEmail, Len(strEmail) - _
    Len(strArray(1))), "@", "")

For Each strItem In strArray
    'Verifica há algo na variável
    'se não houver, uma parte do e-mail está faltando
    If Len(strItem) <= 0 Then
        blnIsItValid = False
        IsEmailValid = blnIsItValid
        Exit Function
    End If
    'Verifica somente caracteres válidos no e-mail
    For i = 1 To Len(strItem)
        'Todas as letras em minúsculas para uma melhor verificação
        c = LCase(Mid(strItem, i, 1))
        If InStr("abcdefghijklmnopqrstuvwxyz_-.", c) <= 0 _
            And Not IsNumeric(c) Then
            blnIsItValid = False
            IsEmailValid = blnIsItValid
```

```
                Exit Function
            End If
        Next i
'Verifica se o primeiro caractere à esquerda e à direita não são períodos
    If Left(strItem, 1) = "." Or Right(strItem, 1) = "." Then
            blnIsItValid = False
            IsEmailValid = blnIsItValid
            Exit Function
    End If
Next strItem
'Verifica se há endereço na metade direita do endereço
If InStr(strArray(2), ".") <= 0 Then
    blnIsItValid = False
    IsEmailValid = blnIsItValid
    Exit Function
End If
i = Len(strArray(2)) - InStrRev(strArray(2), ".") 'locate the period
'Verifica se o número de letras corresponde à extensão do domínio válido
'extension
If i <> 2 And i <> 3 And i <> 4 Then
    blnIsItValid = False
    IsEmailValid = blnIsItValid
    Exit Function
End If
'Verifica se não ha dois períodos juntos no e-mail
If InStr(strEmail, "..") > 0 Then
    blnIsItValid = False
    IsEmailValid = blnIsItValid
    Exit Function
End If
IsEmailValid = blnIsItValid
End Function
```

Somar Células com Base na Cor Interna

Digamos que você tenha criado uma lista de quanto cada cliente lhe deve. A partir dessa lista, você quer somar apenas aquelas células que estão coloridas para indicar quem está 30 dias atrasado. Esta função irá somar células com base em suas cores de preenchimento:

```
SumByColor(CellColor, SumRange)
```

> **NOTA** Células coloridas por formatação condicional é algo que não funciona; as células devem ter uma cor interna.

Os argumentos são os seguintes:

- `CellColor` — O endereço de uma célula com a cor alvo.
- `SumRange` — O intervalo de células a serem procuradas.

294 Capítulo 14 | Funções Definidas pelo Usuário

```
Function SumByColor(CellColor As Range, SumRange As Range)
Dim myCell As Range
Dim iCol As Integer
Dim myTotal
iCol = CellColor.Interior.ColorIndex 'Obtém a cor alvo
For Each myCell In SumRange 'Observa cada célula no intervalo designado
    'Se a cor da célula corresponder a cor alvo
    If myCell.Interior.ColorIndex = iCol Then
        'Adiciona o valor na célula para o total
        myTotal = WorksheetFunction.Sum(myCell) + myTotal
    End If
Next myCell
SumByColor = myTotal
End Function
```

A Figura 14.6 mostra uma planilha de exemplo usando essa função.

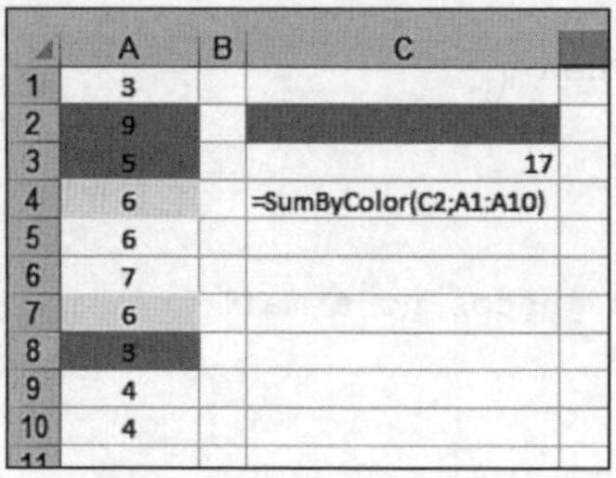

Figura 14.6
Soma as células com base na cor interior.

Contar os Valores Distintos

Quantas vezes você teve uma longa lista de valores e precisou saber quantos eram valores distintos? Esta função analisa um intervalo e fornece essa informação, como mostra a Figura 14.7.

```
NumUniqueValues(Rng)
```

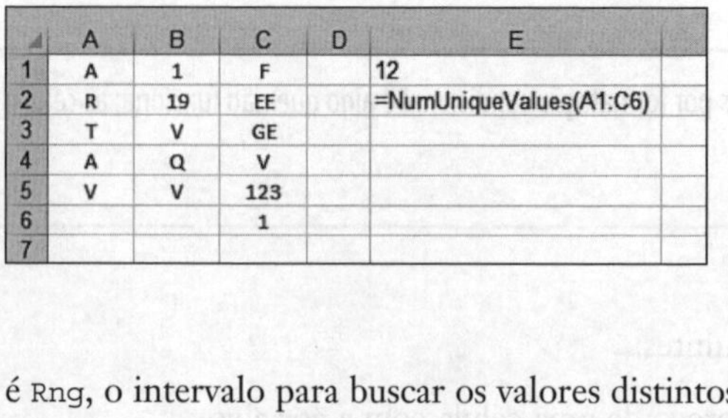

Figura 14.7
Conta o número de valores distintos em um intervalo.

O argumento é Rng, o intervalo para buscar os valores distintos.

Exemplo da função:

```
Function NumUniqueValues(Rng As Range) As Long
Dim myCell As Range
Dim UniqueVals As New Collection
```

Funções Personalizadas Úteis do Excel | **295**

```
Application.Volatile 'Força a função a recalcular quando o intervalo
'muda
On Error Resume Next
'O seguinte coloca cada valor de um intervalo em uma coleção
'Como uma coleção com um parâmetro chave pode conter
'Apenas valores distintos, não vai haver valores duplicados
'A expressão de erro força o programa a continuar quando uma mensagem aparecer
'por causa de itens duplicados na coleção
For Each myCell In Rng
    UniqueVals.Add myCell.Value, CStr(myCell.Value)
Next myCell
On Error GoTo 0
'Retorna o número de itens na coleção
NumUniqueValues = UniqueVals.Count
End Function
```

Remover Duplicatas de um Intervalo

Sem dúvida, você já teve uma lista de itens e precisou listar apenas os valores distintos. A seguinte função percorre um intervalo e armazena apenas os valores distintos:

```
UniqueValues(OrigArray)
```

O argumento é `OrigArray`, uma matriz na qual as duplicatas serão removidas.

Esta primeira seção (declarações `Const`) deve estar no topo do módulo:

```
Const ERR_BAD_PARAMETER = "Array parameter required"
Const ERR_BAD_TYPE = "Invalid Type"
Const ERR_BP_NUMBER = 20000
Const ERR_BT_NUMBER = 20001
```

É possível colocar a seguinte seção de código em qualquer lugar do módulo, desde que esteja abaixo da seção anterior:

```
Public Function UniqueValues(ByVal OrigArray As Variant) As Variant
    Dim vAns() As Variant
    Dim lStartPoint As Long
    Dim lEndPoint As Long
    Dim lCtr As Long, lCount As Long
    Dim iCtr As Integer
    Dim col As New Collection
    Dim sIndex As String
    Dim vTest As Variant, vItem As Variant
    Dim iBadVarTypes(4) As Integer
    'A função não funciona se o elemento do array for um
    'dos tipos seguintes
    iBadVarTypes(0) = vbObject
    iBadVarTypes(1) = vbError
    iBadVarTypes(2) = vbDataObject
    iBadVarTypes(3) = vbUserDefinedType
    iBadVarTypes(4) = vbArray
    'Verifica se o parâmetro é um array
    If Not IsArray(OrigArray) Then
        Err.Raise ERR_BP_NUMBER, , ERR_BAD_PARAMETER
        Exit Function
    End If
    lStartPoint = LBound(OrigArray)
    lEndPoint = UBound(OrigArray)
```

14

296 Capítulo 14 | Funções Definidas pelo Usuário

```
    For lCtr = lStartPoint To lEndPoint
        vItem = OrigArray(lCtr)
        'Primeiro verifica se o tipo de variável é aceitável
        For iCtr = 0 To UBound(iBadVarTypes)
            If VarType(vItem) = iBadVarTypes(iCtr) Or _
                VarType(vItem) = iBadVarTypes(iCtr) + vbVariant Then
                Err.Raise ERR_BT_NUMBER, , ERR_BAD_TYPE
                Exit Function
            End If
        Next iCtr
        'Adiciona o elemento à coleção, o usando como índice
        'Se um erro ocorre, o elemento já existe
        sIndex = CStr(vItem)
        'O primeiro elemento é adicionado automaticamente
        If lCtr = lStartPoint Then
            col.Add vItem, sIndex
            ReDim vAns(lStartPoint To lStartPoint) As Variant
            vAns(lStartPoint) = vItem
        Else
            On Error Resume Next
            col.Add vItem, sIndex
            If Err.Number = 0 Then
                lCount = UBound(vAns) + 1
                ReDim Preserve vAns(lStartPoint To lCount)
                vAns(lCount) = vItem
            End If
        End If
        Err.Clear
    Next lCtr
    UniqueValues = vAns
End Function
```

Aqui está um exemplo do uso dessa função.

```
Function nodupsArray(rng As Range) As Variant
    Dim arr1() As Variant
    If rng.Columns.Count > 1 Then Exit Function
    arr1 = Application.Transpose(rng)
    arr1 = UniqueValues(arr1)
    nodupsArray = Application.Transpose(arr1)
End Function
```

Encontrar a Primeira Célula de Comprimento Diferente de Zero em um Intervalo

Suponha que você tenha importado uma grande lista de dados com muitas células vazias. Aqui está uma função que avalia um intervalo de células e retorna o valor da primeira célula com comprimento diferente de zero:

```
FirstNonZeroLength(Rng)
```

O argumento é Rng, o intervalo onde fazer a busca.

Exemplo de função:

```
Function FirstNonZeroLength(Rng As Range)
Dim myCell As Range
FirstNonZeroLength = 0#
For Each myCell In Rng
    If Not IsNull(myCell) And myCell <> "" Then
```

Funções Personalizadas Úteis do Excel | **297**

```
            FirstNonZeroLength = myCell.Value
            Exit Function
        End If
    Next myCell
    FirstNonZeroLength = myCell.Value
    End Function
```

A Figura 14.8 mostra a função em uma planilha de exemplo.

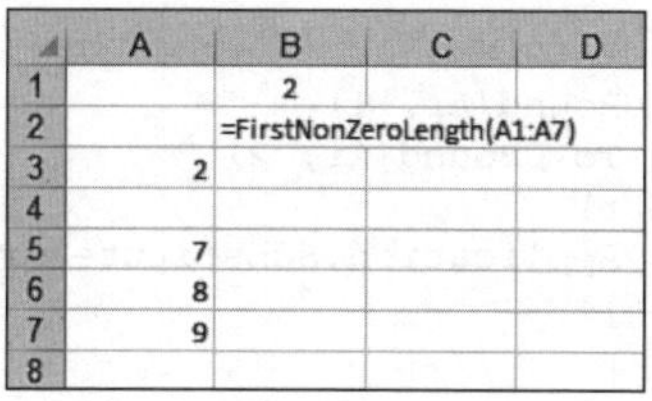

Figura 14.8
Encontra o valor da
primeira célula de
comprimento diferente
de zero em um intervalo.

◢	A	B	C	D
1		2		
2		=FirstNonZeroLength(A1:A7)		
3	2			
4				
5	7			
6	8			
7	9			
8				

Substituir Múltiplos Caracteres

O Excel tem uma função de substituição, mas é uma substituição de um valor por outro. E se você tiver diversos caracteres que precisem ser substituídos? A Figura 14.9 mostra diversos exemplos de como essa função funciona.

```
MSubstitute(trStr, frStr, toStr)
```

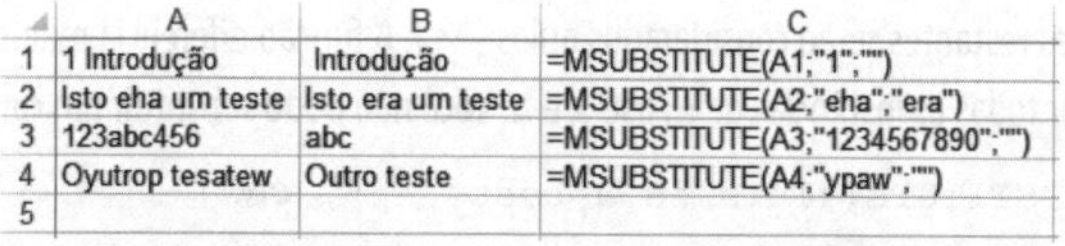

Figura 14.9
Substitui múltiplos
caracteres em uma célula.

◢	A	B	C
1	1 Introdução	Introdução	=MSUBSTITUTE(A1;"1";"")
2	Isto eha um teste	Isto era um teste	=MSUBSTITUTE(A2;"eha";"era")
3	123abc456	abc	=MSUBSTITUTE(A3;"1234567890";"")
4	Oyutrop tesatew	Outro teste	=MSUBSTITUTE(A4;"ypaw";"")
5			

Os argumentos são os seguintes:

- `trStr` — O texto onde fazer a busca.
- `frStr` — O texto sendo buscado.
- `toStr` — O texto substituto.

Exemplo da função:

```
Function MSubsitute(ByVal trStr As Variant, frStr As String, _
    toStr As String) As Variant
Dim iCol As Integer
Dim j As Integer
Dim Ar As Variant
Dim vfr() As String
Dim vto() As String
ReDim vfr(1 To Len(frStr))
ReDim vto(1 To Len(frStr))
'Coloca as strings dentro do array
```

14

298 Capítulo 14 | Funções Definidas pelo Usuário

```
For j = 1 To Len(frStr)
    vfr(j) = Mid(frStr, j, 1)
    If Mid(toStr, j, 1) <> "" Then
        vto(j) = Mid(toStr, j, 1)
    Else
        vto(j) = ""
    End If
Next j
'Compara cada caractere e substitui se necessário
If IsArray(trStr) Then
    Ar = trStr
    For iRow = LBound(Ar, 1) To UBound(Ar, 1)
        For iCol = LBound(Ar, 2) To UBound(Ar, 2)
            For j = 1 To Len(frStr)
                Ar(iRow, iCol) = Application.Substitute(Ar(iRow, iCol), _
                    vfr(j), vto(j))
            Next j
        Next iCol
    Next iRow
Else
    Ar = trStr
    For j = 1 To Len(frStr)
        Ar = Application.Substitute(Ar, vfr(j), vto(j))
    Next j
End If
MSUBSTITUTE = Ar
End Function
```

> **NOTA**
> Supõe-se que o argumento `toStr` tenha o mesmo comprimento de `frStr`. Se não tiver, os caracteres restantes serão considerados nulos (`""`). A função diferencia maiúsculas e minúsculas. Para substituir todas as instâncias de a, use a e A. Você não pode substituir um caractere por dois.
>
> ```
> =MSUBSTITUTE("This is a test","i","$@")
> ```
>
> O resultado é este:
>
> ```
> "Th$s $s a test"
> ```

Recuperar Números de Texto Misturado

Esta função extrai e retorna números de um texto que é uma mistura de números e letras, como mostrado na Figura 14.12:

```
RetrieveNumbers(myString)
```

O argumento é `myString`, o texto contendo os números a serem extraídos.

Exemplo de função:

```
Function RetrieveNumbers(myString As String)
Dim i As Integer, j As Integer
Dim OnlyNums As String
'Começando no final da indo e indo para trás (Step -1)
For i = Len(myString) To 1 Step -1
'IsNumeric é uma função VBA que retorna True se a variável for um número
```

```
'O número é adicionado à string OnlyNums quando encontrado
    If IsNumeric(Mid(myString, i, 1)) Then
        j = j + 1
        OnlyNums = Mid(myString, i, 1) & OnlyNums
    End If
    If j = 1 Then OnlyNums = CInt(Mid(OnlyNums, 1, 1))
Next i
RetrieveNumbers = CLng(OnlyNums)
End Function
```

Converter o Número da Semana em Data

Você já recebeu um relatório em planilha no qual todos os cabeçalhos mostravam o número da semana? Isso pode ser confuso, porque provavelmente você não sabe qual é a Semana 15. Você teria que pegar o calendário e contar as semanas. Esse problema é exacerbado quando é necessário contar as semanas em anos anteriores. O que você precisa é de uma pequena função que converta Semana <nº> Ano na data de um dia em particular em uma dada semana, como mostrado na Figura 14.13:

```
Weekday(Str)
```

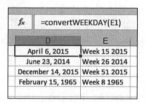

Figura 14.10
Converte um número de semana em uma data mais facilmente referenciável.

> **NOTA** O resultado deve ser formatado como uma data.

O argumento é `Str`, a semana a ser convertida do formato `"Week ## YYYY"`.

Exemplo de função:

```
Function ConvertWeekDay(Str As String) As Date
Dim Week As Long
Dim FirstMon As Date
Dim TStr As String
FirstMon = DateSerial(Right(Str, 4), 1, 1)
FirstMon = FirstMon - FirstMon Mod 7 + 2
TStr = Right(Str, Len(Str) - 5)
Week = Left(TStr, InStr(1, TStr, " ", 1)) + 0
ConvertWeekDay = FirstMon + (Week - 1) * 7
End Function
```

300 Capítulo 14 | Funções Definidas pelo Usuário

Extrair um Único Elemento de um Texto Delimitado

Digamos que você precise colar uma coluna de dados delimitados. Seria possível usar o Texto para Colunas do Excel, mas você precisa de apenas um elemento ou dois de cada célula. O Texto para Colunas analisa tudo. O que você precisa é de uma função que lhe permita especificar o número de elementos do texto que você precisa, como mostrado na Figura 14.11:

```
StringElement(str,chr,ind)
```

Figura 14.11
Extrai um único elemento de um texto delimitado.

▲	A	B	C	D	E	F	G	H
1					ind			
2	str	chr	1	2	3	4	5	6
3	A|B|C|D|E|F			A	B	C	D	E	F
4			=StringElement($A$3;$B$3;C2)					
5								
6								
7								

Os argumentos são os seguintes:

- `str` — O texto a ser analisado.
- `chr` — O delimitador.
- `ind` — A posição do elemento a ser retornado.

Exemplo de função:

```
Function StringElement(str As String, chr As String, ind As Integer)
Dim arr_str As Variant
arr_str = Split(str, chr) 'Não é compatível com XL97
StringElement = arr_str(ind - 1)
End Function
```

Classificar e Concatenar

A função seguinte possibilita pegar uma coluna de dados, classificar e concatená-la usando uma vírgula (,) como delimitadora (veja a Figura 14.12). Repare que os números são tratados como strings, pois são classificados lexicograficamente (todos os números começam com 1, depois começam com 2, etc.). Por exemplo, ao classificar 1, 2, 10, você obteria 1, 10, 2 já que 10 começa com 1, e vem antes de:

Figura 14.12
Classificar e concatenar um intervalo de variáveis.

▲	A	B
1	Unsorted List	Sorted String
2	q	1,14,50,9,a,f,gg,q,r,rrrrr
3	r	=sortConcat(A2:A11)
4	f	
5	a	
6	gg	
7	1	
8	9	
9	50	
10	14	
11	rrrrr	
12		

Funções Personalizadas Úteis do Excel | 301

```
SortConcat(Rng)
```

O argumento é `Rng`, o intervalo de dados a serem classificados e concatenados. `SortConcat` chama outro procedimento, `BubbleSort`, que deve ser incluído.

Exemplo de função:

```
Function SortConcat(Rng As Range) As Variant
Dim MySum As String, arr1() As String
Dim j As Integer, i As Integer
Dim cl As Range
Dim concat As Variant
On Error GoTo FuncFail:
'Inicializa a saída
SortConcat = 0#
'Evita problemas do usuário
If Rng.Count = 0 Then Exit Function
'Obtém o intervalo entre a variável variante armazenando o array
ReDim arr1(1 To Rng.Count)
'Preenche o array
i = 1
For Each cl In Rng
    arr1(i) = cl.Value
    i = i + 1
Next
'Classifica os elementos do array
Call BubbleSort(arr1)
'Cria a string a partir dos elementos do array
For j = UBound(arr1) To 1 Step -1
    If Not IsEmpty(arr1(j)) Then
        MySum = arr1(j) & ", " & MySum
    End If
Next j
'Atribui valor à função
SortConcat = Left(MySum, Len(MySum) - 1)
'Ponto de saída
concat_exit:
Exit Function
'Exibe erro na célula
FuncFail:
SortConcat = Err.Number & " - " & Err.Description
Resume concat_exit
End Function
```

A função seguinte é o sempre popular `BubbleSort`. Muitos desenvolvedores usam esse programa para fazer uma classificação simples[2] de dados.

```
Sub BubbleSort(List() As String)
'    Classifica o array List em ordem ascendente
Dim First As Integer, Last As Integer
Dim i As Integer, j As Integer
Dim Temp
First = LBound(List)
Last = UBound(List)
For i = First To Last - 1
    For j = i + 1 To Last
        If List(i) > List(j) Then
            Temp = List(j)
            List(j) = List(i)
            List(i) = Temp
```

---

[2] N.E.: O `BubbleSort` é um exemplo didático simples de visualizar e de escrever, porém com um baixo desempenho. Para conhecer métodos mais eficientes, pesquise na internet por "algorítimos de ordenação".

302 Capítulo 14 | Funções Definidas pelo Usuário

```
        End If
    Next j
Next i
End Sub
```

Classificar Caracteres Numéricos e Alfabéticos

Essa função pega um intervalo com uma mistura de caracteres alfabéticos e numéricos, classificando-os primeiro numericamente e, depois, alfabeticamente.

```
sorter(Rng)
```

O resultado é colocado em uma matriz que pode ser exibida em uma planilha usando uma fórmula matricial, como mostrado na Figura 14.13.

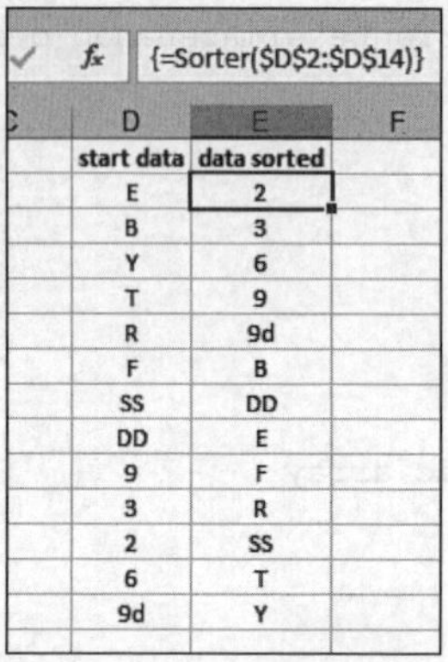

Figura 14.13
Classificar uma lista alfanumérica misturada.

start data	data sorted
E	2
B	3
Y	6
T	9
R	9d
F	B
SS	DD
DD	E
9	F
3	R
2	SS
6	T
9d	Y

fórmula: `{=Sorter($D$2:$D$14)}`

O argumento é Rng, o intervalo a ser classificado.

Exemplo de função:

```
Public Sub QuickSort(ByRef vntArr As Variant, _
    Optional ByVal lngLeft As Long = -2, _
    Optional ByVal lngRight As Long = -2)
Dim i, j, lngMid As Long
Dim vntTestVal As Variant
If lngLeft = -2 Then lngLeft = LBound(vntArr)
If lngRight = -2 Then lngRight = UBound(vntArr)
If lngLeft < lngRight Then
    lngMid = (lngLeft + lngRight) \ 2
    vntTestVal = vntArr(lngMid)
    i = lngLeft
    j = lngRight
    Do
        Do While vntArr(i) < vntTestVal
            i = i + 1
        Loop
        Do While vntArr(j) > vntTestVal
            j = j - 1
        Loop
        If i <= j Then
            Call SwapElements(vntArr, i, j)
            i = i + 1
```

Funções Personalizadas Úteis do Excel | 303

```
                j = j - 1
        End If
    Loop Until i > j
    If j <= lngMid Then
        Call QuickSort(vntArr, lngLeft, j)
        Call QuickSort(vntArr, i, lngRight)
    Else
        Call QuickSort(vntArr, i, lngRight)
        Call QuickSort(vntArr, lngLeft, j)
    End If
End If
End Sub

Private Sub SwapElements(ByRef vntItems As Variant, _
    ByVal lngItem1 As Long, _
    ByVal lngItem2 As Long)
Dim vntTemp As Variant
vntTemp = vntItems(lngItem2)
vntItems(lngItem2) = vntItems(lngItem1)
vntItems(lngItem1) = vntTemp
End Sub
```

A função usa os dois procedimentos seguintes para classificar os dados no intervalo:

```
Function sorter(Rng As Range) As Variant
'Retorna um array
Dim arr1() As Variant
If Rng.Columns.Count > 1 Then Exit Function
arr1 = Application.Transpose(Rng)
QuickSort arr1
sorter = Application.Transpose(arr1)
End Function
```

Buscar um Trecho Dentro de um Texto

Já precisou descobrir quais células contêm um trecho de texto específico? Esta função pode buscar trechos em um intervalo, procurando por um texto específico:

```
ContainsText(Rng,Text)
```

Figura 14.14
Retornar um resultado identificando quais células contêm um trecho especificado

⁄	A	B	C
1	Isto é uma maçã	A3	=ContainsText(A1:A3;"banana")
2	Isto é uma laranja	A1,A2	=ContainsText(A1:A3;"Isto é")
3	Aqui está uma banana		

Ele retorna um resultado que identifica quais células contêm o trecho de texto, como mostrado na Figura 14.14.

Os argumentos são os seguintes:

- Rng — O intervalo onde buscar.
- Text — O texto que deve ser buscado.

304 Capítulo 14 | Funções Definidas pelo Usuário

Exemplo de função:

```
Function ContainsText(Rng As Range, Text As String) As String
Dim T As String
Dim myCell As Range
For Each myCell In Rng 'Olha em cada célula
    If InStr(myCell.Text, Text) > 0 Then 'Procura pelo texto na string
        If Len(T) = 0 Then
            'Se o texto for encontrado, adiciona o endereço ao resultado
            T = myCell.Address(False, False)
        Else
            T = T & "," & myCell.Address(False, False)
        End If
    End If
Next myCell
ContainsText = T
End Function
```

Inverter o Conteúdo de uma Célula

Esta função é a mais divertida, mas você pode achá-la útil — ela inverte o conteúdo de uma célula:

```
ReverseContents(myCell, IsText)
```

Os argumentos são os seguintes:

- `myCell` — A célula especificada.

- `IsText` — (Opcional) Se o valor da célula deve ser tratado como texto (o padrão) ou como número.

Exemplo de função:

```
Function ReverseContents(myCell As Range, _
    Optional IsText As Boolean = True)
Dim i As Integer
Dim OrigString As String, NewString As String
OrigString = Trim(myCell) 'Remove os espaços leading and trailing
For i = 1 To Len(OrigString)
'Ao adicionar a variável NewString no caractere,
'em vez de adicionar o caractere em NewString, a string é invertida
    NewString = Mid(OrigString, i, 1) & NewString
Next i
If IsText = False Then
    ReverseContents = CLng(NewString)
Else
    ReverseContents = NewString
End If
End Function
```

Máximo Múltiplo

A função MAX encontra e retorna o valor máximo de um intervalo, mas não diz se há mais de um valor máximo. Esta função retorna os endereços dos valores máximos em um intervalo, como mostrado na Figura 14.15.

```
ReturnMaxs(Rng)
```

Figura 14.15
Retorna os endereços de todos os valores máximos de um intervalo.

	D	E	F
	3	3	E2,E4
	9	10	
	5	4	
	6	10	
	6	6	
	7	9	
	6	7	
		1	

fx =ReturnMaxs(D1:E8)

O argumento é Rng, o intervalo no qual buscar os valores máximos.

Exemplo de função:

```
Function ReturnMaxs(Rng As Range) As String
Dim Mx As Double
Dim myCell As Range
'Se há somente uma célula no intervalo, então saia
If Rng.Count = 1 Then ReturnMaxs = Rng.Address(False, False): _
    Exit Function
Mx = Application.Max(Rng) 'e usa o Max do Excel para encontrar o valor máximo no
'intervalo. Como você sabe qual é o valor máximo, busque,
'no intervalo pelo valor e retorne o endereço
For Each myCell In Rng
    If myCell = Mx Then
        If Len(ReturnMaxs) = 0 Then
            ReturnMaxs = myCell.Address(False, False)
        Else
            ReturnMaxs = ReturnMaxs & ", " & myCell.Address(False, False)
        End If
    End If
Next myCell
End Function
```

Retornar o Endereço do Hiperlink

Digamos que você tenha recebido uma planilha com uma lista de informações com hiperlinks. Você quer ver os endereços reais, não os textos descritivos. Seria possível apenas clicar com o botão direito no hiperlink e selecionar Editar Hiperlink, mas você quer algo mais permanente. Esta função extrai o endereço do hiperlink, conforme mostrado na Figura 14.16:

GetAddress(HyperlinkCell)

Figura 14.16
Extrai o endereço de hiperlink por trás do hiperlink.

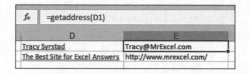

O argumento é HyperlinkCell, a célula vinculada à qual você quer extrair o endereço.

Exemplo de função:

```
Function GetAddress(HyperlinkCell As Range)
    GetAddress = Replace(HyperlinkCell.Hyperlinks(1).Address, "mailto:", "")
End Function
```

Retornar a Letra da Coluna de um Endereço de Célula

Você pode usar CELL("Col") para retornar o número de uma coluna, mas e se você quiser a letra da coluna? Esta função extrai a letra da coluna de um endereço de célula, como mostrado na Figura 14.17.

ColName(Rng)

Figura 14.17
Retorna a letra da coluna de um endereço de célula.

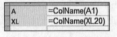

	A	
	A	=ColName(A1)
	XL	=ColName(XL20)

O argumento é Rng, a célula da qual quer a letra da coluna.

Exemplo de função:

```
Function ColName(Rng As Range) As String
ColName = Left(Rng.Range("A1").Address(True, False), _
    InStr(1, Rng.Range("A1").Address(True, False), "$", 1) - 1)
End Function
```

Usando Aleatório Estático

A função =ALEATÓRIO()* pode provar ser muito útil para a criação de números aleatórios, mas ela constantemente os recalcula. E se você precisar de números aleatórios, mas não quiser que eles mudem constantemente? A seguinte função retorna um número aleatório, mas o número muda apenas caso você force a célula a ser recalculada, como mostra a Figura 14.18.

StaticRAND()

Figura 14.18
Gera números aleatórios não tão voláteis.

	A	B
1	0,709677	=StaticRAND()
2	10,1967	=StaticRAND()*100
3	1,782848	=SOMA(A1:A2)*StaticRAND()

Não há argumentos para essa função.

Exemplo de função:

```
Function StaticRAND() As Double
Randomize
STATICRAND = Rnd
End Function
```

---

* N.E.: No Excel em Inglês é RAND, e no VBA existe a RND.

Funções Personalizadas Úteis do Excel **307**

Usando `Select Case` **em uma Planilha**

Em algum momento, você provavelmente aninhou `If`.....`Then`.....`Else` em uma planilha para retornar um valor. A expressão `Select...Case`, disponível no VBA, facilita ainda mais, mas não é possível usar a expressão `Select...Case` em uma fórmula de planilha. Em vez disso, você pode criar uma UDF (veja a Figura 14.19).

Figura 14.19
Exemplo de uso de uma estrutura `Select...Case` em uma UDF, em vez de instruções `If...Then` aninhados.

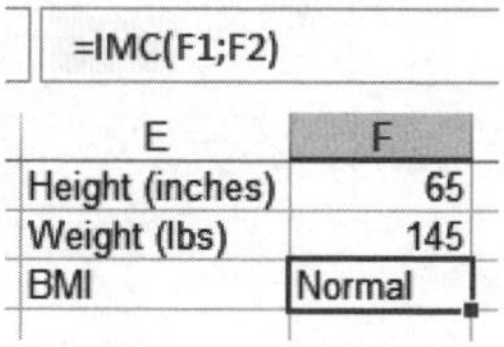

	=IMC(F1;F2)

E	F
Height (inches)	65
Weight (lbs)	145
BMI	Normal

Esse exemplo pega a entrada de dados do usuário, calcula o IMC (índice de massa corporal), e então compara esse valor calculado a vários intervalos para retornar o IMC descritivo, conforme mostrado na Figura 14.19. Quando estiver criando um UDF, pense na fórmula da mesma maneira que você a escreveria, pois é muito similar a como você insere isso na UDF. A fórmula para calcular o IMC é a seguinte:

IMC=(peso em pounds*703)/altura em polegadas(ao quadrado)

A tabela para retornar o IMC descritivo está como segue:

Abaixo de 18.5 = abaixo do peso

18.5–24.9 = normal

25–29.9 = sobrepeso

30 & acima = obeso

O código para calcular o IMC e então retornar o descritivo é o seguinte:

```
Function IMC(Altura As Long, Peso As Long) As String
'Faz o cálculo inicial do IMC para obter o valor numérico
calc/MC = (Peso / (Altura ^ 2)) * 703
Select Case calc/MC 'Avalia o IMC calculado para obter um valor de string
    Case Is <=18.5 'Se o calc/MC for menor que 18.5
        IMC = "Abaixo do peso"
    Case 18.5 To 24.9 'Se o calc/MC for um valor entre 18.5 e 24.9
        IMC = "Normal"
    Case 24.9 To 29.9
        IMC = "Acima do peso"
    Case Is >= 30 'Se o calc/MC for maior que 30
        IMC = "Obeso"
End Select
End Function
```

14

308 Capítulo 14 | Funções Definidas pelo Usuário

Próximos Passos

No capítulo 15, "Criando Gráficos", você vai aprender como a criação de gráficos em planilha se tornou um recurso altamente personalizável, capaz de lidar com enormes quantidades de dados.

Criando Gráficos

15

A criação de gráficos no Excel 2016 insere seis novos tipos de gráficos e também passa para um mecanismo de criação de gráficos moderno. Embora isso pareça uma coisa boa, a transição se mostrará caótica nas suas macros gráficas pelos próximos anos. Aqui está o motivo: Você possui 73 estilos de gráficos antigos onde o gravador de macro funciona e você pode criar gráficos usando código VBA que funcionou confiavelmente. O 6 novos estilos de gráfico não são compatíveis com o gravador de macro. O código VBA está com erro. Para funcionar com o código, é necessário usar práticas VBA pobres, como selecionar os dados do gráfico antes de criar o gráfico.

A Microsoft promete converter lentamente os 73 estilos de gráficos antigos para o modelo moderno ao longo do tempo. Se a Microsoft não corrigir os erros VBA antes de começar a migrar os gráficos para o novo modelo, com cada atualização mensal, mais do seu código VBA deixará de funcionar, e você terá que converter para o estilo de código ruim. Uma jogada antecipativa seria presumir que o time do Excel não se importa em reparar os erros VBA e começar a criar todo o seu código com o estilo ruim.

Contrastando VBA Ruim e Bom para Criar Gráficos

Tradicionalmente, o objetivo do VBA é nunca selecionar algo na planilha. Então, você pode primeiro criar um gráfico usando o método `.AddChart2` e depois atribuir os dados ao gráfico suando o método `.SetSource`. Aqui está o código do gravador de macro para criar um gráfico de coluna agrupada usando VBA:

NESTE CAPÍTULO

Contrastando VBA Ruim e Bom para Criar Gráficos 309

Planejando para Quebrar Mais Gráficos...310

Usando `.AddChart2` para Criar um Gráfico 311

Entendendo Estilos de Gráfico 312

Formatando um Gráfico 315

Criando um Gráfico Combinado.............327

Exportando um Gráfico como uma Imagem 330

Considerando Compatibilidade Com Versões Anteriores........................331

Próximos Passos 331

Capítulo 15 | Criando Gráficos

```vba
ActiveSheet.Shapes.AddChart2(-1, xlColumnClustered).Select
ActiveChart.SetSourceData Source:=Range("Sheet1!$A$1:$B$7")
```

Para evitar selecionar do gráfico, você pode atribuir o formato e o grafico a uma variável de objeto, como essa:

```vba
Dim WS as Worksheet
Dim CH as Chart
Set WS = ActiveSheet
Set CH = WS.Shapes.AddChart2(-1, xlColumnClustered).Chart
CH.SetSourceData Source:=Range("Sheet1!$A$1:$B$7")
```

O código anterior funcionar para todos os estilos de gráficos. Mas quando usado com um gráfico do novo estilo como no código a seguir que tenta criar um gráfico waterfall (cascata), você obtém um agráfico vazio. A Microsoft confirma que é um erro. Você não pode ligar o gravador de macro para aprender como criar gráficos de novos estilos com sucesso porque o gravador de macro está gravando nada quando usa os novos estilos de gráficos.

```vba
Dim WS as Worksheet
Dim CH as Chart
Set WS = ActiveSheet
Set CH = WS.Shapes.AddChart2(-1, xlWaterfall).Chart
CH.SetSourceData Source:=Range("Sheet1!$A$1:$B$7")
```

No entanto, o mau sinal é que o time do Excel vê a seguinte aternativa como uma solução viável:

```vba
.Range("A1:B7").Select
ActiveSheet.Shapes.AddChart2(-1, xlWaterfall).Select
```

Assim, eles podem nunca conseguir resolver o erro. Nesse código, você deve primeiro selecionar os dados que serão usados no gráfico. Então, use o método `.AddChart2` sem usar `.SetSourceData` para mudar a fonte de dados.

Planejando para Quebrar Mais Gráficos

Você pode estar tentado a continuar usando o código bom para os 73 tipos de gráficos existentes e usar o código ruim para os 6 tipos novos:

- `xlBoxWhisker`
- `xlHistogram`
- `xlPareto`
- `xlSunburst`
- `xlTreeMap`
- `xlWaterfall`

Mas então o que acontece quando o time do excel migrar o gráfico pizza apara o novo modelo? Seu código parará de funcionar inesperadamente. Assim, embora o restante desse livro lhe ensine que selecionar dados não é necessário, os exemplo nesse capítulo selecionam os dados antes de criar o gráfico.

O código a seguir cria um gráfico de colunas agrupadas do estilo antigo selecionando os dados antes de usar o método .AddChart2. Ele usa uma variável de objeto `CH` que referencia o gráfico recentemente criado:

```
Sub SafeWayToCreateAChart()
' Cria um gráfico de colunas agrupadas a partir de A1:E7
Dim WS as Worksheet
Dim CH as Chart
Set WS = Worksheets("Sheet1")
WS.Select
Range("A1:E7").Select
Set CH = WS.Shapes.AddChart2(-1, xlColumnClustered)
End Sub
```

Você pode usar uma variável de objeto para formatar o gráfico. Por exemplo, o seguinte código cria um gráfico de novo estilo cachoeira e marca a sexta coluna como total:

```
Sub SafeWayToCreateAChart()
' Cria um gráfico de novo estilo cachoeira a partir de A1:B7
Dim WS as Worksheet
Dim CH as Chart
Set WS = Worksheets("Sheet1")
WS.Select
Range("A1:B7").Select
Set CH = WS.Shapes.AddChart2(-1, xlWaterfall)
CH.FullSeriesCollection(1).Points(6).IsTotal = True
End Sub
```

Usando `.AddChart2` para Criar um Gráfico

O Excel 2013 introduziu o novo método `.AddChart2`. Com esse método, você pode especificar um ChartStyle, um tipo, a localização e o tamanho do gráfico e, bem como uma propriedade apresentada no Excel 2013: `NewLayout:=True`. Quando você seleciona `NewLayout`, é possível ter uma legenda em um conjunto de gráficos.

O método `.AddChart2` permite que você especifique o estilo do gráfico, o tipo, esquerda, topo, largura, altura, e um novo layout. Esse código usa os dados de A3:G7 e cria um gráfico para preencher B8:G15:

```
Sub CreateChartUsingAddChart2()
'Cria um gráfico de colunas agrupadas em B8:G15 a partir dos dados em A3:G6
Dim CH As Chart
Range("A3:G6").Select
Set CH = ActiveSheet.Shapes.AddChart2( _
    Style:=201, _
    XlChartType:=xlColumnClustered, _
    Left:=Range("B8").Left, _
    Top:=Range("B8").Top, _
    Width:=Range("B8:G15").Width, _
    Height:=Range("B8:G15").Height, _
    NewLayout:=True).Chart
End Sub
```

Os valores para Left, Top, Width e Height estão em pixels. Aqui você não precisa tentar adivinhar que a coluna B está a 21,34 pixels do limite esquerdo da planilha porque o código anterior encontra a propriedade .Left da célula B8 e usa isso como o Left do gráfico.

A Figura 15.1 mostra o gráfico resultante.

Figura 15.1
Crie um gráfico para preencher uma série específica

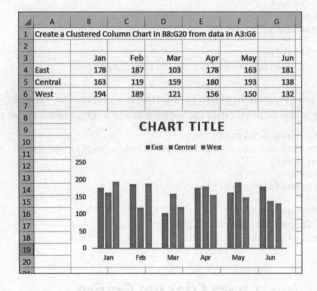

Entendendo Estilos de Gráfico

O Excel 2013 introduziu estilos de gráficos profissionalmente projetados que são exibidos na galeria Chart Styles na aba Design da faixa de seleções. Esses designs usam combinações de propriedades que estão no Excel por anos, mas elas permitem que você aplique um grupo de propriedades com um único comando. A Figura 15.2 mostra a galeria Chart Styles para um gráfico de coluna agrupada.

Figure 15.2
Aplique um estilo para formatar rapidamente um gráfico.

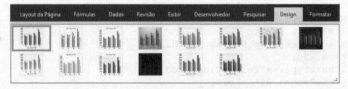

O estilos para os tipos de gráficos antigos vão de 201 á 353. Os estilos e 354 até 418 são para os seus novos tipos de gráficos. Siga esses passos para aprender o número associado com seu estilo favorito:

1. Crie um gráfico na interface de usuário do Excel
2. Abra a galeria Chart Styles na aba Design e escolha o estilo que deseja usar. Mantenha o gráfico selecionado antes de prosseguir para o Passo 3.

Entendendo Estilos de Gráfico | 313

> **CUIDADO**
>
> Você pode ter a tendência de clicar fora do gráfico para adimirar o estilo recém selecionado. Se você desmarcar o gráfico, certifique-se de selecionar novamente antes de continuar a seguir os passos.

3. Alterne para o VBA pressionando Alt+F11.

4. Abra a janela Immediate pressionando Ctrl+G.

5. Digite ? `ActiveChartStyle` na janela Immediate e pressione Enter. O número resultante mostra o valor a usar para o argumento `.Style` no método `.AddChart2`.

6. se você não se importa com o estilo de gráfico que receberá, especifique `-1` como o argumento `.Style`. Isso lhe dá o estilo padrão para aquele tipo de gráfico.

É estranho que o método .AddChart2 use um argumento chamado `Style:=201`, mas se quiser modificar o estilo do gráfico mais tarde, terá que usar a propriedade `.ChartStyle`. Tanto Style quanto `ChartStyle` se referem aos estilos de gráfico apresentados no Excel 2013.

A Tabela 15.1 lista os valores de argumentos `ChartType`.

Tabela 15.1 Tipos de Gráfico para Usar em VBA

Tipo do Gráfico	Constante
Coluna Agrupada	`xlColumnClustered`
Coluna Empilhada	`xlColumnStacked`
Coluna 100% Empilhada	`xlColumnStacked100`
Coluna Agrupada 3D	`xl3DColumnClustered`
Coluna Empilhada em 3D	`xl3DColumnStacked`
Coluna 3D 100% Empilhada	`xl3DColumnStacked100`
Cascata	`xlWaterfall`
Mapa de árvore	`xlTreeMap`
Explosão Solar	`xlSunburst`
Histograma	`xlHistogram`
Pareto	`xlPareto`
Caixa e Caixa Estreita	`xlBosWhisker`
Linha	`xlLine`
Linha Empilhada	`xlLineStacked`
Linha 100% Empilhada	`xlLineStacked100`
Linha com Marcadores	`xlLineMarkers`
Linha Empilhada com Marcadores	`xlLineMarkersStacked`
Linha 100% Empilhada com Marcadores	`xlLineMarkersStacked100`
Pizza	`xlPie`
Pizza 3D	`xl3DPie`

314 Capítulo 15 | Criando Gráficos

Tipo do Gráfico	Constante
Pizza de Pizza	xlPieOfPie
Pizza Destacada	xlPieExploded
Pizza Destacada 3D	xl3DPieExploded
Barra de Pizza	xlBarOfPie
Barra Agrupada	xlBarClustered
Barra Empilhada	xlBarStacked
Barra 100% Empilhada	xlBarStacked100
Barra 3D Agrupada	xl3DBarClustered
Barra 3D Empilhada	xl3DBarStacked
Barra 3D 100% Empilhada	xl3DBarStacked100
Área	xlArea
Área Empilhada	xlAreaStacked
Área 100% Empilhada	xlAreaStacked100
Área 3D	xl3DArea
Área 3D Empilhada	xl3DAreaStacked
Área 3D 100% Empilhada	xl3DAreaStacked100
Dispersão somente com Marcadores	xlXYScatter
Dispersão com Linhas Suaves e Marcadores	xlXYScatterSmooth
Dispersão com Linhas Suaves	xlXYScatterSmoothNoMarkers
Dispersão com Linhas Retas e Marcadores	xlXYScatterLines
Dispersão com Linhas Retas	xlXYScatterLinesNoMarkers
Alta-Baixa-Fechamento	xlStockHLC
Abertura-Alta-Baixa-Fechamento	xlStockOHLC
Volume-Alta-Baixa-Fechamento	xlStockVHLC
Volume-Abertura-Alta-Baixa-Fechamento	xlStockVOHLC
Superfície 3D	xlSurface
Superfície 3D Delineada	xlSurfaceWireframe
Contorno	xlSurfaceTopView
Contorno Delineado	xlSurfaceTopViewWireframe
Rosca	xlDoughnut
Rosca Destacada	xlDoughnutExploded
Bolhas	xlBubble
Bolhas 3D	xlBubble3DEffect
Radar	xlRadar
Radar com Marcadores	xlRadarMarkers
Radar Preenchido	xlRadarFilled

O Excel suporta alguns outros tipos de gráficos que deturpam seus dados, como os gráficos cone e pirâmides. Para compatibilidade com versões anteriores, esses ainda estão em VBA, mas eles foram omitidos da Tabela 15.1. Se o seu gerente forçar você a criar esses tipos antigos de gráficos, você pode encontrá-los pesquisando por *xlChartType enumeration* no seu mecanismo de busca favorito.

Formatando um Gráfico

Após criar um gráfico, você frequentemente desejará adicionar ou mover elementos do gráfico. As seções a seguir descrevem códigos para controlar múltiplos elementos do gráfico.

Referindo-se a um Gráfico Específico

O gravador de macro tem uma maneira insatisfatória de escrever código para a criação de gráficos. O gravador de macro usa o método `.AddChart2` e adiciona um `.Select` ao fim da linha, a fim de selecionar o gráfico. O restante das configurações de gráfico, então, é aplicado ao objeto `ActiveChart`. Esta abordagem é um pouco frustrante, porque você é obrigado a fazer toda a formatação do gráfico antes de selecionar qualquer outra coisa na planilha.

O gravador de macro faz isso porque os nomes do gráfico são imprevisíveis. A primeira vez que você executa uma macro, o gráfico pode ser chamado de Gráfico I. Mas, se você executar a macro em outro dia ou em uma planilha diferente, o gráfico pode ser chamado de Gráfico 3 ou Gráfico 5.

Para maior flexibilidade, você deve atribuir cada novo gráfico a um objeto `Chart`. A partir do Excel 2007, esse recipiente é um objeto `Shape`.

Ignorando as especificidades do método `AddChart2` por um momento, você poderia usar essa abordagem de codificação, que capta o objeto Shape na variável de objeto SH e , em seguida, atribui o Sh.Chart para a variável de objeto CH:

```
Dim WS as Worksheet
Dim SH as Shape
Dim CH as Chart
Set WS = ActiveSheet
Set SH = WS.Shapes.AddChart2(...)
Set CH = SH.Chart
```

Você pode simplificar o código anterior, anexando `.Chart` para o final do método `AddChart2`. O código a seguir tem uma variável de objeto a menos:

```
Dim WS as Worksheet
Dim CH as Chart
Set WS = ActiveSheet
Set CH = WS.Shapes.AddChart2(...).Chart
```

Se precisar modificar um quadro pré-existente — tais como um gráfico que você não criou — e só há uma forma na planilha de trabalho, você pode usar esta linha de código:

```
WS.Shapes(1).Chart.Interior.Color = RGB(0,0,255)
```

316 Capítulo 15 | Criando Gráficos

Se houver muitos gráficos, e você precisa encontrar aquele com o canto superior esquerdo localizado na célula A4, percorra todos os objetos Shape até encontrar um no local correto, assim:

```
For each Sh in ActiveSheet.Shapes
If Sh.TopLeftCell.Address = "$A$4" then
Sh.Chart.Interior.Color = RGB(0,255,0)
End If
Next Sh
```

Especificando um Título para o Gráfico

Cada gráfico criado com `NewLayout:=True` tem um título de gráfico. Quando o gráfico tem duas ou mais séries, o título é "Título do Gráfico". Você vai ter que planejar a alteração do título do gráfico para algo útil.

Para especificar um título de gráfico em VBA, use este código:

```
ActiveChart.ChartTitle.Caption = "Sales by Region"
```

Assumindo que você está mudando o título de um gráfico recém-criado que é atribuído à variável de objeto CH, você pode usar o seguinte:

```
CH.ChartTitle.Caption = "Sales by Region"
```

Esse código funciona se o gráfico já tem um título. Se você não tem certeza de que o estilo do gráfico selecionado tem um título, pode garantir que o título está presente pela primeira vez com

```
CH.SetElement msoElementChartTitleAboveChart
```

Embora seja relativamente fácil adicionar um título de gráfico e especificar as palavras do título, isto torna-se cada vez mais complexo alterar a formatação do título do gráfico. O código a seguir altera a fonte, tamanho e cor do título:

```
With CH.ChartTitle.Format.TextFrame2.TextRange.Font
.Name = "Rockwell"
.Fill.ForeColor.ObjectThemeColor = msoThemeColorAccent2
.Size = 14
End With
```

Os dois títulos dos eixos operam o mesmo que o título do gráfico. Para mudar as palavras, use a propriedade .Caption. Para formatar as palavras, você pode usar a propriedade Format. Da mesma forma, você pode especificar os títulos dos eixos usando a propriedade Caption. O código a seguir altera o título do eixo ao longo do eixo da categoria:

```
CH.SetElement msoElementPrimaryCategoryAxisTitleHorizontal
CH.Axes(xlCategory, xlPrimary).AxisTitle.Caption = "Months"
CH.Axes(xlCategory, xlPrimary).AxisTitle. _
Format.TextFrame2.TextRange.Font.Fill. _
ForeColor.ObjectThemeColor = msoThemeColorAccent2
```

Aplicando uma Cor ao Gráfico

O Excel 2013 introduziu uma propriedade `ch.ChartColor` que atribui um de 26 temas de cores para um gráfico. Atribua um valor de 1 a 26, mas esteja ciente de que a ordem das cores no menu flutuante do Estilos de Gráfico (ver Figura 15.3) não tem nada a ver com os 26 valores.

Formatando um Gráfico | **317**

Para entender os valores ChartColor, considere a cor do menu suspenso mostrada na Figura 15.10. Este menu suspenso oferece 10 colunas de cores: Fundo 1, Texto 1, Fundo 2, Text 2 e, em seguida, Tema 1 até Tema 6.

Aqui está um resumo dos 26 valores que você pode usar para ChartColor:

Figura 15.3
Os esquemas de cor no menu são chamados de Cor 1, Cor 2 e assim por diante, mas não têm nada ver com as configurações do VBA.

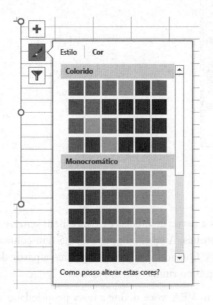

- ChartColor 1, 9, e 20 usam cores em escala de cinza na coluna 3. Um valor ChartColor de 1 começa com um cinza escuro, depois um cinza claro e, em seguida, cinza médio. Um valor ChartColor de 9 começa com cinza claro e muda para cinzas mais escuros. Um valor ChartColor de 20 começa com três tons de cinza médio, depois preto, cinza muito claro, cinza e, em seguida, cinza médio.
- O Valor 2 utiliza as seis cores do tema na primeira linha da esquerda para a direita.
- Valores de 3 a 8 usam uma única coluna de cores. Por exemplo, ChartColor = 3 usa as seis cores no Tema 1 do escuro para o claro. Valores de ChartColor de 4 a 8 correspondem aos Temas 2 a 6.
- Valor 10 repete o valor 2, mas acrescenta uma borda fina em torno do elemento gráfico.
- Valores de 11 a 13 são os mais inventivos. Eles usam três cores do tema a partir da linha superior combinadas com as mesmas três cores do tema da linha de fundo. Isto produz versões claras e escuras de três cores diferentes. ChartColor 11 usa temas de números ímpares (1, 3 e 5). ChartColor 12 usa os temas pares. ChartColor 13 usa os temas 6, 5 e 4.
- Valores de 14 a 19 repetem os valores de 3 a 8, mas adicionam uma borda fina.
- Valores de 21 a 26 são semelhantes aos valores de 3 a 8, mas as cores progridem do claro ao escuro.

O código a seguir altera o gráfico para usar vários tons dos Temas 6, 5 e 4:

```
ch.ChartColor = 13
```

Figura 15.4
Combinações
Chartcolor
incluem uma mistura de
cores do tema atual.

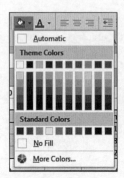

Filtrando um Gráfico

Na vida real, a criação de gráficos a partir de tabelas de dados nem sempre é simples. Tabelas frequentemente têm totais ou subtotais. A tabela da Figura 15.5 tem colunas totais trimestrais misturadas com os valores mensais. Qunado você cria um gráfico a partir desses dados, as colunas e linhas totais criam um gráfico ruim.

Para filtrar uma linha ou coluna em VBA, você define a nova propriedade .IsFiltered propriedade para True. O código seguinte remove as colunas totais:

Figura 15.5
Os subtotais nesta tabela
produzem um gráfico de
difícil visualização.

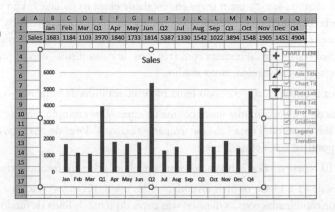

```
CH.ChartGroups(1).FullCategoryCollection(4).IsFiltered = True
CH.ChartGroups(1).FullCategoryCollection(8).IsFiltered = True
CH.ChartGroups(1).FullCategoryCollection(12).IsFiltered = True
CH.ChartGroups(1).FullCategoryCollection(16).IsFiltered = True
```

Formatando um Gráfico | **319**

Usando `SetElement` para Emular Alterações no Ícone de Adição

Quando você seleciona um gráfico, três ícones aparecem à sua direita. O ícone superior é um sinal de adição. Todas as escolhas nos primeiro e segundo nível dos menus flutuantes usam o método SetElement em VBA. Note que o Adicionar Elemento Gráfico no menu suspenso, na guia Design, inclui todas essas configurações, além de Linhas e Barras para cima/para baixo.

> **NOTA**
> `SetElement` não cobre as opções no painel de tarefas Formato que muitas vezes aparece. Consulte a seção "Utilizar o Método Format para Microgerenciar Opções de Formatação seção", mais adiante neste capítulo, para mudar aquelas configurações.

Se você não sabe como procurar a constante adequada neste livro, pode rapidamente gravar uma macro. Enquanto não estiver usando um dos seis novos tipos de gráficos introduzidos no Excel 2016, o gravador de macro deveria exibir para você a constante SetElement correta.

O método SetElement é seguido por uma constante que especifica qual item do menu deve ser selecionado. Por exemplo, se você quer escolher Mostrar Legenda à Esquerda, você pode usar este código:

```
ActiveChart.SetElement msoElementLegendLeft
```

A Tabela 15.2 tabela todas as constantes disponíveis que você pode usar com o método SetElement. Estas constantes estão mais ou menos na mesma ordem em que elas aparecem no Adicionar Elemento Gráfico do menu suspenso.

Tabela 15.2   Constantes Disponíveis com `SetElement`

Grupo do Elemento	Constante `SetElement`
Eixos	msoElementPrimaryCategoryAxisNone
Eixos	msoElementPrimaryCategoryAxisShow
Eixos	msoElementPrimaryCategoryAxisWithoutLabels
Eixos	msoElementPrimaryCategoryAxisReverse
Eixos	msoElementPrimaryCategoryAxisThousands
Eixos	msoElementPrimaryCategoryAxisMillions
Eixos	msoElementPrimaryCategoryAxisBillions
Eixos	msoElementPrimaryCategoryAxisLogScale
Eixos	msoElementSecondaryCategoryAxisNone
Eixos	msoElementSecondaryCategoryAxisShow
Eixos	msoElementSecondaryCategoryAxisWithoutLabels
Eixos	msoElementSecondaryCategoryAxisReverse
Eixos	msoElementSecondaryCategoryAxisThousands
Eixos	msoElementSecondaryCategoryAxisMillions

320 Capítulo 15 | Criando Gráficos

Grupo do Elemento	Constante `SetElement`
Eixos	`msoElementSecondaryCategoryAxisBillions`
Eixos	`msoElementSecondaryCategoryAxisLogScaIe`
Eixos	`msoElementPrimaryValueAxisNone`
Eixos	`msoElementPrimaryValueAxisShow`
Eixos	`msoElementPrimaryValueAxisThousands`
Eixos	`msoElementPrimaryValueAxisMillions`
Eixos	`msoElementPrimaryValueAxisBillions`
Eixos	`msoElementPrimaryValueAxisLogScale`
Eixos	`msoElementSecondaryValueAxisNone`
Eixos	`msoElementSecondaryValueAxisShow`
Eixos	`msoElementSecondaryValueAxisThousands`
Eixos	`msoElementSecondaryValueAxisMillions`
Eixos	`msoElementSecondaryValueAxisBillions`
Eixos	`msoElementSecondaryValueAxisLogScale`
Eixos	`msoElementSeriesAxisNone`
Eixos	`msoElementSeriesAxisShow`
Eixos	`msoElementSeriesAxisReverse`
Eixos	`msoElementSeriesAxisWithoutLabeling`
Títulos dos Eixos	`msoElementPrimaryCategoryAxisTitleNone`
Títulos dos Eixos	`msoElementPrimaryCategoryAxisTitleBelowAxis`
Títulos dos Eixos	`msoElementPrimaryCategoryAxisTitleAdjacentToAxis`
Títulos dos Eixos	`msoElementPrimaryCategoryAxisTitleHorizontal`
Títulos dos Eixos	`msoEIementPrimaryCategoryAxisTitleVertical`
Títulos dos Eixos	`msoElementPrimaryCategoryAxisTitleRotated`
Títulos dos Eixos	`msoElementSecondaryCategoryAxisTitleAdjacentToAxis`
Títulos dos Eixos	`msoElementSecondaryCategoryAxisTitleBelowAxis`
Títulos dos Eixos	`msoElementSecondaryCategoryAxisTitleHorizontal`
Títulos dos Eixos	`msoElementSecondaryCategoryAxisTitleNone`
Títulos dos Eixos	`msoElementSecondaryCategoryAxisTitleRotated`
Títulos dos Eixos	`msoElementSecondaryCategoryAxisTitleVertical`
Títulos dos Eixos	`msoElementPrimaryValueAxisTitleAdjacentToAxis`
Títulos dos Eixos	`msoElementPrimaryValueAxisTitleBelowAxis`
Títulos dos Eixos	`msoElementPrimaryValueAxisTitleHorizontal`
Títulos dos Eixos	`msoElementPrimaryValueAxisTitleNone`
Títulos dos Eixos	`msoElementPrimaryValueAxisTitleRotated`
Títulos dos Eixos	`msoElementPrimaryValueAxisTitleVertical`

Formatando um Gráfico — 321

Grupo do Elemento	Constante SetElement
Títulos dos Eixos	msoElementSecondaryValueAxisTitleBelowAxis
Títulos dos Eixos	msoElementSecondaryValueAxisTitleHorizontal
Títulos dos Eixos	msoElementSecondaryValueAxisTitleNone
Títulos dos Eixos	msoElementSecondaryValueAxisTitleRotated
Títulos dos Eixos	msoElementSecondaryValueAxisTitleVertical
Títulos dos Eixos	msoElementSeriesAxisTitleHorizontal
Títulos dos Eixos	msoElementSeriesAxisTitleNone
Títulos dos Eixos	msoElementSeriesAxisTitleRotated
Títulos dos Eixos	msoElementSeriesAxisTitleVertical
Títulos dos Eixos	msoElementSecondaryValueAxisTitleAdjacentToAxis
Título do Gráfico	msoElementChartTitleNone
Título do Gráfico	msoElementChartTitleCenteredOverlay
Título do Gráfico	msoElementChartTitleAboveChart
Rótulos de Dados	msoElementDataLabelCallout (nova no Excel 2016)
Rótulos de Dados	msoElementDataLabelCenter
Rótulos de Dados	msoElementDataLabelInsideEnd
Rótulos de Dados	msoElementDataLabelNone
Rótulos de Dados	msoElementDataLabelInsideBase
Rótulos de Dados	msoElementDataLabelOutSideEnd
Rótulos de Dados	msoElementDataLabelTop
Rótulos de Dados	msoElementDataLabelBottom
Rótulos de Dados	msoElementDataLabelRight
Rótulos de Dados	msoElementDataLabelLeft
Rótulos de Dados	msoElementDataLabelShow
Rótulos de Dados	msoElementDataLabelBestFit
Tabela de Dados	msoElementDataTableNone
Tabela de Dados	msoElementDataTableShow
Tabela de Dados	msoElementDataTableWithLegendKeys
Barras de erro	msoElementErrorBarNone
Barras de erro	msoElementErrorBarStandardError
Barras de erro	msoElementErrorBarPercentage
Barras de erro	msoElementErrorBarStandardDeviation
Linhas de Grade	msoElementPrimaryCategoryGridLinesNone
Linhas de Grade	msoElementPrimaryCategoryGridLinesMajor
Linhas de Grade	msoElementPrimaryCategoryGridLinesMinor
Linhas de Grade	msoElementPrimaryCategoryGridLinesMinorMajor

15

Grupo do Elemento	Constante `SetElement`
Linhas de Grade	`msoElementSecondaryCategoryGridLinesNone`
Linhas de Grade	`msoElementSecondaryCategoryGridLinesMajor`
Linhas de Grade	`msoElementSecondaryCategoryGridLinesMinor`
Linhas de Grade	`msoElementSecondaryCategoryGridLinesMinorMajor`
Linhas de Grade	`msoElementPrimaryValueGridLinesNone`
Linhas de Grade	`msoElementPrimaryValueGridLinesMajor`
Linhas de Grade	`msoElementPrimaryValueGridLinesMinor`
Linhas de Grade	`msoElementPrimaryValueGridLinesMinorMajor`
Linhas de Grade	`msoElementSecondaryValueGridLinesNone`
Linhas de Grade	`msoElementSecondaryValueGridLinesMajor`
Linhas de Grade	`msoElementSecondaryValueGridLinesMinor`
Linhas de Grade	`msoElementSecondaryValueGridLinesMinorMajor`
Linhas de Grade	`msoElementSeriesAxisGridLinesNone`
Linhas de Grade	`msoElementSeriesAxisGridLinesMajor`
Linhas de Grade	`msoElementSeriesAxisGridLinesMinor`
Linhas de Grade	`msoElementSeriesAxisGridLinesMinorMajor`
Legenda	`msoElementLegendNone`
Legenda	`msoElementLegendRight`
Legenda	`msoElementLegendTop`
Legenda	`msoElementLegendLeft`
Legenda	`msoElementLegendBottom`
Legenda	`msoElementLegendRightOverlay`
Legenda	`msoElementLegendLeftOverlay`
Linhas	`msoElementLineNone`
Linhas	`msoElementLineDropLine`
Linhas	`msoElementLineHiLoLine`
Linhas	`msoElementLineDropHiLoLine`
Linhas	`msoElementLineSeriesLine`
Linha de tendência	`msoElementTrendlineNone`
Linha de tendência	`msoElementTrendlineAddLinear`
Linha de tendência	`msoElementTrendlineAddExponential`
Linha de tendência	`msoElementTrendlineAddLinearForecast`
Linha de tendência	`msoElementTrendlineAddTwoPeriodMovingAverage`
Barras Superiores/ Inferiores	`msoElementUpDownBarsNone`

Formatando um Gráfico | **323**

Grupo do Elemento	Constante `SetElement`
Barras Superiores/Inferiores	`msoElementUpDownBarsShow`
Área de plotagem	`msoElementPlotAreaNone`
Área de plotagem	`msoElementPlotAreaShow`
Parede do Gráfico	`msoElementChartWallNone`
Parede do Gráfico	`msoElementChartWallShow`
Base do Gráfico	`msoElementChartFloorNone`
Base do Gráfico	`msoElementChartFloorShow`

> **NOTA** Se você tentar formatar um elemento que não está presente, o Excel retornará Erro de Falha no Método -2147467259.

Usar `SetElement` permite alterar elementos do gráfico rapidamente. Como um exemplo, gurus do gráfico dizem que a legenda deve aparecer sempre à esquerda ou acima do gráfico. Poucos dos estilos incorporados mostram a legenda acima da tabela. Eu também prefiro mostrar os valores ao longo do eixo em milhares ou milhões quando for o caso. Isto é melhor do que a exibição de três ou seis zeros em cada linha.

Duas linhas de código de lidam com essas configurações depois de criar o gráfico:

```
Sub UseSetElement()
Dim WS As Worksheet
Dim CH As Chart

Set WS = ActiveSheet
Range("A1:M4").Select
Set CH = WS.Shapes.AddChart2(Style:=201, _
XlChartType:=xlColumnClustered, _
Left:=[B6].Left, _
Top:=[B6].Top, _
NewLayout:=False).Chart

' Define o valor do eixo para exibir vários
CH.SetElement msoElementPrimaryValueAxisThousands

' move a legenda para o topo
CH.SetElement msoElementLegendTop
End Sub
```

324 Capítulo 15 | Criando Gráficos

Usando o Método `Format` para Microgerenciar Opções de Formatação

A guia Formato oferece ícones para mudar cores e efeitos para elementos de gráfico individuais. Embora muitas pessoas chamem Sombra, Brilho, Bisel e as configurações de material de "tranqueira do gráfico", existem maneiras em VBA para aplicar esses formatos.

O Excel 2016 inclui um objeto chamado ChartFormat que contém as configurações para Fill, `Glow`, `Line`, `PictureFormat`, `Shadow`, `SoftEdge`, `TextFrame2`, e `ThreeD`. Você pode acessar o objeto `ChartFormat` usando o método `Format` em muitos elementos de gráfico. A Tabela 15.3 apresenta uma amostra de elementos de gráfico que você pode formatar usando o método `Format`.

Tabela 15.3 Elementos Gráficos Aos Quais se Aplica Formatação

Elemento Gráfico	VBA para Referir a Esse Gráfico
Título do Gráfico	`ChartTitle`
Título do Eixo de Categorias	`Eixos(xlCategory, xlPrimary).AxisTitle`
Título do Eixo de Valores	`Eixos(xlValue, xlPrimary).AxisTitle`
Legenda	`Legend`
Rótulos de Dados para Série 1	`SeriesCollection(1).DataLabels`
Rótulos de Dados para Ponto 2	`SeriesCollection(1).DataLabels(2)` `or SeriesCollection(1).Points(2).` `DataLabel`
Tabela de Dados	`DataTable`
Eixos-Horizontal	`Axes(xlCategory, xlPrimary)`
Eixos-Vertical	`Axes(xlValue, xlPrimary)`
Eixos-Série (Superfície dos Gráficos Somente)	`Axes(xlSeries, xlPrimary)`
Linhas de Grade Maiores	`Axes(xlValue, xlPrimary).` `MajorGridlines`
Linhas de Grade Menores	`Axes(xlValue, xlPrimary).` `MinorGridlines`
Área de Plotagem	`PlotArea`
Área do Gráfico	`ChartArea`
Parede do Gráfico	`Walls`
Parede Posterior do Gráfico	`BackWall`
Parede Lateral do Gráfico	`SideWall`
Chão do Gráfico	`Floor`
Linha de Tendência para Séries 1	`SeriesCollection(1).TrendLines(1)`
Linhas de Derivação	`ChartGroups(1).DropLines`
Barras Superiores/Inferiores	`ChartGroups(1).UpBars`
Barras de Erro	`SeriesCollection(1).ErrorBars`
Série(1)	`SeriesCollection(1)`

Elemento Gráfico	VBA para Referir a Esse Gráfico
Séries(1)DataPoint	`SeriesCollection(1).Points(3)`

O método `Format` é a porta de entrada para as configurações `Fill`, `Glow`, e assim por diante. Cada um daqueles objetos tem opções diferentes. As seções a seguir fornecem exemplos de como configurar cada tipo de formato.

Alterando Preenchimento de Um Objeto

O Preenchimento da Forma no menu suspenso, na guia Formato, permite que você escolha uma cor única, um gradiente, uma imagem ou uma textura para o preenchimento.

Para aplicar uma cor específica, você pode usar o ajuste RGB (vermelho, verde e azul). Ao criar uma cor, você especifica um valor de 0 a 255 para os níveis de vermelho, verde e azul. O código a seguir aplica um preenchimento azul simples:

```
Dim cht As Chart
Dim upb As UpBars
Set cht = ActiveChart
Set upb = cht.ChartGroups(1).UpBars
upb.Format.Fill.ForeColor.RGB = RGB(0, 0, 255)
```

Se você gostaria de um objeto para pegar a cor de um tema específico, pode usar a propriedade `ObjectThemeColor`. O código a seguir muda a cor da barra da primeira série para destacar a cor 6, que é uma cor alaranjada no tema Office. No entanto, isso pode ser outra cor se a pasta de trabalho estiver usando um tema diferente.

```
Sub ApplyThemeColor()
Dim cht As Chart
Dim ser As Series
Set cht = ActiveChart
Set ser = cht.SeriesCollection(1)
ser.Format.Fill.ForeColor.ObjectThemeColor = msoThemeColorAccent6
End Sub
```

Para aplicar uma textura incorporada, você pode usar o método `PresetTextured`. O código a seguir aplica a textura de mármore verde à segunda série. No entanto, você pode aplicar qualquer uma das 20 texturas:

```
Sub ApplyTexture()
Dim cht As Chart
Dim ser As Series
Set cht = ActiveChart
Set ser = cht.SeriesCollection(2)
ser.Format.Fill.PresetTextured msoTextureGreenMarble
End Sub
```

> **NOTA** Quando você digita PresetTextured seguido de um espaço, o VB Editor oferece uma lista completa de possíveis valores de textura.

326 Capítulo 15 | Criando Gráficos

Para preencher as barras de uma série de dados com uma imagem, você pode usar o método UserPicture e especificar o caminho e o nome de arquivo de uma imagem no computador, como no exemplo a seguir:

```
Sub FormatWithPicture()
Dim cht As Chart
Dim ser As Series
Set cht = ActiveChart
Set ser = cht.SeriesCollection(1)
MyPic = "C:\PodCastTitle1.jpg"
ser.Format.Fill.UserPicture MyPic
End Sub
```

No Excel 2016, você pode aplicar um padrão usando o método .Patterned. Padrões têm um tipo, tal como msoPatternPlain, bem como um primeiro plano e cor de fundo. O código a seguir cria linhas verticais vermelhas-escuras sobre um fundo branco:

```
Sub FormatWithPicture()
Dim cht As Chart
Dim ser As Series
Set cht = ActiveChart
Set ser = cht.SeriesCollection(1)
With ser.Format.Fill
.Patterned msoPatternDarkVertical
.BackColor.RGB = RGB(255,255,255)
.ForeColor.RGB = RGB(255,0,0)
End With
End Sub
```

> **CUIDADO**
>
> Código que usa padrões não funciona no Excel 2007. Padrões foram removidos no Excel 2007, mas foram restaurados no Excel 2010 devido ao apelo dos fãs de padrões.

Gradientes são mais difíceis de especificar que preencher. O Excel 2016 fornece três métodos que ajudam a definir os gradientes comuns. Os métodos OneColorGradient e TwoColorGradient exigem que você especifique uma direção do gradiente, tal como msoGradientFromCorner. Você pode especificar um dos quatro estilos, numerados de 1 a 4, dependendo se você quer o gradiente para começar no canto superior esquerdo, superior direito, inferior esquerdo ou inferior direito. Depois de usar um método de gradiente, você precisa especificar as configurações ForeColor e BackColor para o objeto.

A macro a seguir cria um gradiente de duas cores usando duas cores do tema:

```
Sub TwoColorGradient()
Dim cht As Chart
Dim ser As Series
Set cht = ActiveChart
Set ser = cht.SeriesCollection(1)
ser.Format.Fill.TwoColorGradient msoGradientFromCorner, 3
ser.Format.Fill.ForeColor.ObjectThemeColor = msoThemeColorAccent6
ser.Format.Fill.BackColor.ObjectThemeColor = msoThemeColorAccent2
End Sub
```

Ao usar o método OneColorGradient, você pode especificar uma direção, um estilo (de 1 a 4) e um valor de escuridão entre 0 e 1 (0 para gradientes escuros ou 1 para gradientes mais leves).

Ao usar o método `PresetGradient`, você pode especificar uma direção, um estilo (de 1 a 4) e o tipo de gradiente, como `msoGradientBrass`, `msoGradientLateSunset` ou `msoGradientRainbow`. Novamente, como você está digitando o código no VB Editor, a ferramenta AutoCompletar fornece uma lista completa dos tipos de gradiente predefinidos disponíveis.

Formatando as Configuração de Linha

O objeto `LineFormat` formata tanto uma linha ou a borda ao redor de um objeto. Você pode mudar inúmeras propriedades para uma linha, tais como a cor, setas e estilo de traço.

A macro a seguir formata a linha de tendência para a primeira série em um gráfico:

```
Sub FormatLineOrBorders()
Dim cht As Chart
Set cht = ActiveChart
With cht.SeriesCollection(1).Trendlines(1).Format.Line
.DashStyle = msoLineLongDashDotDot
.ForeColor.RGB = RGB(50, 0, 128)
.BeginArrowheadLength = msoArrowheadShort
.BeginArrowheadStyle = msoArrowheadOval
.BeginArrowheadWidth = msoArrowheadNarrow
.EndArrowheadLength = msoArrowheadLong
.EndArrowheadStyle = msoArrowheadTriangle
.EndArrowheadWidth = msoArrowheadWide
End With
End Sub
```

Quando estiver formatando uma borda, as configurações de seta não são relevantes, de modo que o código é mais curto do que o código para a formatação de uma linha. A seguinte macro formata a borda ao redor de um gráfico:

```
Sub FormatBorder()
Dim cht As Chart
Set cht = ActiveChart
With cht.ChartArea.Format.Line
.DashStyle = msoLineLongDashDotDot
.ForeColor.RGB = RGB(50, 0, 128)
End With
End Sub
```

Criando um Gráfico Combinado

Algumas vezes, você precisa traçar série de dados que são de ordens diferentes de magnitude. Gráficos normais fazem um péssimo trabalho de mostrar a série menor. Gráficos de combinação podem salvar o dia.

Considere os dados e gráfico da Figura 15.6. Você quer traçar o número de vendas por mês e também mostrar duas avaliações de qualidade. Talvez esta seja uma revendedora de automóveis fictícia onde vende-se de 0 a 100 carros por mês e a satisfação do cliente é representada e geralmente é executado no intervalo de 80% a 90%. Ao tentar traçar esses dados em um gráfico, as colunas para 90 carros vendidos supera a coluna de 80% de satisfação.

Figura 15.6
Os valores para duas séries são muito pequenos para serem visíveis.

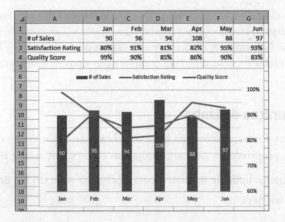

O seguinte estudo de caso mostra o VBA necessário para criar um gráfico combinado.

ESTUDO DE CASO: CRIANDO UM GRÁFICO COMBINADO

Você quer criar um gráfico mostrando o número de vendas e também duas medidas percentuais. Neste processo, você tem que formatar cada uma das três séries. No topo da macro, declare variáveis de objeto para a planilha de trabalho, o gráfico e cada uma das séries:

```
Dim WS As Worksheet
Dim CH As Chart
Dim Ser1 As Series
Dim Ser2 As Series
Dim Ser3 As Series
```

Crie o gráfico como um gráfico normal de colunas agrupadas.

```
Set WS = ActiveSheet
Range("A1:G4").Select
Set CH = WS.Shapes.AddChart2(Style:=201, _
XlChartType:=xlColumnClustered, _
Left:=[B6].Left, _
Top:=[B6].Top, _
NewLayout:=False).Chart
```

Para trabalhar com uma série, atribua `FullSeriesCollection` para uma variável de objeto, tal como `Ser2`. Você poderia acabar com uma única variável objeto, chamada Ser, que você use mais e mais. Este código habilita você a voltar depois na macro para referenciar qualquer uma das três séries.

Depois de ter a variável de objeto `Ser2` definida, atribua a série para o grupo do eixo secundário e altere o tipo de gráfico daquela série para uma linha, então repita o código para a Série 3.

```
' Move a série 2 para o eixo secundário como linha
Set Ser2 = CH.FullSeriesCollection(2)
With Ser2
.AxisGroup = xlSecondary
.ChartType = xlLine
End With
' Move a série 3 para o eixo secundário como linha
Set Ser3 = CH.FullSeriesCollection(3)
```

```
With Ser3
.AxisGroup = xlSecondary
.ChartType = xlLine
End With
```

Note que, neste ponto, você não teve que tocar na Série 1. A Série 1 está bem como um gráfico de coluna no eixo primário. Você voltará à Série 1 mais tarde na macro. Devido a muitos dos pontos de dados na Série 3 estarem próximos de 100%, o motor de gráficos do Excel decidiu fazer o eixo da direita estender por todo o caminho até 120%. Isso é bobagem, porque ninguém pode obter uma classificação superior a 100%. Você pode substituir as configurações automáticas e escolher uma escala para o eixo da direita. O código a seguir usa 60% como mínimo e 100% como o máximo. Note que `0,6` é o mesmo que 60%, e 1 é o mesmo que 100%.

```
' Define o eixo secundário para ir de 60% até 100%
CH.Axes(xlValue, xlSecondary).MinimumScale = 0.6
CH.Axes(xlValue, xlSecondary).MaximumScale = 1
```

Quando você substituir os valores da escala, o Excel automaticamente adivinha onde você quer as linhas de grade e rótulos de eixo. Ao invés de deixar que isso mude, você pode usar o `MajorUnit` e `MinorUnit`.

```
' Rótulos a cada 10%, linhas de grade em 5%
CH.Axes(xlValue, xlSecondary).MajorUnit = 0.1
CH.Axes(xlValue, xlSecondary).MinorUnit = 0.05
CH.Axes(xlValue, xlSecondary).TickLabels.NumberFormat = "0%"
```

Os rótulos dos eixos e as principais linhas de grade aparecem no incremento especificado por `MajorUnit`. O `MinorUnit` é importante se você está pensando em mostrar linhas de grade menores.

Neste ponto, existem números nos eixos esquerdos e números nos eixos diretos. Eu instantaneamente fui às percentagens no lado direito e tentei seguir as linhas de grade transversalmente. Mas isso não funciona, porque as linhas de grade não alinham-se com os números do lado direito. Eles se alinham com os números no lado esquerdo. Você realmente não pode dizer isso com certeza, embora, porque as linhas de grade coincidentemente acontecem de alinhar com 100%, 80% e 60%..

Neste ponto, você pode decidir ser criativo. Apague as linhas de grade do eixo esquerdo. Adicione maiores e menores linhas de grade aos eixos esquerdos. Ainda melhor, apague os números ao longo dos eixos esquerdos. Substitua os números no eixo por um rótulo de dados no centro de cada coluna.

```
' Desativa as linhas de grade para o eixo esquerdo
CH.Axes(xlValue).HasMajorGridlines = False
' Adiciona linhas de grade para o eixo direito
CH.SetElement (msoElementSecondaryValueGridLinesMajor)
CH.SetElement (msoElementSecondaryValueGridLinesMinorMajor)

' Esconde os rótulos no eixo primário
CH.Axes(xlValue).TickLabelPosition = xlNone
' Substitui os rótulos dos eixos com o rótulo dos dados na coluna
Set Ser1 = CH.FullSeriesCollection(1)
Ser1.ApplyDataLabels
Ser1.DataLabels.Position = xlLabelPositionCenter
```

Agora você quase tem isto. Para o livro ser impresso em monocromia, mude a cor do rótulo de dados da Série 1 para branco:

```
' Rótulos dos dados em branco
With Ser1.DataLabels.Format.TextFrame2.TextRange.Font.Fill
.Visible = msoTrue
.ForeColor.ObjectThemeColor = msoThemeColorBackground1
.Solid
End With
```

E, porque meus mentores de gráficos incutiram isso em minha mente, a legenda tem de estar em cima ou à esquerda. Mova-a para cima.

```
' Legenda no topo, para o Gene Z.
CH.SetElement msoElementLegendTop
```

O gráfico resultante está exibido na Figura 15.7. Graças as linhas de grade, você pode facilmente dizer se cada escala estava na série 80%-85%, 85%-90%, ou 90%-95%. As colunas mostram as vendas, e rótulos fiam fora do caminho, mas ainda ão legíveis.

Figura 15.7
As linhas de grade e as duas séries representadas por uma linha correspondente aos rótulos dos eixos do lado direito.

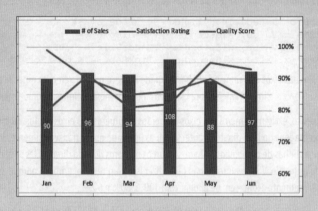

Exportando um Gráfico como uma Imagem

Você pode exportar qualquer gráfico para um arquivo de imagem em seu disco rígido. O método ExportChart exige que você especifique um nome de arquivo e um tipo de imagem. Os tipos de imagem disponíveis dependem dos filtros de arquivo de imagem instalados em seu Registro. É aposta segura que JPG, BMP, PNG e GIF funcionam na maioria dos computadores.

Por exemplo, o código seguinte exporta o gráfico ativo como uma imagem:

```
Sub ExportChart()
Dim cht As Chart
Set cht = ActiveChart
cht.Export Filename:="C:\Chart.gif", Filtername:="GIF"
End Sub
```

Próximos Passos | **331**

Considerando Compatibilidade Com Versões Anteriores

O método `.AddChart2` funciona no Excel 2013 e no Excel 2016. Para o excel 2007 e 2010, você precisa reverter usando o método `.AddChart`, como segue:

```
Sub CreateChartIn20072010()
'Cria um gráfico de colunas agrupadas em B8:G15 a partir dos dados em A3:G6
Dim CH As Chart
Range("A3:G6").Select
Set CH = ActiveSheet.Shapes.AddChart( _
    XlChartType:=xlColumnClustered, _
    Left:=Range("B8").Left, _
    Top:=Range("B8").Top, _
    Width:=Range("B8:G15").Width, _
    Height:=Range("B8:G15").Height).Chart
End Sub
```

Com esse método, você não pode especificar um `Style` ou um `NewLayout`.

Próximos Passos

No Capítulo 16, você descobre como automatizar as ferramentas de visualização de dados, tais como conjuntos de ícone, escalas de cor e barras de dados.

Visualização de Dados e Formatação Condicional

16

As ferramentas de visualização de dados foram introduzidas no Excel 2007, mas foram aprimoradas pela Microsoft no Excel 2010. Visualizações de dados aparecem em uma camada de desenho que pode conter conjuntos de ícones, barras de dados, escalas de cor e, agora, minigráficos. Ao contrário das imagens SmartArt, a Microsoft expôs todo o modelo de objetos para as novas ferramentas de visualização de dados, de forma que é possível usar o VBA para adicionar visualizações de dados aos seus relatórios.

➡ **Veja** o Capítulo 17, "Criando Dashboards com minigráficos (Sparklines) no Excel 2016", para mais informações sobre minigráficos.

O Excel 2016 fornece uma variedade de visualizações de dados. Uma descrição de cada um aparece aqui, com um exemplo mostrado na Figura 16.1.

- **Barras de dados** — A barra de dados adiciona um gráfico de barras dentro da célula para cada célula em um intervalo. Os maiores números têm as maiores barras, e os menores números, as barras menores. É possível controlar a cor da barra, assim como os valores que devem receber a menor e a maior barra. As barras podem ser sólidas ou em gradiente. As barras em gradiente podem ter uma borda.

- **Escalas de cores** — O Excel aplica a cada célula uma cor dentre um gradiente de duas ou três cores. Os gradientes de duas cores são melhores para relatórios que serão apresentados de forma monocromática. Os gradientes de três cores requerem uma apresentação colorida, mas podem representar um relatório em uma tradicional combinação de cores de sinal de trânsito: vermelho, amarelo e verde. É possível controlar os pontos ao longo da cor contínua, controlando também duas ou três cores.

- **Conjuntos de ícones** — O Excel atribui um ícone a cada número. Conjuntos de ícones podem conter três ícones, como as cores do sinal de

NESTE CAPÍTULO

Métodos e Propriedades do VBA para
Visualizações de Dados.........................334

Adicionando Barras de Dados
a um Intervalo.....................................335

Adicionando Escalas de Cores
a um Intervalo.....................................339

Adicionando Conjuntos de
Ícones a um Intervalo 341

Usando Truques de Visualização 343

Usando Outros Métodos de
Formatação Condicional.......................347

Próximos Passos 354

334 Capítulo 16 | Visualização de Dados e Formatação Condicional

trânsito; quatro ou cinco ícones, como as barras de energia dos telefones celulares. Com conjuntos de ícones, você pode controlar os limites numéricos para cada ícone, reverter a ordem dos ícones ou escolher mostrar apenas os ícones.

- **Acima/abaixo da média** — Encontradas em Dados, Formatação Condicional, Regras de Primeiros/últimos, estas regras tornam fácil destacar todas as células que estejam acima da média. É possível escolher a formatação para ser aplicada à célula. Observe que, na Coluna G da Figura 16.1, apenas 30% das células estão acima da média. Compare com os top 50% na Coluna K.

- **Valores duplicados** — O Excel destaca quaisquer valores que estejam repetidos dentro de um conjunto de dados. Como o comando Remover Duplicatas na guia Dados da Faixa de Opções é muito destrutivo, você pode preferir destacar as duplicatas e depois decidir inteligentemente quais registros remover.

- **Regras de primeiros/últimos** — O Excel destaca as células n% maiores ou menores ou destaca as n maiores ou menores células de um intervalo.

- **Destacar células** — As regras antigas de formatação condicional como maior que, menor que, entre e texto que contém continuam disponíveis no Excel 2016. As poderosas condições Formula também estão disponíveis, apesar de que você pode preferir usar estas com menos frequência, adicionando as regras de maiores/menores e as médias.

Figura 16.1
Visualizações como as barras de dados, escalas de cores, conjuntos de ícones e regras de maiores/menores são controladas na interface do usuário do Excel a partir do menu Formatação Condicional, na guia Página Inicial da Faixa de Opções.

	A	B	C	D	E	F	G	H	I	J	K	L
1	Barra de Dados		Escalas de Cor		Conjuntos de Ícones		Acima da Média		Valores Duplicados		Primeiros 50%	
2	46		39		41		70		65		70	
3	37		74		62		26		73		26	
4	67		20		33		83		10		83	
5	32		60		63		23		80		23	
6	43		79		26		19		38		19	
7	50		10		72		10		81		10	
8	38		27		73		34		71		34	
9	36		43		31		17		81		17	
10	56		63		70		12		86		12	
11	12		88		17		88		78		88	
12												

Métodos e Propriedades do VBA para Visualizações de Dados

Todas as configurações de visualizações de dados são gerenciadas no VBA com a coleção FormatConditions. A formatação condicional existe no Excel desde o Excel 97. No Excel 2007, a Microsoft expandiu o objeto FormatConditions para lidar com as novas visualizações. Onde versões antigas do Excel usavam o método FormatConditions.Add, o Excel 2007-2016 oferece métodos adicionais, como AddDataBar, AddIconSetCondition, AddColorScale, AddTop10, AddAboveAverage e AddUniqueValues.

É possível aplicar diversas formatações condicionais diferentes no mesmo intervalo. Por exemplo, é possível aplicar uma escala de duas cores, um conjunto de ícones e uma barra de dados no mesmo intervalo. O Excel inclui uma propriedade Priority para especificar quais condições devem ser testadas primeiro. Métodos como SetFirstPriority e SetLastPriority asseguram que um novo formato condicional seja executado antes ou depois de todos os outros.

A propriedade StopIfTrue funciona em conjunto com a propriedade Priority. Digamos que você está destacando duplicatas, mas somente quer checar células de texto. Crie uma nova condição baseada na fórmula que use =ISNUMBER() para achar valores numéricos. Faça a condição ISNUMBER ter uma prioridade maior e aplique StopIfTrue para prevenir o Excel de sequer alcançar as condições duplicatas para células numéricas.

Começando no Excel 2007, a propriedade Type foi expandida drasticamente. Essa propriedade foi, anteriormente, uma troca entre CellValue e Expression, mas 13 novos tipos foram adicionados no Excel 2007. A Tabela 16.1 mostra os valores válidos para a propriedade Type. Os itens de 3 a 17 foram incluídos no Excel 2007. A equipe do Excel deve ter tido planos para as condições de modo; os itens 7, 14 e 15 não existem, indicando que devem ter sido projetados de uma só vez, mas, em seguida, removidos na versão final do Excel 2007. Um deles foi provavelmente o malfadado "Destaque a linha inteira da tabela", recurso que estava no Excel 2007 beta, mas retirado na versão final.

Tabela 16.1   Tipos Válidos para uma Condição de Formatação

Valor	Descrição	Constante VBA
1	Valor da célula	xlCellValue
2	Expressão	xlExpression
3	Escala de cor	xlColorScale
4	Barra de dados	xlDatabar
5	Os 10 primeiros valores	xlTop10
6	Conjunto de ícones	xlIconSet
8	Valores distintos	xlUniqueValues
9	String de texto	xlTextString
10	Condição de brancos	xlBlanksCondition
11	Período de tempo	xlTimePeriod
12	Condição de acima da média	xlAboveAverageCondition
13	Condição de nenhum em branco	xlNoBlanksCondition
16	Condição de erros	xlErrorsCondition
17	Condição de nenhum erro	xlNoErrorsCondition

Adicionando Barras de Dados a um Intervalo

O comando Data Bar adiciona um gráfico de barra para cada célula em um intervalo. Muitos especialistas em gráficos reclamaram com a Microsoft quanto a problemas nas barras de dados do Excel 2007. Por essa razão, a Microsoft mudou as barras de dados no Excel 2010 para lidar com esses problemas.

Capítulo 16 | Visualização de Dados e Formatação Condicional

Na Figura 16.2, a Célula C37 é novidade no Excel 2010. Observe que essa célula, que tem um valor de 0, não tem nenhuma barra de dados. No Excel 2007, o menor valor recebia uma barra de dados de 4 pixels, mesmo se o menor valor fosse 0. Além disso, no Excel 2016, a maior barra no conjunto de dados geralmente ocupa toda a largura da célula.

Figura 16.2
O Excel 2016 oferece muitas variações nas barras de dados.

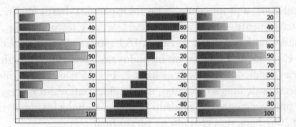

No Excel 2007, as barras de dados terminavam em um gradiente que tornava difícil dizer onde a barra havia terminado. O Excel 2010-2013 oferece bordas ao redor da barra. Você pode decidir alterar a cor da borda ou mesmo remover a borda, como mostrado na Coluna K da figura.

O Excel 2010-2016 também oferece suporte para barras de dados negativas, como mostrado na Coluna G, e às barras de dados que vão da direita para a esquerda, como mostrado nas Células C43:C45 da Figura 16.2. Isso permite histogramas comparativos.

Para adicionar uma barra de dados, aplica-se o método `.FormatConditions.AddDataBar` a um intervalo contendo seus números. Esse método não requer argumentos e retorna um objeto do tipo `Databar`.

Assim que você tiver adicionado a barra de dados, muito provavelmente terá que alterar algumas das propriedades dela. Um modo de se referir à barra de dados é supor que a recém-adicionada barra de dados seja o último item da coleção de condições de formatação. Este código vai adicionar uma barra de dados, identificá-la ao contar as condições e depois mudar a cor:

```
Range("A2:A11").FormatConditions.AddDatabar
ThisCond = Range("A2:A11").FormatConditions.Count
With Range("A2:A11").FormatConditions(ThisCond).BarColor
    .Color = RGB(255, 0, 0) ' Vermelho
    .TintAndShade = -0.5 ' Mais escuro que o normal
End With
```

Uma maneira mais segura é definir uma variável de objeto do tipo `DataBar`. É possível, então, atribuir a recém-criada barra de dados à variável:

```
Dim DB As Databar
' Adiciona a barra de dados
Set DB = Range("A2:A11").FormatConditions.AddDatabar
' Use um vermelho que seja 25% mais escuro
With DB.BarColor
    .Color = RGB(255, 0, 0)
    .TintAndShade = -0.25
End With
```

Ao especificar as cores para a barra de dados ou a borda, você deve usar a função RGB para atribuir a cor. É possível modificar a cor, tornando-a mais escura ou mais clara, usando a propriedade `TintAndShade`. Os valores válidos vão de -1 a 1. Um valor de 0 significa nenhuma modificação. Valores positivos tornam a cor mais clara. Valores negativos tornam a cor mais escura.

Por padrão, o Excel atribui a menor barra de dados ao valor mínimo e a maior barra de dados ao valor máximo. Se você quiser sobrescrever os valores padrão, use o método Modify para ambas propriedades `MinPoint` ou `MaxPoint`. Especifique um tipo a partir dos mostrados na Tabela 16.2. Os tipos 0, 3, 4 e 5 requerem um valor. A Tabela 16.2 mostra os tipos válidos.

Tabela 16.2 Tipos `MinPoint` **e** `MaxPoint`

Valor	Descrição	Constante VBA
0	Número é usado	`xlConditionNumber`
1	Menor valor de uma lista de valores	`xlConditionValueLowestValue`
2	Maior valor de uma lista de valores	`xlConditionValueHighestValue`
3	Percentual é usado	`xlConditionValuePercent`
4	Fórmula é usada	`xlConditionValueFormula`
5	Percentil é usado	`xlConditionValuePercentile`
-1	Nenhum valor condicional	`xlConditionValueNone`

Use o seguinte código para ter a menor barra atribuída aos valores 0 e menores:

```
DB.MinPoint.Modify _
    Newtype:=xlConditionValueNumber, NewValue:=0
```

Para que os top 20% das barras tenham as maiores barras, use este código:

```
DB.MaxPoint.Modify _
    Newtype:=xlConditionValuePercent, NewValue:=80
```

Uma alternativa interessante é mostrar apenas as barras de dados e não o valor. Para fazer isso, use o código:

```
DB.ShowValue = False
```

Para mostrar barras de dados negativas no Excel 2016, use esta linha:

```
DB.AxisPosition = xlDataBarAxisAutomatic
```

Uma vez que você permita barras de dados negativas, terá a habilidade de especificar uma cor de eixo, uma cor para a barra negativa e uma cor de borda para a barra negativa. Exemplos de como mudar as várias cores são mostrados no código a seguir, que cria as barras de dados mostradas na Coluna da Figura 16.3:

```
Sub DataBar2()
' Adiciona uma barra de dados
' Inclui barras de dados negativas
' Controla o ponto mínimo e o máximo
'
    Dim DB As Databar
```

338 Capítulo 16 | Visualização de Dados e Formatação Condicional

```
    With Range("C2:C11")
        .FormatConditions.Delete
        ' Adiciona uma barra de dados
        Set DB = .FormatConditions.AddDatabar()
    End With

    ' Define o limite inferior
    DB.MinPoint.Modify newtype:=xlConditionFormula, NewValue:="-600"
    DB.MaxPoint.Modify newtype:=xlConditionValueFormula, NewValue:="600"

    ' Muda a barra de dados para Verde
    With DB.BarColor
        .Color = RGB(0, 255, 0)
        .TintAndShade = -0.15
    End With

    ' Tudo isso é novidade no Excel 2010
    With DB
        ' Usa um gradient
        .BarFillType = xlDataBarFillGradient
        ' Esquerda para direita para direção das barras
        .Direction = xlLTR
        ' Atribui uma cor diferente para barras negativas
        .NegativeBarFormat.ColorType = xlDataBarColor
        ' Usa uma borda ao redor das barras
        .BarBorder.Type = xlDataBarBorderSolid
        ' Atribui uma borda diferente para barras negativas
        .NegativeBarFormat.BorderColorType = xlDataBarSameAsPositive
        ' Todas as bordas são pretas
        With .BarBorder.Color
            .Color = RGB(0, 0, 0)
        End With
        ' Eixo onde ele naturalmente ficaria, em preto
        .AxisPosition = xlDataBarAxisAutomatic
        With .AxisColor
            .Color = 0
            .TintAndShade = 0
        End With
        ' Barra negativas em vermelho
        With .NegativeBarFormat.Color
            .Color = 255
            .TintAndShade = 0
        End With
        ' Bordas negativas em vermelho
    End With

End Sub
```

No Excel 2016, você tem a opção de mostrar um gradiente ou uma barra sólida. Para mostrar uma barra sólida, use o seguinte:

```
DB.BarFillType = xlDataBarFillSolid
```

O código a seguir produz as barras sólidas mostradas na Coluna E da Figura 16.3:

```
Sub DataBar3()
' Adiciona uma barra de dados
' Exibe barras sólida
' Permite barras negativas
```

Adicionando Escalas de Cores a um Intervalo | **339**

```vba
' Oculta os números, exibe apenas as barras de dados
'
    Dim DB As Databar
    With Range("E2:E11")
        .FormatConditions.Delete
        ' Adiciona a barra de dados
        Set DB = .FormatConditions.AddDatabar()
    End With

    With DB.BarColor
        .Color = RGB(0, 0, 255)
        .TintAndShade = 0.1
    End With
    ' Oculta os números
    DB.ShowValue = False

    ' Novo noExcel 2010
    DB.BarFillType = xlDataBarFillSolid
    DB.NegativeBarFormat.ColorType = xlDataBarColor
    With DB.NegativeBarFormat.Color
        .Color = 255
        .TintAndShade = 0
    End With
    ' Permite negativos
    DB.AxisPosition = xlDataBarAxisAutomatic
    ' Cor da borda negativa é diferente
    DB.NegativeBarFormat.BorderColorType = xlDataBarColor
    With DB.NegativeBarFormat.BorderColor
        .Color = RGB(127, 127, 0)
        .TintAndShade = 0
    End With

End Sub
```

Para permitir que as barras corram da direita para a esquerda, use este código:

```vba
DB.Direction = xlRTL ' Da direita para a esquerda
```

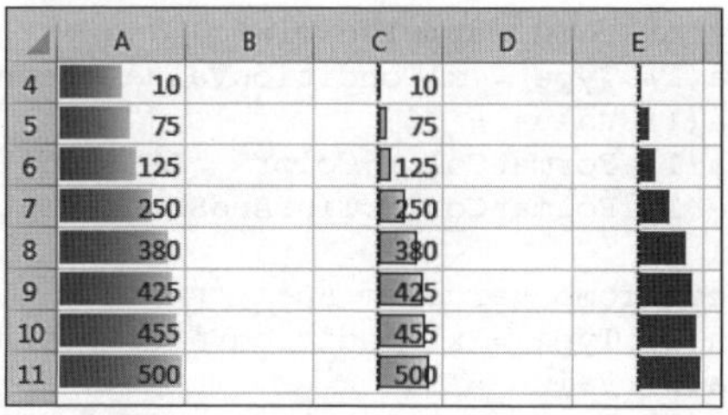

Figura 16.3
Barras de dados criadas pelas macros nesta seção.

Adicionando Escalas de Cores a um Intervalo

Escalas de cores podem ser adicionadas nas variedades de duas ou três cores. A Figura 16.4 mostra as configurações disponíveis na interface do usuário do Excel para uma escala de cores de três cores.

Figura 16.4
Escalas de cores possibilitam mostrar hot-spots no seu conjunto de dados.

Como as barras de dados, uma escala de cores é aplicada a um objeto de faixas usando o método `AddColorScale`. É necessário especificar um `ColorScaleType` de 2 ou 3 como o único argumento do método `AddColorScale`.

A seguir, você pode indicar uma cor e um tom para ambas ou todas as três cores do critério da escala de cores. É possível especificar se o tom é aplicado ao menor valor, maior valor, um valor em particular, um percentual ou em um percentil, usando os valores mostrados previamente na Tabela 16.2.

O código seguinte gera uma escala de três cores no Intervalo A1:A10:

```
Sub Add3ColorScale()
    Dim CS As ColorScale

    With Range("A1:A10")
        .FormatConditions.Delete
        ' Adiciona a Escala de Cores como uma escala de 3 cores
        Set CS = .FormatConditions.AddColorScale(ColorScaleType:=3)
    End With

    ' Formata a primeira cor como vermelho claro
    CS.ColorScaleCriteria(1).Type = xlConditionValuePercent
    CS.ColorScaleCriteria(1).Value = 30
    CS.ColorScaleCriteria(1).FormatColor.Color = RGB(255, 0, 0)
    CS.ColorScaleCriteria(1).FormatColor.TintAndShade = 0.25

    ' Formata a segunda cor como verde em 50%
    CS.ColorScaleCriteria(2).Type = xlConditionValuePercent
    CS.ColorScaleCriteria(2).Value = 50
    CS.ColorScaleCriteria(2).FormatColor.Color = RGB(0, 255, 0)
    CS.ColorScaleCriteria(2).FormatColor.TintAndShade = 0

    ' Formata a terceira cor como azul escuro
    CS.ColorScaleCriteria(3).Type = xlConditionValuePercent
    CS.ColorScaleCriteria(3).Value = 80
    CS.ColorScaleCriteria(3).FormatColor.Color = RGB(0, 0, 255)
    CS.ColorScaleCriteria(3).FormatColor.TintAndShade = -0.25
End Sub
```

Adicionando Conjuntos de Ícones a um Intervalo

Os conjuntos de ícones no Excel vêm com três, quatro ou cinco ícones diferentes no conjunto. A Figura 16.5 mostra as configurações para um conjunto de cinco ícones diferentes.

Para adicionar um conjunto de ícones a um intervalo, use o método `AddIconSet`. Nenhum argumento é necessário. Você pode então ajustar as três propriedades que se aplicam ao conjunto de ícones. Use diversas linhas adicionais de código para especificar o conjunto de ícones em uso e os limites para cada ícone.

Figura 16.5
Com novos ícones, a complexidade do código aumenta.

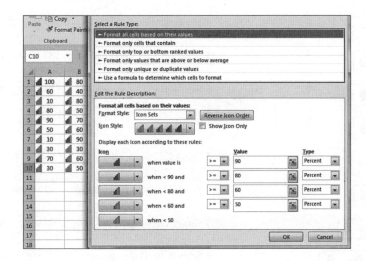

Especificando um Conjunto de Ícones

Depois de adicionar o conjunto de ícones, é possível controlar se a ordem dos ícones está invertida, se o Excel mostra apenas os ícones e, então, especificar um dos 20 conjuntos de ícones internos:

```
Dim ICS As IconSetCondition
With Range("A1:C10")
    .FormatConditions.Delete
    Set ICS = .FormatConditions.AddIconSetCondition()
End With

' Configurações globais para o conjunto de ícones
With ICS
    .ReverseOrder = False
    .ShowIconOnly = False
    .IconSet = ActiveWorkbook.IconSets(xl5CRV)
End With
```

> **NOTA** É curioso que a coleção `IconSets` seja uma propriedade da pasta de trabalho ativa. Isso parece indicar que, em futuras versões do Excel, novos conjuntos de ícones podem estar disponíveis.

342 Capítulo 16 | Visualização de Dados e Formatação Condicional

A Tabela 16.3 mostra a lista completa dos conjuntos de ícones.

Tabela 16.3 Conjunto de Ícones Disponíveis e Suas Constantes VBA

Icone	Valor	Descrição	Constante
	1	3 Setas (Coloridas)	xl3Arrows
	2	3 Setas (Cinza)	xl3ArrowsGray
	3	3 Sinalizadores	xl3Flags
	4	3 Semáforos (Não coroados)	xl3TrafficLights1
	5	3 Semáforos (Coroados)	xl3TrafficLights2
	6	3 Sinais	xl3Signs
	7	3 Símbolos (Circulados)	xl3Symbols
	8	3 Símbolos (Não Circulados)	xl3Symbols2
	9	4 Setas (Coloridas)	xl4Arrows
	10	4 Setas (Cinza)	xl4ArrowsGray
	11	4 Vermelho para Preto	xl4RedToBlack
	12	4 Classificações	xl4CRV
	13	4 Semáforos	xl4TrafficLights
	14	5 Setas (Coloridas)	xl5Arrows
	15	5 Setas (Cinza)	xl5ArrowsGray
	16	5 Classificações	xl5CRV
	17	5 Quartos	xl5Quarters
	18	3 Estrelas	xl3Stars

Ícone	Valor	Descrição	Constante
▲ — ▼	19	3 Triângulos	xl3Triangles
▦ ▦ ▦ ▦ ▦	20	5 Caixas	xl5Boxes

Especificando Intervalos para Cada Ícone

Depois de especificar o tipo do conjunto de ícones, você pode especificar os intervalos para cada ícone dentro do conjunto. Por padrão, o primeiro ícone começa no menor valor. É possível ajustar as configurações de cada um dos ícones adicionais do conjunto:

```
' O primeiro ícone sempre começa em 0

' Configurações para o segundo ícone - começa em 50%
With ICS.IconCriteria(2)
    .Type = xlConditionValuePercent
    .Value = 50
    .Operator = xlGreaterEqual
End With
With ICS.IconCriteria(3)
    .Type = xlConditionValuePercent
    .Value = 60
    .Operator = xlGreaterEqual
End With
With ICS.IconCriteria(4)
    .Type = xlConditionValuePercent
    .Value = 80
    .Operator = xlGreaterEqual
End With
With ICS.IconCriteria(5)
    .Type = xlConditionValuePercent
    .Value = 90
    .Operator = xlGreaterEqual
End With
```

Os valores válidos para a propriedade Operator são XlGreater ou xlGreaterEqual.

CUIDADO

Com o VBA, é fácil criar intervalos que se sobreponham, como o ícone 1 de 0 a 50 e o ícone 2 de 30 a 90. Mesmo que a caixa de diálogo Editar Regra de Formatação impeça intervalos sobrepostos, o VBA os permite. Entretanto, tenha em mente que seu conjunto de ícones vai se comportar de forma imprevisível se você criar intervalos inválidos.

Usando Truques de Visualização

Se você usar um conjunto de ícones ou uma escala de cores, o Excel aplicará uma cor a todas as células do conjunto de dados. Dois truques nesta seção possibilitam a aplicação de um conjunto de dados em apenas um subconjunto das células ou de duas barras de dados de cores diferentes ao mesmo intervalo. O primeiro truque está disponível na interface do usuário, mas o segundo truque está disponível apenas no VBA.

Criando um Conjunto de Ícones para um Subconjunto de um Intervalo

Algumas vezes, pode-se querer aplicar apenas um *X* vermelho às células ruins de um intervalo. Isso é difícil de se fazer pela interface do usuário.

Na interface do usuário, siga esses passos para aplicar um *X* vermelho aos valores maiores ou iguais a 66:

1. Adicione um conjunto de ícones de três símbolos ao intervalo.
2. Escolha Página Inicial, Formatação Condicional, Gerenciar Regras, e edite a regra. Você verá as configurações padrões que aparecem na Figura 16.6.
3. Especifique nenhuma célula para os primeiros dois grupos.
4. Especifique que o grupo superior tem um Tipo de Número e >=80
5. Especifique que o grupo superior tem um Tipo de Número e >66. Excel, por padrão, definirá o grupo Red X para ser usado para <=66 (veja a Figura 16.7).

Figura 16.6
Essa regras padrão aparecerão quando você adicionar um conunto de três ícones.

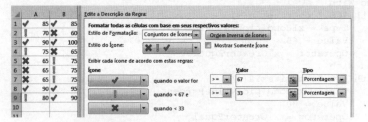

Figura 16.7
Embora os dois primeiros intervalos não tenham ícones de célula, use os valores numéricos para forçar o X vermelho antes de <=66.

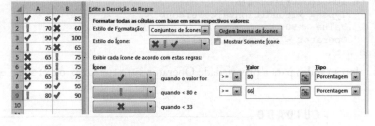

O código para criar esse efeito no VBA é bem direto. Uma boa parte desse código é gasto garantindo que o conjunto de ícones tenha os símbolos de *X* vermelho nas células maiores que 80. Para ocultar os ícones para as regras dois e três, defina propriedade .Icon para xlIconNoCellIcon.

O código para destacar valores maiores que 80 com um X é mostrado aqui::

```
Sub TrickyFormatting()
    ' marca as células ruins
    Dim ICS As IconSetCondition
    Dim FC As FormatCondition
    With Range("A1:D9")
```

Usando Truques de Visualização | **345**

```
            .FormatConditions.Delete
            Set ICS = .FormatConditions.AddIconSetCondition()
    End With
    With ICS
        .ShowIconOnly = False
        .IconSet = ActiveWorkbook.IconSets(xl3Symbols2)
    End With
    With ICS.IconCriteria(1)
        .Type = xlConditionValue
        .Value = 80
        .Operator = xlGreater
        .Icon = xlIconNoCellIcon
    End With
    ' O limite para esse ícone não importa,
    ' mas você deve certificar que ele não sobrepõe o terceito ícone
    With ICS.IconCriteria(2)
        .Type = xlConditionValue
        .Value = 66
        .Operator = xlGreater
        .Icon = xlIconNoCellIcon
    End With
End Sub
```

Usando Barras de Dados com Duas Cores em um Intervalo

Esse truque é particularmente interessante, porque ele só pode ser alcançado com VBA. Digamos que os valores acima de 90 sejam aceitáveis e iguais ou abaixo de 90 indiquem problema. Você gostaria que os valores aceitáveis tivessem uma barra verde e os outros, uma barra vermelha.

Usando o VBA, você primeiro adiciona barras de dados verdes. Depois, sem remover a condição de formatação, adicionam-se as barras vermelhas.

No VBA, cada condição de formatação tem uma propriedade `Formula` que define se a condição é exibida para uma dada célula. Dessa maneira, o truque é escrever uma fórmula que defina quando a barra verde é exibida. Quando a fórmula não é `True`, as barras vermelhas são mostradas.

Na Figura 16.8, o efeito está sendo aplicado ao intervalo A1:D10. Você precisa escrever a fórmula em estilo A1, como se ela se aplicasse ao canto superior esquerdo da seleção. A fórmula precisa avaliar `True` ou `False`. O Excel automaticamente copia a fórmula para todas as células no intervalo. A fórmula para essa condição é `=SE(A1>90;Verdadeiro;Falso)`.

> **NOTA** A fórmula é avaliada em relação ao local atual do ponteiro de célula. Mesmo que normalmente não seja necessário selecionar células antes de adicionar um `FormatCondition`, nesse caso, selecionar o intervalo assegura que a fórmula vai funcionar.

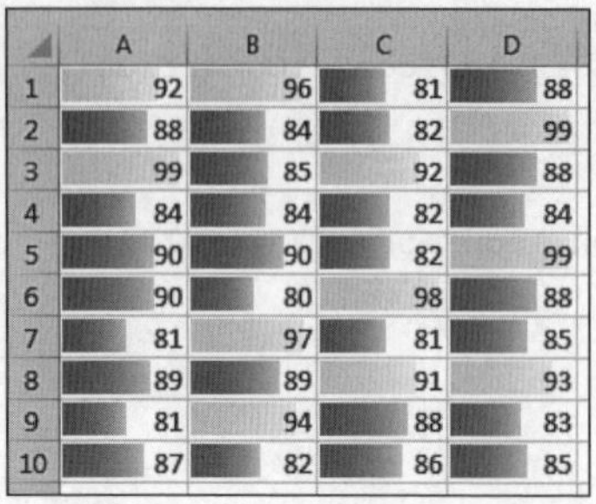

346 Capítulo 16 | Visualização de Dados e Formatação Condicional

Figura 16.8
As barras escuras são vermelhas e as barras claras são verdes. O VBA foi usado para criar barras de dados sobrepostas e depois a propriedade `Formula` oculta as barras de cima para células abaixo de 90.

	A	B	C	D
1	92	96	81	88
2	88	84	82	99
3	99	85	92	88
4	84	84	82	84
5	90	90	82	99
6	90	80	98	88
7	81	97	81	85
8	89	89	91	93
9	81	94	88	83
10	87	82	86	85

O seguinte código cria barras de dados de duas cores:

```
Sub AddTwoDataBars()
    ' passando valores em verde, caindo no vermelho
    Dim DB As Databar
    Dim DB2 As Databar
    With Range("A1:D10")
        .FormatConditions.Delete
        ' Adicione uma Barra de Dados Verde Clara
        Set DB = .FormatConditions.AddDatabar()

        DB.BarColor.Color = RGB(0, 255, 0)
        DB.BarColor.TintAndShade = 0.25
        ' Adicione uma Barra de Dados Vermelha
        Set DB2 = .FormatConditions.AddDatabar()
        DB2.BarColor.Color = RGB(255, 0, 0)
        ' Faça apenas as barra verdes
        .Select ' Necessário para fazer a próxima linha funcionar
        .FormatConditions(1).Formula = "=IF(A1>90,True,False)"
        DB.Formula = "=IF(A1>90,True,False)"
        DB.MinPoint.Modify newtype:=xlConditionFormula, NewValue:="60"
        DB.MaxPoint.Modify newtype:=xlConditionValueFormula, _
            NewValue:="100"
        DB2.MinPoint.Modify newtype:=xlConditionFormula, NewValue:="60"
        DB2.MaxPoint.Modify newtype:=xlConditionValueFormula, _
            NewValue:="100"
    End With
End Sub
```

A propriedade `Formula` funciona para todos os formatos condicionais, o que significa que você pode criar potencialmente algumas combinações desagradáveis de visualizações de dados. Na Figura 16.9, cinco diferentes conjuntos de ícones são combinados em um único intervalo. Ninguém vai ser capaz de descobrir se uma bandeira vermelha é pior que uma seta para baixo cinza. Mesmo assim, essa habilidade abre combinações interessantes para aqueles com um pouco de criatividade.

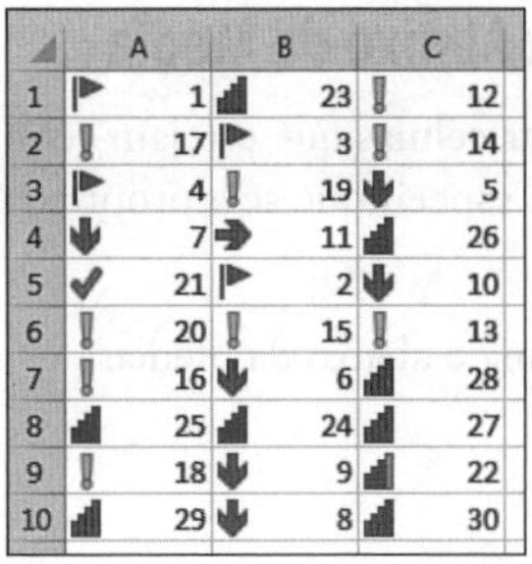

Usando Outros Métodos de Formatação Condicional | **347**

Figura 16.9
O VBA criou essa mistura de cinco diferentes conjuntos de ícones em um único intervalo. A propriedade `Formula` no VBA é a chave para combinar conjuntos de ícones.

	A	B	C
1	⚑ 1	▅ 23	▐ 12
2	▐ 17	⚑ 3	▐ 14
3	⚑ 4	▐ 19	⬇ 5
4	⬇ 7	➡ 11	▅ 26
5	✔ 21	⚑ 2	⬇ 10
6	▐ 20	▐ 15	▐ 13
7	▐ 16	⬇ 6	▅ 28
8	▅ 25	▅ 24	▅ 27
9	▐ 18	⬇ 9	▅ 22
10	▅ 29	⬇ 8	▅ 30

Usando o código a seguir para criar o conjunto de ícones louco exibido na Figura 16.9:

```
Sub AddCrazyIcons()
    With Range("A1:C10")
        .Select ' As linhas .Formula lines abaixo exigem .Select aqui
        .FormatConditions.Delete

        ' Primeiro conjunto de ícones
        .FormatConditions.AddIconSetCondition
        .FormatConditions(1).IconSet = ActiveWorkbook.IconSets(xl3Flags)
        .FormatConditions(1).Formula = "=IF(A1<5,TRUE,FALSE)"

        ' Próximo conjunto de ícones
        .FormatConditions.AddIconSetCondition
        .FormatConditions(2).IconSet = _
            ActiveWorkbook.IconSets(xl3ArrowsGray)
        .FormatConditions(2).Formula = "=IF(A1<12,TRUE,FALSE)"

        ' Próximo conjunto de ícones
        .FormatConditions.AddIconSetCondition
        .FormatConditions(3).IconSet = _
            ActiveWorkbook.IconSets(xl3Symbols2)
        .FormatConditions(3).Formula = "=IF(A1<22,TRUE,FALSE)"

        ' Próximo conjunto de ícones
        .FormatConditions.AddIconSetCondition
        .FormatConditions(4).IconSet = ActiveWorkbook.IconSets(xl4CRV)
        .FormatConditions(4).Formula = "=IF(A1<27,TRUE,FALSE)"

        ' Próximo conjunto de ícones
        .FormatConditions.AddIconSetCondition
        .FormatConditions(5).IconSet = ActiveWorkbook.IconSets(xl5CRV)
    End With
End Sub
```

Usando Outros Métodos de Formatação Condicional

Apesar de os conjuntos de ícones, barras de dados e escalas de cores receberem a maior parte da atenção, há ainda muitos outros usos para a formatação condicional.

Os exemplos restantes neste capítulo mostram algumas das regras de formatação condicional já vistas e alguns dos novos métodos disponíveis.

348 Capítulo 16 | Visualização de Dados e Formatação Condicional

Formatando Células que Estejam Acima ou Abaixo da Média

Use o método `AddAboveAverage` para formatar células que estejam acima ou abaixo da média. Depois de adicionar a formatação condicional, especifique se a propriedade `AboveBelow` é `xlAboveAverage` ou `xlBelowAverage`.

As duas macros seguintes destacam células acima e abaixo da média:

```
Sub FormatAboveAverage()
    With Selection
        .FormatConditions.Delete
        .FormatConditions.AddAboveAverage
        .FormatConditions(1).AboveBelow = xlAboveAverage
        .FormatConditions(1).Interior.Color = RGB(255, 0, 0)
    End With
End Sub

Sub FormatBelowAverage()
    With Selection
        .FormatConditions.Delete
        .FormatConditions.AddAboveAverage
        .FormatConditions(1).AboveBelow = xlBelowAverage
        .FormatConditions(1).Interior.Color = RGB(255, 0, 0)
    End With
End Sub
```

Formatando Células nos 10 Maiores ou 5 Menores

Quatro das opções no menu Regras de Primeiros/últimos são controladas pelo método `AddTop10`. Depois de adicionar a condição de formatação, é necessário definir três propriedades que controlam como a condição é calculada:

- `TopBottom` — Defina essa como `xlTop10Top` ou `xlTop10Bottom`..

- `Value` — Defina essa como 5 para os 5 maiores, 6 para os 6 maiores e assim por diante.

- `Percent` — Defina essa como `False` se você quiser os 10 maiores itens. Defina como `True` se quiser os 10% de itens maiores.

O código seguinte destaca células maiores ou menores:

```
Sub FormatTop10Items()
    With Selection
        .FormatConditions.Delete
        .FormatConditions.AddTop10
        .FormatConditions(1).TopBottom = xlTop10Top
        .FormatConditions(1).Rank = 10
        .FormatConditions(1).Percent = False
        .FormatConditions(1).Interior.Color = RGB(255, 0, 0)
    End With
End Sub

Sub FormatBottom5Items()
    With Selection
        .FormatConditions.Delete
        .FormatConditions.AddTop10
        .FormatConditions(1).TopBottom = xlTop10Bottom
```

Usando Outros Métodos de Formatação Condicional | **349**

```
            .FormatConditions(1).Rank = 5
            .FormatConditions(1).Percent = False
            .FormatConditions(1).Interior.Color = RGB(255, 0, 0)
      End With
End Sub

Sub FormatTop12Percent()
      With Selection
            .FormatConditions.Delete
            .FormatConditions.AddTop10
            .FormatConditions(1).TopBottom = xlTop10Top
            .FormatConditions(1).Rank = 12
            .FormatConditions(1).Percent = True
            .FormatConditions(1).Interior.Color = RGB(255, 0, 0)
      End With
End Sub
```

Formatando Células Únicas ou Duplicadas

O comando Remover Duplicatas da guia Dados, na Faixa de Opções, é um comando destrutivo. Você pode querer marcar as duplicatas sem removê-las. Se assim for, o método `AddUniqueValues` marca as células duplicadas ou únicas. Depois de chamar o método, defina a propriedade `DupeUnique` ou `xlUnique` ou `xlDuplicate`.

Eu não gosto de nenhuma dessas opções. Escolher valores duplicados marca ambas células que contêm a duplicata, como mostrado na coluna A da Figura 16.10. Por exemplo, tanto A2 quanto A8 estão marcadas, quando A8 é, na verdade, o único valor duplicado.

Selecionar valores distintos marca apenas as células que não têm duplicatas, como mostrado na Coluna C da Figura 16.10. Isso deixa diversas células não marcadas. Por exemplo, nenhuma das células contendo 17 está marcada.

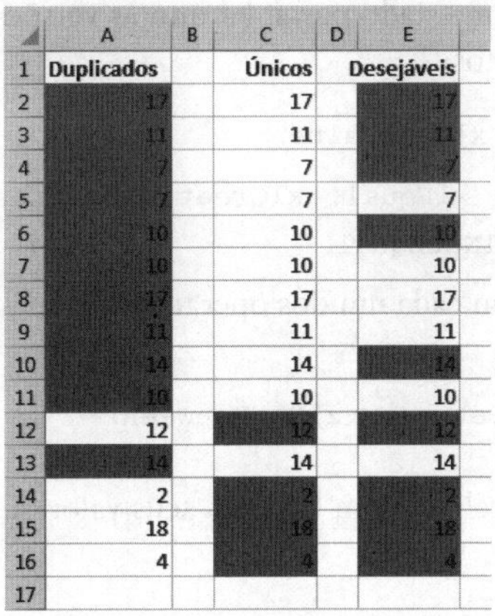

Figura 16.10
O método AddUniqueValues pode marcar células, como aquelas nas Colunas A e C. Infelizmente, ele não pode marcar o padrão realmente útil da Coluna E.

Como qualquer analista de dados sabe, a opção realmente útil seria marcar o primeiro valor único. Nesse estado desejado, o Excel marcaria uma instância de cada valor único. Nesse

350 Capítulo 16 | Visualização de Dados e Formatação Condicional

caso, o 17 em E2 seria marcado, mas quaisquer células subsequentes contendo 17, como a E8, continuariam desmarcadas.

O código para marcar duplicatas ou valores distintos é mostrado aqui:

```
Sub FormatDuplicate()
    With Selection
        .FormatConditions.Delete
        .FormatConditions.AddUniqueValues
        .FormatConditions(1).DupeUnique = xlDuplicate
        .FormatConditions(1).Interior.Color = RGB(255, 0, 0)
    End With
End Sub

Sub FormatUnique()
    With Selection
        .FormatConditions.Delete
        .FormatConditions.AddUniqueValues
        .FormatConditions(1).DupeUnique = xlUnique
        .FormatConditions(1).Interior.Color = RGB(255, 0, 0)
    End With
End Sub

Sub HighlightFirstUnique()
    With Range("E2:E16")
        .Select
        .FormatConditions.Delete
        .FormatConditions.Add Type:=xlExpression, _
            Formula1:="=COUNTIF(E$2:E2,E2)=1"
        .FormatConditions(1).Interior.Color = RGB(255, 0, 0)
    End With
End Sub
```

Formatando Células com Base em seus Valores

Os formatos condicionados por valor têm estado por aí há muitas versões do Excel. Use o método Add com os seguintes argumentos:

- `Type` — Nesta seção, o tipo vai ser `xlCellValue`.

- `Operator` — Pode ser `xlBetween`, `xlEqual`, `xlGreater`, `xlGreaterEqual`, `xlLess`, `xlLessEqual`, `xlNotBetween`, `xlNotEqual`.

- `Formula1` — `Formula1` é usado com cada um dos operadores especificados para fornecer um valor numérico.

- `Formula2` — Esse é usado para `xlBetween` e `xlNotBetween`.

O exemplo de código seguinte destaca células com base em seus valores:

```
Sub FormatBetween10And20()
    With Selection
        .FormatConditions.Delete
        .FormatConditions.Add Type:=xlCellValue, Operator:=xlBetween, _
            Formula1:="=10", Formula2:="=20"
        .FormatConditions(1).Interior.Color = RGB(255, 0, 0)
```

Usando Outros Métodos de Formatação Condicional | **351**

```
            End With
        End Sub

        Sub FormatLessThan15()
            With Selection
                .FormatConditions.Delete
                .FormatConditions.Add Type:=xlCellValue, Operator:=xlLess, _
                    Formula1:="=15"
                .FormatConditions(1).Interior.Color = RGB(255, 0, 0)
            End With
        End Sub
```

Formatando Células que Contenham Texto

Quando você está tentando destacar células que contenham certa quantidade de texto, você usa o método Add, o tipo `xlTextString` e um operador de `xlBeginsWith`, `xlContains`, `xlDoesNotContain` ou `xlEndsWith`.

O código seguinte destaca todas as células que contêm uma letra A maiúscula:

```
        Sub FormatContainsA()
            With Selection
                .FormatConditions.Delete
                .FormatConditions.Add Type:=xlTextString, String:="A", _
                    TextOperator:=xlContains
                ' outras opções: xlBeginsWith, xlDoesNotContain, xlEndsWith
                .FormatConditions(1).Interior.Color = RGB(255, 0, 0)
            End With
        End Sub
```

Formatando Células que Contenham Datas

Os formatos condicionais permitem você filtrar para um filtro virtual de data. A lista dos operadores de data disponíveis é um subconjunto dos operadores de data disponíveis nos novos filtros de tabelas dinâmicas. Use o método Add, o tipo `xlTimePeriod` e um destes valores `DateOperator`: `xlYesterday`, `xlToday`, `xlTomorrow`, `xlLastWeek`, `xlLast7Days`, `xlThisWeek`, `xlNextWeek`, `xlLastMonth`, `xlThisMonth` ou `xlNextMonth`.

O código seguinte destaca todas as datas da semana passada:

```
        Sub FormatDatesLastWeek()
            With Selection
                .FormatConditions.Delete
                ' DateOperator choices include xlYesterday, xlToday, xlTomorrow,
                ' xlLastWeek, xlThisWeek, xlNextWeek, xlLast7Days
                ' xlLastMonth, xlThisMonth, xlNextMonth,
                .FormatConditions.Add Type:=xlTimePeriod, _
                    DateOperator:=xlLastWeek
                .FormatConditions(1).Interior.Color = RGB(255, 0, 0)
            End With
        End Sub
```

Formatando Células que Contenham Valores em Branco ou Erros

No final da interface do Excel está a opção para formatar células que contenham valores vazios, erros, não contenham valores vazios ou não contenham erros. Ao usar o gravador de macros, o Excel usa a complicada versão `xlExpression` de formatação condicional.

352 Capítulo 16 | Visualização de Dados e Formatação Condicional

Por exemplo, para procurar por um valor em branco, o Excel vai testar para ver se =NUM. CARACT(ARRUMAR(A1))=0. Em vez disso, pode-se usar qualquer um desses quatro tipos autoexplicativos. Você não necessita usar qualquer outro argumento com esses novos tipos:

```
.FormatConditions.Add Type:=xlBlanksCondition
.FormatConditions.Add Type:=xlErrorsCondition
.FormatConditions.Add Type:=xlNoBlanksCondition
.FormatConditions.Add Type:=xlNoErrorsCondition
```

Você não tem permissão para usar quaisquer outros argumentos com esses tipos.

Usando uma Fórmula para Determinar Quais Células Formatar

O mais poderoso formato condicional continua sendo o tipo xlExpression. Nesse tipo, você fornece uma fórmula para a célula ativa que resulta em True ou False. Certifique-se de que a fórmula seja escrita com referências absolutas ou relativas, de forma que esteja correta quando o Excel copiá-la para as células restantes da seleção.

Um número infinito de condições pode ser identificado com a fórmula. Duas condições populares são mostradas aqui.

Destacar a Primeira Ocorrência Única de Cada Valor em um Intervalo

Na Coluna A da Figura 16.11, você gostaria de destacar a primeira ocorrência de cada valor. As células destacadas conterão uma lista completa dos valores distintos encontrados na coluna.

Figura 16.11
Uma condição baseada em fórmula pode marcar a primeira ocorrência de cada valor, como mostrado na Coluna A, ou uma linha inteira com as maiores vendas, como mostrado em D:F.

	A	B	C	D	E
1	17		Region	Invoice	Sales
2	11		West	1001	112
3	7		East	1002	321
4	7	7 é a duplicidade de A3	Central	1003	332
5	10		West	1004	596
6	10	10 é duplicidade de A5	East	1005	642
7	17	17 aparece em A1	West	1006	700
8	11	11 aparece em A2	West	1007	253
9	14		Central	1008	529
10	10	10 está duplicado	East	1009	122
11	12		West	1010	601
12	14	14 Duplicidade de A9	Central	1011	460
13	7		East	1012	878
14	18		West	1013	763
15	4		Central	1014	193

A macro deve selecionar Células A1:A15. A fórmula deve ser escrita para retornar um valor True ou False para a Célula A1. Como o Excel copia logicamente essa fórmula para o intervalo inteiro, uma combinação cuidadosa de referências relativas e absolutas deve ser usada.

A fórmula pode usar a função Countif. Verifique para ver quantas vezes o intervalo de A$1 a A1 contém o valor A1. Se o resultado for igual a 1, a condição é True, e a célula é destacada.

Usando Outros Métodos de Formatação Condicional | **353**

A primeira fórmula é =CONT.SE(A$1:A1;A1)=1. Como a fórmula é copiada para baixo, para digamos A12, a fórmula muda para =CONT.SE(A$12:A12;A12)=1.

A macro seguinte cria a formatação mostrada na Coluna A da Figura 16.11:

```
Sub HighlightFirstUnique()
    With Range("A1:A15")
        .Select
        .FormatConditions.Delete
        .FormatConditions.Add Type:=xlExpression, _
            Formula1:="=COUNTIF(A$1:A1,A1)=1"
        .FormatConditions(1).Interior.Color = RGB(255, 0, 0)
    End With
End Sub
```

Destaque a Linha Inteira para o Maior Valor de Venda

Outro exemplo de uma condição baseada em fórmula é quando se quer destacar a linha inteira de um conjunto de dados em resposta a um valor em uma coluna. Considere o conjunto de dados nas Células D2:F15 da Figura 16.11. Se você quiser destacar a linha inteira que contém a maior venda, selecione as Células D2:F15 e escreva uma fórmula que funcione para a Célula D2: =$F2=MÁXIMO($F$2:$F$15). O código necessário para formatar a linha contendo o maior valor de venda é o seguinte:

```
Sub HighlightWholeRow()
    With Range("D2:F15")
        .Select
        .FormatConditions.Delete
        .FormatConditions.Add Type:=xlExpression, _
            Formula1:="=$F2=MAX($F$2:$F$15)"
        .FormatConditions(1).Interior.Color = RGB(255, 0, 0)
    End With
End Sub
```

Usando a Nova Propriedade NumberFormat

Em versões antigas do Excel, uma célula que atendia a um formato condicional podia ter uma fonte em particular, uma cor de fonte, borda ou padrão de preenchimento. No Excel 2007, também é possível especificar um formato de número. Isso pode se mostrar útil para mudar seletivamente o formato de número usado para exibir os valores.

Por exemplo, você pode querer exibir um número acima de 999 em milhar, números acima de 999.999 em centena de milhar e números acima de 9 milhões em milhões.

Ao ligar o gravador de macro e tentar gravar a configuração do formato condicional para um formato de número personalizado, o gravador de macro VBA do Excel 2016, na verdade, grava a ação da execução de uma macro XL4! Esqueça o código gravado e use a propriedade NumberFormat como mostrada aqui:

```
Sub NumberFormat()
    With Range("E1:G26")
        .FormatConditions.Delete
        .FormatConditions.Add Type:=xlCellValue, Operator:=xlGreater, _
            Formula1:="=9999999"
```

```
            .FormatConditions(1).NumberFormat = "$#,##0,""M"""
            .FormatConditions.Add Type:=xlCellValue, Operator:=xlGreater, _
                Formula1:="=999999"
            .FormatConditions(2).NumberFormat = "$#,##0.0,""M"""
            .FormatConditions.Add Type:=xlCellValue, Operator:=xlGreater, _
                Formula1:="=999"
            .FormatConditions(3).NumberFormat = "$#,##0,K"
        End With
End Sub
```

A Figura 16.12 mostra os números originais nas Colunas A:C. Os resultados de execução da macro são mostrados nas Colunas E:G. A caixa de diálogo mostra as regras de formato condicional resultantes.

Figura 16.12
Desde o Excel 2007, formatos condicionais podem especificar um formato de número específico.

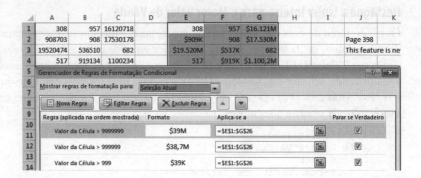

Próximos Passos

No Capítulo 17, você descobrirá como criar dashboards a partir de gráficos minúsculos chamados minigráficos (sparklines).

Criando Dashboards com Minigráficos (Sparklines) no Excel 2016

17

Uma característica que já existe desde o Excel 2010 é a habilidade de criar gráficos pequenos, do tamanho de palavras. Se estiver criando dashboards*, você vai querer aproveitar este recurso.

O conceito de minigráficos (*sparklines*) foi introduzido primeiramente pelo Professor Edward Tufte. Ele promoveu os minigráficos como uma maneira de maximizar a quantidade de informação com uma mínima quantidade de tinta.

A Microsoft suporta três tipos de minigráficos:

- **Linha** — Um minigráfico mostra uma simples série em um gráfico de linha dentro de uma única célula. Em um minigráfico, é possível adicionar marcadores para o maior ponto, menor ponto, primeiro ponto ou o último ponto. Cada um desses pontos pode ter uma cor diferente. Você também pode escolher marcar todos os pontos negativos ou mesmo todos os pontos.

- **Coluna** — Um minigráfico de coluna mostra uma única série em um gráfico de coluna. É possível escolher mostrar uma cor diferente para a primeira barra, a última barra, a menor barra, a maior barra e/ou todos os pontos negativos.

- **Ganhos/Perdas** — Esse é um tipo especial de gráfico de coluna onde cada ponto positivo é desenhado em 100% de altura e cada ponto negativo é desenhado a -100% de altura. A teoria é que colunas positivas representam ganhos e colunas negativas representam perdas. Com esses gráficos, você vai sempre querer mudar a cor das colunas negativas. É possível destacar o maior/menor ponto baseado nos dados subjacentes.

NESTE CAPÍTULO

Criando Minigráficos............................356
Escalonando os Minigráficos.................357
Formatando Minigráficos.....................361
Criando um Dashboard.........................369
Próximos Passos..................................374

---

* N.E.: Dashboards são painéis que mostram diversos indicadores gráficos de grande importância nas empresas.

Criando Minigráficos

A Microsoft imagina que você vai criar com frequência um grupo de minigráficos. O principal objeto VBA para os minigráficos é o SparklineGroup. Para criar minigráficos, aplique o método `SparklineGroups.Add` ao intervalo onde quer que os minigráficos apareçam.

No método `Add`, você especifica o tipo do minigráfico e a localização dos dados fonte.

Digamos que você aplique o método `Add` ao intervalo de células B2:D2. Então, a fonte deve ser um intervalo que tenha ou três colunas de largura, ou três linhas de altura.

O parâmetro `Type` pode ser `xlSparkLine` para uma linha, `xlSparkColumn` para uma coluna ou `xlSparkColumn100` para o perda/ganho.

Se o parâmetro `SourceData` estiver se referindo a intervalos na planilha atual, ele pode ser tão simples quanto `"D3:F100"`. Se ele estiver apontando para outra planilha, use `"Dados!D3:F100"` ou `"'Meus Dados'!AD3:F100"`. Se você tiver definido um intervalo nomeado, pode especificar o nome do intervalo como a fonte de dados.

A Figura 17.1 mostra uma tabela dos preços de fechamento da NASDAQ durante três anos. Observe que os dados para os minigráficos estão em três colunas contíguas D, E e F.

Figura 17.1
Organize os dados para os minigráficos em um intervalo contíguo.

	A	B	C	D	E	F
1	Date 2012	Date 2013	Date 2014	Close 2012	Close 2013	Close 2014
2	1/3/2012	1/2/2013	1/2/2014	1277.06	1462.42	1831.98
3	1/4/2012	1/3/2013	1/3/2014	1277.30	1459.37	1831.37
4	1/5/2012	1/4/2013	1/6/2014	1281.06	1466.47	1826.77
5	1/6/2012	1/7/2013	1/7/2014	1277.81	1461.89	1837.88
6	1/9/2012	1/8/2013	1/8/2014	1280.70	1457.15	1837.49
7	1/10/2012	1/9/2013	1/9/2014	1292.08	1461.02	1838.13
8	1/11/2012	1/10/2013	1/10/2014	1292.48	1472.12	1842.37

Neste exemplo, os dados estão na pasta de trabalho Data, e os minigráficos são criados na pasta de trabalho Dashboard. a variável de objeto `WSD` é usada para a pasta de trabalho Data. `WSL` é usada para Dashboard.

Como cada coluna pode ter um ou dois pontos extras, o código para encontrar a linha final é um pouco diferente do usual:

```
FinalRow = WSD.[A1].CurrentRegion.Rows.Count
```

A propriedade `.CurrentRegion` vai começar na Célula A1 e se estender em todas as direções até alcançar os limites da planilha ou os limites dos dados. Neste caso, o `.CurrentRegion` vai relatar que a linha 253 é a linha final.

Para esse exemplo, os minigráficos vão ser criados em uma linha de três células. Como cada célula está mostrando 252 pontos, vou usar minigráficos bem grandes. O minigráfico vai crescer até o tamanho da célula, então esse código vai tornar cada célula bem larga e alta:

```
With WSL.Range("B1:D1")
    .Value = array(2012,2013,2014)
```

Escalonando os Minigráficos

```
        .HorizontalAlignment = xlCenter
        .Style = "Título"
        .ColumnWidth = 39
        .Offset(1, 0).RowHeight = 100
    End With
```

O código seguinte vai criar três minigráficos padrão. Dim SG as SparklineGroup

```
Dim SG as SparklineGroup
Set SG = WSL.Range("B2:D2").SparklineGroups.Add( _
    Type:=xlSparkLine, _
    SourceData:="Data!D2:F" & FinalRow)
```

Esses três minigráficos, mostrados na Figura 17.2, não serão perfeitos (mas a próxima seção lhe mostrará como formatá-los). Há alguns problemas com os minigráficos padrão. Pense sobre o eixo vertical de um gráfico. Os minigráficos sempre têm como padrão a escala automaticamente selecionada. Como nunca realmente se vê qual é a escala, não se pode dizer o intervalo da mudança.

Figura 17.2
Três minigráficos padrão.

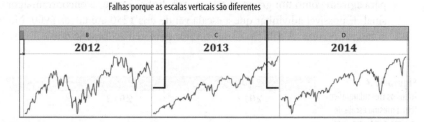

A Figura 17.3 mostra o mínimo e o máximo para cada ano. A partir desses dados, é possível adivinhar que o minigráfico para 2012 provavelmente vai de 1275 até 1470. O minigráfico para 2013 provavelmente vai de 1455 até 1850. O minigráfico para 2013 provavelmente vai de 1740 até 2095.

Figura 17.3
Cada minigráfico vai atribuir a escala de mínimo e máximo para ficar pouco depois desses limites.

	A	B	C	D	E	F
1	Date 2012	Date 2013	Date 2014	Close 2012	Close 2013	Close 2014
250	28/12/2012	26/12/2013	26/12/2014	1402,43	1842,02	2088,77
251	31/12/2012	27/12/2013	29/12/2014	1426,19	1841,40	2090,57
252		30/12/2013	30/12/2014		1841,06995	2080,3501
253		31/12/2013	31/12/2014		1848,35999	2058,8999
254						
255			Min	1277	1457	1742
256			Max	1466	1848	2091
257						

D255   =MÍNIMO(D2:D253)

Escalonando os Minigráficos

A opção padrão para o eixo vertical do minigráfico é cada um ter um mínimo e máximo diferentes. Há duas outras opções disponíveis.

Uma opção é agrupar todos os minigráficos, mas continuar permitindo que o Excel escolha a escala de máximo e mínimo. Você ainda não sabe exatamente que valores foram escolhidos para o máximo e mínimo.

Para forçar os minigráficos a terem a mesma escala automática, use esse código:

```
' Permite escala de eixo automática, mas todas as três são iguais
With SG.Axes.Vertical
    .MinScaleType = xlSparkScaleGroup
    .MaxScaleType = xlSparkScaleGroup
End With
```

Observe que o .Axes pertence ao grupo Sparkline, e não aos minigráficos individuais. Na verdade, quase todas as boas propriedades são aplicadas no nível SparklineGroup. Isso tem algumas ramificações interessantes. Se quiser que um minigráfico tenha uma escala automática e outro minigráfico tenha uma escala fixa, você teria que criar cada um desses minigráficos separadamente ou pelo menos desagrupá-los.

A Figura 17.4 mostra os minigráficos quando ambas escalas de mínimo e máximo são definidas para agirem como um grupo. Todas as três linhas quase se encontram agora, o que é um bom sinal. É possível adivinhar que a escala vai de uns 1250 até talvez 2900. Novamente, não há como ter certeza. A solução é usar o valor personalizado para ambos Eixos Mínimo e Máximo.

Figura 17.4
Todos os três minigráficos têm a mesma escala de mínimo e máximo, mas não sabemos qual é.

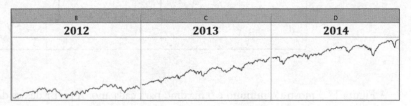

Outra opção é ter controle absoluto e atribuir um mínimo e máximo para a escala do eixo vertical. O código seguinte força os minigráficos a irem de um mínimo de 0 até um máximo que arredonda para a próxima centena acima do maior valor:

```
Set AF = Application.WorksheetFunction
AllMin = AF.Min(WSD.Range("D2:F" & FinalRow))
AllMax = AF.Max(WSD.Range("D2:F" & FinalRow))
AllMin = Int(AllMin)
AllMax = Int(AllMax + 0.9)
With SG.Axes.Vertical
    .MinScaleType = xlSparkScaleCustom
    .MaxScaleType = xlSparkScaleCustom
    .CustomMinScaleValue = AllMin
    .CustomMaxScaleValue = AllMax
End With
```

A Figura 17.5 mostra os minigráficos resultantes. Agora, *você* conhece o mínimo e o máximo, mas precisa de uma maneira de informar isso ao leitor.

Figura 17.5
Você está atribuindo manualmente uma escala de mínimo e máximo, mas ela não aparece no gráfico.

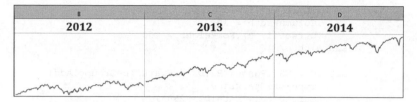

Como alternativa, seria possível colocar os valores máximo e mínimo em A2. Com uma fonte Calibri de 8 pontos em negrito, uma altura de linha de 113 permitirá 10 quebras de linha dentro da célula. Então, você poderia colocar o valor máximo e depois executar VbLf 8 vezes, e, em seguida, colocar o valor menor (VbLf é o equivalente a pressionar Alt+Enter quando se está inserindo valores em uma célula).

No lado direito, é possível colocar o valor do ponto final e tentar posicioná-lo dentro da célula para que ele fique aproximadamente na mesma altura que o ponto final. A Figura 17.6 mostra essa opção:

Figura 17.6
Os rótulos na esquerda mostram o máximo e o mínimo. O rótulo na direita mostra o valor final.

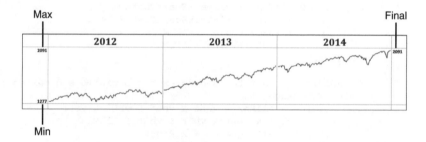

O código para produzir a Figura 17.6 é mostrado aqui:

```
Sub NASDAQMacro()
' NASDAQMacro Macro
'
Dim SG As SparklineGroup
Dim SL As Sparkline
Dim WSD As Worksheet ' Pasta de trabalho Data
Dim WSL As Worksheet ' Dashboard

    On Error Resume Next
    Application.DisplayAlerts = False
    Worksheets("Dashboard").Delete
    On Error GoTo 0

    Set WSD = Worksheets("Data")
    Set WSL = ActiveWorkbook.Worksheets.Add
    WSL.Name = "Dashboard"

    FinalRow = WSD.Cells(1, 1).CurrentRegion.Rows.Count
    WSD.Cells(2, 4).Resize(FinalRow - 1, 3).Name = "MyData"

    WSL.Select
    ' Configuração de Cabeçalho
    With WSL.Range("B1:D1")
        .Value = Array(2009, 2010, 2011)
        .HorizontalAlignment = xlCenter
```

Criando Dashboards com Minigráficos (Sparklines) no Excel 2016

```
        .Style = "Título"²
        .ColumnWidth = 39
        .Offset(1, 0).RowHeight = 100
    End With

    Set SG = WSL.Range("B2:D2").SparklineGroups.Add( _
        Type:=xlSparkLine, _
        SourceData:="Data!D2:F250")

    Set SL = SG.Item(1)

    Set AF = Application.WorksheetFunction
    AllMin = AF.Min(WSD.Range("D2:F" & FinalRow))
    AllMax = AF.Max(WSD.Range("D2:F" & FinalRow))
    AllMin = Int(AllMin)
    AllMax = Int(AllMax + 0.9)

    ' Permite escala de eixo automática, mas todas as três iguais
    With SG.Axes.Vertical
        .MinScaleType = xlSparkScaleCustom
        .MaxScaleType = xlSparkScaleCustom
        .CustomMinScaleValue = AllMin
        .CustomMaxScaleValue = AllMax
    End With

    ' Adiciona dois rótulos para exibir o mínimo e o máximo
    With WSL.Range("A2")
        .Value = AllMax & vbLf & vbLf & vbLf & vbLf _
            & vbLf & vbLf & vbLf & vbLf & AllMin
        .HorizontalAlignment = xlRight
        .VerticalAlignment = xlTop
        .Font.Size = 8
        .Font.Bold = True
        .WrapText = True
    End With

    ' Coloca o valor final à direita
    FinalVal = Round(WSD.Cells(Rows.Count, 6).End(xlUp).Value, 0)
    Rg = AllMax - AllMin
    RgTenth = Rg / 10
    FromTop = AllMax - FinalVal
    FromTop = Round(FromTop / RgTenth, 0) - 1
    If FromTop < 0 Then FromTop = 0

    Select Case FromTop
        Case 0
            RtLabel = FinalVal
        Case Is > 0
            RtLabel = Application.WorksheetFunction. _
                Rept(vbLf, FromTop) & FinalVal
    End Select

    With WSL.Range("E2")
        .Value = RtLabel
        .HorizontalAlignment = xlLeft
        .VerticalAlignment = xlTop
        .Font.Size = 8
        .Font.Bold = True
```

---

[2] NRT: Ao baixar os códigos providos pelos autores, substituir o estilo "Title" por "Título".

```
        End With
    End Sub
```

Formatando Minigráficos

A maioria da formatação disponível para minigráficos envolve definir a cor de vários de seus elementos.

Há alguns métodos para a atribuição de cores no Excel 2016. Antes de entrar nas propriedades do minigráfico, você pode ler sobre os dois métodos de atribuição de cores no VBA do Excel.

Usando Cores Temáticas

O Excel 2007 introduziu o conceito de um tema para uma pasta de trabalho. Um tema é composto de uma fonte de corpo, uma fonte de título, uma série de efeitos e, então, uma série de cores.

As primeiras quatro cores são usadas para texto e plano de fundo. As próximas seis cores são as cores de ênfase. Os 20 temas incorporados incluem cores que funcionam bem juntas. Há também duas cores usadas para hiperlinks e para hiperlinks visitados. Por enquanto, foque nas cores de ênfase.

Vá para Layout de Página, Temas e escolha um tema. Próximo à caixa de seleção dos temas há uma caixa de seleção Cores; abra-a e selecione Criar Novas Cores de Tema, na parte de baixo da caixa de seleção. O Excel vai mostrar a caixa de diálogo Criar Novas Cores de Tema, como mostrado na Figura 17.7. Isso lhe dá uma boa ideia das 12 cores associadas com o tema.

Por todo o Excel, há muitos seletores do tipo caixa de seleção para cores (veja a Figura 17.8).

Figura 17.7
O tema corrente inclui 12 cores.

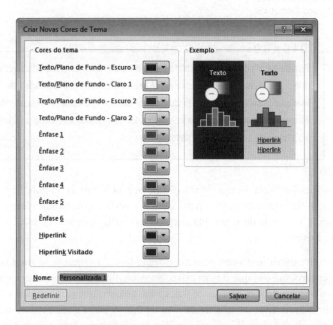

Há uma seção na caixa de seleção chamada Cores do Tema. A linha de cima em Cores de Tema mostra as quatro cores de fonte e as seis cores de ênfase.

Figura 17.8
Tudo menos as cores de hiperlink do tema aparecem ao longo da linha do topo.

Se quiser escolher a última cor da primeira linha, o VBA é o seguinte:

```
ActiveCell.Font.ThemeColor = xlThemeColorAccent6
```

Ao longo da linha do topo da Figura 17.8, as 10 cores são as seguintes:

```
xlThemeColorDark1
xlThemeColorLight1
xlThemeColorDark2
xlThemeColorLight2
xlThemeColorAccent1
xlThemeColorAccent2
xlThemeColorAccent3
xlThemeColorAccent4
xlThemeColorAccent5
xlThemeColorAccent6
```

CUIDADO

Perceba que as primeiras quatro cores parecem estar invertidas. XlThemeColorDark1 é a cor branca. Isso ocorre porque as constantes VBA foram escritas a partir do ponto de vista da cor da fonte para usar quando a célula contém um fundo escuro ou claro. Se você tem uma célula colorida com uma cor escura, você iria querer exibir uma fonte branca. Por conseguinte, xlThemeColorDark1 é branco e xlThemeColorLight1 é preto.

No seu computador, abra a caixa de seleção de preenchimento na guia Página Inicial e olhe a cor de entrada. Se estiver usando o tema Office, a última coluna são vários tons de laranja. A linha do topo é o laranja do tema. Há então cinco linhas que vão de um laranja claro até um laranja bem escuro.

O Excel permite modificar a cor de tema clareando-a ou escurecendo-a. Os valores vão de -1, que é bem escuro, até +1, que é bem claro. Se você olhar o laranja muito claro na Linha 2, ele tem um tom e valor de sombreado de 0,8, que é quase que completamente claro. A próxima linha tem um tom e nível de sombreamento de 0,6. A linha a seguir tem um tom e um nível sombreamento de 0,4. Isso lhe dá três opções que são mais claras que a cor tema. As próximas duas linhas são mais escuras do que a cor tema. Como há apenas duas linhas escuras, elas têm valores de -0,25 e -0,5.

Se você ligar o gravador de macro e escolher uma dessas cores, vai parecer um código bem confuso.

```
.Pattern = xlSolid
.PatternColorIndex = xlAutomatic
.ThemeColor = xlThemeColorAccent6
.TintAndShade = 0.799981688894314
.PatternTintAndShade = 0
```

Caso esteja usando um preenchimento sólido, pode deixar de fora a primeira, segunda e quinta linhas de código.

A linha .TintAdShade parece confusa porque os computadores não conseguem arredondar decimais muito bem. Lembre-se de que computadores armazenam números em binário. Em binário, um número simples como 0,1 é decimal repetido. Quando o gravador de macro tenta converter 0,8 de binário para decimal, ele "erra" por um bit e vem com um número bem aproximado: 0.7998168894314. Isso está realmente dizendo que ele deve ser 80% mais claro que o número base.

Se você está escrevendo código à mão, tem apenas que atribuir dois valores para usar uma cor tema. Atribua à propriedade .ThemeColor um dos seis valores de xlThemeColorAccent1 até xlThemeColorAccent6. Se quiser usar uma cor tema da linha do topo do menu suspenso, o .TintAndShade deverá ser 0 e poderá ser omitido. Se quiser clarear a cor, use um decimal positivo para o .TintAndShade. Se quiser escurecer a cor, use um decimal negativo.

> **DICA** Observe que as cinco sombras nas caixas de seleção da paleta de cores não são o conjunto completo de variações. No VBA, é possível atribuir qualquer valor decimal de -1 a 1. A Figura 17.9 mostra 200 variações de uma cor tema criada usando a propriedade .TintAndShade no VBA.

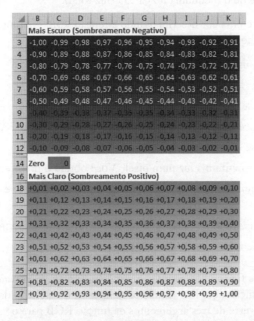

Figura 17.9
Tons de uma cor de tema.

364 | Capítulo 17 | Criando Dashboards com Minigráficos (Sparklines) no Excel 2016

Para recapitular, se você quiser trabalhar com cores de tema, vai geralmente mudar duas propriedades, a cor tema para escolher uma das seis cores de ênfase e, depois, o tom e sombreamento para clarear ou escurecer a cor base:

```
.ThemeColor = xlThemeColorAccent6
.TintAndShade = 0.4
```

> **NOTA** Observe que uma vantagem de usar cores de tema é que seus minigráficos vão mudar de cor com base no tema. Se mais tarde decidir trocar o tema Office pelo Metro, as cores vão mudar para combinar com o tema.

Usando Cores RGB

Durante a última década, os computadores têm oferecido uma palheta de 16 milhões de cores. Estas cores derivam do ajuste de luz vermelha, verde e azul (red, green e blue — em inglês) em uma célula.

Você se lembra das aulas de artes da escola fundamental? Você provavelmente aprendeu que as três cores primárias eram vermelho, amarelo e azul. Você conseguia verde misturando um pouco de tinta amarela com azul. Era possível fazer roxo misturando um pouco de tinta vermelha com azul. E também fazer laranja misturando um pouco de tinta amarela com vermelha. Como todos os meus colegas meninos, eu logo descobri que poderia obter preto misturando todas as cores de tinta. Estas regras todas funcionam com pigmentos em tinta, mas não funcionam com luz.

Os pixels na tela do seu computador são feitos de luz. No espectro de luz, as três cores primárias são vermelho, verde e azul. É possível fazer as 16 milhões de cores da paleta de cores RGB misturando várias quantidades de luz vermelha, verde e azul. A cada uma das três cores é atribuída uma intensidade de 0 (nenhuma luz) a 255 (luz total).

Você verá frequentemente uma cor descrita usando a função RGB. Na função, o primeiro valor é a quantidade de vermelho, depois verde e depois azul.

- Para fazer vermelho, use =RGB(255,0,0).
- Para fazer verde, use =RGB(0,255,0).
- Para fazer azul, use =RGB(0,0,255).
- O que acontece se você misturar 100% de todas as três cores de luz? Você tem o branco!
- Para fazer branco, use =RGB(255,255,255).
- E se você não colocar nenhuma luz num pixel? Você obtém o preto =RGB(0,0,0).
- Para fazer roxo, use um tanto de vermelho, um pouquinho de verde e um tanto de azul: RGB(139,65,123).
- Para fazer amarelo, use todo o vermelho e verde e nenhum azul: =RGB(255,255,0).
- Para fazer laranja, use menos verde do que o amarelo: =RGB(255,153,0).

No VBA, é possível usar a função RGB assim como mostrada aqui. O gravador de macro não é um grande fã de usar a função RGB. Em vez disso, ele mostra o resultado da função RGB. Aqui está como você converte de três argumentos da função RGB para o valor da cor:

- Pegue o vermelho vezes 1.
- Adicione o valor de verde vezes 256.
- Adicione o valor de azul vezes 65.536.

> **NOTA:** Caso esteja se perguntando, 65.536 é 256 elevado à segunda potência.

Ao escolher um vermelho para o seu minigráfico, você frequentemente verá o gravador de macro atribuir uma .Color = 255. Isso é porque =RGB(255,0,0) é 255.

Quando o gravador de macro atribui um valor de 5287936, é bem difícil descobrir que cor é. Aqui estão os passos que eu dou:

1. No Excel, insira =Dec2Hex(5287936). Você vai obter uma resposta de 50B0000. Essa é a cor que os web designers se referem como sendo #50B000.
2. Vá até sua ferramenta de busca favorita e busque por "color chooser" (é melhor fazer a busca em inglês mesmo). Você vai encontrar muitos utilitários* onde se pode digitar o hexadecimal e ver a cor. Digite 50B000. Você verá que #50B000 é RGB(80,176,0).

Enquanto está na página Web, pode clicar por ali e descobrir outros tons de cores e ver os valores RGB deles.

Para recapitular, para pular as cores de tema e usar cores RGB, você vai definir a propriedade .Color como o resultado de uma função RGB.

Formatando os Elementos do Minigráfico

A Figura 17.10 mostra um minigráfico simples. Os dados são criados a partir de 12 pontos que mostram o desempenho versus um orçamento. Você realmente não tem ideia sobre a escala desse minigráfico.

Figura 17.10
Um minigráfico padrão.

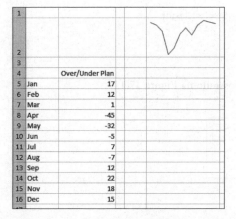

---

* N.E.: Você pode usar as funções de planilha =HEXADEC("50"), =HEXADEC("B0") e =HEXADEC("00") para obter a combinação de valores RGB correspondente. Pode, ainda, montar sua própria UDF no VBA para tal feito. Veja exemplos em http://genecsis.com/arquivos/vba

Se o seu minigráfico incluir números positivos e negativos, ajudaria mostrar o eixo horizontal. Isso permitirá descobrir quais pontos estão acima do orçamento e quais estão abaixo do orçamento.

Para mostrar o eixo, use o seguinte:

```
SG.Axes.Horizontal.Axis.Visible = True
```

A Figura 17.11 mostra o eixo horizontal. Isso ajuda a mostrar que meses estiveram acima ou abaixo do orçamento.

Figura 17.11
Adicione um eixo horizontal para mostrar que meses estiveram acima ou abaixo do orçamento.

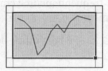

Usando código de "Escalonando os Minigráficos", é possível adicionar rótulos altos e baixos na célula à esquerda do minigráfico:

```
Set AF = Application.WorksheetFunction
MyMax = AF.Max(Range("B5:B16"))
MyMin = AF.Min(Range("B5:B16"))
LabelStr = MyMax & vbLf & vbLf & vbLf & vbLf & MyMin

With SG.Axes.Vertical
    .MinScaleType = xlSparkScaleCustom
    .MaxScaleType = xlSparkScaleCustom
    .CustomMinScaleValue = MyMin
    .CustomMaxScaleValue = MyMax
End With

With Range("D2")
    .WrapText = True
    .Font.Size = 8
    .HorizontalAlignment = xlRight
    .VerticalAlignment = xlTop
    .Value = LabelStr
    .RowHeight = 56.25
End With
```

O resultado dessa macro é mostrado na Figura 17.12.

Figura 17.12
Use uma característica que não pertence aos minigráficos para rotular o eixo vertical.

Para mudar a cor do minigráfico, use isso:

```
SG.SeriesColor.Color = RGB(255, 191, 0)
```

O grupo Mostrar da guia Ferramentas de Minigráfico Design oferece seis opções. É possível modificar ainda mais estes elementos usando a caixa de seleção Cor do Marcador. Você pode escolher ligar um marcador para cada ponto no conjunto de dados, como mostrado na 17.13.

Figura 17.13
Mostrar Todos os Marcadores.

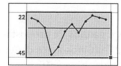

O código para mostrar um marcador preto em cada ponto é o seguinte:

```
With SG.Points
    .Markers.Color.Color = RGB(0, 0, 0) ' black
    .Markers.Visible = True
End With
```

Em vez disso, é possível usar marcadores para mostrar apenas o máximo, o mínimo e o primeiro e último pontos. Esse código vai mostrar o mínimo em vermelho, o máximo em verde e o primeiro e o último em azul:

```
With SG.Points
    .Lowpoint.Color.Color = RGB(255, 0, 0) ' red
    .Highpoint.Color.Color = RGB(51, 204, 77) ' Green
    .Firstpoint.Color.Color = RGB(0, 0, 255) ' Blue
    .Lastpoint.Color.Color = RGB(0, 0, 255) ' blue
    .Negative.Color.Color = RGB(127, 0, 0) ' pink
    .Markers.Color.Color = RGB(0, 0, 0) ' black
    ' Choose Which points to Show
    .Highpoint.Visible = True
    .Lowpoint.Visible = True
    .Firstpoint.Visible = True
    .Lowpoint.Visible = True
    .Negative.Visible = False
    .Markers.Visible = False
End With
```

A Figura 17.14 mostra o minigráfico com apenas o maior, o menor, o primeiro e o último escolhido.

Figura 17.14
Mostrando apenas marcadores-chave.

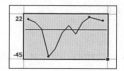

> **NOTA** Marcadores negativos s são bastante úteis quando você estiver formatando gráfico de Ganhos e Perdas, como será abordado na próxima seção.

Formatando Gráficos de Ganhos e Perdas

Gráficos de Ganhos e Perdas são um tipo especial de minigráfico para controlar eventos binários. O gráfico de Ganhos e Perdas mostra um marcador virado para cima, para um valor positivo, e um marcador virado para baixo, para qualquer valor negativo. Para zero, nenhum marcador é mostrado.

Você pode usar estes gráficos para controlar perdas e ganhos de propostas. Na Figura 17.15, um gráfico de Ganhos e Perdas está mostrando os 25 últimos jogos da temporada famosa de 1951 entre os Brooklyn Dodgers e os New York Giants. Esse gráfico mostra como os Giants tiveram uma série de 7 vitórias para terminar a temporada. Os Dodgers foram 3-4 nesse período e acabaram empatados com os Giants, forçando um playoff de três jogos. Os Giants ganharam o primeiro jogo, perderam o segundo e depois avançaram para a World Series ao ganhar o terceiro jogo do playoff. Os Giants pularam para uma vantagem de 2-1 sobre os Yankees, mas depois perderam três em sequência.

Figura 17.15
O gráfico de Ganhos e Perdas documenta a mais famosa pennant race da história.

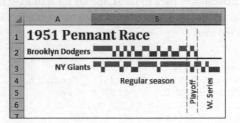

> **NOTA**
> As palavras *Regular season*, *Playoff* e *W. Series*, assim como as duas linhas pontilhadas, não fazem parte do minigráfico. As linhas são objetos desenhados manualmente e adicionados com Inserir, Formas.

Para criar o gráfico, você usa .Add um SparkLineGroup com um tipo de xlSparkColumnStacked100:

```
Set SG = Range("B2:B3").SparklineGroups.Add( _
    Type:=xlSparkColumnStacked100, _
    SourceData:="C2:AD3")
```

Você geralmente vai mostrar as perdas e os ganhos em cores diferentes. Um esquema de cores óbvio é vermelho para perdas e verde para ganhos.

Não há maneira específica de mudar apenas os marcadores "para cima", então mude a cor de todos os marcadores para verde:

```
' Mostra todos os pontos em verde
SG.SeriesColor.Color = 5287936
```

Então mude a cor dos marcadores negativos para vermelho:

```
'Mostra perda em vermelho
With SG.Points.Negative
    .Visible = True
    .Color.Color = 255
End With
```

É mais fácil criar os gráficos Sobe/Desce. Você não tem que se preocupar com a configuração da cor da linha. O eixo vertical é sempre fixo.

Criando um Dashboard

Minigráficos têm o benefício de comunicar um monte de informações em um espaço muito pequeno. Nesta seção, você verá como encaixar 130 gráficos em uma página.

A Figura 17.16 mostra um conjunto de dados que resume um conjunto de dados de 1,8 milhões de linhas. Usei o novo suplemento PowerPivot do Excel para importar os registros e depois calcular três novas medidas:

- Vendas YTD por Mês por Loja.
- Vendas YTD por Mês para o ano anterior.
- % de aumento de Vendas YTD versus o ano anterior.

Essa é uma estatística-chave em lojas de varejo; como você está se saindo versus o mesmo período no ano passado. Também essa análise tem o benefício de ser cumulativa. O número final para dezembro representa se a loja fez mais ou menos versus o ano anterior.

Figura 17.16
Este resumo de 1,8 milhões de registros é um mar de números.

	A	B	C	D	E	F	G	H	I	J	K	L	M
1	YTD Sales - % Change from Previous Year												
2													
3	Store	Jan	Feb	Mar	Apr	May	Jun	Jul	Aug	Sep	Oct	Nov	Dec
4	Sherman (	1.9%	-1.3%	-0.8%	-0.2%	-0.1%	-0.1%	0.2%	-0.1%	0.0%	0.7%	0.4%	1.1%
5	Brea Mall	6.3%	-0.5%	-0.2%	0.1%	0.1%	-0.8%	-0.1%	-0.7%	-0.5%	-0.3%	-0.5%	0.1%
6	Park Place	4.4%	-0.8%	-0.4%	-0.5%	-0.4%	-0.4%	-0.3%	-0.8%	-0.9%	-0.6%	-1.1%	-1.5%
7	Galleria at	-0.3%	-3.5%	-3.2%	-1.8%	-1.0%	-0.8%	-0.5%	-0.4%	-0.5%	-0.2%	-0.8%	-1.4%
8	Mission V	7.3%	-0.1%	-1.2%	-0.8%	-0.2%	-0.3%	0.0%	0.0%	-0.2%	-0.3%	0.1%	0.1%
9	Corona De	5.2%	-0.2%	-1.0%	-0.1%	0.4%	0.6%	0.4%	0.1%	0.5%	0.8%	0.4%	0.4%
10	San Franci	0.6%	-1.8%	-2.0%	-0.9%	-0.6%	-0.9%	-0.5%	-1.1%	-0.7%	-0.6%	-0.4%	-0.5%

Observações Sobre Minigráficos

Depois de trabalhar com minigráficos por um tempo, algumas observações vêm à mente:

- Minigráficos são transparentes. É possível ver através deles até a célula abaixo. Isso significa que a cor de preenchimento da célula embaixo vai aparecer e o texto na célula também.
- Ao usar uma fonte realmente pequena e alinhar o texto na borda da célula, pode fazer o texto se parecer com um título ou uma legenda.
- Se você ligar a quebra de texto e fizer a célula ser alta o suficiente para 5 ou 10 linhas de texto, poderá controlar a posição do texto na célula usando os caracteres VbLf no VBA.
- Minigráficos funcionam melhor quando são maiores que uma célula típica. Todos os exemplos neste capítulo fizeram a coluna mais larga ou a linha mais alta, ou ambos.

370 Capítulo 17 | Criando Dashboards com Minigráficos (Sparklines) no Excel 2016

- Minigráficos criados juntos são agrupados. Mudanças feitas em um minigráfico são aplicadas em todos os minigráficos.

- Minigráficos podem ser criados em uma planilha separada dos dados.

- Minigráficos ficam melhores quando há algum espaço em branco ao redor das células. Isso seria difícil de fazer manualmente, porque você teria que criar cada minigráfico por vez. É mais fácil fazer aqui, porque é possível tirar vantagem do VBA.

Criando Centenas de Minigráficos Individuais em um Dashboard

Todas essas questões podem ser levadas em conta na criação desse dashboard. O plano será criar cada minigráfico da loja individualmente. Isso vai permitir que uma linha e uma coluna em branco apareçam entre cada minigráfico.

Depois de inserir uma nova planilha para o dashboard, você pode formatar as células com esse código:

```
' Configure o dashboard como células alternativas para minigráficos em branco
For c = 1 To 11 Step 2
    WSL.Cells(1, c).ColumnWidth = 15
    WSL.Cells(1, c + 1).ColumnWidth = 0.6
Next c
For r = 1 To 45 Step 2
    WSL.Cells(r, 1).RowHeight = 38
    WSL.Cells(r + 1, 1).RowHeight = 3
Next r
```

Mantenha controle de qual célula contém o próximo minigráfico com duas variáveis:

```
NextRow = 1
NextCol = 1
```

Descubra quantas linhas de dados há na planilha Dados. Itere da linha 4 até a linha final. Para cada linha, você vai fazer um minigráfico.

Crie uma string de texto que aponte de volta para a linha correta na planilha de dados, usando esse código. Utilize essa fonte quando definir o minigráfico:

```
ThisSource = "Data!B" & i & ":M" & i
Set SG = WSL.Cells(NextRow, NextCol).SparklineGroups.Add( _
    Type:=xlSparkColumn, _
    SourceData:=ThisSource)
```

Você quer mostrar um eixo horizontal na posição zero. O intervalo dos valores para todas as lojas foi de -5% até +10%. O valor máximo da escala está definido como 0,15 para permitir espaço extra para o "título" na célula:

```
SG.Axes.Horizontal.Axis.Visible = True
With SG.Axes.Vertical
    .MinScaleType = xlSparkScaleCustom
    .MaxScaleType = xlSparkScaleCustom
    .CustomMinScaleValue = -0.05
    .CustomMaxScaleValue = 0.15
End With
```

Como no exemplo anterior com o gráfico de Ganhos e Perdas, você vai querer que as colunas positivas sejam verdes e as negativas sejam vermelhas:

```
' Todas as colunas verdes
SG.SeriesColor.Color = RGB(0, 176, 80)
' Colunas negativas vermelhas
SG.Points.Negative.Visible = True
SG.Points.Negative.Color.Color = RGB(255, 0, 0)
```

Lembre-se de que o minigráfico tem plano de fundo transparente. Assim, é possível escrever um texto realmente pequeno na célula e ele se comporta quase como rótulos de gráficos.

O código a seguir junta o nome da loja e a diferença percentual final para o ano em um título para o gráfico. O programa escreve esse título na célula, mas torna-o pequeno, centralizado e alinhado verticalmente.

```
ThisStore = WSD.Cells(i, 1).Value & " " & _
    Format(WSD.Cells(i, 13), "+0.0%;-0.0%;0%")
' Adicione um rótulo
With WSL.Cells(NextRow, NextCol)
    .Value = ThisStore
    .HorizontalAlignment = xlCenter
    .VerticalAlignment = xlTop
    .Font.Size = 8
    .WrapText = True
End With
```

O elemento final é mudar a cor de fundo da célula baseado no percentual final. Se for maior, então o plano de fundo é verde-claro. Se for menor, então o plano de fundo é vermelho-claro:

```
FinalVal = WSD.Cells(i, 13)
' Deixe a célula vermelho claro para negativo, verde claro para positivo
With WSL.Cells(NextRow, NextCol).Interior
    If FinalVal <= 0 Then
        .Color = 255
        .TintAndShade = 0.9
    Else
        .Color = 14743493
        .TintAndShade = 0.7
    End If
End With
```

Uma vez o minigráfico estando pronto, as posições de coluna e/ou linha são incrementadas para preparar o próximo gráfico:

```
NextCol = NextCol + 2
If NextCol > 11 Then
    NextCol = 1
    NextRow = NextRow + 2
End If
```

Depois disso, o loop continua com a próxima loja:

O código completo está mostrado aqui:

```
Sub StoreDashboard()
Dim SG As SparklineGroup
Dim SL As Sparkline
Dim WSD As Worksheet ' Planilha de Dados
Dim WSL As Worksheet ' Dashboard
```

372 Capítulo 17 | Criando Dashboards com Minigráficos (Sparklines) no Excel 2016

```
On Error Resume Next
Application.DisplayAlerts = False
Worksheets("Dashboard").Delete
On Error GoTo 0

Set WSD = Worksheets("Data")
Set WSL = ActiveWorkbook.Worksheets.Add
WSL.Name = "Dashboard"

' Configure o dashboard como células alternativas para minigráficos em branco
For c = 1 To 11 Step 2
    WSL.Cells(1, c).ColumnWidth = 15
    WSL.Cells(1, c + 1).ColumnWidth = 0.6
Next c
For r = 1 To 45 Step 2
    WSL.Cells(r, 1).RowHeight = 38
    WSL.Cells(r + 1, 1).RowHeight = 3
Next r

NextRow = 1
NextCol = 1

FinalRow = WSD.Cells(Rows.Count, 1).End(xlUp).Row

For i = 4 To FinalRow
    ThisStore = WSD.Cells(i, 1).Value & " " & _
        Format(WSD.Cells(i, 13), "+0.0%;-0.0%;0%")
    ThisSource = "Data!B" & i & ":M" & i
    FinalVal = WSD.Cells(i, 13)

    Set SG = WSL.Cells(NextRow, NextCol).SparklineGroups.Add( _
        Type:=xlSparkColumn, _
        SourceData:=ThisSource)

    SG.Axes.Horizontal.Axis.Visible = True
    With SG.Axes.Vertical
        .MinScaleType = xlSparkScaleCustom
        .MaxScaleType = xlSparkScaleCustom
        .CustomMinScaleValue = -0.05
        .CustomMaxScaleValue = 0.15
    End With

    ' Todas as colunas verdes
    SG.SeriesColor.Color = RGB(0, 176, 80)
    ' Colunas negativas vermelhas
    SG.Points.Negative.Visible = True
    SG.Points.Negative.Color.Color = RGB(255, 0, 0)

    ' Adicione um rótulo
    With WSL.Cells(NextRow, NextCol)
        .Value = ThisStore
        .HorizontalAlignment = xlCenter
        .VerticalAlignment = xlTop
        .Font.Size = 8
        .WrapText = True
    End With

    ' Deixe a célula vermelho claro para negativo, verde claro para positivo
```

Criando um Dashboard | 373

```
        With WSL.Cells(NextRow, NextCol).Interior
            If FinalVal <= 0 Then
                .Color = 255
                .TintAndShade = 0.9
            Else
                .Color = 14743493
                .TintAndShade = 0.7
            End If
        End With

        NextCol = NextCol + 2
        If NextCol > 11 Then
            NextCol = 1
            NextRow = NextRow + 2
        End If
    Next i
End Sub
```

A Figura 17.17 mostra o dashboard final. Este é impresso em uma única página e resume 1,8 milhão de linhas de dados.

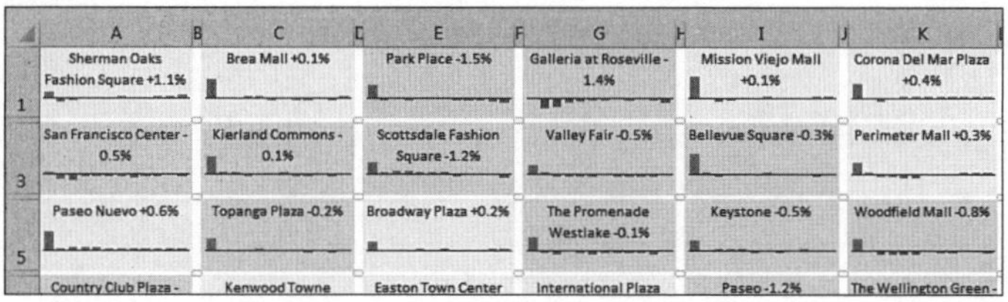

Figura 17.17
Uma página resume as vendas de centenas de lojas.

Se você ampliar, poderá ver que cada célula conta uma história. Na Figura 17.18, Park Meadows teve um ótimo janeiro, conseguiu manter-se à frente do ano anterior pelo ano inteiro e terminou com 0,8%. Lakeside também teve um janeiro positivo, mas depois teve um fevereiro ruim e um março pior ainda. Eles lutaram para voltar para o 0% pelo resto do ano, mas terminaram com sete décimos de 1%.

> **NOTA** O relatório é viciante. Eu me peguei estudando toda a sorte de tendências, mas então tive que lembrar a mim mesmo de que tinha criado o conjunto de dados de 1.8 milhão de linhas usando o RandBetween há algumas semanas! O relatório é tão interessante que fiquei entretido estudando dados ficcionais.

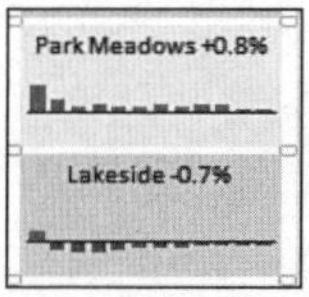

Figura 17.18
Detalhe de dois minigráficos.

Próximos Passos

No Capítulo 18, "Lendo e Gravando para a Web", você aprende como usar consultas na Web para importar automaticamente dados da Internet para suas aplicações no Excel.

Lendo e Gravando para a Web

18

A Internet se tornou universal e mudou nossas vidas. No seu desktop, milhões de respostas estão disponíveis na ponta dos seus dedos. Além disso, publicar um relatório na Web permite que milhões de outras pessoas acessem instantaneamente suas informações.

Esse capítulo discute maneiras automatizadas de trazer dados da web para as suas planilhas, usando consultas à web. Você vai aprender como usar o VBA para chamar um site repetidamente para coletar informações para muitos pontos de dados. Ele também mostra como gravar dados da sua planilha diretamente na Web.

Obtendo Dados da Web

Há uma infindável variedade de dados na Internet. Você tem duas opções quado falamos de obter dados da Web: Você pode usar a interface do Excel para construir uma consulta e então usar VBA para atualizar a consulta, ou você pode tentar construir a consulta na linguagem M. O add-in Power Query que a Microsoft introduziu no Excel 2010/2013 está constrído no Excel 2016. Quando você usa Nova Consulta no grupo Obter e Transformar na aba Dados, você está usando o antigo add-in Power Query para construir sua consulta na linguagem M.

NESTE CAPÍTULO

Obtendo Dados da Web 375

Usando `Application.OnTime`
para Analisar Dados Periodicamente.....381

Publicando Dados em uma
Página Web 385

Próximos Passos 390

376 Capítulo 18 | Lendo e Gravando para a Web

O código para a consulta que você precisaria escrever para obter dados da Web é longo e difícil:

```
Sub CreatePowerQuery()
    ActiveWorkbook.Queries.Add Name:="Table 1", _
        Formula:="let" & Chr(13) & "" & Chr(10) & _
        "    Source = Web.Page(Web.Contents(" & _
        """"http://www.flightstats.com/go/FlightStatus/" & _
        "flightStatusByFlightPositionDetails.do?id=" & _
        "562694389&airlineCode=AA&flightNumber=5370""))," _
        & Chr(13) & "" & Chr(10) & "    Data1 = Source{1}[Data]," _
        & Chr(13) & "" & Chr(10) & "    #""Changed Type"" = " & _
        "Table.TransformColumnTypes(Data1,{{""UTC Time""," & _
        "type text}, {""Time At Departure"", type text}, " & _
        "{""Time At Arrival"", type text}, {""Spee" & _
        "d"", type text}, {""Altitude"", type text}, " & _
        "{""Latitude"", type number}, {""Longitude"", " & _
        "type number}})," & Chr(13) & "" & Chr(10) & "    " & _
        "#""Removed Columns"" = Table.RemoveColumns" & _
        "(#""Changed Type"",{""UTC Time"", ""Time At " & _
        "Departure""})," & Chr(13) & "" & Chr(10) & _
        "    #""Split Column by Position"" = Table.Split" & _
        "Column(#""Removed Columns"",""Time At Arrival""," & _
        "Splitter.SplitTextByPositions({0, 6}, false),"
        Formula = Formula & _
        "{""Time At Arrival.1"", ""Time At Arrival.2""})," & Chr(13) & _
        "" & Chr(10) & "    #""Changed Type1"" = " & _
        "Table.TransformColumnTypes(#""Split Column by " & _
        "Position"",{{""Time At Arrival.1"", type date}," & _
        "{""Time At Arrival.2"", type time}})," & Chr(13) & _
        "" & Chr(10) & "    #""Removed Columns1"" = " & _
        "Table.RemoveColumns(#""Changed Type1"",{""Time At Arrival.1" _
        ""})," & _
        Chr(13) & "" & Chr(10) & "    #""Split Column by Delimiter"" = " & _
        "Table.SplitColumn(#""Removed Columns1"",""Spe" & _
        "ed"",Splitter.SplitTextByEachDelimiter({"" ""}, " & _
        "null, false),{""Speed.1"", ""Speed.2""})," & Chr(13) & _
        "" & Chr(10) & "    #""Changed Type2"" = " & _
        "Table.TransformColumnTypes(#""Split Column by Delimiter""," & _
        "{{""Speed.1"", Int64.Type}, {""Speed.2"", type text}})," & _
        Chr(13) & "" & Chr(10) & "    #""Removed Columns2"" = " & _
        "Table.RemoveColumns(#""Changed Type2"",{""Speed.2""})," & _
        Chr(13) & "" & Chr(10) & "    #""Split Column by Delimiter1"" " & _
        "= Table.SplitColumn(#""Removed Columns2""," & _
        """Altitude"",Splitter.SplitTextByEachDelimiter({"" ""}, " & _
        "null, false),{""Altitude.1"", ""Altitude.2""})," & _
        Chr(13) & "" & Chr(10) & "    #""Changed Type3"" = "
        Formula = Formula & "Table.TransformColumnTypes(#""Split " & _
        "Column by Delimiter1""," & _
        "{{""Altitude.1"", Int64.Type}, {""Altitude.2"", type text}})," & _
        Chr(13) & "" & Chr(10) & "    #""Removed Columns3"" = " & _
        "Table.RemoveColumns(#""Changed Type3"",{""Altitude.2""})" & _
        Chr(13) & "" & Chr(10) & "in" & Chr(13) & "" & Chr(10) & "    " & _
        "    #""Removed Columns3"""
    Sheets.Add After:=ActiveSheet
    With ActiveSheet.ListObjects.Add(SourceType:=0, Source:= _
        "OLEDB;Provider=Microsoft.Mashup.OleDb.1;" _
```

Obtendo Dados da Web | 377

```
        "Data Source=$Workbook$;Location=""Table 1""" _
        , Destination:=Range("$A$1")).QueryTable
        .CommandType = xlCmdSql
        .CommandText = Array("SELECT * FROM [Table 1]")
        .RowNumbers = False
        .FillAdjacentFormulas = False
        .PreserveFormatting = True
        .RefreshOnFileOpen = False
        .BackgroundQuery = True
        .RefreshStyle = xlInsertDeleteCells
        .SavePassword = False
        .SaveData = True
        .AdjustColumnWidth = True
        .RefreshPeriod = 0
        .PreserveColumnInfo = False
        .ListObject.DisplayName = "Table_1"
        .Refresh BackgroundQuery:=False
    End With
    Selection.ListObject.QueryTable.Refresh BackgroundQuery:=False
End Sub
```

Uma solução mais simples é construir a consulta na interface do Power Query e então atualizar a consulta com o seguinte código:

```
Sub RefreshPowerQuery()
ActiveWorkbook.RefreshAll
End Sub
```

Criando Muitas Consultas à Web com VBA

Digamos que você queira obter dados de um web site, tal como histórico de estatísticas de tempo. Estatísticas de tempo por hora estão disponíveis em http://www.wunderground.com/history/airport/KCAK/2015/6/17/DailyHistory.html Nesta URL, KCAK é o código de localização para o aeroporto Akron Canton Airport (CAH). A data 2015/6/17 refere a 17 de Junho de 2015. Você pode imaginar como iterar por múltiplas cidades ou múltiplas datas.

A estratégia seria construir a Power Query do zero, atualizar, copiar os dados para uma planilha nova, e então apagar a Power Query e prosseguir para a próxima cidade ou data.

Para obter dados de tempo para 24 meses, é necessário repetir a consulta à web mais de 700 vezes. Isso seria tedioso de se fazer manualmente.

A primeira parte pode ser escrita diretamente no código "hard-coded", porque nunca muda:

```
"URL;http://www.wunderground.com/history/airport/K"
```

A próxima parte é o código de 3 letras do aeroporto. Se você estiver recuperando dados para muitas cidades, essa parte vai mudar:

```
CAK
```

A terceira parte é uma barra, a data no formato AAAA/M/D e uma barra:

```
/2015/6/17/
```

A parte final pode ser escrita diretamente no código:

```
"DailyHistory.html"
```

378 Capítulo 18 | Lendo e Gravando para a Web

Insira uma nova planilha e construa uma tabela de saída. Na Célula A2, insira a primeira data para qual você tem histórico de vendas. Use a guia de preenchimento para arrastar as datas para baixo até a data corrente.

A fórmula em B2 é =″/″&Texto(A2,″YYYY/M/D″)&″/″.

Adicione títulos amigáveis ao longo da Linha 1 para as estatísticas que você vai coletar.

Encontrando Resultados nos Dados Recuperados

Depois, você tem uma decisão a tomar. Parece que o site Weather Underground é bem estático. As estatísticas de neve aparecem mesmo se eu perguntar pelo aeroporto JHM em Maui. Se você tem certeza de que os dados sobre chuvas sempre vão aparecer na Célula B28 da sua planilha de resultados, pode gravar a macro para pegar os dados dali.

Entretanto, por motivo de segurança, é possível construir algumas fórmulas em cima da planilha para buscar por certos rótulos de linha, para puxar aqueles dados. Na Figura 18.1, 8 fórmulas INDEX e MATCH encontram as estatísticas para Alta, Baixa, Chuva e Neve da consulta à web.

Figura 18.1
VLOOKUPs no topo da planilha web encontram e retornam os dados relevantes de uma página web.

A	B	C	D	E	F
	High	Low	Rain	Snow	
Words in web page results:	Max Temperature	Min Temperature	Precipitation	Snow	
Row number below:	117	118	132	136	
Result:	68 °F	42 °F	0.00 in	0.00 in	
Formula:	=INDEX($B:$B,B3)	=INDEX($B:$B,C3)	=INDEX($B:$B	=INDEX($B:$B,E3+1)	

> **NOTA**
> A variação da localização web dos dados da web acontece mais frequentemente do que se imagina. Se você estiver trazendo informações de nome e endereço, alguns endereços têm três linhas e alguns têm quatro linhas. Qualquer coisa que apareça depois do endereço poderá estar deslocada em uma linha. Alguns sites de cotações de ações mostram uma versão diferente dos dados, dependendo do mercado estar aberto ou fechado. Se você iniciou uma série de consultas à web às 3:45, a macro pode funcionar até às 4:00 e, depois, parar de funcionar. Por essas razões, frequentemente é mais seguro dar uns passos extras para recuperar os dados corretos da consulta à web, usando comandos VLOOKUP (PROCV).

Para construir a macro, adicione algum código antes do código gravado:

```
Dim WSD as worksheet
Dim WSW as worksheet
Set WSD = Worksheets("Data")
Set WSW = Worksheets("Web")
FinalRow = WSD.Cells(Rows.Count, 1).End(xlUp).Row
```

Depois, adicione um loop que passa por todas as datas na planilha de dados:

```
For I = 2 to FinalRow
    ThisDate = WSD.Cells(I, 2).value
    ' Construa a ConnectString
    CS = "URL: URL;http://www.wunderground.com/history/airport/KCAK"
    CS = CS & ThisDate & "DailyHistory.html"
```

Obtendo Dados da Web 379

Se uma consulta à web estiver sobrescrevendo dados existentes na planilha, ela vai mover esses dados para a direita. Você quer limpar a consulta à web anterior e todos os seus conteúdos:

```
For Each qt In WSD.QueryTables
    qt.Delete
Next qt
WSD.Range("A10:A300").EntireRow.Clear
```

Você agora pode ir ao código gravado. Mude a linha `QueryTables.Add` para o seguinte:

```
With WSD.QueryTables.Add(Connection:= CS, Destination:=WSW.Range("A10"))
```

Depois do código gravado, adicione algumas linhas para calcular os `VLOOKUP`s, copie os resultados e finalize o loop:

```
WSW.Calculate
WSD.Cells(i, 3).Resize(1, 4).Value = WSW.Range("B4:E4").Value
Next i
```

Examine o código enquanto ele passa pelo primeiro loop para garantir que tudo está funcionando. Observe que a linha `.Refresh` leva de 5 a 10 segundos. Para obter 2 ou 3 anos de páginas web, vai precisar de mais de uma hora de tempo de processamento. Execute a macro, vá para o almoço e depois retorne para um bom conjunto de dados.

Juntando Tudo

Na macro final aqui, desliguei a atualização de tela e mostrei o número de linha que a macro está processando na barra de status. Também removi algumas propriedades desnecessárias do código gravado:

```
Sub GetData()
    Dim WSD As Worksheet
    Dim WSW As Worksheet
    Set WSD = Worksheets("Data")
    Set WSW = Worksheets("Web")
    FinalRow = WSD.Cells(Rows.Count, 1).End(xlUp).Row

    For i = 1 To FinalRow
        ThisDate = WSD.Cells(i, 2).Value
        ' Construa a ConnectString
        CS = "URL;http://www.wunderground.com/history/airport/KCAK/"
        CS = CS & ThisDate
        CS = CS & "DailyHistory.html"
        ' Limpe os resultados da última consulta a Web
        For Each qt In WSW.QueryTables
            qt.Delete
        Next qt
        WSD.Range("A10:A300").EntireRow.Clear

        With WSW.QueryTables.Add(Connection:=CS, _
            Destination:=Range("$A$10"))
            .Name = "DailyHistory"
            .FieldNames = True
            .RowNumbers = False
            .FillAdjacentFormulas = False
            .PreserveFormatting = True
```

380 Capítulo 18 | Lendo e Gravando para a Web

```
                    .RefreshOnFileOpen = False
                    .BackgroundQuery = True
                    .RefreshStyle = xlInsertDeleteCells
                    .SavePassword = False
                    .SaveData = True
                    .AdjustColumnWidth = True
                    .RefreshPeriod = 0
                    .WebSelectionType = xlEntirePage
                    .WebFormatting = xlWebFormattingNone
                    .WebPreFormattedTextToColumns = True
                    .WebConsecutiveDelimitersAsOne = True
                    .WebSingleBlockTextImport = False
                    .WebDisableDateRecognition = False
                    .WebDisableRedirections = False
                    .Refresh BackgroundQuery:=False
                End With

                WSW.Calculate
                WSD.Cells(i, 3).Resize(1, 4).Value = WSW.Range("B4:E4").Value
            Next i

        End Sub
```

Depois de uma hora, você vai ter dados recuperados de centenas de páginas web (veja a Figura 18.2).

Figura 18.2
Os resultados de executar uma consulta à web centenas de vezes.

▲	A	B	C	D	E	F
1	Date	Format	High	Low	Rain	Snow
2	10/7/2012	/2012/10/7/	48 °F	36 °F	0.02 in	0.00 in
3	10/6/2012	/2012/10/6/	55 °F	41 °F	0.34 in	0.00 in
4	10/5/2012	/2012/10/5/	70 °F	49 °F	0.28 in	0.00 in
5	10/4/2012	/2012/10/4/	73 °F	55 °F	0.00 in	0.00 in
6	10/3/2012	/2012/10/3/	72 °F	58 °F	0.00 in	0.00 in
7	10/2/2012	/2012/10/2/	72 °F	54 °F	0.17 in	0.00 in
8	10/1/2012	/2012/10/1/	63 °F	42 °F	0.15 in	0.00 in
9	9/30/2012	/2012/9/30/	65 °F	45 °F	T in	0.00 in
10	9/29/2012	/2012/9/29/	68 °F	42 °F	0.00 in	0.00 in

Exemplos de Fragmentar Sites Usando Consultas à Web

Com os anos, tenho usado o truque das consultas à web muitas vezes. Exemplos incluem os seguintes:

■ Nomes e endereços da companhia para todos os CFOs da Fortune 1000, de forma que eu pudesse anunciar meus seminários de Power Excel para eles.

■ A lista completa de membros de uma associação de publicação da qual sou membro (eu já tinha a lista impressa, mas, com um banco de dados eletrônico, eu poderia filtrar e encontrar quem pudesse publicar em certas cidades).

■ A lista completa de endereços de bibliotecas públicas nos Estados Unidos.

■ A lista completa de restaurantes Chipotle (que mais tarde acabou no meu GPS, mas essa é uma história para o livro [ainda não escrito] sobre o Microsoft MapPoint).

Usando `Application.OnTime` para Analisar Dados Periodicamente

O VBA oferece o método `OnTime` para executar qualquer procedimento VBA em um momento específico do dia ou depois de uma quantidade específica de tempo tiver passado.

É possível gravar uma macro que iria capturar dados a cada hora por todo o dia. Essa macro teria os horários gravados diretamente no código. O código seguinte vai, teoricamente, capturar dados de um site a cada hora ao longo do dia:

```
Sub ScheduleTheDay()
    Application.OnTime EarliestTime:=TimeValue("8:00 AM"), _
        Procedure:= "CaptureData"
    Application.OnTime EarliestTime:=TimeValue("9:00 AM"), _
        Procedure:= "CaptureData"
    Application.OnTime EarliestTime:=TimeValue("10:00 AM"), _
        Procedure:= "CaptureData"
    Application.OnTime EarliestTime:=TimeValue("11:00 AM"), _
        Procedure:= "CaptureData"
    Application.OnTime EarliestTime:=TimeValue("12:00 AM"), _
        Procedure:= "CaptureData"
    Application.OnTime EarliestTime:=TimeValue("1:00 PM"), _
        Procedure:= "CaptureData"
    Application.OnTime EarliestTime:=TimeValue("2:00 PM"), _
        Procedure:= "CaptureData"
    Application.OnTime EarliestTime:=TimeValue("3:00 PM"), _
        Procedure:= "CaptureData"
    Application.OnTime EarliestTime:=TimeValue("4:00 PM"), _
        Procedure:= "CaptureData"
    Application.OnTime EarliestTime:=TimeValue("5:00 PM"), _
        Procedure:= "CaptureData"
End Sub

Sub CaptureData()
    Dim WSQ As Worksheet
    Dim NextRow As Long
    Set WSQ = Worksheets("MyQuery")
    ' Atualiza a consulta web
    WSQ.Range("A2").QueryTable.Refresh BackgroundQuery:=False
    ' Certifica-se qua os dados estão atualizados
    Application.Wait (Now + TimeValue("0:00:10"))
    ' Copia os resultados da consulta web para uma nova linha
    NextRow = WSQ.Cells(Rows.Count, 1).End(xlUp).Row + 1
    WSQ.Range("A2:B2").Copy WSQ.Cells(NextRow, 1)
End Sub
```

Procedimentos Agendados Requerem o Modo Ready

O método `OnTime` vai executar desde que o Excel esteja em modo Ready, Cópia, Recorte ou Procura no momento prescrito. Ao editar uma célula às 7:59:55 e mantiver essa célula no modo Editar, o Excel não pode executar a macro `CaptureData` às 8:00.

No exemplo de código anterior, especifiquei apenas o horário de início para que o procedimento seja executado. O Excel aguarda ansiosamente até que a planilha seja retornada ao modo Ready e depois executa o programa agendado assim que puder.

382 Capítulo 18 | Lendo e Gravando para a Web

Um exemplo clássico é o que você começa a editar uma célula às 7:59 e depois seu gerente entra e pede para que você compareça a uma reunião surpresa da equipe. Ao deixar sua planilha no modo Editar e ficar na reunião até às 10:30, o programa não pode executar as três primeiras atualizações agendadas. Assim que retornar à sua mesa e pressionar Enter para sair do modo de Edição, o programa executa todas as três tarefas previamente agendadas. No código anterior, você vai descobrir que as três primeiras atualizações agendadas do programa vão acontecer entre 10:30 e 10:31.

Especificando uma Janela de Tempo para uma Atualização

Uma alternativa é fornecer ao Excel uma janela de tempo dentro da qual ele possa fazer a atualização. O código seguinte diz ao Excel para executar a atualização entre 8:00 e 8:05.

```
Application.OnTime EarliestTime:=TimeValue("8:00 AM"), _
    Procedure:= "CaptureData ", _
  LatestTime:=TimeValue("8:05 AM")
```

Se a sessão do Excel continua no modo Editar por cinco minutos, a tarefa agendada é descartada.

Cancelando uma Macro Previamente Agendada

É bem difícil cancelar uma macro previamente agendada. Você deve saber a hora exata que a macro está agendada para ser executada. Para cancelar uma operação pendente, chame o método OnTime novamente, usando o parâmetro Schedule:=False, para desmarcar o evento. O código seguinte cancela a execução das 11:00 do CaptureData:

```
Sub CancelEleven()
Application.OnTime EarliestTime:=TimeValue("11:00 AM"), _
    Procedure:= "CaptureData", Schedule:=False
End Sub
```

É interessante observar que os agendamentos OnTime são lembrados por uma instância em execução do Excel. Ao manter o Excel aberto, mas fechar a pasta de trabalho com o procedimento agendado, ele ainda assim será executado. Considere essa hipotética série de eventos:

1. Abrir o Excel às 7:30.
2. Abrir o Schedule.XLS e executar uma macro para agendar um procedimento às 8:00.
3. Fechar o Schedule.XLS, mas manter o Excel aberto.
4. Abrir uma nova pasta de trabalho e começar a inserir dados.

Às 8:00, o Excel reabre o Schedule.XLS e executa a macro agendada. O Excel não fecha o Schedule. XLS. Como você pode imaginar, isso é bem irritante e alarmante se você não estiver esperando por isso. Se for fazer um uso extensivo de Application.OnTime, é possível querer tê-lo rodando em uma instância do Excel enquanto trabalha em uma segunda instância.

> **NOTA** Se estiver pensando em usar uma macro para agendar uma macro para certa quantidade de tempo no futuro, deve lembrar a hora em uma célula fora do caminho para ser capaz de cancelar a atualização. Veja o exemplo na seção "Agendando uma Macro para Ser Executada X Minutos no Futuro" deste capítulo.

Usando `Application.OnTime` para Analisar Dados Periodicamente | **383**

Fechar o Excel Cancela Todas as Macros Agendadas Pendentes

Ao fechar o Excel em Arquivo, Sair, todas as macros agendadas para o futuro serão automaticamente canceladas. Quando se tem uma macro que agendou um monte de macros em tempos indeterminados, fechar o Excel é a única maneira de evitar que elas sejam executadas.

Agendando uma Macro para Ser Executada *X* Minutos no Futuro

É possível agendar uma macro para ser executada em um certo ponto do futuro. A macro usa a função *TIME* para retornar o tempo corrente e adiciona 2 minutos e 30 segundos ao tempo. A macro seguinte executa alguma coisa em 2 minutos e 30 segundos a partir de agora:

```
Sub ScheduleAnything()
    ' Essa macro pode ser usada para agendar qualquer coisa
    WaitHours = 0
    WaitMin = 2
    WaitSec = 30
    NameOfScheduledProc = "CaptureData"
    ' --- Fim da Seção Input -------

    ' Determina o próximo horário que isso deve ser executado
    NextTime = Time + TimeSerial(WaitHours, WaitMin, WaitSec)

    ' Agenda ThisProcedure para ser executado então
    Application.OnTime EarliestTime:=NextTime,
Procedure:=NameOfScheduledProc

End Sub
```

Mais tarde, se precisar cancelar esse evento agendado, será quase impossível. Você não sabe o horário exato que a macro obteve da função *TIME*. Você pode tentar salvar esse valor em uma célula fora do caminho:

```
Sub ScheduleWithCancelOption
    NameOfScheduledProc = "CaptureData"

    ' Determina o próximo horário que isso deve ser executado
    NextTime = Time + TimeSerial(0,2,30)
    Range("ZZ1").Value = NextTime

    ' Agenda ThisProcedure para ser executado então
    Application.OnTime EarliestTime:=NextTime, _
        Procedure:=NameOfScheduledProc

End Sub

Sub CancelLater()
        NextTime = Range("ZZ1").value
        Application.OnTime EarliestTime:=NextTime, _
    Procedure:=CaptureData, Schedule:=False
End Sub
```

Agendando um Lembrete Verbal

As ferramentas de texto para voz no Excel podem ser divertidas. A macro seguinte define um agendamento que vai lembrá-lo de quando for a hora de ir para a reunião da equipe:

384 Capítulo 18 | Lendo e Gravando para a Web

```
Sub ScheduleSpeak()
    Application.OnTime EarliestTime:=TimeValue("9:14 AM"), _
        Procedure:="RemindMe"
End Sub

Sub RemindMe()
    Application.Speech.Speak _
        Text:="Bill. It is time for the staff meeting."
End Sub
```

Caso queira fazer uma brincadeira com seu gerente, você poderá agendar o Excel para automaticamente ligar a característica Ler Células em Voz Alta ao Pressionar Enter. Siga esse cenário:

1. Diga ao gerente que o está levando para almoçar para celebrar o 1º de Abril.

2. Em algum momento da manhã, enquanto seu gerente estiver tomando café, execute a macro ScheduleSpeech. Projete a macro para executar 15 minutos depois de o seu almoço começar.

3. Leve seu gerente para almoçar.

4. Enquanto seu gerente estiver fora, a macro agendada vai ser executada.

5. Quando o gerente retornar e começar a digitar dados no Excel, o computador vai repetir as células na medida em que elas forem sendo inseridas. Esta é uma lembrança do computador de *Jornada nas Estrelas*, que repetia tudo que a Tenente Uhura dizia.

Depois de isso começar a acontecer, você pode fingir ser inocente, já que você tem um álibi forte para quando a piada começou a acontecer:

```
Sub ScheduleSpeech()
    Application.OnTime EarliestTime:=TimeValue("12:15 PM"), _
        Procedure:="SetUpSpeech"
End Sub

Sub SetupSpeech())
    Application.Speech.SpeakCellOnEnter = True
End Sub
```

> **NOTA**
>
> Para desligar o Ler Células em Voz Alta, é possível ou desenterrar o botão do painel Personalizar Barra de Ferramentas de Acesso Rápido (procure na categoria chamada Comandos Fora da Faixa de Opções), ou, se puder executar algum VBA, mudar a macro SetupSpeech de True para False.

Agendando uma Macro para Ser Executada a Cada 2 Minutos

Meu método favorito é pedir ao Excel para executar certa macro a cada 2 minutos. Entretanto, percebi que, se uma macro se atrasava porque eu acidentalmente deixei a pasta de trabalho no modo Edit ao ir para a reunião da equipe, não quero que dúzias de atualizações aconteçam em alguns segundos.

A solução fácil é fazer o procedimento ScheduleAnything se agendar recursivamente para ser executado novamente em 2 minutos. O código seguinte agenda uma execução em 2 minutos e depois realiza o CaptureData:

```
Sub ScheduleAnything()
    ' Essa macro poe ser usada para agendar qualquer coisa
    ' Entre com a frequência que você quer executar a macro em horas e minutos
    WaitHours = 0
    WaitMin = 2
    WaitSec = 0
    NameOfThisProcedure = "ScheduleAnything"
    NameOfScheduledProc = "CaptureData"
    ' --- Fim da Seção Input -------

    ' Determina o próximo horário que isso deve ser executado
    NextTime = Time + TimeSerial(WaitHours, WaitMin, WaitSec)

    ' Agenda ThisProcedure para ser executado então
    Application.OnTime EarliestTime:=NextTime, _
        Procedure:=NameOfThisProcedure

    ' Obtenha os dados
    Application.Run NameOfScheduledProc

End Sub
```

Esse método tem algumas vantagens. Não agendei um milhão de atualizações no futuro. Tenho apenas uma única atualização futura agendada em qualquer momento. Portanto, se decidir que estou cansado de ver o débito nacional a cada 15 segundos, preciso apenas comentar a linha de código `Application.OnTime` e esperar 15 segundos para a última atualização ocorrer.

Publicando Dados em uma Página Web

Esse capítulo destacou as muitas maneiras de capturar dados da web. Ele também é útil para publicar dados do Excel de volta para a web.

No Capítulo 11, "Mineração de Dados com Filtro Avançado", a macro `RunReportForEachCustomer` foi capaz de gerar relatórios para cada cliente de uma companhia. Em vez de imprimir e passar o relatório por fax, seria ideal gravar o arquivo do Excel como um HTML e postar os resultados em uma intranet da companhia, de forma que representantes de atendimento ao cliente pudessem instantaneamente acessar a última versão do relatório.

Considere um relatório como o mostrado na Figura 18.6. Com a interface do usuário do Excel, é fácil salvar o relatório como uma página web para criar uma visualização em HTML dos dados.

No Excel 2016, use Arquivo, Salvar Como. Selecione Página da web (*.htm, *.html) na lista Salvar Como Tipo. Você tem controle apenas sobre o título que aparece na barra de título da janela. Esse título também acaba escrito em cima e no centro da página web. Clique no botão Alterar para mudar a tag `<title>` da página web. Digite um nome que termine ou em .htm ou .html e clique em Publicar.

O resultado é um arquivo que pode ser visualizado em qualquer navegador web. Essa página web mostra precisamente nossos formatos de números e tamanhos de fonte (veja a Figura 18.3).

Onde a macro do Capítulo 11 fez `WBN.SaveAs`, a nova macro usa esse código para gravar cada página web:

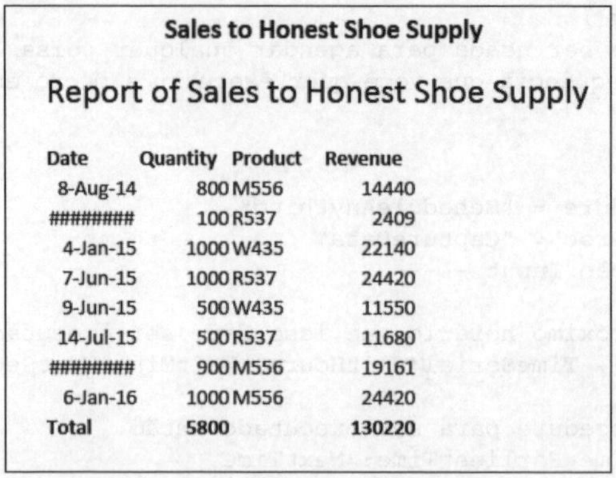

386 Capítulo 18 | Lendo e Gravando para a Web

Figura 18.3
A formatação é próxima
da planilha original.

Sales to Honest Shoe Supply		
Report of Sales to Honest Shoe Supply		
Date	Quantity Product	Revenue
8-Aug-14	800 M556	14440
########	100 R537	2409
4-Jan-15	1000 W435	22140
7-Jun-15	1000 R537	24420
9-Jun-15	500 W435	11550
14-Jul-15	500 R537	11680
########	900 M556	19161
6-Jan-16	1000 M556	24420
Total	**5800**	**130220**

```
HTMLFN = "C:\Intranet\" & ThisCust & ".html"
On Error Resume Next
Kill HTMLFN
On Error GoTo 0
With WBN.PublishObjects.Add( _
    SourceType:=xlSourceSheet, _
    Filename:=HTMLFN, _
    Sheet:="Sheet1", _
    Source:="", _
    HtmlType:=xlHtmlStatic, _
    DivID:="A", _
    Title:="Sales to " & ThisCust)
    .Publish True
    .AutoRepublish = False
End With
```

Apesar de os dados serem representados com precisão na Figura 18.3, não são extremamente bonitos. Não temos o logotipo da companhia ou uma barra de navegação para examinar outros relatórios.

Usando o VBA para Criar Páginas Web Personalizadas

Muito antes de a Microsoft introduzir a funcionalidade Salvar Como Página da web, as pessoas vinham usando o VBA para pegar os dados do Excel e publicá-los como HTML. A vantagem desse método é que você pode escrever comandos HTML específicos para exibir os logotipos da companhia e barras de navegação.

Considere um típico modelo de página web:

- Há código para exibir um logo e uma barra de navegação em cima/ao lado.
- Há o conteúdo da página.
- Há algum código HTML para finalizar a página.

Esta macro vai ler o código por trás de uma página web e escrevê-lo no Excel:

```
Sub ImportHTML()
    ThisFile = "C:\Intranet\schedule.html"
    Open ThisFile For Input As #1
    Ctr = 2
    Do
```

```
                Line Input #1, Data
                Worksheets("HTML").Cells(Ctr, 2).Value = Data
                Ctr = Ctr + 1
         Loop While EOF(1) = False
         Close #1
    End Sub
```

Ao importar o texto de uma página web para o Excel, mesmo que você não entenda o HTML envolvido, você pode provavelmente descobrir as primeiras linhas que contêm o conteúdo da sua página.

Examine o código HTML no Excel. Copie as linhas necessárias para desenhar a parte de cima da página web para uma planilha chamada Topo. Copie as linhas de código necessárias para fechar a página web para uma planilha chamada Rodapé.

É possível usar o VBA para gravar o topo e, depois, gerar o conteúdo a partir da sua planilha, gravando em seguida a parte de baixo.

Usando o Excel Como um Sistema de Gerenciamento de Conteúdo (CMS)

Meio bilhão de pessoas são proficientes em Excel. Companhias em todos os lugares possuem dados no Excel e muitos membros de equipe se sentem confortáveis em manter esses dados. Em vez de forçar essas pessoas a aprenderem como criar páginas HTML, por que não construir um sistema de gerenciamento de conteúdo que pega os dados do Excel e escreve páginas web personalizadas?

Você provavelmente já possui dados para uma página web no Excel. Usando o HTML para ler o HTML para o Excel, você sabe as partes de cima e de baixo do HTML necessárias para renderizar a página web. Criar um sistema de gerenciamento de conteúdo com essas ferramentas é simples. Para os dados existentes do Excel, adicionei duas planilhas. Na planilha chamada Topo, copiei o HTML necessário para gerar a barra de navegação do site. Para a planilha chamada Rodapé, copiei o HTML necessário para gerar o final da página HTML. A Figura 18.4 mostra a simples planilha Fundo.

Figura 18.4

Companhias em todos os lugares estão mantendo todo tipo de dados no Excel e estão confortáveis com a atualização de dados. Por que não casar o Excel com um pouco de VBA, de forma que possa ser produzido HTML personalizado a partir do Excel?

	A	B	C	D	E	F	G	H	I	J	K
1	Sequence	Content									
2	1	</UL></p>									
3	2										
4	3										
5	4	Contact: Bill Jelen P.O. Box 82, Uniontown, OH 44685; 									
6	5	online at: www.mrexcel.com ; and by email at Bill@mrexcel.com 									
7	6	</p>									
8	7										
9	8	<center>###</center> 									
10	9										
11	10										
12	11										
13	12	</p>									
14	13	</font>									
15	14	<p></td>									
16	15	</tr>									
17	16	</table>									
18	17	</td>									
19	18	</tr>									
20	19	</table>									
21	20										
22	21	<p align="center"><font size="1" color="#1E2463">Excel is a registered trademark									
23	22	of the Microsoft® Corporation. MrExcel is a registered trademark of Tickling Keys,Inc.</font></p>									
24	23	<p align="center"><font size="1" color="#1E2463">All contents Copyright									
25	24										
26	25	1998-2015 by MrExcel Consulting.</font></p>									
27	26	</font></p>									
28	27										
29	28	</body>									
30	29										
31	30	</html>									

388 Capítulo 18 | Lendo e Gravando para a Web

O código da macro abre um arquivo texto chamado `diretorio.html` para saída. Primeiro, todo o código HTML da planilha Topo é escrito no arquivo.

Depois, a macro itera por cada linha do diretório de membros, gravando os dados no arquivo.

Depois de completar o loop, a macro escreve o código HTML da planilha Rodapé para finalizar o arquivo:

```
Sub WriteMembershipHTML()
    ' Escreve páginas web
    Dim WST As Worksheet
    Dim WSB As Worksheet
    Dim WSM As Worksheet
    Set WSB = Worksheets("Rodapé")
    Set WST = Worksheets("Topo")
    Set WSM = Worksheets("Membership")

    ' Descobre o caminho
    MyPath = ThisWorkbook.Path

    LineCtr = 0

    FinalT = WST.Cells(Rows.Count, 1).End(xlUp).Row
    FinalB = WSB.Cells(Rows.Count, 1).End(xlUp).Row
    FinalM = WSM.Cells(Rows.Count, 1).End(xlUp).Row

    MyFile = "sampleschedule.html"

    ThisFile = MyPath & Application.PathSeparator & MyFile
    ThisHostFile = MyFile

    ' Apaga a antiga página HTML
    On Error Resume Next
    Kill (ThisFile)
    On Error GoTo 0

    ' Constrói o título
    ThisTitle = "<Title>LTCC Membership Directory</Title>"
    WST.Cells(3, 2).Value = ThisTitle

    ' Abre o arquivo para a saída
    Open ThisFile For Output As #1

    ' Escreve a parte superior do HTML
    For j = 2 To FinalT
        Print #1, WST.Cells(j, 2).Value
    Next j

    ' para cada linha em Membership, escreve linhas de dados no aquivo HTML
    For j = 2 To FinalM
        ' Surround Member name with bold tags
        Print #1, "<li>" & WSM.Cells(j, 1).Value
    Next j

    ' Fecha o arquivo antigo
    Print #1, "This page current as of " & Format(Date, "mmmm dd, yyyy") & _
        " " & Format(Time, "h:mm AM/PM")

    ' Escreve código HTML da planilha Bottom
```

Publicando Dados em uma Página Web | **389**

```
For j = 2 To FinalB
    Print #1, WSB.Cells(j, 2).Value
Next j
Close #1

Application.StatusBar = False
Application.CutCopyMode = False
MsgBox "web pages updated"

End Sub
```

A Figura 18.5 mostra a página web finalizada. Esta página web parece muito melhor do que a página genérica criada pela opção Salvar Como Página da web do Excel. Ela pode manter a aparência do resto do site.

Esse sistema tem muitas vantagens. A pessoa que mantém os dados agendados está confortável com o trabalho no Excel. Ela já vem mantendo os dados no Excel regularmente. Agora, depois de atualizar alguns registros, ela pressiona um botão para produzir uma nova versão da página web.

Claro, o web designer não tem noção de Excel. Entretanto, se ele alguma vez quiser mudar o design da web, é uma simples questão de abrir um novo arquivo sample.html no Bloco de Notas e copiar o novo código para as planilhas Topo e Rodapé.

Figura 18.5
Um simples sistema de gerenciamento de conteúdo no Excel foi usado para gerar essa página web. A aparência coincide com o resto do site. O Excel alcançou isso sem qualquer codificação custosa de banco de dados

A página web resultante tem um tamanho de arquivo pequeno — aproximadamente um sexto da página equivalente criada pelo salvar Como Página da Web do Excel.

> **NOTA** Na vida real, o sistema de gerenciamento de conteúdo nesse exemplo foi estendido para permitir uma fácil manutenção do calendário da organização, membros do conselho e assim por diante. A pasta de trabalho resultante tornou possível manter 41 páginas web com um clique de botão.

Bônus: FTP a partir do Excel

Depois que for capaz de atualizar páginas web a partir do Excel, você ainda terá o problema de usar um programa de FTP para fazer o upload das páginas do disco rígido para a Internet. De novo, temos diversas pessoas proficientes em Excel, mas não muito confortáveis com o uso de um cliente FTP.

390 Capítulo 18 | Lendo e Gravando para a Web

Ken Anderson escreveu um utilitário FTP freeware de linha de comando. Faça o download do WCL_FTP de http://www.softlookup.com/display.asp?id=20483. Salve o WCL_FTP.exe no diretório raiz do seu disco rígido e depois use esse código para fazer o upload automático dos seus arquivos HTML recentemente criados para o servidor web:

```
Sub DoFTP(fname, pathfname)
' Para ter esse trabalho, copie wcl_ftp.exe para o diretório C:\ root
' Faça download de http://www.softlookup.com/display.asp?id=20483

' Construa uma string para FTP. A  sintaxe é
' WCL_FTP.exe "Caption" hostname username password host-directory _
' host-filename local-filename get-or-put 0Ascii1Binarny 0NoLog _
' 0Background 1CloseWhenDone 1PassiveMode  1ErrorsText

If Not Worksheets("Menu").Range("I1").Value = True Then Exit Sub

s = """"c:\wcl_ftp.exe "" " _
    & """"Upload File to website"" " _
    & "ftp.MySite.com FTPUser FTPPassword www " _
    & fname & " " _
    & """" & pathfname & """" " _
    & "put " _
    & "0 0 0 1 1 1"

Shell s, vbMinimizedNoFocus
End Sub
```

Próximos Passos

O Capítulo 19, "Processamento de Arquivos de Texto", abrange a importação de um arquivo de texto e a escrita em um arquivo de texto. Ser capaz de escrever em um arquivo de texto é útil quando se precisa escrever dados de outro sistema para lê-los.

Processamento de Arquivos de Texto

19

O VBA simplifica tanto a leitura como a gravação dos arquivos de texto. Esse capítulo trata da importação e gravação de um arquivo de texto. Poder gravar em um arquivo de texto se mostra útil quando é necessário gravar dados para outro sistema ler ou até quando você precisa produzir arquivos HTML.

Importando de Arquivos de Texto

Há dois cenários básicos quando se lê arquivos de texto. Se o arquivo contiver menos de 1.048.576 registros, não é difícil importá-lo usando o método `Workbooks.OpenText`. Se o arquivo contiver mais de 1.048.576 registros, você deve ler no arquivo um registro de cada vez.

Importando Arquivos de Texto com Menos de 1.048.576 Linhas

Arquivos de texto geralmente podem vir em dois formatos. Em um deles, os campos em cada registro são separados por algum delimitador, tal como uma vírgula, barra vertical ou tabulação. No segundo formato, cada campo toma um número específico de posições de caracteres. Isso é chamado de arquivo de largura fixa (*fixed-width file*) e foi muito popular na época do COBOL.

O Excel pode importar esses dois tipos de arquivo. Você pode também abrir ambos tipos usando o método do `OpenText`. Em ambos casos, o melhor é gravar o processo de abertura do arquivo e usar o recorte de código gravado.

NESTE CAPÍTULO

Importando de Arquivos de Texto 391

Gravando Arquivos de Texto 402

Próximos Passos 403

Abrindo um Arquivo de Largura Fixa

A Figura 19.1 mostra um arquivo de texto onde cada campo ocupa certo espaço no registro. Escrever o código para abrir esse tipo de arquivo é um pouco difícil, pois é necessário especificar o comprimento de cada campo. Na minha coleção de antiguidades, eu ainda tenho a régua de metal usada por programadores COBOL para medir o número de caracteres em um campo impresso em uma impressora greenbar1. Em teoria, seria possível mudar a fonte do seu arquivo para uma fonte monoespaçada e usar este mesmo método. No entanto, usar um gravador macro é um método ligeiramente mais atual.

Figura 19.1
Este arquivo é de largura fixa. Porque você deve especificar o comprimento exato de cada campo no arquivo, abrir este arquivo é bem complexo.

```
sales.prn - Bloco de notas
Arquivo  Editar  Formatar  Exibir  Ajuda
Region   Product  Date       Customer    Quantity  Revenue COGS Profit
East     XYZ      7/24/18QRS INC.            1000   228101022012590
Central  DEF      7/25/18JKL, CO              100     2257  984 1273
East     ABC      7/25/18JKL, CO              500    10245 4235 6010
Central  XYZ      7/26/18WXY, CO              500    11240 5110 6130
East     XYZ      7/27/18FGH, CO              400     9152 4088 5064
Central  XYZ      7/27/18WXY, CO              400     9204 4088 5116
```

Ligue o gravador de macro selecionando Gravar Macro, na aba Desenvolvedor. A partir do menu Arquivo, selecione Abrir. Mude de Arquivos do Tipo para Todos os Arquivos e encontre seu arquivo de texto.

No passo 1 do Assistente de Importação de Texto, especifique se os dados são de Largura Fixa e clique em Avançar.

O Excel então olha seus dados e tenta descobrir onde cada campo começa e termina. A Figura 19.2 mostra a suposição do Excel neste arquivo em particular. Devido ao campo Data estar muito perto do campo Cliente, o Excel deixou de desenhar aquela linha.

Figura 19.2
O Excel supõe onde cada campo começa. Neste caso, ele estimou errado dois campos.

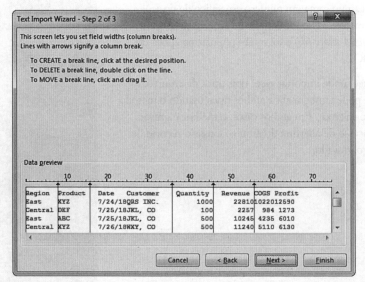

Para adicionar um indicador de novo campo no passo 2 do assistente, clique no lugar apropriado na janela Visualização dos Dados. Se você clicar na coluna errada, clique na linha e a arraste para o local correto. Se o Excel inadvertidamente criar uma linha de campo extra, dê um clique duplo na linha para removê-la. A Figura 19.3 mostra uma visualização de dados depois que as mudanças apropriadas foram feitas. Observe a pequena régua acima dos dados. Ao clicar para adicionar um marcador de campo, o Excel na verdade está lidando com o trabalho enfadonho de descobrir que o campo Cliente começa na posição 25 com um comprimento de 11.

Figura 19.3
Após adicionar um novo marcador de campo e ajustar o marcador entre Cliente e Quantidade no lugar correto, o Excel pode gerar o código que dá a você uma ideia da posição inicial e comprimento de cada campo.

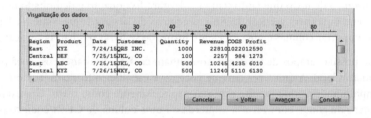

No passo 3 do assistente, o Excel sempre assume que todos os campos estão no formato Geral.

Altere o formato de qualquer um dos campos que venham a requerer um tratamento especial. Clique na terceira coluna e escolha o formato apropriado da seção Formato dos Dados da Coluna da caixa de diálogo. A Figura 19.4 mostra as seleções para este arquivo.

Figura 19.4
A terceira coluna é uma data, e você não deseja importar as colunas Custo e Lucro

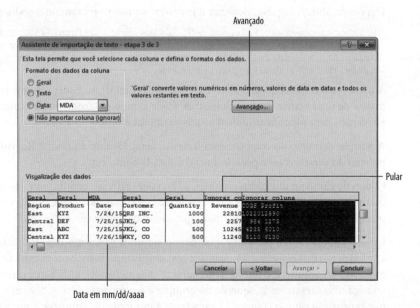

394 Capítulo 19 | Processamento de Arquivos de Texto

Caso possua campos de data, clique no cabeçalho acima desta coluna e altere o formato dos dados da coluna para uma data. Se você tiver um arquivo com datas no formato ano-mês-dia ou dia-mês-ano, selecione o drop-down do lado da data e escolha a sequência apropriada da data.

Se preferir pular alguns campos, clique nessa coluna e selecione não importar coluna (Ignorar) da seleção Formato da dados de coluna. Existem algumas situações em que isso é útil. Se o arquivo incluir dados delicados que não deseja mostrar ao cliente, você pode deixar essa informação de fora da importação. Por exemplo, talvez esse relatório seja para um cliente ao qual você não quer mostrar o custo dos produtos vendidos ou lucro. Nesse caso, pode-se optar por pular esses campos na importação. Além disso, ocasionalmente você irá encontrar um arquivo de texto que tanto tem uma largura fixa quanto é delimitado por um caractere, tal como uma barra vertical. Definir as colunas de largura 1 que contêm a barra vertical como "não importar coluna" é uma excelente forma de se livrar das barras verticais.

Caso possua campos de texto que contenham caracteres alfabéticos, você pode escolher o formato Geral. A única vez em que você deve escolher o formato Texto é se você tiver um campo numérico que precise exportar explicitamente como texto. Um exemplo disso é um número de conta, com zeros à esquerda ou uma coluna de CEPs/códigos postais. Nesse caso, mude o campo para o formato Texto, para garantir que o código postal 01234 não perca o zero à esquerda.

> **NOTA** Após importar um arquivo de texto e especificar que um campo é texto, este campo irá exibir um comportamento aparentemente bizarro. Tente inserir uma nova linha e colocar uma fórmula no meio da coluna importada como texto. Em vez de obter os resultados da fórmula, o Excel entra com a fórmula como texto. A solução é excluir a fórmula, formatar a coluna inteira como Geral e, então, entrar com a fórmula novamente

Depois de abrir o arquivo, desligue o gravador de macro e examine o código gravado:

```
Workbooks.OpenText Filename:="C:\sales.prn", Origin:=437, StartRow:=1, _
DataType:=xlFixedWidth, FieldInfo:=Array(Array(0, 1), Array(8, 1), _
Array(17, 3), Array(27, 1), Array(54, 1), Array(62, 1), Array(71, 9), _
Array(79, 9)), TrailingMinusNumbers:=True
```

A parte mais confusa desse código é o parâmetro FieldInfo. Espera-se que você codifique uma matriz de uma matriz de dois elementos. Cada campo no arquivo recebe uma matriz de dois elementos para identificar onde o arquivo começa e o tipo do arquivo.

A posição de início do campo é com base em zero. Devido ao campo Região estar na primeira posição do caractere, sua posição inicial é listada como zero.

O tipo de campo é um código numérico. Se você estivesse codificando isso manualmente, usaria os nomes de constantes xlColumnDataType, mas, por alguma razão, o gravador de macro usa os equivalentes numéricos, que são mais difíceis de entender.

Com a Tabela 19.1, é possível decodificar o significado das matrizes individuais no array FieldInfo. O Array(0, 1) significa que esse campo começa com caracteres zero do lado esquerdo do arquivo e é um formato geral. O Array(8, 1) indica que o próximo campo começa oito caracteres à esquerda do arquivo e é o formato Geral. O Array(17, 3) indica que o próximo campo começa 17 caracteres à esquerda do arquivo e é um formato de data em sequência mês-dia-ano.

Importando de Arquivos de Texto | 395

Tabela 19.1 Valores `xlColumnDataType`

Valor	Constante	Usado Para
`Constante`	`xlGeneralFormat`	Geral
`Usado Para`	`xlTextFormat`	Texto
3	`xlMDYFormat`	Data MDA
4	`xlDMYFormat`	Data DMA
5	`xlYMDFormat`	Data AMD
6	`xlMYDFormat`	Data MAD
7	`xlDYMFormat`	Data DAM
8	`xlYDMFormat`	Data ADM
9	`xlSkipColumn`	Ignorar Coluna
10	`xlEMDFormat`	Data EMD

Como você pode ver, o parâmetro `FieldInfo` para arquivos com largura fixa é difícil de codificar e confuso de olhar. Essa é uma situação em que é mais fácil gravar a macro e copiar o fragmento de código.

> **NOTA**
> O parâmetro `xlTrailingMinusNumbers` era novo no Excel 2002. Se tiver clientes que possam estar usando o Excel 97 ou Excel 2000, retire o parâmetro gravado. O código funciona bem sem o parâmetro em versões mais novas. No entanto, se este for deixado, pode levar a erros de compilação em versões mais antigas. Na minha experiência, essa é a causa número um de quebra de código em versões mais novas no Excel.

Abrindo um Arquivo Delimitado

A Figura 19.5 mostra um arquivo de texto onde cada campo é separado por uma vírgula. A tarefa principal para abrir um arquivo como esse é informar ao Excel que o delimitador no arquivo é uma vírgula e, então, identificar qualquer processamento especial para cada campo. Nesse caso, nós realmente queremos identificar a terceira coluna como sendo uma data no formato mm/dd/aaaa.

Figura 19.5
Esse arquivo é delimitado por vírgulas. Abrir esse arquivo envolve informar ao Excel para procurar uma vírgula como delimitador e, então, identificar qualquer manipulação especial, como tratar a terceira coluna como uma data. Isso é muito mais fácil do que manipular arquivos de largura fixa.

```
Region,Product,Date,Customer,Quantity,Revenue,COGS,Profit
East,XYZ,7/24/2018,QRS INC.,1000,22810,10220,12590
Central,DEF,7/25/2018,"JKL, CO",100,2257,984,1273
East,ABC,7/25/2018,"JKL, CO",500,10245,4235,6010
Central,XYZ,7/26/2018,"WXY, CO",500,11240,5110,6130
East,XYZ,7/27/2018,"FGH, CO",400,9152,4088,5064
Central,XYZ,7/27/2018,"WXY, CO",400,9204,4088,5116
East,DEF,7/27/2018,RST INC.,800,18552,7872,10680
```

396 Capítulo 19 | Processamento de Arquivos de Texto

> **NOTA**
> Se você tentar gravar o processo abrindo um arquivo delimitado por vírgula cujo nome termine com .csv, o Excel grava o método `Workbooks.Open` em vez de rather `Workbooks.OpenText`. Se você precisa controlar a formatação de certas colunas, renomeie o arquivo para ter uma extensão .txt antes de gravar a macro. Você pode então editar a macro gravada para mudar o nome do arquivo de volta para uma extensão .csv.

Ligue o gravador de macro e grave o processo de abrir o arquivo de texto. Na etapa 1 do assistente, especifique que o arquivo é delimitado.

No Assistente de importação de texto — etapa 2 de 3 —, a visualização de dados a princípio pode parecer ruim. Isso porque a padronização do Excel supõe que cada campo é separado por uma tabulação (veja Figura 19.6).

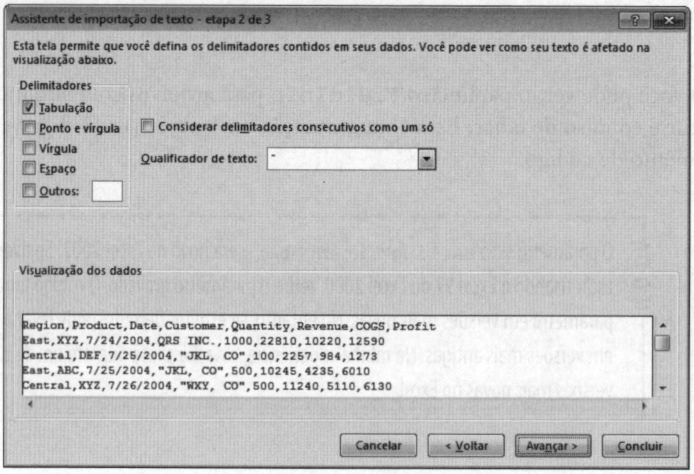

Figura 19.6
Antes de importar um arquivo de texto delimitado, a visualização inicial dos dados parece mais uma confusão de dados: isso porque o Excel procura por caracteres de tabulação entre cada campo quando uma vírgula é, na verdade, o delimitador deste arquivo.

Após desmarcar a caixa de seleção Tabulação e selecionar a escolha de delimitador apropriada, o que nesse caso é uma vírgula, a visualização dos dados na etapa 2 fica perfeita, conforme mostrado na Figura 19.7.

A etapa 3 do assistente é idêntica à etapa 3 para um arquivo de largura fixa. Nesse caso, especifique que a terceira coluna esteja em formato de data. Clique em Concluir e terá este código no gravador macro:

```
Workbooks.OpenText Filename:="C:\sales.txt", Origin:=437, _
    StartRow:=1, DataType:=xlDelimited, TextQualifier:=xlDoubleQuote, _
    ConsecutiveDelimiter:=False, Tab:=False, Semicolon:=False, _
    Comma:=True, Space:=False, Other:=False, _
    FieldInfo:=Array(Array(1, 1), Array(2, 1), _
    Array(3, 3), Array(4, 1), Array(5, 1), Array(6, 1), _
    Array(7, 1), Array(8, 1)), TrailingMinusNumbers:=True
```

Figura 19.7
Após mudar o delimitador do campo de uma tabulação para uma vírgula, a visualização dos dados fica perfeita. Isto certamente é mais fácil do que o processo incômodo da etapa 2 para um arquivo de largura fixa. Repare que o Excel ignora as vírgulas no campo Cliente quando há pontos de interrogação em volta do cliente.

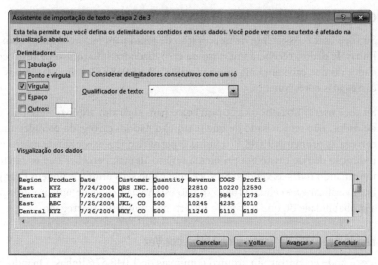

Embora esse código pareça mais longo, na verdade é mais simples. No parâmetro FieldInfo, os arrays de dois elementos consistem em uma sequência de números, começando no 1 para o primeiro campo e, então, um xlColumnDataType da Tabela 19.1. Nesse exemplo, Array(2, 1) está dizendo "o segundo campo é do tipo geral", Array(3, 3) diz "o terceiro campo é uma data no formato M-D-A". O código é mais extenso, porque ele especifica explicitamente que cada possível delimitador é definido como False. Como False é o padrão para todos os delimitadores, você só precisa, realmente, daquele que irá usar. O código a seguir é equivalente:

```
Workbooks.OpenText Filename:= "C:\sales.txt", _
    DataType:=xlDelimited, Comma:=True, _
    FieldInfo:=Array(Array(1, 1), Array(2, 1), Array(3, 3), _
    Array(4, 1), Array(5, 1), Array(6, 1), _
    Array(7, 1), Array(8, 1))
```

Finalmente, de forma a tornar o código mais legível, é possível usar o nome das constantes em vez do número dos códigos:

```
Workbooks.OpenText Filename:="C:\sales.txt", _
    DataType:=xlDelimited, _Comma:=True, _
    FieldInfo:=Array(Array(1, xlGeneralFormat), _
    Array(2, xlGeneralFormat), _
    Array(3, xlMDYFormat), Array(4, xlGeneralFormat), _
    Array(5, xlGeneralFormat), Array(6, xlGeneralFormat), _
    Array(7, xlGeneralFormat), Array(8, xlGeneralFormat))
```

O Excel possui opções internas para leitura de arquivos cujos campos sejam delimitados por tabulações, ponto e vírgula, vírgulas ou espaços. O Excel pode na verdade utilizar qualquer coisa como delimitador. Se alguém enviasse um texto delimitado por barras verticais, você ajustaria o parâmetro Other para True e especificaria um parâmetro OtherChar:

```
Workbooks.OpenText Filename:= "C:\sales.txt", Origin:=437, _
    DataType:=xlDelimited, Other:=True, OtherChar:= "|", FieldInfo:=...
```

398 | Capítulo 19 | Processamento de Arquivos de Texto

Lendo Arquivos de Texto com Mais de 1.048.576 Linhas

Se você usar o Assistente de importação de texto para ler um arquivo com mais de 1.048.576 linhas de dados, receberá um aviso de erro dizendo: "O arquivo de texto contém mais dados do que cabe em uma única planilha". As 1.048.576 primeiras linhas do arquivo serão carregadas corretamente.

Se você usar o `Workbooks.OpenText` para abrir um arquivo com mais de 1.048.576 linhas de dados, não será avisado de que o arquivo não foi carregado completamente. O Excel 2016 carrega as primeiras 1.048.576 linhas e permite que a execução da macro continue. Sua única indicação de que existe um problema será se alguém perceber que os relatórios não estão informando todas as vendas. Se você achar que seus arquivos podem ficar grandes assim, seria bom verificar se a célula A1048576 não está vazia depois de uma importação. Se estiver, existe a probabilidade de que o arquivo inteiro não tenha sido carregado.

Lendo Arquivos de Texto uma Linha por Vez

Você pode encontrar um arquivo com mais de 1.048.576 linhas. Quando isso acontece, a alternativa é ler o arquivo de texto uma linha por vez. O código para fazer isso é o mesmo de que você deve se lembrar da sua primeira aula de BASIC no cursinho de informática.

Você precisa abrir o arquivo para `INPUT` como `#1`. Você usa `#1` para indicar que este é o primeiro arquivo que você está abrindo. Se você teve que abrir dois arquivos, você pode abrir o segundo arquivo como `#2`. Você pode então usar `Line Input #1` para ler uma linha do arquivo como uma variável. O código seguinte abre sales.txt, lê 10 linhas do arquivo para as primeiras 10 células da planilha, e fecha o arquivo:

```
Sub Import10()
    ThisFile = "C\sales.txt"
    Open ThisFile For Input As #1
    For i = 1 To 10
        Line Input #1, Data
        Cells(i, 1).Value = Data
    Next i
    Close #1
End Sub
```

Em vez de ler somente 10 registros, você irá querer ler o arquivo até o final. Uma variável chamada `EOF` é atualizada automaticamente pelo Excel. Ao abrir um arquivo para entrada como `#1`, verificar `EOF(1)` irá lhe dizer se o último registro foi lido.

Use um loop `Do...While` para continuar lendo os registros até chegar ao final do arquivo:

```
Sub ImportAll()
    ThisFile = "C:\sales.txt"
    Open ThisFile For Input As #1
    Ctr = 0
    Do
        Line Input #1, Data
        Ctr = Ctr + 1
        Cells(Ctr, 1).Value = Data
    Loop While EOF(1) = False
    Close #1
End Sub
```

Após ler os registros com um código como esse, você irá notar na Figura 19.8 que os dados não estão separados em colunas. Todos os campos estão na coluna A do arquivo.

Use o método `TextToColumns` para separar os registros em colunas. Os parâmetros para `TextToColumns` são quase idênticos ao método `OpenText`:

```
Cells(1, 1).Resize(Ctr, 1).TextToColumns Destination:=Range("A1"), _
DataType:=xlDelimited, Comma:=True, FieldInfo:=Array(Array(1, _
xlGeneralFormat), Array(2, xlMDYFormat), Array(3, xlGeneralFormat), _
Array(4, xlGeneralFormat), Array(5, xlGeneralFormat), Array(6, _
xlGeneralFormat), Array(7,xlGeneralFormat), Array(8, xlGeneralFormat), _
Array(9, xlGeneralFormat), Array(10,xlGeneralFormat), Array(11, _
xlGeneralFormat))
```

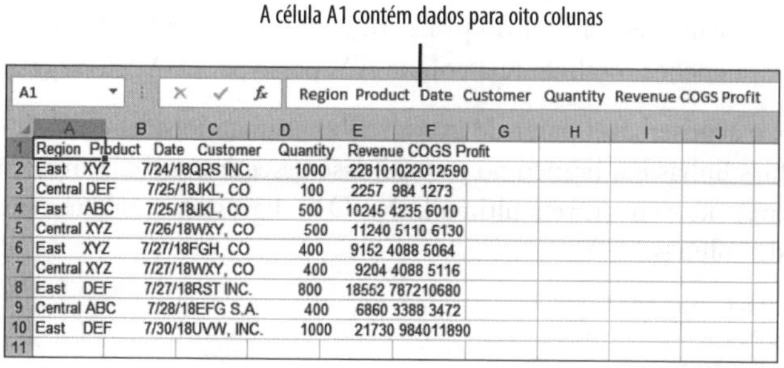

Figura 19.8
Quando você está lendo um arquivo de texto uma linha de cada vez, todos os campos de dados acabam em uma longa entrada na Coluna A.

A célula A1 contém dados para oito colunas

> **NOTA** Para o resto da sua sessão do Excel, ele irá lhe lembrar dos parâmetros de delimitação. Isso é um bug (característica?) irritante no Excel. Depois que ele lembrar que você está usando uma vírgula ou uma tabulação como delimitador, toda vez que tentar colar dados da Área de Transferência para o Excel, os dados serão analisados automaticamente pelos delimitadores especificados no método `OpenText`. Por esse motivo, ao tentar colar algum texto que inclua o cliente ABC, Inc., ele será automaticamente dividido em duas colunas, com o texto até ABC em uma coluna e Inc. na outra coluna.

Em vez de usar o designador #1 para abrir o arquivo de texto, é mais seguro usar a função `FreeFile`. Ela retorna um inteiro representando o número do arquivo de texto disponível para uso pela instrução `Open`. O código completo para ler um arquivo de texto menor do que 1.048.576 linhas é o seguinte:

```
Sub ImportAll()
    ThisFile = "C:\sales.txt"
    FileNumber = FreeFile
    Open ThisFile For Input As #FileNumber
    Ctr = 0
    Do
        Line Input #FileNumber, Data
        Ctr = Ctr + 1
        Cells(Ctr, 1).Value = Data
    Loop While EOF(FileNumber) = False
    Close #FileNumber
    Cells(1, 1).Resize(Ctr, 1).TextToColumns Destination:=Range("A1"), _
        DataType:=xlDelimited, Comma:=True, _
        FieldInfo:=Array(Array(1, xlGeneralFormat), _
        Array(2, xlMDYFormat), Array(3, xlGeneralFormat), _
```

Capítulo 19 | Processamento de Arquivos de Texto

```
                Array(4, xlGeneralFormat), Array(5, xlGeneralFormat), _
                Array(5, xlGeneralFormat), Array(6, xlGeneralFormat), _
                Array(7, xlGeneralFormat), Array(8, xlGeneralFormat), _
                Array(9, xlGeneralFormat), Array(10, xlGeneralFormat), _
                Array(10, xlGeneralFormat), Array(11, xlGeneralFormat))
        End Sub
```

Lendo Arquivos de Texto com Mais de 1.048.576 Linhas

É possível usar o método `Line Input` para ler um arquivo de texto maior. Uma boa
estratégia é ler linhas em células A1:A1048575 e, então, começar a ler linhas adicionais na
célula AA2. Você pode começar na Linha 2 no segundo conjunto, de forma que os títulos
possam ser copiados da Linha 1 do primeiro conjunto de dados. Se o arquivo for grande o
suficiente para encher totalmente a coluna AA, passe para BA2, CA2, e assim por diante.

Além disso, é aconselhável parar de gravar colunas quando se chega à linha 1048574,
deixando duas linhas em branco no rodapé. Isso assegura que o código `Cells(Rows.Count,
1).End(xlup).Row` encontre a última linha. O código seguinte lê um texto grande em vários
conjuntos de colunas:

```
Sub ReadLargeFile()
    ThisFile = "C:\sales.txt"
    FileNumber = FreeFile
    Open ThisFile For Input As #FileNumber

    NextRow = 1
    NextCol = 1
    Do While Not EOF(1)
        Line Input #FileNumber, Data
        Cells(NextRow, NextCol).Value = Data
        NextRow = NextRow + 1
        If NextRow = (Rows.Count -2)  Then
            ' Analise esses registros
            Range(Cells(1, NextCol), Cells(Rows.Count, NextCol)) _
                TextToColumns _
                Destination:=Cells(1, NextCol), DataType:=xlDelimited, _
                Comma:=True, FieldInfo:=Array(Array(1, xlGeneralFormat), _
                Array(2, xlMDYFormat), Array(3, xlGeneralFormat), _
                Array(4, xlGeneralFormat), Array(5, xlGeneralFormat), _
                Array(6, xlGeneralFormat), Array(7, xlGeneralFormat), _
                Array(8, xlGeneralFormat), Array(9, xlGeneralFormat), _
                Array(10, xlGeneralFormat), Array(11, xlGeneralFormat))
            ' Copie o cabeçalho da seção 1
            If NextCol > 1 Then
                Range("A1:K1").Copy Destination:=Cells(1, NextCol)
            End If
            ' Configure a próxima seção
            NextCol = NextCol + 26
            NextRow = 2
        End If
    Loop
    Close #FileNumber
    ' Analise a seção final de registros
    FinalRow = NextRow - 1
    If FinalRow = 1 Then
        ' Controle se o arquivo acidentalmente tiver exatamente 1084574 linhas
        NextCol = NextCol - 26
    Else
```

```
        Range(Cells(2, NextCol), Cells(FinalRow, NextCol)).TextToColumns _
                Destination:=Cells(1, NextCol), DataType:=xlDelimited, _
                Comma:=True, FieldInfo:=Array(Array(1, xlGeneralFormat), _
                Array(2, xlMDYFormat), Array(3, xlGeneralFormat), _
                Array(4, xlGeneralFormat), Array(5, xlGeneralFormat), _
                Array(6, xlGeneralFormat), Array(7, xlGeneralFormat), _
                Array(8, xlGeneralFormat), Array(9, xlGeneralFormat), _
                Array(10, xlGeneralFormat), Array(11, xlGeneralFormat))
        If NextCol > 1 Then
            Range("A1:K1").Copy Destination:=Cells(1, NextCol)
        End If
    End If

    DataSets = (NextCol - 1) / 26 + 1

  End Sub
```

Geralmente você deveria gravar a variável DataSets em uma célula nomeada em algum lugar da pasta de trabalho, de forma que saiba mais tarde quantos conjuntos de dados há na sua planilha.

Como pode imaginar, usando este método, é possível ler 660.601.620 linhas de dados em uma única planilha. O código que você utilizou anteriormente para filtrar e reportar os dados fica agora mais complexo. É possível criar tabelas dinâmicas para cada conjunto de colunas, para criar um resumo do conjunto de dados, e depois, por fim, resumir todas as tabelas de resumo em uma tabela dinâmica final. Em um determinado momento, é necessário considerar o ponto em que a aplicação se encaixaria melhor no Acess. Você também pode considerar se os dados deveriam ser armazenados no Access com uma interface Excel, o que é discutido no Capítulo 21, "Usando o Access como um Back End para Aprimorar o Acesso Multiusuário aos Dados".

Usando Power Query para carregar Grandes Arquivos ao Modelo de Dados

Se o seu objetivo é criar uma tabela dinâmica a partir do arquivo de texto, você pode evitar a tabela da planilha e carregar milhões de linhas diretamente no Modelo de Dados. Agora que a Power Query está embutida no Excel 2016, o gravador de macro grava o processo de importação de dados para o Modelo de Dados com Power Query. Use os seguintes passos:

1. Na aba de Dados, no grupo Power Query, selecione Nova Consulta, de Arquivo, de Arquivo de Texto.

2. Navegue até o arquivo de texto.

3. Na aba da Página Inicial da Power Query, abra o menu Fechar e Carregar e escolha Fechar e Carregar Para.

4. Na caixa de diálogo Carregar Para, escolha Apenas Cirar Conexão e Adicionar Esses dados ao Modelo de Dados, como exibido na Figura 19.9. Clique em OK. Os dados são carregados para a ferramenta Power Pivot.

Se você usar o gravador de macro durante esse processo, seu código gravado inclui instruções em linguagem M necessárias para definir a busca:

```
Sub ImportToDataModel()
'
' ImportToDataModel Macro
```

402 Capítulo 19 | Processamento de Arquivos de Texto

```
ActiveWorkbook.Queries.Add Name:="demo", Formula:= _
    "let" & Chr(13) & "" & Chr(10) & _
    "    Source = Csv.Document(File.Contents(""C:\demo.txt""), " & _
    "[Delimiter="","",Encoding=1252])," & Chr(13) & "" & Chr(10) & _
    "    #""First Row as Header"" = Table.PromoteHeaders(Source)," & _
    Chr(13) & "" & Chr(10) & _
    "    #""Changed Type"" = Table.TransformColumnTypes(" & _
    "#""First Row as Header""," & _
    "{{""StoreID"", Int64.Type}, {""Date"", type date}," & _
    "{""Division"", type text}, {""Units"", Int64.Type}," & _
    "{""Revenue"", Int64.Type}})" & Chr(13) & "" & Chr(10) & "i" & _
    """Changed Type"""
Workbooks("Book4").Connections.Add2 "Power Query - demo", _
    "Connection to the 'demo' query in the workbook.", _
    "OLEDB;Provider=Microsoft.Mashup.OleDb.1;" & _
    "Data Source=$Workbook$;Location=demo", _
    """demo""", 6, True, False
End Sub
```

Agora você pode usar Inserir, Tabela Dinâmica e especificar Usar Modelo de Dados Desta Pasta de Trabalho como a fonte para a tabela dinâmica.

Gravando Arquivos de Texto

O código para gravar arquivos de texto é similar ao de se ler arquivos de texto. Você precisa abrir um arquivo específico para saída como #1. Assim, à medida que passa repetidamente por esses vários registros, você os grava no arquivo usando a instrução Print #1.

Antes de abrir um arquivo para saída de dados, certifique-se de que quaisquer exemplos anteriores do arquivo tenham sido removidos. É possível usar a instrução Kill para excluir um arquivo, o que irá retornar um erro se o arquivo não estiver ali em primeiro lugar. Nesse caso, você vai querer usar o On Error Resume Next para evitar um erro.

O código a seguir escreve por extenso um arquivo de texto para ser usado por outro aplicativo:

```
Sub WriteFile()
    ThisFile = "C:\Results.txt"

    ' Apaga a copia de ontem do arquivo
    On Error Resume Next
    Kill ThisFile
    On Error GoTo 0

    ' Abre o arquivo
    Open ThisFile For Output As #1
    FinalRow = Cells(Rows.Count, 1).End(xlUp).Row
    ' Escreve o arquivo
    For j = 1 To FinalRow
        Print #1, Cells(j, 1).Value
    Next j
End Sub
```

Esse é, de certa forma, um exemplo trivial. Você pode usar esse método para gravar qualquer tipo de arquivo de texto. O código no final do Capítulo 18, "Lendo e Gravando para a Web", usa o mesmo conceito para gravar arquivos HTML.

Próximos Passos

O próximo capítulo sai do mundo do Excel para falar sobre como transferir dados do Excel para documentos do Microsoft Word. O Capítulo 20, "Automatizando o Word", examina o uso do VBA do Excel para automatizar e controlar o Microsoft Word.

Automatizando o Word

20

Word, Excel, PowerPoint, Outlook e Access, todos usam a mesma linguagem VBA. A única diferença são seus modelos de objeto. Por exemplo, o Excel tem um objeto `Workbooks` e o Word tem o `Documents`. Qualquer uma dessas aplicações pode acessar o modelo de objetos da outra, desde que esta aplicação esteja instalada.

Para acessar a biblioteca de objetos do Word, o Excel deve estabelecer um vínculo com ela, usando ou early ou late binding. Com *early binding*, a referência ao objeto da aplicação é criada quando o programa é compilado. Com *late binding*, a referência é criada quando o programa é executado.

Esse capítulo é uma introdução ao acesso ao Word a partir do Excel.

NESTE CAPÍTULO

Usando Early Binding para
Referenciar o Objeto do Word 406

Usando Late Binding para
Referenciar o Objeto do Word 408

Usando a Palavra-chave `New` para
Referenciar o Aplicativo do Word 409

Usando a Função `CreateObject`
para Criar uma Nova Instância
de um Objeto...409

Usando a Função `GetObject`
para Referenciar uma Instância
Existente do Word.................................410

Usando Valores Constantes...................411

Entendendo os objetos do Word 413

Controlando Campos de
Formulário no Word 420

Próximos Passos 422

> **NOTA** Como esse capítulo não revisa todo o modelo de objetos do Word ou os modelos de objetos de outras aplicações, recorra ao Pesquisador de Objetos do VBA na aplicação apropriada para aprender sobre outros modelos de objeto.

Usando Early Binding para Referenciar o Objeto do Word

O código escrito em early binding é executado mais rapidamente do que o código com late binding. Uma referência é feita à biblioteca de objetos do Word antes do código ser escrito, de forma que os objetos, propriedades e métodos do Word ficam disponíveis no Pesquisador de Objetos. Dicas como uma lista de membros de um objeto também aparecem como mostrado na Figura 20.1.

A desvantagem do early binding é que a biblioteca de objetos referenciada deve existir no sistema. Por exemplo, se você escrever uma macro se referindo à biblioteca de objetos do Word 2016 e alguém com o Word 2010 tentar executar o código, o programa falha, porque ele não conseguirá encontrar a biblioteca de objetos do Word 2016.

Figura 20.1
Early binding permite acesso à sintaxe de objetos do Word.

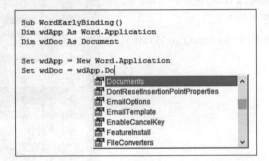

A biblioteca de objetos é adicionada pelo VB Editor da seguinte maneira:

1. Selecionar Ferramentas, Referências.
2. Verifique o Microsoft Word 16.0 Object Library na lista de Referências Disponíveis (veja Figura 20.2). Se o objeto Livraria não for encontrado, o Word não está instalado. Se outra versão é encontrada na lista, tal como a 12.0, outra versão do Word está instalada.
3. Clique em OK.

Figura 20.2
Selecione a biblioteca de objetos da lista de Referências.

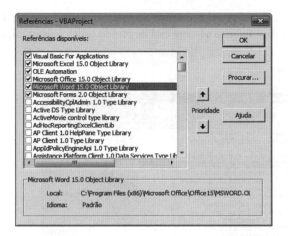

Depois de a referência ser definida, as variáveis do Word podem ser declaradas com o tipo correto de variável do Word como `Documento`. Entretanto, se a variável de objeto for declarada `As Object`, isso força o programa a usar late binding. Esse exemplo cria uma nova instância do Word e abre um documento já existente do Word a partir do Excel:

```
Sub WordEarlyBinding()
Dim wdApp As Word.Application
Dim wdDoc As Document
Set wdApp = New Word.Application
wdApp.Visible = True 'torna o Word visível
Set wdDoc = wdApp.Documents.Open(ThisWorkbook.Path & _
    "\Automating Word.docx")
Set wdApp = Nothing
Set wdDoc = Nothing
End Sub
```

As variáveis declaradas, wdApp e wdDoc, são do tipo objeto Word. O wdApp é usado para criar uma referência à aplicação Word, da mesma maneira que o objeto `Application` é usado no Excel. `New Word.Application` é usado para criar uma nova instância do Word. Caso esteja abrindo um documento em uma nova instância do Word, o programa não ficará visível. Se a aplicação precisar ser exibida, use (wdApp.Visible = True). Quando o programa estiver finalizado, realize a conexão para o Word configurando o objeto, wdApp, para Nothing.

> **DICA** O Excel pesquisa as bibliotecas selecionadas para encontrar a referência ao tipo do objeto. Se o tipo for encontrado em mais de uma biblioteca, a primeira referência é selecionada. É possível influenciar qual biblioteca é escolhida mudando a prioridade da referência na listagem.

Ao terminar, é uma boa ideia definir as variáveis de objeto como Nothing e liberar a memória usada pela aplicação da seguinte maneira:

```
Set wdApp = Nothing
Set wdDoc = Nothing
```

Se a versão referenciada do Word não existir no sistema, uma mensagem de erro aparecerá. Veja a lista Referências, o objeto ausente está destacado com a palavra *AUSENTE* (veja a Figura 20.3).

Figura 20.3
O Excel não vai encontrar a esperada Biblioteca de Objetos Word 2013 se a pasta de trabalho for aberta no Excel 2010.

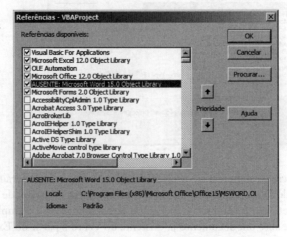

Se uma versão anterior do Word estiver disponível, você poderá tentar executar o programa com essa versão sendo referenciada. Muitos objetos são os mesmos entre versões.

Usando Late Binding para Referenciar o Objeto do Word

Quando você usa late binding, cria um objeto que referencia a aplicação Word antes de se vincular à biblioteca do Word. Como não se define uma referência de antemão, a única restrição na versão do Word é que os objetos, propriedades e métodos devem existir. No caso em que existirem diferenças, a versão pode ser verificada e o objeto correto usado de acordo.

A desvantagem do late binding é que, como o Excel não sabe o que está acontecendo, ele não entende que você está fazendo referência ao Word. Isso impede que dicas apareçam ao fazer referência a objetos do Word. Além disso, constantes internas não ficam disponíveis. Isso significa que, quando o Excel está compilando, ele não pode verificar se as referências ao Word estão corretas. Depois de o programa ser executado, os vínculos com o Word começam a ser criados, e quaisquer erros de codificação são detectados nesse momento.

O seguinte exemplo cria uma nova instância do Word e depois a abre, tornando visível um documento existente do Word:

```
Sub WordLateBinding()
Dim wdApp As Object, wdDoc As Object
Set wdApp = CreateObject("Word.Application")
Set wdDoc = wdApp.Documents.Open(ThisWorkbook.Path & _
    "\Automating Word.docx")
wdApp.Visible = True
```

Usando a Função `CreateObject` para Criar uma Nova Instância de um Objeto | **409**

```
    Set wdApp = Nothing
    Set wdDoc = Nothing
    End Sub
```

Uma variável objeto (wdApp) é declarada e definida como referência à aplicação (CreateObject("Word.Application")). Outras variáveis necessárias são então declaradas (wdDoc) e o objeto da aplicação é usado para fazer referência a estas variáveis no modelo de objetos do Word. Declarar wdApp e wdDoc como objetos força o uso do late binding. O programa não pode criar os vínculos necessários ao modelo de objetos do Word até que ele execute a função CreateObject.

Usando a Palavra-chave `New` para Referenciar o Aplicativo do Word

No exemplo de early binding, a palavra-chave New foi usada para referenciar a aplicação Word. A palavra-chave New pode ser usada apenas com early binding; ela não funciona com late binding. CreateObject ou GetObject também funcionariam, mas New é melhor para esse exemplo. Se uma instância da aplicação estiver sendo executada e você quiser usá-la, use a função GetObject.

> ┌─ C U I D A D O ─────────────────────────────
>
> Se o seu código para abrir o Word for executado sem erros, mas você não vê uma instância do Word (e deveria, porque seu código disse que ele deveria estar Visible), abra seu Gerenciador de Tarefas e procure pelo processo WinWord.exe. Se ele existir, a partir da janela Verificação Imediata do VB Editor do Excel, digite o seguinte (que usa early binding):
>
> ```
> Word.Application.Visible = True
> ```
>
> Se múltiplas instâncias do WinWord.exe forem encontradas, você precisa tornar cada instância visível e fechar as instâncias extras do WinWord.exe.

Usando a Função `CreateObject` para Criar uma Nova Instância de um Objeto

A função CreateObject foi usada no exemplo de late binding. Entretanto, essa função pode também ser usada em early binding. A CreateObject tem um parâmetro class que consiste do nome e tipo do objeto a ser criado (Name.Type). Por exemplo, os exemplos nesse capítulo lhe mostram (Word.Application), onde Word é o Name e Application é o Type.

Usando a Função `GetObject` para Referenciar uma Instância Existente do Word

A função `GetObject` pode ser usada para referenciar uma instância do Word que já esteja sendo executada. Ela gera um erro se nenhuma instância for encontrada.

Os dois parâmetros da `GetObject` são opcionais. O primeiro parâmetro especifica o caminho completo e o nome do arquivo a ser aberto, enquanto que o segundo especifica o programa. O exemplo seguinte deixa de fora a aplicação, permitindo que o programa padrão, que é o Word, abra o documento:

```
Sub UseGetObject()
Dim wdDoc As Object
Set wdDoc = GetObject(ThisWorkbook.Path & "\Automating Word.docx")
wdDoc.Application.Visible = True
'mais código interagindo com o documento do Word
Set wdDoc = Nothing
End Sub
```

Este exemplo abre um documento em uma instância existente do Word e garante que a propriedade `Visible` do Word esteja definida como `True`. Observe que, para tornar o documento visível, é necessário referenciar o objeto da aplicação (`wdDoc.Application.Visible`), porque `wdDoc` está referenciando um documento em vez de uma aplicação.

> **NOTA**
> Apesar de a propriedade `Visible` do Word estar definida como True, este código não faz a aplicação Word se tornar a aplicação ativa. Na maioria dos casos, o ícone da aplicação Word continua na barra de tarefas e o Excel continua sendo a aplicação ativa na tela do usuário.

O exemplo seguinte usa erros para descobrir se o Word já está aberto, antes de colar um gráfico no fim de um documento. Se o Word não estiver aberto, ele abre o Word e cria um novo documento:

```
Sub IsWordOpen()
Dim wdApp As Word.Application 'early binding

ActiveChart.ChartArea.Copy

On Error Resume Next 'não retorna nada se o Word não estiver aberto
Set wdApp = GetObject(, "Word.Application")
If wdApp Is Nothing Then
    'como o Word não está aberto, abra-o
    Set wdApp = GetObject("", "Word.Application")
    With wdApp
        .Documents.Add
        .Visible = True
    End With
End If
On Error GoTo 0
```

```
    With wdApp.Selection
        .EndKey Unit:=wdStory
        .TypeParagraph
        .PasteSpecial Link:=False, DataType:=wdPasteOLEObject, _
            Placement:=wdInLine, DisplayAsIcon:=False
    End With

    Set wdApp = Nothing
End Sub
```

Usar On Error Resume Next força o programa a continuar mesmo se ele encontrar um erro. Neste caso, ocorre um erro quando tentamos vincular wdApp a um objeto que não existe. O wdApp não terá valor. A próxima linha, if wdApp is Nothing, tira vantagem disso e abre uma instância do Word, adicionando um documento vazio e tornando a aplicação visível. Use On Error Goto 0 para retornar ao comportamento normal de tratamento de erros do VBA.

> **DICA**
> Observe o uso de aspas vazias como o primeiro parâmetro em GetObject("", "Word. 18 Application"). É assim que se usa a função GetObject para abrir uma nova instância do Word.
> Use On Error Goto 0 para retornar ao comportamento normal de erros do VBA.

Usando Valores Constantes

O exemplo anterior usou constantes que são específicas do Word, como as wdPasteOLEObject e wdInLine. Quando se está programando usando early binding, o Excel ajuda mostrando estas constantes na janela de dicas.

Com late binding, essas dicas não aparecem. Então, o que se pode fazer? Você pode escrever o programa usando early binding e, depois, mudá-lo para late binding após compilar e testar o programa. O problema com este método é que o programa não vai compilar, porque o Excel não reconhece as constantes do Word.

As palavras wdPasteOLEObject e wdInLine são para sua conveniência como programador. Por trás de cada constante de texto, está um valor real que o VBA entende. A solução para isso é recuperar e usar estes valores reais com seu programa em late binding.

Usando uma Janela Inspeção de Variável para Recuperar o Valor Real de uma Constante

Uma maneira de recuperar o valor é colocar uma Inspeção de Variável nas constantes. Então, passe pelo código e verifique o valor da constante como ela aparece na janela Inspeção de Variável, como mostrado na Figura 20.4.

Figura 20.4
Use a janela Inspeção de Variáveis para obter o valor real por trás de uma constante do Word.

> **NOTA:** Veja "Consultar Usando uma Janela de Inspeção de Variáveis" no Capítulo 2, "Isso parece BASIC. Então Por Que Não É Familiar?" para mais informações em Como Usar Janelas de Inspeção de Variáveis.

Usando o Pesquisador de Objetos para Recuperar o Valor Real de uma Constante

Outra maneira de recuperar o valor é procurar pela constante no Pesquisador de Objetos. Entretanto, é preciso que a biblioteca do Word esteja configurada como referência para usar este método. Para configurar a biblioteca do Word, clique com o botão direito na constante e selecione Definição. O Pesquisador de Objetos abre a constante que mostra o valor na janela de baixo, como mostrado na Figura 20.5.

Substituindo as constantes no exemplo de código anterior com os valores reais ficaria assim:

Figura 20.5
Use o Pesquisador de Objetos para obter o valor real por trás de uma constante do Word

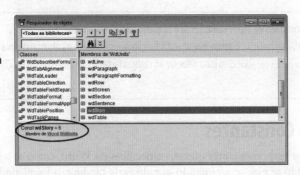

> **DICA:** É possível configurar a biblioteca de referência para ser acessada a partir do Pesquisador de Objetos. Entretanto, você não tem que definir seu código com early binding. Neste caso, a referência está à mão, mas seu código ainda está usando late binding. Desligar a biblioteca de referência está apenas a alguns cliques de distância.

```
With wdApp.Selection
    .EndKey Unit:=6
    .TypeParagraph
    .PasteSpecial Link:=False, DataType:=0, Placement:=0, _
        DisplayAsIcon:=False
End With
```

Entretanto, o que acontecerá daqui a um mês, quando você voltar ao código e tentar se lembrar do que significavam aqueles números? A solução depende de você. Alguns programadores adicionam comentários no código, referenciando a constante do Word. Outros programadores criam suas próprias variáveis para guardar o valor real e usam estas variáveis no lugar das constantes, desta maneira:

```
Const xwdStory As Long = 6
Const xwdPasteOLEObject As Long = 0
Const xwdInLine As Long = 0

With wdApp.Selection
    .EndKey Unit:=xwdStory
```

```
    .TypeParagraph
    .PasteSpecial Link:=False, DataType:=xwdPasteOLEObject, _
        Placement:=xwdInLine, DisplayAsIcon:=False
End With
```

Entendendo os objetos do Word

O gravador de macros do Word pode ser usado para obter um entendimento preliminar do modelo de objetos do Word. Entretanto, de forma parecida com o gravador de macros do Excel, os resultados são longos. Tenha isso em mente e use o gravador para lhe guiar para os objetos, propriedades e métodos do Word.

> **CUIDADO**
>
> O gravador de macros é limitado no que ele permite que você grave. O mouse não pode ser usado para mover o cursor ou selecionar objetos, mas não há limites ao fazer isso com o teclado.

O seguinte exemplo é o que o gravador de macros do Word produz quando adiciona um novo documento em branco:

```
Documents.Add Template:="Normal", NewTemplate:=False, DocumentType:=0
```

Tornar isso mais eficiente no Word produz:

```
Documents.Add
```

As propriedades `Template`, `NewTemplate` e `DocumentType` são todas opcionais que o gravador inclui, mas não são necessárias, a menos que precise alterar uma propriedade padrão ou assegurar que a propriedade seja a necessária.

Para usar a mesma linha de código no Excel, é necessário um vínculo com a biblioteca de objetos do Word, conforme você aprendeu anteriormente. Depois de estabelecer este vínculo, tudo o que você precisa é um entendimento dos objetos do Word. A próxima seção é uma revisão de *alguns* dos objetos do Word — o suficiente para você começar. Para obter uma lista mais detalhada, veja o modelo de objetos no VB Editor do Word.

Objeto `Document`

O objeto `Document` é equivalente ao objeto `Workbook` do Excel. Ele consiste de caracteres, palavras, sentenças, parágrafos, seções, cabeçalhos e rodapés. É através do objeto `Document` que são executados os métodos e propriedades que afetam o documento inteiro, como imprimir, fechar, pesquisar e revisar.

Criar um Novo Documento em Branco

Para criar um documento em branco em uma instância existente do Word, use o método `Add`.

```
Sub NewDocument()
Dim wdApp As Word.Application
```

414 | Capítulo 20 | Automatizando o Word

```
Set wdApp = GetObject(, "Word.Application")

wdApp.Documents.Add
'qualquer outro código do Word que você possa precisar aqui

Set wdApp = Nothing
End Sub
```

Este exemplo abre um novo documento em branco que usa o modelo padrão.

> **NOTA**
> Já aprendemos como criar um novo documento quando o Word está fechado — fazendo referência a `GetObject` e `CreateObject`.

Para criar um novo documento que use um modelo específico, use isto:

```
wdApp.Documents.Add Template:="Memo (Contemporary design).dotx"
```

Isso cria um novo documento que usa o modelo Contemporary Memo. O modelo pode ser o nome de um modelo do local padrão dos modelos ou o caminho e o nome de um arquivo.

Abrir um Documento Existente

Para abrir um documento existente, use o método Open. Diversos parâmetros estão disponíveis, incluindo `Read Only` e `AddtoRecentFiles`. O seguinte exemplo abre um documento existente como Apenas Leitura (`Read Only`), mas evita que o arquivo seja adicionado à lista Documentos Recentes no menu Arquivo:

```
wdApp.Documents.Open _
    Filename:="C:\Excel VBA 2016 by Jelen & Syrstad\" & _
    "Chapter 8 - Arrays.docx", ReadOnly:=True, AddtoRecentFiles:=False
```

Gravar Mudanças em um Documento

Depois de as alterações serem feitas em um documento, muito provavelmente você vai querer gravá-lo. Para gravar um documento com um nome existente, use isto:

```
wdApp.Documents.Save
```

Se o comando `Save` for usado com um novo documento sem um nome, a caixa de diálogo Salvar Como aparece. Para gravar um documento com um novo nome, é possível usar o método `SaveAs2`:

```
wdApp.ActiveDocument.SaveAs2 _
    "C:\Excel VBA 2016 by Jelen & Syrstad\MemoTest.docx"
```

`SaveAs` requer o uso de membros do objeto `Document`, como o `ActiveDocument`.

> **NOTA**
> `SaveAs` ainda funciona, mas não é uma opção IntelliSense, `SaveAs2` oferece um argumento de modo de compatibilidade. Se você não precisa dele, ainda pode usar `SaveAs`.

Entendendo objetos do Word | **415**

Fechar um Documento Aberto

Use o método `Close` para fechar um documento específico ou todos os documentos abertos. Por padrão, uma caixa de diálogo Salvar aparece para quaisquer documentos com alterações não salvas. O argumento `SaveChanges` pode ser usado para mudar isso. Para fechar todos os documentos sem gravar as alterações, use este código:

```
wdApp.Documents.Close SaveChanges:=wdDoNotSaveChanges
```

Para fechar um documento específico, você pode fechar o documento ativo:

```
wdApp.ActiveDocument.Close
```

ou especificar um nome de documento:

```
wdApp.Documents("Chapter 8 - Arrays.docx").Close
```

Imprimir um Documento

Use o método `PrintOut` para imprimir parte de um documento ou todo ele. Para imprimir um documento com todas as configurações padrões de impressão, use isto:

```
wdApp.ActiveDocument.PrintOut
```

Por padrão, o intervalo de impressão é o documento inteiro, mas isso pode ser mudado com a configuração dos argumentos `Range` e `Pages` do método `PrintOut`. Por xemplo, para imprimir apenas a página 2 de um documento ativo, use isso:

```
wdApp.ActiveDocument.PrintOut Range:=wdPrintRangeOfPages, Pages:="2"
```

Objeto `Selection`

O objeto `Selection` representa o que está selecionado em um documento, como uma palavra, sentença ou o ponto de inserção. Ele também tem uma propriedade `Type` que retorna o tipo que está selecionado, como `wdSelectionIP`, `wdSelectionColumn` e `wdSelectionShape`.

Navegação com `HomeKey` e `EndKey`

Os métodos `HomeKey` e `EndKey` são usados para mudar a seleção; eles correspondem a usar as teclas Home e End. Eles têm dois parâmetros: `Unit` e `Extend`. O `Unit` é o intervalo do movimento a ser feito ou para o início (Home) ou fim (End) de uma linha (`wdLine`), documento (`wdStory`), coluna (`wdColumn`) ou linha (`wdRow`). O `Extend` é o tipo de movimento: `wdMove` move a seleção, `wdExtend` estende a seleção do ponto de inserção original até o novo ponto de inserção.

Para mover o cursor para o início do documento, use este código:

```
wdApp.Selection.HomeKey Unit:=wdStory, Extend:=wdMove
```

Para selecionar o documento do ponto de inserção até o fim do documento, use este código:

```
wdApp.Selection.EndKey Unit:=wdStory, Extend:=wdExtend
```

Inserindo Texto com `TypeText`

O método `TypeText` é usado para inserir texto em um documento do Word. Configurações do usuário, tais como a `ReplaceSelection`, podem afetar o que acontece quando o texto for inserido no documento. O exemplo seguinte primeiro certifica-se que a configuração para

416 | Capítulo 20 | Automatizando o Word

sobrescrever o texto selecionado esteja ativada. Então, seleciona o segundo parágrafo (usando o objeto Range descrito na próxima seção) e sobrescreve-o.

```
Sub InsertText()
Dim wdApp As Word.Application
Dim wdDoc As Document
Dim wdSln As Selection

Set wdApp = GetObject(, "Word.Application")
Set wdDoc = wdApp.ActiveDocument

wdDoc.Application.Options.ReplaceSelection = True
wdDoc.Paragraphs(2).Range.Select
wdApp.Selection.TypeText "Overwriting the selected paragraph."

Set wdApp = Nothing
Set wdDoc = Nothing
End Sub
```

Objeto Range

O objeto Range usa a seguinte sintaxe:

```
Range(StartPosition, EndPosition)
```

O objeto Range representa uma área ou áreas contíguas no documento. Ele tem uma posição inicial do caractere e uma posição final do caractere. O objeto pode ser o ponto de inserção, um intervalo de texto ou o documento inteiro, incluindo os caracteres não imprimíveis como espaços e marcas de parágrafo.

O objeto Range é similar ao objeto Selection, mas de algumas maneiras ele é melhor. Por exemplo, o objeto Range requer menos código para completar as mesmas tarefas e tem mais capacidades. Além disso, ele economiza tempo e memória, porque o objeto Range não requer que o Word mova o cursor ou destaque os objetos no documento para manipulá-los.

Definir um Intervalo

Para definir um intervalo, insira uma posição de início e fim, como mostrado no segmento de código:

```
Sub RangeText()
Dim wdApp As Word.Application
Dim wdDoc As Document
Dim wdRng As Word.Range

Set wdApp = GetObject(, "Word.Application")
Set wdDoc = wdApp.ActiveDocument

Set wdRng = wdDoc.Range(0, 50)
wdRng.Select

Set wdApp = Nothing
Set wdDoc = Nothing
Set wdRng = Nothing
End Sub
```

A Figura 20.6 mostra os resultados da execução desse código. Os primeiros 50 caracteres são selecionados, inclusive os caracteres não imprimíveis como as marcas de parágrafo.

Figura 20.6
O objeto Range seleciona tudo em seu caminho.

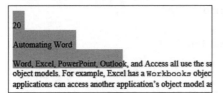

> **NOTA** na Figura 20.6, o intervalo foi selecionado (`wdRng.Select`) para melhor visualização. Não é necessário que o intervalo esteja selecionado para ser manipulado. Por exemplo, para remover um intervalo, faça isto:
>
>   wdRng.Delete

A posição do primeiro caractere em um documento é sempre zero, e a última é equivalente ao número de caracteres no documento.

O objeto Range também seleciona parágrafos. O seguinte exemplo copia o terceiro parágrafo no documento ativo e o cola no Excel. Dependendo de como a colagem for feita, o texto poderá ser colado em uma caixa de texto (veja a Figura 20.7) ou em uma célula:

```
Sub SelectSentence()
Dim wdApp As Word.Application
Dim wdRng As Word.Range

Set wdApp = GetObject(, "Word.Application")

With wdApp.ActiveDocument
    If .Paragraphs.Count >= 3 Then
        Set wdRng = .Paragraphs(3).Range
        wdRng.Copy
    End If
End With

'Essa linha cola o texto copiado para uma caixa de texto
'porque esse é o método PasteSpecial padrão para o texto do
Worksheets("Planilha2").PasteSpecial

'Essa linha cola o texto copiado na célula A1
Worksheets("Planilha2").Paste Destination:=Worksheets("Sheet2").Range("A1")

Set wdApp = Nothing
Set wdRng = Nothing
End Sub
```

Figura 20.7
Cole texto do Word em uma caixa de texto do Excel.

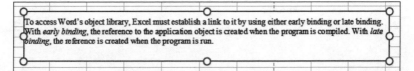

418 Capítulo 20 | Automatizando o Word

Formatar um Intervalo

Depois de o intervalo ser selecionado, pode-se aplicar formatações nele (veja a Figura 20.8). O programa seguinte itera por todos os parágrafos do documento ativo e coloca em negrito a primeira palavra de cada parágrafo:

```
Sub ChangeFormat()
Dim wdApp As Word.Application
Dim wdRng As Word.Range
Dim count As Integer

Set wdApp = GetObject(, "Word.Application")

With wdApp.ActiveDocument
    For count = 1 To .Paragraphs.Count
        Set wdRng = .Paragraphs(count).Range
        With wdRng
            .Words(1).Font.Bold = True
            .Collapse 'desmarca o texto
        End With
    Next count
End With

Set wdApp = Nothing
Set wdRng = Nothing
End Sub
```

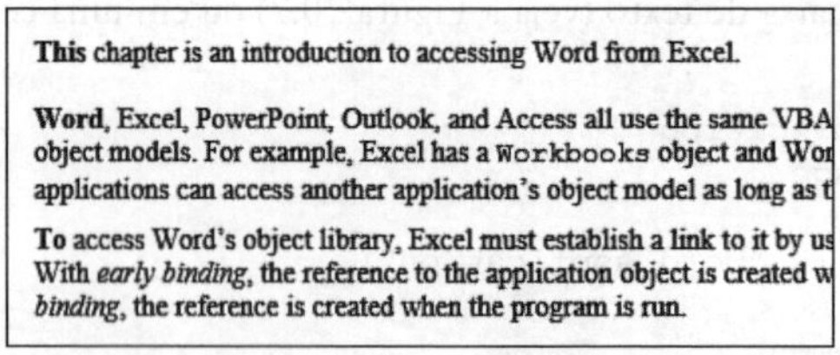

Figura 20.8
Formate a primeira palavra de cada parágrafo em um documento.

> **This** chapter is an introduction to accessing Word from Excel.
>
> **Word,** Excel, PowerPoint, Outlook, and Access all use the same VBA object models. For example, Excel has a Workbooks object and Wor applications can access another application's object model as long as t
>
> **To** access Word's object library, Excel must establish a link to it by us With *early binding,* the reference to the application object is created w *binding,* the reference is created when the program is run.

Uma maneira rápida de mudar a formatação de parágrafos inteiros é mudar seu estilo (veja as Figuras 20.9 e 20.10). O programa seguinte encontra o parágrafo com o estilo Normal e o muda para Título2:

```
Sub ChangeStyle()
Dim wdApp As Word.Application
Dim wdRng As Word.Range
Dim count As Integer

Set wdApp = GetObject(, "Word.Application")

With wdApp.ActiveDocument
    For count = 1 To .Paragraphs.Count
        Set wdRng = .Paragraphs(count).Range
        With wdRng
            If .Style = "Normal" Then
                .Style = "Título2"
            End If
        End With
```

```
            Next count
        End With

        Set wdApp = Nothing
        Set wdRng = Nothing
        End Sub
```

Figura 20.9
Antes: um parágrafo com o estilo Normal precisa ser mudado para o estilo Forte.

Word, Excel, PowerPoint, Outlook, and Access all use the same VBA language. The only difference is their object models. For example, Excel has a `Workbooks` object and Word has `Documents`. Any one of these applications can access another application's object model as long as the second application is installed.

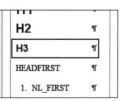

Figura 20.10
Depois: aplique estilos com código para mudar rapidamente a formatação do parágrafo.

Word, Excel, PowerPoint, Outlook, and Access all use the same VBA language. The only difference is their object models. For example, Excel has a `Workbooks` object and Word has `Documents`. Any one of these applications can access another application's object model as long as the second application is installed.

Indicadores (Bookmarks)

Indicadores (bookmarks) são membros dos objetos `Document`, `Selection` e `Range`. Eles podem ajudar a tornar fácil a navegação pelo Word. Em vez de ter que escolher palavras, frases ou parágrafos, use indicadores para manipular seções de um documento rapidamente.

> **NOTA** Você não está limitado a usar apenas indicadores existentes. Indicadores podem ser criados usando código.

Os indicadores aparecem como barras cinza em documentos do Word. No Word, clique no botão Microsoft Office. Depois vá para Opções, Avançado, Mostrar o Conteúdo do Documento, e marque Mostrar Indicadores.

Depois de configurar os indicadores em um documento, pode usá-los para mover-se rapidamente para um intervalo. O código seguinte automaticamente insere texto depois de quatro indicadores que foram previamente definidos no documento. A Figura 20.11 mostra os resultados.

```
Sub FillInMemo()
Dim myArray()
Dim wdBkmk As String

Dim wdApp As Word.Application
Dim wdRng As Word.Range

myArray = Array("To", "CC", "From", "Subject", "Chart")
Set wdApp = GetObject(, "Word.Application")
```

420 Capítulo 20 | Automatizando o Word

```
'insira texto
Set wdRng = wdApp.ActiveDocument.Bookmarks(myArray(0)).Range
wdRng.InsertBefore ("Bill Jelen")
Set wdRng = wdApp.ActiveDocument.Bookmarks(myArray(1)).Range
wdRng.InsertBefore ("Tracy Syrstad")
Set wdRng = wdApp.ActiveDocument.Bookmarks(myArray(2)).Range
wdRng.InsertBefore ("MrExcel")
Set wdRng = wdApp.ActiveDocument.Bookmarks(myArray(3)).Range
wdRng.InsertBefore ("Fruit & Vegetable Sales")

'insira gráfico
Set wdRng = wdApp.ActiveDocument.Bookmarks(myArray(4)).Range
Worksheets("Fruit Sales").ChartObjects("Gráfico 1").Copy
wdRng.PasteAndFormat Type:=wdPasteOLEObject

wdApp.Activate
Set wdApp = Nothing
Set wdRng = Nothing

End Sub
```

Figura 20.11
Use os indicadores para inserir texto ou gráficos em um documento do Word.

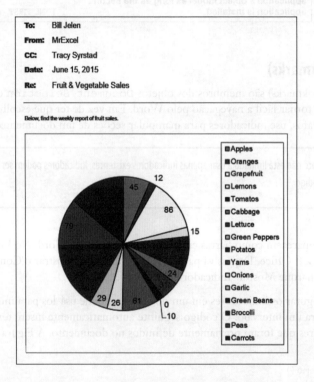

Controlando Campos de Formulário no Word

Você já viu como modificar um documento inserindo gráficos e texto, modificando formatação e removendo texto. Entretanto, um documento pode conter outros itens, como controles que você pode modificar.

Controlando Campos de Formulário no Word | 421

Para o exemplo seguinte, um modelo, New Client.dotx, foi criado consistindo de texto e indicadores. Os indicadores ficam depois dos campos Nome e Data. Caixas de seleção de Formulários também foram adicionadas. Os controles são encontrados abaixo das formas legadas na seção Controles da guia do Desenvolvedor no Word, como mostra a Figura 20.12. Observe que as caixas de seleção foram todas renomeadas para fazerem mais sentido. Por exemplo, um indicador foi renomeado chk401k em vez de Checkbox5. Para renomear um indicador, clique com o botão direito na caixa de seleção, selecione Propriedades e digite um novo nome no campo Indicador.

Figura 20.12
É possível usar os Controles de Conteúdo encontrados em Formulários Herdados para adicionar caixas de seleção em um documento.

O questionário foi configurado no Excel, permitindo ao usuário inserir texto livre em B1 e B2, mas definindo validação de dados em B3 e B5:B8, como mostrado na Figura 20.13.

Figura 20.13
Crie uma planilha do Excel para coletar seus dados.

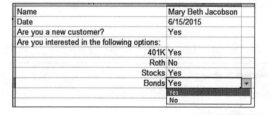

O código seguinte vai em um módulo padrão, e o nome e data vão direto no documento.

```
Sub FillOutWordForm()
Dim TemplatePath As String
Dim wdApp As Object
Dim wdDoc As Object

'Abra o modelo em umanova instância do Word
TemplatePath = ThisWorkbook.Path & "\New Client.dotx"
Set wdApp = CreateObject("Word.Application")
Set wdDoc = wdApp.documents.Add(Template:=TemplatePath)

'Coloque nossos valores de texto no documento
With wdApp.ActiveDocument
    .Bookmarks("Name").Range.InsertBefore Range("B1").Text
    .Bookmarks("Date").Range.InsertBefore Range("B2").Text
End With
```

Capítulo 20 | Automatizando o Word

```
    'Usando lógica básica, slecione o formulário correto do objeto
    If Range("B3").Value = "Yes" Then
        wdDoc.formfields("chkCustYes").CheckBox.Value = True
    Else
        wdDoc.formfields("chkCustNo").CheckBox.Value = True
    End If

    With wdDoc
        If Range("B5").Value = "Yes" Then .Formfields("chk401k"). _
            CheckBox.Value = True
        If Range("B6").Value = "Yes" Then .Formfields("chkRoth"). _
            CheckBox.Value = True
        If Range("B7").Value = "Yes" Then .Formfields("chkStocks"). _
            CheckBox.Value = True
        If Range("B8").Value = "Yes" Then .Formfields("chkBonds"). _
            CheckBox.Value = True
    End With

    wdApp.Visible = True

    ExitSub:

        Set wdDoc = Nothing
        Set wdApp = Nothing

    End Sub
```

Os checkboxes usam lógica para verificar se o usuário selecionou Sim ou Não para confirmar se os checkboxes correspondentes devem ser marcados. A Figura 20.14 mostra um documento de exemplo que foi completado.

Figura 20.14
O Excel pode controlar os campos de formulário do Word e ajudar a automatizar o preenchimento de documentos.

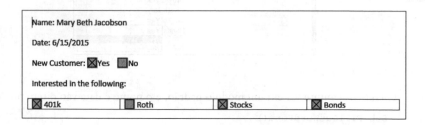

Próximos Passos

O Capítulo 19, "Processando Arquivos de Texto", mostrou como ler a partir de um arquivo de texto para importar dados de outro sistema. Este capítulo ensinou como conectar outro programa do Office e acessar seus módulos de objeto. No Capítulo 21, "Usando o Access como um Back End para Melhorar o Acesso Multiusuário aos Dados", você conecta a um banco de dados Access e aprenderá sobre gravar em arquivos Access Multidimensional Database (MDB). Esses arquivos são mais rápidos, indexáveis e permitem acesso multiusuário aos dados.

Usando o Access como um Back End para Melhorar o Acesso Multiusuário aos Dados

21

O exemplo quase no fim do Capítulo 19, "Processamento de Arquivos de Texto", propunha um método de armazenamento para 683 milhões de registros em uma planilha do Excel. Em um determinado momento você tem que admitir que, embora o Excel seja o produto mais incrível do mundo, existe uma hora em que se deve mudar para o Access e tirar proveito dos seus arquivos Access Multidimensional Database (MDB).

Mesmo antes de se ter mais de um milhão de linhas, outra forte razão para se usar arquivos de dados MDB é permitir acessos multiusuário aos dados sem os aborrecimentos associados às pastas de trabalho compartilhadas.

O Microsoft Excel oferece a opção de compartilhar uma pasta de trabalho, mas automaticamente perdem-se várias características importantes do Excel quando se compartilha. Depois de salvar uma pasta de trabalho, você não pode usar subtotais automáticos, tabelas dinâmicas, modo Estrutura de Tópicos, cenários, proteção, AutoFormato, Estilos, Imagens, Adicionar Gráficos ou Inserir Planilhas.

Usando um front end (Interface) Excel VBA e armazenando dados em um banco de dados MDB, você tem o melhor de dois mundos. Tem o poder e a flexibilidade do Excel e a capacidade de acesso multiusuário disponível no Access.

NESTE CAPÍTULO

ADO Versus DAO	424
As Ferramentas do ADO	426
Adicionando um Registro ao Banco de Dados	427
Recuperando Registros do Banco de Dados	429
Atualizando um Registro Existente	431
Excluindo Registros via ADO	433
Resumindo Registros via ADO	433
Outras Utilidades via ADO	434
Exemplos do SQL Server	437
Próximos Passos	438

> **DICA** O MDB é o formato oficial tanto do Microsoft Access quanto do Microsoft Visual Basic. Isso significa que você pode ter uma solução Excel que lê e escreve de um MDB para clientes que não possuem o Microsoft Access. É claro que isso lhe ajuda, pois o desenvolvedor tem uma cópia do Access e você pode usar o front end do Access para criar tabelas e consultas.

> **DICA** Os exemplos neste capítulo utilizam o jet engine para ler de um banco de dados Access e gravar nele. O jet engine funciona com dados do Access armazenados do Access 97 até a versão 2013. Se você tiver certeza de que todas as pessoas que executam a macro possuem o Office 2007 ou uma versão mais recente, poderá então usar a engine ACE ao invés da Jet. A Microsoft oferece agora uma versão 64 Bits da engine Ace, mas não da engine Jet.

ADO Versus DAO

Por muitos anos, a Microsoft recomendou os objetos de acesso a dados (Data Access Objects — DAO) para acessar dados em bancos de dados externos. O DAO se tornou muito popular, e uma grande quantidade de códigos foi escrita para ele. Quando a Microsoft lançou o Excel 2000, eles começaram a forçar os objetos de dados ActiveX (ActiveX Data Objects — ADO). Os conceitos são similares, e a sintaxe é apenas ligeiramente diferente. Eu utilizo ADO neste capítulo. Observe que, se você começasse a vasculhar nos códigos escritos há uma década atrás, poderia encontrar um código DAO. Tirando uma ou outra diferença de sintaxe, os códigos do ADO e do DAO se parecem.

Se você descobrir que tem que depurar um código antigo que usa DAO, verifique os artigos da Base de Conhecimento Microsoft (Microsoft Knowledge Base) que discutem as diferenças e podem ser encontrados no seguinte endereço: http://support.microsoft.com/kb/225048.

Os dois artigos seguintes nos dão a Pedra de Rosetta entre o DAO e o ADO. O código DAO é mostrado em http://support.microsoft.com/kb/q146607.

O código ADO equivalente é mostrado em http://support.microsoft.com/kb/q142938.

Para usar qualquer código neste capítulo, abra o VB Editor. Selecione Ferramentas, Referências no menu principal, e então selecione a Microsoft ActiveX Data Objects Library da lista Referências Disponíveis, como mostrado na Figura 21.1.

Figura 21.1
Para ler ou gravar de um arquivo MDB do Access, adicione a referência para Microsoft ActiveX Data Objects Library 2.8 ou superior.

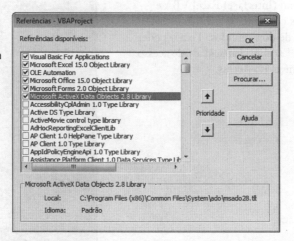

ADO Versus DAO | **425**

> **NOTA**
> Caso possua o Windows 7 ou uma versão mais recente, terá acesso à versão 6.1 dessa biblioteca. Windows Vista oferece a versão 6.0 da biblioteca. Se for distribuir a aplicação para alguém que ainda use o Windows XP, deve então escolher a versão 2.8

ESTUDO DE **CASO**: CRIANDO UM BANCO DE DADOS DE ACESSO COMPARTILHADO

Linda e Janine são duas compradoras de uma cadeia de lojas de varejo. Todas as manhãs elas importam dados das caixas registradoras para obter as informações atuais de vendas e inventário para 2 mil estilos. Ao longo do dia, cada comprador pode entrar com transferência de inventário de uma loja para outra. Seria ideal se Linda pudesse ver as transferências pendentes inseridas por Janine e vice-versa.

Cada comprador tem uma aplicação Excel com VBA sendo executada na sua área de trabalho. Cada um importa dados da registradora e possui rotinas VBA que facilitam a criação de relatórios de tabela dinâmica para ajudá-los a tomar decisões de compra.

Tentar armazenar os dados transferidos em um arquivo Excel em comum causa problemas. Quando cada comprador tenta gravar no arquivo Excel, o arquivo inteiro se torna apenas leitura para outro vendedor. Com uma pasta de trabalho compartilhada, o Excel desabilita a capacidade de criar tabelas dinâmicas, e isso é necessário na aplicação delas.

Nem Linda nem Janine têm a versão profissional do Office, logo elas não têm o Access sendo executado nos seus computadores. A solução é criar um banco de dados Access em uma unidade de rede que ambas possam enxergar:

1. Usando o Access em um outro computador, produza um novo banco de dados, chamado transfers.mdb, e adicione uma tabela chamada `tblTransfer`, como mostrada na Figura 21.2.

Figura 21.2
Várias pessoas usando suas próprias pastas de trabalho do Excel irão ler e gravar nessa tabela dentro de um arquivo MDB em uma unidade de rede.

Nome do campo	Tipo de dados
ID	Numeração Automática
Estilo	Texto Curto
DeLoja	Número
ParaLoja	Número
Qtd	Número
TDate	Data/Hora
Enviado	Sim/Não
Recebido	Sim/Não

2. Mova o arquivo Transfers.mdb para uma unidade de rede. Você pode descobrir que essa pasta comum usa letras de drive diferentes em cada máquina. Pode ser H:\Common\ na máquina de Linda e I:\Common\ na máquina de Janine.

3. Em ambas máquinas, vá para o VB Editor e, em Ferramentas, Referências, adicione uma referência para o ActiveX Data Objects Library.

4. Em ambas aplicações, encontre uma célula fora do caminho para armazenar o caminho para transfers.mdb. Nomeie essa célula como `TPath`.

A aplicação provê um acesso multiusuário praticamente sem transtornos para ambas compradoras. Tanto Linda como Janine podem ler e gravar na tabela ao mesmo tempo. O único momento em que pode haver um conflito é se ambas por acaso tentarem atualizar o mesmo registro ao mesmo tempo.

Com exceção da referência ao caminho para transfers.mdb da célula fora do caminho, nenhum computador está consciente de que seus dados estão armazenados em uma tabela Access compartilhada, e nenhum computador precisa ter o Access instalado.

21

426 Capítulo 21 | Usando o Access como um Back End para Melhorar o Acesso Multiusuário aos Dados

O restante deste capítulo lhe apresenta o código necessário para permitir a aplicação incluída no estudo de caso anterior, para ler e gravar dados através da tabela `tblTransfer`.

As Ferramentas do ADO

Você encontra diversos termos ao usar ADO para se conectar a uma fonte de dados externa.

- **Recordset** — Quando se conecta a um banco de dados Access, o recordset será ou uma tabela no banco de dados ou uma consulta no banco de dados. A maioria dos métodos do ADO fará alusão ao recordset. Também é possível querer criar sua própria consulta durante a execução. Nesse caso, você escreveria uma instrução SQL para extrair somente um subconjunto de registros de uma tabela.

- **Connection** — Define um caminho e o tipo do banco de dados. No caso de bancos de dados Access, você especifica que a conexão está usando o Microsoft Jet Engine.

- **Cursor** — Pense no cursor como um ponteiro que possui a informação de qual registro você está usando no banco de dados. Existem vários tipos de cursores e dois locais para o cursor ser localizado (descritos nos pontos seguintes).

- **Tipo do Cursor** — Um cursor dinâmico é o mais flexível. Ao definir um recordset e mais alguém atualizar uma linha na tabela enquanto um cursor dinâmico está ativo, este cursor saberá da atualização do registro. Embora esse seja o mais flexível dos cursores, é o que mais requer sobrecarga. Se seu banco de dados não tem muitas transações, você deveria especificar um cursor estático — esse tipo de cursor retorna um instantâneo dos dados no momento que o cursor é estabelecido.

- **Local do Cursor** — O cursor pode ser localizado no cliente ou no servidor. Para um banco de dados residente no seu disco rígido, uma localização no servidor para o cursor significa que o Access Jet Engine no seu computador está controlando o cursor. Quando você especifica para o cursor a localização no cliente, a sessão Excel está controlando o cursor. Em um conjunto de dados externos muito grande, seria melhor permitir ao servidor controlar o cursor. Para conjuntos de dados pequenos, um cursor no cliente é mais rápido.

- **Tipo de Lock** — O propósito deste capítulo inteiro é permitir que múltiplas pessoas acessem um banco de dados ao mesmo tempo. O tipo de Lock define como o ADO irá prevenir falhas quando duas pessoas tentarem atualizar o registro ao mesmo tempo. Com um tipo Lock otimista, um registro individual é bloqueado somente quando se tenta atualizar o registro. Se sua aplicação fizer 90% de leitura e somente uma atualização ocasional, então um tipo de Lock otimista é perfeito para isso. No entanto, se você sabe que cada vez que ler um registro irá em breve atualizá-lo, então deveria usar um tipo de Lock pessimista. Com Locks pessimistas, o registro é bloqueado assim que você o lê. Se sabe que nunca vai gravar de volta ao banco de dados, pode usar um lock somente leitura. Isso permite ler os registros sem impedir que outras pessoas gravem neles.

Os objetos básicos necessários para acessar dados em um arquivo MDB são uma conexão ADO e um conjunto de registros ADO.

A conexão ADO define o caminho para o banco de dados e especifica que a conexão é feita com base no Microsoft Jet Engine.

Depois de estabelecida a conexão para o banco de dados, você geralmente usará esta conexão para definir um conjunto de registros. Um conjunto de registros pode ser uma tabela, um subconjunto de registros na tabela ou uma consulta predefinida no banco de dados Access. Para abrir um conjunto de registros, é necessário especificar a conexão e os valores para os parâmetros `CursorType`, `CursorLocation`, `LockType` e `Options`.

Admitindo que se tenha apenas dois usuários tentando acessar a tabela ao mesmo tempo, eu geralmente uso um cursor dinâmico e um tipo de lock otimista. Para grandes conjuntos de registros, o valor `adUseServer` da propriedade `CursorLocation` permite ao servidor do banco de dados processar registros sem esgotar a RAM da máquina do cliente. Se tiver um conjunto de registros pequeno, pode ser mais rápido usar `adUseClient` para o `CursorLocation`. Quando o conjunto de registro estiver aberto, todos os registros são transferidos para a memória da máquina do cliente. Isso permite uma navegação mais rápida de registro para registro.

Ler dados a partir do banco de dados Access é fácil desde que você tenha menos de 1048576 registros. É possível usar o método `CopyFromRecordset` para copiar todos os registros selecionados de um conjunto de registros para uma área em branco da planilha.

Para adicionar um registro à tabela do Access, use o método `AddNew` para o conjunto de registros. Especifique então o valor para cada campo na tabela e use o método `Update` para confirmar as alterações no banco de dados.

Para apagar um registro da tabela, pode-se usar uma consulta do tipo "pass-through" para apagar registros que satisfaçam certo critério.

> **NOTA** Access, poderia escrever uma pequena consulta SQL que faria exatamente o que preciso". Então a consulta pass-through é para você. Em vez de usar o ADO para fazer a leitura dos registros, a consulta pass-through envia uma solicitação ao banco de dados para executar a declaração SQL que seu programa cria. Isso efetivamente permite manipular qualquer tarefa que seu banco de dados possa suportar, mas que não são manipuladas pelo ADO. Os tipos de declarações SQL suportadas pela consulta pass-through dependem de com qual tipo de banco de dados você esteja se conectando.

Outras ferramentas disponíveis permitem ter certeza da existência de uma tabela ou de que um campo em particular existe em uma tabela. Pode-se também usar o VBA para adicionar novos campos para definição de uma tabela durante a execução.

Adicionando um Registro ao Banco de Dados

Voltando ao nosso estudo de caso já visto neste capítulo, a aplicação que estamos criando possui um userform no qual os compradores podem entrar com as transferências. Para tornar as chamadas ao banco de dados Access as mais simples possíveis, uma série de módulos utilitários cuidam da conexão ADO com o banco de dados. Dessa forma, o código do userform pode simplesmente chamar `AddTransfer(Style, FromStore, ToStore, Qty)`.

A técnica para se adicionar registros após a conexão ser definida é a seguinte:

1. Abra um recordset que aponte para a tabela. No código que se segue, veja as seções comentadas `'Abra a Conexão`, Defina o Recordset e `'Abra a Tabela`.
2. Use `AddNew` para adicionar um novo registro.

428 | Capítulo 21 | Usando o Access como um Back End para Melhorar o Acesso Multiusuário aos Dados

3. `Atualize` cada campo no novo registro.

4. Use `Update` para atualizar o registro.

5. Feche o registro (Recordset) e, então, feche a conexão.

O código seguinte adiciona um novo registro à tabela `tblTransfer`:

```
Sub AddTransfer(Style As Variant, FromStore As Variant, _
    ToStore As Variant, Qty As Integer)
    Dim cnn As ADODB.Connection
    Dim rst As ADODB.Recordset

    MyConn = "J:\transfers.mdb"

    ' Abra a Conexão
    Set cnn = New ADODB.Connection
    With cnn
        .Provider = "Microsoft.Jet.OLEDB.4.0"
        .Open MyConn
    End With

    ' Defina o registro (Recordset)
    Set rst = New ADODB.Recordset
    rst.CursorLocation = adUseServer

    ' Abra a Tabela
    rst.Open Source:="tblTransfer", _
        ActiveConnection:=cnn, _
        CursorType:=adOpenDynamic, _
        LockType:=adLockOptimistic, _
        Options:=adCmdTable

    ' Adicione um registro
    rst.AddNew

    ' Defina os valores up the para os campos. Os primeiros quatro campos
    ' são passados da userform chamada. O campo de data
    ' é preenchido com a data atual.
    rst("Style") = Style
    rst("FromStore") = FromStore
    rst("ToStore") = ToStore
    rst("Qty") = Qty
    rst("tDate") = Date
    rst("Sent") = False
    rst("Receive") = False

    ' Escreva os valores nesse registro
    rst.Update

    ' Feche
    rst.Close
    cnn.Close

End Sub
```

21

Recuperando Registros do Banco de Dados

Ler registros de um banco de dados Access é fácil. Ao definir o conjunto de registros, é enviada uma string SQL que retorna os registros nos quais você está interessado.

> **NOTA** Uma maneira ótima de gerar o SQL é criar uma consulta no Access que recupere os registros. Quando estiver visualizando a consulta no Access, selecione o Modo SQL por meio do Modo de Exibição na aba drop-down Ferramentas de Consulta e Design da Faixa de Opções. O Access lhe mostrará a declaração SQL adequada que é necessária para executar essa consulta. É possível utilizar essa declaração SQL como modelo para construir a string SQL no seu código VBA.

Após a definição do conjunto de dados, use o método `CopyFromRecordSet` para copiar todos os registros correspondentes do Access para uma área específica da planilha.

A rotina seguinte consulta a tabela `Transfer` para encontrar todos os registros onde a flag `Sent` não está definida como `True` ainda. .

```vba
Sub GetUnsentTransfers()
    Dim cnn As ADODB.Connection
    Dim rst As ADODB.Recordset
    Dim WSOrig As Worksheet
    Dim WSTemp As Worksheet
    Dim sSQL as String
    Dim FinalRow as Long

    Set WSOrig = ActiveSheet

    'Construa uma String SQL para obter todos os campos de tranferências não enviadas
    sSQL = "SELECT ID, Style, FromStore, ToStore, Qty, tDate" _
    & "FROM tblTransfer"
    sSQL = sSQL & " WHERE Sent=FALSE"

    ' Direcione para Transfers.mdb
    MyConn = "J:\transfers.mdb"

    Set cnn = New ADODB.Connection
    With cnn
        .Provider = "Microsoft.Jet.OLEDB.4.0"
        .Open MyConn
    End With

    Set rst = New ADODB.Recordset
    rst.CursorLocation = adUseServer
    rst.Open Source:=sSQL, ActiveConnection:=cnn, _
        CursorType:=AdForwardOnly, LockType:=adLockOptimistic, _
            Options:=adCmdText

    ' Crie o relatório em uma nova planilha
    Set WSTemp = Worksheets.Add

    ' Adicione Títulos
    Range("A1:F1").Value = Array("ID", "Style", "From", "To", "Qty",
"Date")
```

430 Capítulo 21 | Usando o Access como um Back End para Melhorar o Acesso Multiusuário aos Dados

```
' Copie da reistro para a linha 2
Range("A2").CopyFromRecordset rst

' Feche a conexão
rst.Close
cnn.Close

' Formate o relatório
FinalRow = Range("A65536").End(xlUp).Row

' se não houver registro, pare
If FinalRow = 1 Then
    Application.DisplayAlerts = False
    WSTemp.Delete
    Application.DisplayAlerts = True
    WSOrig.Activate
    MsgBox "There are no transfers to confirm"
    Exit Sub
End If

' Formate a coluna F como a data
Range("F2:F" & FinalRow).NumberFormat = "m/d/y"

' Mostre o userform -- usado na próxima seção
frmTransConf.Show

' Apague a planilha temporária
Application.DisplayAlerts = False
WSTemp.Delete
Application.DisplayAlerts = True

End Sub
```

Os resultados são colocados em uma planilha em branco. As últimas linhas exibem os resultados em um userform para ilustrar como atualizar um registro na próxima seção

O método `CopyFromRecordSet` copia registros que correspondam à consulta do SQL para um intervalo na planilha. Observe que você recebe apenas as linhas dos dados. Os cabeçalhos não vêm juntos automaticamente. Você deve usar código para escrever os cabeçalhos na Linha 1. A Figura 21.3 mostra os resultados.

Figura 21.3

`Range("A2")`. CopyFromRecordSet trouxe registros correspondentes do banco de dados do Access para a planilha.

	A	B	C	D	E	F
1	ID	Style	From	To	Qty	Date
2	1935	B11275	340000	340000	8	6/9/04
3	1936	B10133	340000	340000	4	6/9/04
4	1937	B15422	340000	340000	5	6/9/04
5	1938	B10894	340000	340000	9	6/9/04
6	1939	B10049	340000	340000	3	6/9/04
7	1941	B18722	340000	340000	10	6/9/04
8	1944	B12886	340000	340000	10	6/9/04
9	1947	B17947	340000	340000	7	6/9/04
10	1950	B16431	340000	340000	9	6/9/04
11	1953	B19857	340000	340000	7	6/9/04
12	1954	B11562	340000	340000	1	6/9/04
13	1955	B19413	340000	340000	2	6/9/04

---

* Atenção ao formato de data americano utilizado pelos autores em `NumberFormat = "m/d/y"`. Em seus projetos, provavelmente você usará `"d/m/y"` (a ordem muda, mas o ano continua em inglês).

Atualizando um Registro Existente

Para atualizar um registro existente, é necessário criar um conjunto de registros com exatamente um registro. Isso requer que o usuário selecione um tipo de chave única quando identificar os registros. Após ter aberto o conjunto de dados, use a propriedade Fields para mudar o campo em questão e então o método Update para enviar as mudanças para o banco de dados.

O exemplo anterior retornou um conjunto de registros para uma planilha em branco e, então, chamou um userform frmTransConf. Esse formulário usa um simples Userform_Initialize para exibir o intervalo em uma grande caixa de listagem.

```
Private Sub UserForm_Initialize()

    ' Determine quantos registros nós temos
    FinalRow = Cells(Rows.Count, 1).End(xlUp).Row
    If FinalRow > 1 Then
        Me.lbXlt.RowSource = "A2:F" & FinalRow
    End If

End Sub
```

As propriedades da caixa de listagem têm a propriedade MultiSelect definida como True:

Após executar o procedimento de inicialização, os registros não confirmados são exibidos em uma caixa de listagem. O planejador da logística pode marcar todos os registros que foram realmente enviados, como mostrado na Figura 21.4.

Figura 21.4
Esse userform exibe registros específicos do conjunto de registros do Access. Quando o comprador seleciona certos registros e então usa o botão Confirmar, você terá que usar o método Update do ADO para atualizar o campo Enviado nos registros selecionados.

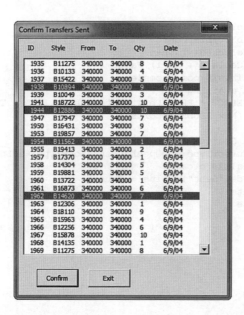

432 Capítulo 21 | Usando o Access como um Back End para Melhorar o Acesso Multiusuário aos Dados

A seguir, o código anexado ao botão Confirmar.

```
Private Sub cbConfirm_Click()
    Dim cnn As ADODB.Connection
    Dim rst As ADODB.Recordset

    ' Se nada for selecionado, avise-os
    CountSelect = 0
    For x = 0 To Me.lbXlt.ListCount - 1
        If Me.lbXlt.Selected(x) Then
            CountSelect = CountSelect + 1
        End If
    Next x

    If CountSelect = 0 Then
        MsgBox "There were no transfers selected. " & _
            "To exit without confirming any transfers, use Cancel."
        Exit Sub
    End If

    ' Estabeleça uma conexão com transfers.mdb
    ' O caminho para Transfers.mdb está no Menu
    MyConn = "J:\transfers.mdb"

    Set cnn = New ADODB.Connection

    With cnn
        .Provider = "Microsoft.Jet.OLEDB.4.0"
        .Open MyConn
    End With

    ' Marque como completo
    For x = 0 To Me.lbXlt.ListCount - 1
        If Me.lbXlt.Selected(x) Then
            ThisID = Cells(2 + x, 1).Value
            ' Marque ThisID como completo
            'Construa a Atring SQL
            sSQL = "SELECT * FROM tblTransfer Where ID=" & ThisID
            Set rst = New ADODB.Recordset
            With rst
                .Open Source:=sSQL, ActiveConnection:=cnn, _
                    CursorType:=adOpenKeyset, LockType:=adLockOptimistic
                ' Atualize o campo
                .Fields("Sent").Value = True
                .Update
                .Close
            End With
        End If
    Next x

    ' Feche a conexão
    cnn.Close
    Set rst = Nothing
    Set cnn = Nothing

    ' Feche o userform
    Unload Me

End Sub
```

Resumindo Registros via ADO | **433**

Incluir a ID do campo, nos campos retornados no exemplo anterior, é importante se quiser estreitar a informação até o nível de um único registro.

Excluindo Registros via ADO

Da mesma forma que se atualiza um registro, a chave para se excluir registros é poder escrever um pouco de SQL para identificar unicamente os registros a serem excluídos. O código a seguir usa o método `Execute` para passar o comando `Delete` para o Access:

```
Public Sub ADOWipeOutAttribute(RecID)
    ' Estabeleça uma conexão com transfers.mdb
    MyConn = "J:\transfers.mdb"

    With New ADODB.Connection
        .Provider = "Microsoft.Jet.OLEDB.4.0"
        .Open MyConn
        .Execute "Delete From tblTransfer Where ID = " & RecID
        .Close
    End With
End Sub
```

Resumindo Registros via ADO

Um dos pontos fortes do Access é executar consultas de resumo que agrupam por um campo em particular. Ao criar uma consulta de resumo no Access e examinar a visualização do SQL, verá que consultas complexas podem ser escritas. Um SQL similar pode ser construído no VBA do Excel e passado ao Access via ADO.

O código abaixo usa uma consulta razoavelmente complexa para obter um total líquido por loja:

```
Sub NetTransfers(Style As Variant)
    ' Isso constrói uma tabela de transferências de rede abertas
    ' em Styles AI1
    Dim cnn As ADODB.Connection
    Dim rst As ADODB.Recordset

    ' Construa a grande consulta SQL
    ' Lógica Básica:  Reúna todas as Tranferências Recebidas por loja,
    ' uma com -1* tranferências enviadas por loja
    ' Soma essa união por loja, e nos dê também uma data mínima
    ' Uma única chamada para essa macro substituirá 60
    ' chamadas para GetTransferIn, GetTransferOut, TransferAge
    sSQL = "Select Store, Sum(Quantity), Min(mDate) From " & _
        "(SELECT ToStore AS Store, Sum(Qty) AS Quantity, " & _
        "Min(TDate) AS mDate FROM tblTransfer where Style='" & Style & _
        "& "' AND Receive=FALSE GROUP BY ToStore "
    sSQL = sSQL & " Union All SELECT FromStore AS Store, " & _
        "Sum(-1*Qty) AS Quantity, Min(TDate) AS mDate " & _
        "FROM tblTransfer where Style='" & Style & "' AND " & _
        "Sent=FALSE GROUP BY FromStore)"
    sSQL = sSQL & " Group by Store"

    MyConn = "J:\transfers.mdb"

    ' abra a conexão.
```

21

Capítulo 21 | Usando o Access como um Back End para Melhorar o Acesso Multiusuário aos Dados

```
Set cnn = New ADODB.Connection
With cnn
    .Provider = "Microsoft.Jet.OLEDB.4.0"
    .Open MyConn
End With

Set rst = New ADODB.Recordset

rst.CursorLocation = adUseServer

' abra a primeira consulta
rst.Open Source:=sSQL, _
    ActiveConnection:=cnn, _
    CursorType:=AdForwardOnly, _
    LockType:=adLockOptimistic, _
    Options:=adCmdText

Range("A1:C1").Value = Array("Store", "Qty", "Date")
' Retorna os resultados da consulta
Range("A2").CopyFromRecordset rst
rst.Close
cnn.Close

End Sub
```

Outras Utilidades via ADO

> **NOTA**
> Se estiver imaginando como poderia persuadir a pessoa que está usando a aplicação para executar essas consultas, considere usar uma macro Update escondida na rotina `Workbook_Open` da aplicação do cliente. Essa rotina pode primeiro verificar se um campo não existe e, em seguida, adicionar o campo.

Considere a aplicação que criamos para nosso estudo de caso. Os compradores agora têm um banco de dados Access localizado na sua rede, mas possivelmente nenhuma cópia do Access. Seria ideal se você pudesse enviar as mudanças para o banco de dados do Access imediatamente à medida que as aplicações dos vendedores abrem.

➡ Para mais detalhes sobre a mecânica de esconder a consulta de atualização na rotina `Workbook_Open`, **veja** o Estudo de Caso "Usando uma Pasta de Trabalho de Código Oculta para Armazenar Todas as Macros e Formulários", no capítulo 26 (Criando Suplementos), Pág. 515.

Checando a Existência de Tabelas

Se a aplicação precisar de uma nova tabela no banco de dados, é possível usar o código na próxima seção. No entanto, devido a termos uma aplicação multiusuário, apenas a primeira pessoa que abrir o aplicativo tem de adicionar a tabela imediatamente. Quando o comprador seguinte aparecer, a tabela já pode ter sido adicionada pela aplicação do primeiro comprador. Devido a este código ser uma função em vez de uma sub, ela retorna `True` ou `False` à rotina que a chama.

Esse código usa o método `OpenSchema` para, na verdade, consultar o esquema do banco de dados:

Outras Utilidades via ADO | **435**

```
Function TableExists(WhichTable)
    Dim cnn As ADODB.Connection
    Dim rst As ADODB.Recordset
    Dim fld As ADODB.Field
    TableExists = False

    ' O caminho para Transfers.mdb está no Menu
    MyConn = "J:\transfers.mdb"

    Set cnn = New ADODB.Connection

    With cnn
        .Provider = "Microsoft.Jet.OLEDB.4.0"
        .Open MyConn
    End With

    Set rst = cnn.OpenSchema(adSchemaTables)

    Do Until rst.EOF
        If LCase(rst!Table_Name) = LCase(WhichTable) Then
            TableExists = True
            GoTo ExitMe
        End If
        rst.MoveNext
    Loop

ExitMe:
    rst.Close
    Set rst = Nothing
    ' Feche a conexão
    cnn.Close

End Function
```

Checando a Existência de um Campo

Às vezes você vai querer adicionar um novo campo a uma tabela já existente. Novamente, este código usa o método OpenSchema, mas desta vez olha para as colunas nas tabelas:

```
Function ColumnExists(WhichColumn, WhichTable)
    Dim cnn As ADODB.Connection
    Dim rst As ADODB.Recordset
    Dim WSOrig As Worksheet
    Dim WSTemp As Worksheet
    Dim fld As ADODB.Field
    ColumnExists = False

    ' O caminho para Transfers.mdb está no Menu
    MyConn = ActiveWorkbook.Worksheets("Menu").Range("TPath").Value
    If Right(MyConn, 1) = "\" Then
        MyConn = MyConn & "transfers.mdb"
    Else
        MyConn = MyConn & "\transfers.mdb"
    End If

    Set cnn = New ADODB.Connection

    With cnn
        .Provider = "Microsoft.Jet.OLEDB.4.0"
        .Open MyConn
    End With
```

21

Capítulo 21 | Usando o Access como um Back End para Melhorar o Acesso Multiusuário aos Dados

```
        Set rst = cnn.OpenSchema(adSchemaColumns)

        Do Until rst.EOF
            If LCase(rst!Column_Name) = LCase(WhichColumn) And _
                LCase(rst!Table_Name) = LCase(WhichTable) Then
                ColumnExists = True
                GoTo ExitMe
            End If
            rst.MoveNext
        Loop

    ExitMe:
        rst.Close
        Set rst = Nothing
        ' Feche a conexão
        cnn.Close

    End Function
```

Adicionando uma Tabela Durante a Execução

Esse código usa uma consulta pass-through para dizer ao Access que execute um comando Create Table:

```
Sub ADOCreateReplenish()
    ' Isso cria tblReplenish
    ' Existem cinco campos:
    ' Style
    ' A = Auto reposição para A
    ' B = Auto reposição de nível para lojas B
    ' C = Auto reposição de nível para lojas C
    ' RecActive = Yes/No field
    Dim cnn As ADODB.Connection
    Dim cmd As ADODB.Command

    ' Define a conexão
    MyConn = "J:\transfers.mdb"

    ' abre a conexão
    Set cnn = New ADODB.Connection
    With cnn
        .Provider = "Microsoft.Jet.OLEDB.4.0"
        .Open MyConn
    End With

    Set cmd = New ADODB.Command
    Set cmd.ActiveConnection = cnn
    'Cria a tabela
    cmd.CommandText = "CREATE TABLE tblReplenish " & _
        "(Style Char(10) Primary Key, " & _
        "A int, B  int, C Int, RecActive YesNo)"
    cmd.Execute , , adCmdText
    Set cmd = Nothing
    Set cnn = Nothing
    Exit Sub
End Sub
```

Exemplos do SQL Server | **437**

Adicionando um Campo Durante a Execução

Se você determinar que um campo não existe, pode usar uma consulta pass-through para adicionar um campo à tabela:

```
Sub ADOAddField()
    ' Isso adiciona um campo grp em tblReplenish
    Dim cnn As ADODB.Connection
    Dim cmd As ADODB.Command

    ' Define a conexão
    MyConn = "J:\transfers.mdb"

    ' abre a conexão
    Set cnn = New ADODB.Connection
    With cnn
        .Provider = "Microsoft.Jet.OLEDB.4.0"
        .Open MyConn
    End With


    Set cmd = New ADODB.Command
    Set cmd.ActiveConnection = cnn
    'cria a tabela
    cmd.CommandText = "ALTER TABLE tblReplenish Add Column Grp Char(25)"
    cmd.Execute , , adCmdText
    Set cmd = Nothing
    Set cnn = Nothing

End Sub
```

Exemplos do SQL Server

Caso possua versões de 64 bits do Office e se a Microsoft não forneceu os drivers de 64 bits do Microsoft. Jet.OLEDB.4.0, você terá que passar a usar o SQL Server ou outra tecnologia de banco de dados:

```
Sub DataExtract()

Application.DisplayAlerts = False

'Limpa todos os dados anteriores
Planilha1.Cells.Clear

' Cria um objeto Connection.
Dim cnPubs As ADODB.Connection
Set cnPubs = New ADODB.Connection

' Fornece a string de conexão.
Dim strConn As String

'Usa o SQL Server OLE DB Provider.
strConn = "PROVIDER=SQLOLEDB;"

'Conecta ao banco de dados Pubs no servidor local.
strConn = strConn & "DATA SOURCE=a_sql_server;INITIAL CATALOG=a_database;"

'Usa um login integrado.
```

21

438 Capítulo 21 | Usando o Access como um Back End para Melhorar o Acesso Multiusuário aos Dados

```
strConn = strConn & " INTEGRATED SECURITY=sspi;"

'Agora abre a conexão.
cnPubs.Open strConn

' Cria um objeto de registo.
Dim rsPubs As ADODB.Recordset
Set rsPubs = New ADODB.Recordset

With rsPubs
    ' Atribui o objeto Connection.
    .ActiveConnection = cnPubs
    ' Extrai os registros requeridos.
    .Open "exec a_database..a_stored_procedure"
    ' Copia os registros para a célula A1 em Sheet1.
    Planilha1.Range("A2").CopyFromRecordset rsPubs


Dim myColumn As Range
'Dim title_string As String
Dim K As Integer
For K = 0 To rsPubs.Fields.Count - 1
  'Planilha1.Columns(K).Value = rsPubs.Fields(K).Name
  'title_string = title_string & rsPubs.Fields(K).Name & Chr(9)
  'Planilha1.Columns(K).Cells(1).Name = rsPubs.Fields(K).Name
  'Planilha1.Columns.Column(K) = rsPubs.Fields(K).Name
  'Set myColumn = Planilha1.Columns(K)
  'myColumn.Cells(1, K).Value = rsPubs.Fields(K).Name
  'Planilha1.Cells(1, K) = rsPubs.Fields(K).Name
  Planilha1.Cells(1, K + 1) = rsPubs.Fields(K).Name
  Planilha1.Cells(1, K + 1).Font.Bold = "TRUE"
Next K
'Planilha1.Range("A1").Value = title_string


    ' Arruma
    .Close
End With

cnPubs.Close
Set rsPubs = Nothing
Set cnPubs = Nothing

'limpa os erros
Dim cellval As Range
Dim myRng As Range
Set myRng = ActiveSheet.UsedRange
For Each cellval In myRng
  cellval.Value = cellval.Value
  'cellval.NumberFormat = "@" 'isso também funciona como configuração
  'HorizontalAlignment
  cellval.HorizontalAlignment = xlRight
Next

End Sub
```

Próximos Passos

No Capítulo 22, "Técnicas Avançadas para Userforms", você aprende mais sobre controles e técnicas que pode usar na construção de UserForms.

Técnicas Avançadas para Userforms

22

O Capítulo 10, "Userforms: Uma Introdução", abordou os princípios básicos para adicionar controles em UserForms. Este capítulo continua o tema, ao examinar controles mais avançados e métodos para tirar o máximo de proveito dos UserForms.

Usando a Barra de Ferramentas UserForm no Projeto de Controles nos UserForms

No VB Editor, escondidas sob o menu Exibir no comando Barras de Ferramentas, existem algumas barras que não aparecem a menos que o usuário intervenha. Uma delas é a barra de ferramentas UserForm, mostrada na Figura 22.1. Ela tem uma funcionalidade útil para organizar os controles que você adiciona a um userform; por exemplo, ela vai tornar do mesmo tamanho todos os controles que você selecionar.

NESTE CAPÍTULO

Usando a Barra de Ferramentas UserForm no Projeto de Controles nos UserForms 439

Mais Controles de UserForm 440

Controles e Coleções 447

UserForms Não Modais 449

Usando Hiperlinks nos UserForms 449

Adicionando Controles em Tempo de Execução 450

Adicionando Ajuda ao Userform 456

Criando Formulários Transparentes 460

Próximos Passos 461

Figura 22.1
A barra de ferramentas UserForm tem ferramentas para organizar os controles em um userform.

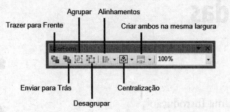

Mais Controles de UserForm

As seções a seguir abordam mais controles disponíveis para userforms que você pode usar para obter informações de usuários. No final de cada revisão de controle, há uma tabela que lista os eventos do controle.

Caixas de Seleção (Check Box)

As caixas de seleção (check boxes) permitem que o usuário selecione uma ou mais opções em um userform. Ao contrário dos botões de opção discutidos no Capítulo 10, um usuário pode marcar uma ou mais caixas de seleção de cada vez.

O valor de uma caixa de seleção marcada é `True`; o valor de uma caixa de seleção desmarcada é `False`. Ao limpar o valor de uma caixa de seleção (`Checkbox1.value = ""`) quando o userform for executado, a caixa de seleção terá uma marca esmaecida nela, como mostrado na Figura 22.2. Isso pode ser útil para verificar que os usuários viram todas as opções e fizeram uma seleção.

Figura 22.2
Use o valor nulo de uma caixa de seleção para verificar que os usuários viram e responderam a todas as questões.

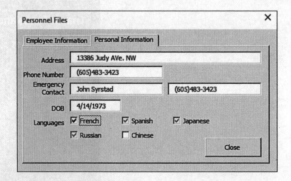

O código a seguir revisa todas as caixas de seleção no grupo de idiomas. Se o valor for nulo, o usuário é solicitado a rever as seleções:

```
Private Sub btnClose_Click()
Dim Msg As String
Dim Chk As Control

Set Chk = Nothing

'estreite a pesquisa para apenas os controles da segunda página
For Each Chk In frm_Multipage.MultiPage1.Pages(1).Controls
    'apenas precisa verificar controles de caixa de seleção
```

Mais Controles de UserForm | **441**

```
        If TypeName(Chk) = "CheckBox" Then
            'e somente se nós adicionarmos mais controles de caixa de seleção,
            'verifique apenas aqueles que estão no grupo
            If Chk.GroupName = "Languages" Then
                'se o valor for nulo (o valor da propriedade está vazio)
                If IsNull(Chk.Object.Value) Then
                    'adicione a legenda na string
                    Msg = Msg & vbNewLine & Chk.Caption
                End If
            End If
        End If
    Next Chk

    If Msg <> "" Then
        Msg = "The following check boxes were not verified:" & vbNewLine & Msg
        MsgBox Msg, vbInformation, "Additional Information Required"
    End If
    Unload Me
End Sub
```

A Tabela 22.1 lista os eventos para controles CheckBox.

Tabela 22.1   Eventos para os Controles de Caixa de Seleção (`CheckBox`)

Evento	Descrição
AfterUpdate	Ocorre depois de uma caixa de seleção ter sido marcada/desmarcada.
BeforeDragOver	Ocorre enquanto o usuário arrasta e solta dados na caixa de seleção.
BeforeDropOrPaste	Ocorre logo antes de o usuário soltar ou colar dados na caixa de seleção.
BeforeUpdate	Ocorre antes de a caixa de seleção ser marcada/desmarcada.
Change	Ocorre quando o valor da caixa de seleção é alterado.
Click	Ocorre quando o usuário clicar no controle com o mouse.
DblClick	Ocorre quando o usuário dá um clique duplo na caixa de seleção com o mouse.
Enter	Ocorre logo antes de a caixa de seleção receber o foco de outro controle no mesmo userform.
Error	Ocorre quando a caixa de seleção encontra um erro e não pode retornar a informação de erro.
Exit	Ocorre logo depois de a caixa de seleção perder o foco para outro controle no mesmo userform.
KeyDown	Ocorre quando o usuário pressiona uma tecla no teclado.
KeyPress	Ocorre quando o usuário pressiona uma tecla ANSI. Uma tecla ANSI é um caracter digitável, como a letra *A*.
KeyUp	Ocorre quando o usuário libera uma tecla no teclado.
MouseDown	Ocorre quando o usuário pressiona o botão do mouse dentro das bordas de uma caixa de seleção.
MouseMove	Ocorre quando o usuário move o mouse dentro das bordas de uma caixa de seleção.
MouseUp	Ocorre quando o usuário libera o botão do mouse dentro das bordas de uma caixa de seleção.

Barras de Guias (TabStrip)

O controle MultiPage permite a um userform ter várias páginas. Cada página do formulário pode ter seu próprio conjunto de controles, sem relação com qualquer outro controle no formulário. Um controle TabStrip (Barra de Guias) também permite que um userform tenha muitas páginas, mas os controles em uma barra de guias são idênticos, pois eles são impressos apenas uma vez. No entanto, quando o formulário é executado, a informação muda de acordo com a barra de guias que estiver ativa (veja a Figura 22.3).

➡ Para saber mais sobre os controles MultiPage, **veja** "Usando o Controle Multipage para Combinar Formulários", na **p. 171**.

Figura 22.3
Uma barra de guias permite que um userform com várias páginas compartilhe controles, mas não informações.

Por padrão, uma barra de guias é fina com duas abas no topo. Clicar com o botão direito do mouse em uma guia permite adicionar, remover, renomear ou mover essa guia. A barra de guia também deve ser dimensionada para manter todos os controles. Um botão para fechar o formulário deve ser colocado fora da área da barra de guias.

As guias também podem ser movidas em torno da barra. Isso é feito alterando a propriedade TabOrientation. As guias podem estar na parte superior, inferior, esquerda ou direita do userform.

As seguintes linhas de código foram usadas para criar o formulário da barra de guias mostrado na Figura 22.3. O sub Initialize chama o sub SetValuestoTabStrip, que define o valor para a primeira aba:

```
Private Sub UserForm_Initialize()
SetValuesToTabStrip 1 'As default
End Sub
```

Estas linhas de código controlam o que acontece quando uma nova guia é selecionada:

```
Private Sub TabStrip1_Change()
Dim lngRow As Long

lngRow = TabStrip1.Value + 1
SetValuesToTabStrip lngRow
End Sub
```

Este sub fornece os dados apresentados em cada guia. Uma planilha foi configurada, com cada linha correspondendo a uma guia:

```
Private Sub SetValuesToTabStrip(ByVal lngRow As Long)
With frm_Staff
```

Mais Controles de UserForm | **443**

```
        .lbl_Address.Caption = Cells(lngRow, 2).Value
        .lbl_Phone.Caption = Cells(lngRow, 3).Value
        .lbl_Fax.Caption = Cells(lngRow, 4).Value
        .lbl_Email.Caption = Cells(lngRow, 5).Value
        .lbl_Website.Caption = Cells(lngRow, 6).Value
        .Show
    End With
End Sub
```

Os valores da barra de guia são preenchidos automaticamente. Eles correspondem à posição da guia na barra; ao mover uma guia, seu valor muda. O valor da primeira guia de uma barra de guia é 0; é por isso que, no código anterior, adicionamos 1 ao valor da barra de guia quando o formulário é inicializado.

> **DICA** Se você quiser que uma única guia tenha um controle extra, o controle pode ser adicionado em tempo de execução, quando a guia é ativada, e removido quando a guia for desativada.

A Tabela 22.2 lista os eventos para o controle `TabStrip`.

Tabela 22.2 Eventos para o controle `TabStrip`

Evento	Descrição
BeforeDragOver	Ocorre enquanto o usuário arrasta e solta dados para o controle.
BeforeDropOrPaste	Ocorre logo antes de o usuário soltar ou colar dados no controle.
Change	Ocorre quando o valor do controle é alterado.
Click	Ocorre quando o usuário clica no controle com o mouse.
DblClick	Ocorre quando o usuário dá um clique duplo no controle com o mouse.
Enter	Ocorre logo antes de o controle receber o foco de outro controle no mesmo userform.
Error	Ocorre quando há um erro no controle e este não consegue retornar as informações de erro.
Exit	Ocorre logo depois de o controle perder o foco para outro controle no mesmo userform.
KeyDown	Ocorre quando o usuário pressiona uma tecla no teclado.
KeyPress	Ocorre quando o usuário pressiona uma tecla ANSI. Uma tecla ANSI é um caracter digitável, como a letra A.
KeyUp	Ocorre quando o usuário solta uma tecla no teclado.
MouseDown	Ocorre quando o usuário pressiona o botão do mouse no interior do controle.
MouseMove	Ocorre quando o usuário move o mouse no interior do controle.
MouseUp	Ocorre quando o usuário solta o botão do mouse no interior do controle.

Controle `RefEdit`

O controle `RefEdit` permite ao usuário selecionar um intervalo em uma planilha, e o intervalo é retornado como o valor do controle. Ele pode ser adicionado a qualquer formulário. O userform desaparece depois que ele é ativado por um clique do botão no lado direito do campo, sendo substituído pelo formulário de seleção de intervalo, usado quando selecionamos os intervalos com muitos assistentes do Excel, como mostrado na Figura 22.4. Clique no botão à direita para mostrar o userform mais uma vez.

Figura 22.4
Utilize o RefEdit para permitir ao usuário selecionar um intervalo em uma planilha.

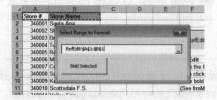

O código seguinte usado com um controle `RefEdit` permite ao usuário selecionar um intervalo, o qual é então tornado negrito.

```
Private Sub cb1_Click()
Range(RefEdit1.Value).Font.Bold = True
Unload Me
End Sub
```

A Tabela 22.3 lista os eventos para controles `RefEdit`.

> **CUIDADO**
> Os eventos `RefEdit` são notórios em não trabalhar apropriadamente. Se, ao rodá-lo, você tiver algum problema, use um evento de controle diferente para disparar o código.

Tabela 22.3 Eventos para controles RefEdit

Evento	Descrição
`AfterUpdate`	Ocorre depois que os dados do controle foram modificados pelo usuário.
`BeforeDragOver`	Ocorre enquanto o usuário arrasta e solta dados para o controle.
`BeforeDropOrPaste`	Ocorre logo antes de o usuário soltar ou colar dados no controle.
`BeforeUpdate`	Ocorre antes do dado no controle ser modificado.
`Change`	Ocorre quando o dado do controle é modificado.
`Click`	Ocorre quando o usuário clica no controle com o mouse.
`DblClick`	Ocorre quando o usuário dá um clique duplo no controle com o mouse.
`DropButtonClick`	Ocorre quando o usuário clica no botão à direita do campo.
`Enter`	Ocorre logo antes de o controle receber o foco de outro controle no mesmo userform.
`Error`	Ocorre quando há um erro no controle e este não consegue retornar as informações de erro.
`Exit`	Ocorre logo depois de o controle perder o foco para outro controle no mesmo userform.

Mais Controles de UserForm | **445**

Evento	Descrição
KeyDown	Ocorre quando o usuário pressiona uma tecla no teclado
KeyPress	Ocorre quando o usuário pressiona uma tecla ANSI. Uma tecla ANSI é um caracter digitável, como a letra *A*.
KeyUp	Ocorre quando o usuário solta uma tecla no teclado.
MouseDown	Ocorre quando o usuário pressiona o botão do mouse no interior do controle.
MouseMove	Ocorre quando o usuário move o mouse no interior do controle.
MouseUp	Ocorre quando o usuário solta o botão do mouse dentro das bordas do controle.

Botões Toggle

 Um botão de alternância parece um botão de comando normal, mas, quando o usuário o pressiona, ele permanece pressionado até que seja selecionado novamente. Isso permite que um valor `True` ou `False` possa ser retornado com base no status do botão. A Tabela 22.4 lista os eventos para os controles `ToggleButton`.

Tabela 22.4   Eventos para os Controles ToggleButton

Evento	Descrição
AfterUpdate	Ocorre após os dados do controle terem sido alterados pelo usuário.
BeforeDragOver	Ocorre logo antes de o usuário arrastar e soltar dados para o controle.
BeforeDropOrPaste	Ocorre logo antes de o usuário soltar ou colar dados no controle.
BeforeUpdate	Ocorre antes do dado no controle ser alterado.
Change	Ocorre quando o valor do controle é alterado.
Click	Ocorre quando o usuário clica no controle com o mouse.
DblClick	Ocorre quando o usuário dá um clique duplo no controle com o mouse.
Enter	Ocorre logo antes de o controle receber o foco de outro controle no mesmo userform.
Error	Ocorre quando há um erro no controle e este não consegue retornar as informações de erro.
Exit	Ocorre logo depois de o controle perder o foco para outro controle no mesmo userform.
KeyDown	Ocorre quando o usuário pressiona uma tecla no teclado.
KeyPress	Ocorre quando o usuário pressiona uma tecla ANSI. Uma tecla ANSI é um caracter digitável, como a letra A.
KeyUp	Ocorre quando o usuário solta uma tecla no teclado.
MouseDown	Ocorre quando o usuário pressiona o botão do mouse no interior do controle.
MouseMove	Ocorre quando o usuário move o mouse no interior do controle.
MouseUp	Ocorre quando o usuário solta o botão do mouse no interior do controle.

Usando uma Barra de Rolagem como um Controle Deslizante para Selecionar Valores

No Capítulo 10, discutimos o uso de um controle Botão de Rotação (SpinButton) para permitir que alguém escolha uma data. O botão de rotação é útil, mas permite que os clientes ajustem, para cima ou para baixo, apenas uma unidade por vez. Um método alternativo é criar uma barra de rolagem horizontal ou vertical no meio do userform e usá-lo como um controle deslizante. Os clientes podem usar as setas nas extremidades da barra de rolagem como as setas do botão de rotação, mas eles também podem pegar a barra de rolagem e, instantaneamente, arrastá-la para um determinado valor.

O userform mostrado na Figura 22.5 inclui um rótulo denominado Label1 e uma barra de rolagem chamada ScrollBar1.

Figura 22.5
Usar um controle de barra de rolagem permite que o usuário arraste para um valor numérico ou de dados específico.

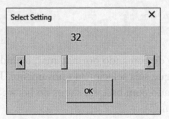

O código Initialize do userform estabelece os valores Min e Max (mínimo e máximo) para a barra de rolagem. Ele inicializa a barra de rolagem a partir de um valor de célula A1 e atualiza o Label1.Caption:

```
Private Sub UserForm_Initialize()
    Me.ScrollBar1.Min = 0
    Me.ScrollBar1.Max = 100
    Me.ScrollBar1.Value = Worksheets("Scrollbar").Range("A1").Value
    Me.Label1.Caption = Me.ScrollBar1.Value
End Sub
```

Dois controladores de eventos são necessários para a barra de rolagem. O evento Change controla se os usuários clicam nas setas nas extremidades da barra de rolagem. O evento Scroll controla se eles arrastam o controle deslizante para um novo valor:

```
Private Sub ScrollBar1_Change()
    ' Esse evento é acionado quando eles tocam
    ' as setas no final da barra de rolagem
    Me.Label1.Caption = Me.ScrollBar1.Value
End Sub

Private Sub ScrollBar1_Scroll()
    ' Esse evento é acionado quando eles arrastam o controle deslizante
    Me.Label1.Caption = Me.ScrollBar1.Value
End Sub
```

Finalmente, o evento associado ao botão escreve na planilha o valor da barra de rolagem:

```
Private Sub btnClose_Click()
    Worksheets("Scrollbar").Range("A1").Value = Me.ScrollBar1.Value
    Unload Me
End Sub
```

Controles e Coleções | **447**

A Tabela 22.5 lista os eventos para controles da Barra de Rolagem.

Tabela 22.5   Eventos para os Controles Barra de Rolagem (`Scrollbar`)

Evento	Descrição
`AfterUpdate`	Ocorre após os dados do controle terem sido alterados pelo usuário.
`BeforeDragOver`	Ocorre enquanto o usuário arrasta e solta dados para o controle.
`BeforeDropOrPaste`	Ocorre logo antes de o usuário soltar ou colar dados no controle.
`BeforeUpdate`	Ocorre antes de o dado no controle ser alterado.
`Change`	Ocorre quando o valor do controle é alterado.
`Enter`	Ocorre logo antes de o controle receber o foco de outro controle no mesmo userform.
`Error`	Ocorre quando há um erro no controle e este não consegue retornar as informações de erro.
`Exit`	Ocorre logo depois de o controle perder o foco para outro controle no mesmo userform.
`KeyDown`	Ocorre quando o usuário pressiona uma tecla no teclado.
`KeyPress`	Ocorre quando o usuário pressiona uma tecla ANSI. Uma tecla ANSI é um caracter digitável, como a letra *A*.
`KeyUp`	Ocorre quando o usuário solta uma tecla no teclado.
`Scroll`	Ocorre quando o controle deslizante é movido.

Controles e Coleções

No Capítulo 9, "Criando Classes e Coleções", vários rótulos em uma planilha foram agrupados em uma coleção. Com um pouco mais de código, esses rótulos foram transformados em telas de ajuda para os usuários. Controles de userform também podem ser agrupados em coleções para tirar proveito dos módulos de classe. O exemplo a seguir marca ou desmarca todas as caixas de seleção no userform, dependendo de qual rótulo o usuário escolher.

Coloque o código seguinte no módulo de classe, `clsFormCtl`. Ele consiste em uma propriedade `chb`, e dois métodos, `SelectAll` e `UnselectAll`.

O método `SelectAll` seleciona uma caixa de seleção, definindo seu valor como `True`:

```
Public WithEvents chb As MSForms.CheckBox

Public Sub SelectAll()
chb.Value = True
End Sub
```

O método `UnselectAll` desmarca a caixa de seleção:

```
Public Sub UnselectAll()
chb.Value = False
End Sub
```

448 Capítulo 22 | Técnicas Avançadas para Userforms

Isso configura o módulo de classe. Em seguida, os controles precisam ser colocados em uma coleção. O código a seguir, colocado atrás do formulário, `frm_Movies`, coloca as caixas de seleção em uma coleção. As caixas de seleção são parte de um quadro `f_Selection`, o que torna mais fácil a criação da coleção, pois reduz o número de controles que precisam ser verificados em todo o userform para apenas os controles dentro do quadro:

```
Dim col_Selection As New Collection

Private Sub UserForm_Initialize()
Dim ctl As MSForms.CheckBox
Dim chb_ctl As clsFormCtl

'Passa pelos membros the members do quadro e adiciona eles à coleção
For Each ctl In frm_Selection.Controls
    Set chb_ctl = New clsFormCtl
    Set chb_ctl.chb = ctl
    col_Selection.Add chb_ctl
Next ctl
End Sub
```

Quando o formulário é aberto, os controles são colocados na coleção. Tudo o que resta agora é adicionar o código aos rótulos para marcar e desmarcar as caixas de seleção:

```
Private Sub lbl_SelectAll_Click()
Dim ctl As clsFormCtl

For Each ctl In col_Selection
    ctl.SelectAll
Next ctl
End Sub
```

O código a seguir limpa as caixas de seleção na coleção:

```
Private Sub lbl_unSelectAll_Click()
Dim ctl As clsFormCtl

For Each ctl In col_Selection
    ctl.Unselectall
Next ctl
End Sub
```

Todas as caixas de seleção podem ser marcadas e desmarcadas com um simples clique do mouse, como mostrado na Figura 22.6.

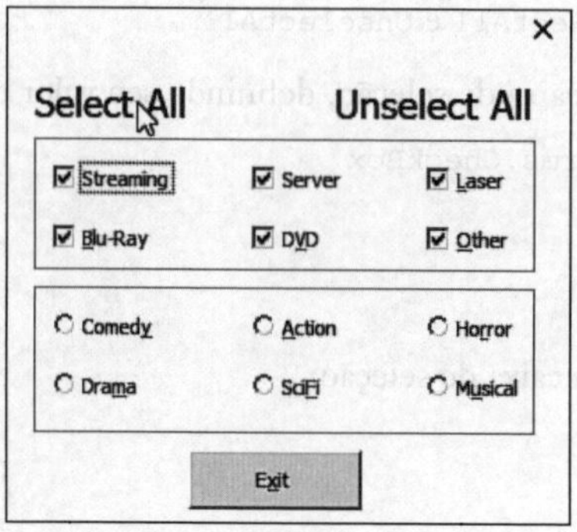

Figura 22.6
Use quadros, coleções e módulos de classe juntos para criar userforms rápidos e eficientes.

> **DICA** Se seus controles não puderem ser colocados em um quadro, você pode usar uma tag para criar um agrupamento improvisado. Uma `tag` é uma propriedade que contém mais informações sobre um controle. Seu valor é do tipo `String`, de modo que pode conter qualquer tipo de informação. Por exemplo, ela pode ser usada para criar um grupo informal de controles a partir de diferentes agrupamentos.

UserForms Não Modais

Você já teve um userform ativo, mas precisou visualizar algo em uma planilha? Os formulários podem ser não modais (*modeless*), o que significa que eles não precisam interferir com a funcionalidade do Excel. O usuário pode digitar em uma célula, mudar para outra planilha, copiar/colar dados e usar a faixa de opções — é como se o userform não estivesse lá.

Por padrão, um userform é modal, o que significa que não há uma interação com o Excel que não seja o formulário. Para fazer com que o formulário seja não modal, altere a propriedade `ShowModal` para `False`. Depois que ele estiver não modal, o usuário poderá selecionar uma célula na planilha enquanto o formulário estiver ativo, como mostrado na Figura 22.7.

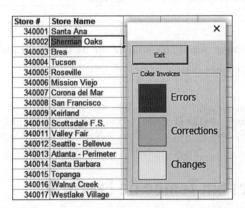

Figura 22.7
Um formulário não modal permite que o usuário insira uma célula enquanto o formulário ainda está ativo.

Usando Hiperlinks nos UserForms

No exemplo de userform mostrado na Figura 22.3, existe um campo para e-mail e endereço de site. Seria interessante se, ao clicar nesses campos, uma mensagem em branco de e-mail ou página da Web aparecesse automaticamente. É possível fazer isso usando o programa a seguir, que cria uma nova mensagem ou abre um navegador quando o rótulo correspondente é clicado.

```
Private Declare PtrSafe Function ShellExecute Lib "shell32.dll" Alias _
    "ShellExecuteA"(ByVal hWnd As Long, ByVal lpOperation As String, _
    ByVal lpFile As String, ByVal lpParameters As String, _
    ByVal lpDirectory As String, ByVal nShowCmd As Long) As LongPtr

Const SWNormal = 1
```

A declaração da Interface de Programação de Aplicações e de qualquer outra constante ficam no início do módulo.

Este sub controla o que acontece quando o rótulo de e-mail é clicado, como mostrado na Figura 22.8:

```
Private Sub lbl_Email_Click()
Dim lngRow As Long

lngRow = TabStrip1.Value + 1
ShellExecute 0&, "open", "mailto:" & Cells(lngRow, 5).Value, _
    vbNullString, vbNullString, SWNormal
End Sub
```

Figura 22.8
Transforme endereços de e-mail e sites em links clicáveis.

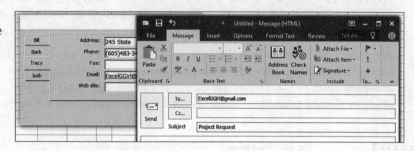

Este sub controla o que acontece quando o rótulo de site da Web é clicado:

```
Private Sub lbl_Website_Click()
Dim lngRow As Long

lngRow = TabStrip1.Value + 1
ShellExecute 0&, "open", Cells(lngRow, 6).Value, vbNullString, _
    vbNullString, SWNormal
End Sub
```

Adicionando Controles em Tempo de Execução

É possível adicionar controles a um userform em tempo de execução. Isso é conveniente se você não tiver certeza de quantos itens você acrescentará ao formulário.

A Figura 22.9 mostra um formulário simples, com apenas um botão. Esse formulário simples é usado para exibir qualquer número de imagens a partir de um catálogo de produtos. As fotos e os rótulos que acompanham aparecem em tempo de execução, enquanto o formulário está sendo exibido.

Um representante de vendas, fazendo uma apresentação, usa esse formulário para mostrar um catálogo de produtos. Ele pode escolher qualquer número de SKUs (Códigos de Produtos) em uma planilha do Excel e pressionar uma tecla de atalho para exibir o formulário. Se ele selecionar 18 itens na planilha, o formulário exibirá uma pequena versão de cada figura dos produtos, como mostrado na Figura 22.10.

Se o representante de vendas selecionar menos itens, as imagens serão apresentadas maiores, como na Figura 22.11.

Várias técnicas são usadas para criar este userform durante a execução. O formulário inicial contém apenas um botão, chamado cbClose. Todo o resto é acrescentado na hora.

Adicionando Controles em Tempo de Execução | **451**

Figura 22.9
Formulários flexíveis podem ser criados ao adicionar mais controles em tempo de execução.

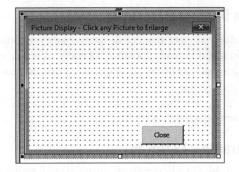

Figura 22.10
O representante de vendas pediu para ver fotos de 6 SKUs. O procedimento `UserForm_ Initialize` adiciona cada imagem e rótulo do produto durante a execução.

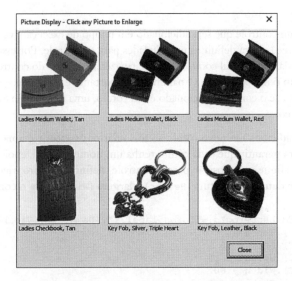

Figura 22.11
A lógica em `Userform_ Initialize` decide quantas fotos vão ser exibidas e adiciona os controles de tamanho apropriados.

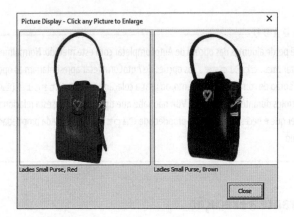

452 Capítulo 22 | Técnicas Avançadas para Userforms

Redimensionando o Userfom Durante a Execução

Um dos objetivos é dar a melhor visão das imagens do catálogo de produtos. Isso significa fazer o formulário aparecer do maior tamanho possível. O código a seguir usa as propriedades `Height` e `Width` do formulário para certificar-se de que ele preenche quase a tela inteira:

```
'redimensiona o formulário
Me.Height = Int(0.98 * ActiveWindow.Height)
Me.Width = Int(0.98 * ActiveWindow.Width)
```

Adicionando um Controle Durante a Execução

Para obter um controle normal, adicionado quando o formulário foi projetado, como um botão chamado `cbClose`, é fácil se referir ao controle usando o seu nome:

```
Me.cbClose.Left = 100
```

No entanto, para um controle que seja adicionado em tempo de execução, você terá que usar a coleção `Controls` para definir as propriedades para o controle. Por esse motivo, é importante criar uma variável, tal como `LC`, para armazenar o nome do controle. Os controles são adicionados com o método `.Add`. O parâmetro importante é o `bstrProgId`. Esse nome de código determina se o controle adicionado é um rótulo, uma caixa de texto, um botão de comando ou outra coisa.

O código a seguir adiciona um novo rótulo ao formulário. `PicCount` é uma variável de contador usada para garantir que cada rótulo tenha um nome único. Depois que o formulário é adicionado, especifique uma posição para o controle, definindo as propriedades `Top` e `Left`. Você também deve definir uma altura (`Height`) e largura (`Width`) para o controle:

```
LC = "LabelA" & PicCount
Me.Controls.Add bstrProgId:="forms.label.1", Name:=LC, Visible:=True
Me.Controls(LC).Top = 25
Me.Controls(LC).Left = 50
Me.Controls(LC).Height = 18
Me.Controls(LC).Width = 60
Me.Controls(LC).Caption = Cell.Value
```

> **CUIDADO**
>
> Você perde algumas das opções de AutoCompletar com este método. Normalmente, ao começar a digitar `Me.cbClose.`, as opções de AutoCompletar apresentariam as opções válidas para um botão de comando. No entanto, ao usar a coleção `Me.Controls(LC)` para adicionar controles durante a execução, o VBA não sabe que tipo de controle está relacionado. Nesse caso, é útil saber que é necessário definir a propriedade `Caption` em vez da propriedade `Value` para um rótulo.

Dimensionando Durante a Execução

Na realidade, é preciso ser capaz de calcular os valores para `Top`, `Left`, `Height` e `Width` durante a execução. Você faria isso com base na altura e largura real do formulário e o número de controles necessários.

Adicionando Controles em Tempo de Execução | **453**

Adicionando Outros Controles

Para adicionar outros tipos de controles, mude o `ProgId` usado com o método `Add`. A Tabela 22.6 mostra os ProgIds para diversos tipos de controles.

Tabela 22.6   Controles de Userform e seus ProgIds Correspondentes

Controle	ProgId
CheckBox	Forms.CheckBox.1
ComboBox	Forms.ComboBox.1
CommandButton	Forms.CommandButton.1
Frame	Forms.Frame.1
Image	Forms.Image.1
Label	Forms.Label.1
ListBox	Forms.ListBox.1
MultiPage	Forms.MultiPage.1
OptionButton	Forms.OptionButton.1
ScrollBar	Forms.ScrollBar.1
SpinButton	Forms.SpinButton.1
TabStrip	Forms.TabStrip.1
TextBox	Forms.TextBox.1
ToggleButton	Forms.ToggleButton.1

Adicionando uma Imagem Durante a Execução

Há alguma imprevisibilidade na adição de imagens. Qualquer imagem dada pode ser dimensionada tanto como paisagem como retrato, e pode ser pequena ou grande. A estratégia que você pode querer usar é deixar a imagem ser carregada em seu tamanho real, definindo o parâmetro `.AutoSize` como `True` antes de carregá-la:

```
TC = "Image" & PicCount
Me.Controls.Add bstrProgId:="forms.image.1", Name:=TC, Visible:=True
Me.Controls(TC).Top = LastTop
Me.Controls(TC).Left = LastLeft
Me.Controls(TC).AutoSize = True
On Error Resume Next
Me.Controls(TC).Picture = LoadPicture(fname)
On Error GoTo 0
```

Após a imagem ter sido carregada, você pode ler as propriedades de Altura e Largura (`Height` e `Width`) do controle para determinar se a imagem é horizontal ou vertical e se a imagem é limitada pela largura ou altura disponível:

```
'A imagem redimensionou o controle para tamanho real
```

454 Capítulo 22 | Técnicas Avançadas para Userforms

```
'determina o tamanho da imagem
Wid = Me.Controls(TC).Width
Ht = Me.Controls(TC).Height
'CellWid e CellHt são calculados no exemplo de código completo abaixo
WidRedux = CellWid / Wid
HtRedux = CellHt / Ht
If WidRedux < HtRedux Then
    Redux = WidRedux
Else
    Redux = HtRedux
End If
NewHt = Int(Ht * Redux)
NewWid = Int(Wid * Redux)
```

Depois de encontrar o tamanho adequado para a imagem, de modo que ela seja exibida sem distorção, defina a propriedade `AutoSize` para `False`. Use a altura e largura corretas para que a imagem não apareça distorcida:

```
'Agora redimensiona o controle
Me.Controls(TC).AutoSize = False
Me.Controls(TC).Height = NewHt
Me.Controls(TC).Width = NewWid
Me.Controls(TC).PictureSizeMode = fmPictureSizeModeStretch
```

Juntando Tudo

Este é o código completo para o userform Catálogo de Imagens:

```
Private Sub UserForm_Initialize()
    'Exibe imagens de cada SKU selecionado na planilha
    'Isso pode estar entre 1 e 36 imagens
    PicPath = "C:\qimage\qi"

    'redimensiona o formulário
    Me.Height = Int(0.98 * ActiveWindow.Height)
    Me.Width = Int(0.98 * ActiveWindow.Width)

    'determina quantas células são selecionadas
    'Precisamos de uma imagem e rótulo para cada célula
    CellCount = Selection.Cells.Count
    ReDim Preserve Pics(1 To CellCount)

    'Descobre o tamanho do formulário redimensionado
    TempHt = Me.Height
    TempWid = Me.Width

    'O número de colunas é um grupo de SQRT(CellCount)
    'Isso garante 4 linhas de 5 imagens para 20, etc.
    NumCol = Int(0.99 + Sqr(CellCount))
    NumRow = Int(0.99 + CellCount / NumCol)

    'Descobre a altura e largura de cada quadro
    'cada coluna terá 2 pontos à esquerda e à direita das imagens
    CellWid = Application.WorksheetFunction.Max(Int(TempWid / NumCol) - 4, 1)
    'cada linha precisa ter 33 pontos abaixo para o rótulo
    CellHt = Application.WorksheetFunction.Max(Int(TempHt / NumRow) - 33, 1)
```

```
PicCount = 0 'Counter variable
LastTop = 2
MaxBottom = 1
'Constrói cada linha no formulário
For x = 1 To NumRow
    LastLeft = 3
    'Constrói cada coluna nessa linha
    For Y = 1 To NumCol
        PicCount = PicCount + 1
        If PicCount > CellCount Then
            'Não há um número par de imagens para preencher
            'a última linha
            Me.Height = MaxBottom + 100
            Me.cbClose.Top = MaxBottom + 25
            Me.cbClose.Left = Me.Width - 70
            Repaint 'redraws the form
            Exit Sub
        End If
        ThisStyle = Selection.Cells(PicCount).Value
        ThisDesc = Selection.Cells(PicCount).Offset(0, 1).Value
        fname = PicPath & ThisStyle & ".jpg"
        TC = "Image" & PicCount
        Me.Controls.Add bstrProgId:="forms.image.1", Name:=TC, _
          Visible:=True
        Me.Controls(TC).Top = LastTop
        Me.Controls(TC).Left = LastLeft
        Me.Controls(TC).AutoSize = True
        On Error Resume Next
        Me.Controls(TC).Picture = LoadPicture(fname)
        On Error GoTo 0

        'A imagem redimensionou o controle para tamanho real
        'determina o tamanho da imagem
        Wid = Me.Controls(TC).Width
        Ht = Me.Controls(TC).Height
        WidRedux = CellWid / Wid
        HtRedux = CellHt / Ht
        If WidRedux < HtRedux Then
            Redux = WidRedux
        Else
            Redux = HtRedux
        End If
        NewHt = Int(Ht * Redux)
        NewWid = Int(Wid * Redux)

        'Agora redimensiona o controle
        Me.Controls(TC).AutoSize = False
        Me.Controls(TC).Height = NewHt
        Me.Controls(TC).Width = NewWid
        Me.Controls(TC).PictureSizeMode = fmPictureSizeModeStretch
        Me.Controls(TC).ControlTipText = "Style " & _
                ThisStyle & " " & ThisDesc

        'Controla a imagem mais abaixo e mais a direita
        ThisRight = Me.Controls(TC).Left + Me.Controls(TC).Width
        ThisBottom = Me.Controls(TC).Top + Me.Controls(TC).Height
        If ThisBottom > MaxBottom Then MaxBottom = ThisBottom
```

```
                  'Adiciona um rótulo abaixo da imagem
                  LC = "LabelA" & PicCount
                  Me.Controls.Add bstrProgId:="forms.label.1", Name:=LC, _
                    Visible:=True
                  Me.Controls(LC).Top = ThisBottom + 1
                  Me.Controls(LC).Left = LastLeft
                  Me.Controls(LC).Height = 18
                  Me.Controls(LC).Width = CellWid
                  Me.Controls(LC).Caption = ThisDesc

                  'Controla onde a próxima imagem deve ser exibida
                  LastLeft = LastLeft + CellWid + 4
          Next Y ' end of this row
          LastTop = MaxBottom + 21 + 16
      Next x

      Me.Height = MaxBottom + 100
      Me.cbClose.Top = MaxBottom + 25
      Me.cbClose.Left = Me.Width - 70
      Repaint
  End Sub
```

Adicionando Ajuda ao Userform

Embora você tenha projetado um ótimo userform, há algo faltando: orientação para os usuários. As seções a seguir mostram quatro maneiras de como ajudar os usuários a preencher o formulário corretamente.

Mostrando Combinações de Teclas

Formulários internos, muitas vezes, possuem atalhos de teclado que permitem acionar ações ou selecionar campos com o apertar de apenas algumas teclas. Esses atalhos são identificados por uma letra sublinhada em um botão ou rótulo.

É possível adicionar essa mesma capacidade em userforms personalizados, inserindo um valor na propriedade Accelerator do controle. Alt + a tecla de atalho seleciona o controle. Por exemplo, na Figura 22.12, Alt + H marca a caixa de seleção VHS. Repetir a combinação desmarca a caixa.

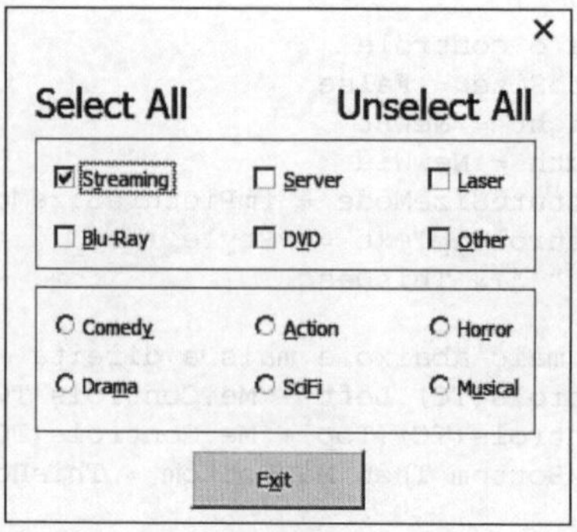

Figura 22.12
Use combinações de teclas para dar aos formulários o poder dos atalhos de teclado.

Adicionando Ajuda ao Userform | **457**

Adicionando um Texto de Dica ao Controle

Quando um cursor é colocado sobre uma barra de ferramentas, o texto de dica aparece, sugerindo o que o controle faz. Você também pode adicionar um texto de dica em userforms, inserindo um valor na propriedade `ControlTipText` de um controle. Na Figura 22.13, o texto de dica foi adicionado ao quadro em torno das diversas categorias.

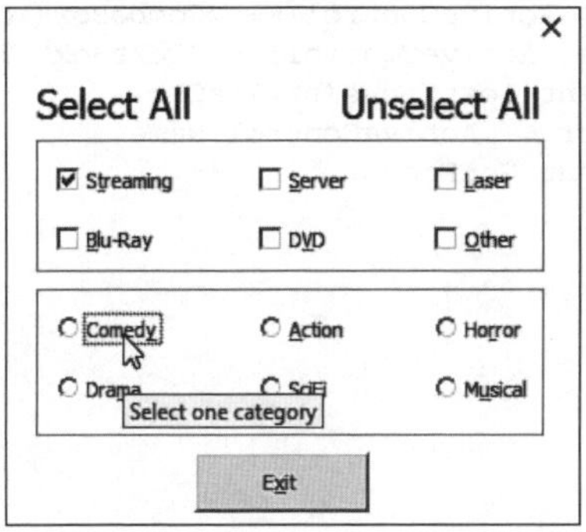

Figura 22.13
Adicione dicas aos controles para fornecer ajuda aos usuários.

Criando a Ordem de Tabulação

Os usuários também podem usar a tecla Tab para ir de um campo ao outro. Esse é um recurso automático em um formulário. Para controlar para qual campo o próximo Tab vai levar um usuário, pode-se definir o valor da propriedade `TapStop` para cada controle.

A primeira tabulação é `zero`, e a última parada de tabulação é igual ao número de controles em um grupo. Lembre-se de que um grupo pode ser criado com um quadro. O Excel não permite que vários controles tenham a mesma tabulação. Após a definição das paradas de tabulação, o usuário pode usar a tecla Tab e a barra de espaço para marcar/desmarcar várias opções.

> **DICA**
> Se você clicar com o botão direito do mouse no userform (nenhum de seus controles) e selecionar Ordenar Tabulação, um formulário aparece listando todos os controles.

Colorindo o Controle Ativo

Outra forma de ajudar um usuário a preencher um formulário é colorir o campo ativo. O exemplo a seguir muda a cor de uma caixa de texto ou de uma combinação quando ela estiver ativa. `RaiseEvent` é usado para chamar eventos declarados no topo do módulo de classe. O código para esses eventos é parte do userform.

Coloque o seguinte código em um módulo de classe chamado `clsCtlColor`:

```
Public Event GetFocus()
Public Event LostFocus(ByVal strCtrl As String)
Private strPreCtr As String
```

458 Capítulo 22 | Técnicas Avançadas para Userforms

```vba
Public Sub CheckActiveCtrl(objForm As MSForms.UserForm)
With objForm
    If TypeName(.ActiveControl) = "ComboBox" Or _
        TypeName(.ActiveControl) = "TextBox" Then
        strPreCtr = .ActiveControl.Name
        On Error GoTo Terminate
        Do
            DoEvents
            If .ActiveControl.Name <> strPreCtr Then
                If TypeName(.ActiveControl) = "ComboBox" Or _
                    TypeName(.ActiveControl) = "TextBox" Then
                    RaiseEvent LostFocus(strPreCtr)
                    strPreCtr = .ActiveControl.Name
                    RaiseEvent GetFocus
                End If
            End If
        Loop
    End If
End With

Terminate:
    Exit Sub

End Sub
```

Coloque o seguinte código atrás do userform:

```vba
Private WithEvents objForm As clsCtlColor

Private Sub UserForm_Initialize()
Set objForm = New clsCtlColor
End Sub
```

Este sub muda a `BackColor` (cor de fundo) do controle ativo quando o formulário é ativado:

```vba
Private Sub UserForm_Activate()
If TypeName(ActiveControl) = "ComboBox" Or _
    TypeName(ActiveControl) = "TextBox" Then
    ActiveControl.BackColor = &HC0E0FF
End If
objForm.CheckActiveCtrl Me
End Sub
```

Este sub muda a `BackColor` (cor de fundo) do controle ativo quando este fica no foco:

```vba
Private Sub objForm_GetFocus()
ActiveControl.BackColor = &HC0E0FF
End Sub
```

Este sub muda a `BackColor` (cor de fundo) de volta para branco quando o controle perde o foco:

```vba
Private Sub objForm_LostFocus(ByVal strCtrl As String)
Me.Controls(strCtrl).BackColor = &HFFFFFF
End Sub
```

Este sub limpa o `objForm` quando o formulário é fechado:

```vba
Private Sub UserForm_QueryClose(Cancel As Integer, CloseMode As Integer)
Set objForm = Nothing
End Sub
```

ESTUDO DE CASO: CAIXAS DE LISTAGEM COM VÁRIAS COLUNAS

Você criou várias planilhas contendo os dados da loja. A chave primária de cada conjunto é o número da loja. A pasta de trabalho é usada por várias pessoas, mas nem todo mundo memoriza as lojas por seus números. Você precisa, de alguma forma, permitir que um usuário selecione uma loja por seu nome. Ao mesmo tempo, precisa retornar o número da loja para ser usado no código. É possível usar VLOOKUP ou MATCH, mas há outra forma.

Uma caixa de listagem pode ter mais de uma coluna, mas nem todas as colunas precisam ser visíveis para o usuário. Além disso, o usuário pode selecionar um item de uma lista visível, mas a caixa de listagem retorna o valor correspondente da outra coluna.

Desenhe uma caixa de listagem e defina a propriedade ColumnCount para 2. Defina a RowSource para um intervalo de duas colunas chamado Lojas. A primeira coluna do intervalo é o número da loja, a segunda coluna é o nome da loja. Nesse ponto, a caixa de listagem está exibindo duas colunas de dados. Para mudar isso, defina a largura da coluna (ColumnWidths) para 0, 100 — o texto atualiza automaticamente para 0 pt, 100 pt. A primeira coluna está escondida agora. A Figura 22.14 mostra as propriedades da caixa de listagem como elas precisam ser.

Figura 22.14
Ao definir as propriedades de caixa de listagem, cria-se uma caixa de listagem de duas colunas que parece ser uma única coluna de dados.

A aparência da caixa de listagem foi agora definida. Quando o usuário ativar a caixa de listagem, ele vai ver só os nomes das lojas. Para retornar o valor da primeira coluna, defina a propriedade BoundColumn para 1. Isso pode ser feito por meio da janela Propriedades ou de código. Este exemplo usa o código para manter a flexibilidade de retornar o número da loja (veja Figura 22.15):

```
Private Sub UserForm_Initialize()
    lb_StoreName.BoundColumn = 1
End Sub

Private Sub lb_StoreName_Click()
lbl_StoreNum.Caption = lb_StoreName.Value
End Sub
```

Figura 22.15
Use uma caixa de listagem de duas colunas para permitir ao usuário selecionar um nome de loja, mas retornar o número da loja.

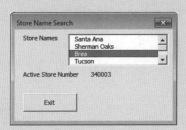

Criando Formulários Transparentes

Alguma vez você já teve um formulário em que tinha que ficar movendo-o para o lado para poder ver os dados atrás dele? O código a seguir define o userform com uma transparência de 50% (ver Figura 22.16), para que você possa ver os dados atrás dele sem mover o formulário para outro lugar na tela (e bloquear mais dados).

Figura 22.16
Crie um formulário com 50% de transparência para visualizar os dados na planilha atrás dele.

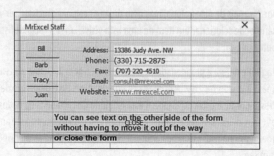

Coloque o código seguinte na seção de declarações no topo do userform:

```
Private Declare PtrSafe Function GetActiveWindow Lib "USER32" () As LongPtr
Private Declare PtrSafe Function SetWindowLongPtr Lib "USER32" Alias _
    "SetWindowLongA" (ByVal hWnd As LongPtr, ByVal nIndex As Long, _
    ByVal dwNewLong As LongPtr) As LongPtr
Private Declare PtrSafe Function GetWindowLongPtr Lib "USER32" Alias _
    "GetWindowLongA" (ByVal hWnd As LongPtr, ByVal nIndex As Long) As Long
Private Declare PtrSafe Function SetLayeredWindowAttributes Lib "USER32" _
    (ByVal hWnd As LongPtr, ByVal crKey As Integer, _
    ByVal bAlpha As Integer, ByVal dwFlags As LongPtr) As LongPtr
Private Const WS_EX_LAYERED = &H80000
Private Const LWA_COLORKEY = &H1
Private Const LWA_ALPHA = &H2
Private Const GWL_EXSTYLE = &HFFEC
Dim hWnd As Long
```

Coloque o seguinte por trás de um toggle button. Quando o botão for pressionado, a transparência será definida como 50%. Quando o usuário clicar de novo no botão, a transparência será definida como nenhuma.

```
Private Sub ToggleButton1_Click()
If ToggleButton1.Value = True Then
    '127 define 50% semitransparente
    SetTransparency 127
Else
    'um valor de 255 é opaco e 0 é transparente
    SetTransparency 255
End If
End Sub
```

```
Private Sub SetTransparency(TRate As Integer)
Dim nIndex As Long
hWnd = GetActiveWindow
nIndex = GetWindowLong(hWnd, GWL_EXSTYLE)
SetWindowLong hWnd, GWL_EXSTYLE, nIndex Or WS_EX_LAYERED
SetLayeredWindowAttributes hWnd, 0, TRate, LWA_ALPHA
End Sub
```

Próximos Passos

Este capítulo mostrou como você pode ter vantagens ao utilizar chamadas do API para realizar funções do Excel que normalmente não são realizáveis. No Capítulo 23 você irá descobrir mais sobre como acessar funções e procedimentos escondidos em arquivos no seu computador.

API Windows

Com todas as coisas maravilhosas que você pode fazer no VBA do Excel, há algumas que estão fora do alcance do VBA ou que são muito difíceis de fazer, como descobrir qual a configuração da resolução da tela do usuário. É aí que a Interface de Programação de Aplicações (API) do Windows pode ajudar.

Ao olhar na pasta \Winnt\System32 (em sistemas Windows NT), você verá vários arquivos com a extensão .dll, que são bibliotecas de vínculo dinâmico (Dynamic Link Libraries — DLL), contêm várias funções e procedimentos que outros programas podem acessar, incluindo o VBA. Elas dão ao usuário acesso a funcionalidades usadas pelo sistema operacional Windows e muitos outros programas.

23

NESTE CAPÍTULO

Entendendo uma Declaração da API......464

Usando uma Declaração da API.............465

Fazendo Declarações da API
Compatíveis com 32 e 64 bits...............465

Exemplos da API.................................467

Próximos Passos 472

464 Capítulo 23 | API Windows

> **CUIDADO**
>
> Tenha em mente que as declarações da API Windows são acessíveis somente em computadores cujo sistema operacional seja o Microsoft Windows.

Este capítulo não ensina como escrever declarações de API, mas lhe ensinará o básico sobre como interpretá- las e usá-las. Vários exemplos úteis também foram incluídos. Você pode encontrar mais online pesquisando os termos "Windows API List".

Entendendo uma Declaração da API

A linha a seguir é um exemplo de uma função da API:

```
Private Declare PtrSafe Function GetUserName _
   Lib "advapi32.dll" Alias "GetUserNameA" _
   (ByVal lpBuffer As String, nSize As Long) _
   As LongPtr
```

Existem dois tipos de declarações da API:

- **Funções** — Retornam informações.
- **Procedimentos** — Fazem algo no sistema.

As declarações são estruturadas de forma semelhante.

Basicamente, esta declaração está dizendo que:

- É do tipo `Private` e, portanto, pode ser usada apenas no módulo no qual for declarada. Declare-a `Public` em um módulo padrão se quiser compartilhá-la entre os vários módulos.

> **CUIDADO**
>
> Declarações da API em módulos padrão podem ser públicas ou privadas. Declarações da API em módulos de classe devem ser privadas.

- Ela será chamada de `GetUserName` em seu programa. Esse é o nome da variável atribuída por você.
- A função que está sendo usada é encontrada em `advapi32.dll`.
- O álias `GetUserNameA` é como a função é chamada na DLL. Esse nome é sensível a maiúsculas e não pode ser alterado, pois é específico para a DLL. Muitas vezes há duas versões de cada função da API: uma usa o conjunto de caracteres ANSI e tem aliases que terminam com a letra *A*, e a outra usa o conjunto de caracteres Unicode e tem aliases que terminam com a letra *W*. Ao especificar o alias, você está dizendo ao VBA qual versão da função usar.
- Existem dois parâmetros: `lpBuffer` e `nSize`. Esses são os dois argumentos que a função da DLL aceita.

> **CUIDADO**
> A desvantagem de se usar APIs é que podem ocorrer erros quando seu código compilar ou for executado. Isso significa que uma chamada à API configurada incorretamente pode causar uma falha ou paralisação do seu computador. Por essa razão, é aconselhável salvar seu trabalho frequentemente.

Usando uma Declaração da API

Usar uma API não é diferente de chamar uma função ou procedimento criados no VBA. O exemplo a seguir usa a declaração GetUserName em uma função para retornar o UserName do Excel:

```
Public Function UserName() As String
Dim sName As String * 256
Dim cChars As Long
cChars = 256
If GetUserName(sName, cChars) Then
    UserName = Left$(sName, cChars - 1)
End If
End Function

Sub ProgramRights()
Dim NameofUser As String
NameofUser = UserName
Select Case NameofUser
    Case Is = "Administrator"
        MsgBox "You have full rights to this computer"
    Case Else
        MsgBox "You have limited rights to this computer"
End Select
End Sub
```

Execute a macro ProgramRights e você saberá se está conectado como administrador. O resultado mostrado na Figura 23.1 indica um administrador logado.

Figura 23.1
A função da API GetUserName pode ser usada para obter um nome de usuário logado no Windows, que é mais difícil de editar do que o nome de usuário do Excel. Você pode então controlar quais direitos um usuário tem em seu programa.

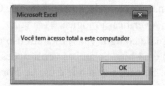

Fazendo Declarações da API Compatíveis com 32 e 64 bits

Com o Excel 2010, a Microsoft aumentou a compatibilidade entre as chamadas API de 32bits e 64bits permitindo o funcionamento de chamadas 64bits em sistemas 32bits, mas não o contrário. Esse não acontece com o Excel 2007, então se você está escrevendo código que pode ser usado no Excel 2007, você precisa verificar a versão de bits e ajustar de acordo.

466 Capítulo 23 | API Windows

Os exemplos neste livro são declarações da API de 64bits e podem não funcionar no Excel de 32 bits. Por exemplo, se tivermos a versão de 64 bits, temos esta declaração.

```
Private Declare PtrSafe Function GetWindowLongptr Lib _
"USER32" Alias _
"GetWindowLongA" (ByVal hWnd As LongPtr, ByVal nIndex As _
Long) As LongPtr
```

Ela terá que ser alterada para a seguinte, para trabalharmos na versão de 32 bits:

```
Private Declare Function GetWindowLongptr Lib "USER32" Alias _
"GetWindowLongA" (ByVal hWnd As Long, ByVal nIndex As _
Long) As LongPtr
```

A diferença é que PtrSafe precisa ser removida da declaração. Você também precisa afirmar que existe um novo tipo de variável em uso: LongPtr. Na realidade, LongPtr não é um tipo de dado verdadeiro; ela torna-se LongLong para ambientes de 64 bits e Long em ambientes de 32 bits. Isto *não* significa que você deveria usá-la ao longo de seu código, pois ela tem usos específicos, tal como chamar APIs. Mas você precisa encontrar seu próprio uso no código para variáveis da API. Por exemplo, se você retornar uma variável da API de LongPtr para outra variável em seu código, esta variável pode ser LongPtr.

Se você precisa distribuir sua pasta de trabalho para usuários de 32 bits e 64 bits, não é necessário criar duas pastas de trabalho. Você pode criar uma declaração If, Then, Else na área de declarações, estabelecendo as chamadas da API para ambas versões. Então, para estes dois exemplos anteriores, você poderia declará-los assim.

```
#If VBA7 Or Win64 Then
Private Declare PtrSafe Function GetUserName Lib "advapi32.dll" _
    Alias "GetUserNameA" (ByVal lpBuffer As String, nSize As Long) _
    As LongPtr
#Else
Private Declare Function GetUserName Lib "advapi32.dll" _
    Alias "GetUserNameA" (ByVal lpBuffer As String, nSize As Long) _
    As LongPtr
#End If
```

O sinal de jogo da velha (#) é usado para marcar compilação condicional. O código somente compila as linhas de código que satisfazem a verificação lógica. #If VBA7 Or Win64 verifica se o ambiente atual está usando a nova base de código (VBA7, está em uso desde o Office 2010) e se o ambiente (o Excel, não o Windows) é 64 bits. Se ambas verificações são verdadeiras, a primeira declaração da API é processada. Se não, a segunda é usada. Por exemplo, se o Excel 2013 ou mais recente de 64 bits está sendo executado, a primeira declaração da API é processada, mas, se o ambiente é o Excel 2007 de 32 bits, a segunda é usada. Note que, no ambiente de 64 bits, a segunda declaração da API pode ser considerada um erro, mas compilará muito bem.

A alteração para chamadas da e e API de 64 bits é nova ainda e há uma certa confusão já que a Microsoft continua a fazer alterações. Por causa da confusão que se seguiu, Jan Karel Pieterse, da JKP Application Development Services (http://www.jkp-ads.com), está trabalhando em uma página da web sempre crescente que lista a sintaxe adequada para as declarações de 64 bits. Ela pode ser encontrada em http://www.jkp-ads.com/articles/apideclarations.asp (conteúdo em inglês).

Exemplos da API

As seções seguintes fornecem mais exemplos úteis de declarações da API que você pode usar em seus programas Excel. Cada exemplo inicia com uma breve descrição do que pode fazer, seguido pelas declarações reais e um exemplo de sua utilização.

Retornar o Nome do Computador

Esta função da API retorna o nome do computador. Este é descoberto em Meu Computador, Propriedades, Nome do Computador:

```
Private Declare PtrSafe Function GetComputerName Lib "kernel32" Alias _
    "GetComputerNameA" (ByVal lpBuffer As String, ByRef nSize As Long) _
    As LongPtr

Private Function ComputerName() As String
Dim stBuff As String * 255, lAPIResult As LongPtr
Dim lBuffLen As Long

lBuffLen = 255
lAPIResult = GetComputerName(stBuff, lBuffLen)
If lBuffLen > 0 Then ComputerName = Left(stBuff, lBuffLen)
End Function

Sub ComputerCheck()
Dim CompName As String

CompName = ComputerName

If CompName <> "BillJelenPC" Then
    MsgBox _
    "This application does not have the right to run on this computer."
    ActiveWorkbook.Close SaveChanges:=False
End If
End Sub
```

A macro ComputerCheck usa uma chamada da API para obter o nome do computador. No exemplo anterior, a pasta de trabalho se recusa a abrir em qualquer outro computador, exceto para aquele cujo nome está embutido no código.

Verificar se um Arquivo do Excel está Aberto em uma Rede

É possível verificar se há um arquivo aberto no Excel ao tentar definir a pasta de trabalho para um objeto. Se o objeto é Nothing (vazio), sabe-se que o arquivo não está aberto. No entanto, que tal ver se mais alguém em uma rede está com o arquivo aberto? A função API a seguir retorna essa informação:

```
Private Declare PtrSafe Function lOpen Lib "kernel32" Alias "_lopen" _
    (ByVal lpPathName As String, ByVal iReadWrite As Long) As LongPtr
Private Declare PtrSafe Function lClose Lib "kernel32" _
    Alias "_lclose" (ByVal hFile As LongPtr) As LongPtr
Private Const OF_SHARE_EXCLUSIVE = &H10

Private Function FileIsOpen(strFullPath_FileName As String) As Boolean
Dim hdlFile As LongPtr
```

468 Capítulo 23 | API Windows

```
Dim lastErr As Long

hdlFile = -1
hdlFile = lOpen(strFullPath_FileName, OF_SHARE_EXCLUSIVE)

If hdlFile = -1 Then
    lastErr = Err.LastDllError
Else
    lClose (hdlFile)
End If
FileIsOpen = (hdlFile = -1) And (lastErr = 32)
End Function

Sub CheckFileOpen()
If FileIsOpen("C:\XYZ Corp.xlsx") Then
    MsgBox "File is open"
Else
    MsgBox "File is not open"
End If
End Sub
```

Chamar a função `FileIsOpen`, com um determinado caminho e nome de arquivo como parâmetro, irá informar se alguém está com o arquivo aberto.

Recuperar Informações da Resolução de Vídeo

A função da API a seguir recupera a resolução da tela do computador:

```
Declare PtrSafe Function DisplaySize Lib "user32" Alias _
    "GetSystemMetrics" (ByVal nIndex As Long) As LongPtr

Public Const SM_CXSCREEN = 0
Public Const SM_CYSCREEN = 1

Function VideoRes() As String
Dim vidWidth
Dim vidHeight

vidWidth = DisplaySize(SM_CXSCREEN)
vidHeight = DisplaySize(SM_CYSCREEN)

Select Case (vidWidth * vidHeight)
    Case 307200
        VideoRes = "640 x 480"
    Case 480000
        VideoRes = "800 x 600"
    Case 786432
        VideoRes = "1024 x 768"
    Case Else
        VideoRes = "Something else"
End Select
End Function

Sub CheckDisplayRes()
Dim VideoInfo As String
Dim Msg1 As String, Msg2 As String, Msg3 As String

VideoInfo = VideoRes
```

```
    Msg1 = "Current resolution is set at " & VideoInfo & Chr(10)
    Msg2 = "Optimal resolution for this application is 1024 x 768" & Chr(10)
    Msg3 = "Please adjust resolution"

    Select Case VideoInfo
        Case Is = "640 x 480"
            MsgBox Msg1 & Msg2 & Msg3
        Case Is = "800 x 600"
            MsgBox Msg1 & Msg2
        Case Is = "1024 x 768"
            MsgBox Msg1
        Case Else
            MsgBox Msg2 & Msg3
    End Select
End Sub
```

A macro `CheckDisplayRes` avisa ao cliente que a configuração de exibição não é a ideal para a aplicação.

Caixa de Diálogo "Sobre" Personalizada

Se você for em Ajuda, Sobre o Windows no Windows Explorer, receberá uma pequena e agradável caixa de diálogo com informações e alguns detalhes do sistema. Com o seguinte código, é possível fazer aparecer essa janela no seu próprio programa e personalizar alguns itens, como mostrado na Figura 23.2.

Figura 23.2
Você pode personalizar a caixa de diálogo Sobre usada pelo Windows para o seu próprio programa.

470 Capítulo 23 | API Windows

```
Declare PtrSafe Function ShellAbout Lib "shell32.dll" Alias "ShellAboutA" _
    (ByVal hwnd As LongPtr, ByVal szApp As String, ByVal szOtherStuff As _
    String, ByVal hIcon As Long) As LongPtr
Declare PtrSafe Function GetActiveWindow Lib "user32" () As LongPtr

Sub AboutMrExcel()
Dim hwnd As LongPtr
On Error Resume Next
hwnd = GetActiveWindow()
ShellAbout hwnd, Nm, "Developed by Tracy Syrstad" + vbCrLf + _
    Chr(169) + "" & " MrExcel.com Consulting" + vbCrLf + vbCrLf, 0
On Error GoTo 0
End Sub
```

Desabilitar o *X* para o Fechamento de um Userform

O botão *X*, localizado no canto superior direito de um userform, pode ser usado para terminar o aplicativo. Você pode capturar o evento de fechamento com `QueryClose`, mas para evitar que o botão seja ativado e funcione, você precisa de uma chamada API. As seguintes declarações da API trabalham em conjunto para desativar esse *X*, forçando o usuário a utilizar o botão Fechar. Quando o formulário é inicializado, o botão é desabilitado. Depois que é fechado, o botão *X* é redefinido de volta para o normal:

```
Private Declare PtrSafe Function FindWindow Lib "user32" Alias _
    "FindWindowA" (ByVal lpClassName As String, ByVal lpWindowName _
    As String) As LongPtr
Private Declare PtrSafe Function GetSystemMenu Lib "user32" _
    (ByVal hWnd As LongPtr, ByVal bRevert As Long) As LongPtr
Private Declare PtrSafe Function DeleteMenu Lib "user32" _
    (ByVal hMenu As LongPtr, ByVal nPosition As Long, _
    ByVal wFlags As Long) As LongPtr
Private Const SC_CLOSE As Long = &HF060

Private Sub UserForm_Initialize()
Dim hWndForm As LongPtr
Dim hMenu As LongPtr
'ThunderDFrame é o nome da classe de todos os userforms
hWndForm = FindWindow("ThunderDFrame", Me.Caption)
hMenu = GetSystemMenu(hWndForm, 0)
DeleteMenu hMenu, SC_CLOSE, 0&
End Sub
```

A macro `DeleteMenu` no procedimento `UserForm_Initialize` faz com que o *X* no canto do userform fique cinzento (indicando que o comando está indisponível), como mostrado na Figura 23.3. Isso força o cliente a usar o botão programado Fechar.

Figura 23.3
Desabilite o botão X em um userform, forçando usuários a utilizarem o botão programado Fechar para fechar o formulário corretamente e torná-los incapazes de ignorar qualquer código associado ao botão Fechar.

Running Timer

Você pode usar a função NOW para obter a hora, mas e se você precisasse de um relógio em tempo real, mostrando o momento exato à medida que os segundos vão passando? As declarações da API a seguir trabalham em conjunto para fornecer essa funcionalidade. O timer é colocado na célula A1 da Planilha1:

```
Public Declare PtrSafe Function SetTimer Lib "user32" _
    (ByVal hWnd As Long, ByVal nIDEvent As Long, _
    ByVal uElapse As Long, ByVal lpTimerFunc As LongPtr) As LongPtr
Public Declare PtrSafe Function KillTimer Lib "user32" _
    (ByVal hWnd As Long, ByVal nIDEvent As Long) As LongPtr
Public Declare PtrSafe Function FindWindow Lib "user32" _
    Alias "FindWindowA" (ByVal lpClassName As String, _
    ByVal lpWindowName As String) As LongPtr
Private lngTimerID As Long
Private datStartingTime As Date

Public Sub StartTimer()
StopTimer 'interrompe o timer anterior
lngTimerID = SetTimer(0, 1, 10, AddressOf RunTimer)
End Sub

Public Sub StopTimer()
Dim lRet As LongPtr, lngTID As Long

If IsEmpty(lngTimerID) Then Exit Sub

lngTID = lngTimerID
lRet = KillTimer(0, lngTID)
lngTimerID = Empty
End Sub

Private Sub RunTimer(ByVal hWnd As Long, _
    ByVal uint1 As Long, ByVal nEventId As Long, _
    ByVal dwParam As Long)
On Error Resume Next
Planilha1.Range("A1").Value = Format(Now - datStartingTime, "hh:mm:ss")
End Sub
```

Execute a macro StartTimer para ter a data e a hora atuais, constantemente atualizadas na célula A1.

Tocar Sons

Você já quis tocar um som para avisar os usuários ou felicitá-los? É possível adicionar um objeto de som em uma planilha e chamar aquele som. No entanto, seria mais fácil usar a seguinte declaração de API e especificar o caminho correto para um arquivo de som:

```
Public Declare PtrSafe Function PlayWavSound Lib "winmm.dll" _
    Alias "sndPlaySoundA" (ByVal LpszSoundName As String, _
    ByVal uFlags As Long) As LongPtr

Public Sub PlaySound()
Dim SoundName As String

SoundName = "C:\Windows\Media\Chimes.wav"
PlayWavSound SoundName, 0

End Sub
```

Próximos Passos

No Capítulo 24, "Lidando com Erros", você aprenderá sobre a manipulação de erros. Em um mundo perfeito, você quer poder entregar seus aplicativos a um colega de trabalho, sair de férias e não precisar se preocupar com um erro não tratado aparecendo enquanto estiver na praia. O Capítulo 24 discute como lidar com erros óbvios e não tão óbvios assim.

Lidando com Erros

24

Os erros vão acontecer. Mesmo quando você testa o seu código mais de uma vez, após um relatório ser colocado em produção diária e usado por uma centena de dias, algo inesperado acabará acontecendo. Seu objetivo deve ser tentar evitar erros obscuros quando codifica. Por esta razão, você deve sempre pensar sobre quais coisas inesperadas podem acontecer algum dia que façam o seu código não funcionar.

O Que Acontece Quando Ocorre um Erro?

Quando o VBA encontra um erro e não existe um código de verificação no local, o programa para e mostra a você ou ao seu cliente a mensagem de erro em tempo de execução '1004', como mostrado na Figura 24.1.

NESTE CAPÍTULO

O Que Acontece Quando Ocorre um Erro? 473

Tratamento Básico de Erros com a Sintaxe On Error GoTo 477

Manipuladores Genéricos de Erro 478

Treine seus Clientes 481

Erros Durante o Desenvolvimento Versus Erros Meses Depois 482

Os Males da Proteção de Código 484

Mais Problemas com Senhas 485

Erros Causados por Versões Diferentes 486

Próximos Passos 486

Figura 24.1
Um erro não tratado em um módulo desprotegido apresenta a opção de terminar ou depurar.

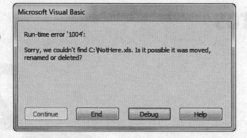

Ao se deparar com a escolha entre as opções de terminar e depurar, você deve clicar em Depurar. O VB Editor destaca a linha que gerou o erro em amarelo. Quando você passar o cursor do mouse sobre qualquer variável, verá o valor atual da mesma, o que fornece várias informações sobre o que poderia ter gerado o erro (veja a Figura 24.2).

Figura 24.2
Depois de clicar em Depurar, a macro estará no modo Interromper (Break). Passe o cursor sobre uma variável; depois de alguns segundos, o valor atual dela é mostrado.

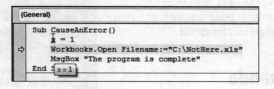

Principalmente em versões antigas o Excel é famoso por retornar erros que não são muito significativos. Por exemplo, dezenas de situações podem causar um erro do tipo 1004. Ver a linha onde ocorreu o erro em amarelo e examinar o valor atual de todas as variáveis irão ajudá-lo a descobrir a sua verdadeira causa. Você talvez note que muitas mensagens de erro no Excel 2016 — incluindo mensagens de erro VBA — são mais significativas que as mensagens equivalentes no Excel 2010.

Depois de examinar a linha do erro, clique no botão Redefinir, a fim de parar a execução da macro. Este botão é quadrado e está localizado sob o item Executar, no menu principal, conforme mostrado na Figura 24.3.

Figura 24.3
O botão Redefinir se parece com o Parar, no conjunto de três botões de um controle de DVD, por exemplo.

Se você não clicar em Redefinir para finalizar a macro e, em seguida, tentar executar outra, verá a irritante mensagem de erro mostrada na Figura 24.4. A mensagem é irritante, porque

O Que Acontece Quando Ocorre um Erro? | 475

você começa no Excel, mas, quando essa janela é exibida, a tela muda automaticamente, exibindo o VB Editor. No entanto, depois de clicar em OK, você é levado novamente para a interface de usuário do Excel em vez de ficar no VB Editor. Como essa mensagem de erro ocorre com bastante frequência, seria mais conveniente se fosse possível voltar para o VB

Figura 24.4
Esta mensagem aparece se você esquecer de clicar em Redefinir para terminar uma sessão de depuração e, em seguida, tentar executar outra macro.

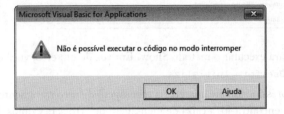

Editor depois de clicar em OK.

Erro de Depuração dentro de Código de Userform É Enganoso

Depois de clicar em Depurar, a linha destacada como sendo o erro pode ser enganosa em uma situação. Por exemplo, suponha que você chame uma macro que exibe um userform. Em algum lugar no código do userform, ocorre um erro. Ao clicar em Depurar, em vez de mostrar o problema dentro do código do userform, o Excel realça a linha na macro original que mostrava o userform. Siga esses passos para localizar o erro real:

Figura 24.5
Selecione Depurar em resposta ao erro 13.

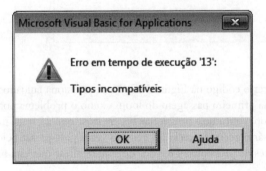

1. Após a mensagem de erro, mostrada na Figura 24.5, ser exibida, clique no botão de Depurar.

   Você verá que o erro alega ter acontecido na linha que exibe um userform, como mostrado na Figura 24.6. Como você leu este capítulo, sabe que esta não é a linha com erro.

476 Capítulo 24 | Lidando com Erros

Figura 24.6
A linha com erro é indicada na linha `frmChoose.Show`.

```
Sub PrepareAndDisplay()
' sometimes an error happens in a userform
' yet the editor reports it as the next line
Dim WS As Worksheet
Set WS = Worksheets("Sheet1")

FinalRow = WS.Cells(Rows.Count, 1).End(xlUp).Row
WS.Cells(1, 1).Sort _
    Key1:=WS.Cells(1, 1), Order1:=xlAscending, Header:=xlYes

frmChoose.Show

MsgBox "Macro complete"

End Sub
```

2. Pressione F8 para executar o método Show. Em vez de um erro, você é levado para o procedimento `Userform_Initialize`.

3. Mantenha F8 pressionado até aparecer a mensagem de erro novamente. Fique atento, pois, assim que encontrá-lo, a caixa de mensagem de erro será exibida. Clique em Depurar e voltará para a linha `userform.Show`. É especialmente difícil seguir o código quando o erro ocorre no outro lado de um loop longo, como mostrado na Figura 24.7.

Figura 24.7
Com 25 itens para adicionar na caixa de listagem, você deve pressionar a tecla F8 53 vezes para passar por esse loop de 3 linhas.

```
UserForm
Private Sub CommandButton1_Click()
    Unload Me
End Sub


Private Sub UserForm_Initialize()
    Dim WS As Worksheet
    Set WS = Worksheets("Sheet1")

    FinalRow = WS.Cells(Rows.Count, 1).End(xlUp).Row
    For i = 2 To FinalRow
        Me.ListBox1.AddItem WS.Cells(i, 1)
    Next i

    ' The next line is actually the line that causes an error
    Me.ListBox1(0).Selected = True



End Sub
```

Imagine tentar percorrer o código na Figura 24.7. Você pressiona cuidadosamente F8 cinco vezes sem problemas na primeira passagem do loop. Como o problema poderia estar em futuras iterações do loop, continue a pressionar F8. Se existirem 25 itens para adicionar à caixa de listagem será necessário apertar a tecla F8 mais 48 vezes para passar pelo loop de forma segura. A cada vez, antes de pressionar F8, você deve mentalizar que está prestes a executar alguma linha específica.

Tratamento Básico de Erros com a Sintaxe `On Error GoTo` **477**

No ponto mostrado na Figura 24.7, na próxima vez que se pressionar a tecla F8, o erro será exibido e lhe retornará para a linha `frmChoose.Show`, de volta ao Módulo1. Essa é uma situação irritante.

Neste ponto, você precisa começar a pressionar F8 novamente. Se puder recordar a área geral onde ocorreu o erro de depuração, clique com o cursor do mouse em uma linha logo antes dessa seção e use Ctrl + F8 para executar a macro até o cursor. Como alternativa, clique com o botão direito nessa linha e escolha Executar Até o Cursor.

Às vezes um erro acontecerá dentro de um loop. Adicione `Debug.Print i` dentro do loop e use a janela Verificação Imediata (Ctrl+G) para localizar que momento no loop causou o problema.

Tratamento Básico de Erros com a Sintaxe `On Error GoTo`

A opção básica de tratamento de erros é dizer ao VBA que, em caso de erro, você quer que o código vá para uma área específica da macro. Nessa área, deve haver um código especial que alerte os usuários do problema e os permita reagir.

Um cenário típico é adicionar a rotina de tratamento de erro no final da macro. Para criar um manipulador de erro, siga estes passos:

1. Após a última linha de código da macro, insira a linha de código `Exit Sub`. Isso garante que a execução da macro não continuará para dentro do manipulador de erro.

2. Após a linha `Exit Sub`, adicione o rótulo. Um rótulo é um nome seguido por dois pontos. Por exemplo, é possível criar um rótulo chamado `MeuManipuladorDeErro:`.

3. Escreva o código para lidar com o erro. Se quiser retornar o controle da macro para a linha depois daquela que causou o erro, use a declaração `Resume Next`.

Na sua macro, logo antes da linha que pode causar o erro, adicione uma linha dizendo `On Error GoTo MeuManipuladorDeErro`. Observe que, nessa linha, você não inclui os dois pontos depois do nome do rótulo.

Imediatamente depois da linha de código que suspeita que causará o erro, adicione o código para desabilitar o manipulador especial de erro. Como isso não é algo intuitivo, tende a confundir as pessoas. O código para cancelar quaisquer manipuladores especiais de erros é o `On Error GoTo 0`. Não existe um rótulo chamado `0`. Em vez disso, essa é uma linha fictícia que instrui o Excel a voltar ao estado normal de exibir a mensagem de erro Finalizar/Depurar quando um erro é encontrado. É por isso que é importante cancelar o manipulador de erros.

478 Capítulo 24 | Lidando com Erros

> **NOTA**
>
> O código a seguir inclui um manipulador de erros para tratar a ação necessária caso o arquivo tenha sido movido ou esteja faltando.

```
Sub HandleAnError()
    Dim MyFile as Variant
    ' Defina um manipulador de erros especial
    On Error GoTo FileNotThere
    Workbooks.Open Filename:="C:\NotHere.xls"
    ' Se nós chegamos aqui, cancele o manipulador de erros especial
    On Error GoTo 0
    MsgBox "The program is complete"

    ' A macro está feita. Use a sub Exit sub, senão a execução
    ' da macro CONTINUARÁ no manipulador de erros
    Exit Sub

    ' Defina um nome para o manipulador de erros
FileNotThere:
    MyPrompt = "There was an error opening the file. " & _
        "It is possible the file has been moved. " & _
        "Click OK to browse for the file, or click " & _
        "Cancel to end the program"
    Ans = MsgBox(Prompt:=MyPrompt, Buttons:=vbOKCancel)
    If Ans = vbCancel Then Exit Sub

    ' O cliente clicou em OK. Deixe-o procurar pelo arquivo
    MyFile = Application.GetOpenFilename
    If MyFile = False Then Exit Sub

    ' E se o segundo arquivo estiver corrompido? Não jogue de volta
    ' para o manipulador de erro. Apenas pare o programa.
    On Error GoTo 0
    Workbooks.Open MyFile
    ' Se nós chegamos aqui, volte para a macro
    ' original, para a linha após o erro.
    Resume Next

End Sub
```

Você definitivamente não quer este tratamento de erros sendo invocado por outro motivo mais tarde na Macro, como no caso de divisão por zero.

> **NOTA**
>
> É possível ter mais que um manipulador de erro no final de uma macro. Certifique-se de que cada manipulador de erro termine ou em `Resume Next` ou em `Exit Sub`, de forma que a execução da macro não entre no manipulador de erro seguinte.

Manipuladores Genéricos de Erro

Alguns desenvolvedores gostam de direcionar qualquer erro para um manipulador genérico de erros, para poder usar o objeto `Err`. Ele possui propriedades para número e a descrição do erro. É possível oferecer essa informação para o cliente e impedi-lo de receber uma mensagem de Depuração. Aqui está o código para fazer isso:

Tratamento Básico de Erros com a Sintaxe `On Error GoTo` **479**

```
    On Error GoTo HandleAny
    Sheets(9).Select

    Exit Sub

HandleAny:
    Msg = "We encountered " & Err.Number & " - " & Err.Description
    MsgBox Msg
    Exit Sub
```

Manipulando Erros Optando por Ignorá-los

Alguns erros podem simplesmente ser ignorados. Por exemplo, suponha que você vá usar VBA para gravar um arquivo index.html. Seu código apaga qualquer arquivo `index.html` que exista em uma pasta antes de gravar o próximo arquivo.

A declaração `Kill (NomeDoArquivo)` retorna um erro se o `NomeDoArquivo` não existir. Isso provavelmente não é algo com que precise se preocupar, afinal de contas, você está tentando apagar o arquivo, logo, provavelmente, não irá ligar se alguém já o excluiu antes de executar a macro.

Nesse caso, diga ao Excel para simplesmente passar por cima da linha que gerou o erro e retomar a execução da macro com a próxima. O código para fazer isso é `On Error Resume Next`:

```
Sub WriteHTML()
    MyFile = "C:\Index.html"
    On Error Resume Next
    Kill MyFile
    On Error Goto 0
    Open MyFile for Output as #1
    ' etc...
End Sub
```

> **NOTA**
>
> Seja cuidadoso com o `On Error Resume Next`. Ele pode ser usado seletivamente em situações onde se sabe que o erro pode ser ignorado. Você deve usar `On Error GoTo 0` para voltar imediatamente com a verificação para o normal depois da linha que pode causar um erro.
>
> Ao tentar fazer com que o `On Error Resume Next` ignore um erro que não pode ser ignorado, a macro imediatamente sai da macro atual. Se você tem uma situação em que a `MacroA` chama a `MacroB` e a `MacroB` encontra um erro não ignorável, o programa sai da `MacroB` e continua com a próxima linha na `MacroA`. Isso raramente é uma coisa boa.

O código VBA para usar configurações de impressora irá rodar muito mais rápido ao desligar PrintCommunication no início do código antecedente e ligando-o de volta no fim do código. Este truque era novo no Excel 2010. Antes disso, o Excel pausaria por quase meio segundo durante cada linha de código de configuração de impressão. Agora, todo o bloqueio do código roda em menos de um segundo.

480 Capítulo 24 | Lidando com Erros

ESTUDO DE CASO: PROBLEMAS DE CONFIGURAÇÃO DE PÁGINA PODEM SER IGNORADOS

Quando você gravar uma macro e realizar uma configuração de página, mesmo se mudar apenas um item na caixa de diálogo de Configuração da Página, o gravador de macro irá gravar duas dúzias de configurações para você. Essas configurações diferem notoriamente de impressora para impressora. Por exemplo, ao gravar o `PageSetup` em um sistema com uma impressora colorida, ele pode gravar uma definição para `.BlackAndWhite = True`. Essa configuração falhará em outro sistema em que a impressora não oferece a escolha. Sua impressora pode oferecer uma configuração `.PrintQuality = 600`. Se a do cliente oferece apenas uma configuração de resolução de 300, esse código falhará. Por essa razão, é necessário cercar o `PageSetup` inteiro com `On Error Resume Next` para garantir que a maioria das configurações aconteça, mas que as triviais falhas não causem um erro de execução. Aqui está como fazer isso:

```
On Error Resume Next
Application.PrintCommunication = False
With ActiveSheet.PageSetup
    .PrintTitleRows = ""
    .PrintTitleColumns = ""
End With
 ActiveSheet.PageSetup.PrintArea = "$A$1:$L$27"
 With ActiveSheet.PageSetup
    .LeftHeader = ""
    .CenterHeader = ""
    .RightHeader = ""
    .LeftFooter = ""
    .CenterFooter = ""
    .RightFooter = ""
    .LeftMargin = Application.InchesToPoints(0.25)
    .RightMargin = Application.InchesToPoints(0.25)
    .TopMargin = Application.InchesToPoints(0.75)
    .BottomMargin = Application.InchesToPoints(0.5)
    .HeaderMargin = Application.InchesToPoints(0.5)
    .FooterMargin = Application.InchesToPoints(0.5)
    .PrintHeadings = False
    .PrintGridlines = False
    .PrintComments = xlPrintNoComments
    .PrintQuality = 300
    .CenterHorizontally = False
    .CenterVertically = False
    .Orientation = xlLandscape
    .Draft = False
    .PaperSize = xlPaperLetter
    .FirstPageNumber = xlAutomatic
    .Order = xlDownThenOver
    .BlackAndWhite = False
    .Zoom = False
    .FitToPagesWide = 1
    .FitToPagesTall = False
    .PrintErrors = xlPrintErrorsDisplayed
End With
Application.PrintCommunication = True
On Error GoTo 0
```

Suprimindo os Avisos do Excel

Algumas mensagens aparecem mesmo que você tenha configurado o Excel para ignorar erros. Por exemplo, tente excluir uma planilha usando um código e, ainda assim, receberá a mensagem "Você não poderá desfazer a exclusão de planilhas e talvez esteja removendo alguns dados. Se ela não for necessária, clique em Excluir". Isso é irritante. Você não quer que seus clientes tenham que responder a esse aviso. Na verdade, isso não é um erro, mas, sim, um alerta. Para suspender todos os alertas e forçar o Excel a tomar as medidas padrão, use `Application.DisplayAlerts = False`:

```
Sub DeleteSheet()
    Application.DisplayAlerts = False
    Worksheets("Planilha2").Delete
    Application.DisplayAlerts = True
End Sub
```

Encontrando Erros de Propósito

Como os programadores odeiam erros, esse conceito pode parecer pouco intuitivo, mas não é sempre ruim. Algumas vezes é mais rápido simplesmente encontrar um erro.

Suponha, por exemplo, que você queira descobrir se a pasta de trabalho ativa contém uma planilha chamada Dados. Para descobrir isso sem causar um erro, você poderia fazer isto:

```
DataFound = False
For Each ws in ActiveWorkbook.Worksheets
    If ws.Name = "Data" then
        DataFound = True
        Exit For
    End if
Next ws
If not DataFound then Sheets.Add.Name = "Data"
```

Se sua pasta de trabalho possui 128 planilhas, o programa iria percorrê-la 128 vezes antes de concluir que a planilha de dados está faltando.

A alternativa é tentar fazer referência à planilha de dados. Se você tiver uma verificação de erros definida como `Resume Next`, o código é executado e o objeto `Err` recebe um número diferente de zero:

```
On Error Resume Next
X = Worksheets("Data").Name
If Err.Number <> 0 then Sheets.Add.Name = "Data"
On Error GoTo 0
```

Esse código funciona muito mais rápido. Erros costumam fazer programadores se encolherem. No entanto, nesse caso e em muitos outros, os erros são perfeitamente aceitáveis.

Treine seus Clientes

Suponha que você esteja desenvolvendo um código para um cliente do outro lado do mundo ou para o assistente administrativo, de forma que ele possa executá-lo enquanto você estiver de férias. Em ambos casos, pode acontecer de você se encontrar tentando depurar o código remotamente enquanto está no telefone com o cliente.

482 Capítulo 24 | Lidando com Erros

Por essa razão, é importante treinar os clientes sobre a diferença entre um erro e uma simples `MsgBox`. Muito embora uma `MsgBox` seja uma mensagem planejada, ela ainda aparece do nada com um bip. Ensine seus usuários que, embora mensagens de erro sejam ruins, nem tudo que aparece na tela é uma mensagem de erro. Por exemplo, eu tinha uma cliente que sempre informava a seu chefe que ela estava recebendo uma mensagem de erro do meu programa. Na verdade, ela estava recebendo um informativo `MsgBox`. Tanto os erros de Depuração quanto as mensagens de `MsgBox` apitam para o usuário.

Quando os clientes têm erros de Depuração, treine-os para chamá-lo enquanto a mensagem de Depuração ainda está na tela. Isso permite que você pegue o número do erro e a descrição. Você também pode pedir ao cliente para clicar em Depurar e lhe dizer o nome do módulo, nome do procedimento e a linha em amarelo. Munido com essas informações, geralmente é possível descobrir o que está acontecendo. Sem essas informações, dificilmente conseguirá resolver o problema. Receber uma ligação do seu cliente dizendo que aconteceu um erro 1004 não ajuda muito — o 1004 é um erro que oferece uma gama de possibilidades, que pode significar um sem número de coisas.

Erros Durante o Desenvolvimento Versus Erros Meses Depois

Quando você acabou de escrever um código que está executando pela primeira vez, esperam-se erros. Na verdade, você pode resolver executar o código linha por linha para assistir ao progresso de todo o código na primeira vez.

Outra coisa é ter um programa que vem sendo executado diariamente em produção e, de repente, para de funcionar por causa de um erro. Isso pode ser desconcertante. O código tem funcionado por meses. Por que ele, de repente, parou hoje? É fácil culpar o cliente. No entanto, ao analisar a questão a fundo, na realidade a falha é dos desenvolvedores, por não considerarem as possibilidades.

As seções a seguir descrevem alguns problemas comuns que podem atingir uma aplicação meses depois.

Erro de tempo de Execução 9: Subscrito Fora do intervalo

Você configurou um aplicativo para um cliente e forneceu uma planilha de Menu onde algumas configurações são armazenadas. Então, um dia esse cliente relata a mensagem de erro mostrada na Figura 24.8.

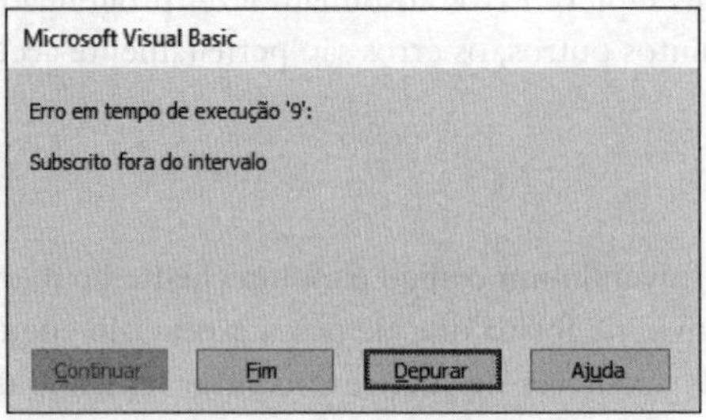

Figura 24.8
O Erro de Tempo de Execução 9 é, geralmente, causado quando se espera que uma planilha esteja ali e ela foi excluída ou renomeada pelo cliente.

Microsoft Visual Basic

Erro em tempo de execução '9':

Subscrito fora do intervalo

Continuar | Fim | Depurar | Ajuda

O código esperava que houvesse uma planilha chamada Menu. Por alguma razão, o cliente ou excluiu acidentalmente a planilha ou a renomeou. Assim que você tentou selecionar a planilha, recebeu uma mensagem de erro:

```
Sub GetSettings()
    ThisWorkbook.Worksheets("Menu").Select
    x = Range("A1").Value
End Sub
```

Essa é uma situação clássica onde não é possível acreditar que o cliente possa fazer algo tão louco. Depois de queimar a cabeça com uma situação dessas algumas vezes, você vai querer fazer qualquer coisa para prevenir um erro de Depuração não tratado:

```
Sub GetSettings()
    On Error Resume Next
    x = ThisWorkbook.Worksheets("Menu").Name
    If Not Err.Number = 0 Then
        MsgBox "Expected to find a Menu worksheet, but it is missing"
        Exit Sub
    End If
    On Error GoTo 0

    ThisWorkbook.Worksheets("Menu").Select
    x = Range("A1").Value
End Sub
```

Erro de Tempo de Execução 1004: O Método 'Range' do Objeto '_Global' Falhou

Você tem um código que importa um arquivo de texto a cada dia. Espera-se que o arquivo de texto termine com uma linha Total. Depois de importar o texto, você deseja converter todas as linhas de detalhes para itálico.

O código a seguir funciona bem por meses:

```
Sub SetReportInItalics()
    TotalRow = Cells(Rows.Count,1).End(xlUp).Row
    FinalRow = TotalRow - 1
    Range("A1:A" & FinalRow).Font.Italic = True
End Sub
```

Então, um dia, o cliente liga, pois está com a mensagem de erro apresentada na Figura 24.9.

Figura 24.9
O Erro em Tempo de Execução 1004 pode ser causado por uma série de coisas.

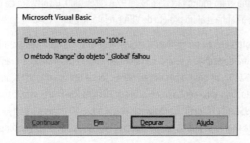

Depois de examinar o código, descobre-se que alguma coisa bizarra deu errado quando o arquivo de texto foi transferido via FTP para o cliente nesse dia. O arquivo de texto acabou por ser um arquivo vazio. Como a planilha estava vazia, `TotalRow` foi determinado como

484 Capítulo 24 | Lidando com Erros

sendo a Linha 1. No caso de assumir que a última linha de detalhe foi a `TotalRow - 1`, o código como está vai tentar formatar a Linha 0, que claramente não existe.

Depois de um episódio como esse, você vai se pegar escrevendo código que, preventivamente, se preocupa com essa situação:

```
Sub SetReportInItalics()
    TotalRow = Cells(Rows.Count,1).End(xlUp).Row
    FinalRow = TotalRow - 1
    If FinalRow > 0 Then
        Range("A1:A" & FinalRow).Font.Italic = True
    Else
        MsgBox "It appears the file is empty today. Check the FTP pro-
cess"
    End If
End Sub
```

Os Males da Proteção de Código

É possível bloquear um projeto VBA para que ele não possa ser visualizado. No entanto, isto não é recomendável. Quando o código é protegido e um erro é encontrado, o usuário vê uma mensagem de erro, mas não tem a oportunidade de depurá-lo. O botão de depuração está lá, mas fica desabilitado. Isso é inútil para ajudá-lo a descobrir o problema.

Além disso, o esquema de proteção do VBA do Excel é extremamente fácil de quebrar. Programadores na Estônia oferecem softwares de 40 dólares que permitem abrir qualquer projeto. Por essa razão, é necessário entender que o código VBA do Office não é seguro e aprender a viver com isso.

Se você precisa absolutamente proteger de verdade o seu código, invista 100 dólares em uma licença de Unviewable+VBA Project da Esoteric Software. Esse sotware financiado coletivamente permite que você crie uma versão compilada de uma pasta de trabalho onde ninguém poderá visualizar o VBA. Para mais detalhes, visite http://mrx.cl/hidevba.

ESTUDO DE **CASO**: QUEBRANDO SENHA

Os esquemas de quebra de senha eram muito fáceis no Excel 97 e Excel 2000. O software de quebra de senha podia localizar imediatamente a senha real no projeto de VBA e relatá-lo para o usuário do software.

Então, no Excel 2002, a Microsoft ofereceu um brilhante esquema de proteção que, temporariamente, pareceu frustrar as ferramentas de quebra de senha. A senha era rigorosamente criptografada. Durante vários meses depois do lançamento do Excel 2002, os programas de quebra de senha tinham que usar combinações por força bruta. O software podia quebrar uma senha como azul em 10 minutos. Entretanto, dada uma senha de 24 caracteres como *A6%kJJ542(9$GgU44#2drt8, o programa levaria umas 20 horas para encontrar a senha. Isso era uma irritação divertida para usar com outros programadores VBA que pudessem invadir potencialmente o código.

No entanto, a versão seguinte dos softwares de quebra de senha foi capaz de quebrar uma senha de 24 caracteres no Excel 2002 em cerca de 2 segundos. Quando eu testei o meu projeto de 24 caracteres protegido, o utilitário de senha rapidamente disse que minha senha foi XVII. Eu pensei que isso estava sem dúvida errado, mas, depois de testar, descobri que o projeto tinha uma nova senha de XVII. Sim, essa versão mais recente do software recorreu a outra abordagem. Em vez de usar força bruta para quebrar a senha, ele simplesmente escreveu uma nova de quatro caracteres aleatórios no projeto e salvou o arquivo.

Agora, isso causa um problema embaraçoso para quem quebrou a senha, e eu explicarei o motivo.

O desenvolvedor tem uma placa em sua parede lembrando-lhe de que a senha é *A6%kJJ542(9$GgU44#2drt8. No entanto, na versão "crackeada" do arquivo, a senha agora é XVII. Se houver um problema com o arquivo quebrado e ele for enviado de volta para o desenvolvedor, ele não poderá mais abri-lo. A única pessoa que vai ganhar alguma coisa com isso é o programador na Estônia, que escreveu o software de quebra de senha.

Não existem desenvolvedores VBA Excel suficientes no mundo, e existem mais projetos que programadores. No meu círculo de amigos desenvolvedores, reconhecemos que as perspectivas de negócios escapam por entre os dedos porque estamos muito ocupados com outros clientes. Portanto, a situação de um desenvolvedor novato é comum. Este faz um trabalho adequado de escrever o código para um cliente e, então, bloqueia o projeto VBA.

O cliente necessita de algumas mudanças. O desenvolvedor original faz o trabalho. Poucas semanas depois, entrega algumas alterações solicitadas. Um mês depois, o cliente precisa de mais trabalho. Ou o programador está ocupado com outros projetos ou ele subestimou o preço a ser cobrado por esses trabalhos de manutenção e tem um trabalho mais lucrativo. O cliente tenta contactá-lo algumas vezes até perceber que ele precisa consertar o projeto, de modo que chama outro desenvolvedor — você!

Você pega o código. Ele está protegido. Você quebra a senha e vê quem escreveu o código. Essa é uma questão delicada. Você não tem interesse em roubar o cliente do desenvolvedor novato. Na verdade, é preferível fazer esse trabalho e retornar o cliente para o programador original. No entanto, devido à quebra de senha, você criou uma situação em que os dois profissionais têm senhas diferentes. Sua única escolha é remover completamente a senha. Isso vai dar uma dica ao outro desenvolvedor de que mais alguém esteve mexendo no código dele. Talvez você possa tentar acalmá-lo com algumas linhas de comentário de que a senha foi removida após o cliente não conseguir contatar o desenvolvedor original.

Mais Problemas com Senhas

O Office 2013 introduziu uma nova classe SHA-2 do algoritmo SHA512 para calcular chaves de criptografia. Esse algoritmo causa desacelerações significativas em macros que protegem ou deixam sem proteção planilhas.

O esquema de senhas para qualquer versão do Excel 2002 em diante é incompatível com o Excel 97. Se você protegeu o código no Excel 2002, não poderá desbloquear o projeto no Excel 97. Muitas pessoas ainda usam o Excel 97. À medida que seu aplicativo é oferecido para mais funcionários em uma companhia, invariavelmente encontrará alguém usando o Excel 97. É claro que esse usuário vai receber um erro de execução. No entanto, se você bloqueou o projeto no Excel 2002 ou posterior, não será capaz de fazer o mesmo com o projeto no Excel 97, o que significa que não poderá depurar o programa no Excel 97.

Resultado: bloquear um código não vale a pena, pois traz muitos problemas.

> **NOTA** Se estiver usando uma combinação de Excel 2003 até Excel 2016, as senhas são facilmente transferidas para lá e para cá. Isso continua sendo verdade mesmo se o arquivo for salvo como um arquivo XLSM e aberto no Excel 2003, usando o conversor de arquivo. É possível alterar o código no Excel 2003, salvar o arquivo e voltar com êxito para o Excel 2016.

Erros Causados por Versões Diferentes

A Microsoft melhora o VBA a cada versão do Excel. A criação de tabelas dinâmicas foi melhorada drasticamente entre o Excel 97 e o 2000. Minigráficos (sparklines) e segmentações de dados (slicers) são novos no Excel 2010. Os Modelos de Dados foram introduzidos no Excel 2013. Power Query foi integrado ao modelo de objetos no Excel 2016.

O parâmetro `TrailingMinusNumbers` era novo no Excel 2002. Isso significa que, se você escrever um código no Excel 2016 e, em seguida, enviar o código para uma cliente com o Excel 2000, essa usuária terá um erro de compilação logo que tentar executar qualquer código no mesmo módulo que o código indesejado. Por essa razão, é necessário considerar essa aplicação em dois módulos.

O Módulo1 tem macros `ProcA`, `ProcB` e `ProcC`. O Módulo2 tem as macros `ProcD` e `ProcE`. Acontece que `ProcE` tem um método `ImportText` com o parâmetro `TrailingMinusNumbers`.

A cliente pode executar `ProcA` e `ProcB` em uma máquina com o Excel 2000 sem problemas. Assim que ela tentar executar `ProcD`, terá um erro de compilação relatado no `ProcD`, porque o Excel tenta compilar todos os Módulo2 quando ela tenta executar um código naquele módulo. Isso pode ser incrivelmente enganoso: um erro sendo relatado quando a cliente executa `ProcD` é, na verdade, causado por um erro em `ProcE`.

Uma solução é ter acesso a todas as versões do Excel ainda com suporte e testar o código em todas elas.

Os usuários da Macintosh acreditam que sua versão do Excel é a mesma da usada no Windows. A Microsoft prometeu compatibilidade de arquivos, mas essa promessa termina na interface do usuário. O código VBA não é compatível entre o Windows e o Mac. O VBA do Excel no Mac, no Excel 2016, é próximo ao VBA do Excel 2016, mas irritantemente diferente. Por essa razão, qualquer coisa que você faça com a API Windows não vai funcionar em um Mac.

Próximos Passos

Este capítulo discutiu como deixar seu código mais à prova de balas para seus clientes. No Capítulo 25, "Personalizando a Faixa de Opções para Executar Macros", você aprenderá como personalizar a faixa de opções, permitindo que seus clientes desfrutem de uma interface profissional.

Personalizando a Faixa de Opções para Executar Macros

25

Uma das maiores modificações no Excel 2007, foi a substituição da barra de ferramentas pela Faixa de Opções, uma barra colorida com botões e menus no topo da aplicação. Diferente da barra de ferramentas antiga, uma faixa não é feita por código VBA. Agora, se você desejar modificar a Faixa de Opções e adicionar sua própria guia, precisará modificar o arquivo do Excel em si, o que não é tão impossível quanto parece. O novo arquivo do Excel é, na verdade, um arquivo compactado, contendo vários arquivos e pastas. Tudo que precisa fazer é descompactá-lo, fazer as alterações e está pronto. Ok, não é assim *tão* simples — são necessários mais alguns passos — mas não é impossível.

Antes de começar, vá para a guia Arquivo e selecione Opções, Avançado, Geral, e selecione Mostrar Erros da Interface de Usuário em Suplementos. Isso permitirá que as mensagens de erro apareçam e que você possa solucionar os problemas na sua barra de ferramentas personalizada.

➡ **Veja** a seção "Resolução de Problemas de Mensagens de Erro", **p. 500**, para mais detalhes.

NESTE CAPÍTULO

Onde Colocar Seu Código:
Pasta e Arquivo customui 488

Criando a Guia e o Grupo 489

Adicionando um Controle à Sua
Faixa de Opções 490

Acessando a Estrutura de Arquivos........496

Entendendo o Arquivo RELS.................496

Renomeando o Arquivo do Excel
e Abrindo a Pasta de trabalho 497

Usando Imagens em Botões 497

Resolução de Problemas de
Mensagens de Erro...............................500

Outras Maneiras de Executar
uma Macro 504

Próximos Passos 508

CUIDADO

Ao contrário da programação no VB Editor, você não terá qualquer tipo de assistência com correção automática de letras maiúsculas e minúsculas; que o código XML, que é o que o código da faixa de opções é, de forma muito particular. Observe a diferenciação entre maiúsculas e minúsculas dos termos específicos da linguagem XML, como em `id` — usar `ID` gerará um erro.

Uma coisa a se ter em mente é que, com a alteração para uma interface de documento único (SDI) no Excel 2013, a guia da faixa de opções personalizada anexada à pasta de trabalho é visível somente quando a pasta de trabalho está ativa. Quando você ativa outra pasta de trabalho, a guia não aparecerá na faixa de opções. A exceção é com um suplemento; sua faixa de opções personalizada é visível em qualquer pasta de trabalho aberta depois que o suplemento é aberto.

➡ **Veja** o Capítulo 28, "O Que É Novo e o Que Mudou no Excel 2016", para mais informações sobre SDI.

➡ **Veja** o Capítulo 26, "Criando Suplementos", para mais informações sobre a criação de add-ins.

> **NOTA**
> O objeto `CommandBars` original ainda funciona, mas os menus e barras de ferramentas personalizadas foram todos colocados na guia Suplementos.

Onde Colocar Seu Código: Pasta e Arquivo customui

Crie uma pasta chamada customui. Esta pasta conterá os elementos da guia personalizada da Faixa de Opções. Dentro da pasta, crie um arquivo de texto e chame-o de customUI14.xml, como mostrado na Figura 25.1. Abra o arquivo XML em um editor de texto; tanto o Bloco de Notas como o Wordpad funcionarão.

Figura 25.1
Crie um arquivo customUI14.xml dentro de uma pasta customUI.

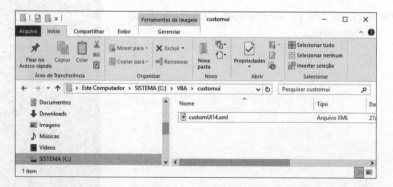

> **DICA**
> Meu editor de texto favorito é o Notepad++ da Don Ho (veja www.notepad-plus-plus.org). Assim como o VB Editor, ele colore sintaxe específica de XML após você escolher XML como a linguagem que você está digitando. Ele também possui muitas outras ferramentas úteis.

Insira a estrutura básica para o código XML, mostrada aqui, dentro do seu arquivo XML. Para cada tag de abertura, tal como `<ribbon>`, deve haver uma tag fechando, `</ribbon>`:

```
<customUI xmlns="http://schemas.microsoft.com/office/2009/07/customui">
  <ribbon startFromScratch="false">
    <tabs>

      <!-- seus controles da Faixa de Opções aqui -->

    </tabs>
  </ribbon>
</customUI>
```

O `startFromScratch` é opcional com um valor padrão de `false`. É como se diz ao código que as outras guias no Excel não serão mostradas, só a sua. Um valor `true` significa mostrar apenas a sua guia; `false` significa mostrar a sua guia e todas as outras.

> **CUIDADO**
>
> Note as letras maiúsculas e minúsculas em `startFromScratch` — o s minúsculo no início, seguido pelo F maiúsculo de `From` e pelo S maiúsculo de `Scratch`. É crucial que você não faça diferente disto.

O `<!-- seus controles da Faixa de Opções aqui -->` que você vê no código anterior é texto comentado. Simplesmente digite seus comentários entre `<!--` e `-->`, e o programa irá ignorar esta linha quando executar o código.

> **NOTA**
>
> Se você está criando uma faixa de opções que precisa ser compatível com o Excel 2007, você precisa usar o seguinte esquema: http://schemas.microsoft.com/office/2006/01/customui). Além disso, onde você vê customUI14, use customUI.

Criando a Guia e o Grupo

Antes que você possa adicionar um controle à guia, precisará identificar a guia e o grupo. Uma guia pode conter muitos controles diferentes, os quais você pode reunir em grupos, como o grupo Fonte, na guia Página Inicial.

Nomeie sua guia como My First Ribbon e adicione um grupo chamado My Programs a ela, como mostrado na Figura 25.5:

```
<customUI xmlns="http://schemas.microsoft.com/office/2009/07/customui">
  <ribbon startFromScratch="false">
    <tabs>
      <tab id="CustomTab" label="My First Ribbon">
        <group id="CustomGroup" label="My Programs">

          <!-- seus controles da Faixa de Opções aqui -->

        </group>
```

```
            </tab>
          </tabs>
        </ribbon>
      </customUI>
```

O id é um identificador único para o controle (nesse caso, a guia e o grupo). O label é o texto que você deseja que apareça na sua faixa de opções para o controle especificado.

Adicionando um Controle à Sua Faixa de Opções

Após ter criado a guia e o grupo, é possível adicionar controles. Dependendo do tipo de controle, existem atributos diferentes que você pode incluir no código XML (consulte a tabela 25.1 para mais informações sobre vários controles e seus atributos).

O código a seguir adiciona um botão de tamanho normal para o grupo Relatórios, configurado para executar o sub chamado HelloWorld quando o botão for clicado (ver Figura 25.2):

```
<customUI xmlns="http://schemas.microsoft.com/office/2009/07/customui">
   <ribbon startFromScratch="false">
     <tabs>
        <tab id="CustomTab" label="My First Ribbon">
          <group id="CustomGroup" label="My Programs">

             <button id="button1" label="Click to run"
                 onAction="Módulo1.HelloWorld" size="normal"/>

          </group>
        </tab>
     </tabs>
   </ribbon>
</customUI>
```

Figura 25.2
Execute um programa com um simples clique de botão em sua faixa de opções personalizada.

As propriedades do botão incluem uma id, um identificador único para o botão de controle e um label, o texto que você quer que apareça no botão. O size é o tamanho do botão que tem o valor padrão normal; e a outra opção é large. O onAction é o sub HelloWorld, a ser chamado quando o botão for clicado. O sub mostrado aqui vai no módulo padrão, Módulo1, na pasta de trabalho:

```
Sub HelloWorld(control As IRibbonControl)
MsgBox "Hello World"
End Sub
```

Adicionando um Controle à Sua Faixa de Opções | **491**

Observe o controle do argumento `As IRibbonControl`. Este é o argumento padrão para um sub chamado por um controle de botão usando o atributo `onAction`. Consulte a Tabela 25.2 para os argumentos necessários para outros atributos e controles.

Tabela 25.1   Atributos dos Controles da Faixa de Opções

Atributo	Tipo de Valor	Descrição
description	String	Especifica o texto de descrição exibido nos menus quando o atributo itemSize é definido como large.
enabled	true, false	Especifica se o controle está habilitado.
getContent	Callback	Recupera o conteúdo XML que descreve um menu dinâmico.
getDescription	Callback	Obtém a descrição de um controle.
getEnabled	Callback	Obtém o estado habilitado de um controle.
getImage	Callback	Obtém a imagem para um controle.
getImageMso	Callback	Obtém um ícone de controle incorporado por meio do uso do id do controle.
getItemCount	Callback	Obtém o número de itens a serem exibidos em uma caixa de combinação, lista de seleção ou galeria.
getItemID	Callback	Obtém o ID para um item específico em uma caixa de combinação, lista de seleção ou galeria.
getItemImage	Callback	Obtém a imagem de uma caixa de combinação, lista de seleção ou galeria.
getItemLabel	Callback	Obtém o rótulo de uma caixa de combinação, lista de seleção ou galeria.
getItemScreentip	Callback	Obtém a ScreenTip para uma caixa de combinação, lista de seleção ou galeria.
getItemSupertip	Callback	Obtém a Enhanced ScreenTip para uma caixa de combinação, lista de seleção ou galeria.
getKeytip	Callback	Obtém a KeyTip para um controle.
getLabel	Callback	Obtém o rótulo para um controle.
getPressed	Callback	Obtém um valor que indica se um botão de alternância está pressionado ou não. Obtém um valor que indica se uma caixa de seleção está marcada ou desmarcada.
getScreentip	Callback	Obtém uma ScreenTip para um controle.
getSelectedItemID	Callback	Obtém o ID do item selecionado em uma lista de seleção ou galeria.
getSelectedItemIndex	Callback	Obtém o índice do item selecionado em uma lista de seleção ou galeria.
getShowImage	Callback	Obtém um valor especificando se é para exibir a imagem do controle.
getShowLabel	Callback	Obtém um valor especificando se é para exibir o rótulo do controle.

492 Capítulo 25 | Personalizando a Faixa de Opções para Executar Macros

Atributo	Tipo de Valor	Descrição
getSize	Callback	Obtém um valor especificando o tamanho de um controle (normal ou grande).
getSupertip	Callback	Obtém um valor especificando o Enhanced ScreenTip para um controle.
getText	Callback	Faz com que o texto seja exibido na parte editável de uma caixa de texto ou caixa de edição.
getTitle	Callback	Faz com que o texto seja exibido (ao invés de uma linha horizontal) para um separador de menu.
getVisible	Callback	Obtém um valor que especifica se o controle está visível.
id	String	Um identificador único definido pelo usuário para o controle (mutuamente exclusivos com idMso e idQ — especifique apenas um destes valores).
idMso	Control id	ID do controle incorporado (mutualmente exclusivos com id e idQ – especifique apena
idQ	Qualified id	ID qualificado do controle, precedido por um identificador de namespace (mutuamente exclusivos com id e idMso — especifique apenas um desses valores).
image	String	Especifica uma imagem para o controle.
imageMso	Control id	Especifica um identificador para uma imagem incorporada.
insertAfterMso	Control id	Especifica o identificador para o controle incorporado depois do qual se deve posicionar esse controle.
insertAfterQ	Qualified id	Especifica o identificador para um controle cuja propriedade idQ foi especificada, antes do qual posiciona-se esse controle.
insertBeforeMso	Control id	Especifica o identificador para o controle incorporado, antes do qual se deve posicionar esse controle.
insertBeforeQ	Qualified id	Especifica o identificador para um controle cuja propriedade idQ foi especificada, antes do qual posiciona-se esse controle.
itemSize	large, normal	Especifica o tamanho para os itens em um menu.
keytip	String	Especifica o KeyTip para o controle.
label	String	Especifica o rótulo para o controle.
onAction	Callback	Chamado quando o usuário clica no controle.
onChange	Callback	Chamado quando o usuário entra ou seleciona texto em uma caixa de edição ou caixa de combinação.
screentip	String	Especifica a ScreenTip do controle.
showImage	true, false	Especifica se a imagem do controle é exibida.
showItemImage	true, false	Especifica se é para exibir a imagem em uma caixa de combinação, lista de seleção ou galeria.

Adicionando um Controle à Sua Faixa de Opções | 493

Atributo	Tipo de Valor	Descrição
showItemLabel	true, false	Especifica se é para exibir o rótulo em uma caixa de combinação, lista de seleção ou galeria.
showLabel	true, false	Especifica se o rótulo do controle é exibido.
size	large, normal	Especifica o tamanho para o controle.
sizeString	String	Indica a largura para o controle especificando uma string, como "xxxxxx".
supertip	String	Especifica a Enhanced ScreenTip para o controle.
tag	String	Especifica o texto definido pelo usuário.
title	String	Especifica o texto a ser exibido, ao invés de uma linha horizontal, para um separador de menu.
visible	true, false	Especifica se o controle é visível.

Tabela 25.2   Argumentos dos Controles

Controle	Nome do Callback	Assinatura
Vários Controles	getDescription	Sub GetDescription(control as IRibbonControl, ByRef description)
	getEnabled	Sub GetEnabled(control As IRibbonControl, ByRef enabled)
	getImage	Sub GetImage(control As IRibbonControl, ByRef image)
	getImageMso	Sub GetImageMso(control As IRibbonControl, ByRef imageMso)
	getLabel	Sub GetLabel(control As IRibbonControl, ByRef label)
	getKeytip	Sub GetKeytip (control As IRibbonControl, ByRef label)
	getSize	Sub GetSize(control As IRibbonControl, ByRef size)
	getScreentip	Sub GetScreentip(control As IRibbonControl, ByRef screentip)
	getSupertip	Sub GetSupertip(control As IRibbonControl, ByRef screentip)
	getVisible	Sub GetVisible(control As IRibbonControl, ByRef visible)
button	getShowImage	Sub GetShowImage (control As IRibbonControl, ByRef showImage)
	getShowLabel	Sub GetShowLabel (control As IRibbonControl, ByRef showLabel)
	onAction	Sub OnAction(control As IRibbonControl)
checkBox	getPressed	Sub GetPressed(control As IRibbonControl, ByRef returnValue)

Controle	Nome do Callback	Assinatura
	onAction	Sub OnAction(control As IRibbonControl, pressed As Boolean)
comboBox	getItemCount	Sub GetItemCount(control As IRibbonControl, ByRef count)
	getItemID	Sub GetItemID(control As IRibbonControl, index As Integer, ByRef id)
	getItemImage	Sub GetItemImage(control As IRibbonControl, index As Integer, ByRef image)
	getItemLabel	Sub GetItemLabel(control As IRibbonControl, index As Integer, ByRef label)
	getItemScreenTip	Sub GetItemScreenTip(control As IRibbonControl, index As Integer, ByRef screentip)
	getItemSuperTip	Sub GetItemSuperTip (control As IRibbonControl, index As Integer, ByRef supertip)
	getText	Sub GetText(control As IRibbonControl, ByRef text)
	onChange	Sub OnChange(control As IRibbonControl, text As String)
customUI	loadImage	Sub LoadImage(imageId As string, ByRef image)
	onLoad	Sub OnLoad(ribbon As IRibbonUI)
dropDown	getItemCount	Sub GetItemCount(control As IRibbonControl, ByRef count)
	getItemID	Sub GetItemID(control As IRibbonControl, index As Integer, ByRef id)
	getItemImage	Sub GetItemImage(control As IRibbonControl, index As Integer, ByRef image)
	getItemLabel	Sub GetItemLabel(control As IRibbonControl, index As Integer, ByRef label)
	getItemScreenTip	Sub GetItemScreenTip(control As IRibbonControl, index As Integer ByRef screenTip)
	getItemSuperTip	Sub GetItemSuperTip (control As IRibbonControl, index As Integer, ByRef superTip)
	getSelectedItemID	Sub GetSelectedItemID(control As IRibbonControl, ByRef index)
	getSelectedItemIndex	Sub GetSelectedItemIndex(control As IRibbonControl, ByRef index)

Adicionando um Controle à Sua Faixa de Opções | **495**

Controle	Nome do Callback	Assinatura
	onAction	Sub OnAction(control As IRibbonControl, selectedId As String, selectedIndex As Integer)
dynamicMen	getContent	Sub GetContent(control As IRibbonControl, ByRef content)
editBox	getText	Sub GetText(control As IRibbonControl, ByRef text)
	onChange	Sub OnChange(control As IRibbonControl, text As String)
gallery	getItemCount	Sub GetItemCount(control As IRibbonControl, ByRef count)
	getItemHeight	Sub getItemHeight(control As IRibbonControl, ByRef height)
	getItemID	Sub GetItemID(control As IRibbonControl, index As Integer, ByRef id)
	getItemImage	Sub GetItemImage(control As IRibbonControl, index As Integer, ByRef image)
	getItemLabel	Sub GetItemLabel(control As IRibbonControl, index As Integer, ByRef label)
	getItemScreenTip	Sub GetItemScreenTip(control As IRibbonControl, index as Integer, ByRef screen)
	getItemSuperTip	Sub GetItemSuperTip (control As IRibbonControl, index as Integer, ByRef screen)
	getItemWidth	Sub getItemWidth(control As IRibbonControl, ByRef width)
	getSelectedItemID	Sub GetSelectedItemID(control As IRibbonControl, ByRef index)
	getSelectedItemIndex	Sub GetSelectedItemIndex(control As IRibbonControl, ByRef index)
	onAction	Sub OnAction(control As IRibbonControl, selectedId As String, selectedIndex As Integer)
menuSeparator	getTitle	Sub GetTitle (control As IRibbonControl, ByRef title)
toggleButton	getPressed	Sub GetPressed(control As IRibbonControl, ByRef returnValue)
	onAction	Sub OnAction(control As IRibbonControl, pressed As Boolean)

Acessando a Estrutura de Arquivos

Os novos tipos de arquivo do Excel são, na verdade, arquivos compactados contendo vários arquivos e pastas para criar a pasta de trabalho e planilhas que você vê quando a abre. Para visualizar essa estrutura, renomeie o arquivo, adicionando uma extensão .zip ao final do nome do arquivo. Por exemplo, se o nome do arquivo é "Capítulo 25 — Faixa de Opções Simples". xlsm, renomeie-o para "Capítulo 25 — Faixa de Opções Simples.xlsm.zip". Você pode, então, usar o utilitário zip para acessar as pastas e arquivos que estiverem dentro.

Copie, para dentro do arquivo zip, a pasta e arquivo customUI, como mostrado na Figura 25.3. Após colocá-los no arquivo XLSM, precisamos deixar o resto do arquivo Excel saber que eles estão lá e qual o seu propósito. Para fazer isso, modificamos o arquivo RELS.

Figura 25.3
Usando um utilitário zip, abra o arquivo XLSM e copie a pasta e o arquivo customUI.

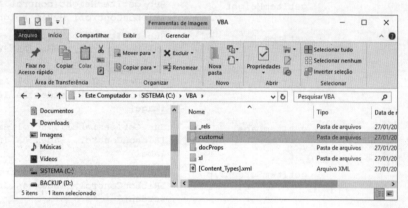

Entendendo o Arquivo RELS

O arquivo RELS, encontrado na pasta _rels, contém as várias relações do arquivo Excel. Extraia esse arquivo do zip e abra-o usando um editor de texto.

O arquivo já possui relações que não queremos mudar. Ao invés disso, precisamos adicionar uma para a pasta customUI. Desça todo o caminho à direita da linha `<Relationships` e posicione seu cursor antes da tag `</Relationships>`, como mostrado na Figura 25.4. Insira a seguinte sintaxe:

```
<Relationship Id="rAB67989"
Type="http://schemas.microsoft.com/office/2007/relationships/ui/
extensibility"
Target="customui/customUI14.xml"/>
```

`Id` é qualquer string única para identificar o relacionamento. Se o Excel tiver um problema com a string que você inserir, isso pode mudar ao abrir o arquivo. `Target` é a pasta e arquivo customUI. Salve suas alterações e adicione o arquivo RELS de volta ao arquivo zip.

➥ **Veja** a seção resolução de problemas, "O Excel Encontrou Conteúdo Ilegível", **p. 502**, para obter mais informações.

> Nota do RT.: A quebra de texto foi necessária para adequar o código na página do livro, mas ao digitar o código XML, não usar o "underline" e digitar na mesma linha.

Figura 25.4
Posicione seu cursor no ponto correto para entrar com sua relação personalizada da faixa de opções.

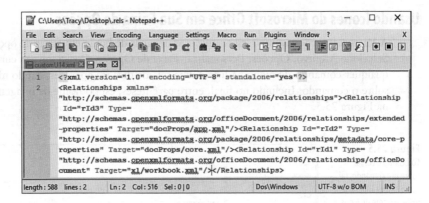

CUIDADO

Embora no código anterior apareça como três linhas neste livro, deveria aparecer como uma única linha no arquivo RELS. Se você quiser digitar este código em três linhas separadas, não as separe dentro das strings entre aspas. Os exemplos anteriores são quebras corretas (não incluindo a linha de quebra com caractere de continuação). Uma quebra errada da terceira linha, por exemplo, seria esta:

```
Target = "customui/
    customUI14.xml"
```

Renomeando o Arquivo do Excel e Abrindo a Pasta de trabalho

Renomeie o arquivo Excel de volta ao nome original, removendo a extensão .zip. Abra a pasta de trabalho.

➥ Se alguma mensagem de erro aparecer quando renomear um arquivo Excel, **veja** "Resolução de Problemas de Mensagens de Erro", p. 500.

Pode ser um pouco demorado executar todas as etapas envolvidas na adição de uma faixa de opções personalizada, especialmente se você cometer alguns erros e tiver que ficar renomeando sua pasta de trabalho, abrindo o arquivo zip, extraindo seu arquivo, modificando, adicionando-o de volta para o zip, renomeando e testando. Para ajudar nisso, a OpenXMLDeveloper.org oferece a Ferramenta de Edição de UI Personalizável (Custom UI Editor Tool). Mais informações sobre ela em http://openxmldeveloper.org/blog/b/openxmldeveloper/archive/2009/08/07/7293.aspx. A ferramenta também atualiza o arquivo RELS, ajuda na utilização de imagens personalizadas e possui outras informações úteis para customizar a faixa de opções.

Usando Imagens em Botões

A imagem que aparece em um botão pode tanto ser da biblioteca de ícones do Microsoft Office quanto uma imagem personalizada que você cria e inclui na pasta customUI da pasta de trabalho. Com uma boa imagem de ícone, é possível esconder o rótulo de botão, mas ainda possuir uma faixa de opções amigável com imagens que são autoexplicativas.

Usando Ícones do Microsoft Office em Sua Faixa de Opções

A Microsoft tornou muito fácil reutilizar as imagens de botão em faixas de opções padrão. Selecione Arquivo, Opções, Personalizar Faixa de Opções. Posicione seu cursor sobre qualquer comando de menu na lista e uma tela de dica irá aparecer, dando mais informações sobre o comando. Incluído no final, entre parênteses, está o nome da imagem, como mostrado na Figura 25.5.

Figura 25.5
Colocando o cursor sobre um comando, tal como Inserir Hiperlink, exibe o nome do ícone, HyperlinkInsert.

Para se colocar uma imagem em nosso botão, precisamos voltar ao arquivo customUI14.xml e avisar ao Excel o que queremos. O código a seguir usa o ícone HyperlinkInsert para o botão HelloWorld e também esconde o rótulo, como mostrado na Figura 25.6. Note que o nome do ícone é sensível a maiúsculas.

```
<customUI xmlns="http://schemas.microsoft.com/office/2009/07/customui">
  <ribbon startFromScratch="false">
    <tabs>
      <tab id="CustomTab" label="My First Ribbon">
        <group id="CustomGroup" label="My Programs">

          <button id="button1" label="Click to run"
            onAction="Módulo1.HelloWorld"
            imageMso="HyperlinkInsert" size="large"/>

        </group>
      </tab>
    </tabs>
  </ribbon>
</customUI>
```

Nota do RT.: A fim de evitar problemas com acentuação nos módulos e subs (como em Módulo1), adicione esta linha ao topo do seu XML: `<?xml version="1.0" encoding="UTF-8">`

Figura 25.6
Você pode aplicar a imagem de qualquer ícone do Microsoft Office ao seu botão personalizado.

Você não está limitado a apenas os ícones disponíveis no Excel. É possível usar o ícone para qualquer aplicativo Microsoft Office instalado. Pode-se baixar uma pasta de trabalho da Microsoft com várias galerias mostrando os ícones disponíveis (e seus nomes) em http://www.microsoft.com/en-us/downloads/details.aspx?id=21103.

Adicionando Imagens Personalizadas de Ícones à Sua Faixa de Opções

E se a biblioteca de ícones não tiver o ícone que você procura? É possível criar seu próprio arquivo de imagem e modificar a faixa de opções para usá-lo:

1. Crie uma pasta, chamada imagens, na pasta customUI. Coloque sua imagem nesta pasta.
2. Crie uma pasta, chamada _rels, na pasta customUI. Crie um arquivo de texto, chamado customUI14.xml.rels, nessa nova pasta, como mostrado na Figura 25.7. Coloque o código a seguir no arquivo. Perceba que a id para o relacionamento da imagem é o nome do arquivo de imagem, helloworld_png):

```
helloworld_png):
<?xml version="1.0" encoding="UTF-8" standalone="yes"?>
<Relationships xmlns="http://schemas.openxmlformats.org/package/2006/relationships"><Relationship Id="helloworld_png"_
Type="http://schemas.openxmlformats.org/officeDocument/2006/_
relationships/image"
Target="imagens/helloworld.png"/></Relationships>
```

Nota do RT.: Lembre-se: Não devem permanecer no seu código as quebras de linha com _ que aparecem nas demonstrações.

Figura 25.7
Crie uma pasta _rels e uma pasta de imagens dentro da pasta customUI para conter arquivos relevantes para sua imagem personalizada.

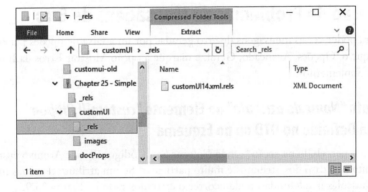

3. Abra o arquivo customUI14.xml e adicione o atributo da imagem para o controle, como mostrado aqui. Salve e feche o arquivo:

```
<customUI xmlns="http://schemas.microsoft.com/office/2009/07/customui">
    <ribbon startFromScratch="false">
        <tabs>
            <tab id="CustomTab" label="My First Ribbon">
                <group id="CustomGroup" label="My Programs">

                    <button id="button1" label="Click to run"
                        onAction="Módulo1.HelloWorld" image="helloworld_png"
                        size="large" />

                </group>
```

Nota do RT.: Adicionar esta linha ao topo do seu XML:<?xml version="1.0" encoding="UTF-8">

```
            </tab>
        </tabs>
    </ribbon>
</customUI>
```

4. Abra o arquivo [Content_Types].xml e adicione a seguinte linha de código ao final do arquivo, mas antes de </Types>:

```
< Default Extension="png" ContentType="image/.png"/>
```

> **NOTA**
> Se sua imagem é jpg, você usa o seguinte:
> `<Default Extension="jpg" ContentType="application/octet-stream"/>`

5. Salve suas alterações, renomeie o arquivo e abra a pasta de trabalho. A imagem personalizada aparece no botão, como mostrado na Figura 25.8.

Figura 25.8
Com mais algumas mudanças na customUI, você pode adicionar uma imagem personalizada a um botão.

Resolução de Problemas de Mensagens de Erro

Para poder ver as mensagens de erro geradas por uma faixa de opções personalizada, vá em Arquivo, Opções, Avançado, Geral, e marque a opção Mostrar Erros da Interface do Usuário em Suplementos.

O Atributo "*Nome do atributo*" no Elemento "*customUI Ribbon*" Não Está Definido no DTD ou no Esquema

Como percebido na seção "Onde Colocar Seu Código: Pasta e Arquivo customUI" deste capítulo, o caso dos atributos é muito particular. Se um atributo tem suas maiúsculas e minúsculas maldefinidas, pode ocorrer o erro mostrado na Figura 25.9.

Figura 25.9
Atributos com maiúsculas e minúsculas mal definidas podem gerar erros. Leia a mensagem de erro com cuidado; ela pode ajudá-lo a localizar o problema.

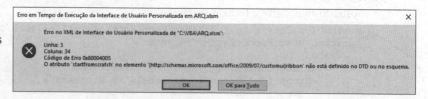

O código no customUI14.xml que gerou o erro tinha a seguinte linha de código:

```
<ribbon startfromscratch="false">
```

Ao invés de `startFromScratch`, o código continha `startfromscratch` (todas as letras em caixa baixa). A mensagem de erro até ajuda você a identificar o erro, nomeando o atributo com o qual ele tem um problema.

Caracter Ilegal de Nome Qualificado

Para cada < de abertura, você irá precisar de um > de fechamento. Ao esquecer um > de fechamento, o erro mostrado na Figura 25.10 pode aparecer. A mensagem de erro não é nada específica, mas fornece um número de linha e coluna onde está ocorrendo o problema. Ainda assim, não é o ponto exato onde o > faltoso deveria estar. Ao invés disto, é o início da linha seguinte. Você terá que revisar seu código para descobrir o erro, mas terá uma ideia de por onde começar.

Figura 25.10
Para cada < inicial, você precisa de um > de encerramento.

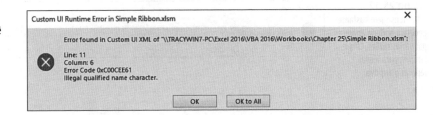

O código a seguir no `customUI14.xml` gerou o erro:

```
<tab id="CustomTab" label="My First Ribbon">
  <group id="CustomGroup" label="My Programs"
<button id="button1" label="Click to run"
  onAction="Module1.HelloWorld" image="helloworld_png"
  size="large" />
```

Note o > faltoso para a linha do grupo (segunda linha do código). A linha deveria ser esta:

```
<group id="CustomGroup" label="My Programs">
```

O Elemento *"Nome da Tag customUI"* Não Está em Conformidade com o Modelo de Conteúdo do Elemento Pai *"Nome da Tag customUI"*

Se a estrutura estiver na ordem errada, como a tag de group colocada antes da tag tab, como mostrado aqui, uma corrente de erros aparecerá, começando com um mostrado na Figura 25.11.

Figura 25.11
Um erro em uma linha pode levar a uma série de mensagens de erro devido às outras serem então consideradas fora de ordem.

```
<group id="CustomGroup" label="My Programs">
  <tab id="CustomTab" label="My First Ribbon">
```

O Excel Encontrou Conteúdo Ilegível

A Figura 25.12 mostra uma mensagem genérica para diferentes tipos de problemas que o Excel pode encontrar. Ao clicar em Sim, você receberá a mensagem mostrada na Figura 25.13. Ao clicar em Não, a pasta de trabalho não abre. Enquanto criava faixas de opções, no entanto, percebi que essas mensagens apareciam mais frequentemente quando o Excel não gostava do ID da relação que eu tinha atribuído à relação customUI no arquivo RELS. O interessante é que, se você clicar Sim, o Excel atribuirá um novo ID ao arquivo e, na próxima vez que você abri-lo, o erro não deverá aparecer.

Figura 25.12
Esta mensagem bastante genérica poderia aparecer por várias razões. Clique em Sim para tentar reparar o arquivo.

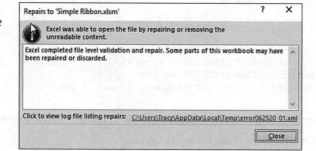

Figura 25.13
O Excel lhe informará se conseguiu consertar o arquivo.

Relação original:
```
<Relationship Id="rId3"
Type="http://schemas.microsoft.com/office/2007/relationships/ui/_
extensibility"
Target="customui/customUI14.xml"/>
```

Relação modificada pelo Excel:
```
<Relationship Id="rE1FA1CF0-6CA9-499E-9217-90BF2D86492F"
Type="http://schemas.microsoft.com/office/2007/relationships/ui/_
extensibility"
  Target="customui/customuUI14.xml"/>
```

No arquivo RELS, o erro também aparece ao dividir a linha de relação contida em uma string dentro de aspas. Você deve se lembrar de que foi alertado disso na seção "Entendendo o Arquivo RELS", anteriormente neste capítulo. Nesse caso, o Excel não corrigirá o arquivo, e você mesmo terá que fazer a correção.

Número Errado de Argumentos ou Atribuição Inválida de Propriedade

Se houver um problema com o sub ser chamado pelo seu controle, você poderá ver o erro da Figura 25.14 quando for para a faixa de opções. Por exemplo, o onAction de um botão requer um único argumento IRibbonControl, como o seguinte:

```
Sub HelloWorld(control As IRibbonControl)
```

Seria incorreto deixar de fora o argumento, como mostrado aqui:

```
Sub HelloWorld()
```

Figura 25.14
É importante que os subs sendo chamados pelos seus controles tenham os argumentos apropriados. Confira a Tabela 25.2 para ver os vários argumentos dos controles.

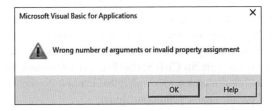

Extensão de Arquivo ou Formato de Arquivo Inválido

A mensagem na Figura 25.15 parece um pouco drástica, mas pode estar enganada. Ela pode aparecer se você tiver se esquecido das aspas em torno de um valor de atributo no arquivo REL. Por exemplo: olhe cuidadosamente a linha seguinte para ver que no valor Type estão faltando as aspas:

```
Type=http://schemas.microsoft.com/office/2007/relationships/ui/extensibility
```

A linha deveria ser desta forma:

```
Type="http://schemas.microsoft.com/office/2007/relationships/ui/extensibility"
```

Figura 25.15
A ausência de aspas pode gerar uma drástica mensagem, mas é facilmente solucionada.

Nada Acontece

Se você abriu sua pasta de trabalho modificada e a faixa de opções não apareceu, mas não viu nenhuma mensagem de erro, verifique seu arquivo RELS. É possível que você tenha se esquecido de atualizá-lo com a relação necessária com seu customUI14.xml.

Outras Maneiras de Executar uma Macro

As faixas de opções personalizadas são a melhor maneira de executar uma macro; entretanto, se você tiver poucas macros para serem executadas, pode dar bastante trabalho modificar o arquivo. É possível fazer o cliente executar a macro indo na guia Exibição, selecionando Macros, Exibir Macros, e depois selecionando a macro na caixa de diálogo Macros e clicando no botão Executar, mas isso é um pouco antiprofissional — e muito tedioso. Outras opções são discutidas nas seções seguintes.

Usando o Atalho do Teclado para Executar uma Macro

A maneira mais fácil de executar uma macro é atribuindo um atalho de teclado a ela. A partir da caixa de diálogo Macro (clique em Macros, na guia Desenvolvedor, ou em Exibição, ou pressione Alt+F8), selecione a macro e clique em Opções. Atribua um atalho de teclado à macro. A Figura 25.16 mostra o atalho Ctrl+Shift+H sendo atribuído à macro RunHello. Você agora coloca acintosamente uma nota na planilha, lembrando o cliente de primeiro pressionar Ctrl+Shift+H para limpar a primeira coluna.

Figura 25.16
A maneira mais fácil de permitir que um cliente execute uma macro é atribuir uma tecla de atalho a ela. A combinação Ctrl +Shift+H agora executa a macro RunHello.

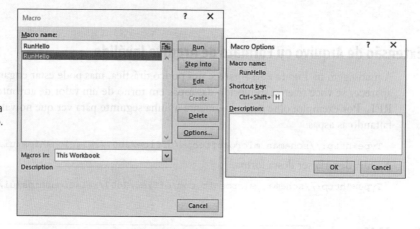

CUIDADO

Tenha cuidado ao atribuir atalhos de teclado. Muitas das teclas já estão mapeadas para atalhos importantes do Windows. Se você atribuir uma macro Ctrl + C, quem usar este atalho de copiar a seleção para a área de transferência ficará frustrado quando o aplicativo fizer outra coisa em resposta a esse atalho comum. As letras J e M são geralmente boas escolhas, porque, pelo menos até a versão 2016 do Excel, estas ainda não foram atribuídas ao menu de atalhos "Ctrl+" do Excel. Outras combinações costumavam estar disponíveis, mas são usadas atualmente para criar tabelas, entre outras coisas no Excel 2016.

Anexar uma Macro a um Botão de Comando

Dois tipos de botões podem ser incorporados à sua planilha: o formato tradicional de botão que pode ser encontrado no controle de Formulários ou um botão de comando ActiveX (ambos podem ser acessados na aba Desenvolvedor, abaixo da opção Inserir).

Para adicionar um botão de controle de Formulários com uma macro à sua planilha, siga os passos:

1. Na aba Desenvolvedor, clique no botão Inserir e selecione o botão de controle da seção de formulários na lista, como mostrado na Figura 25.17.

Figura 25.17
Os controles de Formulários são encontrados sob o ícone Inserir na aba Desenvolvedores.

2. Posicione seu cursor na planilha, onde quiser inserir o botão, e então clique e arraste para criar o formato de seu novo botão.
3. Quando soltar o botão do mouse, será exibido o diálogo de Atribuir Macro. Selecione uma macro para ser atribuída ao botão e selecione OK.
4. Realce o texto no botão e digite um novo texto significativo.
5. Para mudar a fonte, alinhamento de texto e outros aspectos da aparência do botão, clique com o botão direito do mouse no botão e selecione Formatar Controle no menu pop-up.
6. Para reatribuir uma nova macro ao botão, clique com o botão direito do mouse nele e selecione Atribuir Macro no menu pop-up.

Anexar uma Macro a uma Forma

O método anterior atribuía uma macro a um objeto que parecesse um botão. Você também pode atribuir uma macro para qualquer objeto de desenho na planilha. Para atribuir uma macro a uma Autoforma, clique com o botão direito do mouse na forma e selecione Atribuir Macro, como mostrado na Figura 25.18.

Eu prefiro este método, pois posso facilmente adicionar um objeto de desenho com código de macro e usar a propriedade OnAction para atribuir uma macro ao objeto. Existe um grande inconveniente para este método: ao atribuir uma macro que existe em outra pasta de trabalho e esta estiver salva e fechada, o Excel muda a propriedade OnAction do objeto, ficando hard-coded a uma pasta específica.

Figura 25.18
Macros podem ser atribuídas a qualquer objeto de desenho na planilha.

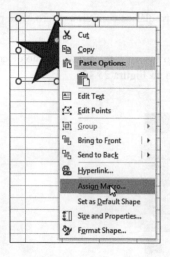

Anexar uma Macro a um Controle ActiveX

Controles ActiveX são mais novos que controles de Formulários e ligeiramente mais complicados de se configurar. Ao invés de simplesmente atribuir uma macro ao botão, você terá um procedimento button_click em que pode chamar outra macro ou ter o código dessa macro incorporado no procedimento button_click. Siga esses passos:

1. Na aba Desenvolvedor, clique no botão Inserir e selecione o ícone do Botão de Comando da seção de Controles ActiveX da lista na barra de ferramentas do Controle.
2. Desenhe uma forma de botão na planilha, como descrito no passo 2, para o botão de Formulários.
3. Para formatar o botão, dê um clique com o botão direito do mouse no botão e selecione Propriedades ou selecione Propriedades na aba do Desenvolvedor. Você pode agora ajustar o título e cor do botão na janela Propriedades. Como mostrado na Figura 25.19, se nada acontecer ao clicar com o botão direito, entre no modo Design, clicando no botão Modo Design na aba Desenvolvedor.

Figura 25.19
Ao clicar no ícone Propriedades, traz-se a janela Propriedades, onde se pode ajustar vários aspectos do botão do ActiveX.

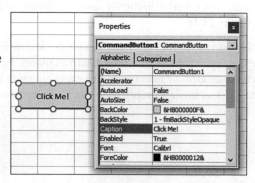

4. Para atribuir uma macro ao botão, clique no botão Exibir Código. Isso cria o evento `button_click` no painel de código para a planilha atual. Digite o código que quer executar ou o nome da macro que deseja executar nesse procedimento.

> **NOTA** Existe um incômodo nessa janela de Propriedades: ela é imensa e cobre uma boa porção de sua planilha. Eventualmente, se você quiser usar a planilha, terá que fechar essa janela de Propriedades. Quando você a fecha, a janela de Propriedades do VB Editor também é fechada. Eu preferiria que pudesse fechar a janela de Propriedades sem afetar o meu ambiente do VB Editor.

Executar uma Macro a partir de um Hiperlink

Usando um truque, é possível executar uma macro por meio de um hiperlink. Devido ao fato de várias pessoas terem o costume de clicar em um hiperlink para executar uma ação, este método pode ser mais intuitivo para seus clientes.

O truque é criar um espaço reservado com hiperlinks que simplesmente conectam a si mesmos. Selecione uma célula e, na guia Inserir, selecione Hiperlink (ou pressione Ctrl + K). Na caixa de diálogo Inserir Hiperlink, clique em Colocar Neste Documento. A Figura 25.20 mostra uma planilha com quatro hiperlinks. Cada um deles aponta de volta para sua própria célula.

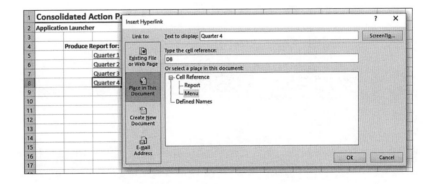

Figura 25.20
Para executar uma macro a partir de um hiperlink, você deve criar áreas com hiperlinks que se ligam às suas próprias células. Em seguida, usando uma macro manipuladora de eventos no painel de código da planilha, é possível interceptar o hiperlink e executar qualquer macro.

Quando um cliente clicar em um hiperlink, você pode interceptar essa ação e executar qualquer macro, usando o evento `FollowHyperlink`. Entre com o código a seguir no módulo de código para a planilha:

```
Private Sub Worksheet_FollowHyperlink(ByVal Target As Hyperlink)
Select Case Target.TextToDisplay
    Case "Quarter 1"
        RunQuarter1Report
    Case "Quarter 2"
        RunQuarter2Report
    Case "Quarter 3"
        RunQuarter3Report
    Case "Quarter 4"
        RunQuarter4Report
End Select
End Sub
```

Próximos Passos

De faixas de opções personalizadas a simples botões ou hiperlinks, existem várias formas de garantir que seus clientes nunca precisem da caixa de diálogo de Macro. No Capítulo 26, você aprende a embalar suas macros em suplementos que podem facilmente ser distribuídos a outros.

Criando Suplementos (Add-Ins)

26

Usando o VBA, você pode criar arquivos de suplementos (add-ins) padrão para seus clientes. Depois que o cliente instala o suplemento em seu computador, o programa fica disponível para o Excel e carregará automaticamente sempre que o Excel abrir. Este capítulo discute suplementos padrão.

Fique atento, pois há outros dois tipos de suplementos: suplementos COM e suplementos DLL. Nenhum destes pode ser criado com VBA. Para criá- los, você precisará do Visual Basic.NET ou do Visual C++.

Características de Suplementos Padrão

Se você for distribuir suas aplicações, deveria empacotá-las como um suplemento. Geralmente gravados com a extensão .xlam, os suplementos oferecem diversas vantagens:

- Normalmente, os clientes contornam o seu código `Workbook_Open` pressionando a tecla Shift enquanto abrem a pasta de trabalho. Com um suplemento, eles não podem evitar o código em `Workbook_Open` dessa maneira.

- Depois que a caixa de diálogo Suplementos é utilizada para instalar um suplemento (vá em Arquivo, Opções, Suplementos, Gerenciar Suplementos do Excel, Ir), ele sempre será carregado e ficará disponível.

- Mesmo que o nível de segurança de macros seja definido para proibir macros, os programas em um suplemento instalado ainda podem ser executados.

- Geralmente, funções personalizadas funcionam apenas na pasta de trabalho em que elas foram definidas. Uma função personalizada adicionada em um suplemento está disponível para todas as pastas de trabalho abertas.

NESTE CAPÍTULO

Características de Suplementos
Padrão 509

Convertendo uma Pasta de Trabalho
do Excel em um Suplemento.................510

Fazendo o Cliente Instalar
o Suplemento.......................................512

Fechando Suplementos 514

Removendo Suplementos 514

Usando uma Planilha Oculta
como Alternativa a um Suplemento 515

Próximos Passos 516

510 Capítulo 26 | Criando Suplementos (Add-Ins)

- O suplemento não aparece na lista de arquivos abertos no item Alternar Janelas, do grupo Janela, da guia Exibição. O cliente não pode reexibir a pasta de trabalho clicando em Exibição, Reexibir.

> **CUIDADO**
>
> Há uma estranha regra para a qual é necessário se planejar. O suplemento é uma pasta de trabalho oculta. Como um suplemento nunca pode ser exibido, seu código não pode selecionar ou ativar nenhuma célula na pasta de trabalho do suplemento. É possível salvar dados no arquivo de suplemento, mas não selecionar o arquivo. Além disso, ao escrever dados no arquivo de suplemento que deseja que estejam disponíveis no futuro, o suplemento precisará lidar com o salvamento do arquivo. Como seus clientes não vão perceber que o suplemento está ali, nunca lhes será lembrado ou pedido para salvar um suplemento não salvo. Você pode adicionar o `ThisWorkbook.Save` ao evento do suplemento `Workbook_BeforeClose`.

Convertendo uma Pasta de Trabalho do Excel em um Suplemento

Suplementos são normalmente gerenciados pela caixa de diálogo Suplementos. Esta apresenta o nome e a descrição de um suplemento. Você pode controlar esses itens ao inserir duas propriedades específicas no arquivo antes de convertê-lo em um suplemento.

> **NOTA**
>
> Se você estiver modificando um suplemento existente, você deve torná-lo visível antes de editar as propriedades. Veja a seção "Usando o VB Editor para Converter um Arquivo em um Suplemento" nesse capítulo.

Para mudar o título e a descrição mostrados na caixa de diálogo Suplementos, siga os passos:

1. Vá em Arquivo, Informações. O Excel exibe o painel Propriedades do Documento no lado direito da janela.

2. Neste lado das Propriedades, clique em Mostrar Todas as Propriedades.

3. Insira um nome para o suplemento no campo Título.

4. Insira uma pequena descrição do suplemento no campo Comentários (veja a Figura 26.1).

5. Clique na seta no canto superior esquerdo, para retornar para a sua pasta de trabalho.

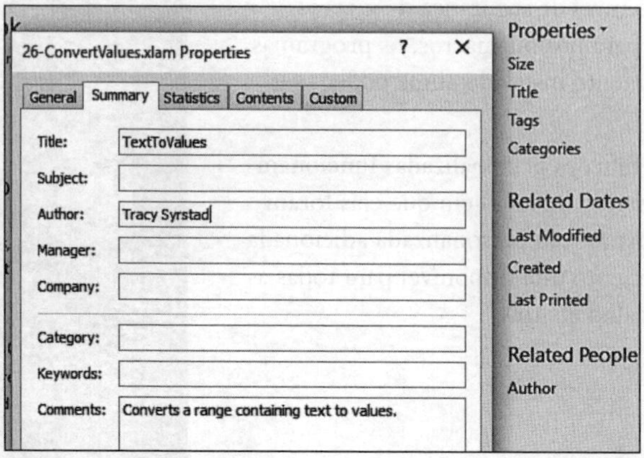

Figura 26.1
Preencha os campos Título e Comentário antes de converter uma pasta de trabalho em um suplemento.

Há duas maneiras de converter um arquivo em um suplemento. O primeiro método, usando o Salvar Como, é mais fácil, mas tem um subproduto irritante. O segundo método usa o VB Editor e requer dois passos, mas lhe dá algum controle extra. A seção a seguir descreve os passos para usar esses métodos.

Usando o Salvar Como para Converter um Arquivo em um Suplemento

Vá em Arquivo, Salvar Como. No campo Tipo da janela Salvar Como, role para baixo na lista e selecione Suplemento do Excel (*.xlam).*

Como mostrado na Figura 26.2, o nome do arquivo muda de AlgumaCoisa.xslm para AlgumaCoisa.xlam. Também observe que o local de gravação muda automaticamente para uma pasta Suplementos. O local desta pasta varia com o sistema operacional, mas vai ser algo do tipo C:\Usuários*Usuário*\AppData\Roaming\Microsoft\Suplementos. Também é confuso que, depois de gravar um arquivo XLSM como um tipo XLAM, o arquivo XLSM não gravado continua aberto. Não é necessário manter uma versão XLSM do arquivo, pois é fácil mudar um XLAM de volta para um XLSM para a edição.

Figura 26.2
O método Salvar Como muda a propriedade IsAddIn, muda o nome e, automaticamente, grava o arquivo em sua pasta Suplementos

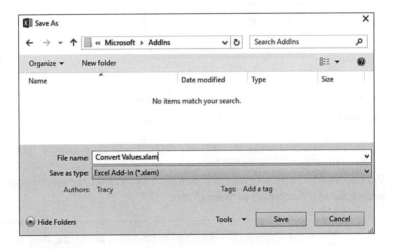

> **DICA**
> Se, antes de selecionar tipo de arquivo do suplemento, você já estiver na pasta que quer salvar, então somente clique na seta para trás na janela Salvar Como para retornar àquela pasta.

> **CUIDADO**
> Ao usar o método Salvar Como para criar um suplemento, uma planilha deverá ser a planilha ativa. O tipo de arquivo Suplemento não está disponível se uma planilha de gráfico for a planilha ativa.

---

* O Windows por padrão não mostra as extensões dos arquivos. É uma boa ideia mudar isso. No Windows 7, abra o Windows Explorer (Atalho Win + E), clique em Organizar, Opções de pasta e Pesquisa, Modo de Exibição. Desmarque a caixa "Ocultar as Extensões dos Tipos de Arquivo Conhecidos". No Windows 8 esta opção está na Guia Mostrar/Ocultar do Windows Explorer.

Usando o VB Editor para Converter um Arquivo em um Suplemento

O método Salvar Como é ótimo se estiver criando um suplemento para seu próprio uso. Entretanto, se estiver criando um suplemento para um cliente, você provavelmente vai querer manter o suplemento armazenado em uma pasta com todos os arquivos da aplicação do cliente. É bem fácil evitar o método Salvar Como e criar um suplemento usando o VB Editor:

1. Abra a pasta de trabalho que quer converter em suplemento.
2. Troque para o VB Editor.
3. No Project Explorer, clique em EstaPasta_de_trabalho.
4. Na janela Propriedades, encontre a propriedade chamada IsAddIn e mude seu valor para True, como mostrado na Figura 26.3.

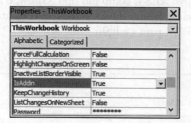

Figura 26.3
Criar um suplemento é tão simples quanto alterar a propriedade IsAddIn de EstaPasta_de_trabalho.

5. Pressione Ctrl+G para exibir a janela Verificação Imediata.
6. Nesta, salve o arquivo usando uma extensão .xlam, desta forma:

```
ThisWorkbook.SaveAs FileName:="C:\ClientFiles\Chap26.xlam", _
    FileFormat:= xlOpenXMLAddIn
```

Você agora criou com sucesso um suplemento na pasta do cliente que você pode facilmente achar e mandar por e-mail para seu cliente.

> **DICA** Se você sempre precisa tornar os suplementos visíveis, por exemplo, alterar propriedades ou visualizar dados que você tem nas planilhas, repita os passos anteriores, exceto selecionar False da propriedade IsAddin. O suplemento torna-se visível no Excel. Quando você termina suas alterações, mude a propriedade de volta para True.

Fazendo o Cliente Instalar o Suplemento

Depois de mandar o e-mail com o suplemento para seu cliente, faça-o salvar o arquivo no desktop ou em qualquer outra pasta que seja fácil de encontrar. Ele deve então seguir os passos:

1. Abra o Excel 2016. No menu Arquivo, selecione Opções.
2. No painel de navegação à esquerda, selecione Suplementos.
3. Na parte de baixo da janela, selecione Suplementos do Excel na caixa de seleção Gerenciar (veja a Figura 26.4).

Figura 26.4
Selecione Suplementos do Excel, e não Suplementos COM, na parte de baixo e clique em Ir.

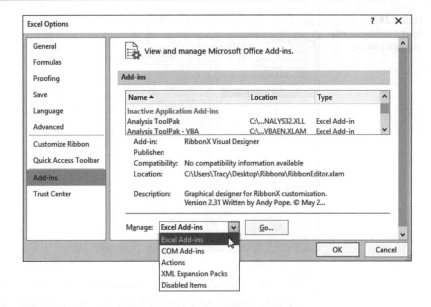

4. Clique em Ir. O Excel exibe a familiar caixa de diálogo Suplementos.
5. Na caixa de diálogo Suplementos, clique no botão Procurar (veja a Figura 26.5).
6. Procure onde você salvou o arquivo. Destaque seu suplemento e clique em OK.

> **NOTA** O excel pode sugerir que você copie o suplemento para sua pasta AddIns. Eu não faço isso porque a pasta é difícil de encontrar, principalmente se eu precisar atualizar o arquivo.

O suplemento está instalado. Se você permitir, o Excel copia o arquivo de onde o salvou para o local apropriado na pasta Suplementos. Na caixa de diálogo Suplementos, são exibidos o título e os comentários do suplemento que foram especificados em Arquivo, Informações, Propriedades (veja a Figura 26.5).

Suplementos Padrão Não São Seguros

Lembre-se de que qualquer um pode ir até o VB Editor, selecionar seu suplemento e mudar a propriedade IsAddIn para False para reexibir a pasta de trabalho. É possível desencorajar esse processo, bloqueando a visualização do projeto .xlam e protegendo-o no VB Editor, mas fique ciente de que muitos fornecedores vendem utilitários de quebra de senha. Para adicionar uma senha ao seu suplemento, siga estes passos:

1. Vá ao VB Editor.
2. No menu Ferramentas, selecione Propriedades de VBAProject.
3. Selecione a guia Proteção.
4. Marque a checkbox Bloquear Projeto Para Exibição.
5. Insira a senha duas vezes para a verificação.

Figura 26.5
Agora o suplemento. está disponível para uso.

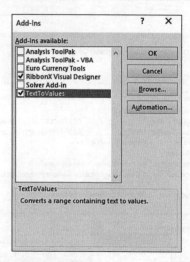

CUIDADO

Se você precisa proteger o código e não incluir tratamento de erros, os usuários não conseguirão clicar no botão Debug se uma mensagem de erro aparecer. Veja o Capítulo 24, "Lidando com Erros", para mais informações sobre tratamento de erros no código, para que o programa seja finalizado corretamente e ainda forneça informações de erro para que o usuário possa passar para você.

Fechando Suplementos

Suplementos podem ser fechados de três maneiras:

- Desmarque o suplemento na caixa de diálogo Suplementos. Isso fecha o suplemento nesta sessão e assegura que ele não voltará a abrir em sessões futuras.
- Use o VB Editor para fechar o suplemento. Na janela Verificação Imediata do VB Editor, digite este código para fechar o suplemento:
  `Workbooks("YourAddinName.xlam").Close`
- Feche o Excel. Todos os suplementos são fechados quando o Excel é fechado.

Removendo Suplementos

Você pode querer remover um suplemento da lista de suplementos disponíveis da caixa de diálogo Suplementos. Não há uma maneira efetiva de fazer isso dentro do Excel. Siga estes passos:

1. Feche todas as instâncias do Excel.
2. Use o Windows Explorer para localizar o arquivo. Ele pode estar localizado em %AppData%\ Microsoft\Suplementos\.
3. No Windows Explorer, renomeie o arquivo ou mova-o para uma pasta diferente.

4. Abra o Excel. Você vai receber uma nota de aviso de que o suplemento não pode ser encontrado. Clique em OK para fechar a janela.

5. Vá em Arquivos, Opções, Suplementos, Gerenciar Suplementos do Excel, Ir. Na caixa de diálogo Suplementos, desmarque o nome do suplemento que quer remover. O Excel lhe notifica de que o arquivo não pode ser encontrado e pergunta se você deseja que ele seja removido da lista. Clique em Sim.

Usando uma Planilha Oculta como Alternativa a um Suplemento

Uma característica interessante de um suplemento é que a planilha fica oculta. Isso evita que a maioria dos usuários novatos fique mexendo e mudando fórmulas. Entretanto, é possível ocultar uma planilha sem criar um suplemento.

É fácil ocultar uma pasta de trabalho selecionando Ocultar no grupo Janela da guia Exibição do Excel. O truque é salvar a pasta de trabalho como oculta. Como o arquivo está oculto, a opção normal — Arquivo, Salvar — não funciona. Isso pode ser feito na janela do VB Editor. No VB Editor, certifique-se de que a pasta de trabalho esteja selecionada no Project Explorer. Então, na janela Verificação Imediata, digite o seguinte:

```
ThisWorkbook.Save
```

Existe uma desvantagem de usar uma pasta de trabalho oculta: Uma guia personalizada da faixa de opções não será visível se a pasta de trabalho à qual ela estiver anexada estiver escondida.

ESTUDO DE **CASO**: USANDO UMA PASTA DE TRABALHO DE CÓDIGO OCULTA PARA ARMAZENAR TODAS AS MACROS E FORMULÁRIOS

Desenvolvedores do Access rotineiramente usam um segundo banco de dados para guardar as macros e os formulários. Eles colocam todos os formulários e programas em um banco de dados, e todos os dados em um banco de dados separado. Esses arquivos de banco de dados são vinculados por meio da função Vincular Tabelas do Access.

Para grandes projetos no Excel, recomendo o mesmo método. Eu uso um pouco de código VBA na pasta de trabalho Dados para abrir a pasta de trabalho Código.

A vantagem desse método é que, quando tiver que melhorar sua aplicação, você poderá mandar por e-mail o novo arquivo de código sem afetar o arquivo de dados do cliente.

Uma vez eu encontrei uma aplicação de arquivo único criado por outro desenvolvedor e que o cliente enviou para 50 representantes de vendas. Os representantes replicaram a aplicação para cada um de seus dez maiores clientes. Dentro de uma semana havia 500 cópias desse arquivo flutuando pelo país. Quando eles descobriram uma falha crítica no programa, remendar 500 arquivos foi um pesadelo.

Projetamos uma aplicação substituta que usava duas pastas de trabalho. A pasta de trabalho de dados acabou com umas 20 linhas de código. Este código era responsável por abrir a pasta de trabalho de códigos e passar o controle para ela. Quando os arquivos fossem fechados, a pasta de trabalho de dados fechava a de códigos.

Há muitas vantagens nesse método. Primeiro, os arquivos de dados do cliente foram mantidos com um tamanho pequeno. Cada representante de venda tinha uma planilha com código de programa e dez ou mais arquivos de dados para cada cliente. À medida que as melhorias eram concluídas, distribuíamos as novas pastas de trabalho de código. O representante de vendas abria sua pasta de trabalho com os dados dos clientes e, automaticamente, pegava a nova pasta de trabalho de código.

Como o desenvolvedor anterior ficou sobrecarregado por tentar remendar 500 pastas de trabalho, fomos extremamente cuidadosos em colocar o menor número possível de linhas de código na pasta de trabalho do cliente. Há talvez dez linhas de código e elas foram testadas minuciosamente antes de serem enviadas. Em comparação, a pasta de trabalho de códigos contém mais de 3 mil linhas de código. Então, se alguma coisa der errado, há 99% de chance de que o código vai estar na pasta de trabalho de código, que é facil de substituir.

Na pasta de trabalho de dados do cliente, o procedimento `Workbook_Open` tem este código:

```
Private Sub Workbook_Open()
 On Error Resume Next
    X = Workbooks("Code.xlsm").Name
    If Not Err = 0 then
        On Error Goto 0
        Workbooks.Open Filename:= _
            ThisWorkbook.Path & Application.PathSeparator & "Code.xlsm"
    End If
    On Error Goto 0
    Application.Run "Code.xlsm!CustFileOpen"
End Sub
```

O procedimento `CustFileOpen` na pasta de trabalho de códigos lida com a adição de um menu personalizado para a aplicação. Como guias personalizadas para pastas de trabalho ocultas não são visíveis, você tem que usar o método legado `commandbars` para criar um menu que aparece na guia Suplementos.

Essa solução com duas pastas de trabalho funciona bem e permite que as atualizações sejam entregues sem problemas para os clientes, sem ter que tocar em nenhum dos seus 500 arquivos.

Próximos Passos

A Microsoft introduziu uma nova maneira de compartilhar aplicações com usuários, Apps para Office. Existem programas que, simplesmente colocam, usam JavaScript, HTML e XML para colocar uma página web em uma planilha. O Capítulo 27, "Uma Introdução à Criação de Apps para Office", introduz você para o que está envolvido na criação desses apps e na implementação deles em uma rede.

Uma Introdução à Criação de Apps para o Office

27

Com o Office 2013, a Microsoft introduziu Apps para Office, aplicativos que fornecem funcionalidade expandida para uma planilha, tais como uma agenda selecionável ou uma interface com a Web, como, por exemplo, informações recuperadas da Wikipedia ou Bing. Como add-ins, uma vez instalado, o aplicativo está sempre disponível. Mas, ao contrário dos suplementos, o app tem interação limitada com as planilhas e não usa VBA.

Um app consiste de um arquivo HTML que fornece a interface do usuário em um painel de tarefas ou de conteúdo, de um arquivo CSS para fornecer estilos para o arquivo HTML, de um arquivo JavaScript para fornecer interatividade ao arquivo HTML e um arquivo XML para registrar o app com Excel. Soa como uma série de novas habilidades de programação, mas não é. Eu só projetei algumas páginas web mais básicas, anos atrás, mas fui capaz de aplicar minhas habilidades de programação VBA no JavaScript, que é onde está o maior peso da programação. A linguagem é um pouco diferente, mas não tão diferente que você não pode criar um simples, mas útil, app.

Este capítulo apresenta a criação de um aplicativo para distribuir localmente e os princípios para as várias linguagens de programação. Não se trata de uma instrução profunda, especialmente para JavaScript.

NESTE CAPÍTULO

Criando Seu Primeiro App
— Hello World 517

Adicionando Interatividade
a Seu App 521

Uma Introdução Básica de HTML 524

Usando XML para Definir seu App 525

Usando JavaScript para Adicionar
Interatividade a Seu App 526

Ferramentas de Desenvolvimento
"Napa" do Office 365 536

Próximos Passos 537

Criando Seu Primeiro App — Hello World

Olá, Mundo é provavelmente o primeiro e mais popular programa para programadores experimentarem. É um programa simples, apenas a saída das palavras "Hello World", mas esta simplicidade introduz o programador a conceitos básicos necessários para o aplicativo. Assim,

518 Capítulo 27 | Uma Introdução à Criação de Apps para o Office

com o que é dito, é hora de criar um app Hello World. Siga estes passos para criar os arquivos para o app:

> **CUIDADO**
>
> A rede é usada para distribuir o aplicativo localmente. Você não pode usar uma unidade local ou uma unidade de rede mapeada para uma letra de unidade. Se você não tiver acesso a uma rede, você não será capaz de testar o seu aplicativo. Consulte a seção "Ferramentas de Desenvolvimento Napa do Office 365" para uma localização alternativa para a criação de apps.

> **NOTA**
>
> Nos passos a seguir, você digita um texto em um editor de texto. Ao contrário do Editor de VB, não existe um compilador para apontar os erros antes de executar o programa. É muito importante que você digite o texto exatamente como está escrito, como é o caso do texto entre aspas.
>
> Para abrir um arquivo para edição, tal como o Bloco de Notas, selecione com o botão direito do mouse o arquivo, e selecione Abrir Com. Na caixa de diálogo que se abre, escolha Bloco de Notas. Certifique-se de que Usar este Aplicativo para Todos os *Tipos de Arquivos não* está selecionado e clique me OK. Na próxima vez que você precisar editar o arquivo, o Bloco de Notas aparece na lista rápida dos programas disponíveis na opção Abrir com.

Em seguida, use os seguintes passos para criar o seu app:

1. Crie uma pasta com o nome `HelloWorld`. Essa pasta pode ser criada na sua unidade local, enquanto estiver criando o programa. Todos os arquivos do programa deverão ser colocados nesta pasta. Quando terminar, você pode movê-la para a rede.

2. Crie o programa HTML inserindo um arquivo de texto na pasta e o nomeie como HelloWorld.html. Abra o arquivo HTML para edição e insira o seguinte código nele.

```
<!DOCTYPEhtml>
<html>
    <head>
        <meta charset="UTF-8"/>
        <meta http-equiv="X-UA-Compatible" content="IE=Edge"/>
        <link rel="stylesheet" type="text/css" href="program.css"/>
    </head>
    <body>
        <p>Hello World!</p>
    </body>
</html>
```

Salve e feche o arquivo.

3. Crie o arquivo CSS. Este é um arquivo que contém os estilos usados pelo arquivo HTML. Inserindo um arquivo de texto na pasta e nomeie o arquivo para `programa.css`. Note que este é o mesmo nome usado no arquivo HTML na tag `<link rel>`. Abra o arquivo CSS para edição e insira o seguinte código nele.

```
body
{
```

Criando Seu Primeiro App — Hello World | 519

```
        position:relative;
}
li :hover
{
    text-decoration: underline;
    cursor:pointer;
}
h1,h3,h4,p,a,li
{
    font-family: "Segoe UI Light","Segoe UI",Tahoma,sans-serif;
    text-decoration-color:#4ec724;
}
```

Salve e feche o arquivo.

4. Crie o arquivo XML. Inserindo um arquivo de texto na pasta e nomeie o arquivo `HelloWorld.xml`. Abra o arquivo XML para edição e insira o seguinte código nele.

> **CUIDADO**
>
> A amostra de código a seguir e as próximas incluem linhas que se estendem além da largura da página. Portanto, precisamos adicionar um _ para indicar que a linha continua. Diferente do VBA, nesse caso, você não deve digitar os sublinhados. Em vez disso, ao se deparar com um, apenas ignore-o mas continue a inserir o código depois dele na mesma linha.

```
<?xml version="1.0" encoding="utf-8"?>
<OfficeApp xmlns="http://schemas.microsoft.com/office/appforoffice/1.0"
    xmlns:xsi="http://www.w3.org/2001/XMLSchema-instance"
    xsi:type="TaskPaneApp">
    <Id>08afd7fe-1631-42f4-84f1-5ba51e242f98</Id>
    <Version>1.0</Version>
    <ProviderName>Tracy Syrstad</ProviderName>
    <DefaultLocale>EN-US</DefaultLocale>
    <DisplayName DefaultValue="Hello World app"/>
    <Description DefaultValue="My first app."/>
    <IconUrl DefaultValue=
        "http://officeimg.vo.msecnd.net/_layouts/images/general/ _
officelogo.jpg"/>
    <Capabilities>
        <Capability Name="Document"/>
        <Capability Name="Workbook"/>
    </Capabilities>

    <DefaultSettings>
    <SourceLocation DefaultValue="\\workpc\MyApps\HelloWorld\ _
HelloWorld.html"/>
    </DefaultSettings>
    <Permissions>ReadWriteDocument</Permissions>
</OfficeApp>
```

Não o feche ainda.

5. Enquanto o arquivo XML ainda estiver em aberto, observe o Id `08afd7fe-1631-42F4-84f1-5ba51e242f98`. Este é um identificador exclusivo globalmente (Globally Unique Identifier " GUID). Se você estiver testando em uma rede privada e não distribuir este

arquivo, você pode provavelmente usar esse GUID. Mas, se você estiver em uma rede de negócios com outros programadores ou se você está distribuindo o arquivo, você deve gerar seu próprio GUID. Consulte a seção "Usando XML para Definir Seu App", mais

> **NOTA**
>
> GUID representa o *identificador exclusivo globalmente*. É um número de referência único usado para identificar software. É geralmente apresentado como 32 dígitos alfanuméricos separados em cinco grupos (8-4-4-4-12) por hífens. Tantos dígitos são incluídos que é rara a geração de ids idênticas

adiante neste capítulo, para obter mais informações sobre GUIDs.

6. Mova a pasta `HelloWorld` para uma pasta de compartilhamento de rede, se já não estiver lá. Anote o caminho para a pasta e arquivo HTML, porque você vai estar fazendo uso desta informação. O caminho para a pasta deve ser `\\myserver\myfolder`. Por exemplo, minha pasta `HelloWorld` está localizada em `\\workpc\MyApps\HelloWorld`.

7. Abra o arquivo XML para edição e mude o `<Localdeorigem>` (localizado na parte inferior do código) para o local do arquivo HTML em sua rede. Salve e feche o arquivo.

8. Configure o seu compartilhamento de rede como um catálogo de endereços confiáveis:

   a. Inicie o Excel e vá até Arquivo, Opções, Central de Confiabilidade e selecione Configurações de Central de Confiabilidade.

   b. Selecione Catálogos de Aplicativos Confiáveis.

   c. Insira o caminho da sua pasta no campo URL do Catálogo e clique Adicionar Catálogo. O caminho é adicionado para a caixa de lista.

   d. Selecione a caixa Mostrar no Menu.

   e. Clique OK. Você deve ver um prompt indicando que o aplicativo estará disponível na próxima vez que o Excel iniciar (veja Figura 27.1). Clique em OK duas vezes.

   f. Reinicie o Excel.

> **CUIDADO**
>
> Apenas um compartilhamento de rede de cada vez pode ser configurado para mostrar no catálogo. Se você deseja que os usuários tenham acesso a vários aplicativos ao mesmo tempo, os XMLs para os aplicativos devem ser armazenados no mesmo compartilhamento de rede.
> Caso contrário, os usuários terão que entrar em suas configurações e selecionar qual catálogo mostrar.

9. Insira, no Excel, o app que você criou selecionando Inserir, Apps, Loja. Da caixa de diálogo do Office para Apps, selecione Compartilhamento de Pasta. Se você não visualizar nada ao selcionar o link, clique em Atualizar. O app Hello World Office será listado, como mostra a Figura 27.2.

> **NOTA**
>
> Se você ainda não viu nada depois de pedir para atualizar, existe algo errado nos arquivos ou na configuração. Analise cuidadosamente todo o código e o passo a passo. Se não achar nada incorreto, tente mudar o GUID.

Figura 27.1
Configure a localização dos seus apps em Catalógos de App Confiáveis

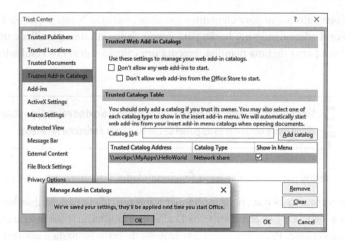

Figura 27.2
O Compartilhamento de Pasta na Loja lista qualquer app que ele encontra no catálogo ativo.

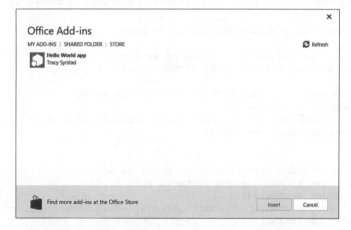

10. Selecione o app e clique em Inserir. Um painel de tarefas no lado direito da janela do Excel deve abrir, como mostra a Figura 27.3, mostrando as palavras "Hello World!".

Figura 27.3
Hello World é o primeiro passo para criar apps interativos.

Adicionando Interatividade a Seu App

O aplicativo Hello World criado na seção anterior é um app estático que não faz nada além de mostrar as palavras no código. Mas, enquanto você navega na Web, você corre em páginas web dinâmicas. Algumas dessas páginas web usam JavaScript, uma linguagem de programação

522 Capítulo 27 | Uma Introdução à Criação de Apps para o Office

que adiciona automação para elementos em sites estáticos. Nessa seção você modificará o app Hello World adicionando um botão para gravar dados em uma planilha e um outro botão que lê os dados a partir de uma planilha, executa um cálculo e grava os resultados para o painel de tarefas.

> **DICA** Você não tem que reiniciar o Excel se estiver editando o código de um app instalado. Em vez disso, clique com o botão direito no painel de tarefas do app e selecione Recarregar.

Siga esses passos para adicionar essas funcionalidades interativas ao app Hello World:

1. Crie o arquivo JS que irá proporcionar a interatividade para os dois botões, Gravar Dados para a Tabela e Ler & Calcular os Dados da Planilha, criados pelo arquivo HTML no próximo passo. Primeiro, insira um arquivo de texto na pasta e nomear os programa do arquivo.js. Em seguida, abra o arquivo JS para edição e insira o seguinte código nele:

```
Office.initialize = function (reason) {
//Adiciona qualquer inicialização necessária
}
//declare and set the values of an array
var MyArray = [[234],[56],[1798], [52358]];

//Escreve conteúdos MyArray na planilha ativa
function writeData() {
    Office.context.document.setSelectedDataAsync(MyArray, _
{coercionType: 'matrix'});
}

/*lê os dados selecionados da planilha ativa
para que tenhamos algum conteúdo para ler*/
function ReadData() {
    Office.context.document.getSelectedDataAsync("matrix", _
function (result) {
//se as células forem bem-sucedidas, os resultados estarão no painel de tarefas
    if (result.status === "succeeded"){
            sumData(result.value);
        }
//se houver erro, exibe o erro no paine de tarefas
        else{
            document.getElementById("results").innerText = _
result.error.name;
        }
    });
}

/*a função que calcula e exibe o resultado
no painel de tarefas*/
function sumData(data) {
    var printOut = 0;

//soma todos os valores em intervalos separados
    for (var x = 0 ; x < data.length; x++) {
        for (var y = 0; y < data[x].length; y++) {
            printOut += data[x][y];
```

Adicionando Interatividade a Seu App | **523**

```
        }
    }
//exibe os resultados no painel de tarefas
    document.getElementById("results").innerText = printOut;
}
```

Salve e feche o arquivo.

> **NOTA**
> No JavaScript, linhas prefixadas por // e /* são comentários.

2. Edite o arquivo HelloWorld.html para apontar para o arquivo JavaScript, program.js
   e adicione os dois botões usados pelo código JavaScript. Substitua o código existente pelo
   seguinte.

```
<!DOCTYPEhtml>
<html>
    <head>
        <meta charset="UTF-8"/>
        <meta http-equiv="X-UA-Compatible" content="IE=Edge"/>
        <link rel="stylesheet" type="text/css" href="program.css"/>
<!--ponteiro inicial para o arquivo JavaScript-->
        <script src = "https://appsforoffice.microsoft.com/lib/1.0/ _
hosted/office.js"></script>
        <script src= "program.js"></script>
<!--ponteiro final para o arquivo JavaScript-->
    </head>
    <body>
<!--início da substituição do corpo-->
        <button onclick="writeData()">Write Data To Sheet</button></br>
        <button onclick="ReadData()">Read & Calculate Data From Sheet _
            </button></br>
         <h4>Calculation Results: <div id="results"></div> </h4>
<!--fim substituição do corpo-->
    </body>
</html>
```

Nesse novo código, você adicionou as tags <texto> e a substituiu do código entre as
tags <corpo>. Tags de comentário, <!--comentários-->, são incluídas para mostrar
onde estão as alterações.

3. Salve e feche o arquivo.

Depois de criar o arquivo JS e atualizar o arquivo HTML, recarregue e teste o app clicando
no botão Escreva os dados para a Planilha. Isto deve escrever os números de MyArray dentro
da planilha. Com aquelas células selecionadas, clique em Ler & Calcular Dados da Planilha
e os resultados da adição dos números selecionados juntos aparecerão na linha Resultados
Calculados do painel de tarefas, como mostra a Figura 27.4.

Figura 27.4
Use JavaScript para criar um app que pode realizar um cálculo com os dados de uma planilha.

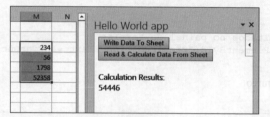

Uma Introdução Básica de HTML

O código HTML em um aplicativo controla como o painel de tarefas ou de conteúdo vai ficar, como os botões e texto. Se você abrir o arquivo HTML a partir de qualquer exemplo Olá, Mundo, ele abre no navegador padrão, parecendo com o que ele fez no painel de tarefas do Excel (embora sem qualquer funcionalidade). Você pode projetar o aplicativo como se fosse uma página web, incluindo imagens e links. Esta seção analisa algumas noções básicas para você começar a projetar sua própria interface do aplicativo.

Usando Tags

HTML é composto de elementos, tais como imagens, links e controles, que são definidos pelo uso de tags entre colchetes angulares. Por exemplo, a tag inicial <botão> diz que o código a seguir, dentro e fora dos colchetes da tag, relaciona-se com o elemento de botão. Para cada tag de início, você tem uma tag final, que normalmente usa a mesma tag com uma barra - como </botão> — mas algumas tags podem estar vazias - como />. Um navegador não exibe tags ou qualquer coisa entre colchetes da tag. O texto que você deseja exibir precisa estar fora das tags.

Comentários tem uma tag própria e não requerem sua típica tag final. Como em VBA, o texto comentado não aparece na tela. Adicione comentários ao seu código HTML como este:

```
<! -Isto é um comentário-->
```

Um comentário de várias linhas que aparecem como este:

```
<-- Este é um comentário de várias linhas.
Observe que não é necessário nada de especial- -->
```

Adicionando Botões

O código para um botão é uma combinação de etiquetar o botão e vinculá-lo a uma função no arquivo JavaScript que será executado quando o botão é clicado. Por exemplo:

```
<button onclick="writeData()">Gravar Dados na Planilha</button>
```

A primeira parte, <Button onclick="writeData() "> identifica o controle como um botão e atribui a função, writeData, para o evento de clicar o botão. Observe que o nome da função está entre aspas e inclui os parênteses do argumento, embora eles estejam vazios. A segunda parte, Gravar Dados na Planilha, fornece uma etiqueta ao botão. O nome da etiqueta não está entre aspas. A linha termina com a tag de fechamento para o botão.

Ao especificar outros atributos do botão, você pode alterá-los. Por exemplo, para alterar o texto do botão para vermelho, adicione o atributo de estilo para a cor, como este:

```
<button onclick="writeData()" style="color:Red">Gravar Dados na _
    Planilha</button>
```

Para adicionar uma Dica de Ferramenta que aparece quando o mouse é colocado sobre o botão, como mostra a Figura 27.5, use o atributo de título, como este:

```
<button onclick="writeData()" style="color:Red"
    title = "Use para adicionar rapidamente números à sua planilha">
    Gravar Dados na Planilha</button></br>
```

Use um espaço para separar múltiplos atributos. Depois do nome do atributo, tal como estilo, coloque um sinal de igual e, então, o valor entre aspas. Além disso, observe que o HTML é bastante tolerante sobre onde você coloca suas quebras de linha. Somente não as coloque sem uma string ou você pode obter uma quebra de linha nesta posição na tela.

Figura 27.5
Adicione outro atributo ao seu botão para alterar cores ou adicionar textos de dica para os usuários

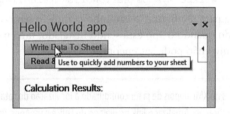

Usando Arquivos CSS

Entende-se CSS por Folhas de Estilo em Cascata. Você cria estilos no Excel e Word para tornar mais fácil a modificação da aparência de um texto em um arquivo de entrada sem alterar cada simples ocorrência. Você pode fazer a mesma coisa com um app ao criar um arquivo de estilo separado (CSS) que seu código HTML reporta. No arquivo, você referencia regras para elementos variados do arquivo HTML, tais como layout, cores e fontes.

O arquivo CSS fornecido no exemplo Hello World pode ser usado para uma variedade de projetos. Ele tem estilos para os cabeçalhos h1, h3 e h4, hiperlinks (a), tags de parágrafos (p) e marcadores configurados (li).

Usando XML para Definir seu App

O XML define os elementos necessários para mostrar e rodar o app no Excel. Isto inclui o GUID, o logotipo do aplicativo e a localização do arquivo HTML. E, também, configura como o app aparecerá na loja de app e pode fornecer um número de versão para o programa.

> **CUIDADO**
>
> Tags XML diferenciam maiúsculas e minúsculas. Quando você faz alterações para o exemplo Olá Mundo fornecido, tenha a certeza de não alterar nenhuma das tags, somente seus valores.

526 | Capítulo 27 | Uma Introdução à Criação de Apps para o Office

Dois tipos de interfaces de usuário estão disponíveis para um app: um painel de tarefa ou um painel de conteúdo. Um painel de tarefa começa encaixado no lado direito da janela do Excel, mas um usuário pode desencaixá-lo e movê-lo em torno da janela. Um painel de conteúdo se parece com um quadro no meio da janela do Excel. Qual tipo você deve usar cabe a você. Para dizer a seu aplicativo qual tipo de painel usar, configure o valor do xsi:type para TaskPaneApp ou ContentApp.

Você deve sempre usar um identificador único ao criar um aplicativo. Os websites estão disponíveis, tal como http://www.guidgen.com [conteúdo em inglês], que irá gerar um GUID para você.

Em nosso exemplo Hello World, o ícone da loja usou um ícone online que a Microsoft deixou disponível. Mas você também pode usar seu próprio arquivo jpg. A imagem deve ser pequena, cerca de 32x32 pixels. Atualize o ícone da URL com o caminho completo para a imagem, como este:

```
<IconUrl DefaultValue="\\workpc\MyApps\HelloWorld\mrexcellogo.jpg"/>
```

A tag SourceLocation é usada para configurar o caminho completo para o arquivo HMTL. Se o arquivo não for encontrado quando o app está sendo instalado, uma mensagem de erro aparecerá indicando que o arquivo não pode ser encontrado.

> **NOTA** Se você fizer alterações no XML depois de já ter configurado a localização do catálogo ou instalado o app, tenha certeza de clicar em Atualizar o link no diálogo do Office para Apps. Por exemplo, se você trocar entre TaskPaneApp e ContentApp, a alteração pode se refletir sempre que você selecionar para instalar o app novamente. Assegure-se de atualizar a loja.

Usando JavaScript para Adicionar Interatividade a Seu App

O JavaScript (JS) fornece o fator "uau" por detrás de um app. Você pode criar uma referência muito útil somente com HTML, mas, para fazer um app interativo, como uma calculadora de função, você precisa do JavaScript. Uma limitação, no entanto, é que você não pode especificar endereços de célula. O programa interage com o que está selecionado na planilha.

A seguir está uma básica introdução ao JavaScript. Se você já está familiar com o JavaScript, você pode continuar em "Mudanças no JavaScript para Funcionar no Office App".

> **NOTA** O comando .getElementById("results").innerText usado nos exemplos desta seção é o comando para o código colocar o valor retornado no espaço reservado para a variável "results" no arquivo HTML.

A Estrutura de uma Função

Seu código JavaScript consistirá de funções chamadas pelo código HTML e por outras funções JavaScript. Assim como no VBA, cada função começa com function seguida pelo nome da função e alguns argumentos entre parênteses. Mas, diferentemente do VBA, não existe End Function no final; em vez disso, chaves são usadas para agrupar as funções. Veja a subseção a seguir, "Chaves e Espaços", para mais informações.

Usando JavaScript para Adicionar Interatividade a Seu App | **527**

O JS diferencia maiúsculas de minúsculas, incluindo variáveis e nomes de funções. Por exemplo, se você cria uma função chamada `writeData`, mas, então, tenta chamar `WriteData` de uma outra função, o código não funciona. Neste caso, *write* está caixa baixa e, no outro, há uma letra *W* maiúscula. O JS reconhece a diferença. Crie regras de uso para si mesmo, como, por exemplo, letras maiúsculas iniciais para cada palavra dentro de uma variável, e cumpra. Este conselho reduz problemas com o código JS.

Chaves e Espaços

Chaves ({ }) são caracteres usados pelo JS, mas não pelo VBA. Eles são usado para agrupar blocos de código que podem ser executados juntos. Você pode ter vários conjuntos de chaves sem uma função. Por exemplo, você poderia usá-las para agrupar linhas de código, tal como dentro de uma declaração `if`.

Depois de finalizar uma linha em VBA e ir para uma outra linha, você pode notar que a linha se autoajustou, adicionando ou removendo espaços. Em JS, espaços não têm importância; os espaços nas strings e os espaços entre palavras-chave e variáveis no código são exceções. No código mostrado neste seção, note que, algumas vezes, eu incluo espaços (a = 1) e, outras vezes, não (a=1).

Ponto e Vírgula e Quebras de Linha

Você provavelmente percebeu o ponto e vírgula (;) usado no código JS. Eles podem ter aparecido no final de cada linha ou somente em algumas. Talvez você tenha notado uma linha sem um ponto e vírgula ou um ponto e vírgula no meio de uma linha. A razão do uso de ponto e vírgula parece que é inconsistente, salvo em circunstâncias normais, elas não são obrigatórias. Um ponto e vírgula é uma quebra de linha. Se você usa retornos rígidos em seu código, já está colocando somente quebras de linha. Se você combina múltiplas linhas de código em uma única linha, então precisa do ponto e vírgula para deixar o código saber que a próxima peça do código não é uma parte de código anterior.

Comentários

Há duas maneiras de comentar linhas em JS. Para comentar uma linha simples, coloque duas barras (//) no começo da linha, como as seguir:

```
//comenta uma linha simples no código, dessa forma
```

Se quer comentar múltiplas linhas no VBA, você tem que preceder cada linha com uma apóstrofe. O JS tem uma método mais limpo. No começo de cada linha a ser comentada coloque uma barra e um asterisco (/*). No final da última linha a ser comentada, coloque um asterisco e uma barra (*/), dessa forma:

```
/* comenta
máltiplas linhas de código
dessa forma */
```

Variáveis

No VBA, você tem opções de declarar variáveis. Se você não as declarar, não tem que declarar o tipo, mas, depois, um valor é atribuído à variável, e não é sempre fácil alterar o tipo. No JS, você não declara variáveis, exceto os arrays (veja depois a subseção "Matrizes (Arrays)" para

528 Capítulo 27 | Uma Introdução à Criação de Apps para o Office

mais informações). Quando um valor é atribuído a uma variável, ela retorna o valor, mas, se você referenciar a variável de uma outra forma, seu tipo pode mudar.

No exemplo a seguir, a string "123" é atribuída a myVar. Mas, na próxima linha, um número é subtraído:

```
myVar = "123"
myVar = myVar-2
```

O JavaScript apenas passa por ele, permitindo que você altere a variável de uma string para um número. Depois que o código foi executado, myVar seria 121. Note-se que myVar + 2 não produz o mesmo resultado. Consulte a subseção, "Strings", para mais informações.

Se você precisa garantir que uma variável é de um tipo específico, use uma destas funções para fazer isso: Boolean, Number ou String. Por exemplo, você tem uma função que é a leitura de números importados para uma planilha. Como é comum na importação, os números podem ser armazenados como texto. Em vez de ter de assegurar que o utilizador converta os dados, use a palavras-chave Number quando o processar os valores como este para forçar o número a ser um número:

```
Number(importedValue)
```

Strings

Como em VBA, no JavaScript você referencia strings usando aspas duplas ("string"), mas, ao contrário do VBA, também pode usar aspas simples ("string"). A escolha é sua você, só não comece uma string com um tipo e termine com outro. A capacidade de usar outra configuração pode ser útil. Por exemplo, se quiser mostrar o texto entre aspas, você deve usar as aspas simples em torno de toda a string, desta forma:

```
document.getElementById("results").innerText = _
    'She heard him shout, "Stay away!"'
```

O resultado no painel seria esta:

```
She heard him shout, "Stay away!"
```

Para concatenar duas strings, use o sinal de mais (+). Isto também é usado para adicionar dois números. Então, o que acontece se você tiver uma variável mantendo um número como texto e a adiciona a um número. Por exemplo,

```
myVar = "123"
myVar = myVar+2
```

Você pode pensar que o resultado é 125. Depois de tudo, no exemplo anterior, no qual se tinha -2, o resultado foi 121. Neste caso, a concatenação tem prioridade sobre a adição e a resposta efetiva seria 1232. Para garantir que a variável seja tratada como um número, use a função Number. Se a variável que estiver mantendo não pode ser convertida para um número, a função retorna NaN, Not a Number [Não um Número].

Arrays

Arrays são necessárias para processar células múltiplas em JavaScript e não diferentes da Arrays em VBA. Para declarar uma array de tamanho ilimitado, faça isto:

```
var MyArray = new Array ()
```

> **NOTA**
>
> Se não estiver familiarizado com o uso de arrys em VBA, veja o Capítulo 8, "Matrizes[Arrays]".

Para criar uma array de tamanho limitado, por exemplo, 3, faça isto:

```
var MyArray = new Array(3)
```

Você também pode preencher uma array ao mesmo tempo que a declara. O exemplo seguinte cria uma array de três elementos, dois dos quais são strings e o terceiro é um número.

```
var MyArray = ['first value', 'second value', 3]
```

A classificação da array sempre se inicia com 0. Para imprimir o segundo elemento, segundo valor, da array anterior, faça isto:

```
document.getElementById("results").innerText = MyArray[1]
```

Se já tiver delcarado uma array com um tamanho específico, mas precisa adicionar outro elemento, você pode adicionar o elemento através do número de classificação ou usando a função push(). Por exemplo, para adicionar um quarto elemento, 4, a uma array declarada anteriormente, MyArray, faça isto (por o contador iniciar-se no 0, o quarto elemento é classificado como 3):

```
MyArray [3] = 4
```

Se você não sabe o tamanho atual da array, use a função push() para adicionar um novo valor ao final da array. Por exemplo, se você não sabe o valor de classificação do último valor na array anterior, eu posso adicionar um novo elemento, quinto valor, dessa forma:

```
MyArray.push('fifth value')
```

Consulte a seção "Como Fazer uma Declaração For each...next em JavaScript" se precisar processar a array interia de uma única vez. O JS tem outras funções para processar arrays, como concat(), que pode unir duas arrays, e reverse(), que inverte a ordem dos elementos das arrays. Por esta ser somente uma introdução básica ao JavaScript, essas funções não são abordadas aqui. Para uma dica na aplicação de uma função matemática para uma array inteira como uma linha simples de código, veja a seção "Funções Matemáticas no JavaScript".

Loops For para JavaScript

Na interatividade do app Olá Mundo, o código seguinte resumiu o intervalo selecionado.

```
for (var x = 0 ; x < data.length; x++) {
    for (var y = 0; y < data[x].length; y++) {
        printOut += data[x][y];
    }
}
```

Os dois loops for processaram a array, dados, que foi passada para dentro da função, com x nalinha e y na coluna.

Um loop for consiste de três seções de separação separadas por ponto e vírgula. Quando o loop é iniciado, a primeira seção, var x=0, inicializa algumas variáveis usadas no loop. Variáveis múltiplas podem ser separadas por vírgulas. A segunda seção, x < data.lenght, testa se o loop deve ser introduzido. A terceira seção, x++, escolhe algumas variáveis para

530 Capítulo 27 | Uma Introdução à Criação de Apps para o Office

continuar o loop, neste caso, incrementando x por 1 (x++ é a abreviatura para x=x+1). Esta seção pode ter também mais que uma variável, com uma vírgula separando cada uma.

> **DICA** Para sair de um loop cedo, use a palavra-chave break.

Como Fazer Uma Declaração if no JavaScript

A declaração if básica em JavaScript é:

```
if (expression){
//do this
}
```

Aqui, expression poderia ser uma função lógica que retornaria true ou false, assim como no VBA. Se a expressão é verdadeira, o código poderia continuar e fazer as linhas de código na seção //faça isto. Para executar o código se a expressão for falsa, você precisa adicionar declaração else, como esta:

```
if (expression){
//faça isto se for verdadeiro
}
else{
//faça isto se for falsa
}
```

Como fazer Uma Declaração Select..Case no JavaScript

Declarações Select..Case são muito úteis em VBA como uma alternativa para várias declarações If .. Else. Em JS, funcionalidade semelhante é encontrada dentro da declaração switch(). Normalmente, a sintaxe de uma declaração switch() é:

```
switch(expression){
    case firstcomparison : {
        //faça isso
        break;
        }
    case secondcomparison : {
        //faça isso
        break;
        }
    default : {
        //sem combinações, então faça isso
        break;
        }
    }
```

Aqui, expression é o valor que você deseja comparar com as declarações case. A palavra-chave break é usada para interromper o programa a partir de comparação com a próxima declaração, depois de executar uma comparação. Isto é uma diferença de uma declaração Select — ao passo que, no VBA, após uma comparação bem-sucedida, o programa sai de uma declaração Select, em JS, sem a palavra-chave break, o programa continua na declaração switch até alcançar o final. Use default como se fosse um Case Else em VBA - para cobrir eventuais comparações não especificadas.

Usando JavaScript para Adicionar Interatividade a Seu App | **531**

A sintaxe anterior funciona para comparações um-em-um. Se você quiser ver como a expressão se encaixa dentro de um intervalo, a sintaxe padrão não funcionará. É necessário substituir a expressão com `true`, forçando o código para executar a declaração `switch`. As declarações case estão onde você usa a expressão comparada ao intervalo. O código a seguir é a UDF da calculadora IMC (índice de massa corporal) do capítulo 14, "Exemplos de funções definidas pelo usuário", convertido para JavaScript. Ele compara o IMC, ou BMI (body mass index), calculado aos variados intervalos e retorna uma descrição do texto para postar no painel de tarefas.

```javascript
Office.initialize = function (reason) {
//Adiciona qualquer inicialização necessária.
}

function calculateBMI() {
    Office.context.document.getSelectedDataAsync("matrix", function _
(result) {
//chama a calculadora com o array, result.value, como argumento
        myCalculator(result.value);
    });
}

function myCalculator(data){
    var calcBMI = 0;
    var BMI="";
    //Faz o cálculo BMI inicial para obter os valores numéricos
    calcBMI = (data[1][0] / (data[0][0] *data [0][0]))* 703

/*avalia o BMI calculado para obter o valor da string pois queremos
avaliar o intervalor, em vez do switch(calcBMI), queremos fazer (true) e então
usar nossa variável como partes dos intervalos */
    switch(true){
        //se calcBMI é menor que 18.5
        case (calcBMI <= 18.5) : {
            BMI = "Underweight"
            break;
            }
        //se calcBMI é um valorentre  18.5 e (&&) 24.9
        case ((calcBMI > 18.5)&&(calcBMI <= 24.9)):{
            BMI = "Normal"
            break;
            }
        case ((calcBMI > 24.9)&&(calcBMI <= 29.9)) : {
            BMI = "Overweight"
            break;
            }
        //se calcBMI é maior que 30
        case (calcBMI > 29.9) : BMI = "Obese"
        default : {
            BMI = 'Try again'
            break;
            }
    }
    document.getElementById("results").innerText = BMI;
}
```

532 Capítulo 27 | Uma Introdução à Criação de Apps para o Office

Como Fazer Uma Declaração `For each..next` no JavaScript

Se você tem uma coleção de itens para processar em VBA, você pode usar a declaração For each..next. Uma opção no JavaScript é `for (... in ...)`. Por exemplo, se você tem uma array de itens, pode usar o código a seguir para produzir a listagem.

```
//configura uma variável para manter o texto de saída
arrayOutput = ""
/*processa o array
i é uma variável que armazena o valor do índice.
Sua contagem começa em 0*/
for (i in MyArray) {
/*cria a saída adicionando o elemento
ao valor do elemento anterior.
\n é usado para colocar uma quebra de linha  */
    arrayOutput += MyArray[i] + '\n'
    }
//exibe a saída na tela
document.getElementById("results").innerText = arrayOutput
```

Você pode fazer o que for que precise para cada elemento da array. Neste exemplo, você está construindo uma string para manter o valor do elemento e uma quebra de linha de modo que, quando ele for impresso na tela, cada elemento aparece em sua própria linha, como mostra a Figura 27.6. A variável `MyArray` usada nesse código foi apresentada em uma seção anterior, "Arrays".

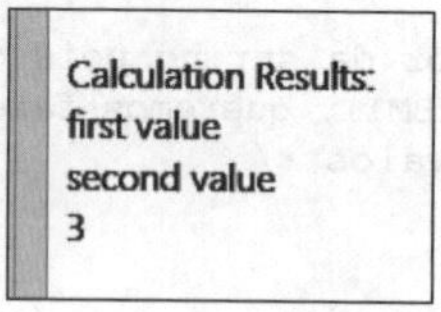

Figura 27.6
JavaScript tem sua própria equivalência para algumas declarações de looping do VBA, tal como o loop `for...in`.

> Calculation Results:
> first value
> second value
> 3

Operadores Matemáticos, Lógicos e de Atribuição

O JavaScript oferece os mesmo operadores básicos que o VBA mais um pouco a mais para encurtar seu código. A Tabela 27.1 lista os vários operadores. Considere x = 5.

Table 27.1   Operadores de JavaScript

Operador	Descrição	Exemplo	Resultado
+	Adição	x+5	10
-	Subtração	x-5	0
/	Divisão	x/5	1
*	Multiplicação	x*5	25
%	Resto depois da divisão	11%x	1
()	Ultrapassar a ordem de operações usuais	(x+2)*5	35, onde x+2*5=15

Usando JavaScript para Adicionar Interatividade a Seu App | 533

Operador	Descrição	Exemplo	Resultado
-	Menos unário (para números negativos)	`-x`	`-5`
==	Valores são iguais	`x=='5'`	`Verdadeiro`
===	Valores e tipos são iguais	`x==='5'`	Falso desde que os tipos não combinem. X é um número sendo comparado a uma série.
>	Maior que	`x>10`	`Falso`
<	Menor que	`x<10`	`Verdadeiro`
>=	Maior ou igual a	`x>=5`	`Verdadeiro`
<=	Menor ou igual a	`x<=4`	`Falso`
!=	Valores não são iguais	`x!='5'`	`Falso`
!==	Valores e tipos não são iguais	`x!=='5'`	`Verdadeiro`
&&	And	`x==5 && 1==1`	`Verdadeiro`
||	Or	`x=='5' || 1==2`	`Falso`
!	Not	`!(x==5)`	`Falso`
++	Aumentar	`++x or x++`	`6`
--	Diminuir	`--x or x--`	`4`
+=	Igual a com adição	`x += 11`	`16`
-=	Igual a com subtração	`x-=22`	`-17`
*=	Igual a com multiplicação	`x*=2`	`10`
/=	Igual a com divisão	`x/=30`	`6`
%=	Igual a com o resto	`x%=11`	`1`

Os operadores de adição e subtração são dois dos meus preferidos; gostaria que os tivéssemos no VBA. Eles não somente reduzem seu código, mas também oferecem uma flexibilidade que falta ao VBA (pré e pós-incremento). Você pode relembrar o uso de x++ na interatividade do Olá Mundo. Ele era usado no lugar de x=x+1 para incrementar o loop for. Mas não somente incrementa o valor. Ele usa o valor e, então, o incrementa. Isto é chamado de pós-incremento. O JavaScript também oferece um pré-incremento. Isto é, o valor é incrementado e, então, usado. Então, se você tem x=5, ambas linhas seguintes do código retornam 6:

```
//incrementaria x e, então, postaria o valor
document.getElementById("results").innerText = ++x //retornaria 6
//postaria o valor de x (agora 6 depois do incremento anterior) e, então,
//incrementaria
document.getElementById("results2").innerText = x++ //retornaria 6
```

Funções Matemáticas no JavaScript

O JavaScript tem vários funções matemáticas, como mostra a Tabela 27.2. Usar uma das funções é fácil. Por exemplo, para retornar o valor absoluto da variável myNumber, faça isto:

```
result = Math.abs(myNumber)
```

Tabela 27.2   Funções Matemáticas de JavaScript

Função	Descrição
Math.abs(a)	Retorna o valor absoluto de a
Math.acos(a)	Retorna o arco cosseno de a
Math.asin(a)	Retorna o arco seno de a
Math.atan(a)	Retorna o arco tangente de a
Math.atan2(a,b)	Retorna o arco tangente de a/b
Math.ceil(a)	Retorna o número inteiro mais próximo de a e não menos que a
Math.cos(a)	Retorna o cosseno de a
Math.exp(a)	Retorna o expoente de a (número de Euler à potência de a)
Math.floor(a)	Circula para baixo, retorna o número inteiro mais próximo de a
Math.log(a)	Retorna o log de a base e
Math.max(a,b)	Retorna o máximo de a e b
Math.min(a,b)	Retorna o mínimo de a e b
Math.pow(a,b)	Retorna a à potência b
Math.random()	Retorna um número aleatório entre 0 e 1 (mas não incluindo 0 ou 1)
Math.round(a)	Circula para cima ou para baixo, retorna o número inteiro mais próximo de a
Math.sin(a)	Retorna o seno de a
Math.sqrt(a	Retorna a raiz quadrada de a
Math.tan(a)	Retorna a tangente de a

> **DICA** Se você precisa aplicar uma função matemática para todos os elementos de uma matriz, você pode fazer isso usando a função `map()` e a cobiçada função `Math`. Por exemplo, para garantir que todos os valores em uma array são positivos, use a função Math.abs. O exemplo a seguir muda cada elemento de um array para seu valor absoluto e, então, imprime os resultados na tela, como mostra a Figura 27.7:
>
> ```
> result = 0
> arrayOutput = ""
> arrNums = [9, -16, 25, -34, 28.9]
> result = arrNums.map(Math.abs)
> for (i in result){
>     arrayOutput += result[i] +'\n'
> }
> document.getElementById("results").innerText = arrayOutput
> ```

Figura 27.7
Arrays são um maneira comum forma de armazenar dados em JavaScript, que oferece muitas funções para simplificar o trabalho com essas arrays.

Escrevendo para o Painel de Tarefas ou de Conteúdo

Depois de ter processado os dados dos usuários, você precisa mostrar os resultados. Isto pode ser feito na planilha ou no painel do app. Para escrever no painel, faça isto:

```
document.getElementById("results").innerText = arrayOutput
```

Este código escreve dados para o painel do app, especialmente as variáveis results reservadas no código HTML. Para escrever na planilha, veja a seção posterior "Lendo e escrevendo para uma Planilha".

Mudanças no JavaScript para Funcionar no Office App

A inclusão do JavaScript aos Apps do Office não é 100%. Por exemplo, você não pode usar as declarações `alert` ou `document.write`. Existem também algumas novas declarações para interagir com o Excel posteriormente na API do JavaScript, você acessa o arquivo HTML com esta linha:

```
<script src = "https://appsforoffice.microsoft.com/lib/1.0/hosted/office.js">
</script>
```

Tal como as APIs usadas no VBA, esta dá acesso aos objetos, métodos, propriedades e eventos do JS que você pode usar para interagir com o Excel. Esta seção introduz alguns dos objetos mais comumente usados. Para mais informações sobre estes ou outros objetos disponíveis, acesse: http://msdn.microsoft.com/en-us/library/office/apps/fp142185.aspx [site em inglês].

536 Capítulo 27 | Uma Introdução à Criação de Apps para o Office

Inicializando o App

A declaração do evento seguinte pode ser colocada no topo do script JavaScript.

```
Office.initialize = function (reason) { /*qualquer inicialização*/}
```

Ela inicializa o app para interagir com o Excel. O parâmetro reason retorna como o app foi inicializado. Se o App é inserido dentro do documento, então `reason` é inserido. Se o app já faz parte de uma pasta de trabalho que está sendo aberta, reason é `documentOpened`.

Lendo e Escrevendo para uma Planilha

`Office.context.document` representa o objeto com o qual o app interage — a planilha. Ele tem vários métodos disponíveis, mais importantes são as duas que você habilita para ler dados selcionados e escrever para um intervalo.

A linha seguinte usa o método `setSelectedDataAsync` para escrever os valores em `MyArray` para o intervalo selecionado em uma planilha:

```
Office.context.document.setSelectedDataAsync(MyArray, {coercionType: _
'matrix'});
```

O primeiro argumento, `MyArray`, é obrigatório. Ele contém os valores para escrever no intervalo selecionado. O segundo argumento, `coercionType`, é opcional. Seu valor, `matrix`, liga o código que você quer aos valores tratados como uma array unidimensional.

O método para ler uma planilha, `getSelectDataAsync`, é similar ao método para escrever:

```
Office.context.document.getSelectedDataAsync("matrix", function (result) {
    //código para manipular os dados lidos, resultado
});
```

O primeiro argumento, `matrix`, é o `coercionType` e é obrigatório. Ele diz ao método como a data selecionada pode ser retornada — neste caso, em uma array. O segundo argumento mostrado é uma função de retorno de chamada opcional, com `result` sendo uma variável que mantém os valores retornados (`result.value`) se a chamada foi bem-sucedida e um erro se não.

Para acessar o sucesso da chamada, use a propriedade status, `result.status`. Para obter a mensagem de erro, faça o seguinte:

```
result.error.name
```

Ferramentas de Desenvolvimento "Napa" do Office 365

Você não precisa de um programa fantástico para escrever o código para qualquer um dos arquivos usados em um aplicativo. O programa Bloco de Notas que vem com o Windows irá fazer o trabalho. Mas, quando você considera a diferenciação de maiúsculas e minúsculas de algumas linguagens de programação, como JavaScript, usar um programa que irá fornecer alguma ajuda é uma boa ideia. Eu passei algumas horas de frustração sobre alguns dos exemplos neste capítulo, perguntando por que eles não funcionavam enquanto o código estava

Ferramentas de Desenvolvimento "Napa" do Office 365 | **537**

perfeito. Exceto que o código não estava perfeito. Uma e outra vez eu errei minúsculas e maiúsculas em JavaScript e XML.

Para ajudá-lo a criar aplicativos distribuíveis, a Microsoft lançou as Ferramentas de Desenvolvimento "Napa" do Office 365. Depois de se inscrever em um site do desenvolvedor, a Microsoft oferece espaço em um Servidor SharePoint e as ferramentas para o desenvolvimento de seu aplicativo. Vá a dev.office.com para começar. A ferramenta também ajuda a liberar seus aplicativos através da Loja do App.

Próximos Passos

Leia o Capítulo 28, "O Que É Novo e o Que Mudou no Excel 2016", para aprender mais recursos que mudaram significativamente no Excel 2016.

O Que é Novo e o Que Mudou no Excel 2016

Este capítulo analisa mudanças desde o Excel 2007-2013. Em conjunto com a revisão destas seções, você também deve analisar as informações sobre tabelas, classificação e formatação condicional deste livro.

Se Mudou na Interface, Mudou no VBA

Se você esteve usando o Excel 2003 (ou mais antigo) antes do Excel 2016, quase tudo que você conhece sobre programação de objetos do Excel mudou. A lógica básica ainda funciona (loops for, por exemplo), mas a maioria dos objetos foi alterada.

Se você estiver usando o Excel 2007, 2010 ou 2013, há ainda algumas mudanças a serem considerados, e elas são observadas neste capítulo. Para a maioria dos itens, é óbvio, pois, se a interface de usuário do Excel mudou, o VBA teve alteração.

A Faixa de Opções (Ribbon)

Se você estiver trabalhando com uma versão herdada do Excel, a faixa de opções é uma das primeiras mudanças que você irá notar quando abrir o Excel 2016. Embora o objeto CommandBars faça o trabalho ainda para um ponto, se você quiser integrar perfeitamente seus controles personalizados à faixa de opções, você precisa fazer algumas mudanças importantes.

➡ **Veja** o Capítulo 25, "Personalizando a Faixa de Opções para Executar Macros", para mais informações.

28

NESTE CAPÍTULO

Se Mudou na Interface,
Mudou no VBA 539

Aprendendo os Novos Objetos
e Métodos 542

Modo de Compatibilidade 542

Próximos Passos 544

540 Capítulo 28 | O Que é Novo e o Que Mudou no Excel 2016

Interface de Documento Simples (SDI)

Durante anos, se você tivesse vários documentos abertos em Word, você poderia arrastar cada um deles para um monitor diferente. Esta capacidade não estava disponível no Excel até o Excel 2013. Com o Excel 2013, o Excel muda de uma *interface de documentos múltiplos* para uma *interface de documento simples*. O que isto significa é que a janela de pasta de trabalho individual já não reside no interior de uma janela única do aplicativo. Em vez disso, cada pasta de trabalho é sua própria janela autônoma, separado de qualquer outra pasta de trabalho aberta.

Alterações no layout de uma janela não afetarão todas as janelas abertas anteriormente. Para ver isto na prática, abra duas pastas de trabalho. Na segunda pasta de trabalho, digite e execute o código a seguir, que adiciona um novo item, Opção de Exemplo, na parte inferior do menu do botão direito do mouse:

```
Sub AddRightClickMenuItem()
Dim cb As CommandBarButton
Set cb = CommandBars("Cell").Controls.Add _
    (Type:=msoControlButton, temporary:=True)
cb.Caption = "Opção de Exemplo"
End Sub
```

Clique com o botão direito do mouse em uma célula na segunda pasta de trabalho e a opção aparece. Clique com botão direito do mouse em uma célula na primeira pasta de trabalho e a opção não aparece. Retorne para a segunda pasta de trabalho e pressione Ctrl + O para adicionar uma nova pasta de trabalho. Clique com o botão direito do mouse em uma célula na terceira pasta de trabalho e o item do menu aparece. Vá para a primeira pasta de trabalho, crie uma nova pasta de trabalho e verifique o menu clicando com o botão direito do mouse. A opção não aparece.

Agora, exclua o menu personalizado. Vá para a terceira pasta de trabalho e cole, e execute o seguinte código:

```
Sub DeleteRightClickMenuItem()
CommandBars("Cell").Controls("Opção de Exemplo").Delete
End Sub
```

O item de menu é removido da terceira pasta de trabalho, mas, quando você verificar clicando com o botão direito do mouse o menu da segunda pasta de trabalho, o item ainda está lá. Embora o Excel tenha copiado o menu a partir da pasta de trabalho ativa quando criou novas pastas de trabalho, a lógica para remover o item de menu não se propaga.

> **NOTA** Não se preocupe em ter que apagar todas as instâncias do item de menu de exemplo. Ele foi criado para ser temporário e terá desaparecido quando você reiniciar o Excel.

Outra mudança que você tem que ter em mente é fazer uma alteração na janela de uma pasta de trabalho, como minimizá-la, não afeta as outras pastas de trabalho. Se quiser minimizar todas as janelas, você precisa fazer um loop através das janelas do aplicativo, dessa forma:

```
Sub MinimizeAll()
Dim myWin As Window
For Each myWin In Application.Windows
    myWin.WindowState = xlMinimized
Next myWin
End Sub
```

Se Mudou na Interface, Mudou no VBA **541**

Ferramenta de Análise Rápida

Introduzida no Excel 2013, a ferramenta de Análise Rápida aparece no canto inferior direito quando um intervalo é selecionado. Esta ferramenta sugere o que o usuário pode fazer com os dados, como, por exemplo, aplicar uma formatação condicional ou criar um gráfico. Você pode ativar uma aba específica, tal como Totais, quando o usuário selecionar um intervalo, dessa forma:

```
Private Sub Worksheet_SelectionChange(ByVal Target As Range)
Application.QuickAnalysis.Show (xlTotals)
End Sub
```

Gráficos

Os gráficos passaram por algumas encarnações desde o Excel 2003 e com estas alterações na interface também aconteceram mudanças no modelo dos objetos. No Excel 2013, a Microsoft introduziu uma interface completamente nova e um método novo, AddChart2, o qual não é compatível com versões anteriores, até mesmo com o Excel 2010. Com o excel 2016, a Microsoft introduziu seis novos estilos de gráficos; eles não são compatíveis com o gravador de macro e o código VBA possui erros. Embora a Microsoft tenha prometido atualizar os gráficos antigos para os sistemas modernos de gráficos e corrigir os bugs VBA, nós não sabemos quando isso acontecerá. Até lá, a melhor opção é criar seu código cuidadosamente. Com esses problemas de compatibilidade em mente, o Capítulo 15, "Criando Gráficos", fornece exemplos para o Excel 2003, 2007-2010, 2013 e 2016.

O Excel 2010 inseriu um tipo de minigráfico, chamado Sparkline. Um sparkline é diferente de um gráfico padrão pois pode ser inserido em uma célula. Sparklines não são compatíveis com versões anteriores.

Tabelas Dinâmicas

As versões do Excel de 2007, 2010, 2013 e 2016 oferecem muitas novas características das Tabelas Dinâmicas. Se você usa código para uma nova característica, o código funciona na versão atual, mas falha nas versões anteriores do Excel. Veja o Capítulo 12, "Usando VBA para Criar Tabelas Dinâmicas", para mais informações.

Segmentação de Dados (Slicers)

Slicers foram um novo recurso do Excel 2010 para uso em tabelas dinâmicas. Eles não são compatíveis com as versões anteriores, nem mesmo com o Excel 2007. São úteis em tabelas dinâmicas, permitindo as opções de fácil visualização e de filtragem. Se você abrir uma pasta de trabalho com um slicer em uma versão mais antiga do Excel, o slicer é substituído por uma forma, incluindo o texto explicando que o recurso não está disponível.

No Excel 2013, slicers foram adicionados às Tabelas. A funcionalidade é a mesma que a dos slicers para tabelas dinâmicas, mas essas novas segmentações não são compatíveis com versões anteriores, nem mesmo com o Excel 2010.

➡ **Veja** o Capítulo 12 para mais informações sobre slicers de tabela.

SmartArt

O SmartArt foi introduzido no Excel 2007 para substituir o recurso Diagrama das versões anteriores do Excel. A gravação é muito limitada, mas vai ajudá-lo a encontrar o esquema correto. Depois disso, o gravador não captura a entrada de texto ou mudanças de formato.

O exemplo a seguir criou a arte mostrada na Figura 28.1. O nome do esquema utilizado é hChevron3. Mudei o schemecolor para o meio do chevron, deixando os outros dois com as cores padrão.

```
Sub AddDiagram()
With ActiveSheet
    Call .Shapes.AddSmartArt(Application.SmartArtLayouts( _
        "urn:microsoft.com/office/officeart/2005/8/layout/hChevron3")) _
        .Select
    .Shapes.Range(Array("Diagram 1")).GroupItems(1).TextEffect.Text = _
        "Bill"
    .Shapes.Range(Array("Diagram 1")).GroupItems(3).TextEffect.Text = _
        "Tracy"
    With .Shapes.Range(Array("Diagram 1")).GroupItems(2)
        .Fill.BackColor.SchemeColor = 7
        .Fill.Visible = True
        .TextEffect.Text = "Barb"
    End With
End With
End Sub
```

Figura 28.1
O gravador de macro é limitado ao gravar a criação do SmartArt. Você precisa traçar através das propriedades do objeto para encontrar o que você precisa.

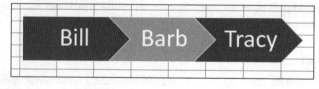

Aprendendo os Novos Objetos e Métodos

Quando você clica no botão de ajuda no Excel, você é levado ao recurso de ajuda on-line da Microsoft. No lado esquerdo da janela do navegador, selecione O que é Há de Novo para Desenvolvedores do Excel 2016 para abrir um artigo revisando algumas das mudanças. Escolha Referência do Modelo de Objeto para exibir uma lista de todos os objetos, propriedades, métodos e eventos no modelo de objeto do Excel 2016.

Modo de Compatibilidade

Com todas as mudanças no Excel 2016, agora mais do que nunca é importante verificar a versão do aplicativo. Duas maneiras de fazer isso são a Version e Excel8CompatibilityMode.

Modo de Compatibilidade | 543

> **Lidar com problemas de compatibilidade**
>
> Criar uma pasta de trabalho em modo de compatibilidade pode ser problemático. A maioria dos códigos ainda será executada em versões anteriores do Excel, contanto que o programa não funcione em um item do modelo de objeto Excel 2007 ou modelos de objeto mais recentes. Se você usar qualquer item do modelo de objeto mais novos, no entanto, o código não irá compilar em versões anteriores. Para contornar isso, comente a linha de código específica, compile e, em seguida, comente as linhas de volta.
>
> Se o seu único problema do Excel é a utilização de valores constantes, trate parcialmente o seu código como se estivesse fazendo late binding para um aplicativo externo. Se você tem apenas valores constantes que são incompatíveis, trate-os como argumentos late binding, atribuindo uma variável do valor numérico da constante. A seção seguinte mostra um exemplo desta abordagem.

➡ **Veja** "Usando Valores Constantes," **p. 411**, para mais informações sobre o uso de valores constantes.

Usando a Propriedade `Version`

A propriedade `Version` retorna uma string contendo a versão ativa do aplicativo do Excel. Para o 2016, ela é 16.0. Isso pode ser útil se você desenvolveu um add-in para usar em todas as versões, mas algumas partes dele, como salvar a pasta de trabalho ativa, são específicas da versão:

```
Sub WorkbookSave()
Dim xlVersion As String, myxlOpenXMLWorkbook As String
myxlOpenXMLWorkbook = "51" 'non-macro enabled workbook
xlVersion = Application.Version
Select Case xlVersion
    Case Is = "9.0", "10.0", "11.0"
        ActiveWorkbook.SaveAs Filename:="LegacyVersionExcel.xls"
    Case Is = "12.0", "14.0", "15.0", "16.0" '12.0 is 2007, 14.0 is 2010
        ActiveWorkbook.SaveAs Filename:="Excel2016Version", _
        FileFormat:=myxlOpenXMLWorkbook
End Select
End Sub
```

> ┌─ **CUIDADO** ─────────────────────────────
> Note que, para a propriedade `FileFormat` do Excel 12.0 e a mais recente `Case`, eu tive que criar minha própria variável, `myxlOpenXMLWorkbook`, para manter o valor da constante de `xlOpenXMLWorkbook`. Se eu fosse tentar executá-la em uma versão anterior do Excel usando apenas a constante do Excel 2013, `xlOpenXMLWorkbook`, o código que ele nem sequer seria compilado.

Usando a Propriedade `Excel8CompatibilityMode`

Essa propriedade retorna um valor booleano para deixá-lo saber se a pasta de trabalho está em Modo de Compatibilidade — isto é, salvo como um arquivo do Excel 97-2003. Você pode usar isso, por exemplo, se tiver um suplemento usando a nova formatação condicional, mas você não quer que o usuário tente utilizá-lo na pasta de trabalho. A função a seguir,

CompatibilityCheck, retorna True se a pasta de trabalho ativa está em modo de compatibilidade e False se ela não está. O procedimento, CheckCompatibility, usa o resultado para informar o usuário de um recurso incompatível.

```
Function CompatibilityCheck() As Boolean
Dim blMode As Boolean
Dim arrVersions()
arrVersions = Array("12.0", "14,0", "15.0", "16.0")
If Application.IsNumber(Application.Match(Application.Version, _
    arrVersions, 0)) Then
    blMode = ActiveWorkbook.Excel8CompatibilityMode
    If blMode = True Then
        CompatibilityCheck = True
    ElseIf blMode = False Then
        CompatibilityCheck = False
    End If
End If
End Function

Sub CheckCompatibility()
Dim xlCompatible As Boolean
xlCompatible = CompatibilityCheck
If xlCompatible = True Then
    MsgBox "You are attempting to use an Excel 2007 or newer function " & _
        Chr(10) "in a 97-2003 Compatibility Mode workbook"
End If
End Sub
```

Próximos Passos

Se nós, como autores, fizemos o nosso trabalho corretamente, agora você tem as ferramentas de que precisa para projetar suas próprias aplicações VBA no Excel. Você entende as deficiências do gravador de macro e ainda sabe como usá-lo como uma ajuda para aprender a fazer alguma coisa. Você sabe como usar ferramentas poderosas do Excel em VBA para produzir rotinas de trabalho que podem salvar horas de seu tempo semanal. Você também aprendeu a ter seu aplicativo interagindo com os outros, de modo que você pode criar aplicativos para serem usados por outros em sua ou em outra empresa.

Se alguma passagem do livro estiver confusa ou que puder ser melhor explicada, seus comentários serão muito bem-vindos, e nós os levaremos em consideração quando formos preparar a próxima edição deste livro. Escreva para nós:

Pub@MrExcel.com para entrar em contato com o Bill or

ExcelGGirl@gmail.com para a Tracy

Seja o seu objetivo era automatizar algumas de suas próprias tarefas ou se tornar um consultor pago de Excel, esperamos que tenhamos ajudado você de alguma maneira. Ambos são objetivos recompensadores. Com 500 milhões de potenciais clientes, achamos que ser consultores de Excel é um negócio amigável. Se estiver estiver interessado em se juntar ao nosso ranking, este livro é um manual de treinamento. Domine os tópicos e você estará qualificado a se juntar ao time de consultores de Excel.

Índice

A

add-ins, 509

estudo de caso, 515–516
características de, 509–510
instalações de clientes, 512–514
fechar, 514
add-ins do Office (MS), 517

análise de dados com método Application.OnTime, 381

macros, cancelar e agendar, 382
modo Ready para procedimentos agendados, 381–382
atualizações, agendar janela de tempo para, 382

apagar

células vazias de valores de área (tabelas dinâmicas), 225
nomes, 105–106
registros de MDB, 433

arquivos

converter para add-ins, 511–512
arquivos .CSV
  apagar, 254
  importar, 254
arquivos delimitados (importados), abrir, 395–397
diretórios
  listar arquivos em, 251–253
  fazer loop estudo de caso 84–85
arquivos do Excel
  acessar estrutura do arquivo, 496
  renomear, 497
arquivos de tamanho fixo (importados), abrir, 392–395
arquivos de log ocultos, criar, 267–268
arquivos .RELS e customização da Faixa de Opções, 496–497
arquivos de texto, 391
  arquivos delimitados (importados), 395–397
  arquivos de tamanho fixo (importados), 392–395
  importar, 391–402
  importar arquivos com menos de 1,048,576 linhas, 391–397
  importar arquivos com mais de 1,048,576 linhas, 398–402
  carregar arquivos para o Modelo de Dados com Power Query, 401–402
  analisar, 254–255
  ler na memória, 254–255
  executar arquivos uma linha por vez, 398–400
  escrever, 402

546 bancos de dados

arquivos .XML, exportar dados para, 259–260

arrays (matrizes), 131

declarar, 131–132
arrays dinâmicos, 136–137
preencher, 133–134
add-ins, 528–529
arrays multidimensionais, declarar, 132–133
nomes, 109–110
passar, 137–138
fórmulas R1C1 e, 101–102
recuperar dados de, 134–135
acelerar código, 135–136
variáveis variantes, 133

assinaturas (digital), 14

atalhos (teclado), executar macros de, 504

atualizações, agendar janela de tempo para, 382

atualizar registros existentes em MDB, 431–432

áudio (som), executar com declarações API, 472

autopreencher dados

fórmulas A1, 95–96
fórmulas R1C1, 96
Auto Filtro, 180
cor, filtrar por, 181
intervalos de data dinâmicos, selecionar, 182–183
ícone, filtrar por, 181–182
loops, substituir, 177–179
múltiplos itens, selecionar, 180
caixa de pesquisa, selecionar com, 180–181
desligar caixa de seleção em, 209–210
células visíveis, selecionar, 183–184

AutoSort, controlar ordenação de tabela dinâmica, 225

AutoSum, gravar macros, 30–31

B

bancos de dados

MDB, 423–426
bancos de dados do Access compartilhado, criar (estudo de caso), 425–426

barras de dados, 334

adicionar a intervalos, 335–339
cores múltiplas da barra de dados em intervalos, 345–347

BASIC

exemplo de, 33–34
VBA versus, 8, 33–34

blocos com .End, limpar bloquear código, 485–486

botões

botões de comando, juntar macros a, 504–505
imagens, adicionar botões, 497
imagens de ícone padrão, 499–500
ícones do Microsoft Office, 498–499

botões de ajuda estudo de caso 151–153

C

caixas de senhas protegidas, criar, 275–277

cálculos, mudar para mostrar porcentagem, 222–224

adicionar campos durante a execução, 436–437
verificar existência de, 435–436

caracteres alfa e numéricos, ordenar, 302–303

células

regras acima/abaixo da média, 334, 348
estudos de caso
entrar horário militar nas células, 122
selecionar específicas células no intervalo, 68–70
letras de coluna, retornar endereços da célula, 306
comentários, 260
barras de dados, 334
adicionar a intervalos, 335–339
cores múltiplas da barra de dados em intervalos, 345–347
formatação de célula duplicada, 349–350
células vazias
verificar por células vazias em intervalos, 67
apagar células vazias de valores de área, 225
caminhos de arquivo, definindo nas células, 287
formatar
regras acima/abaixo da média, 348
formatar erros/espaços, 351–352
date formatar, 351
formatação de célula duplicada, 349–350
fórmulas para determine formatação de células, 352–353
formatar texto, 351
células únicas, 349–350
formatação baseada em valor, 350–351
realçar, 334
horário militar, inserir (estudo de caso), 122
células não contínuas, selecionar, 265–267
células de tamanho diferente de zero, encontrar em intervalos, 296–297
indicadores de progresso, criar, 274–275
intervalos
células versus intervalos quando limpar o código, 52
encontrar células de tamanho diferente de zero em, 296–297
selecionar específicas células em, 68–70
selecionar com células, 62–63
reverter conteúdos de células, 304
selecionar, 263
criar arquivos de log ocultos 267–268
realçar células selecionadas usando formatação condicional, 263–264
realçar células selecionadas sem usar formatação condicional, 264–265
células não contínuas, 265–267
com células especiais, 279

data e hora **547**

células especiais, selecionar células com, 279
células específicas, selecionar em intervalos, 68–70
somar baseado na cor interior, 293–294
células únicas, formatar, 349–350
células visíveis, selecionar com Auto Filtro, 183–184
nomes de pastas de trabalho, definindo nas células, 286–287

cláusulas

Step, loops For.Next, 76–77
Until e loops Do, 81–82
While e loops Do, 81–82

clientes

instalações de add-in, 512–514
lidar com erros (resolução de problemas)
procedimentos, treinar em, 481–482

colunas

letras de coluna, retornar endereços da célula, 306
copiar
subconjuntos de colunas com xlFilterCopy (Filtro Avançado), 204–206
xlFilterCopy (Filtro Avançado), 203–204
caixas de lista multicoluna em userforms (estudo de caso), 459
fórmulas R1C1
número/letra de coluna
associações, 101
referências de coluna, 99
intervalos, especificar com colunas, 66
reordenar com xlFilterCopy (Filtro Avançado), 204–206
colunas, minigráfico, 355

combinar

userforms, 171–173
pastas de trabalho, 256–257
teclas, 456

comentários, 261

compatibilidade

compatibilidade com versões anteriores e gráficos, 331
problemas de compatibilidade do Excel, 542–543
concatenar dados (ordenar e), 300–302

conexões (ADO), 426

configurar

tabelas dinâmicas, 213–214
slicers para tabela dinâmica filtrar, 235–239

conjuntos de dados

regras de valores duplicados, 334
navegar no Gravador de Macro, 31

conjuntos de ícones, 334

intervalos, adicionar a, 341–343
subconjuntos de intervalos, criar for, 344–345

consultas web e recuperação de dados, 375–380

exemplos de, 380
múltiplas consultas, construir, 377–378
resultados, encontrar em dados recuperados,

378–379

contar valores únicos, 294–295

controles

controles ActiveX, anexar macros em, 506–507
Faixa de Seleções, personalizar para executar macros
adicionar controles a Faixa de Seleções, 90–491
atributos de controle, 490
argumentos necessários, 491

converter

arquivos para add-ins
tabelas dinâmicas para valores, 217–219
números fracos para datas, 299
pastas de trabalho para add-ins, 510–511

cor

gráficos, aplicar a, 317–318
escalas de cor, 334, 339–340
barras de dados, múltiplas cores de, 345–347
filtrar por (Auto Filtro), 181
intervalos
adicionar escalas de cor em, 339–340
cores múltiplas da barra de dados em intervalos, 345–347
formatar minigráfico, cores, 361–365
somar células com base na cor interior, 293–294

cursores, 426

localização, 426
tipos de, 426
DAO versus, 424–425

D

data e hora

datas de células, formatar, 351
datas diárias e agrupamento com tabelas dinâmicas, 221–222
recuperar
a partir do último salvamento, 291
data e hora permanentes, 291
números semanais, converter para datas, 299

declarações (API)

declarações compatíveis com 32 e 64 bits, 465–466
diálogo, personalizar, 469–470
nomes de computadores, recuperar, 467
informação de resolução da tela, recuperar, 468–469
exemplo de, 464, 465
status de arquivo do Excel aberto, verificar em rede, 467–468
status público versus status privado, 464–465
temporizadores de execução, criar, 471
sons, tocando, 472
tipos de, 464
exemplo de uso, 465
Case, expressões complexas em (loops Select Case.

548 encontrar

End Select), 89

declarações

declarações If
interatividade com JavaScript em add-ins do Office (MS), 530
agrupar declarações If (Select Case.End Select loops), 89–91
declarações Select.Case
interatividade com JavaScript em add-ins do Office (MS), 530–531
planilhas, 307
copiar e colar em (limpar código gravado), 54
de arrays, 131

depuração de código

voltar e prosseguir no código, 45–46
pontos de parada, 45, 49
lidar com erros(resolução de problemas) e segurança de código, 484
fazendo consulta enquanto acessa o código, 46
executar o cursor, 46
acessar o código, 43–45

destacar web sites (recuperação de dados), 375–380

exemplos de, 380
múltiplas consultas, construir, 377–378
resultados, encontrar em dados recuperados, 378–379

dicionários, 150–151

dimensionar

comentários de célula, 260–261
tabelas dinâmicas para converter para valores, 217–219
intervalos com propriedade Resize, 65–66

diretórios

listar arquivos em, 251–253
fazer loop estudo de caso 84–85
pastas de trabalho em um diretório, 288–289

E

encontrar

primeira célula diferente de zero em um intervalo, 296–297
última linha(limpar código gravado), 52–53

endereços

endereços de célula, retornar letras de coluna, 306
valores max duplicados, retornar os endereços de, 304–305
endereços de e-mail, validar, 292–293
endereços de hyperlink, retornar, 305–306

erros

de formatação em células, 351–352
erros de versão, 486

estudos de caso

regras de intervalo, 194–197
múltiplos filtros avançados, 206–209

fórmulas A1, 96–97
contar relatórios, 3–4
add-ins, 515–516
Filtro Avançado
critérios de intervalo, 196–197
múltiplos Filtro Avançados, 206–209
células no intervalo, selecionar específicas, 68–70
gráficos, 327–330
limpar código gravado, 55–57
critérios de intervalo (Filtro Avançado), 194–197
lidar com erros (resolução de problemas), 480
eventos, 122
Vá para especial versus fazer loop, 184
botões de ajuda, 151–153
fazer loop
em diretórios especiais, 84–85
versus vá para especial, 184
intervalos nomeados para Vlookup, 112–113
quebrar senhas e segurança de código, 484–485
tabelas dinâmicas
visualização de dados, 249–250
estudo de caso de filtragem, 233–235
fórmulas R1C1, 96–97
intervalos
intervalos nomeados para Vlookup, 112–113
selecionar específicas células em, 68–70
referências absolutas quando gravar macros, 26–30
bancos de dados do Access compartilhados, criar, 425–426

eventos, 115

acessar, 116
eventos no nível de aplicação
módulos de classe, 125, 140–141
lista de, 125–130
estudo de caso 122
de gráfico, 119, 123
habilitar, 117
de controle de gráfico, 169
horário militar, inserir em células, 122
parâmetros, 116
visualização, 116
pastas de trabalho, 120

Excel

Filtro Avançado, construir, 185–186
gráficos
planejar para migração do Excel, 310–311
mudanças de versão para, 541
problemas de compatibilidade, 542–543
gerenciamento de conteúdo (dados de página web), 387–389
estrutura do arquivo, acessar, 496
FTP, 389–390
Gravador de Macro, 8
tabelas dinâmicas, mudanças de versão para, 541
ferramenta análise rápida, mudanças de versão para, 541
arquivos .RELS e Faixa de Opções customizada, 496–497

faixa de opções **549**

renomear arquivos, 497
Faixa de Opções, mudanças de versão para, 539
SDI, mudanças de versão para, 540
slicers, mudanças de versão para, 541
SmartArt, mudanças de versão para, 542
VBEVB Editor
   aprendendo novos métodos e objetos, 542
erros de versão, 486
versões de, 4
   mudanças de gráfico, 541
   aprendendo novos métodos, 542
   aprendendo novos objetos, 542
   mudanças na tabela dinâmica, 541
   mudanças na ferramenta Análise Rápida, 541
   mudanças na Faixa de Opções, 539
   mudanças SDI, 540
   mudanças no slicer, 541
   mudanças no SmartArt, 542
avisos, suprimir, 481

executar

para o cursor (depuração de código), 46
macros, 16
   estudo de caso 25–26
   criar botões de macro na Barra de Ferramentas de Acesso Rápido, 17
   criar botões de macro na Faixa de Opções, 16
   em outro dia produz resultados indesejados, 25–26

exportar

gráficos como gráficos, 330
dados para arquivos .XML, 259–260

F

Faixa de Opções

criar botões de macro em, 16
personalizar execução de macros, 487–488
   acessar Excel estrutura do arquivo, 491
   adicionar controles para Faixa de Opções, 490–491
   criar grupos, 489–490
   criar abas, 489–490
   pasta customui e arquivo, 488–489
   imagens em botões, 497–500
   arquivos .RELS, 496–497
   renomear arquivos do Excel, 497
   resolução de problemas (lidar com erros), 500–503
modificações do Excel para, 539

ferramenta Análise Rápida

modificações do Excel para, 541
gravar macros, 30–31

filtragem

Filtro Avançado, 184–185
   opção Ação, 186
   construir com interface do Excel, 185–186

critérios de intervalos, 186
Filtro no lugar, 186, 201–202
múltiplos Filtros Avançados (estudo de caso), 206–209
listas únicas, 186–192
xlFilterCopy, 203–206
Auto Filtro
   filtragem por cor, 181
   filtragem por ícone, 181–182
   desligando a caixa de seleção em, 209–210
gráficos, 318
dados para planilhas separadas, 257–258
tabelas dinâmicas
   estudo de caso 233–235
   filtros conceituais, 229–230
   configurar filtragem de linhas do tempo, 239–242
   configurar slicers for filtragem, 235–239
   filtragem OLAP de tabelas dinâmicas por listas de itens, 271–273
   filtragem manual de itens múltiplos em campos, 228–229
   filtro de pesquisa, 233
   tipos de filtros, 230

formatação condicional

visualização de dados, 334
realçar células selecionadas, 263–264

formatar

células, 348–351
gráficos, 312–315
   aplicar cor, 317–318
   mudar preenchimentos de objetos, 325–327
   emular mudanças do ícone Plus com SetElement, 319–323
   filtragem de gráficos, 318
   configurações de linha, 327
   microgerenciamento de formatação modificações, 324–325
   referências de gráfico específico, 315–316
   especificar títulos, 316
   formatação condicional
visualização de dados, 334
realçar células selecionadas, 263–264
minigráficos, 361–365
tabelas, redefinir formatação, 279–280

formatos

atribuir macros a, 18–19
anexar macros a, 505–506

fórmulas

fórmulas A1
   autopreenchimento de dados, 95–96
   estudo de caso 96–97
   R1C1 versus, 93–97
   substituir múltiplas fórmulas A1 por uma fórmula R1C1, 99–101
fórmulas array e fórmulas R1C1, 101–102
fazer hard-coding em fórmulas, evitar (limpar código gravado), 53–54

550 gráficos

nomes, 106–107
fórmulas R1C1
A1 versus, 93–97
referências absolutas e, 98
acessar, 94–95
fórmulas array e, 101–102
autopreenchimento de dados, 96
estudo de caso 96–97
limpar código gravado, 54
associações número/letra de coluna, 101
referências de coluna, 99
referências mistas e, 98–99
referências relativas e, 97–98
substituir múltiplas fórmulas A1 por uma
fórmula R1C1, 99–101
referências de linha, 99
funções

função CreateObject, criar nova
instâncias de objetos do Word, 409
instâncias existentes de objetos do Word, 410–411
função IsEmpty, 67
células em intervalos, 67
UDF, 283, 286

G

gráficos, 309

AddChart2 e criação de gráfico, 311–312
compatibilidade com versões anteriores, 331
estudo de caso, 327–330
combo gráficos, criar, 327–330
gráficos embutidos
módulos de classe, 141–143
eventos e módulos de classe, 123
lista de eventos, 124
eventos, 119, 123
Excel
mudanças para, 541
planejamento para migração, 310–311
exportar como gráficos, 330
filtrar, 318
formatar, 312–315
processo de criação de VBA, 309–310
colocar comentários na célula, 261–262
estilos de, 312–315
tipos de, 313–315
gráficos de perda e ganho, 355
rastrear evento binário, 368–369
formatar, 361–369
cores RGB, 364–365
escalar, 357–361
cores de tema, 361–364
gravar

limpar código gravado, 51
estudo de caso 55–57
células versus intervalos, 52
copiar e colar em declarações, 54
blocos With.End com para múltiplas ações,

54–55
encontrar a última linha, 52–53
múltiplas ações em código gravado, 54–55
fórmulas R1C1, 54
intervalos versus células, 52
selecionar coisas, 51
macros, 14–16
AutoSum, 30–31
estudo de caso 21–24
navegar conjuntos de dados, 31
Análise Rápida, 30–31
referências relativas, 26–30, 31
usando métodos diferentes enquanto grava, 31

H

HTML (Hypertext Markup Language), 524
hyperlinks

endereços, retornar, 305–306
macros, executar, 507–508
userforms, 449–450

I

ícones

adicionar a botões, 498
filtragem por (Auto Filtro), 181–182
imagens

botões, adicionar imagens para, 497
exportar gráficos as imagens, 330
importar arquivos de texto, 391

arquivos delimitados, 395–397
arquivos com menos de 1,048,576 linhas, 391–397
arquivos com mais de 1,048,576 linhas, 398–402
arquivos de tamanho fixo, 392–395
carregar arquivos para o Modelo de Dados com
Power Query, 401–402
executar arquivos uma linha por vez, 398–400
Internet (dados)

analisar com Application.OnTime
método, 381
cancelar todas as macros agendadas pendentes,
383
cancelar todas as macros anteriormente
agendadas, 382
modo Ready para procedimentos agendados,
381–382
agendar macros para executar a cada 2 minutos,
384–385
agendar macros para executar a cada x minutos
no futuro, 383
agendar lembretes verbais, 383–384
agendar janela de tempo para atualizações, 382
gerenciamento de conteúdo com Excel, 387–389
publicar em páginas web, 385–386
gerenciamento de conteúdo com Excel, 387–389

JavaScript e add-ins do Office (MS) **551**

páginas web personalizadas, 386–387
recuperar, 375–380
   construir múltiplas consultas, 377–378
   exemplos de, 380
   encontrar resultados de dados recuperados,
   378–379
intervalos, 59

estudo de caso selecionar específicos células em
   intervalos, 68–70
células
   verificar for células vazias, 67
   encontrar a primeira célula com comprimento
   diferente de zero em um
   intervalo, 296–297
   intervalos versus células quando limpar o
   código, 52
   selecionar específicos células, 68–70
escalas de cor, adicionar a intervalos, 339–340
critérios de intervalos (Filtro Avançado), 186, 92–194
   estudo de caso 194–197
   critério complexo, 194–195
   condições baseadas em fórmula, 196–201
   unir intervalos múltiplos com Lógica AND e OR,
   193–194
barras de dados
   adicionar a intervalos, 335–339
   múltiplas cores de barras de dados em
   intervalos, 345–347
dinâmico intervalos de data, selecionar com Auto
   Filtro, 182–183
realçar valores únicos em intervalos, 352–353
conjuntos de ícones
   adicionar a intervalos, 341–343
   criar para subconjuntos de intervalos, 341–343
unir intervalos múltiplos, 66–67
intervalos nomeados, 60, 112–113
intervalos não contínuos, retornar com coleção de
   Áreas, 70–71
sobreposição de intervalos, criar novos intervalos
   de, 67
objeto Range, 59–60
referenciar
   propriedade Offset, 63–65
   em outras planilhas, 61
   relativos a outros intervalos, 61–62
   atalhos, 60
   tabelas, 71
remover duplicados de, 295–296
selecionar
   data intervalos, 68
   intervalos com células, 62–63
dimensionar com propriedade Resize, 65–66
especificar
   colunas e, 66
   linhas e, 66
   sintaxe para, 60

J

JavaScript e add-ins do Office (MS), 526, 535

arrays, 528–529
operadores de atribuição, 532–533
declarações For each.next, 532
funções, 526–527
declarações If, 530
inicializar, 536
operadores lógicos, 532–533
loops for, 529–530
funções math, 534–535
operadores matemáticos, 532–533
ler e escrever em, 536
declarações Select.Case, 530–531
strings, 528
variáveis, 527–528
escrever em painel de conteúdo e de tarefas, 535

L

limpar o código, 51

estudo de caso, 55–57
células versus intervalos, 52
copiar e colar em declarações, 54
blocos With.End com para múltiplas ações, 54–55
fórmulas, 53–54
múltiplas ações em código gravado, 54–55
intervalos versus células, 52
linhas, 52–54
selecionar coisas, 51
listas

listas de arquivos em diretórios, 251–253
tabelas dinâmicas, filtragem OLAP
tabelas por listas de itens, 271–273
listas únicas (Filtro Avançado), 186
listas únicas, 186

extrair valores, 186–191
combinações únicas de dois ou
mais campos, 191–192
localizações confiáveis

adicionar uma localização confiável, 12–13
macros, usando fora de localizações confiáveis,
13–14
loops, 73

loops Do, 78–80
loops For Each., 82–83
Go para Special versus fazer loop (estudo de caso),
   184
loops If.ElseIf.End e controle de fluxo, 87–88
loops If.Then.Else e controle de fluxo, 86
loops If.Then.Else.End If e controle de fluxo, 87
loops If.Then.End If e controle de fluxo, 86–87
loops for, interatividade com JavaScript em add-ins
   do Office (MS), 529–530
loops For.Next, 73–76

552 macros

loops agrupados, 78
substituir com Auto Filtro, 177–179
loops Select Case.End Select, 88
loops VBA(loops For Each), 82–83
loops While.Wend, 82
Lotus 1-2-3

Gravador de Macro, 7–8
fórmulas R1C1, 93

M

macros, 19

Controles ActiveX, anexar macros a, 506–507
atribuir a
Controles de Formulário, 18–19
formatos, 18–19
caixas de texto, 18–19
botões, criar em
Barra de Ferramentas de Acesso Rápido, 17
Faixa de Opções, 16
estudos de caso
AutoSum e Análise Rápida, 30–31
gravar macros, 21–24
referências relativas, 26–30
executar macros em outro dia produz resultados
indesejados, 25–26
testar macros, 24–25
botões de comando, anexar macros a, 504–505
análise de dados método com Application.OnTime
cancelar todas as macros agendadas pendentes
macros, 383
cancelar todas as macros anteriormente
agendadas macros, 382
agendar macros para executar a cada 2 minutos,
384–385
agendar macros para executar a cada x minutos
no futuro, 383
agendar lembretes verbais, 383–384
depuração
voltar e prosseguir no código, 45–46
pontos de parada, 45, 49
consultar enquanto passa pelo código, 46–48
executar o cursor, 46
acessar o código, 43–45
editar
constantes definidas, 40–43
parâmetros opcionais, 40
Project Explorer, 20
propriedades que retornam objetos, 43
janela de propriedades, 21
configurações, 20
Controles de Formulário, atribuir macros a, 18–19
hyperlinks, executar macros de, 507–508
interromper, 117
teclado atalhos, executar macros de, 504
pausar, 117
Pasta de Trabalho Personal Macro (Personal.xlsm), 15
diálogo de Gravação de Macro, preencher, 14–16

gravar, 14–16
AutoSum, 30–31
estudo de caso 21–24
navegar conjuntos de dados, 31
Análise Rápida, 30–31
referências relativas, 26–30, 31
usando métodos diferentes enquanto grava, 31
gravar macros estudo de caso 21–24
referências relativas, 26–31
reiniciar, 117
Faixa de Opções, personalizar execução de macros,
487–488
acessar Excel estrutura do arquivo, 496
adicionar controles para Faixa de Opções,
490–491
criar grupos e abas, 489–490
pasta customui e arquivo, 488–489
imagens em botões, 497–500
arquivos .RELS, 496–497
renomear arquivos do Excel, 497
resolução de problemas (lidar com erros),
500–503
executar, 16
estudo de caso 25–26
criar botões de macro na Barra de
Ferramentas de Acesso Rápido, 17
criar botões de macro na Faixa de Opções, 16
executar macros em outro dia produz resultados
indesejados, 25–26
executar macros em outro dia produz resultados
indesejados, 25–26
agendar e cancelar, 283
formatos
atribuir macros a, 18–19
anexar macros a, 505–506
armazenar em pastas de trabalho ocultas, 515–516
testar, 24–25
caixas de texto, atribuir macros a, 18–19
dicas para uso, 31
localizações confiáveis, usando macros fora de,
13–14
usando métodos diferentes enquanto grava, 31
macros XML, 4
MDB (Multidimensional bancos de dados), 423–424

registros
adicionar a MDB, 427–428
apagar com ADO, 433
recuperar de MDB, 429–430
resumir com ADO, 433–434
atualizar registros existentes, 431–432
bancos de dados do Access compartilhado, criar
(estudo de caso), 425–426
métodos

Format, microgerenciamento de formatação
mudanças em gráficos, 324–325
Intersect, criar novos intervalos de sobreposição de
intervalos, 67
Save As, converter pastas de trabalho em add-ins,
511

SetElement, emular modificações do ícone Plus, 319–323
SpecialCells
  selecionar células com, 279
  selecionar específicos células em intervalos, 68–70
Union, unir múltiplos intervalos, 66–67
minigráficos, 355
  colunas e linhas, 355
    criar, 356–357
    formatar, 361–369
    cores RGB, 364–365
    escalar, 357–361
    cores de tema, 361–364
  dashboards, criar, 369–373
  observações sobre, 369–370
  observações de uso, 369–370
  gráficos de perda e ganho, 355
    rastrear evento binário, 368–369
    criar, 356–357
    formatar, 361–369
    cores RGB, 364–365
    escalar, 357–361
    cores de tema, 361–364
Modelo de Dados, 242
  criar, 245–247
  carregar grandes arquivos de texto com Power Query, 401–402
  tabelas dinâmicas
    adicionar modelo de campos as tabelas dinâmicas, 244
    adicionar campos numéricos ao valor da área, 244–245
    adicionar tabelas ao Modelo de Dados, 242–243
    construir tabelas dinâmicas, 243
    criar relacionamentos entre tabelas dinâmicas, 243
    definir caches dinâmicos, 243
modo Ready para procedimentos agendados, 381–382
módulos
  de classe Excel State, criar, 268–270
  de classe, 139
  eventos no nível de aplicação, 125, 140–141
  coleções, criar em, 148–149
  eventos de gráfico embutido, 123, 141–143
  inserir em objetos, 139–140
módulos padrão, criar em coleções, 146–147
mover
  avançando e voltando no código (depuração), 45–46
  tabelas dinâmicas, 216–217

N

navegar
  valores constantes do Word, recuperar, 412–413
  conjuntos de dados em Gravador de Macro, 31
  Navegador, 50
nomes, 103
  adicionar comentários a, 106
  arrays, 109–110
  verificar existência de, 111–112
  criar, 104–105
  apagar, 105–106
  fórmulas, 106–107
  nomes globais e locais, 103–105
  ocultar, 111
  Name Manager
    adicionar comentários em nomes, 106
    nomes globais versus nomes locais, 103–104
  intervalos nomeados, 60
  números, 108–109
  renomear arquivos do Excel, 497
  nomes reservados, 110–111
  strings, 107–108
  tabelas, 109
  tipos de nomes, 106–111
  Vlookup, intervalos nomeados para (estudo de caso), 112–113
  pastas de trabalho
    definir nomes e arquivo em células, 286–287
números
  nomes, 108–109
  recuperar de texto misto, 298–299
  números semanais, converter para datas, 299

O

objetos (Word), 405–406, 413
  marcadores, 419–420
  valores constantes, recuperar com late binding, 411–413
  Document, 413–415
  novas instâncias, criar com função CreateObject, 409
  objeto Range, 416–419
  referenciar
    early binding, 406–408
    early binding usando palavra-chave New, 409
    late binding, 408–409
    referenciar instâncias existentes com função GetObject, 410–411
  objeto Selection, 415–416
objetos personalizados

554 páginas web

criar, 143–145
usar, 145
ocultar
arquivos de log ocultos, criar, 267–268
pastas de trabalho ocultas
como alternativas para add-ins, 515–516
armazenar macros em, 515–516
nomes, 111
Office (MS)
add-ins, 517
botões (HTML), 524–525
criar, 517–521
arquivos .CSS, 525
add-in "Hello World", 517–521
HTML em, 524–525
interatividade em, 521–524
interatividade com JavaScript em, 526–536
quebras de linha, interatividade com JavaScript, 527
Napa Office 365 ferramentas do desenvolvedor, 536–537
tags (HTML), 524
escrever no painel de conteúdo, 535
escrever para painel de tarefas, 535
XML em, 525–526
ícones, adicionar a botões, 498–499
ordenar
caracteres alfa, 302–303
concatenar dados (ordenar e), 300–302
ordenações personalizadas, criar, 273–274
caracteres numéricos, 302–303
ordenação de tabela dinâmica, controlar com AutoSort, 225

P

páginas web
gerenciamento de conteúdo com Excel, 387–389
páginas web personalizadas, 386–387
publicar dados em, 385–386
palavra-chave New, referenciar objetos do Word, 409
pastas de trabalho
adicionar código com extensibilidade VBA, 281–282
add-ins
estudo de caso e pastas de trabalho, 515–516
converter para add-ins, 510–511
combinar, 256–257
diretórios, contar número de pastas de trabalho em, 288–289
eventos, 117–119, 515–516
nomes, definir em células, 286–287
status de abertura, verificar, 287
localizações confiáveis
adicionar uma localização confiável, 12–13
usar macros fora localizações confiáveis, 13–14

planilha de eventos de pasta de trabalho, 119
planilhas
verificar existência de, 287–288
separar em pastas de trabalho, 255–256
arquivos, 11
personalizar Faixa de Seleções para executar macros,487–488
acessar estrutura de arquivo do Excel, 496
adicionar controles a Faixa de Seleções, 490–491
criar grupos e abas, 489–490
pasta customui e arquivo, 488–489
imagens em botões, 497–500
arquivos .RELS, 496–497
resolução de problemas (lidar com erros), 500–503
pesquisar strings no texto, 303–304
planilhas
verificar existência de, 287–288
copiar dados para planilhas separadas, 257–258
copiar dados para planilhas separadas sem filtros, 258–259
eventos, 120
filtrar dados para planilhas separadas, 257–258
referenciar intervalos em outras planilhas, 61
declarações Select.Case, 307
separar em pastas de trabalho, 255–256
Power Query
carregar grandes arquivos de texto para Modelo de Dados, 401–402
Dados Web (Internet), recuperar, 375–378
publicar dados em páginas web, 385–386
gerenciamento de conteúdo com Excel, 387–389
páginas web personalizadas, 386–387
FTP do Excel, 389–390

R

realçar
células, 334
linhas para o maior valor, 353
valores únicos em intervalos, 352–353
recuperar
data de arrays, 134–135
data e hora
data e hora permanentes, 291
recuperar a partir do último salvamento, 291
Internet data, 375–380
construir múltiplas consultas, 377–378
exemplos de, 380
encontrar resultados de dados recuperados, 378–379
números de texto misto, 298–299
ID de usuário, 289–290
redefinir formatação de tabela, 279–280
referenciar
gráficos (específicos), 315–316

salvar **555**

intervalos
propriedade Offset, 63–65
em outras planilhas, 61
relativos a outros intervalos, 61–62
atalhos, 60
tabelas, 71
objetos do Word, 406
referências relativas

fórmulas R1C1 e, 97–98
gravar macros, 26–31
regras de intervalo, 186, 192–194

estudo de caso, 194–197
complexa regra, 194–195
condições baseadas em fórmula, 196–201
unir múltiplos intervalos com Lógica AND, 194
unir múltiplos intervalos com Lógica OR, 193–194
relatórios

contar relatórios estudo de caso 3–4
layout configurações, 248–249
replicar para cada produto
(tabelas dinâmicas), 225–228
relógios

pontos de parada em, 49
objetos e, 49–50
consultar enquanto passa pelo código, 48
remover, 514–515

resolução de problemas (lidar com erros), 473

formatação de erros e espaços, 351–352
estudo de caso 480
clientes, treinar, 481–482
segurança de código
depurar e, 484
bloquear código, 485–486
quebra de senha (estudo de caso), 484–485
erros de fase de desenvolvimento versus erros
meses depois, 482
encontrar erros de propósito, 481
sintaxe On Error GoTo, 477–478
avisos do Excel, suprimir, 481
manipuladores de erros genéricos, 478–479
Ajuda (VBA), 38
ignorar erros, 479
Faixa de Opções, personalizar execução de macros,
500–503
Erros de execução, 482
VBA, 473–475
erros de versão, 486

bloquear código, 485–486
ícone Macro Security (grupo de Código), 10–12
macros
Desabilitar Todas as Macros, 13
opção Habilitar Todas as Macros, 14
ícone Macro Security (grupo de Código), 10–12
usar macros fora de localizações confiáveis,
13–14
quebra de senha (estudo de caso), 484–485
caixas de senhas protegidas, criar, 275–277
Trust Center, acessar, 10
localizações confiáveis
adicionar uma localização confiável, 12–13
usar macros fora de localizações confiáveis,
13–14
selecionar

células, 263
criar arquivos de log ocultos, 267–268
realçar células usando ou não formatação
condicional, 263–264
células não contínuas, 265–267
com SpecialCells, 279
intervalos de dados dinâmicos com Auto Filtro,
182–183
múltiplos itens com Auto Filtro, 180
intervalos com células, 62–63
com caixa de pesquisa (Auto Filtro), 180–181
células visíveis com Auto Filtro, 183–184
senhas

quebrar (estudo de caso), 484–485
caixas de senhas protegidas, criar, 275–277
Símbolos

{ } (chaves), interatividade do JavaScript em add-ins
do Office (MS), 527
:= (parâmetros), VBA sintaxe, 35–37
; (ponto e vírgula), interatividade do JavaScript em
add-ins do Office (MS), 527
slicers

configurar filtro de tabela dinâmica, 235–239
modificações do Excel para, 541
Access e servidor SQL, 437–438

strings

strings delimitadas, extrair um elemento de, 300
strings JavaScript em add-ins do Office (MS),
528
nomes, 107–108
procurar uma string no texto, 303–304

S

T

salvar

data e hora a partir do último salvamento,
recuperar, 291
formatar arquivos em arquivo .xlsm, 11
segurança

add-ins, 513–514

tabelas

Tabelas do Access
adicionar tabelas durante a execução com ADO,
436
verificar existência com ADO, 434–435
formatação, redefinir, 279–280
nomes, 109

UDF (User-Defined Functions)

tabelas dinâmicas, 2–3, 211–212, 219–220
campos de dados calculados, 247
itens calculados, 247
estudos de caso, 249–250
mudar, 216–217
configurar, 213–214
converter para valores, 217–219
criar, 213–214
datas diárias, agrupar para meses, trimestres, anos, 221–222
área de data, adicionar campos para, 214–216
Modelo de Dados, 242
    adicionar modelos, campos e tabelas, 242
    construir tabelas dinâmicas, 243
    criar, 245–247
    criar relacionamentos entre tabelas, 243
    definir caches dinâmicos, 243
visualização de dados estudo de caso 249–250
desenvolvimento de, 211–212
analisar, 270–271
modificações do Excel para, 541
campos
    adicionar a área de dados, 214–216
    múltiplos campos de valores, 220–221
filtragem, 230–242
layouts
    mudar com aba Design (VBA), 248
    registro de configurações de layout, 248–249
mover, 216–217
OLAP tabelas dinâmicas, filtragem por listas de itens, 271–273
porcentagens, mudar cálculos para mostrar, 222–224
caches dinâmicos, definir, 212–213
conjuntos de registro, filtragem com ShowDetail, 248
relatórios
    layout configurações, 248–249
    replicar para cada produto
Exibir Registro de Filtro de Páginas, 225–228
ShowDetail, filtragem conjuntos de registro com, 248
dimensionar tabelas para converter para valores, 217–219
ordenação, controlar com AutoSort, 225
subtotais, suprimir para múltiplos campos de linhas, 249–250
área de valores, apagar células vazias de, 225
versões de, 211–212
texto
estudo, mudar, 277–278
células, formatar texto em, 351
texto misto, recuperar números de, 298–299
procurar uma string no texto, 303–304
dica de texto, adicionar aos controles de userform, 457

U

UDF (User-Defined Functions), 283, 286
estudo de caso 284–285
células
    encontrar a primeira célula com comprimento
        diferente de zero em um
    intervalo, 296–297
    retornar letras da coluna de endereços de célula, 306
    reverter todo o conteúdo, 304
    definir nome da pasta de trabalho e caminhos
        nas células, 287
    definir nomes das pastas de trabalho nas células, 286
    somar células com base em com interior, 293–294
letras da coluna, retornar endereços de células, 306
concatenar dados (ordenar e), 300–302
criar, 283–285
data e hora, 291
valores max duplicados, retornar os endereços de, 304–305
endereços de e-mail, validar, 292–293
endereços de hyperlink, retornar, 305–306
múltiplos caracteres, substituir, 297–298
números, 298–299
intervalos, 296–297
    remover duplicatas de, 295–296
declarações Select.Case em planilhas, 307
compartilhar, 286
ordenar
    caracteres alfa, 302–303
    concatenar dados (ordenar e), 300–302
    caracteres numéricos, 302–303
estática aleatória, 306
strings
    extrair um único elemento de uma string
        delimitada, 300
    procurar uma string no texto, 303–304
valores únicos, contar, 294–295
ID de usuário, recuperar, 289–290
pastas de trabalho, 287
planilhas
    verificar existência de, 287–288
    declarações Select.Case, 307
userforms, 157
chamar, 159–160
estudo de caso 162–163, 459
fechar, desabilitar botão X com declarações API, 470–471
coleções e controles, 447–449
combinar, 171–173
combo boxes, 165–167
botões de comando, 163–165
controles, 440
    adicionar, 453

valores únicos **557**

estudo de caso 162–163
controles Checkbox, 440–441
coleções e, 447–449
colorir controles ativos, 457–459
projetar com barra de ferramentas, 439–440
programação, 162
controles, 442
criar, 158–159
depuração de erros, resolução de problemas, 475–477
eventos, 160–161
entrada de campo, verificar, 174
nomes de arquivo, 175–176
eventos de controle de quadro, 167–169
gráficos, 169
ajuda, adicionar, 456
adicionar controle de dica de texto, 457
colorir controles ativos, 457–459
criar ordem de aba, 457
exibir chaves de aceleração, 456
ocultar, 160
hyperlinks, 449–450
fechar janela ilegal, 174–175
imagens, adicionar durante a execução, 453–454
caixas de entrada, 157–158
rótulos, 163–165
caixas de lista, 165, 459
caixas de mensagem, 158
caixas de lista multicoluna (estudo de caso), 459
propriedade MultiSelect e caixas de lista, 166–167
programação, 160
eventos QueryClose, 174–175
barra de rolagem, usando como um deslizador para selecionar valores, 446
dimensionar durante a execução, 452
armazenar em pastas de trabalho ocultas, 515–516
caixas de texto, 163–165
barra de ferramentas e design do controle, 439–440
resolução de problemas, 162–163, 475–477

V

valores únicos
contar, 294–295
realçar em intervalos, 352–353
variáveis
variáveis JavaScript em add-ins do Office (MS), 527–528
variáveis de objeto
loops For Each, 83–85
loops VBA (loops For Each.), 83–85
VB Editor, 19
limpar código, 51
estudo de caso 55–57
células versus intervalos, 52
copiar e colar em declarações, 54
blocos With.End com para múltiplas ações,

54–55
encontrar a última linha, 52–53
múltiplas ações em código gravado, 54–55
fórmulas R1C1, 54
intervalos versus células, 52
selecionar coisas, 51
converter pastas de trabalho em add-ins, 511–512
depuração de código
voltar e prosseguir no código, 45–46
pontos de parada, 45, 49
consultar enquanto passa pelo código, 46–48
executar o cursor, 46
acessar o código, 43–45
constantes definidas, 40–43
navegador
navegar, 50
abrir, 50
abrir, 10
parâmetros (opcional), 40
Project Explorer, 20
propriedades, 43
janela de propriedades, 21
retornar objetos, 43
configurações, 20
VBA (Visual Basic for Applications), 1, 7, 9
add-ins, 509
BASIC versus, 8, 33–34
gráficos, 309–325
coleções, 35–37, 139, 145
criar, 146
criar em módulos de classe, 148–149
criar em módulos padrão, 146–147
retornar intervalos não contínuos, 70–71
controles userform e, 447–449
Modelo de Dados, 242
adicionar modelos de campos a tabelas dinâmicas, 244
adicionar campos numéricos para área de valor, 244–245
adicionar tabelas dinâmicas para Modelo de Dados, 242–243
construir tabelas dinâmicas, 243
criar, 245–247
criar relacionamentos entre tabelas dinâmicas, 243
definir caches dinâmicos, 243
visualização de dados
métodos, 334–335
propriedades, 334–335
lidar com erros(resolução de problemas), 473–475
exemplo de, 33
futuro de, 4
Ajuda, 38–43
Macs e, 4
métodos, 34–37
Application.OnTime e análise de dados, 381–385
visualização de dados, 334–335
método Format, 324–325
método Intersect, 67

558 Word, automatizar

aprendendo novos métodos, 542
parâmetros, 35–37
método Save As, 511
método SetElement, 319–323
método SpecialCells, 68–70
método Union, 66–67
objetos, 34–37
coleções, 35–37
objetos personalizados, criar, 143–145
objetos personalizados, usando, 145
hierarquia de, 59
inserir módulos de classe em objetos, 139–140
aprendendo novos objetos, 542
propriedades, 36–37
objeto Range, 59–60
retornar objetos com propriedades, 43
relógios e, 49–50
parâmetros, 35–37
parâmetros de evento, 116
parâmetros opcionais, 40
tabelas dinâmicas, 211–212, 219–220
propriedades, 36–37
propriedade Columns, 66
propriedade CurrentRegion, 68
propriedades personalizadas, criar com UDT, 153–156
visualização de dados, 334–335
propriedade Excel8CompatibilityMode, 543–544
propriedade MultiSelect e caixas de lista userform, 166–167
propriedade NumberFormat, 353–354
propriedade Offset, 63–65
propriedade Resize, 65–66
retornar objetos, 43
propriedade de linhas, 66
propriedade Version, 543
sintaxe de, 34–37
pastas de trabalho, adicionar código com extensibilidade VBA, 281–282

VBEVB Editor

novos métodos, aprender, 542
novos objetos, aprender, 542

verificar

acessar campo existente com ADO, 435–436
acessar tabela existente com ADO, 434–435
entrada de campo em userforms, 174

visualização de dados, 333

regras acima/abaixo da média, 334, 348
células
formatação de erros e espaços, 351–352
formatação de data, 351
formatação de célula duplicada, 349–350
fórmulas para determinar células a formatar, 352–353
formatação de texto, 351
formatar célula única, 349–350
formatação baseada em valor, 350–351
escalas de cor, 334, 339–340

formatação condicional, 334
barras de dados, 334
adicionar a intervalos, 335–339
múltiplas cores de barras de dados em intervalos, 345–347
regras de valores duplicados, 334
realçar regras de célula, 334
conjuntos de ícones, 334
adicionar a intervalos, 341–343
criar para subconjuntos de intervalos, 344–345
métodos, 334–335
propriedade NumberFormat, 353–354
tabelas dinâmicas estudo de caso, 249–250
propriedades, 334–335
intervalos
adicionar barras de dados a, 335–339
criar conjuntos de ícones para subconjuntos de intervalos, 344–345
realçar valores únicos em intervalos, 352–353
múltiplas cores de barras de dados em intervalos, 345–347
linhas, realçar para o maior valor, 353

W

Word, automatizar, 405–406

marcadores, 419–420
Document objeto, 413–415
campos de formulário, 420–422
objetos, 413
criar novas instâncias com função CreateObject, 409
late binding usando valores constantes, 411–413
referenciar instâncias existentes com função GetObject, 410–411
referenciar com early binding, 406–408
referenciar com early binding usando a palavra-chave New, 409
referenciar com late binding, 408–409
objeto Range, 416–419
objeto Selection, 415–416

X

xlFilterCopy, 203

copiar colunas, 203–204
copiar subconjuntos de colunas, 204–206
reordenando colunas, 204–206
XML (Extensible Markup Language)

exportar dados para arquivos, 259–260
grupos (aba Desenvolvedor), 10
macros 4
add-ins do Office (MS), 525–526